中国科学技术大学研究生教育创新计划项目经费支持

研究生系列教材

社会学、心理学

社会科学研究方法

SOCIAL SCIENCE
RESEARCH METHODS

刘 燊 编著

中国科学技术大学出版社

内 容 简 介

社会科学中的定量与定性研究所依据的分别是自然科学与人文社会科学的研究思路，在研究方法上有较大差异。本书以社会科学研究进行的过程顺序为主线，从社会科学研究的基本概念入手，重点阐释了社会科学研究过程中涉及的各类常用方法，同时在书中穿插实际案例和资料，并在每章结尾为读者提供思考题，构建了一种关于社会科学的全方位的知识体系。本书不但面向社会学、管理学、经济学、教育学、心理学等专业的教学和科研人员，也面向哲学、新闻等专业的教学和科研人员；不但适用于本科生，也适用于研究生。

图书在版编目(CIP)数据

社会科学研究方法/刘燊编著. —合肥:中国科学技术大学出版社,2022.12
ISBN 978-7-312-02925-7

Ⅰ. 社⋯　Ⅱ. 刘⋯　Ⅲ. 社会科学—研究方法　Ⅳ. C3

中国版本图书馆CIP数据核字(2022)第180851号

社会科学研究方法
SHEHUI KEXUE YANJIU FANGFA

出版	中国科学技术大学出版社
	安徽省合肥市金寨路96号,230026
	http://press.ustc.edu.cn
	https://zgkxjsdxcbs.tmall.com
印刷	安徽国文彩印有限公司
发行	中国科学技术大学出版社
开本	787 mm×1092 mm　1/16
印张	43.5
插页	4
字数	1009千
版次	2022年12月第1版
印次	2022年12月第1次印刷
定价	98.00元

作者简介

刘燊,安徽农业大学人文社会科学学院心理学系主任、特任教授、硕士研究生导师,从事社会认知神经科学、青少年社会性发展的基础性研究工作。2017年9月至2020年6月在中国科学技术大学攻读博士学位,2020年7月至2022年8月在中国科学技术大学从事博士后研究工作。迄今为止,以第一/通讯作者身份在CSSCI/SSCI/SCI来源期刊发表论文50余篇;担任《Frontiers in Public Health》(SSCI一区,影响因子为6.461)、《Frontiers in Psychology》(SSCI一区,影响因子为4.232)、《Frontiers in Psychiatry》(SCIE/SSCI二区,影响因子为5.435)、《Frontiers in Sociology》(ESCI二区)等期刊副主编,担任《PLoS One》(SCI二区,影响因子为3.752)、《BMC Psychology》(SSCI二区,影响因子为2.588)、《Current Psychology》(SSCI二区,影响因子为2.387)等期刊编委;担任包括《心理学报》《Molecular Psychiatry》等在内的近40种国内外知名期刊审稿人;中国心理学会时间心理学专业委员会委员。著作有《心理学研究设计与论文写作》(2020年),《量子与心智:联系量子力学与意识的尝试》(2021年)。主持省部级项目6项;获中国科学技术大学2020年度"墨子杰出青年特资津贴"资助。攻读学士、硕士和博士期间累计5次荣获国家奖学金;2019年荣获中国科学院院长优秀奖;2020年荣获中国科学技术大学郭永怀奖学金。

序 一

众所周知,科学是正确反映客观事实的本质和规律的系统化、理论化的知识体系,以及一系列相关的认识和研究活动。按照这些系统知识所反映对象的领域,科学可以分为自然科学、社会科学、思维科学、形式科学和交叉科学。尽管我主要从事细胞生物物理技术这一自然科学领域的研究,但在长达30年的研究生涯中,我始终也关注着其他学科尤其是社会科学的发展。

在我看来,自然科学与社会科学的区别主要体现在本体论、认识论和方法论三个方面。本体论主要关注世界的本质,我所熟悉的自然科学善于探索存在于世界上的永恒真理,而社会科学则是对现实社会的解读,是想要了解所有个案组成的总体状况是怎样的。两者在本体论上的差异直接导致了认识论上的迥异,自然科学往往寻求于细微处揭示某一具体对象的机理,比如我曾带领我的团队聚焦于细胞内一类分泌囊泡的锚定、启动、融合过程中的关键调控蛋白和调控机制的研究。本体论和认识论的落脚点是方法论,自然科学领域的研究者往往擅长使用实验法,而社会科学领域的研究者则更精通于观察法。尽管上面谈及自然科学和社会科学存在着诸多差异,但不能否认的是,两者之间也存在着密不可分的联系。社会科学领域的一些研究方法也能在自然科学领域发挥重要的作用,如抽样法、访谈法、观察法、文献计量法等。在这里,我主要谈谈我认为的自然科学领域的研究方法在社会科学领域中的应用。相较于自然科学领域的研究方法,人们往往会给社会科学领域的研究方法贴上"不够客观"的标签。所谓客观,就是要尽可能地排除主观因素对研究对象的部分影响。尽管社会科学领域也频繁使用实验法,但仍无法做到像自然科学领域那样进行精准的反复实验,所以获得的研究发现也就具有更多的主观性。因此,自然科学领域的实验法应该逐步为社会科学领域的研究者所吸收和采纳。此外,社会科学领域的研究方法更多是定性的,而自然科学领域的研究方法则更多是定量的。社会群体以及个体自身所具有的高度能动性和随机性,往往会导致关于他们的研究具有定性和不易操作的特点,此时自然科学中的许多定量分析方法则可以为社会科学提供理论支撑,提升社会科学研究的精确性,增强其可信度。

以上是我常常思考的内容,我一直很希望开展交叉科学研究的学者能在自然科学与社会科学之间架起沟通的桥梁。一个偶然的机会,我翻开了刘燊博士的新作《社会科学研究方法》。这本书共计16章,100多万字,粗略浏览一遍后我认为该书具有如下特点:第一,全面性。除了涉及上面谈到的自然科学与社会科学之间的联系与区别外,还涵盖了社会科学领域的多种研究方法,尤其适合作为对社会科学还不甚了解的人士的入门读物。第二,系统性。该书的显著特点是囊括了社会科学研究的全过程,从最初的问题提出、理论建构到研究设计、研究实施,再到数据分析、论文撰写与论文投稿,在每个环节都以图文并茂的形式娓娓道来。第三,前沿性。这本书最后一章在谈研究伦理和规范时收录了党和国家最新的政策和要求,如《关于加强科技伦理治理的意见》《关于规范学术论著署名问题负面行为清单的通知》等,这就让读者在学习专业知识的同时掌握研究规范。

我曾多次造访中国科学技术大学,深切地感受到中国科学技术大学是中国科学院办高等教育的成功典范,基础研究与人才培养成绩斐然。2020年是中国"新文科"建设的启动元年,中国科学技术大学积极响应国家"新文科"建设的号召,着力打造"科"字当头的特色文科,交出了一份份让人满意的答卷。我想,摆在我面前的这本《社会科学研究方法》便是中国科学技术大学特色文科建设的显著性成果。本书的作者刘燊博士是一位年轻有为的学者,从他身上可以看到当今青年一代为了理想而刻苦奋斗的韧劲。当他提出希望我能为他的新作撰写序言时,尽管感觉有些"外行指导内行"之嫌,但为其执着、坚毅所感,慨然应允。希望刘燊博士以此为契机,在后续的科学研究生涯中继续为我们呈现更多的研究成果。

是为序。

中国科学院院士(2017年当选)
发展中国家科学院院士(2018年当选)
生物大分子国家重点实验室主任
2022年9月

序　二

　　社会科学研究方法是社会科学各专业开设的一门重要的基础课程。社会科学研究方法不仅是从事社会科学研究的学者必须掌握的基本功,同时也越来越广泛地被应用于各类政策研究、社会统计、民生福祉调研等实际工作中。学习和掌握社会科学研究方法,有助于理解社会科学相关学科的基本内容,也有助于理解社会科学家在探索社会奥秘、回答各种有关人类社会行为以及社会现象和问题时所涉及的绝大部分内容。管理科学是社会科学的重要组成部分,作为长期从事管理科学研究的学者,我也一直对社会科学研究领域的新进展和新方法保持积极的关注。欣闻刘燊博士结合教学科研实践,编著了《社会科学研究方法》并嘱我为之作序,出于支持年轻人发展的愿望,我拜读了这本由年轻人结合自身教学科研体会编著的书稿,总体感到这本书的内容较为系统全面,适应教学科研需要,且具有较强的实践性。这本书在介绍社会科学领域中的学术概念、基础理论、研究方法等知识时,努力做到了科学与规范,尤其是采用了诸多国内外知名期刊上的载文案例,力求准确地阐明概念和原理以启发读者思考。在内容上,全书共16章,涵盖了社会科学研究常用的抽样法、问卷法、访谈法、实验法、观察法、文献法、比较法、统计法、元分析、中介与调节效应分析等方法。这本书按照研究层次的推进和不同研究方法之间的内在关系,逐次布局了各种方法出现的先后顺序,整体逻辑结构较为清晰。既有基础知识的详尽介绍,也有知名期刊的案例分析。此外还邀请了国内10个活跃在社会科学研究方法前沿的团队分别推荐了最新的研究方法进展,具体包括问卷调查中被试不认真作答的控制与识别、元分析、变量间的网络分析、贝叶斯因子的统计实现、方差分析效应量新指标、解释现象学分析、群组发展模型干预、共同方法变异、多层次研究的数据聚合适当性检验、动态计算模型等,不但使传统的社会科学研究方法得到拓展,而且使读者能够了解学界最新的发展动态。在国家高度重视科技伦理治理的当下,这本书通过对社会科学研究从选题策略、写作准备、框架设计、行文组织到投稿发表等各环节伦理注意事项的分析,为如何写出和发表一篇高质量的社会科学研究论文提供了结构化的思维方式和行动逻辑。在内容组织和表达方式上，这本书结合专业教材特点编写，方便学生和教师使用。各章末的思考题也可供教学参考，起到巩固知识要点的作用。

在承担繁重科研任务的同时，刘燊博士还乐于投身一线教学和教材编撰，进取精神值得鼓励。希望刘燊博士在本书工作的基础上，继续在社会科学研究方法领域不断探索，为我们呈现更多有价值、有意义的研究成果。相信本书作为一本新颖实用的教材和工具书，将为社会科学研究方法的教学科研需要添砖加瓦。

是为序。

教育部"长江学者奖励计划"特聘教授（2015年入选）
国家杰出青年科学基金获得者（2012年入选）
中国科学技术大学管理学院执行院长、国际金融研究院院长
2022年9月

目　　录

序一 ·· i

序二 ·· iii

第一章　社会科学研究方法总论 ·· 001
　第一节　科学与社会科学 ··· 001
　第二节　社会科学研究的方法论体系 ··· 005
　第三节　社会科学研究的过程 ··· 007

第二章　社会科学研究理论建构 ·· 016
　第一节　理论概述 ··· 016
　第二节　理论的基本构成要素 ··· 020
　第三节　理论建构 ··· 023

第三章　社会科学研究设计总论 ·· 028
　第一节　社会科学研究设计的内容 ··· 028
　第二节　研究设计的标准与评价 ·· 040

第四章　抽样法 ··· 049
　第一节　抽样法概述 ··· 049
　第二节　抽样法类型 ··· 052
　第三节　抽样方案的具体设计 ··· 059

第五章　问卷法 ··· 063
　第一节　问卷与问卷编制概述 ··· 063
　第二节　心理测验编制 ·· 077
　第三节　问卷调查中被试不认真作答的控制与识别 ······································· 081

v

第六章 访谈法 ……………………………………………………096
第一节 访谈法概述 …………………………………………096
第二节 访谈法的类型 ………………………………………098
第三节 访谈法的实施步骤 …………………………………102
第四节 访谈者的挑选与训练 ………………………………109

第七章 实验法 ……………………………………………………113
第一节 实验法概述 …………………………………………113
第二节 实验法的基本原理和程序 …………………………116

第八章 观察法 ……………………………………………………123
第一节 观察法概述 …………………………………………123
第二节 观察法的类型 ………………………………………126
第三节 参与观察 ……………………………………………132
第四节 观察法的步骤 ………………………………………135

第九章 文献法 ……………………………………………………139
第一节 文献法概述 …………………………………………139
第二节 科学计量法 …………………………………………148

第十章 比较法 ……………………………………………………185
第一节 比较法概述 …………………………………………185
第二节 历史比较法 …………………………………………192

第十一章 统计法 …………………………………………………196
第一节 描述统计 ……………………………………………196
第二节 推论统计 ……………………………………………199
第三节 方差分析 ……………………………………………220
第四节 相关分析 ……………………………………………253
第五节 回归分析 ……………………………………………259

第十二章 元分析 …………………………………………………270
第一节 元分析概述 …………………………………………270
第二节 元分析的步骤 ………………………………………272

第十三章　中介与调节效应分析 ·· 288
- 第一节　中介变量与中介效应 ··· 288
- 第二节　多重中介效应分析 ·· 295
- 第三节　调节变量与调节效应 ··· 306
- 第四节　有中介的调节效应与有调节的中介效应 ············· 316

第十四章　社会科学研究方法新进展 ·································· 343
- 第一节　变量间的网络分析模型及其应用 ······················· 343
- 第二节　贝叶斯因子及其在JASP中的实现 ····················· 355
- 第三节　方差分析效果大小报告的新指标 ······················· 370
- 第四节　解释现象学分析的系统评价及指南 ···················· 377
- 第五节　群组发展模型作为干预研究的新方法 ················ 394
- 第六节　共同方法变异的论争、新知与应对 ···················· 401
- 第七节　多层次研究的数据聚合适当性检验 ···················· 414
- 第八节　动态计算模型在组织行为学研究中的应用 ········· 431

第十五章　社会科学研究论文的写作与投稿 ······················· 447
- 第一节　社会科学研究论文的组成部分与写作 ················ 447
- 第二节　社会科学研究论文的投稿与出版 ······················· 484

第十六章　社会科学研究中的伦理和规范 ··························· 552
- 第一节　社会科学研究中的基本伦理 ······························ 552
- 第二节　社会科学研究中的学术道德与学术写作规范 ····· 560

参考文献 ·· 612

后记 ··· 681

第一章 社会科学研究方法总论

第一节 科学与社会科学

一、科学概述

科学是正确反映客观事实的本质和规律的系统化、理论化的知识体系,以及一系列相关的认识和研究活动,是已经系统化和公式化的知识,是对已知世界通过大众可理解的数据计算、文字解释、语言说明和形象展示的一种总结、归纳和认证,是认识世界的实践方法。根据这些科学系统知识所反映的对象的领域,可以将科学分为自然科学、社会科学、思维科学、形式科学和交叉科学,其中自然科学、社会科学和思维科学并称"科学三大领域"。自然科学是以定量技术作为手段,研究无机自然界和包括人的生物属性在内的有机自然界的各门科学的总称,其研究领域涉及物理科学、化学科学、生物科学、空间科学、地球科学等;社会科学是采用科学的方法研究人类社会的种种现象的各学科总体或其中某一学科,其所涵盖的学科包括经济学、政治学、法学、伦理学、历史学、社会学、心理学、教育学、管理学、人类学、民俗学、新闻学、传播学等;思维科学是研究思维活动规律和形式的科学,研究涉及思维的自然属性和社会属性、思维的物质基础、语言及其对思维的作用、思维的历史发展以及动物"思维"与机器"思维",还包括应用方面的研究;形式科学是与形式系统,如逻辑学、数学、理论计算机科学、信息理论、系统理论、判定理论、统计学和一些语义学等有关的知识的分支;交叉科学又称边缘科学,是在两个或两个以上不同学科的边缘交叉领域生成的新学科的统称。与"交叉科学"关系密切的术语是"交叉学科",是指两个或两个以上不同类别的学科在理论或方法层面相互交叉、渗透而逐渐形成的新学科,如化学与物理学的交叉形成了物理化学和化学物理学,化学与生物学的交叉形成了生物化学和化学生物学,物理学与生物学交叉形成了生物物理学等。这些交叉学科的不断发展极大地推动了科学进步,因此学科交叉研究体现了科学向综合性发展的趋势。2020年12月,国务院学位委员会、教育部印发《国务院学位委员会 教育部关于设置"交叉学科"门类、"集成电路科学与工程"和"国家安全学"一级学科的通知》,新设置的"交叉学科"门类成为我国第14个学科门类,"集成电路科学与工程""国家安全学"成为该门类下的一级学科(国务院学位委员会,教育部,2020)。以中国科学技术大学为例,该校于2021年10月26日获批"交叉学科"门类下的"量子科学与技术"博士学位授权点。这是我国第一个量子科学与技术方向的博士学位授权点,也标志着中国科学技术大学在量子科技领域的学科建设取得了阶段性的成果,并迈入了系统布局、成熟发展的新阶段。该博士学位授权点的获批,对促进量子科学与技术学科的发展,提升量子科技创新领军人才的培养质量和数量等方面具有重要的推动作用和意义(中国科学技术大学研究生院,中国科学技术大学物理学院,2021)。

从事科学活动需要采用一些特定的研究方法,这些方法被称为科学方法。科学方法是人们在认识和改造世界的过程中遵循或使用的、符合科学一般原则的各种途径和手段,包括在理论研究、应用研究、开发推广等科学活动中采用的思路、程序、规则、技巧和模式。在科学诞生之前,人们获知世界的方式主要是依靠直觉、权威、习惯、思辨等(张林,刘燊,2020)。尽管这些方法在如今看来都不能纳入科学方法的范畴,但人们在日常生活中还是会无意识地加以使用,如哲学领域的研究者仍会经常采用思辨的方式来分析哲学问题。例如,实验哲学领域有一类特殊的研究方法——思想实验(Thought Experiment),是使用想象力去进行的在现实中无法做到或未做到的实验。人们的认识活动越来越远离日常的直观经验和直觉,科学研究活动所需的仪器设备日益纯化、理想化,物化实验有时无法满足科学发展的需要,运用思想实验进行科学研究就成为了一种必然(赵时亮,1999)。在科学的发展历程中,思想实验所起到的积极作用包括强烈的质疑批判作用、深刻的探索创新作用以及积极的认识发展作用(王荣德,2001)。科学方法是人类所有认识方法中比较高级、复杂的一种方法,具有如下特点:第一,鲜明的主体性,科学方法体现了科学认识主体的主动性、创造性以及明显的目的性;第二,充分的合乎规律性,以合乎理论规律为主体的科学知识程序化;第三,高度的保真性,以观察和实验以及它们与数学方法的有机结合对研究对象进行量的考察,保证所获得的实验事实的客观性和可靠性;第四,系统的观察和经验;第五,能自我校正,科学方法并不固守某个信念,而是提供可据以判断信念正误、优劣的程序(张林,刘燊,2020)。一般可以将科学方法分为三个层次:第一个层次是单学科方法,又称专门科学方法;第二个层次是多学科方法,又称一般科学方法,是适用于自然科学和社会科学的一般方式、手段和原则;第三个层次是全学科方法,是具有最普遍方法论意义的哲学方法。

在科学理论的指引下所开展的活动即为科学研究,科学研究的基本任务是探索和认识未知。科学研究起源于问题,问题包括两类:一类是经验问题,关注的是经验事实与理论的相容性,即经验事实对理论的支持或否证、理论对观察的渗透、理论预测新的实验事实的能力等问题;另一类是概念问题,关注的是理论本身的自洽性、洞察力、精确度、统一性以及与其他理论的相容程度和理论竞争等问题。一般来说,科学研究具有如下特点:第一,继承性。任何科学研究的开展都离不开已有的科学研究,离开了已有的科学研究就无法产生新的科学研究,人类的科学研究事业也就无法向前发展。第二,创新性与探索性。科学研究贵在创新,如果没有创新,科学便无法进步,创新是科学研究的本质特征。创新不仅可以是理论上的创新,还可以是实践上的创新。创新性与继承性密切相关,创新在继承的基础上进行,继承是为了更好地创新。同时,创新性还与探索性密切相关。科学研究是要认识未知世界,认识人类尚未认识的客观规律,因此科学研究还具有探索性的特点。第三,控制性。无论采用的是自然科学的方法还是社会科学的方法,任何科学研究都具有控制性,这一特性最好的体现是操作性定义的使用。操作性定义,又称操作定义,是根据可观察、可测量、可操作的特征来界定变量含义的方法。即从具体的行为、特征、指标上对变量的操作进行描述,将抽象的概念转换成可观测、可检验的项目。可观测、可检验就意味着可控制或可操纵,也就意味着可以辨别和确认要研究的对象以及对象与对象之间的关系,尤其是因果关系。例如,正念(Mindfulness)是当代临床心理学领域出现的一个新概念,尽管其已在临床领域取得了瞩目的成绩,但理论研究却亟待加强。尤其是正念的概念模糊不清,因此需要量化界定正念的概念,这时便需要使用操作性定义。许多学者认为正念是"一种对注意的自我控制",从而"可以把注意保持在当前的经验或体验上,并继而允许对当下心理活动的认知不断深入",尤其要"对当前的经验或体验采取特定的导向或态度,如好奇心、开放性和接纳等"(Bishop et al., 2004)。这一定义将正念看作一种类状态特质,包括"对注意的自我控制"(段文杰,2014)和"对个体经验的导向"(Lau et al., 2006)两个成分。此外,科学研究还具有客观性、验证性、自觉性、组织性、系统性等特点。根据研究工作的目的、任务和方法不同,可以将科学研究分为以下3种:第一,基础研究。基础研究是对新理论、新原理的探讨,目的在于发现新的科学领域,为新的技术发明和创造提供理论前提。第二,应用研究。应用研究是将基础研究发现的新理论应用于特定目标的研究,是基础研究的继续,目的在于为基础研究的成果开辟具体的应用途径,使之转化为实用技术。第三,开发研究。开发研究又称发展研究,是将基础研究、应用研究应用于生产实践的研究,是科学转化为生产力的中心环节。

二、社会科学是科学的一种形式

社会科学是用科学的方法研究人类社会的种种现象的各学科总体或其中某一学科,是研究各种社会现象的科学,如社会学研究当代人类社会,政治学研究政治、政策和政治活动,经济学研究资源分配等。一般来说,社会科学所涵盖的学科包括经济学、政治学、法学、伦理学、历史学、社会学、心理学、教育学、管理学、人类学、民俗学、新闻学、传播学等。一些学科,如人类学、心理学、考古学等,是社会科学和自然科学的交叉。在现代科学的发展进程中,新科技革命为社会科学的研究提供了新的方法和手段,社会科学与自然科学相互渗透、相互联系的趋势日益显著。社会科学的历史源远流长,最早可以追溯到古希腊时期,尤其是古希腊哲学思想。古希腊哲学是古希腊哲人对生活的智慧进行总结与思考而形成的哲学学说,在古希腊人看来,哲学和科学属于同一个范畴。古希腊哲学的重要特点是辩论与质询,对西方的哲学、科学和宗教的发展都有深刻的影响(汪太贤,2004)。但严格来说,社会科学是在19世纪才出现的。

社会科学通常具有如下特点:第一,复杂性。社会科学所研究的社会事物或社会历史现象一般都是非常复杂的,它们受到众多自然和社会变量的制约,而这些变量之间往往又是彼此相关的、非线性的关系。社会科学所研究的对象一般都具有自我组织、自我创造、自我发展的能力。社会事物的产生往往由偶然的事件或个别人物作为导火索,具有较强的随机性和模糊性。社会科学往往又较多地涉及"应该""愿望"等问题,而这些问题的判断较强地依赖于观察者的思想动机,受到众多内外变量的制约,表现出较强的随机性和模糊性。人们很难从这些随机因素的背后找出必然性因素,很难从思想动机中发现其客观动因,这就给社会科学进行精确、客观的分析带来了巨大的困难,因而只能大量地采用定性分析的手段。第二,依赖性。一般社会事物都是建立在众多自然事物的基础之上或与众多自然事物相联系的,因此一门社会科学往往涉及众多自然科学领域,社会科学的发展在很大程度上依赖于自然科学的全面发展状态。自然科学如果没有得到充分发展,社会科学就难以在客观性和精确性上取得重大突破。第三,主观性。对社会事物的认识和评价往往受到众多主观因素的制约,而这主要取决于观察者与观察对象之间的利益关系,因此,社会科学很容易带有强烈的民族性和阶级性。这种由利益关系所引起的"先入为主"的主观因素,诱导人们形成非中性的、非客观的、非理性的观察态度,容易形成代表不同民族利益和阶级利益的"社会科学",而且互不妥协、各自为政,从而严重阻碍了社会科学的健康发展。第四,难验证性。社会事物一般有着较长的运行周期,且在时间上具有不可逆性,有些社会事物的运行容易产生巨大的利益冲突,甚至还会引发一些不可预测的灾难,因而难以进行重复性实验,许多社会科学的假设、预言难以在短期内和较小范围内得到验证。

三、社会科学研究的基本原则

一般来说,进行社会科学研究应遵循如下基本原则:第一,客观性与科学性原则。客观性与科学性原则是指研究者对待客观事实要采取实事求是的态度和科学的研究方法,既不能歪曲事实,也不能主观臆测。客观性与科学性原则是任何科学和研究都必须遵循的原则,应贯穿于从研究选题开始直至得出结论的整个研究过程始终。第二,系统性原则。社会现象同世间万物一样,都是处于一个有机的系统之中,其产生和变化都有一定的原因。社会科学研究的目的就是通过对研究对象的描述,寻找和解释社会现象的成因和发展规律,并用以预测和控制研究对象的发展。系统性原则要求研究者不仅要将研究对象放在有组织的系统中进行考察,而且要运用系统方法,从系统的不同层次、不同侧面来分析研究对象与各系统、各要素的关系。第三,理论与实践相结合原则。研究者要确保理论知识与实践认识之间存在相互作用,在实践中检验理论,使理论为实践导航。第四,伦理性原则。在开展社会科学研究时,经常要采用一些控制情境或被试的研究手段和方法,这时就应特别注意在创设情境时切忌采用违背伦理性原则的方法,如欺骗被试、隐瞒研究目的、威胁恫吓等。在其他原则与伦理性原则相矛盾时,应首先遵循伦理性原则,放弃研究或采用其他不违背伦理的方法。

第二节　社会科学研究的方法论体系

一、科学方法论

科学研究是通过各种科学方法,按照科学的认识过程寻求客观事物的本质及其运动变化规律的一种思维活动或过程,是一种追求真理的过程。简而言之,科学研究的过程即假设检验的过程。相应地,在这一过程中所运用的产生问题和假设、收集数据、分析数据以及建立理论的方法就是科学方法。科学方法论体系是以认识论为基础,以科学研究过程为线索,以一整套系统的科学研究方法为内容所建立的体系。从广义上来说,科学方法论是由正确的世界观所决定的、能让人们正确地认识世界和改造世界的根本方法;从狭义上来说,科学方法论是关于科学研究、科学评价和科学发展的正确的一般方法。一般来说,科学方法论体系,按其从高到低的水平结构,可分为3个不同但又紧密联系的层次:哲学方法论、一般科学方法论以及具体的研究方法和技术。哲学方法论是指导科学研究的最普遍的方法论,唯物辩证法是科学研究的哲学方法论;一般科学方法论具有跨学科的性质,其代表是系统科学的基本原则,系统科学是"老三论"(控制论、系统论和信息论)和"新三论"(耗散结构理论、协同学和突变论)的总称;某一学科具体的研究方法和技术是分别适用于特定科学的专门的研究手段和技术,如观察法、实验法一般是自然科学的研究方法,而社会调查、个案研究则是某些社会科学的主要的研究方法(张林,刘燊,2020)。

二、社会科学研究中的方法论探析

围绕着社会科学研究中的科学方法论,不同的学者从不同的角度提出了见解。例如,赵一红(1999)论述了社会科学方法论中的价值中立问题。她指出,社会科学研究中的价值问题是社会科学方法论的核心问题,其中价值中立论又是在西方影响较大的一种社会科学方法。它的形成经历了若干阶段:第一,实证主义价值中立论;第二,马克斯·韦伯(Max Weber)系统化了的价值中立论;第三,当代西方的价值中立论。价值中立论是西方社会科学研究中带有唯客观主义色彩的方法论原则。这一方法的实质是研究主体在依据自身的主观愿望选择了所要研究的问题之后，应客观地描述关于问题的全面资料和对这些资料进行分析所得出的结论，无论这些资料和结论是否与研究主体、社会或者他人的价值观念相冲突、相对立。这种社会科学研究方法不仅在西方长期占据主导地位，而且对我国社会科学研究方法体系也有很大影响。不能笼统地说社会科学可以做定量化分析或不能做定量化分析，同样也不能笼统地说社会科学都与价值有关或与价值无关。这不是一个简单的二分问题，暂且来看看韦伯的观点。韦伯认为任何社会现象都是由人的行动所构成的，人的社会行动是社会学分析的基本单位，人的社会行动会与周围环境条件相联系，又与人的意愿动机等主观因素相关。因此，对社会的研究既要做因果性分析，又要对驱使人们做出行动的动机进行理解，使研究方法适合研究对象。殷杰和樊小军(2018)从社会科学方法论的困境出发，探析了语境论的社会科学方法论。他们认为，现代社会科学自诞生以来，实证主义方法论和解释学方法论之间一直无法达成一致，这使得社会科学方法论陷入了一个似乎无解的困境，阻碍了社会科学研究的深入推进。这个困境主要体现在两方面：一方面，两种方法论都坚持自身立场的唯一合法性，从而在两者之间产生了二元对立的僵化局面；另一方面，各自立场固有的内在缺陷导致相应的社会科学研究实践逐渐背离了复杂多样的真实社会世界。因此，能否找到一个新的方法论立场，使社会科学方法论可以借此实现融合或统一，并能有效贴近和解释社会世界，就成为一个亟待解决的问题。在语境论世界观视域下，社会科学研究对象都是以人所从事的特定事件形式呈现的，它们依赖于语境，同时也受限于语境。而语境论的社会科学方法论的精髓，就集中体现在研究过程中对研究对象进行的"语境化"操作上，也就是将这些事件放在其当下的或历史的语境中来考察，从而使研究者能多方位地分析各种主客观语境因素的影响。在研究实践中，研究者通常将这些事件纳入特定的案例中，着重关注案例的具体情况，而非任何一般性的特征，分析其中焦点事件的情境及其作用。因而，语境论的社会科学研究方法就典型地体现为一种案例研究式的操作。张庆熊(2019)从现代复杂性社会和全球化背景的角度探讨了中国特色社会科学方法论，他指出，自改革开放以来，在建设中国特色社会主义的过程中，形成了中国特色社会主义理论，中国特色的社会科学方法论是中国特色社会主义理论的重要方面和强大引擎。从总体上说，中国特色的社会科学方法论是马克思主义的辩证唯物主义和历史唯物论在中国语境下的具体应用和创造性发展。从具体特征来说，一方面，它坚持实践是检验真理的唯一标准，实事求是、求真务实；另一方面，它提出以崇高的价值观念引领实践，认真处理好"以人为本"与遵循客观规律的"科学性"之间的关系。对于任何理论，不将它视为天经地义的教条，而在实践的成功和失败中检验其正确和错误。与此同时，对我们的理论和观念进行理性的反思，辨明其价值意义，弄清其实现可能性的现实条件，吸纳国内外优秀的理论成果，结合实践经验加以修正和完善，不断有所创新、有所提高。中国特色社会科学方法论是在现代复杂性社会和全球化背景下发展起来的。认清现代社会系统的复杂性和全球化的大背景，对于我们从根本上解决各类人民关切的社会重大问题，不犯系统性、颠覆性的错误非常重要。这样，既脚踏实地，又仰望星空;既反对因循守旧的经验主义,又反对不切实际的教条主义;连接理想与现实,取得建设中国特色社会主义的伟大成就。吕微(2021)论述了马克思主义社会科学方法论及其当代价值,她认为,马克思主义社会科学方法论主要包括从实践出发的方法、社会系统研究方法、社会矛盾分析方法、社会主体研究方法、社会过程研究方法、社会认识与评价方法、世界历史的研究方法等,拟解决的问题主要包括人类社会与自然界的关系问题、人类社会的形成问题、对历史和人的问题的解答,其优越性表现在有助于更加辩证地开展社会科学研究,对指导具体的社会科学活动具有重要意义。不仅如此,马克思主义的社会科学方法论更为开放,方法论体系较为完整,具有普世长远的见地,有利于借助科学的方法进行研究。具体而言,马克思主义社会科学方法论的当代价值主要包括:第一,以实践为基础,结合中国实际,形成中国理论;第二,以社会系统、矛盾、过程为方法,体现中国思维;第三,以解决实际问题为目的,引导当代大学生固本培元。

第三节　社会科学研究的过程

一、提出问题

　　假设现在有这样一个待解决的问题:"有哪些原因会导致一些研究生逐渐丧失对科研的热情呢?"这个问题很普遍,也很常见,高校教育管理工作者和研究生导师往往对此很感兴趣,也很想解决这个问题,但首先应该如何去理解或讨论这个问题中的"原因"呢? 很显然,这个问题问得很模糊,因此回答起来就比较困难。如果想要解决这个问题,比较好的做法是将这个模糊的问题转化为一个表述清晰、明确的问题,如"缺乏社会支持是导致一些研究生逐渐丧失对科研热情的原因吗?"甚至,还可以将感兴趣的问题转化成一个可检验的研究假设。研究假设是研究者根据经验事实和科学理论对所研究的问题的规律或原因做出的一种推测性论断和假定性解释,是在进行研究之前预先设想的、暂定的理论。研究假设主要分为描述性假设、解释性假设、预测性假设和内容性假设。研究假设是一个能验证真假的陈述,一般用于比较规范的验证性的量化研究之中。一旦明确地陈述了研究假设,就要考察其是否准确。考察假设的准确性,一个很重要的前提是精确地表达假设。一个常用的做法是采用操作性定义,即根据可观察、可测量、可操作的特征来界定变量含义的方法,其作用是将抽象的概念转化为可检验的项目。例如,"自信心"这个概念较为抽象,但如果转化为"学生对即将来临的考试可能获得的分数的估计值"便可以将其量化(张林,刘燊,2020)。

二、设计实验

这里以社会科学研究中常用的实验为例进行说明。实验是指研究者在严格控制的条件下,操纵一个或几个变量以观察想要研究的变量是否发生了变化的方法;实验设计是指为了判明各种研究变量之间的因果关系而规定的操作程序,是实现实验目的的途径。判明一个实验中所涉及的各种变量之间的因果关系,是实验设计的目的。为了达到这个目的,实验设计必须规定相应的实验逻辑、确定实验变量、选择实验被试和实验类型。

1. 规定实验逻辑

实验逻辑是指针对所要研究的问题有目的地事先规定出一个模式,以便这个模式能从多方面为实验变量的因果关系假设提供合理的推理依据,即规定出实验推理的逻辑结构。一般来说,在分析各实验变量之间纷繁复杂的关系且试图得出具有决定性的因果关系时,可将它们之间的关系条件区分为如下4种:第一,充分条件,是指如果某一结果事件的出现经常是由另一原因事件所引起的,则称后者为前者的充分条件。如果由 A 能推出 B,那么 A 就是 B 的充分条件。其中 A 为 B 的子集,即属于 A 的一定属于 B,而属于 B 的则不一定属于 A。第二,必要条件,是指某一结果事件出现之前必须存在的条件。如果没有 A,则必然没有 B,即如果有 B 则一定有 A,那么 A 就是 B 的必要条件。第三,充分必要条件,是指只要某一条件具备且只有这一条件具备时,才可以使某一结果产生。如果有 A,则必然有 B,如果有 B,则必然有 A,那么 B 就是 A 的充分必要条件,反之亦然。第四,附加条件,是指虽然某一事件的存在不是另一结果事件的决定性条件,但变量之间因果关系的判明还必须考虑到除了必要条件之外,还有其他的促发条件。除了充分条件之外,还有其他的代换条件。由此可见,充分条件、必要条件和充分必要条件体现了变量之间因果关系的决定性程度;而附加条件虽然不能决定变量之间的因果关系,但能提高因果关系中结果出现的概率,即促进在一定条件下结果出现的可能性。

然而,要判定变量之间的因果关系,需要将如下3个条件作为逻辑基础:第一,变量之间必须具备共变关系。当一个变量 A 引起另一个变量 B 的变化时,就说明这两个变量之间存在着某种关系。如果每改变变量 A 的一个方面,变量 B 就出现相应的变化,就会考虑变量 A 是否导致了变量 B。但变量之间的共变关系存在强度和方向的差异,如果变量 A 增加导致变量 B 也增加,则说明变量 A 和变量 B 之间是正相关关系。相反,如果变量 A 增加导致变量 B 减少,则说明变量 A 和变量 B 之间是负相关关系。变量之间共变关系的强度可以用相关系数来衡量,相关系数的值在 -1 到 1 之间,绝对值越大表明强度越大,如果是 0 则表明没有联系。第二,变量之间必须有一定的时间顺序,"因"在"果"之前。在考察变量之间的因果关系时,除了变量之间必须有共变关系外,在时间序列上影响变量的各种现象之间也必须形成一个因果关系链,这种顺序规定了事物之间联系的必然性。一般来说,发生在先的事物为"因",发生在后的事物为"果"。如果不说清楚时间顺序则无法明晰谁是"因"谁是"果",也有可能互为因果。第三,必须排除或明确界定附加条件的作用。因果关系的附加条件对因果关系的实现有着十分重要的作用,尤其是代换条件。在一种情景下的代换条件,在另一种情景下可能就是真正的原因。因此,只有在变量之间确立共变关系、明确先后顺序,并且排除了具体情景下的代换条件之后,才可以判定变量之间的因果关系。需要注意的是,上述3个条件必须同时符合才能说明因果关系成立。

2. 确定实验变量

实验一般涉及3类变量:自变量、因变量、额外变量。自变量是研究者为了观察其对另一个变量的影响而改变的条件或事件,研究者在设计实验时假定自变量会对因变量造成影响;因变量是研究者认为会受自变量操纵而被影响的变量,通常是对被试行为等方面的测量;额外变量也叫控制变量,是指研究者不关心的变量。这些变量必须进行控制,否则可能会与自变量一起影响因变量。在这种情况下,额外变量就成了混淆变量。对于自变量和因变量,要加以选择、操纵和精确而有效地测量;对于额外变量,则要严格控制,包括消除、平衡或记录它们的作用。在这3类变量中,自变量和额外变量都有可能是因变量的原因,但研究者更关心的是自变量和因变量之间的因果关系。

具体而言,在选择自变量时应注意以下问题:第一,自变量的数量。一项实验包括一个或一个以上的自变量,涉及多个自变量的实验比单一自变量的实验效率高。但自变量的数量并不是越多越好,自变量的数量太多可能会导致变量之间产生交互作用,这反而会模糊实验变量之间的因果关系,而且还会增加实验的工作量,尤其是被试间设计。第二,自变量的水平数。一个变量如果能作为自变量,则它必须具备两个或两个以上的水平。自变量和因变量之间的关系不仅仅是单调的线性关系,还有可能是更为复杂的非线性关系。因此,如果自变量的水平低于两个,就无法全面反映自变量和因变量之间的真实关系。在确定因变量时应注意以下问题:第一,因变量指标的有效性。当将社会现象作为因变量来进行观测时,需要考虑选择观测指标的问题,因为社会现象并不是一个实物、看不见也摸不着。在社会科学研究中,通常采用的因变量指标有行为反应(如反应时、正确率等)、生理反应(如皮肤电、心率等)、言语反应(如口头语言、书面语言等),但这些指标能否有效地代表实验所要观测的变量则是应该注意的重要问题之一。第二,因变量指标的灵敏性。对于同一个因变量,可选择多个指标对其进行观测,其中有些指标对自变量的变化比较灵敏,而有些指标则比较滞钝。因此,要选择灵敏的因变量指标去量化所要研究的变量。第三,因变量的可操作性。在实验研究中,对因变量的测量最终都是以数量的形式表现出来的。因此,必须对因变量下一个操作性定义,以便对它进行测量。

3. 选择实验被试

被试,又称受试,是指那些行为在研究中要被系统观察的人或动物。在选择被试之前,研究者必须依据实验目的思考如下问题:第一,被试类型。被试类型的选择一般根据研究目的而定,例如,以人为对象的研究是为了考察人的心理和行为,但由于人是有尊严的社会个体,因此就必须考虑实验处理条件是否违背了伦理性原则,是否自愿参与实验必须遵循被试本人的意愿等。如果实验处理条件不符合这些原则,就不能选用人作为被试,而应当考虑选用适当的动物被试。第二,被试应具备的特征。每项社会科学研究不可能将所关心的所有的对象都作为实验对象,而研究目的却往往是通过每项研究来说明具有某些特征的对象的总体情况。因此,只能选取一部分对象作为研究对象,而被选取的这部分对象的特征则是研究者要考虑的首要问题。被试特征决定了研究结果的概括程度,如果选取的被试特征具有很好的代表性,则会极大地提高一项实验研究的价值。第三,被试抽样方法。社会科学实验对被试的选择还必须考虑选择被试方法的科学性,即必须遵守科学的抽样方法,抽样方法正确是一项实验研究结果正确的前提保证。

4. 选择实验类型

一般来说,可以将实验分为因素型实验和函数型实验。其中,因素型实验是在控制条件下,操纵某些变量,以观察被试的心理或行为变化,从而探测这些操纵的因素是否是被试心理或行为变化的"因",其目的在于探测"因",是一种"什么型实验";函数型实验是在控制了某些条件后,操纵某些因素的水平,以观测被试某些心理或行为水平,从而建立两者之间的函数关系,是一种"怎样型实验"。因为要建立函数关系,所以研究者对自变量的操纵就要更为系统,或者说更为细致、水平更高。具体而言,在因素型实验中,首先需逐个排除或改变被视为心理或行为规定要因的几个条件,然后根据有无相应的心理或行为变化来判定它是否是行为的规定要因。这时,实验条件之外的所有其他因素都应该进行严密的控制。在函数型实验中,则应对在因素型实验中已经确定的规定要因加以系统、分阶段的改变,以确定这些要因构成的实验处理条件与心理或行为的函数关系,找出规定心理或行为的法则。由此可见,因素型实验是函数型实验的前一阶段,类似于函数型实验的"预实验",许多实验研究的基本进程是从因素型实验到函数型实验。

三、实验观测与收集数据

所谓实验观测,实质上是将实验设计付诸实施并收集观测资料的过程。实验观测得到的资料主要包括数据资料和现象资料,其任务就是将这些资料完整、准确地记录下来,这同时也就涉及了收集数据这一操作。

1. 数据资料的观测

数据可以通过一定的量表或问卷施测的方式获取,因此实验观测的过程实际上就是将实验中的心理或行为反映在某一种量表或问卷上进行标识的过程。一般来说,可以将量表分为称名量表、顺序量表、等距量表和比率量表4种,并分别用它们来观测心理或行为中的类别资料、等级资料、等距资料和等比资料。

(1) 称名量表。称名量表又称类别量表,是一种最原始的量表。它通过对观测对象"数"的指定,来对这些对象进行识别和分类。其中的数字只是事物属性的符号,并不具备有意义的固定原点、单位的等距性和数字的顺序性,因而该类数字没有数量的意义。其特点是这些数值与被测定的对象之间具有一一对应的关系,适用于统计频数、计算百分比、列联相关、卡方检验等,如性别、职业类型等。称名量表又可细分为两种形式:一种是命名量表,即用数字指代个别事物;另一种是类别量表,即用数字指代事物的种类。

(2) 顺序量表。顺序量表又称等级量表或位次量表,它通过一定的数值将要研究的对象根据某些性质按顺序排列起来。其特点是能够反映事物之间的先后顺序、等级排列和大小关系,适用于计算平均数、中数、百分比、等级相关等。顺序量表中的数字与实数轴中的数值具有相同的顺序性,即不同的数字可用来表示测量对象的等级、大小和程度的差异,但它既没有相等距离的单位,也没有固定的测量原点。换言之,它既不表示事物特征的真正的数量,也不表示绝对的数值,因此不能进行代数运算。

(3) 等距量表。等距量表的特点是既有数据的顺序特征,又有数据的空间特征,即相等间距。等距量表的数字是一个真正的数量,这个数量中各个部分的单位是相等的,所以可进行加减运算。但等距量表没有绝对的零点,它的零点是人为假定的相对零点。因此,对于等距量表中的两个数量不能进行乘除运算,它们之间不存在倍数关系。在统计方法上,它适用于计算平均数、标准差、相关系数以及进行t检验和F检验等。在心理测量中,由于大部分心理或行为数据难以确定绝对零值,因此更多地采用等距量表。

(4) 比率量表。比率量表是最完善的测量量表,除了包括称名、等级、等距量表的特征外,它还有绝对的零点或固定的原点。在该类测量中,一旦知道绝对零点的位置,那么实数轴上的任何一个非零点的数值均可表示为其与其他数值的比值。因此,使用比率量表,不仅可以知道测量对象之间相差的程度,而且可以知道它们之间的比例。此外,如果一个测量结果在比率量表上是零,那么可以说某个观测对象不具备被测量的属性或特征。由于它具有绝对的零值,并且在量表上的单位相等,因此就可以进行加、减、乘、除四则运算。在统计方法上,除了能进行分类、排序、比较差异、比较比值外,还能计算几何平均数、差异量数以及更复杂的统计计算(戴海崎,张锋,2018;周爱保,2016)。

2. 现象资料的观测

在社会科学研究中,有些心理或行为现象可以通过量表或问卷进行量化,但还有许多心理或行为现象不能或不容易被量化。有时,量化本身并不能反映心理或行为现象的本质特点。实际上,当研究者将心理和行为活动过程转换为某些统计数字时,会丢失许多有关被研究者主观性质的重要信息,而将现象本身客观地记录下来才是真正有效的。在社会科学研究中,对现象的观测记录一般采用录音、摄像、拍照以及语言描述等方式进行。

（1）录音观测。录音观测在社会科学研究中有其独到的地位和作用，主要用于记录具有声音特点的心理和行为反应。特别是将计算机技术与录音技术结合起来之后，录音观测更是发挥了非常重要的作用。声音的特点是稍纵即逝，而用录音的方法可以将声音较为客观真实地保留下来，并且可以反复回放研究，这是其他任何人工方法均难以实现的。有些录音记录的观测结果可以直接采用，但有些则需要进行再次编码才能从中发现实验所需要的信息。尤其是对现场实验进行录音时，无论是信号还是噪音，录音设备都会客观地记录下来（周爱保，2016）。例如，有研究为了评定言语者与聆听者的交流质量，通过录音观测的方法收集双方的对话，事后再进行编码，编码的内容包括话语轮转、感叹词的出现频率等（Dai et al.，2018）。

（2）摄像观测。摄像观测就是根据研究设计将心理或行为反应记录在录像带上，然后再进一步对这些录像素材加以分析研究。与录音观测相比，由于现代摄像技术既可以记录影像也可以记录声音，因此比单一的录音观测要优越一些。在一般情况下，摄像观测被大量用于儿童心理学和社会心理学的实验研究中，因为许多儿童心理和社会心理的外显行为反应是其他方法难以有效记录的，摄像观测则可以很好地进行记录。对儿童群体特别是婴幼儿而言，他们既不会写、也不会说，只有用这种方法才能对他们的心理和行为反应进行有效的观测。在社会心理学的研究中，由于有些行为不能被直接加以观测，采用摄像的方法是唯一的途径（周爱保，2016）。例如，一项研究借助双人脑电技术，探索了在视频情境和真实情境中，眼神注视是否可增强婴儿与成人之间的脑际同步。该研究包括两个实验，实验1让婴儿观看成人唱儿歌的录像，实验2与实验1的条件相同，只是换成了真实的情境（Leong et al.，2017）。

（3）拍照观测。拍照是对客观对象在某一瞬间状况的真实记录，如果将各个时间序列上拍摄的照片汇集起来，就可以分析得出某些心理和行为活动总的发展变化趋势。而且，有时一瞬间拍摄到的照片资料更真实。通过这些资料来分析人的心理特征和心理过程，就可以获得更有意义的结论。目前国内针对拍照观测这种技术主要为转化构建情绪面孔图片库或者对国外的情绪面孔图片库进行汉化研究，如黄宇霞和罗跃嘉（2004）将美国情绪与注意研究中心编制的国际情绪图片系统在中国进行了试用研究，白露等（2005）构建了本土化的中国情绪图片系统等，这些情绪面孔图片库主要是为了适应情绪研究的需要。

（4）语言描述。语言描述主要是指通过各种书面语言的方式来观测被试的心理和行为活动，包括日记、书信、传记、简历、自由访谈记录和文献记载等，这些方式往往可以更为深入地研究无法直接观察的心理或行为反应。当然，有些研究问题涉及被试个人的隐私，应该特别注意保密，对确实由于学习要求需要发表的内容则须经当事人的同意。语言描述的观测方法是心理史学非常常用的方法之一（周爱保，2016）。例如，阎书昌和高志鹏（2017）透过微观历史的视角，以黄翼与周先庚、吴有训等人的十余封通信为素材，还原了黄翼两篇形重错觉研究报告的评审与发表过程，揭示出黄翼与审稿人汪敬熙、主编吴有训、好友周先庚以及导师阿诺德·卢修斯·格塞尔(Amold Lucius Gesell)之间的冲突、协商和合作的复杂学术互动。这些信札作为私人交流的媒介,记录了当时心理学知识生产中局部的、互动的、存在于特定关系之中的思想、计划和动机。信札中的对话涉及当时心理学学术成果评审的几方面核心问题,如评审标准和流程、写作语言规范、学术权威、同行举荐、创新性认可、文献引用等。该文进一步以科学知识社会学的视角对这些问题进行分析,解构学术"象牙塔"的传统形象,以此揭示和反思心理学知识生产的内在过程。陈巍等(2021)以未完结的"本能"概念为例,回顾了郭任远与中国"本能"的论战。受到达尔文生物进化论的深刻影响,"本能"这一概念在19世纪末至20世纪初逐渐成为人类和动物心理学的核心议题。年轻的中国发展心理生物学家郭任远在美国心理学界掀起了一场声势浩大的"反本能运动"。返回中国后,他持续阐发其激进行为主义思想,推动了"中国现代心理学史上三场争论之一"的"本能"论战。这场争论不仅促使艾伟、潘菽、高觉敷等心理学家纷纷参与,还吸引了周建人、李石岑等人的目光。郭任远的理论主张与实验工作,桥接起了"本能"争论的中国与世界战场,并激荡起诸多积极、消极与混合反应。论战加速了"本能"的心理学研究在方法论上从"扶手椅"迈向"实验室",也深陷混淆发育解释与进化解释的历史圈套。虽然郭任远及其推动的中国"本能"论战并没有实现对本能心理学的"完结",但揭示出语义和信仰在科学研究中的认识论价值。这种理论渗透的意识形态最终确立起郭任远在行为科学史上独特的学术地位,并为"本能"演变成"未完结"的、开放的科学问题提供动力。

需要指出的是,一项研究采用何种收集数据的方法取决于研究的问题是什么。例如,态度是个体对特定对象(如人)所持有的稳定的心理倾向,如果想要研究态度,采用量表或问卷施测法较为合适,而采用别的方法(如生理记录法)就很难开展研究。

四、结果整理与报告

在一般情况下,根据上述方法所获得的观测资料不能直接应用,或不能直接为验证所关心的问题假设提供帮助,还需通过一系列处理才能对所关心的问题进行说明。对实验观测结果的处理大致包括如下3个步骤:

1. 缺失值的处理

在一般情况下,当实验观测结束后,由于诸多原因难免会缺失一些数据。因此,处理数据缺失值就是结果处理的第一步。对于有缺失值的被试而言,如果缺失值太多,可以将这个被试的所有数据全部作废;如果缺失值不是太多,而同时重新选取被试又比较困难,则可以用缺失值所在变量的平均数来代替,或用中数或众数来代替,甚至还可以用观测值拟合的线性方程的预测值来代替。目前,在专业统计软件包(如SPSS、SAS、Stata等)中,统计程序可以自动剔除缺失值而不加以计算;同时,对上述替代办法也可以自动加以实现

(周爱保,2016)。

2. 数据分布状态的分析

一般来说,明确观测值的分布特征是选择统计分析方法的前提。例如,Z检验或t检验都要求样本来自正态或近似正态分布的总体。如果不分析观测数据的分布状态,就无法知道其分布特征或不能准确把握。分析数据分布状态的方法包括柱状图法、累积相对频数分布法等,这些方法都是通过对频数的分析来确定观测数据的分布特征。此外,还可以通过对数据分布状态的分析发现和剔除异常数据。异常数据不仅会在实验过程中由于被试的异常反应而产生,而且会在将观测数据录入计算机的数据管理系统时产生。它的出现往往既影响数据平均数的计算,又会使数据的离散程度发生极大的变化,从而使计算误差增大,甚至造成统计错误(周爱保,2016)。

3. 统计分析

研究中做的观察通常要转换为数字,这些数字就是研究的原始数据。在这里,统计分析是指对一批已经初步整理好的数据从有关的数学统计原理出发进行统计推断,即采用统计来分析这些数据,并判断其是否支持研究假设。

五、讨论与结论

对观测数据进行统计处理之后所得到的实验结果,必须坚持实事求是的科学态度和基于恰如其分的理论解释,并且解释过程必须遵循有关判定因果关系的逻辑规则,在有关变量逻辑关系结构的基础上进行。在实验研究之初就需要针对有关问题形成明确的理论假设,必须明确设定变量之间的关系及测量方式,这是进行假设验证的基础。实际上,整个实验过程中研究者最关心的是理论假设和测量数据。数据是实验观测的结果,是在社会科学有关理论假设(目的在于构思变量之间的关系)的结构框架内所获得的,如果没有一定理论假设框架的规范,则在一推数据中无法获得任何有意义的信息;而只有在对这些实验观测数据进行统计分析之后,在统计结论的基础上对这些数据进行的社会科学理论解释才是有意义的。当然,解释不能离开数据统计结论本身,也只有在实验结果统计结论的基础上展开的社会科学理论解释才有更强的说服力。因此,假设验证的过程就是确定理论和数据关系的过程。需要强调的是,由于统计结论本身就有一定的风险性(由犯Ⅰ类错误和Ⅱ类错误的概率α和β界定),因此对一项实验通过假设验证所得出的结论,仍然应该持十分谨慎的态度(周爱保,2016)。

六、结果报告

研究结果的报告和发表是科学研究的一个重要组成部分,研究者只有将所获得的结果进行报告,让科学共同体得以了解,科学事业才能获得长远发展。因此,科学研究的最后一个环节往往是报告研究结果。一般来说,研究者会将结果整理好投递至学术会议形成会议摘要或会议论文,也会将结果整理好投递至学术期刊形成学术论文。

【思考题】

1. 请谈谈你对于科学概念的理解。
2. 怎样理解社会科学是科学的一种形式?
3. 请简述社会科学研究的原则。
4. 请论述社会科学研究的过程。

第二章 社会科学研究理论建构

第一节 理 论 概 述

在社会科学研究的众多方式中,借助理论去认识和解释社会现象从而获得有关社会的基本知识独具特色。理论构成了一门学科的基础,体现了学科的性质。在社会科学研究过程中,理论发挥了非常重要的作用。如果想要进行合理的理论建构并获得良好的理论发展,首先需要对理论的本质属性有一个基本的了解。

一、理论的内涵

由于"理论"(Theory)这一术语已被广泛使用,因而也具有了多重含义。不同的学者在使用该词时,所理解或所指的可能根本不是同一种含义。在一些语境下,理论指的是一种观点(Perspective)或一种学说(Doctrine);而在另一些语境下,理论指的是一种方式(Approach)或一种取向(Orientation)。因此,对理论这一概念加以说明很有必要。

就一般意义而言,理论指的是逻辑上相关的概念或命题。理论是指类似于规律性的、在逻辑上彼此相关的概括,是对一定事物或现象的解释。在自然科学研究领域,理论相当严谨,往往具有严格的表述形式和预测意义。例如,艾萨克·牛顿(Isaac Newton)于1687年提出了"万有引力定律"(Law of Universal Gravitation)。根据该定律,任意两个质点由通过连心线方向上的力相互吸引,该引力大小与它们质量的乘积成正比、与它们距离的平方成反比,与两物体的化学组成和其间的介质种类无关。由于万有引力定律揭示了天体运动的规律,因此在天文学和宇宙航行计算方面有着广泛的应用。它为实际的天文观测提供了一套计算方法,只基于少数观测资料,便能算出长周期运行的天体运动轨道。科学史上哈雷彗星、海王星、冥王星的发现,都是通过应用万有引力定律取得的重大成就。但相较而言,社会科学研究领域的理论形式不够严格,更多是一组假设或概念,或者是一种与经验研究或现实问题相区别的抽象学说。例如,以塔尔科特·帕森斯(Talcott Parsons)、罗伯特·金·默顿(Robert King Merton)等为代表的学者在第二次世界大战后提出了"结构功能主义"(Structural Functionalism)。结构功能主义由社会有机体论和早期功能主义发展而来,主张用功能分析方法认识和说明整个社会体系和社会制度之间的关系,认为社会生活能维持下去的原因是社会找到了一种手段(结构)去满足人类的需要(功能)。更进一步地对自然科学研究领域中的"理论"和社会科学研究领域中的"理论"进行比较后不难发现,前者更多是确定性的、可检验的、较为统一的,而后者往往是非确定性的、检验力弱的、非统一的。总之,理论是对事物及其关系的抽象概括,是关于事物和现象的基本知识。在实践中,人们又通过一定形式的理论去解释现象,即理论的主要作用在于解释和预测,判断一个理论的标准也就在于其解释力和应用范围。

一般来说,理论具有以下几个基本特征:第一,抽象性。即理论必须与所指涉的社会实践相分离。第二,主题性。一组陈述必须贯穿一个具有专门主题的论点,要求前后密切相关。第三,逻辑一致。理论中的各个陈述之间相互没有矛盾,并且还能通过相互演绎得出。第四,说明性。理论必须是有关社会现象的一个命题或论点,可以说明这些现象的形式、实质或存在状态。第五,概括性。理论在原则上必须用于解释所要说明现象的任何一种具体表现,并且能做出相应的解释。第六,独立性。理论绝不能简化为参与者自身就其行为提供的说明。第七,有效性。理论必须与研究者所掌握的知识相符合。

二、理论的层次

理论具有不同的层次,有些是非常抽象的,有些是非常具体的。例如,按理论所涵盖的范围,通常可以将理论划分为宏观理论(Macro Theory)、中观理论(Meso Theory)和微观理论(Micro Theory)3个层次。

宏观理论以整体性的社会现象为解释对象,是一种高度概括的解释框架。宏观理论的抽象程度最高,应用领域最广泛。在社会科学研究领域中,宏观理论以经济学最为活跃。例如,林毅夫(2007)认为,现有的宏观经济学理论不管哪个流派,均以国民经济中下一个新的、有前景的产业何在是不可知的为理论模型的暗含前提。这样的暗含前提对发达国家来说是合适的,因为发达国家的特征之一便是所有产业都已经处于世界产业链的最前沿,对于国民经济中下一个新的、有前景的产业何在,绝大多数情况下每个企业的看法不同,无法达成社会共识,政府也不可能比企业有更准确的信息。但是,对于一个处于快速发展阶段的发展中国家而言,在产业升级时,企业所要投资的是技术成熟、产品市场已经存在、处于世界产业链内部的产业,而发展中国家的企业很容易对哪一个产业是新的、有前景的产业产生共识,投资上容易出现"潮涌现象",许多企业的投资像波浪一样,一波接着一波涌向相同的某个产业。在每一波开始出现时,每个企业对其投资都有很高的回报预期,金融机构在"羊群行为"的影响下也乐意给予这些投资项目金融支持。然而,等到每个企业的投资完成后,不可避免地将会出现产能严重过剩,企业大量亏损破产,银行呆坏账急剧上升的严重后果。而且,即使在现有的产业已经产能大量过剩、出现通货紧缩的情况下,下一个新产业投资的"潮涌现象"也可能继续发生。所以,有必要放松现有宏观经济理论中新的、有前景的产业是难以预知、不确定的暗含前提,重新构建一套适合于快速发展的发展中国家的宏观经济理论体系,探讨投资的"潮涌现象"对物价、就业、经济增长和周期波动的影响,为政府制定财政、货币、金融、外贸、外资、产业发展等宏观管理政策提供参考,以帮助发展中国家的国民经济取得稳定、快速、持续、健康的发展。此外,社会学领域中的结构功能主义理论也是较为有代表性的宏观理论之一。结构功能主义是现代西方社会理论中的一个重要流派,该学派从结构与功能以及两者的相互联系出发,深入分析和广泛探讨了有关社会系统的一系列重要理论问题。结构功能理论认为,社会是具有一定结构或组织化形式的系统;构成社会的各个组成部分以其有序的方式相互关联,并对社会整体发挥相应的功能;社会整体以平衡的状态存在着,其组成部分虽然会发生变化,但经过自我调节整合,仍会趋于新的平衡(刘润忠,2005)。

中观理论也称中层理论,是西方政治学者于20世纪60年代提出的一种有关政治研究层次的理论,主张政治研究应着重于发展,处于宏观与微观之间的中间层次的理论。中观理论的源头出自默顿于1949年出版的《社会理论和社会结构》(《Social Theory and Social Structure》)一书,默顿反思社会学理论的发展后认为,完整的理论体系正在遇到越来越大的挑战,将被逐渐成熟起来的经验科学所取代。他建议学者们应防止将注意力集中到构建那种已经过时的庞大理论体系上,还应努力发展有限资料范围内的特殊理论,如阶级动力论、群体压力论、权力流动论、人际关系论等。在默顿看来,中层理论具备如下特点:第一,主要用于指导经验研究。尽管中层理论具有一定的抽象性,但它更接近于构成可验证命题的观察资料。第二,只涉及有限的社会现象,但它比单一的检验概括更高一层。第三,可以融入到所谓的社会学理论系统中去,即通过有限的中层理论可以发展出普遍性的理论体系。第四,区分出了微观社会问题和宏观社会问题。第五,直接延续了经典理论研究工作。第六,可以指明未知的方面,或需进一步研究的方面。就目前而言,中观理论在社会科学领域的应用还是集中于政治学领域,并且不会单独出现。例如,游宇和王正绪(2014)提出了"渐进修正的政治信任模型",他们指出,尽管制度主义和文化主义都可用于解释威权政体下的政治信任来源,但对当代中国政治信任来源的认识很可能介于两者之间,即在文化与制度之间存在着某种互动。"信任的终生学习"(Lifetime of Learning About Trust)框架表明,政治信任从个人早期生活就开始形成,而早期的态度和信念会被新近的经验和事件所强化或挑战(Mishler et al.,1997,2001)。不过,该理论用人际信任或制度信任来指代宏观层面的国家文化是值得商榷的,诸多研究表明人际信任与政治信任的关系并不明显,而且仅仅使用人际信任等来指代国家文化也过于单薄。此外,作者也承认该模型对于解释国家内部的差异存在局限性。因此,建立一个适当的中观理论(Meso-level Theory)来解读中国个体间的政治信任差异是必要的。如图2.1所示,个体的政治信任差异既是一个时间维度的命题,同时也是微观社会化、绩效评价与宏观文化、价值观相互作用的中观命题,仅仅在某一时间点上验证个体政治信任及其影响因素很可能"一叶障目";而修正的客体既包括主观政治信任度,也包括影响政治信任的相关因素,两者相互调试。

此外,除了强调纵向时间维度外,也应强调个体在与外界互动并调试自身的政治信任时存在横向维度的差异,即修正弥散性信任与特定性信任的来源和大小也存在差异。

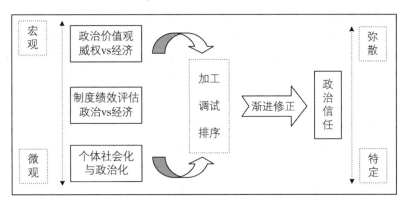

图2.1 渐进修正的政治信任模型

微观理论主要关注行动个体之间互动层面的现象与问题,普遍强调微观个体实在的重要性。社会科学领域最具代表性的微观理论是由乔治·赫伯特·米德(George Herbert Mead)创立,经赫伯特·布鲁默(Herbert Blumer)于1937年正式提出的符号互动论(Symbolic Interactionism)。符号互动论又称象征互动论,是一种主张从互动着的个体的日常自然环境去研究人类群体生活的社会学和社会心理学理论。其中,"符号"是指在一定程度上具有象征意义的事物。毛晓光(2001)指出,符号互动论的思想渊源可追溯到18世纪苏格兰道德哲学家们的意识流之中,以亚当·斯密(Adam Smith)、大卫·休谟(David Hume)等人为代表,他们提出:如果想建立人类的科学,则必须重视人类相互联系的基本事实,并应把注意力集中于人际间的沟通、同情、模仿及风俗上。哲学家们的灵醒观点在19世纪末和20世纪初得到了继承和发展……符号互动论在西方社会科学理论界的影响较为深远,在其不断的发展过程中,还衍化出了另外两种社会心理学经典理论:社会角色理论与参照群体理论。

需要注意的是,宏观理论、中观理论和微观理论三者之间不应该被截然分离,它们只是描述问题的范畴和对象不同,在一定程度上三者可以彼此结合共同发挥作用。此外,理论还可以按照其他标准进行分类,这里限于篇幅不做详细介绍。总之,理论的层次和形态是多种多样的,不同的研究对于理论性要求也是不一样的,研究者应该根据自己的研究问题应用或发展适用的理论。

三、理论的重要性

社会科学研究领域中的理论具有下述功能:

(1)指导研究。一般来说,理论对研究的指导作用突出表现在可以作为研究问题和假设提出的依据和为数据的统计分析提供理论背景两方面。

（2）整合已有的知识。事实上，并不是每一个研究的结论都可以发展为一个理论。理论往往是在一系列研究的基础上总结而来的。每一项研究都描述了某一现象或检验了某一假设，都丰富了科学知识，但如果不经过理论对这些比较零碎的知识加以整合，使之条理化、系统化，就难以使社会科学体系得到丰富和发展。

（3）解释社会现象。社会科学的目的之一就是解释研究对象的本质及其发展变化的规律，科学理论在解释现象时一般是通过"三段论"的逻辑规则进行的。

（4）预测社会现象发展。理论是进行预测的主要工具。预测是根据理论所反映的社会现象的本质和发展规律，按照理论所确立的现象或变量之间的关系，对社会现象今后的发展趋势及程度做出推断。预测是检验理论的科学性、准确性的最佳方法之一。如果预测得到了证实，那么所依据的理论也得到了进一步的证实。一般地说，一个理论预测的准确性越高，这一理论的科学性就越强，理论也就越好（董奇，2019）。

第二节 理论的基本构成要素

理论是由一组逻辑相关的符号要素构成的，这些基本要素包括概念、变量、命题、假设或陈述。了解理论的构成要素，有利于研究者在实际研究中运用理论和建构理论。

一、概念

概念是理论建构的基础，也是研究理论的起点。概念是一种指称，是对事物或现象的抽象概括。概念由定义构成，而定义是对概念的解释和说明。概念作为对事物或现象的一种抽象，是人脑对客观事物本质的反映。例如，段文婷和江光荣（2008）指出，态度是社会心理学的核心概念，社会心理学最早的定义是研究态度的科学。在早期的态度研究中，态度决定个体行为是不容置疑的观点，然而一项针对美国旅店和餐馆是否接待亚洲人的调查发现，店主们回应调查时的态度与他们的实际行为并不一致（LaPiere，1934）。随后，社会心理学领域掀起了研究态度与行为关系的热潮。1969年艾伦·威克（Allan Wicker）在其关于态度与行为关系的综述性研究中指出态度不能预测行为，并且认为社会心理学基本上可以摒弃态度这个概念（Wicker，1969）。威克的这一观点引起了相当大的反响。自此以后，越来越多的社会心理学家投身到致力于提高态度对行为预测力的研究行列中。目前该领域已经发展出一些整合的行为理论，其中最著名的是计划行为理论（Theory of Planned Behavior，TPB）。从这个例子中不难发现，计划行为理论研究的基础是"态度"这一概念。

二、变量

变量是指概念的具体表现形式,通过对概念的限定为概念设计一定的指标或使得概念操作化。例如,"本科"作为一个变量,包括"大一""大二""大三""大四"4种不同的表现形式。对抽象的概念或事物的经验研究是以变量分析为基础的,通过对变量之间关系的分析可以说明事物之间的关系。变量也可以被视为概念的操作性定义,操作性定义可以将一个抽象的概念变为可测量的具体化的变量形式,这一过程就是概念操作化的过程。操作化是指在社会调查研究中,将抽象化的概念或命题分解为可测量的指标和可被实际调查资料检验的命题的过程。对于简单的概念,可以用较少的指标来测量;对于复杂的概念,则需要用多个指标来测量。选择指标的标准是能使指标最大限度地说明研究中所界定的"概念"的内涵。变量有不同的分类。按照变量的测量层次,可分为定类变量、定序变量、定距变量和定比变量,它们的测量层次是依次递增的。例如,霍雨佳(2020)指出,前景理论认为个体在进行判断和决策之前,会对行为结果的得失进行评估,也就是将结果区分为损失(Lose)和获得(Gain)两种情况,然后依据结果的得失再做出相应的判断和决策(Kahneman,Tversky,1979)……那么如何定义事情的得与失呢? 前景理论认为事情的得失和参考点有关,对于相同的结果,由于参考点的不同,不同的人可能会得出不同的判断。例如,两个学生的期末成绩都是70分,一个学生可能会非常高兴,认为这是一种收获,因为自己上回没及格,所以这回他的目标是及格,结果却超出了预期的目标;另一个同学可能会十分失望,认为这是一种损失,因为自己成绩一直不错,这回的目标是要考到90分以上,结果却比自己的目标低了很多。可以看出,在这个例子中,参考点就是两人的目标,参考点不同,对获得和损失的定义就会不同。可见,在前景理论这个例子中所涉及的变量是结果分为获得和损失两种情况。

三、命题、假设或陈述

所谓命题,指的是将两个以上的概念或变量关联起来的陈述,或者说它是反映现象之间关系的陈述。例如,杨发庭和宋洋(2021)构建了基于AMI理论的智库分析框架。根据AMI理论,吸引力(Attractive Power)、管理力(Management Power)和影响力(Impact Power)是构成对智库评价的3个核心要素。智库吸引力与外部环境关系密切,良好的外部环境有助于智库获取更多资源;管理力是指组织智库资源、促进智库发展的能力;影响力是智库效能的一种直接体现,是吸引力和管理力综合作用的结果。同时,以上3个核心要素之间存在有机联系,吸引力在很大程度上决定了智库的资源获取,管理力影响智库资源的组织效率,即智库资源在管理力的作用下实现了决策研究成果,而影响力直接体现了智库的产出绩效,并且更重要的是,影响力又能对智库吸引力产生作用,智库影响力越大,则吸引力越显著,越有利于智库获得更多发展所需的各类资源。这样,从智库吸引力到智库管理力,再到智库影响力,最后又回到智库吸引力,形成了一个动态的闭环,经过这个闭环,智力资源得以发挥决策价值,形成智库的实际功效,并且在这个动态过程中,智库的三大评价要素也在发展变化。总之,从逻辑结构上看,AMI理论构建起智库运行动态模型,概括了智库发展的核心要素及其相互作用关系,基于这一模型可实现对智库的综合评价。

命题的形式多样,但在社会科学领域,假设是最常见的命题形式。例如,委托代理理论遵循的是以"经济人"假设为核心的新古典经济学研究范式,并以下面两个基本假设为前提:第一,委托人和代理人之间利益相互冲突。在委托代理理论中,委托人和代理人都是经济人,行为目标都是为了实现自身效用最大化。在委托代理关系中,代理人付出更多的努力,就可能获得更好的结果,而委托人最关心的是结果,代理人却对结果不感兴趣;代理人最关心的是付出多少努力,委托人却没有直接的兴趣。委托人的收益直接取决于代理人的成本(付出的努力),而代理人的收益就是委托人的成本(支付的报酬)。因而,委托人与代理人相互之间的利益是不一致的,甚至是相互冲突的。由于利益的相互冲突,代理人便可能利用委托人委托的资源决策权谋取自己的利益,即可能产生代理问题。因而,委托人与代理人之间需要建立某种机制(契约)以协调两者之间相互冲突的利益。第二,委托人和代理人之间信息不对称。委托代理理论还假设委托人与代理人之间信息是不对称的。即在委托代理关系中,委托人并不能直接观察到代理人的努力工作程度,即使能观察到,也无法被第三方证实;而代理人自己却很清楚付出的努力水平。但委托代理理论认为代理结果是与代理人努力水平直接相关的,且具有可观察性和可证实性。由于委托人无法知道代理人的努力水平,代理人便可能利用自己拥有的信息优势,谋取自身效用最大化,从而可能产生代理问题。代理人努力水平的不可观察性或不可证实性意味着代理人的努力水平不能被包含在契约条款中,因为契约即使包含了这一变量,如果出现违约,也没有第三者能知道代理人是否真的违约,从而无法实施。因此,委托人必须设计某种契约或机制,诱使代理人选择适合委托人利益的最优努力水平(刘有贵,蒋年云,2006)。假设提出后,还需要以各种形式进行论证。例如,张学义和庄桂山(2020)认为,心灵理论的哲学论证主要包括类比论证和假说-演绎论证两种。如果按照笛卡儿怀疑一切的推论方式,则将极端地陷入我心之外是否存在他心不得而知的不可知论的窘境,我们无法证明对他人心灵的感知和阅读,但是日常的经验又无数次告诉我们,他人存在着和我自身一样的心灵。当我被一杯开水烫到时会痛苦地叫起来,我自己能够深切地感受到那种疼痛感;同样,当别人也被开水烫到时,也大都会和我一样痛苦地叫起来,至少会表现得很痛苦。于是,我们就会据此认为,他人与自我都有同样的心灵感应系统,这就是所谓的类比论证。当代心灵哲学家、认知科学家杰瑞·福多(Jerry Fodor)等试图运用假说-演绎法来论证他心认知的问题,其基本主旨是他心确实存在于自我的观察范围之外,但是正如科学研究中其他不可观察的对象一样,科学家可以假定这些不可观察物为某种物理实在(如电子等),并掌握它们的规律,进而构建科学理论,再根据科学理论来预测、解释可观察但尚未得到很好说明的物理现象,从而演绎出更多的理论陈述。如果这些理论解释与预言都与现象相一致,那么之前假定的不可观察的物理实在就是可靠的、可信赖的。这就是所谓的假说-演绎方法。当然,命题和假设得以呈现后,陈述也很重要。例如,积极推动企业与大学以及科研院所之间的深度合作与协同发展,是实现中国自主创新的新思考,也是建设创新型国家的关键,因此,有关产学研协同创新的研究具有重大的理论意义和实践价值。基于以往的大量研究,何郁冰(2012)提出了产学研协同创新分析的新框架,涉及战略协同层面、知识协同层面和组织协同层面(如图2.2所示),以此来阐明作为企业、大学和科研机构如何利用知识和资源在组织间进行快速互动、共享与集成,提高国家和区域创新系统的效率。协同过程的核心层是"战略-知识-组织"的要素协同,支持层是政府的政策引导、项目推动和制度激励,辅助层是中介机构、金融机构以及其他组织(如风险投资)的参与。协同创新的过程和模式选择受到合作各方的利益分配机制、合作历史、组织间关系,以及企业吸收能力、创新复杂度和产业环境动荡性的影响,提高协同创新绩效的关键还在于综合考虑"互补性-差异性"和"成本-效率"的动态均衡。

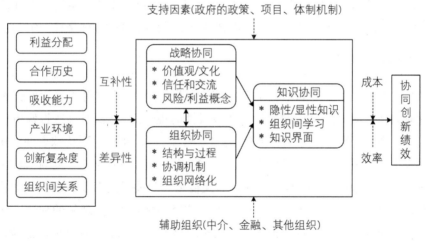

图2.2 产学研协同创新的理论框架

第三节 理论建构

一、理论建构过程

社会科学理论建构的方式主要有两种:归纳理论和演绎理论。

1. 归纳理论的建构

社会科学中的归纳理论是从对研究数据的观察和分析中发展出来的,且能解释现象或变量之间关系的概括性理论。归纳理论的逻辑基础是归纳推理,即从特殊到一般、从事实到理论。一般来说,在建构归纳理论时需要尽量多地考察研究范围内的事实,即尽量多地考察分析特殊事实,以从中发现具有普遍意义的模式(董奇,2019)。归纳主义者,如英国哲学家弗朗西斯·培根(Francis Bacon)和威廉·惠威尔(William Whewell)、意大利科学哲学家马尔切洛·佩拉(Marcello Pera)均认为科学理论是从事实中归纳出来的。这些归纳主义者认为,一个完整的科学研究是从最初的观察或事实开始的,据此归纳出可取的假说,再获取进一步的观察结果,最终归纳出确认度更高的假说。

这种归纳主义体现了如下三个原则:第一,积累原则。科学知识是经过充分证实的事实的结合,这种知识通过进一步追加已经过充分证实的事实而增长,而且追加一个新事实到这个集合的同时不会改变以前所有的事实。第二,归纳原则。由一种从积累的简单事实推导出定律的推论形式,从描述观察和实验结果的真的陈述可推论出真的定律和理论。第三,实例确证原则。一条定律的可信度与已经被观察到的在这条定律中描述的现象实例数成正比。换言之,正面证据越多,理论就越可靠、越接近真理(林聚任,2017)。

2. 演绎理论的建构

归纳主义者强调了从经验事实上升至理论假说的过程,而演绎主义者则强调研究始于对理论的演绎。演绎理论指的是从某些一般性的规律出发,针对某些特殊事件建立的理论。演绎理论的逻辑基础是演绎推理,即从一般到特殊、从理论到特殊事件。建构演绎理论的一般步骤如下:第一,选择研究课题,并确定一般性理论的应用范围;第二,确定研究的变量并使之操作化;第三,收集和分析有关变量之间关系的命题;第四,从命题出发进行逻辑推理,得出演绎理论(董奇,2019)。对于演绎主义者而言,理想的理论结构应该类似于几何学中的演绎结构。具体说来,建立理论的第一步是确立公理或公设(如关于"匀速直线运动""外力""作用"的公理化定义),第二步是从中推导定理(如牛顿三大定律),第三步是从定理中演绎出可以检验的命题(如预测某个经验事实),并借助观察和实验结果加以检验。演绎主义者坚信演绎法在逻辑上的完备性,演绎的典型方式之一是对覆盖率进行推演,覆盖率通常是一些普遍性的陈述。对覆盖率的演绎,在逻辑上是靠得住的,只要搞清楚并遵循逻辑规则。然而,演绎主义面临的难题如下:首先,很难找到公设。科学发现的难点不是演绎的方法问题,而是创造性地提出公设。其次,很难确定公设和逻辑前提的真理性或相对可信性,但这也是科学研究面临的重要问题。举例来说,"勤动脑有助于延缓认知老化的进程",这个前提可靠吗? 如果认为这个前提是可靠的,而"打游戏也是勤动脑的一种表现",这没有错。那么结论便可以逻辑地被推演出来:"打游戏有助于延缓认知老化的进程。"这个推演过程在逻辑上是正确的,但结论却是错的,因为其前提并不能被证明是正确的。最后,演绎并无法确保能获取新的知识。笼统来讲,演绎是从大到小的过程,覆盖率总是包含着更小的结论。这就注定了演绎过程是一个相当封闭的系统,难以产生创造性的结论,而归纳则可以弥补这一不足(林聚任,2017)。

3. 理论的实际建构过程

需要注意的是,上述归纳主义和演绎主义只是分别强调了经验事实和理论假说循环互动过程的一个侧面。但实际上,科学研究过程同时包含了归纳主义和演绎主义分别强调的方面。从事实中可以归纳出定律,如果定律还尚存疑问就姑且称之为假说,再从假说演绎出可观察的事实,用实验观察结果检验假说预测的事实是否确实发生,从而确证或确认假说。假说未必总是直接由事实归纳而来,也可以是从一个理论中演绎出来,再用事实去检验。按照让·皮亚杰(Jean Piaget)的观点,先抛开用事实检验的部分不谈,只就理论建构过程本身而言,可以将理论的实际建构过程分为3个不同的层次或阶段。

第一阶段是建立事实性的规律。最基本的理论描述了事实层面的规律,这里的"事实"指的是一种可以重复的关系。它的合法性仅限于对事实的普遍性确认,自身则并不包含任何解释。例如,恩斯特·韦伯(Ernst Weber)提出的韦伯定律(Weber Law)、古斯塔夫·费希纳(Gustav Fechner)提出的费希纳定律(Fechner Law)、斯坦利·史蒂文斯提出的史蒂文斯定律(Stevens' Law)等都属于这一阶段。这里的"规律"表达了一种带有统计性质或完全确定性质的规则性,规律只陈述"是什么",而不做任何解释。在规律的基础上,可以进行预测。可见,该阶段停留在描述事实和规律即确定"现在"是什么的层面,而预测只是描述或假定"将来"是什么。该阶段的任务是要确定事实的存在或确认规律的存在。总之,只确认某种普遍性的存在,并不对其加以解释。

第二阶段是演绎或协调规律。所谓演绎规则,就是在第一阶段获得的不同的关于规律的陈述之间建立逻辑的或数学的联系。演绎包括两种:一种是蕴含性的或三段论演绎。例如,从规律A(读书使人进步)中推演出规律B(阅读教科书使人进步),因为规律A是一个更普遍的陈述,它蕴含或覆盖着规律B。这种蕴含性的演绎只是一种简单的推导,并没有进行解释。另一种是建构性演绎。这种演绎已经不再是单纯的逻辑套接,而是将规律纳入了一个有组织的结构中。

第三阶段是建构模式。该阶段的主要任务是建构一个适合事实本身的模式,一个能使演绎的变化与实际变化相一致的模式。如果人们局限于演绎的形式方面,那么总有得到各种演绎体系的可能,其中有的体系将其他体系的结果视为公理或公设,有的则相反。这时要达到真正的解释,就必须以"模式"的形式使规律演绎具体化。这些模式被认为既再现了实际过程,又以演绎运算的形式表达了这些过程。当在所研究的现实中发生的实际变化与演绎运算相一致时,解释的目的便达到了。

例如,皮亚杰的认知发展阶段理论(Theory of Cognitive Development Stages)就假定了一种逻辑——数学结构,它是对事实变化的一种解释。皮亚杰将有关儿童思维发展的大量事实和规律组织在一个思维发展的逻辑结构里,这样就从关于事实和规律的普遍性的确认进入了关于它们之间关系的解释阶段。在皮亚杰看来,事实只是确认了理论模式,理论模式是对事实的解释,两者相互作用,不可分离。总体而言,皮亚杰提出的理论建构过程包括3个阶段:建立事实性规律阶段、演绎和协调规律阶段、建立理论模式阶段。建立事实性规律阶段的主要任务是"描述"客观现实,确定规律和事实的普遍性,这一阶段的主要任务是解释其中的原因,用一种主观抽象的模式解释变化的机制,以获得关于"必然性"的认识;演绎和协调规律阶段具有过渡性质,旨在协调若干规律,如果这种协调仅是蕴含性的演绎,便不具有解释性;但如果是建构性演绎,则或多或少会有一些解释性的色彩。建立理论模式阶段的工作主要是基于前两个阶段的发现,将零散的规律总结为某一理论,再通过实证结果去验证所建立的理论。

尽管不是每一项具体的研究都会经历或包含这3个阶段,但所有研究的一般倾向均超越了描述而走向解释。在规律的描述水平上,研究者一般很少存在分歧,因为实验或实践可以做出检验;但在解释水平上有分歧,甚至是难以调和的分歧。然而,这并不是说解释不重要,解释可以说出事实和规律背后的原因(林聚任,2017)。

二、理论评价的标准

一旦建立了一个或几个相互竞争的理论,就需要知道哪个理论更好,这就是理论评价工作需要回答的问题。理论评价除了考察理论与经验事实的符合程度外,还要考察理论本身是否符合科学理论的一般标准。通常认为,好的理论应该满足如下标准:

(1)自洽性。一个好的理论应该有一套相互关联的、具有内在一致性的观点,这些观点能相互推导、相互支持,也就是自洽。在某种意义上讲,理论是一种论说,目的是让别人理解并相信。如果理论相互矛盾,不能自圆其说,无疑是自我矛盾。因此可以说,自洽性是一个理论最本质的、最基本的特性。然而,保证理论的自洽性似乎并不容易,例如,弗洛伊德理论在这方面就受到质疑。刘琳娟(2012)认为,无意识理论作为"弗洛伊德理论的最富创造性和最激进的成就"引领人们思考何为"真正的真实",引发了对人类意识与心灵结构的全新思考,从而彻底改变了20世纪人文学科的走向,为20世纪西方文学带来了探究人类内心真实的希望。象征主义、意识流、超现实主义等文学流派都以无意识为基础,试图摆脱一切道德、秩序、理性的桎梏,书写无意识阈下的活动而接近心灵的自由本真。但是,在弗洛伊德提出激动人心的无意识理论的同时,也不得不面对随之而来的种种质疑:无意识在意识中的重现是否确有可能;如何确定这一在科学领域尚未得到实证的理论的正当性;对无意识作为人类共性的假设是否在跳出理性制约的同时,又走入了对人类共通的心灵规则的迷信;如是种种。即使将科学主义的疑问忽略不计,这一理论的建构本身也蕴含着内在矛盾:当弗洛伊德宣称无意识的原始性、非逻辑与不可察知的天性时,又屈服于本质主义的诱惑,为无意识确定一套可通约的法则。因此,受弗洛伊德理论影响的文学流派不得不在弗洛伊德为无意识确立的语法中戴着"镣铐"起舞,背负着先天不足的弱点,对心灵自由的理想主张在文本中难以得到实现。

（2）可验证性。尽管某些宏观的、哲学化的理论并不需要验证,也难以验证,但作为科学的理论应该是可以检验的。提出某个或某几个理论、做出对某类事物的预测,目的都是增加对世界的了解。因此,理论必须明确地提出某些预测或假设,而且这些预测或假设必须是可以验证的、能辨明真伪的。

（3）兼容性。尽管每个理论都具有一定的针对性,但好的理论必须能解释大量新的事实和资料,而不应该每遇到一个新问题都要做出修改,即理论应该能预测和同化新的事实,这就是理论的兼容性。

（4）简约性。简约性是对理论的较高层次的要求,一个好的理论应该是最简单、最有效的。理论在表述上和结构上都应该简洁明了,用最高效的方式说明尽可能深刻而丰富的道理。

（5）精确性。精确性是评价理论最重要的标准,一个理论的优劣主要是由其反映现象的本质和规律以及变量间关系的精确程度来判定的。如果一个理论的精确性不高,无论表述如何完美,也不能称为好的理论。但目前大多数理论的精确性均有待提高,这主要是由其研究对象的特殊性决定的。随着研究方法的发展和研究的深入,这种情况将会有所改变(董奇,2019)。

以上从理论建构的层面论述了理论评价的4个标准,这4个标准同样也体现在对理论的实证研究中。在实证研究中,自洽性表现为某个理论中的核心和重要概念是否明确、是否可操作。只有当一类行为或观念被清楚明确、合乎逻辑并操作化地表达为某项概念时,才可能成为具体的研究对象,才有可能对其进行检验。可验证性和兼容性分别强调检验一个理论是否能称之为好理论的两条途径,即一个理论必须同时具有很好的内部效度和外部效度。简约性可以通过减少理论中各种概念之间的关系复杂程度来实现。

【思考题】

1. 请谈谈你对于理论的理解。
2. 请论述理论的基本构成要素。
3. 请论述社会科学理论建构的过程。

第三章 社会科学研究设计总论

第一节 社会科学研究设计的内容

一、社会科学研究设计概述

尽管社会科学研究中常有意外的发现,但绝大多数的社会科学研究均依赖于精心的研究设计。研究设计包含诸多内容,可以根据研究目的采用不同的设计类型。在一项完整的社会科学研究中,研究设计往往是一个预先的准备过程,它是指为了能以较少的人力、物力和时间来获取客观明确可靠的研究结论而制定出的周密的、科学的整个研究工作的计划和安排(董奇,2019)。换句话说,研究设计是为开展研究所做的方法学准备和规划。衡量一项研究的优劣,关键是要看所得的研究发现是否符合研究预期或研究目标,研究设计的基本指导原则就是确保研究本身与研究目标相一致。通常,基于某种理论或假说、结合已有文献推导出研究假设后,便期望研究假设能预测某种实际情况是否发生。如果经验观察表明在特定条件下这个预期的情况确实发生了,则研究假设得以证实,从而在这一点上积累下了经过"实证"的可靠知识,科学研究达成了"求知"的最终目的(辛自强,2017);反之,则需要分析讨论为什么所预期的情况没有发生,这往往能引发新的思考或研究设计。所预期的情况没有发生的原因有很多,如研究设计存在明显的漏洞或失败、实验操控不严谨、被试的选取不具有代表性等。即使在这些情况下仍然得到一些研究发现,后续进行重复性实验时也很难重复得出相同的结果,无法令他人信服。因此,研究设计的科学性、合理性以及完善性会直接影响研究的开展、研究发现的可靠性与科学性。例如,谭群等(2018)基于自我加工优势和内隐积极联想理论,采用视觉搜索范式结合ERPs技术考察个体自我表情加工的特点,并进一步探讨情绪效价和身份信息对面孔加工的直接影响。该研究提出了两个假设,假设1是积极的自我表情更容易激活个体积极的自我概念,从而增强其自我表情的加工优势;而消极的自我表情作为一种自我概念威胁刺激,会阻碍积极自我概念的激活,进而削弱自我表情的加工优势。相比于自我消极表情,个体对自我积极表情的识别反应更快,即存在自我积极表情的加工优势。假设2是在早期视觉编码阶段,面孔表情加工只受情绪效价影响;在后续加工过程中,面孔的情绪效价和身份信息则存在交互影响。该研究采用2(表情类型:快乐表情,愤怒表情)×2(身份类型:自我,他人)的被试内设计,因变量为表情判断的反应时、正确率和ERP数据(N1,N170,N2,LPP各成分的平均波幅或峰值)。结果发现:① 搜索自我快乐表情比自我愤怒表情以及两类他人表情速度更快、正确率也更高;② 自我快乐表情对N1,N2,LPP成分的激活显著大于自我愤怒表情以及两类他人表情。这两条发现分别支持了假设1和假设2,并得出结论:自我表情加工存在积极加工偏向,且这种加工优势在面孔加工早期视觉编码阶段就已出现。

二、社会科学研究设计的内容

研究设计展示了研究者开展研究的总体图景,是科学研究工作中较为关键的环节,涉及提出问题、形成假说、选取变量、确定方法和实验程序、分析处理结果以及撰写论文等一系列内容。也有人将研究设计归纳为如下7个步骤:确定并论述所要研究的问题和假设,确定自变量、因变量及其范围和水平,选取研究对象,选择研究设计类型,确定数据收集方法、工具和程序,拟定数据统计分析思路和方法,预期可能的结论和讨论思路(辛自强,2017)。研究设计的内容具体如下:

1. 提出研究问题和形成研究假设

研究始于问题,一般基于文献综述提出研究问题和形成研究假设是研究设计必须要做的基本工作。例如,李海红等(2020)指出,作为一种特殊的内隐理念,心智模式是内隐理论在创造力领域的应用与拓展,特指关于创造力本质是可塑还是稳定的信念(Karwowski,2014),具有成长型和固定型之分……研究表明,心智模式与个体创新动机以及行为密切相关。高心智模式个体的创新自我效能、创新角色认同越高(Karwowski,2014),越倾向于产生学习目标取向(Puente-Díaz,Cavazos-Arroyo,2017),并在创造性任务中表现出高水平创造力(O'Connor et al.,2013)。尽管鲜见领导心智模式与员工创造力关系的研究,但对领导创新自我效能(Huang et al.,2016)、领导认知风格(张兰霞 等,2019)与员工创造力关系的研究发现表明,领导者的认知不仅影响其自身的创新行为,还会通过作用于员工创新动机与行为对员工创造力施加影响。为此,该研究推断领导心智模式与研发人员心智模式具有协同效应,当两者一致时,更有利于激发研发人员的创造力。具体可从创新学习和创新投入两方面进行解释。其一,创新学习。个体-环境匹配理论指出,个体的态度与行为不仅取决于个体特征或其所在环境,而且取决于两者之间的匹配关系(Kristof-Brown et al.,2005),个体在与其技能、价值观匹配的环境中工作才会更加顺利(Milliman et al.,2017)。领导-成员心智模式一致意味着上下级之间具有相似的创造力信念与结果预期,这有助于研发人员积极主动地开展创新性学习、发展创造力技能以提升创造力。此外,领导-成员心智模式一致表明上下级之间拥有相似的信息处理方式,有利于增强人际沟通、信任与社会交换关系,这无疑为研发人员整合观点、寻求反馈、提出新想法提供了条件(Boies et al.,2015)。其二,创新投入。根据资源保存理论中的损失优先原则,个体资源损失的影响远比资源获得重要,当个体预期到资源损失时会采取行动以避免损失发生(Hobfoll et al.,2018)。领导-成员心智模式一致对研发人员而言是一种积极的认知资源,为维持和保护资源,研发人员会采取积极有效的行动增加创新投入、确保创新任务完成,这有利于其创造力发展。资源保存理论的增值螺旋效应还认为,个体拥有的最初资源有益于其资源的进一步获得(Hobfoll et al.,2018)。领导-成员心智模式一致还有助于研发人员获得更高水平的领导创新支持以发展其创造力(Chen et al.,2016)。反之,当领导-成员心智模式不一致时,上下级的创新信念与预期不同,不仅会增加任务与关系冲突,而且易将研发人员置于不确定的环境之中,从而导致个体认知资源分散、创新动机减弱,阻碍其创造力发展(Lee et al.,2019)。据此假设:领导-成员心智模式一致性程度越高,越有利于激发研发人员创造力。在这里,研究问题便是领导-成员心智模式一致性对研发人员创造力的作用及其过程机理。一个有价值的研究问题的提出,是整个研究的开始。提出研究问题之后,研究者常常要对可能的结果进行预测,建立研究假设。明确了一项研究要解决的问题以及要验证的假设,也就明确了一项研究的目的,此后的实验设计工作主要侧重这一目的的达成。

2. 识别与选择研究变量

(1) 确定研究变量。研究变量是研究者根据研究目的真正关心的变量,包括自变量和因变量,研究者需要对这些研究变量的性质和特点了解透彻,包括所要探讨的研究变量之间的关系是因果关系还是相关关系、是主体变量还是客体变量、是可操纵的变量还是不可操纵的人口学变量(如被试的年龄、性别、社会经济地位等)、是可以直接测量的变量还是需要间接测量的变量等。例如,车晓玮等(2021)采用注意捕获范式,通过行为和事件相关脑电位技术,探讨工作记忆表征精度加工需求对注意引导的影响。该研究的实验1采用了2(精度加工需求:高,低)×2(语音编码条件:抑制,促进)×3(匹配情况:基线,不匹配,匹配)的被试内实验设计,其中精度加工需求、语音编码条件和匹配情况都是可操纵的、可直接测量的变量,主要是体现在三者具有不同的水平;黄杰和程中培(2021)基于第12次全国私营企业调查数据,探讨了青年企业家的地位感知问题,特别聚焦于家庭背景对其自我地位评价的影响。该研究的自变量是家庭背景,主要将青年企业家按原生家庭的背景划分为精英家庭与普通家庭两大类。精英家庭企业家则包括商业家庭与干部家庭两个子类,在具体操作上,家庭背景的变量都是通过问卷中有关"您创业或开始经营现企业之前父(母)亲职业"问题的回答来测量的。那些选择父(母)亲的职业是企业家、经理人的样本被归为是来自商业家庭的企业家,编码为1,否则编码为0。选择父(母)亲职业是干部、军官的样本则被归为干部家庭的企业家,编码为1,否则编码为0。精英家庭的企业家涵盖了以上两个选择,也就是父(母)亲的职业是企业家、经理人或干部、军官(如是则编码为1,否则编码为0)。不难发现,家庭背景这个变量不可操纵。

(2) 辨别与排除控制变量。控制变量是指那些除了自变量以外的所有影响研究结果的变量,这些变量不是研究所关心的变量。如果不能辨别与排除这些控制变量,就很难有效确定变量间的关系。尤其是考虑到某些控制变量可能会对研究结果有影响时,就要在研究过程中对其加以排除。例如,在面孔可信度研究中,被试的社会赞许性可能会干扰因变量的测量结果。例如,潘文慧等(2021)的研究中的控制变量包括项目类别、机构、经济投入、性别、职称、地域等。只有妥善处理好控制变量的影响,才能确定自变量与因变量之间的关系。

(3) 确定研究变量的数量和水平。研究变量的数量不同,对具体的实验设计、统计方法的要求也就不同。因此,在选择研究变量时,需要根据研究的目的和条件确定变量的数量。如果是单因素设计,则自变量只有一个,此时只需要考虑其主效应即可。由于单一自变量在解释效应时的说服力较弱,因此目前很少有研究使用单一的自变量;如果自变量有两个或两个以上,在实验设计时便要确定哪些是组间变量、哪些是组内变量或者是否均为组间/组内变量。对于这种情况,在统计分析时不仅要考虑每个自变量的主效应,还要考虑自变量之间的交互作用。对于测量型研究,有时还要考虑是否使用中介或调节模型以及其他更为复杂的模型。此外,还要确定每个变量或因素各自包含几个水平,对于非连续变量如人口学变量更要考虑这一点。例如,李婉悦等(2019)采用了2(特质性焦虑:高,低)×2(场景类型:积极,消极)×2(面孔情绪序列:恐惧序列,快乐序列)×6(面孔情绪层级:0%,20%,40%,60%,80%,100%)的混合设计。其中,特质性焦虑为组间变量,场景类型、面孔情绪序列与面孔情绪层级为组内变量。特质性焦虑包括高和低两个水平,场景类型包括积极和消极两个水平,面孔情绪序列包括恐惧序列和快乐序列两个水平,面孔情绪层级包括0%,20%,40%,60%,80%和100%六个水平。

(4) 确定研究变量的观测指标。为了保证研究结果的清晰性和科学性,通常需要对研究变量设定适宜的观测指标,即因变量。例如,梁九清等(2021)探讨了3~6岁孤独症儿童绘本阅读的视觉偏好特点以及主角大小和主线索颜色对孤独症儿童绘本阅读视觉偏好的影响,以14名普通儿童和54名孤独症儿童为被试,实验1采用了2(组别:孤独症组儿童,普通组儿童)×4(区域:主角区,主线索区,文字区,背景区)的混合实验设计。其中,组别为组间变量,区域为组内变量。因变量主要是眼动指标,包括总注视时间、总注视点个数、总访问次数。总注视时间是被试在兴趣区中所有注视点的持续时间,注视时间越长,表明被试提取信息越困难,认知负荷越大,或者表明这个目标更吸引人。总注视点个数是被试在兴趣区中的注视点总数,注视点个数越多,表明该区域越能引起被试注意,说明被试可能加工困难或感兴趣。总访问次数是被试对兴趣区的访问总次数,每次访问是指从首个注视点出现在兴趣区到下一个注视点移出兴趣区,访问次数越多,表明此区域对被试来说越重要,越能引起被试的注意。

(5) 考虑变量的观测水平。研究变量的测量可以在不同水平上进行,包括称名尺度、等级尺度、等距尺度和等比尺度4种。对于不同的研究变量,其测量水平可能是不同的,有的可以在多种水平上进行测量,有的只能在某一种水平上进行测量。例如,王秀娟等(2018)分别从特质依恋和状态依恋的角度考察施助者的依恋安全在求助者面孔可信度与助人行为之间的调节作用,实验采用了3(依恋类型:安全型,焦虑型,回避型)×2(面孔可信度:高,低)的混合实验设计,依恋类型为被试间变量,面孔可信度为被试内变量,因变量为助人意愿和捐助金额。其中,面孔可信度可以在称名尺度上进行测量,助人意愿可以在等距尺度上进行测量。

3. 选择研究对象

在社会科学研究实证类学科如心理学、管理学等的研究中,研究对象往往被称为"被试",包括接受实验或被调查的人或其他动物(如小白鼠、猴子等)。例如,刘艳虹等(2021)采用单一被试研究中的跨行为多探测设计,以成人与同伴混合视频示范作为干预策略,嵌入动机操作的原理,对一名孤独症儿童实施以玩偶为中介的虚构客体游戏行为的干预。在这个例子中,研究对象就是孤独症儿童;倪渊和张健(2021)基于社会认知理论,构建了政策感知-工作价值取向-创新投入的多元多重中介效应模型,以6个地区325份科技工作者的自我报告数据为样本,运用结构方程模型进行假设检验。在这个例子中,研究对象就是科技工作者。尹彬等(2020)尝试提出"整合性学习"的学习观,以40只SD大鼠为被试,采用了2(学习方式:整合,渐进)×2(性别:雄,雌)的组间设计,运用14单元组合T迷宫进行五阶段的动物行为建模。在这个例子中,研究对象为40只1月龄SD大鼠(20只雄性,20只雌性),分为整合雄(Integrative Learning-Male,IL-Male)、整合雌(Integrative Learning-Female,IL-Female)、渐进雄(Progressive Learning-Male,PL-Male)和渐进雌(Progressive Learning-Female,PL-Female)4组,每组10只。此外,有时研究对象并非只是这些被试或有机体,还有可能是某种现象、某个系统等。例如,高山行和谭静(2021)以创新生态系统的目的性为切入点,认为创新生态系统目的的更迭、演变是创新生态系统实现动态演化的一种重要机制。基于政府和企业视角,归纳出创新生态系统持续演进的4种模式,具体说来,作为国家和区域层面创新生态系统中的核心主体,政府具有设定创新生态系统目标并让其适应环境的作用,能够保证创新生态系统的持续演进。与此相对应,企业常通过调整自身战略、开放资源能力边界的方式来设定产业层面的创新生态系统目的。另外,还要注意有些期刊对被试的选取有额外要求。例如,《管理世界》便指出:

> 如果是实验研究,我们一般不接受以本科生作为实验对象的研究,除非该实验样本相对于其研究问题是合适的。

待研究对象和被试总体确定后,首先,要准确描述该总体的内涵和外延,即明确被试总体的性质特征和范围。例如,研究施助者的求助行为时,施助者有什么具体特征,施助者的人格因素是否影响研究结果,需要准确描述。这将决定如何抽取被试样本,以及究竟在多大范围内推广研究结论。

其次,要确定样本量。一般来说,样本量即实际的被试人数与样本对总体的代表性是成正比的。虽然样本容量越大越有代表性,但研究开展时的人力和物力条件往往会受到限制,因此进行研究设计时要确定合适的样本量。目前有一些社会科学研究类杂志的自检报告中需要作者对样本量的选取进行说明,这样有助于编辑和审稿人对研究结果的可靠性进行评价。例如,《心理学报》的自检报告中指出:

> 请写出计划的样本量,实际的样本量。如果两者有差别,请写出理由。以往心理学研究中普遍存在样本量不足导致的低统计功效(Power)问题,我们建议在论文的方法部分解释您计算及认定样本量的依据。应该以有一定依据的效果量(Effect Size)、期望的功效来确定样本量,并报告计算用软件或程序。样本量计划的理由和做法可参考 https://osf.io/5awp4/。

最后,要确定取样方法。取样的基本原则是随机性原则,即要保证总体中的每一个体被抽取的机会均等,常用的随机取样方法包括简单随机取样、比例/分层随机取样、整群随机取样、方便取样等。其中,简单随机取样和方便取样不太常用,除非是出于特定的研究目的,而比例/分层随机取样和整群随机取样则较为常用。例如,于潇和徐英东(2021)引入家庭生命周期理论对流动人口进行家庭异质性分解,检验家庭生命周期变量在流入城市对流动人口居留意愿影响中的调节作用。其微观数据来自国家卫生健康委员会组织开展的2017年中国流动人口动态监测调查,该调查覆盖了31个省(区、市)和新疆生产建设兵团中流动人口较为集中的流入地,采用PPS抽样法,调查对象为15周岁以上、非本地户口且在流入地居住超过1个月的流动人口,调查内容涵盖了流动人口家庭基本情况、家庭同居成员基本情况、居留意愿、就业、住房、社会保障、社会参与和社会融入与接纳评价等多方面信息。按照年龄、收入水平、数据可得性以及城市变量的匹配要求对调查数据进行清洗后,共保留有效样本142937人。其中,PPS抽样法(Probability Proportionate to Size Sampling)便是比例/分层随机取样方法。PPS抽样是指按概率比例抽样,属于概率抽样中的一种。

4. 选定资料收集方法、工具和程序

在社会科学研究中,可选用的搜集事实与数据的方法有很多,如实验法、访谈法、观察法、问卷法等。每种方法又可以选取不同的设计方式,研究者应了解这些设计方式各自的优点与不足,根据研究目的、被试特点、研究的主客观条件来选择最恰当的设计方式去解决具体的研究问题。在实际的研究中,应提倡多种方法的综合运用,以相互取长补短,提高研究效度。

确定资料收集的方法后,便要选择或设计相应的研究工具或材料。首先,可以选用现有的工具或仪器。心理学、管理学等领域已经开发制作了多种现成的量表,如瑞文标准推理测验(Raven's Standard Progressive Matrices, SPM)、韦氏智力测验(Wechsler Intelligence Scale)、卡特尔16种人格因素问卷(Sixteen Personality Factor Questionnaire, 16PF)等,市场上现在也有很多心理学、管理学类的问卷/量表手册。例如,翁清雄等(2018)在整合已有职业妥协相关研究的基础上,探讨了职业妥协的概念和结构,并通过访谈、开放式问卷调查等方法初步编制了职业妥协量表;运用项目分析、探索性因素分析、验证性因素分析等方法,对初步编制的量表进行修订和验证。这是一项量表开发编制的研究,职业妥协量表后续便可以被有需要的研究者广泛使用。此外,有一些量表/问卷为外国人编制,是否适用于中国文化背景未曾可知,因此一项较为重要的工作便是检验这类量表/问卷在中国文化背景下的适用性。例如,李小保等(2021)对青少年时间态度量表(Adolescent Time Attitude Inventory, ATA)进行了中文版修订,检验其信效度。结果发现中文版ATA具有良好的信效度,适宜在中国青少年中使用。此外,很多现成的仪器如眼动仪、脑电设备、磁共振设备等,在使用时一定要介绍清楚它们的型号、有效性、用途等。例如,连坤予等(2021)在"实验仪器"部分的描述如下:

> 采用由加拿大SR Research公司开发的Eyelink1000plus眼动仪记录被试眼动轨迹,采样率为1000 Hz。显示屏为19英寸(1英寸合2.54 cm)的戴尔显示器,分辨率为1024 px×768 px,刷新率为75 Hz。被试眼睛与屏幕之间的距离为65 cm。汉字以26号宋体呈现,每个汉字水平视角为1.16°。

岳童等(2021)在"脑电的记录及分析"部分的描述如下:

> 采用德国Brain Products公司的脑电记录和分析系统及64导的电极帽来记录脑电数据。在进行脑电记录时,以双侧乳突平均值为参考,而左右参考电极分别置于双侧乳突。在右眼外侧安置电极记录水平眼电(HEOG),垂直眼电(VEOG)在右下眼眶安置电极进行记录。以双侧乳突平均值为参考,而接地点位于前额AFz点上。脑电的采样频率为500 Hz/导,而滤波带通为0.05~100 Hz。在连续记录脑电数据后,进行离线分析(Off-line Analysis)。经0.01~16 Hz的无相数字滤波后自动校正眼动伪迹,其中波幅大于±80 μV者在叠加中自动剔除。离线分析的时段为1200 ms,包括反馈刺激呈现前的200 ms(作为基线)以及呈现后进行分析的1000 ms。分别对赢钱和输钱结果时段的脑电分别进行叠加和平均,获得总平均波形图。

祁亚鹏等(2021)在"数据采集"部分的描述如下:

使用同济大学电信学院数字影像实验室GE3.0T磁共振成像系统采集图像(GE Discovery MR-750 3.0T scanner,GE Medical Systems,Waukesha,WI)。被试闭目仰卧于扫描仪内,被告知尽量保持头部不要动,并且保持安静、清醒。以快速扰相梯度回波(FSPGR)扫描获得无间隔三维全脑T1结构像,具体扫描参数如下:层数＝176,层厚1 mm,体素大小＝1 mm×1 mm×1 mm,TR＝8.156 ms,TE＝3.18 ms,翻转角＝8°,扫描视野＝256 mm×256 mm。DTI图像采集具体参数如下:TR＝8600 ms,TE＝84.2 ms,采集矩阵(Acquisition matrix)＝128 mm×128 mm,层厚1.5 mm,层间距0 mm,共扫描67层,扫描范围不包括小脑。每名被试采集4个T2-权重图像(b1＝0 s/mm^2)和1个包括30个方向的弥散-权重回波平面成像扫描(b2＝1000 s/mm^2)。

研究中的"程序"有多种含义,既可以指整个研究的操作顺序、先后工作步骤,也可以指其中的一项具体的数据收集程序;可以指研究变量的操作程序,也可以指无关变量的控制程序;包括研究的指导语,也包括数据的编码和处理程序。所有这些,都要在研究设计中说明。例如,郭艺璇等(2021)在"实验程序"部分的描述如下:

实验程序的每个试次中材料呈现顺序为注视点"＋"500 ms、空屏250 ms、"启动字"(清晰图片)300 ms、空屏400 ms、"靶字"(进行不同模糊处理的字)2000 ms,要求被试既准确又快速地判断出靶字的真假,并且进行按键反应(一半被试真字按"F"键,假字按"J"键,另一半被试则相反);如果被试未及时做出反应,2000 ms后这个trial(试验)会自动跳过,进行下一个trial。在这个过程中,E-Prime会记录被试的反应时和判断的正误。每个实验程序将280个trial分为7个组块,每个组块含4种实验条件下真字刺激各5个和假字刺激20个,这些刺激随机出现。被试完成一个组块可进行休息调整。

5. 整理并统计分析数据

在研究设计中,要初步考虑如何对收集到的研究数据和资料进行整理和统计分析,以及如何使得统计方法与理论模型完美衔接。至于具体使用什么统计方法,要依据具体问题而定。统计方法有很多层次,包括描述一个事物的特征、描述两个事物的关系、比较两个事物的异同、寻找一个事物的影响因素、探讨很多因素的关系、对关系的比较、对系统的比较等。所要开展的研究究竟在哪个层次上进行分析,具体用何种统计方法,研究设计时都要有所考虑。例如,王磊和宋一锐(2021)在"数据的处理和收集"部分的描述如下:

本研究使用SPSS 25.0进行信度检验、单因素共同方法偏差检验、描述统计和相关分析;采用 Mplus 7.4 建立结构方程模型,并进行偏差校正的百分位 Bootstrap 法的中介效应检验。

三、社会科学研究设计类型

1. 相关研究与因果研究

按照研究所考察的变量之间关系的性质,可分为相关型研究和因果型研究。

相关型研究旨在确定变量之间的关联程度、共变关系或一致性,包括相关设计和组间设计两种形式。在相关设计中,研究者从一个总体中随机取样,然后对其中的每个被试都测量两个或两个以上的变量,再计算能反映变量之间关系性质和强度的有关统计量,如相关系数、决定系数、回归系数等,以此确定变量的共变关系。更进一步,还能根据变量之间的关系建立更为复杂的统计模型,目前使用量表或问卷的测量型研究都属于相关设计。例如,卢长娥和罗生全(2021)为探究工作家庭促进、心理资本、工作投入与幼儿园教师工作满意度的关系及内在作用机制,采用工作家庭促进量表、心理资本量表、工作投入量表及工作满意度量表,对486名幼儿园教师进行调查。结果发现,幼儿园教师在工作家庭促进、心理资本、工作投入和工作满意度上的得分均处于中等以上水平,并呈现出显著的年龄、教龄、职称、学历和婚姻状况差异;工作促进家庭、家庭促进工作、心理资本、工作投入与工作满意度两两之间显著正相关;工作促进家庭、家庭促进工作分别对工作满意度具有显著的直接效应,直接效应占总效应的比例分别为66.59％和55.41％;工作促进家庭、家庭促进工作分别对工作满意度的间接效应也较为显著,间接效应占总效应的比例分别为33.41％和44.59％。在间接效应中,工作促进家庭、家庭促进工作分别通过三条路径间接影响幼儿园教师的工作满意度,即心理资本的独立中介作用、工作投入的独立中介作用,以及两者的链式中介作用。需要注意的是,以上揭示的都是变量之间的相关关系,而非因果关系。在组间设计中,一般是从两个总体中随机抽取样本,再使用统计检验手段考察某个变量上两组被试的平均得分是否有显著差异,由此推论出两总体是否存在均值差异。例如,宋明华等(2017)采用的因变量为初中生的攻击行为,被试中同时包含男初中生和女初中生,此时可以将性别看作组间变量。结果发现,在初中生的攻击行为总分上,不同性别的差异边缘显著($t=-1.80, p=0.073$),男生($M=66.87, SD=1.20$)略高于女生($M=64.27, SD=1.20$)。同相关设计一样,组间设计也无法揭示因果关系。

因果型研究旨在确定变量之间的因果关系,以揭示现象产生与变化的原因,主要是通过实验法,并且要求有严密的实验设计,以确保因变量与自变量之间关系的确定性。因果关系的确定通过系统地操纵或创造某个实验条件(自变量),来考察这个实验条件产生的后果(因变量),同时排除其他可能的解释(控制变量或无关变量),从而确定实验变量之间是否存在因果关系。例如,李婉悦等(2019)为检验语境信息在面部表情加工和识别中的作用,通过两个实验考察语境信息的情绪性和自我相关性对中性以及不同强度恐惧面孔情绪加工的影响。实验1考察语境信息对中性情绪面孔加工的影响,采用2(语境情绪类型:积极,消极)×2(语境自我相关性:自我相关,他人相关)的被试内实验设计,因变量为被试对面孔刺激的效价和唤醒度9点评分结果。结果发现,积极语境下中性情绪面孔效价的评分更高,自我相关语境下中性面孔唤醒度的评分更高。在这种主动的操控实验中,尽管也借助统计检验的手段考察某个因变量上两组被试的均分是否有显著差异,但由于实验操控的存在,因此可以得出因果结论。

2.纵向研究、横断研究与交叉滞后研究

按照研究时间的延续性和被试样本的使用方式,可分为纵向研究和横断研究。

纵向研究也称追踪研究,是在较长的时间内,对一个或若干个被试反复、系统地进行观察、测量和实验研究,并随时间的进程记录他们的发展变化。例如,王苏和盖笑松(2020)选取白天-黑夜、头脚任务、延迟等待等实验范式,考察219名3岁幼儿一年内(3次测试)冷热自我调节的发展趋势及性别差异。结果发现,二因素模型拟合显著好于单因素模型,冷热两成分中度相关;幼儿的冷自我调节中度稳定,热自我调节中低度稳定;幼儿的抑制控制与延迟等待随年龄增加而提高,女孩的延迟等待提高后保持稳定;整体来看,幼儿的抑制控制和延迟等待存在显著性别差异,但具体来看,女孩的抑制控制仅在早期高于男孩,在延迟等待方面却始终高于男孩。当然,纵向研究的对象也可以不是有机体,而是某种客观存在。例如,肖静华等(2021)通过对美的集团2011~2018年从大规模制造到智能制造跨越式战略变革的纵向案例研究发现,数字化补课和智能化创新构成中国企业从大规模制造到智能制造跨越式战略变革的两个关键阶段,前一阶段主要通过数字化加速学习机制实现从粗放式管理到数字化管理的能力跨越,后一阶段主要通过数字化重构学习机制实现从工业化到智能化的体系跨越。通过信息技术驱动双跨越的战略变革,是发展中国家企业实现转型升级的重要路径。心理学领域有许多著名的追踪研究,如斯坦福大学的沃尔特·米歇尔(Walter Mischel)开展的棉花糖实验(Stanford Marshmallow Experiment),实验要求儿童在充满诱惑的棉花糖或玩具前坚持一段时间不吃食物或者不玩玩具便能获得更大的奖励,以体现儿童的延迟满足以及自控力,并假设延迟满足及自控力越强的儿童会有更优异的学业表现等。1978年,研究者开始进行纵向研究,结果发现,延迟满足以及自控力更强的儿童有更好的学业表现,拥有更高的社交水平;美国心理学家、"智商之父"刘易斯·麦迪逊·推孟(Lewis Madison Terman)于1921年开始对1528名智商超常儿童进行纵向研究,并设置了对照组,从童年、青年、成年直到老年一直进行追踪,追踪时间超过了60年,积累了较完整系统的资料。结果表明,800名智力超常的男性被试中,事业上有重要成就(如获得博士学位、进入名人录等)的比例比随机抽取的同龄男性高出10~30倍(张琼,施建农,2005)。不难发现,纵向研究的优点非常明显:第一,有利于探讨个体发展过程中的连续性和阶段性特点,厘清心理的发生和发展、量变和质变的关系、发展的

转折期等问题;第二,有利于对心理各方面的发展做全面的总体考察,以揭示心理不同方面之间的相互关系以及家庭、社会等因素的影响;第三,有利于探索那些短期内看不出结果的问题,或者需要经过一个较长时期才能下结论的问题。然而,纵向研究也存在如下缺陷:第一,容易受样本缩减与代表性问题的影响。研究中选择一个具有代表性的样本很困难,需要被试积极配合。但在长期研究中,由于升学、搬迁、疾病等问题造成被试流失的现象往往难以避免,样本量变小便会影响数据的代表性以及结果的科学性,使研究难以得出合理的结论。第二,变量的选择难题。由于研究涉及的时间跨度较大,哪些因素对未来事件走向产生重要影响往往难以明确,由此给变量的正确选择带来困难。第三,在长期纵向研究中,一些社会因素如是否会爆发国际战争或重大疫情对研究结果产生特定影响难以控制。第四,研究成本等一些现实问题,如耗费大量的人力物力、无法尽快得到研究结果、研究者的变更等(张林,刘燊,2020)。

横断研究是指在同一时间内,对不同年龄个体的某些方面的心理特征进行观察、测量的实验研究,探讨发展的规律和特点。相较于纵向研究,横断研究是在同一时间研究不同年代出生的被试,在不同年龄上的数据是若干组被试拼凑起来的,并非真正的"发展性"数据。横断研究最突出的优点是能在相对较短时间内实现大规模取样,省时省力,这一点尤其体现在使用量表/问卷的测量型研究中。此外,由于取样大,横断研究所获得的样本代表性更好。并且由于时间短,所获得的结果不易受时代变迁的影响。但横断研究也存在如下局限:第一,无法比较不同年龄个体的心理特征。这是因为横断研究所获得的结果无法证实差异是发展的结果,还是由其他原因所导致的。第二,横断研究无法揭示因果关系。因此,目前大量使用量表/问卷的测量型研究都会在研究局限中进行相关说明。例如,张云运等(2021)在"研究意义、不足及展望"部分的相关论述如下:

> 本研究仍然存在局限与不足,需要后续研究进行补充和完善。首先,本研究采用横断设计,无法探究各变量之间的因果关系。例如,父母在学业中的参与度和青少年早期的学业投入之间可能是双向交互的关系,积极投入学习的青少年可能会要求父母更多地参与他们的学习,比如主动向父母寻求帮助等,这又进一步促使青少年在学习中更加努力(Luo et al., 2013)。后续研究可以采用纵向追踪设计进一步进行探索。

为了克服纵向研究与横断研究各自的局限,研究者提出了将两者相结合的交叉滞后组设计,即同时对相隔一定年龄的多组被试进行相对较短时间的追踪研究,也就是进行连续多次的横断研究。这种设计有诸多优势,如收集资料的时间比较短、样本损耗较小、容易使研究变量和测量工具/程序保持一致、使不同社会生活经验的影响得以适当控制等。交叉滞后组设计由于综合了横断研究和纵向研究各自的优点,并部分地克服了其缺点,因此在理论上是一种近乎完美的设计。例如,董宝林和毛丽娟(2021)运用交叉滞后组设计探讨学校自然环境、人际环境与青少年体育锻炼三者之间的因果关联,以及性别、学段在三者中的调节效应,采用学校自然环境量表、锻炼氛围量表和体育活动等级量表,对1091名青少年进行了为期12周、两阶段纵向调查。结果发现,青少年体育锻炼的性别差异显著(男性优于女性),并且学校自然环境、人际环境以及体育锻炼的学段差异也是显著的(初中生各指标高于高中生);学校自然环境能单向预测体育锻炼和人际环境,体育锻炼能单向预测学校人际环境,即在学校自然环境与人际环境的影响链上,青少年体育锻炼具备中介作用且该效应存在学段差异。然而,由于交叉滞后组设计的模式较为复杂,并未得到广泛的应用。

3. 系统研究与分析研究

系统研究是指将个体的心理作为一个整体结构进行研究,如探讨一定发展阶段的整体面貌。这种研究涉及面较广,强调在生态环境中进行观察和实验、在主客体的相互联系中进行分析。例如,李董平等(2016)较早地将"累积生态风险"(Cumulative Ecological Risk)的概念引入心理学领域并指出,在现有文献中,研究者使用了多种方法对多重风险进行建模,如累积风险、多元回归、汇总总分、因子得分等。其中,累积风险模型(Cumulative Risk Model)是迄今为止使用最广的方法。具体做法是,先对每个风险因素进行二分编码(1=有风险,0=无风险),再将所有风险因素的得分相加,得到累积风险指数。Evans等(2013)首次系统总结和比较了40年来文献中出现的多重风险建模方法,结果表明,每种方法都有优缺点,必须辩证地加以看待。许多在理念上颇具吸引力的方法往往在实际的数据分析中并不可行。相比之下,累积风险模型虽然存在某些缺点(如未对风险因素进行加权、对连续型风险因素进行二分类别转换会丢失信息等),但也具备一些突出的优点:① 在理论上与Bronfenbrenner(1979)的"生物生态学模型"(强调多重风险因素的累积对有机体和环境之间持续的能量交换的破坏,而这种能量交换是个体健康发展的必备条件)、McEwen(1998)的"非稳态负荷理论"(强调多重风险因素的累积对有机体躯体反应系统的损耗尤为严重)以及Ellis等(2009)的"进化发展理论"(强调多重风险因素的累积会使生存环境变得资源短缺和不可预测,促使个体选择某些短视的生命历史策略)相契合;② 只有风险分布的高分段被计入累积风险指数,中、低分段风险不被纳入进去,因而可以捕捉对人类真正重要的高分段风险;③ 可以相对简洁地构造出严重逆境并对发展结果产生一致的预测作用;④ 不对风险因素进行加权,可提供稳健的参数估计;⑤ 对于风险因素的相关程度不做假定,因而对风险因素的共变性没有特定要求;⑥ 累积风险效应容易解释,方便与民众和政策制定者交流。

相较于系统研究,分析研究则是指将某一心理过程或特征从整体中抽取出来,单独加以研究。这种研究一般较为细致和深入,多采用实验法或实验室观察法进行。例如,薛凤等(2021)讨论了两个寡头垄断企业在成本信息不对称的情况下,三度在两个细分市场实施价格歧视的产量决策问题。将成本函数分为三种、两种及一种可选成本(完全信息)3

类情况,通过海萨尼转换,根据成本甄别系数的不同取值范围,得出了两个寡头垄断企业相互制约下的均衡产量、均衡价格、均衡利润及相互关系。研究结果表明,成本甄别系数越小,成本信息劣势企业的均衡产量越高,均衡状态下的总利润也越高;当寡头垄断企业1采用较高成本时,企业1会更加倾向于隐藏自身成本,它在具有信息优势的同时还具有成本劣势;而当寡头垄断企业1采用低成本时,则不会隐藏自己的信息而更倾向通过信号传递,把低成本信息的优势传递出去,从而使得寡头垄断企业2按完全信息决策产量等结论。

需要注意的是,系统研究和分析研究的区别是相对的,实际研究中它们相辅相成,分析研究使系统研究走向深入,综合许多有关的分析研究资料可以构成系统研究。

第二节　研究设计的标准与评价

研究设计的主要目标是提高整个研究的科学性,即保证研究发现能真实地反映人的心理活动规律。要做到这一点,就必须在设计每项具体研究时贯彻客观性原则,强调研究的信度和效度,有针对性地选取研究被试、变量、方法和制定研究程序等。更广泛地说,信度与效度不仅是研究设计应当遵循的标准,而且也是评价研究设计质量乃至整个研究发现的科学性的标准。

一、研究设计的信度

研究设计的信度指的是按照研究设计所获得的研究发现的一致性和稳定性程度。一项好的社会科学研究,其研究发现必须稳定可靠,即重复研究的发现要保持稳定和一致,否则便不可信。决定信度的关键因素之一是样本量,样本量越大则越有理由相信样本统计值越接近总体参数值,即样本更能代表其所在的总体。例如,如果想要调查国内20~30岁群体的消费观,那么从全国范围内选取该年龄段的100万的样本容量显然要比从某个省或某几个省选取1万或10万的样本容量得到的结果更为可信。目前采用量表/问卷的测量型研究都会报告信度这一指标,实验型研究中如果涉及量表/问卷施测则也需要报告该指标。例如,卢长娥和罗生全(2021)研究幼儿园教师工作家庭促进与工作满意度的关系,其"研究工具"部分对于《工作家庭促进量表》的描述如下:

> 本研究采用韦恩(Wayne)等编制的工作家庭促进量表(Wayne et al.,2004),该量表由工作促进家庭、家庭促进工作两个维度共8个条目构成。其中工作促进家庭4个条目,描述的是工作上的投入能够增进家庭领域的收益,如"工作中的处事技巧在家庭中也同样适用";家庭促进工作4个条目,描述的是家庭中的投入能够

增进工作领域的收益,如"与家庭成员的聊天有助于我解决工作中的问题"。采用5点计分,从"从不"到"总是"依次记1~5分,得分越高,表示幼儿园教师工作家庭相互促进越好。该量表为通用型量表,可以对各行各业的人群进行测试,国内已有研究采用此量表对教师群体进行了测量,克隆巴赫α系数在0.71~0.77之间,说明该问卷的信度在可接受范围之内(李志勇 等,2011)。本研究中,两个维度的克隆巴赫α系数分别为0.68和0.85,具有良好的信度,可作为本研究的研究工具。

判定研究工具或研究结果的信度的方法很多,主要有以下3种(董奇,2019):

1. 重复法

重复法又名重测信度法,是指运用重复测量或重复研究的方法,在相同条件下采用相同方法进行两次以上的研究,再考察能否获得相同结果。根据重复研究结果的一致性程度,可以直接判定研究工具或研究结果的信度水平,它是判定研究信度的基本方法,属于稳定系数。但该方法也存在一定的局限,主要是被试在两次施测间容易受到各种事件、活动和他人的影响,而且间隔时间的长短也会受到一定的限制。例如,胡秀等(2021)开展了一项旨在检测老年人在双任务条件上下楼梯行走过程中下肢运动学与动力学测试的重测信度的研究。他们选取65~75岁,且BMI(Body Mass Index,身体质量指数)在正常范围的18名老年女性,每名被试需完成2次测试,间隔1周,在认知任务(即被试在上下楼梯过程中进行100~999之间随机三位数连续减3的运算)和动作任务(即被试在楼梯行走的同时优势手持一盛水的水杯,重0.53 kg)条件下进行楼梯行走,采用Vicon三维动作捕捉和Kistler测力设备同步采集老年人楼梯行走过程的运动学与动力学数据。结果发现,双任务条件下,步长的重测信度较差,其他指标的重测信度好或较好。

2. 相似法

相似法是指通过比较同质的或类似的研究工作、或同类研究发现的一致性程度,以判断研究工具或研究发现的可靠性。目前,由于绝大多数社会科学领域的具体研究都没有被重复,这就使得研究者难以确定有关研究的信度。因此,在这种情况下,相似法(即将某一特定研究的结果与国内外同类研究的结果进行比较)是判定研究的信度的常用方法,最常见的是针对同一现象所进行的跨文化研究或对比研究。

3. 独立评判法

独立评判法即两个或两个以上的研究者同时对一组被试的行为、操作水平等各种表现进行独立判断或评价,然后比较他们之间的一致性,此法可用于判定研究者之间的一致性程度。目前,研究者在采用观察法、问卷法、访谈法、测验法、实验法等方法进行的研究中,日益注重观察者、评定者和记分/编码者之间的信度。

二、研究设计的效度

评价一个研究设计的好坏涉及研究的效度问题。效度指的是一项测验测到所要测量的东西或达到某种目的的程度,即测验的有效性主要包括内部效度、外部效度、构思效度和统计结论效度4种类型。

1. 内部效度

内部效度指的是在研究的自变量和因变量之间存在关系的明确程度。如果一项研究的结果,即因变量的变化只能由自变量的变化来唯一地进行解释,则两者之间的关系就是明确的,即研究设计具有较高的内部效度;反之,任何影响这种解释的唯一性的因素,都会造成内部效度的降低或削弱。内部效度的获得主要是通过认真细致的变量选择和准确周密的研究设计来保证的,主要包含两方面的含义:一方面是正确地选择研究的自变量和因变量,才可能做出这些变量间因果关系的陈述;另一方面是通过准确周密的研究设计,控制无关因素的影响,突出自变量与因变量的关系。一般来说,影响研究设计内部效度的无关因素有很多,主要包括历史、成熟、选择、被试的流失与更换、前测的影响、统计回归效应、实验处理和程序不当、各种研究条件和因素的交互作用等。以下简单介绍一些常用的无关因素。

(1) 历史因素。主要指在研究过程中恰好与主要变量同时发生并对研究结果产生影响的因素。例如,如果要研究父母冲突对孩子异常情绪反应的影响,就不应该选择处于青春期的孩子。这是因为青春期是一个特定的影响因素,处于青春期的孩子往往较为叛逆。即使研究发现父母冲突导致了孩子的异常情绪反应,也很难弄清到底是父母冲突发挥了作用还是青春期这个特定的时期发挥了作用,或者是两者同时发挥了作用。

(2) 成熟因素。在研究进行的过程中,被试在生理和心理上往往均会发生动态变化,如变得更为成熟、疲倦或逐渐对研究丧失兴趣等,较为常见的是认知疲劳效应。例如,林无忌等(2019)指出,认知疲劳一般被认为是个体在经过长时间认知加工后,出现任务成绩下降,并伴有主观疲劳的感觉(Lorist,2008)。研究发现,认知疲劳的产生会影响多种认知能力,包括认知灵活性、计划、计算能力等(Linden et al.,2003a,2003b,2006)。

(3) 选择因素。研究中因未能采用随机化等方法来选择、分配被试,造成各被试组之间存在系统性差异,这时被试的"选择"因素便成了内部效度的干扰因素。例如,对被试进行分组时如果不能严格按照随机性的方式,则可能使实验组和对照组在诸多方面无法做到匹配。如果在这种情况下使用有偏差的样本开展研究,则研究发现必然会存在内部效度低的局限。

(4) 被试的流失与更换。在研究过程中,由于各种原因被试可能会中途退出或更换,这种变化会造成最终的有效样本偏离预设的总体,所得结果就容易有偏差。这种情况尤其常见于纵向研究或追踪研究中,由于研究开展的时间较长,往往会有一些被试中途退出。一旦有被试退出,则很有可能影响研究发现的代表性和概括性。

(5) 前测的影响。在实验研究中经常要进行前测,以确定基线水平或初始状态水平。但前测往往会影响之后的实验处理效果或后测结果,这是因为前测本身可能产生练习效应,从而改变了被试对刺激的敏感程度等。例如,通过比较前后测学生的阅读能力以考察教师的鼓励性语言对学生阅读水平的影响的实验中,当后测再使用类似材料进行测量时,被试的阅读水平本身会因练习效应而提高。

(6) 统计回归效应。在进行重复测量时,第一次测试结果较差的学生可能在第二次测试时表现好些,而第一次表现好的学生则可能相反,均是往平均值偏移,这种情形称为统计回归效应。例如,某老师根据一次数学测验成绩选出全班成绩前三名的同学和后三名的同学,进行了某项集中学习训练,一个月后再次施测等值的一份测验,结果发现后三名的同学提高幅度很大,超过了前三名的同学的提高幅度,于是认为集中学习训练很有效果。但未进行干预训练也可能发现这几名同学的名次会有变动(如下滑或提高),而这种改变却并不一定是训练的结果。

(7) 实验处理和程序不当。尽管期望实验处理和程序对因变量产生期望的影响,但还是会有很多不期望出现的因素干扰。例如,不恰当的指导语、实验中额外的激励(如报酬、礼品等)也会干扰研究结果。

(8) 各种研究条件和因素的交互作用。尽管研究设计是希望将自变量和因变量之间的关系从其他变量的背景中孤立出来,但各种研究条件和因变量之间可能存在彼此的交互作用,进而共同影响了研究结果。例如,在实验中,前测和干扰条件可能会交互影响后测结果。

除了上述因素外,研究过程中其他各种主试因素(如偏见、期望效应、投射效应、刻板效应、首因效应、近因效应等)、被试因素(如霍桑效应、安慰剂效应等),都可能会影响研究的内部效度。

2. 外部效度

外部效度指的是实验和研究发现能一般化和普遍化到其他总体、变量条件、时间和背景中的程度,即可推广性和概括性。一般认为,内部效度是外部效度的必要但非充分条件。也就是说,内部效度都无法保证的研究,更谈不上有良好的外部效度;但内部效度很高的研究,也未必有良好的外部效度。因此,一项好的研究应该同时兼顾内部效度与外部效度。

外部效度要求研究能代表真实世界的情况,但社会科学研究一般包含许多的人为因素。影响外部效度的因素有很多,一类是取样问题。由于研究要获得适用于某一总体的结果,就必须从总体中随机选取样本,以确保样本能代表总体。如果样本量太小或取样有偏差,就难以将样本的结果概括到总体中去。一项研究的结果能适用于样本来自总体的程度,就称为这项研究的总体效度,它是外部效度的一种体现。但对样本结果的过度推广也会影响总体效度,如目前一些社会科学研究从方便取样的角度出发,将取样范围仅局限于大学校园里,将大学生作为"成人"甚至作为"人类"的代表性样本。这种代表性经常是令人怀疑的,必然会影响研究的总体效度。例如,劳伦斯·科尔伯格(Lawrence Kohlberg)以白人男性为被试得出的道德发展阶段理论,当用于女性时似乎是不合适的,与男性不同,女性道德发展的长项并不是道德推理而是道德关怀。由此,道德认知研究中出现了"另一种声音"(张林,刘燊,2020)。另一类影响外部效度的因素是实验情境与真实情境的差异,主要包括实验中所用的自变量和因变量的特定的定义和测量方式、特定的实验者、实验场景以及时间点等,这些因素上的特殊性,可能破坏了研究结果的可推广性,使研究结果与真实情境中被试的心理和行为规律不同。一项研究的结果能概括到其他研究条件或情境,特别是真实情境中的程度,被称为研究的"生态效度"。对生态效度的追求,与近几十年来,轰轰烈烈进行的研究的"生态学运动"(Ecological Movement)有关。生态学运动的很多领军人物,如埃莉诺·吉布森(Eleanor Gibson)、乌尔里克·奈瑟尔(Ulric Neisser)、尤里·布朗芬布伦纳(Urie Bronfenbrenner),都强调研究的生态性,奈瑟尔指出"心理学基本是一门生态的科学",要求心理学家走出实验室的围墙,到真实的情境中,研究真实的个体,以获得具有现实性和实用性的结论,反对单纯为了追求内部效度而忽视外部效度的实验室实验(张林,刘燊,2020)。例如,耿晓伟等(2018)通过3个实验考察了健康目标启动能否以及如何降低高热量食物的消费,提高低热量食物的消费。其中,实验2考察健康目标启动对高、低热量巧克力摄入的影响,采用2(健康目标启动:启动目标,控制组)×2(巧克力热量:高热量,低热量)的被试间设计。对于巧克力高、低热量的操纵方式为高热量条件下告诉被试"新产品使用了全部进口的、品质一流的、高热量的巧克力";低热量条件下,则告诉被试"新产品使用了全部进口的、品质一流的、低热量的巧克力"。

3. 构思效度

构思效度也称构想效度或结构效度,指的是测验能够测量到理论上的构想和特质的程度,即测验的结果是否能证实或解释某一理论的假设、术语或构想,解释的程度如何。通常,用来评估构思效度的指标包括测验的内容效度、同质性指标、效标效度、被试对题目的反应特点、不同测验的相容效度、区分效度等。另外,也常使用因素分析法、观察实验前后分数差异的方法来建立和验证构思效度(徐爽,2014)。构思效度要回答的问题就是,究竟在研究什么,所获得的数据究竟反映了什么变量,这个变量是否与理论上期望研究的一致。研究需要构造出一个结构严谨、层次分明的概念网络或构思网络,作为研究的理论框架。要使研究有较高的构思效度,应做到如下几点:第一,理论构思必须结构严谨、层次分明、符合逻辑。研究的理论构想中,往往包含了很多概念,这就要求各种相关概念的关系要清楚,层次要分明,逻辑要严密、无矛盾或歧义。例如,如果将"自尊"分为"内隐自尊"与"外显自尊",这两种类型的自尊之间严格区别,彼此也无交叉重叠,这时则不能再加其他类型的自尊作为与这两种类型的自尊并列的自尊,否则便会导致逻辑关系混乱。第二,对各种变量做出明确的、严格的界定。在设定构思网络之后,还要对其中包含的概念或变量加以定义,以说明其内涵和外延。例如,朱晶晶等(2020)采用问卷调查法,以211名中班幼儿为被试,探讨社交回避与社会适应的关系,以及母亲的心理控制在其中的调节作用。其中,主要的变量是幼儿社交回避和社会适应,相应的描述如下:

采用中文版儿童社会偏好量表(Child Social Preference Scale,CSPS)对幼儿社交回避进行考察,内容包括社交回避、害羞和社交淡漠,共3个维度15个子项目,采用5点计分,从1(完全不符合)到5(完全符合),得分越高表示害羞和社交淡漠水平越高(Coplan et al.,2018)。本研究中,各个维度的内部一致性系数分别为0.72,0.87,0.67。该问卷由幼儿父母报告……教师完成中文版儿童行为量表(Child Behavior Scale,CBS),采用该量表的不合群行为、同伴排斥、焦虑恐惧等3个维度,CBS为3点计分,从1(不符合)到3(完全符合),得分越高表明对应的行为特征越明显。

可见,要研究幼儿社交回避和社会适应的关系,这两个变量的从属概念都要描述清楚。第三,给变量明确的操作性定义,并制定相应的客观测量指标。社会科学领域的理论概念大多意义复杂、含糊不清或者见仁见智,为了避免或减少歧义,需要增加研究结果的可比性和重复性,一个常见的方法就是下操作性定义。操作性定义指的是根据可观察、可测量、可操作的特征来界定变量含义的方法,即从具体的行为、特征、指标上对变量的操作进行描述,将抽象的概念转换成可观测、可检验的项目。从本质上说,下操作性定义就是详细描述研究变量的操作程序和测量指标。在实证型研究中,操作性定义尤为重要,它是研究是否有价值的重要前提(张林,刘燊,2020)。

4. 统计结论效度

统计结论效度是指由统计方法适切性所引起的统计结论有效性的程度,它主要反映了统计量与总体参数之间的关系。如果采用不同的统计方法计算统计量,则不同的统计量代表其总体参数的程度是不同的,这就体现了不同的统计结论效度。统计结论效度实际上是内部效度的一种特例,因为它们都涉及研究本身所获得的因果关系结论的可靠性。如果一项研究设计良好,控制了无关变量的干扰,就可能保证自变量和因变量之间的关系明确,使得研究有良好的内部效度;但如果统计方法使用不当,则也无法获得一个可靠的因果关系的结论。因此,可以将统计结论效度视为内部效度的一个组成部分。通常来说,影响统计结论效度的因素包括:第一,数据质量。如果数据收集方法和操作本身缺乏信度和效度,则数据质量便不会理想,也就谈不上统计结论的有效性这一问题。第二,统计方法的选用是否符合要求。各种统计方法对变量的测量水平、分布形态(正态分布或偏态分布）、样本是否独立等均有明确的要求，如果违反或忽视这些要求，则经统计所得的结果科学性便不够，统计结论效度也不会高。例如，方差分析的前提假设包括可加性（观测值是由各主效应、交互作用以及误差通过相加得到的）、随机性（各样本即观测值是随机样本）、正态性（各样本来自正态分布的总体）、独立性（各样本观测值互相独立）、方差齐性（各样本来自的总体方差相同）等。只有满足了这些条件才能进行方差分析，否则便会导致错误结论。第三，统计检验力。统计检验力（Power）是指能正确拒绝错误的零假设（Null Hypothesis）的概率，是经典统计决策理论和假设检验模式中不可缺少的一部分（赵礼，王晖，2019）。如果一项研究的统计检验力很强（高功效的研究），就能更好地发现自变量对因变量的影响或两者的关联，哪怕这种影响或关联比较微弱。近些年来，社会科学研究领域的多家期刊要求作者在投稿时报告统计检验力，如《心理学报》，一般是采用 G*Power 来计算统计检验力。第四，统计结果的报告被"人为筛选"。统计结果无论是否符合研究假设，都要如实报告，然而，有的研究者只报告了"理想的"结果，而隐去了那些所谓"不好的"结果，这就会导致最后的结论具有误导性（张林，刘燊，2020）。这种做法是不科学的，根源可能在于依据的前提有误。例如，王珺等（2021）指出，基于正确的统计推断方法是从数据中得到正确结论的重要前提之一。当前科研实践中，主导的统计推断方法是零假设显著性检验（Null Hypothesis Significance Testing，NHST）（Wasserstein，Lazar，2016）。在此框架下，研究者通常根据 p 值大小做出是否拒绝零假设的二分决策。具体而言，当 p 值小于某个预设的 α 阈值时（通常设为 0.05），研究者可以拒绝零假设从而接受备择假设；而当 p 值大于此阈值时，研究者无法拒绝零假设。然而，无法拒绝零假设存在两种可能：一是数据支持零假设，即效应不存在（Evidence of Absence）；二是缺乏充分的统计功效，因而未检测到真实存在的效应（Dienes，2014，2016），即没有证据表明效应存在。

三、研究设计的评价

对于社会科学研究而言，研究评价主要包括两方面的内容：一方面，研究评价作为科研管理的重要环节，是对一项科研工作的全面考核。它从研究课题的难度及解决情况、研究周期及经费投入、使用情况、研究成果的应用价值等方面综合评价研究工作的实施过程和价值；另一方面，研究评价作为社会科学研究的组成部分，主要体现在研究选题、文献检索与综述以及研究发现解释等阶段，是对某项社会科学研究的理论、方法和结果以及解释的科学性的分析与判断。由于社会科学研究的评价内容和标准取决于评价的目的，而目的本身又决定于研究问题和研究对象的特点以及研究的类型和性质。因此，要制订出一个统一的评价社会科学研究的内容和标准以评估各种类型的研究是困难的。评价的内容和标准不可能对所有研究都是适用的，甚至同一类型的研究也不可能用完全相同的评价内容和标准。但是，可以通过对大量不同的社会科学研究进行考察，从中找出本质上共同的、典型的特点，作为评价研究质量和价值的内容和标准。评价社会科学研究的科学性，主要可以从如下内容和标准来考虑：

(1) 研究所依据的理论或观点的合理性，指的是社会科学研究所依据的理论或观点是否已获证实、是否已为大家所公认。

(2) 研究方法的恰当性和新颖性，指的是研究方法能否解决研究问题，方法上有无创新。

(3) 研究发现的可靠性，指的是研究发现是否真实可信，是否存在无关变量的影响。

(4) 研究发现解释的恰当性，指的是研究发现的解释是否与统计结果、有关理论及他人的研究相符合，解释是否准确合理。

(5) 结论的概括性，指的是研究结论的推广程度和普遍适用性恰当，内部效度和外部效度均较高。

(6) 研究的科学价值和应用价值，指的是研究在学科发展上处于什么地位，能否推动学科发展，其结果能否应用于社会科学实践（董奇，2019）。

当评价一项社会科学研究时，主要有两种方法可以参考：一种是理论思维方法，另一种是评价技术或方法。理论思维方法是指在评价研究时的逻辑思路，如分析与综合、比较与分类、抽象与概括等，贯穿并体现于评价的具体技术和方法之中。评价技术或方法主要是指评价社会科学研究时所采用的具体的技术或方法，如研究报告的评价方法、内容分析、元分析等。由于一项社会科学研究的有关情况通常是通过研究报告反映出来的，所以对单项研究的评价一般是通过对研究报告的阅读和评价进行的。当然，专门对某一研究报告进行评价的情况很少出现，研究评价大多是在查阅文献、做文献综述时进行的。因此，读者在阅读研究报告时，不仅要吸收研究报告所表达的信息，而且还要对这些信息进行评价。当然，除了对某一项研究的评价外，社会科学研究中往往还涉及对大量同类研究的综合评价。从学科发展情况来看，社会科学随着研究范围的不断扩大，其内部不断分化出新的学科，新的学科内部又不断分化出新的分支学科，各个分支学科都在积累着各异的材料。从学科研究领域来看，社会科学所探讨的问题范围十分广阔，关系非常复杂，试图在短期内通过少量的研究就解决所有问题是不可能的。事实上，即使对同一领域的同一研究可以进行大量的研究，但其研究发现大多是不一致的，有的甚至相互矛盾。在这种情况下，研究者面对大量各异的研究发现该如何取舍、如何评价、如何整合，就成为社会科学研究的重要问题。在社会科学研究中，一般采用内容分析、元分析或科学计量学的方法对多个局部研究的发现进行评价和整合（董奇，2019）。

在社会科学研究中，对研究进行评价主要有如下4方面的意义：第一，研究评价有助于认识和了解研究成果的价值。一般来说，通过资料的收集与分析以及一系列的逻辑思维过程获得的具有一定的学术价值（如新的观点、方法、理论等）或应用价值的研究结果就是科研成果。但是，并非所有研究的结果都是科研成果。在社会科学中，由于研究方法多种多样，研究目的千差万别，因此，研究发现可能良莠不齐。通过研究评价，可以认识科研成果的科学价值和应用价值，从而有利于研究成果的交流和推广应用。第二，研究评价有助于研究成果的交流。在评价研究成果时,评价者往往要将该研究的方法、结果和所依据的理论等与其他的研究进行比较分析,才能确认研究的成果。在这个过程中,各个研究者对所从事的研究的状况和成果都进行了交流。研究者在这一交流过程中又可以发现新问题或发展新方法,有助于社会科学研究的进一步深入。第三,从科研管理来看,研究评价有助于科研资助或管理机构的决策。一项社会科学研究,尤其是大型研究通常会得到有关机构、部门的资助。研究结束后,这些机构通常要组织有关方面专家对研究结果进行鉴定和评审,确认该研究是否达到预期目标,以决定是否对该领域的研究继续给予资助。这样,可以避免重复研究,减少人力、物力的浪费,集中经费和力量解决尚未解决或研究的问题。第四,研究评价有助于研究成果的应用和推广。通过研究评价,除了可以认识其学术意义和价值外,还可以及时发现社会科学研究的成果在社会、教育、经济、思想文化等方面的价值和意义,有利于社会对研究成果的了解,扩大其社会影响,使研究成果得以应用和推广,充分发挥其应用价值。此外,研究评价还是整合局部研究成果的基础,有利于学科研究体系的完善和系统化。通过研究评价可以肯定社会科学科研工作者的劳动,调动其科研积极性(董奇,2019)。

【思考题】

1. 请论述社会科学研究设计的内容。
2. 请简述社会科学研究设计的类型。
3. 请谈谈研究设计的标准与评价应该注意哪些要点。

第四章 抽 样 法

第一节 抽样法概述

在社会科学研究中,常常需要收集和统计多种信息。如何更好地收集和利用各种信息,对于社会科学研究具有重要意义,而正确的信息收集和统计方法是研究结果可靠的重要保证。抽样法是收集信息资料的一种常用且高效的方式,是社会科学研究的入门者容易掌握和使用的方法,掌握常用的抽样法有利于社会科学研究的开展。在社会科学研究中,根据调查对象范围的不同,可以将调查分为全面调查和非全面调查。全面调查是对被调查对象中的所有单位全部进行调查,即普查,如人口普查等;非全面调查是对调查对象中的一部分单位进行调查,常用的是抽样调查,即抽样法。

一、抽样法的定义、特点与作用

(一)抽样法的定义

抽样法指的是按照一定程序,从所研究对象的总体中抽取一部分(即样本)进行调查或观察,并在一定的条件下,运用数理统计的原理和方法去估计和推断总体的数量特征的方法。因此,抽样法的本质是从总体中选取具有代表性的样本,并根据样本的特征去估计和推测总体的特征。

(二)抽样法的特点

1. 随机性

按照随机性原则抽取样本,是抽样法有别于其他非全面调查的特点。所谓随机性原则,就是使总体中的每个单位都有同等机会被抽中,也可以说是不受主观意志决定抽中单位的原则。

2. 推断性

在数量上以样本推断总体,是抽样法区别于其他社会科学研究方法的特点。根据大数定律(Law of Large Numbers),按照随机性原则抽取足够多的单位进行调查,这样样本各单位之间的差异相互抵消而趋于稳定,以其平均结果推断总体特征是完全可行的。

3. 误差可控性

抽样法是以样本推断总体,必然存在一定的误差。依据中心极限定理(Central Limit Theorem),在样本数足够多的条件下,无论总体的分布如何,通过有关资料事先计算出抽样误差的大小,并采取一定的方式将它控制在允许的范围之内,保证抽样推断结果达到一定的可靠程度。

(三)抽样法的作用

根据杨桂刚(2016)的观点,抽样法的作用大致包括如下5点:第一,对某些不可能进行全面调查而又要了解全面情况的社会经济现象,必须采用抽样法;第二,对于有些现象的总体虽然可以进行全面调查,但实际调查起来却很困难只能采用抽样法;第三,运用抽样法可以对全面调查资料的质量进行检查、修正,从而弥补全面调查资料的不足;第四,利用抽样法可以在工业生产中对产品质量进行控制;第五,利用抽样法的原理,可以对某种总体的假设进行检验,以判断这种假设的真伪及应当采取的对策。

二、抽样法的常用术语

为了更好地掌握抽样法,有必要了解有关抽样法的一些术语和概念。

1. 总体和样本

总体是指所要调查对象的全体,是研究中所有元素的集合,也是研究者想要通过样本推断的全体;样本是总体的一部分,是指从总体中按照一定的程序抽取的个体或元素的小集合体。例如,要了解某高校应届本科毕业生出国深造的意愿,可以按照抽样法的理论从该校全体应届本科毕业生中抽取部分学生进行出国深造意愿的调查。在这种情况下,全体应届本科毕业生是总体,抽取的部分学生是样本。经过抽样法抽出的样本只有与总体具有共同的特质,研究结果才有意义,所以样本必须具有代表性。一般来说,好的样本应该具有正确性和精准性。其中,正确性指的是样本代表总体特征的程度;精准性指的是标准误差的估计值,该值越小则表示精准性越高。抽样的过程会产生随机变异,使得样本与总体间有抽样误差,这往往会导致样本与总体很难完全吻合。

2. 抽样框和抽样单元

抽样框,也称抽样结构或抽样框架,是指将可以选择作为样本的总体单位列成名册或排序编号,以确定总体的抽样范围和结构。设计出抽样框后,便可以采用抽签的方式或按照随机数表来抽选必要的单位数。如果没有抽样框,则无法计算样本单位的概率,从而也无法进行概率抽样。好的抽样框应做到完整而不重复,常见的抽样框如学生花名册、居民户籍册等。在没有现成名单的情况下,可以由调查人员自行编制。应该注意的是,在利用现有的名单作为抽样框时,要先对该名录进行检查,避免有重复、遗漏的情况发生,以提高样本对总体的代表性。例如,要从100名学生中抽取10名学生参加运动会开幕式,则100名学生的名单便是抽样框。

抽样单元,是指构成总体的个体项目,也是构成抽样框的基本要素。抽样单元可以只包含一个个体,也可以是包含若干个个体的群体。此外,抽样单元还可以分级。在抽样单元分级的情况下,总体由若干个较大规模的抽样单元组成,这些较大规模的抽样单元称为初级单元,每个初级单元中又可以包含规模较小的单元,称为二级单元,可以以此类推定义三级单元、四级单元等,通常将接受调查的最小一级的抽样单元称为基本抽样单元。

抽样单元与抽样框是抽样的一对基本范畴:包含所有抽样单元的总体称为抽样框,构成抽样框的单元称为抽样单元。

3. 放回抽样和不放回抽样

放回抽样,又称重复抽样或重置抽样,是指统计抽样时对每次被抽到的单位登记后再放回总体,重新参与下一次抽选的抽样方法。重复抽样中每次抽选时,总体待抽选的单位数是不变的,前面被抽到的单位在后面的抽选中还有可能被抽中,这样每次抽选的概率都是相等的。

不放回抽样是在逐个抽取个体时,每次被抽到的个体不放回总体中参加下一次抽取的抽样方法。采用不重复抽样方法时,总体单位数在抽样过程中逐渐减小,总体中各单位被抽中的概率先后不同。不放回抽样也指一次同时抽取整个样本的抽样方法。

4. 总体参数和样本统计量

总体参数,简称参数,指的是描述总体特性的指标,总体的均值、方差等都是总体参数。参数表示的是总体的特征,是要调查的指标。因此当谈及参数时,要明确它是哪个总体的参数。

样本统计量,简称统计量,指的是样本的函数,并且此函数不含有未知参数。常见的统计量包括样本均值、样本方差等。

5. 抽样误差和非抽样误差

在调查中,无论是普查还是抽查,都有可能会产生误差。在抽样调查中,通常用样本取得估计值从而对总体的某个特征进行估计,当两者不一致时,就会产生误差。调查误差是指调查的结果和客观实际情况的差异,一般有两种误差存在:抽样误差和非抽样误差。

由于借助样本取得的估计值会随着抽样样本的不同而变化,因此即使观察完全正确,它和总体指标之间往往也存在差异。这种差异纯粹是由抽样引起的,故称为抽样误差,即抽样误差是用样本估计总体而产生的误差。

非抽样误差,又称工作误差,通常是指在抽样调查中除抽样误差以外,由于各种原因而引起的偏差,主要包括两类:一类是调查误差,即在调查过程中由于观察、登记、测量、计算上的差错而引起的误差;另一类是系统误差,即由于违反抽样调查的随机原则,有意抽选较好单位或较坏单位进行调查,这样造成样本的代表性不足所引起的误差。引起非抽样误差的原因有很多,如抽样框不齐全、访谈者工作经验有限、被访谈者不配合访谈而编造虚假的回答、问卷设计本身存在缺陷等。避免非抽样误差的主要措施包括:第一,严格遵守随机性原则,规定应抽选作为样本的调查对象都必须一一调查,不能随便更换、减少或增加,避免有意多选较好或较坏的调查对象来达到原定要说明某个问题的目的;第二,设计好问卷,严格遵守客观公正的原则,避免题项设计所产生的诱导性因素,并努力使调查项目所涉及的概念指标尽可能达到清晰、明确、唯一的标准;第三,认真培训调查登记人员,做好一切必要的准备工作,尽量不出现观察、登记等过程中的差错。

6. 置信度和置信区间

置信度又称可靠性或置信水平,是指来自总体的样本对表征总体的参数(如平均数)进行估计的统计可信程度。由于样本具有随机性,因此用样本来估计总体参数时,结论总是不确定的,需要采用一种概率的陈述方法。估计值与总体参数在一定允许的误差范围以内,其相应的概率即为置信度。抽样调查中,置信度通常有90%,95%,99% 3种水平。置信区间又称估计区间,用来估计参数的取值范围。一个概率样本的置信区间是对这个样本的某个总体参数(如平均数)的区间估计。置信区间展现的是这个参数的真实值有一定概率落在测量结果周围的程度。置信区间的两端称为置信极限。对一个给定情形的估计而言,置信水平越高,所对应的置信区间就越大。

第二节 抽样法类型

根据抽选样本的方法,可以将抽样法分为随机抽样法和非随机抽样法。

一、随机抽样法

随机抽样法,又称抽样调查法,是指按照随机性原则、利用随机数从总体中抽取一定数目的单位作为样本进行观察,以其结果推断总体的一种抽样方式。它对研究总体中每一个样本单位都给予平等的抽取机会(即等概率抽取),完全排除了人为的主观因素的选择,从而使根据样本所得出的结论对总体具有充分的代表性,这也是它与非随机抽样法的根本区别。随机抽样法涉及两方面的问题:一方面是抽样方法,包括抽取多少、如何抽样;另一方面是统计推断,即如何对抽样结果进行统计分析、如何对总体进行科学的推断。相较于普通的抽样法,随机抽样法具有节省人力、物力、财力和时间的特点。

1. 简单随机抽样法

简单随机抽样法,又称单纯随机抽样法,是指从总体 N 个单位中任意抽取 n 个单位作为样本,使每个可能的样本被抽中的概率相等的一种抽样方式。在简单随机抽样法中,总体中的每个单位被抽取的概率是相同的。

简单随机抽样法总的特点是每个样本单位被抽中的概率相等,样本的每个单位完全独立,彼此间没有一定的关联性和排斥性。简单随机抽样法的具体特点包括:第一,简单随机抽样法要求被抽取的样本的总体个数 N 是有限的;第二,简单随机样本数 n 小于等于样本总体的个数 N;第三,简单随机样本是从总体中逐个抽取的;第四,简单随机抽样是一种不放回的抽样;第五,系统抽样的每个个体被选中的概率均为 n/N。

简单随机抽样一般可采用掷硬币、掷骰子、抽签、查随机数表等方式,常用的是抽签法和查随机数表法。

(1) 抽签法。抽签法就是先将总体中的所有个体编号(号码可以从 1 到 N),并将号码写在形状、大小相同的号签上,号签可以用小球、卡片、纸条等制作。然后将这些号签放在同一个箱子里,进行均匀搅拌。抽签时,每次从中抽出 1 个号签,连续抽取 n 次,就得到一个容量为 n 的样本。对个体编号时,可以利用已有的编号。例如,从全班学生中抽取样本时,可以利用学生的学号、座位号等。抽签法简便易行,当总体的个体数不多时,适宜采用这种方法。

(2) 查随机数表法。查随机数表法,即利用随机数表作为工具进行抽样。随机数表又称乱数表,是将 0~9 的 10 个数字随机排列成表,以备查用。其特点是无论横行、竖行或隔行读均无规律,所以利用随机数表进行抽样可保证随机性原则的实现,并简化抽样工作。其步骤是:第一,确定总体范围,并编排单位号码;第二,确定样本容量;第三,抽选样本单位,即从随机数表中任一数码开始,按一定的顺序(上下左右均可)或间隔读数,选取编号范围内的数码,超出范围的数码不选,重复的数码不再选,直至达到预定的样本容量为止;第四,排列中选数码,并列出相应单位名称。

尽管简单随机抽样法在理论上最符合随机性原则,但在实际应用中有一定的局限性,表现在如下6个方面:第一,采用简单随机抽样,一般要对总体各单位进行编号,而实际所需调查的总体往往十分庞大,单位非常多,逐一编号相当困难;第二,某些事物无法采用简单随机抽样法,如对连续不断生产的大量产品进行质量检验,就不能对全部产品进行编号抽样;第三,当总体的标志变异程度较大时,简单随机抽样法就不如经过分层后再抽样所抽取的样本更具有代表性;第四,由于抽取的样本单位较为分散,所以调查所需要的人力、物力、费用消耗较大;第五,当样本容量较小时,采用简单随机抽样法可能会发生偏差,从而影响样本的代表性;第六,当已知研究对象的某种特征将直接影响研究结果时,要想对其加以控制,就不能采用简单随机抽样法。例如,冯爱芬等(2021)针对出租车到达机场后选择接乘客回市区还是直接空车返回市区拉客的问题,建立决策模型,采用简单随机抽样法,选取成都双流国际机场及成都的出租车相关数据为研究对象,利用曲线估算和折线图分析航班人数、季节月份等相关因素对选择出租车的乘客数量变化的影响,建立相关性函数和出租车的收益模型。根据决策模型的结果,选取相应决策方案。

2. 系统抽样法

系统抽样法,又称等距抽样法或机械抽样法,是指按照一定的抽样距离,从总体中抽取样本的方法。要从容量为 N 的总体中抽取容量为 n 的样本,可将总体分成均匀的若干部分,然后按照预先规定的规则,从每一部分抽取一个个体,进而得到所需要的样本。由于系统抽样法操作简便,实施过程不易出错,因而在生产实践中被广泛使用。系统抽样法大致包括以下步骤:

(1) 编号。先将总体的 N 个个体进行编号,有时可直接利用现成的号码,如学号、门牌号等。

(2) 分段。确定分段间隔 k,对编号进行分段,当 N/n 为整数时,取 $k=N/n$。

(3) 确定第一个个体编号。在第一段,用简单随机抽样确定第一个个体编号 $l(l \leqslant k)$。

(4) 成样。按照一定的规则抽取样本,通常是将 l 加上间隔 k 得到第二个个体编号 $(l+k)$,再加上 k 得到第三个个体编号 $(l+2k)$,依次进行下去,直到获取整个样本。

例如,曾伟生和夏锐(2021)基于北京市第八次和第九次森林资源连续清查出的1669个样地的调查数据,按照"5年1个周期、每年完成1/5"的调查方案,采用系统抽样和随机抽样方式各抽取5套样本,分别利用联合估计方法和双重回归方法,统计出了第1个年度的森林蓄积量估计值及其精度。结果显示,两种统计方法对北京市森林蓄积量的估计精度都能超过90%,以北京市第九次清查的森林蓄积量作为对比基础,联合估计结果的相对误差在−1.93%到3.73%之间,双重回归估计结果的相对误差在−2.61%到4.98%之间。该研究表明,按系统抽样法抽取的样本,其代表性要好于按简单随机抽样抽取的样本。

3. 分层抽样法

分层抽样法,又称类别抽样法或分类抽样法,是指先将总体的所有单位按某些重要标志进行分层,然后在各层中采用简单随机抽样法或系统抽样法抽取样本单位,而不是在总体中直接抽样的一种抽样方式。分层抽样法首先要确定目标总体,然后决定样本数,接着根据相关变量(如年级、性别、文化程度等)将总体分成若干不同的层,最后按照一定的比例从各个层中抽取适当数量的元素组成样本。

采用分层抽样法必须注意如下问题:第一,必须有清楚的分层界限,避免具体划分层次时混淆;第二,必须知道各层中的单位数目和比例;第三,分层的数目不宜太多,否则将失去分层的特征。

分层抽样法的方式,一般有等比抽样法与非等比抽样法两种。等比抽样法要求各类样本单位数的分配比例与总体单位在各类的分配比例一致,即 $n_i/n=N_i/N$,其中,n_i 为从各层中抽出的子样本数,n 为样本数,N_i 为各层的总体单位数,N 为总体单位总数。非等比抽样法,又称分层最佳抽样法,即不按各层中样本单位数占总体单位数的比例分配各层样本数,而是根据各层的标准差的大小来调整各层样本数目。适用于各层的单位数相差悬殊,或层内变异数相差较大的情形。在这种情况下,如果采用等比抽样法则可能在总体单位数少的层中抽取样本单位数过少,导致代表性不足。因此,该方法既考虑了各层在总体中所占比重的大小,又考虑了各层标准差的差异程度,有利于减少各层的差异,以提高样本的可信度。

分层抽样法比简单随机抽样法和系统抽样法更为精确,能通过对较少的抽样单位的调查,获得较为准确的推断结果。尤其是当总体体量较大、内部结构复杂时,分层抽样法常能取得令人满意的效果。同时,分层抽样法在对总体进行推断的同时,还能获得对每层的推断,并且有利于层与层之间的比较。

采用分层抽样法需要注意如下情况:第一,用于划分总体的变量除了要考虑常见的人口统计特征变量、比较容易辨别的变量外,还要考虑与研究变量相关的一些变量。第二,分层抽样法运用的情形应该是各个层内之间的元素差异比较小,而各层之间的元素差异比较大。当然,各个层应当要根据研究者的判断和研究目的来划分。第三,当研究者感兴趣的层占总体的比例很小时,如果采用简单随机抽样法就可能会漏掉该层的元素,此时常用分层抽样法。第四,在某些特殊情况下,研究者可能想让某个层在样本中的比例不同于其在总体中的真正比例,这种情况下也会运用分层抽样法。例如,刘姝颖等(2021)采用分层抽样法对安徽省农村40~60岁在婚妇女性生活状况进行了调查。该研究在安徽省农村妇女健康状况调查的数据库中,提取性生活情况和相关信息,建立数据库。该调查采取分层整群抽样方法,在安徽省南部、中部及北部抽取池州、滁州和宿州3个市,在各市随机抽取2个县,在各县随机抽取2个乡镇,在各乡镇抽取2个村。对抽中村的所有40~60岁女性人群进行面对面问卷调查,问卷的主要内容包括一般人口学特征、身体健康和疾病情况、心理健康情况等。抑郁评分采用简版老年抑郁量表,焦虑评分采用焦虑自评量表。

二、非随机抽样法

非随机抽样法,又称判断抽样法,是指研究者根据自己的专业知识、经验、态度或观点来确定调查对象或抽取样品的抽样方法,如统计调查中的重点调查、典型调查等。非随机抽样法带有明显的主观色彩,所获得的样本不能应用推断统计的方法来分析。

非随机抽样法适用的情形包括:第一,严格的概率抽样几乎无法进行;第二,调查仅是对问题的初步探索或提出假设;第三,调查对象不确定或根本无法确定;第四,总体各单位间离散程度不大,且调查人员有丰富的调查经验。

1. 方便抽样法

方便抽样法,又称偶遇抽样法或随意抽样法,是一种为配合研究主题而由调查者在特定的时间和特定社区的某一位置上,随意选择回答者的非概率抽样方法。方便抽样法适用于对一些特殊情况的调查,如违章驾车、聚众闹事等突发性事件或现象。通过在当场抽取样本询问当事者、目击者、旁观者以及过往的行人,可以了解事件发生的经过、原因以及对事件的看法和态度。方便抽样法的优点是简便易行,能及时取得所需的信息数据,省时、省力、节约经费,效率很高,并能为非正式的探索性研究提供很好的数据源。但通过方便抽样法获得的样本偶然性很大,存在选择偏差,因而样本的代表性较差,调查结果的可信度较低。只有当目标总体各单位间差异不大,即个体同质时,采用方便抽样法获取的样本才具有较高的代表性。例如,戴毅等(2020)为了解我国子宫内膜异位症诊治的现状、诊治指南实际推行的情况以及基层医生对子宫内膜异位症继续教育的需求,采取现况调查的研究设计和方便抽样的方法,通过微信问卷在微信公众号、微信群对妇科医生进行网络调查。问卷包含41个问题,分为7个部分,内容涉及参与者的一般情况,其所在医院子宫内膜异位症专科门诊的开展情况,参与者子宫内膜异位症的接诊量、手术量及手术种类构成情况,参与者对诊治指南的了解情况,知识更新情况,其临床实践中诊治指南的推行情况,参与者对自身问题的总结及对学术机构的要求等。

2. 判断抽样法

判断抽样法,又称立意抽样法或定标抽样法,是指当调查人员对自己的研究领域十分熟悉,对调查总体比较了解时采用的抽样方法,可获得代表性较高的样本。判断抽样法多应用于总体小而内部差异大的情况,以及在总体边界无法确定或人力、物力、时间有限时采用。

判断抽样法一般包括两种方式:一种是由专家判断决定所选样本,即选择最能代表普遍情况的群体作为样本;另一种是利用统计判断选取样本,即利用调研对象的全面统计资料,按照主观设定的某一标准选取样本。

在判断抽样法的应用中,判断抽样的样本代表性完全取决于调研者本身的知识经验和判断能力。也正是判断抽样是有目的地主观选取一些可以代表总体的个体组成判定样本,所以使得调研人员对目标总体有关特征的较深入的了解成为应用这种抽样组织形式的前提。

判断抽样法的优点包括:第一,简便易行,可以充分利用调查样本的已知资料,资料回收率高;第二,研究人员可应用其研究技能和已有知识去选择回答者。

但判断抽样法也存在一些局限,包括:第一,结果受研究人员的倾向性影响大,一旦主观判断偏差,则很容易引起抽样偏差,也不能直接对调查总体进行推断;第二,适用于总体的构成单位极不相同而样本数很小,同时设计调查者对总体的有关特征具有相当了解的情况,适合特殊类型的研究,如产品口味测试等。例如,罗永义和仇军(2019)为研究比较视域中我国社会体育与竞技体育价值的社会评价,基于特定人群进行了一项判断调查。该研究为排除人民大众民意表达的无序性,主要定位为以高校体育教师为主体的体育界和以普通知识分子为主体的非体育界群体。首先,通过文献研究,将涉及社会体育与竞技体育的价值维度进行搜集归纳,得出"提升民族自信心""增强民族凝聚力""提升国际影响力"等11个价值维度。然后向15位体育领域相关专家进行咨询,经两轮咨询和增减,把社会体育与竞技体育的价值维度确定为10个,分别是"提升国际影响力""增强民族自信心与凝聚力""丰富国民文化生活""引导社会休闲娱乐""促进社会交往和社会和谐""促进国家外交""促进体育产业发展""优化社会产业结构""降低社会医疗开支""增强民族体质与健康"。其次,制订社会体育与竞技体育整体价值及具体价值调查问卷,并通过对15位专家的咨询检验了问卷的效度。设计的问卷包括个人信息、社会体育与竞技体育发展状况、社会体育与竞技体育整体价值的比较关系、社会体育与竞技体育具体价值结构及比较关系4个部分,共23题。最后,通过问卷星对特定群体进行判断抽样调查。调查群体包括由国家体育总局文化发展中心等建立的以全国高校体育教师为主体的"体育文化研究论坛"QQ群、围绕国家体育总局政策法规司2017年在成都举行的青年体育理论研讨会创建的"2017全国青年体育理论研讨会"微信群、清华大学博士校友"篮球天天打,健康一辈子"体育兴趣微信群、安徽"池州学院教师群"微信群、安徽"池州致公党员交流平台"微信群等9个特殊网络群体。通过2018年2月近两周的调查,共有319人参与了问卷填写。

3. 配额抽样法

配额抽样法,又称定额抽样法,是指将调查总体样本按一定标志分类或分层,确定各类(层)单位的样本数额,在配额内任意抽选样本的抽样方式。配额抽样法和分层抽样法既有相似之处,也有很大区别。两者的相似之处在于都事先对总体中所有单位按其属性、特征分类,这些属性、特征称为"控制特性";两者的区别之处在于分层抽样是按随机原则在层内抽选样本,而配额抽样则是在配额内主观判断选定样本。

配额抽样法一般包括两种形式：独立控制配额抽样和相互控制配额抽样。独立控制配额抽样是指对样本独立规定一种特征下的样本数额，是根据调查总体的不同特性对具有某个特性的调查样本分别规定单独分配数额，而不规定必须同时具有两种或两种以上特性的样本数额；相互控制配额抽样是在按各类控制特性独立分配样本数额基础上，再采用交叉控制安排样本的具体数额的抽样方式。交叉控制配额抽样对每一个控制特性所需分配的样本数都做了具体规定，必须按规定在总体中抽取调查单位，各个特性都同时得到了控制，从而克服了独立控制配额抽样的缺点，提高了样本的代表性。例如，是丽娜和王国聘（2012）以南京林业大学为研究对象，通过问卷调查，以配额抽样法探讨大学生旅游者学科专业、性别因素对环境意识的影响，了解环境心理与行为特征，并与国内生态旅游景区旅游者进行对比。具体而言，该研究选择南京林业大学2007~2010年入学的4个年级的本科生为调查对象，采用非随机抽样调查法中的配额抽样法，按农、工、理、管理、文五大学科门类中的品牌和特色专业以及性别对全体在校生进行分类，以一定配额选取样本。农学选取林学、园林70人（占20.7%，男41人，女29人），工学选取木材科学与工程、土木工程67人（占19.8%，男39人，女28人），理学选取生态学、环境科学64人（占18.9%，男39人，女25人），管理学选取农林经济管理、旅游管理68人（占20.1%，男31人，女37人），文学选取广告、英语69人（占20.5%，男28人，女41人）。男生共178人，女生共160人。

4. 滚雪球抽样法

滚雪球抽样法，又称裙带抽样法或推荐抽样法，是指先随机选择一些被访谈者并对其实施访谈，再请他们提供另外一些属于所研究目标总体的调查对象，根据所形成的线索选择此后的调查对象的方法，往往适用于对稀少群体的调查。

滚雪球抽样法的优点包括：第一，可以根据某些样本特征对样本进行控制，适用于寻找一些在总体中十分稀少的人群，这样可以大大增加接触调查群体的可能性，可行性较强；第二，调查费用大大减少。

但滚雪球抽样法也存在一些局限，包括：第一，滚雪球抽样法在一定程度上牺牲了调研的质量，所获得的整个样本很可能会出现偏差，因为那些个体的名单来源于那些最初调查过的人，而他们之间可能十分相似。因此，样本可能无法很好地代表整个总体。第二，如果被调查者不愿意提供人员来接受调查，那么这种方法就会受阻。第三，调查的对象局限于想法属性相近的一群人会产生代表性严重不足的问题。因为通过彼此引荐的结果，往往会找出一群看法相似的人，这群人往往只是研究者想要研究的次团体中的一个小圈子而已，而且这些人受访的动机，往往来自人情压力，这些都可能是造成选择性偏误的原因。例如，李彦章和匡娅（2017）为了探究四川城乡老年人抑郁及其影响因素的差异，采取整群随机抽样和滚雪球抽样的方法，在四川省内对60岁以上（含60岁）的人进行调查，发放问卷250份，回收有效问卷191份（76.4%）。

三、同伴推动抽样法

同伴推动抽样法(Respondent-driven Sampling,RDS)是由赵金扣等(2005)较早介绍的一种抽样方法,主要适用于难以接近的人群。在进行流行病学调查和监测过程中,经常需要用抽样调查的信息推测要调查的总体,所需面对的难题是如何进行抽样。通常使用的方法有概率抽样法和非概率抽样法。概率抽样法是指在抽样时总体中每个个体以一个已知的概率被抽取的方法。概率已知,从而可以用统计学的方法用抽样的结果推测总体。这种抽样方法对容易接近人群的流行病学调查较为适用,但对难以接近人群,如静脉注射吸毒人群、艾滋病传播高危行为人群等,这些概率抽样方法就很不适用,而RDS法则可以解决上述困境(Heckathorn,1997)。

RDS法与经典的滚雪球法相似,但有所改进。首先,RDS法改经典滚雪球法的单向激励为双向激励,即招募者和被招募者均获得一定数额的物质奖励或现金,提高了招募的效率。其次,RDS法要求调查对象由同伴招募而不是由同伴向调查员指证,减少了招募过程中拒绝参加的情况。RDS法要求每个人只能推举一定数量(一般为3个)的同伴,同时统计每个推举人所认识同伴的数量,从而可以计算每个同伴被抽取的概率;每个人推举同伴数量的限制使推举链得以延长,使不同特征的同伴能被抽中,从而避免人群特征上的相似性而造成的偏倚。作为一种近似概率抽样方法,RDS法抽样得到的结果可以对抽样的总体做出点估计和区间估计。

RDS法具有以下优点:第一,由调查对象招募其同伴,可能调查到调查人群中那些相对隐匿的对象;第二,可以保护调查人群的隐私;第三,调查人员可以不必深入调查人群活动场所;第四,前期调查或调查对象分布图工作量较小,现场操作相对容易;第五,除了需要调查的专业问题,仅需要少量附加问题;第六,可以使用专门用于数据分析的软件;第七,后勤保障相对简单;第八,操作费用相对较低。

RDS法的不足之处包括:第一,调查人群之间必须存在已有的社会网络;第二,联系卡发出后调查对象参加调查的时间难以控制;第三,存在选择性非应答偏倚且很难控制;第四,一般需要发放物质奖励或现金;第五,需要对招募者与被招募者间的关系进行卡片管理;第六,调查必须对调查对象的身份进行核实,剔除重复参加调查的人员;第七,目前仅能使用软件对调查资料的数据进行分析(赵金扣 等,2005)。

第三节　抽样方案的具体设计

抽样方案的设计就是依据调查目的,为抽样调查的实施提供一个指导性的方案。

一、抽样调查的基本步骤

抽样调查必须遵守严格的操作流程才能保证调查的经济性和准确性,其步骤主要包括:第一,根据调查目的确定目标总体。在抽样调查之前,先要根据研究的目标确定抽样的总体。第二,决定抽样框。确定好总体后就要确定抽样框,也就是确定用来抽样的名册。抽样框是组织抽样调查的重要依据,调查者必须对其抱有严谨的态度,认真地收集和编制。因为抽样框一旦有重复和遗漏,必然会直接影响样本的选取,从而影响到整个抽样工作的质量。在实际研究进行中,由于客观条件的限制,通常是抽样框决定了目标总体,而不是目标总体决定了抽样框。第三,选择抽样方式。为了控制抽样误差,提高抽样效果,需要根据调查任务和抽样框确定具体的抽样方式。第四,规定精度。由于抽样调查是根据样本的数量特征来推断总体的数量特征的,所以它必然存在抽样误差,所以抽样的结果常常具有某种不确定性。如果抽取较大的样本或运用精密仪器和工具,则可以大大降低这种不确定性,但往往要花费很多的费用和时间。因此,抽样调查事前要根据所采取的抽样组织形式、经费和对调查指标准确性程度的要求,规定抽样调查所要达到的精度。第五,确定样本容量。样本规模的大小涉及人力、物力、财力的消耗问题,在抽样调查前要审慎地加以考虑,要根据既定的经费、工作时间及规定的精度依据抽样理论估计样本容量,使得调查工作既符合调查质量的要求,又不浪费人力、物力和财力。在研究进行中,研究者比较关心的是样本到底要多大才能满足研究的需要。样本太大就失去了抽样的意义,在统计结果上也不会有显著的变化。样本太小就不能保证抽样的代表性和准确性。样本的大小需要经过统计方法来计算才能确定,不同的抽样方法,需要的样本大小也会有所不同。有些因素会影响样本大小,如抽样单位是否具有同质性,置信区间的要求是多少,要求的精确程度是多高等。第六,进行指定元素的数据搜集。抽样的最后一步即是实际进行指定元素的数据搜集。在正式调查前要进行小规模的预先实验,以发现问题,改进方案。同时,还要进行现场实地调查工作的组织,包括培训调查人员监督调查过程,对调查者进行早期检查等工作。例如,吴雪峰和肖立梅(2021)以《肇庆学院学报》为例,开展了一项地方高校投稿源状况的抽样调查研究。研究者基于自身工作实践和研究的需要,以《肇庆学院学报》为例,按第一作者单位类型为统计标准,以2019~2020年共收到的1011篇稿件为研究对象,对这些稿件的情况进行调查并做数据统计分析,剖析其稿源状况,提出有针对性的对策和建议,旨在为地方高校学报的发展提供有一定参考价值的资料。结果发现,地方高校学报的稿源主要是校内单位,校内单位的来稿是地方高校学报生存和发展的基础;作为地方高校学报,放眼社会才能求得更大的发展。从稿源质量来看,《肇庆学院学报》虽然稿源较多,但优质稿源相对较少;从学科类别来看,《肇庆学院学报》社会科学类稿源充足,自然科学类稿源比较欠缺。由此得出如下对策及建议:每年开学季,学报人员要主动向校内各单位尤其是各二级学院做好学报的宣传工作;积极做好约稿、组稿工作,丰富稿源;办好地方特色、历史文化特色、学科特色等栏目,吸引优质稿源;学报编辑认真做好作者的服务工作;争取学校给予更大力度的支持。

二、抽样调查中常见的问题及处理方式

1. 抽样调查中的样本轮换问题

样本轮换是指在连续调查过程中,每隔一定时间轮换部分或全部的被调查者。之所以要进行样本轮换,主要是由于如下原因:第一,长期调查往往会造成样本老化。由于调查时间过久,调查总体变化较大,样本对总体的代表性逐渐减弱。第二,长期调查可能会影响被调查者的合作态度。第三,长期调查可能会影响被调查者的行为。即使被调查者愿意配合调查,长期调查也有可能出现影响其经济活动和生活方式的问题,从而使被调查者的资料失去代表性。

2. 敏感性问题的处理

抽样的目的在于获得样本的真实信息,但有些信息由于具有私密性等原因而被调查者认为不便公开,这些问题被称为敏感性问题。敏感性问题一般具有隐秘性和可变性的特点,用一般的调查技术难以获得有效的数据资料,就会产生无法控制的非抽样误差,如考试作弊、偷窃等敏感性问题。首先,在实际工作中,敏感性问题的抽样设计应保护好回答者的隐私,打消其顾虑,强调抽样仅作为统计之用,而不是调查某一个体的具体情况;其次,可以改变提问的形式,如设计随机化、投射等比较隐蔽的方式等。

杨茂林(2014)总结了对问卷调查中敏感性问题的处理方法,主要是非数字化处理方法和数字化处理方法。其中,非数字化处理方法包括以下3种:

(1)保密法。保密法即对被试的姓名等真实身份资料以及所提供的其他信息予以保密。该法通常在调查开始前向被试保证在调查过程中调查人员会恪守职业道德,对每位被试所提供的信息都将予以严格保密。例如,一些问卷的指导语中有"为获得真实数据,本次调查采用不记名的形式,我们承诺将对您的信息保密,并不会用作商业用途。希望得到您的支持和配合"之类的文字。这是一种最为简单直接的方法,来打消被调查者的顾虑。

(2)引导法。引导法指的是在问卷中加入引导性的语言,或是调查人员口头对被调查者进行引导,来更好地降低敏感度的方法。例如,询问被试的收入情况时如果直接提问,可能会有很多被试不愿意作答。但如果设置一系列逐层递进的问题,则很有可能达到理想的效果。可以先设置第一问"请问您对您现在的收入情况还满意吗? A. 满意 B. 不满意",再设置第二问"如果不满意的话,从实际出发您希望您的月收入能达到多少? A. 950~2000元 B. 2001~3500元 C. 3501~5000元 D. 5001元以上",然后设置第三问"您现在的收入情况与理想中的差距大吗? A. 非常大 B. 较大 C. 较为接近"。

(3) 模糊法。模糊法即将所要调查的敏感问题的敏感部分模糊化,使得被调查者更放心地作答。例如上述第三问,将理想收入的具体数值转化为区间。数字化处理方法即随机化回答技术,其核心是在调查过程中使用一种特定的随机化装置,让被调查者以一个预定的概率从两个或者两个以上的问题中选择一个问题进行回答。

【思考题】

1. 请谈谈你对于抽样法的理解。
2. 请论述常见的抽样法及其特点。
3. 请自行确定一个研究主题并设计相应的抽样方案。

第五章 问卷法

第一节 问卷与问卷编制概述

一、问卷的类型

1. 封闭式问卷与开放式问卷

根据问卷中题项结构的不同,可以将问卷分为封闭式问卷与开放式问卷。

在封闭式问卷中,被试只需要从预先给定的答案中根据自己的情况选择一个或几个合适的答案。封闭式问卷的优点有很多,包括作答是标准化的,便于计分和统计分析;由于提供了备择答案,被试作答简便,不需要花更多的时间来思考,也不需要较高的撰写技能。但封闭式问卷也存在一些缺点,包括容易导致作答可信度不高,尤其当被试心不在焉或者存在情绪问题时。由于答案固定,因此难以发现被试作答上的细微差异,甚至被试可能会对提供的答案不满或不同意而拒答。目前测量型研究中使用的量表或问卷大都存在该局限,因为普遍都是使用李克特若干点计分法。例如,张兰和陈信凌(2020)在文献分析、开放式问卷调查的基础上,构建了新闻工作者职业认同的理论维度,并据此编制了新闻工作者职业认同问卷。研究通过探索性和验证性因素分析,揭示了新闻工作者职业认同是一个包含职业情感、角色价值观、职业价值观、职业能力、职业信念的二阶五因子结构。问卷采用李克特5点计分法,1为"非常不符合",5为"非常符合",得分越高表明新闻工作者职业认同度越高。

在开放式问卷中,尽管题项是统一的,但并没有预先给定可供选择的答案,而是要求被试根据自己的情况自由作答。开放式问卷的优点有很多,包括不受所提供答案范围的限制,被试可以独立、自由地发表看法;对那些较为复杂的问题,开放式问卷更为合适。但开放式问卷也存在一些缺点,包括由于自由作答,可能导致无价值的问卷数量较多;各个被试的回答是非标准化的,难以进行对比和统计分析;被试要有较高的语言表达能力,需选用文化水平较高的被试。基本对于所有的量表/问卷开发工作,在题项选取阶段都需要采用开放式的问卷,有时还会结合访谈等其他手段,这样有利于收集题项。例如,王馥芸等(2020)探索了自省在中国文化背景下的概念和结构,编制了适用于中国成年人的自省问卷,并检验其信效度。在编制过程中有深度访谈这一环节,访谈开始前请被试阅读并签署《访谈知情同意书》,告知访谈内容、时间、录音、保密等事项。按照提纲开展访谈,问题尽量开放,时间不限,其访谈时间在40~120分钟,全程录音。访谈提纲包括:① 您认为自省是什么? ② 您最近一次自省是在什么情况下,能详细讲述吗? ③ 能不能讲一下您印象最深刻的一次自省? ④ 您还在哪些情况下,对自己的哪些方面进行过自省? 请详细讲述一下这些自省经历。⑤ 您觉得哪些因素影响了您的自省? 为什么有些人经常自省,而有些人很少自省? 将访谈录音进行逐字转录,共计20个文本,约13万字。采用Nvivo 11.0质性分析软件对文字进行分析,以扎根理论的三级编码方式作为分析方法(杨超 等,2019;Strauss,Corbin,1990)。经多次归纳总结,得到自由编码575个,关联式编码8个,核心编码2个。其中关联式编码中个人探索性自省(36频次)、个人预防性自省(38频次)、个人弥补性自省(67频次)、个人超越性自省(43频次)被归为"个人取向自省";社会探索性自省(23频次)、社会预防性自省(48频次)、社会弥补性自省(75频次)、社会超越性自省(28频次)被归为"社会取向自省"。对于开放式问卷,只需要按实际情况作答,无须回答为什么。但考虑到避免让被试自由发挥太多,开放式问题后面的空白建议不要预留得太多。在实际的问卷中,研究者往往根据研究目的的不同来选用封闭式问卷或开放式问卷或两者的结合。在探索性调查研究阶段通常采用开放式问题,而在正式调查研究阶段主要采用封闭式问题。

2. 自填式问卷和访问式问卷

根据使用方式或作答方式的不同,可以将问卷分为自填式问卷与访问式问卷。

自填式问卷指的是通过邮寄或分发的方法,由被试自己填写的问卷。在这种情况下,被试可以不受其他影响,如实表达自己的意见,尤其是敏感性问题的调查,自填式问卷往往可以得到较为可靠的资料。例如,2020年美国总统大选便沿用了自填式问卷的方式。在本次选举中,美国50个州和华盛顿哥伦比亚特区均提供邮寄选票选项,如华盛顿特区和科罗拉多、夏威夷等9个州自动将选票邮寄给州内所有登记的选民。自填式问卷使用了标准化词语,每个被试面临完全相同的问题,因而不存在调查人员对问卷的主观随意解释和诱导,从而避免了调查人员的偏见。但自填式问卷也存在一些缺点,如果被试作答含糊不清,或对某些题项拒绝作答,则是难以补救的,无法知道被试是否独立完成回答及其回答问题的环境,从而影响对问卷质量的判断。

访问式问卷指的是由调查人员通过现场询问,根据被试口头回答的结果代为填写的问卷。访问式问卷的作答率较高,调查人员可以设法确保被试独立回答问题,并能控制按问卷问题的设计顺序回答,从而保证作答的完整性。此外,调查人员还可以观察被试的态度及其回答问题的环境,有利于进一步分析判断相关问题。但访问式问卷也存在一些缺点,包括费用较高;匿名性无法保证;易受调查人员的影响,当被试对调查人员的某些举止有偏见或不理解时,就会导致回答的偏差或有意说谎,调查人员有时对被试的意思没有正确理解或正确记录也会导致出错。

二、问卷的内容结构

一份结构完整的问卷应由标题、前言(不作硬性要求)、指导语、题项、结束语及其他内容等部分组成,下面大致介绍每一部分的内容和功能以及设计要求。

1. 标题和前言

标题即题目,是对问卷内容和目的简洁明了的反映。通常一个简单的问卷只有一级标题,如果是若干问卷组成的成套问卷则可以有两级标题,即总问卷的标题和每个问卷的标题。但标题不能过多,否则显得杂乱,也不便于被试的理解。

前言是对研究目的、意义和内容的简要说明,一方面是为了引起被试的重视和兴趣,另一方面是为了消除被试的戒备心,以取得良好的合作。每份问卷本身可以有前言,如果是成套问卷也可以有总问卷的前言和每个问卷的前言,但内容无须重复。

2. 指导语

在前言之后,要准确写出指导语。指导语是用来指导被试填写问卷的一组说明性的文字,包括填写方法、要求、时间跨度、注意事项等。填写方法包括明确问题是单项选择还是多项选择,在选项上是画"√"还是画"○",是直接填写在问卷上还是填写在指定的答题卡上。要求包括是需要被试"又快又好"地回答或是选出自己认为合适的选项即可,是否限制时间等。这些均需在指导语中明确说明,并对可能出现的作答错误也要给予提醒。尽管指导语包括的内容要全面,但也应做到简洁、有可操作性。总之,被试在阅读完指导语后应该清楚地知道如何作答,以确保数据的信效度。

3. 题项

指导语后通常是问卷的主体,即题项部分。一次问卷调查究竟应该包括多少问题、需要多长的作答时间,取决于研究目的、客观条件和被调查者的类型。通常如果问卷超过3页或者半小时还不能答完,作答质量就会明显下降,所以问题要尽量简短。

4. 结束语及其他内容

问卷最后部分是结束语,通常包括两种内容:一是以简短的语言表达对研究对象合作的感谢,如"再次感谢您的参与";二是让研究对象补充说明有关情况,对个别题项进行更为深入的作答,或谈谈对问卷有何看法和建议。调查研究中通常还包括人口统计学变量,如被试的姓名、性别、年龄、民族、受教育水平、职业、班级或单位等。当然,需要被试提供哪些人口统计学变量信息可以根据研究目的酌情选择。是否有必要让被试提供姓名各有利弊,提供姓名可以增加被试填写时的责任感,使填写时更加认真,但在涉及敏感问题或自身利益时,也可能增加被试的戒备心理,导致他们拒绝合作或不按真实情况填写。在性别问题上被试通常不介意,因此无论是以选择还是填空的方式,都可以提供性别信息(张林,刘燊,2020)。

例如,崔勋等人(2012)开发了《劳动关系氛围量表》,其中包含劳资双赢、劳资对立和员工参与三个方面,成形的量表如下所示:

劳动关系氛围量表

请您根据自己的实际感受和体会,用下面17个题项描述对您所在的公司进行评价和判断,并在最符合的数字上打"√"。评价和判断的标准如下:1=非常不同意,2=不同意,3=不好确定,4=同意,5=非常同意。

序号	描述		分	值		
1	多数时间,我觉得公司的整体气氛相当和谐。	1	2	3	4	5
2	公司管理层与员工的关系十分融洽和睦。	1	2	3	4	5
3	公司管理层和员工大多能彼此信赖。	1	2	3	4	5
4	为了公司的前途,多加点班也没关系。	1	2	3	4	5
5	公司员工间相处得十分融洽。	1	2	3	4	5
6	公司员工的流动率很低。	1	2	3	4	5
7	公司会经常设身处地为员工着想。	1	2	3	4	5
8	公司员工大多竭尽心力,设法协助公司获得成功。	1	2	3	4	5
9	公司管理层与员工间有相当明显的对立现象。	1	2	3	4	5
10	员工常常会因为与管理层沟通不畅而发生冲突。	1	2	3	4	5
11	公司员工会采用激烈的方式来争取利益。	1	2	3	4	5
12	公司经常有员工与管理层发生口角或摩擦的情形。	1	2	3	4	5
13	在公司内,有不少人只顾个人利益,不管公司的长期发展。	1	2	3	4	5
14	公司员工经常抱怨公司的措施。	1	2	3	4	5
15	公司有不同的委员会或工会可以向管理层传达员工的意见。	1	2	3	4	5
16	公司员工可通过提案制度等参与公司管理。	1	2	3	4	5
17	公司有畅通的沟通或申诉渠道。	1	2	3	4	5

三、问卷编制程序

1. 构建问卷的基本框架

（1）分解中心概念，形成问卷的基本框架。一份问卷通常要涉及少则一个多则三五个中心概念，通过多角度定义中心概念，或将中心概念应用到不同领域的方法，可以分解出不同的子概念，以此为基础构造出问卷框架并编制题目。例如，要开展科研人员满意度调查，"满意度"便是问卷的中心概念，通常体现在不同的领域和方面，大致可以将科研人员满意度分为科研环境满意度、科研内容满意度、科研绩效满意度、科研绩效满意度等方面，然后可以围绕每个方面编制若干个合适的问题。

（2）以理论为基础构建问卷框架。通过文献综述，通常可以了解某个研究领域有哪些已有的理论，这些理论可能提供了设计问卷的框架或概念基础。例如，李园园等（2019）旨在探究幼儿园教师伦理敏感性的发展现状并开发可用于测量的工具，该文指出，伦理敏感性最早源于1983年美国明尼苏达大学相关研究团队提出的道德心理模型，认为道德行为发生的背后主要有4个心理成分，即道德敏感性、道德判断、道德动机和道德品性。其中，道德敏感性被理解为对情境的领悟和解释能力，包括觉察情境中的道德内容、想象事件的因果链、判断行为对有关当事人的影响、采择观点、移情，或者虑及一些能适用于该情境的道德规范或原则的过程（Rest，1986）。在各行各业专业化发展的趋势下，对道德敏感性的研究逐渐转向了专业领域。而专业行为通常以"伦理规章"为指南，故而在某一专业领域谈及这种敏感性时，多使用"伦理敏感性"一词（Weaver et al.，2008）。

（3）通过开放式调查提取问卷框架。对于一些较新的研究主题，往往缺乏明确定义的中心概念和已有的理论，则可以拟定简单的开放性问题进行访谈或征求该领域的专家意见，了解他们对该问题的看法，再从中提炼出所需要的问卷框架。例如，杨超等（2019）以当代中国社区背景和传统责任心理为基础，编制适用于中国居民的社区责任感问卷并进行信效度检验。但学界对"社区责任感"这一概念，先前并没有太多的研究，正如该研究指出了如下内容：

> 国内有关责任感的研究以社会责任感、家庭责任感和组织责任感等居多，对居民社区责任感的研究并未引起人们的注意。为提升社区协作平台在家庭暴力中的干预效果，西方学者首次通过半结构访谈编制了6题项的单维《社区责任感量表》（Nowell et al.，2014）。虽然该量表在近期的研究中表现出良好的信效度，但研究对象多为社区管理人员和企业组织人员，无法保证工具良好的生态效度且维度单一、题项过少。因此，在跨文化研究缺失的情况下，编制中国化的测量工具显得尤为必要。

后续可以采用文献分析和开放式问卷的方式收集题项,如以文献分析和开放式问卷调查结果为基础建构理论模型,调查内容包括:① 您认为什么是社区责任感? ② 您认为社区责任感比较强的人有哪些特点或表现? ③ 您认为居民应该履行的社区责任有哪些? ④ 请写下过去最能体现您良好社区责任感的一件事以及您当时的内心感受。用 Nvivo 11.0 软件对调查结果进行逐句编码,经多次归纳总结,得到自由编码 26 个,关联式编码 7 个,核心编码 3 个。具体而言,将自我责任认知(64 频次)、他人责任认知(17 频次)、集体责任认知(127 频次)归为"社区责任认知";将责任情感体验(11 频次)、责任情绪体验(7 频次)归为"社区责任情感";将社区参与(87 频次)、社区人际交往(66 频次)归为"社区责任行为"。值得注意的是该研究的开放式问题只记录了居民在社区活动中的积极情绪体验,并按照持久程度分为了责任情绪(如高兴、激动)和责任情感(如荣誉感、成就感)两类。已有研究发现社会责任感高的人对破坏社会规范的行为有着更强烈的愤怒情绪(陈思静,马剑虹,2011),厘清文献发现责任情感既包括助人为乐的积极体验,也有着因责任缺失而引起的消极体验(况志华,2012)。因此,为了提高问卷的解释率,该研究将社区责任情感分成了积极体验和消极体验两类。

2. 整理题项并形成初步问卷

一旦确定了问卷的基本框架,就可以围绕中心概念、子概念、变量、维度等设定可观测的行为指标,整理出能体现这些概念的题项。要尽可能列出足够多的题项或项目陈述,然后仔细分析某个题项和所测量的概念或变量之间的逻辑关系,并不断调整相应的表述,确保通过题项或项目陈述可以测量到要测的内容。待整理题项工作完成后,就要将题项组织起来,初步形成较为完整的问卷初稿。首先,要思考问题排列的顺序,对问题归类分组,同类问题放在一起呈现。原则上通常先呈现客观问题,再呈现主观问题;先呈现封闭式问题,再呈现开放式问题;先呈现测查核心变量的问题,再呈现测查相关因素的问题;先呈现简单的问题,再呈现复杂或敏感的问题等。其次,要完善问卷结构。要为问卷拟定标题,编写前言、指导语、结束语,并加入人口统计学变量方面的问题。最后,完善问卷的排版。排版时要做到层次清楚,重点突出,排列整齐,版式简洁。为了防止被调查者阅读和选择时看串行,可以在排版时对文字加背景色或改变表格边框颜色等以起到提醒作用。例如,李园园等(2019)探究幼儿园教师伦理敏感性的发展现状并开发相应的施测工作,其"初步编制"部分的内容如下:

> 伦理敏感是个体在情境中自觉觉察伦理线索、发现伦理问题,以伦理思考来审视情境并做出反应的过程,具有情境性的特点。为使调查贴近伦理敏感性自身的特点且符合幼教实际、易于被试作答,问卷的编制以幼儿园保教实践中的案例为基础。初步编制的问卷包含 44 个题项,其中 26 个选自预研究中被提及频率高的案例。从经验与实践来看,这些事件在幼儿园里时常发生,幼儿园教师对此类事件的

关注度高,有的事件也成为教师的困扰。但由于幼儿园教师伦理关注的不全面性,且我国幼教行业尚缺乏统一的幼儿园教师专业伦理规范,故以《NAEYC 幼儿教师伦理操守准则与承诺声明》(下文简称《声明》)为参考。《声明》是幼儿教育界最早出现的伦理规范,经过不断修改、完善,具有很高的权威性。将《声明》中的内容运用于中国文化情境必然有其局限性,为降低消极影响,在选择内容时遵循两条标准:一是选择被幼儿园教师忽视的内容,二是选择具有中国文化适宜性的内容。因为无论是美国还是中国,幼儿教育有其共通之处,问卷编制只以《声明》中的伦理原则为参考,结合中国幼教实际进行了情境化转述。其中,初步编制的问卷中有18项来自《声明》的伦理责任。问卷结构包含基本信息和测查项目两部分。基本信息由性别、教龄、职称、婚育状况、学历、所学专业构成。测查项目由情境短句、提问、答案选项构成。

3. 试测并完善问卷

问卷的设计在理论层面往往因多种原因而存在缺陷,只有在实际施测的过程中才能发现。如果在实际施测过程中被调查者询问某题项如何作答,那便一定程度上说明该题项语焉不详或指导语不够明确。此外,如果某题项的某个选项没有被选择或者选择过于集中,则说明该题项的设计可能不够合理,区分度不够高。例如,要调查大学生每月消费状况,有题项为"你每月的伙食费用是多少?"选项有"500元以下""501~1000元""1001~1500元""1501~2000元""2001元以上",结果发现,"500元以下""2001元以上"几乎没有人选择,这就说明这些选项没有出现的必要,而70%的被试都选择了"501~1000元",这就说明该选项区间设置过大,不能区分其间的差异,因此需要调整选项设计。此外,整个问卷以及每个项目或问题的信度、效度、区分度如何,也只能根据施测结果来分析,最后决定如何修订、完善问卷(张林,刘燊,2020)。

四、题项编制的要求和原则

以下是一些常见的题项编制的要求、原则以及容易出现的问题。

(1) 语义清楚明确,不能有歧义。例如,"同学之间打架令你担心吗?"到底是担心同学之间发生打架这件事本身呢,还是害怕同学之间打架的行为呢?该题项语焉不详。

(2) 表述准确,但要言简意赅。例如,"如果你考博失败,你是继续复习备考,还是先就业然后边工作边备考呢?或者你还有怎样的打算呢?请谈谈你的想法"。这样的问题表述过于口语化,很啰唆,被试很难抓住题项的语义重点。还不如简单地问:"如果考博失败,你将如何打算?"

(3) 每一题只表述一个意思,或只问一个问题,避免多重含义、出现多个主题。例如:"你喜欢跑步和游泳吗?"答案又限定为"喜欢"和"不喜欢"的二择一式选项,这种情况下，被试便无法清晰地回答。如果被试喜欢跑步，但不喜欢游泳，那么该如何选择呢？

（4）尽量少用双重否定，或者语义关系复杂的句子。例如："大学生是否应当反对在非学习日，包括周末与假日，不实行按时熄灯的规定？"还不如直接问："大学生在周六周日是否应按时熄灯呢？"

（5）要保持价值观中立，不要问诱导性的问题。例如："遵守交通规则是每个人应尽的义务，你最近一周是否闯过红灯？"似乎研究者不希望被试如实回答，因为已经限定了"遵守交通规则是每个人应尽的义务"这个颇具道德性意味的前提。

（6）题项与答案要避免社会认可效应。例如，"你看到一个孩子跌倒了怎么办？"选项包括："扶起他；安慰他；送他回家；认为事不关己，故当作没看见；心想：活该，谁叫你不当心。"最后两种做法显然违背社会道德，大多数被试都不会选择。

（7）敏感问题，最好将自评的方式改为他评的方式。例如："上个学期你有没有欺负过同学？"这样问，估计没有被试做肯定的回答。但如果问："上个学期你们学校有没有同学欺负别人的现象？"更有可能得到肯定的答案。

（8）使敏感问题只涉及"一般人"而非被试本人。例如，"有时候，孩子会和父母产生不同意见，从而发生争执。如果这种情况发生，父母应该怎么办？"这样的提问方式是比较合适的。但如果问"你应该怎么办"，就有些敏感。即便不得不涉及被试本人，也可以在题目中阐明很多人承认该问题的存在，让人感到如实谈论该问题并不是难以启齿的事情。例如，当被试为家长时，题项描述为"很多家长说，他们发现与自己的孩子很难交流感情和思想，或保持密切关系。你认为这种情况是否真的存在？"这时家长会更乐意作答。

（9）不要提被试不了解的内容或问题。例如："你对'扶弟魔'现象怎么看？"结果被试是一个很不新潮的人，对"扶弟魔"（网络用语，指多子家庭中受家庭影响对弟弟不计成本地奉献的哥哥或姐姐）这类用语根本就闻所未闻，何谈看法呢？这时可能要先提一个"过滤性问题"，如："你知道'扶弟魔'这个网络用语吗？"再询问被试的看法。

（10）不能问有虚假前提的问题。例如："你喜欢每天健身的原因是什么？"只有被试确实每天健身才可以这么问，应当先通过问题确认前提条件真实存在。

（11）对评分量尺中数字含义的表述要妥当。以李克特五点计分法为例，很多人喜欢给出1~5每个数字的语义含义，但有时很难找到5个程度差别或梯队合理的词语，倒不如只给出两端数字的语义表述，如1代表"完全不赞同"，5代表"完全赞同"，2、3、4代表其间的不同程度，这样被试更容易根据数字之间量的差异做出回答。

下面以张兰和陈信凌（2020）开发编制的《新闻工作者职业认同问卷》为例，简要介绍问卷编制过程：

首先，研究者访谈新闻学和心理学专家各2名（问题为"您认为什么是新闻工作者的职业认同？""您认为媒体转型期职业认同度高的新闻工作者具有哪些特征？"）和新闻工作者32名(问题为"媒体转型期职业认同度高的新闻工作者有哪些表现?""分享从业过程中最难忘的经历")。经受访对象同意对访谈全程录音,对访谈所获的音频材料逐字逐句整理,最终形成8.21万字的文本资料。课题组另外两名研究人员负责对资料进行分析、整理和编码(编码的一致性达95.6%),归纳出现频率3次及3次以上的原始语句与初始概念,并剔除语义前后矛盾的概念,构建类属。经反复对照和整合,共收集到频繁出现的、与新闻工作者职业认同相关的条目28个。职业认同包含社会认同和自我认同两个面向,因此,参考Marcia(1966)、Crocetti等(2008)的同一性模型,Melgosa(1987)编制的《职业认同量表》(《Occupational Identity Scale》),魏淑华等(2013)编制的《教师职业认同量表》,补充访谈资料中未涉及的条目8个,形成包括36个题项的预测问卷问卷的题项来源于受访者的原始语句,涉及新闻工作者对职业兴趣、职业情感、角色价值、职业价值、职业能力、职业信念等方面的评价。邀请3名博士研究生对测验条目进行分类和整理,删除有歧义和晦涩难懂的条目,合并意义相同或相近的条目,保留32个题项,包含2道反向记分题,问卷题目随机排序。问卷采用李克特五点记分法,1为"非常不符合",5为"非常符合",得分越高表明新闻工作者职业认同度越高。

预测试阶段,按照样本大小不小于题项数的5倍且样本总量大于100的标准采用整体分层随机抽样的方式,先将媒体划分为中央级、省级和市级,抽取到中央级媒体1家、省级媒体3家,市级媒体4家,再抽取党媒和市场化媒体各4家,抽取了新华社江西分社、江西日报社、江南都市报社、江西电视台、大江网、江西教育电视台等位于南昌市的8家新闻媒体的182名新闻工作者作为调查对象,其中男性85人,女性90人,性别信息缺失7人;报社55人,广播台38人,电视台40人,新闻网站33人,媒体类型信息缺失16人。预测问卷主要用于项目分析。正式测试采取整体分层抽样的方式,由研究者或经过专业训练的新闻单位人事部门负责人担任主试,统一指导语,问卷填写完毕当场回收。在北京、上海、广东、甘肃、江西等5个省市的新闻媒体发放问卷815份,有效问卷702份,有效率为86.1%,其中男性334人,女性347人,性别缺失信息21人;报社209人,广播台144人,电视台165人,新闻网站155人,媒体类型信息缺失29人。正式问卷主要用于探索性因素分析和验证性因素分析。

运用相关分析法和临界比法对预测题项进行分析,按照每个题项与量表总分的相关系数>0.3且在0.05水平上显著的标准,删除第7题"新闻工作者是无冕之王"、第18题"我认为新闻工作者的工作环境很好",之后再次进行检验,结果显示,各个题项与量表总分的相关系数为0.407~0.708。临界比法是通过独立样本t检验来检验问卷总分高分组(前27%)与低分组(后27%)在单个题项上的差异,该研究高分组和低分组的分数点分别为103和81。按照CR值(临界比值)>3且p(假设概率)<0.05的标准删除第10题"我认为新闻工作者的工作压力很大"、第21题"我认为新闻工作者收入很高"。

将正式测试所获702份有效数据按单双号分成两组每组包含351份数据,随机选择一组用于探索性因子分析。检验结果显示KMO(Kaiser-Meyer-Olkin,检验统计量)值为

0.907，巴特利球体检验χ^2值为6011.78，$df=325$，在0.001水平上显著，非常适合进行因子分析。采用主成分分析法提取共同因素，选择方差最大旋转法进行正交旋转后求出因子负荷矩阵。依据以下标准提取有效的公因子：① 特征值大于1；② 特征值图形的碎石检验；③ 题项的因子负荷值大于0.4；④ 题项的共同度大于0.3；⑤ 每个公因子包含的题项数不少于3个，且因子各题项内部一致性较高。删除了第15题"工作中我常常感到身心疲惫"、第29题"我认为新闻工作很轻松"，保留了26个题项。对保留的题项再次提取有效的公因子，按照以上标准，提取了特征根大于1的公因子6个。具体结果如表5.1所示，26个题项中最低负荷为0.548最高负荷为0.843，且每个题项在其所在的因子上具有唯一较高负荷值，所有题项的共同度为0.508～0.853。每个公因子包含题项数3～5个，6个公因子共可解释71.233%的变异量。

因子命名综合考虑了理论构想和题项内涵。F1包含4个题项，反映了被试对新闻职业的积极感受和体验，被试以作为新闻工作队伍的一员而感到骄傲，故命名为"职业情感"；F2包含5个题项，反映被试对其作为新闻工作者角色的作用、社会地位、声望的认知、判断和评价，故命名为"角色价值观"；F3包含4个题项，反映被试对所从事的新闻职业的意义、功能的认知与评价故命名为"职业价值观"；F4包含5个题项，反映被试对自身新闻敏感、采写编评能力及新媒体技能掌握程度的评价，故命名为"职业能力"；F5包含3个题项，反映被试对新闻工作的兴趣及职业选择，故命名为"职业兴趣"；F6包含5个题项，反映被试对新闻职业、行业发展前景的信念以及从事新闻职业的意志行为倾向，故命名为"职业信念"。对6个公因子进行相关检验，发现每两个因子之间都存在较高的相关度，表明存在二阶因子的可能性较大。将6个公因子作为新变量，再次进行探索性因素分析，抽取到1个特征值大于1的因子，方差累计贡献率达58.02%，该因子即为新闻工作者职业认同。至此，将新闻工作者职业认同的理论构想修正为二阶六因子的实证结构。

使用第二组数据进行验证性因子分析，以检验模型结构的有效性和可靠性。经检验，二阶六因子模型适配情况不甚理想，如表5.1所示，有几个适配指标未达评价标准。依据交叉负荷、缺失路径情况，依次删除第3个题项、第9个题项和第17个题项由此造成F5只剩下2个题项，依据因子所含题项数不少于3的原则，该研究首先考虑删除F5。鉴于F5剩下的2个题项较能反映新闻工作者职业认同，再次使用第二组数据对23个题项进行降维分析，结果显示KMO值为0.94，巴特利球体检验的χ^2值为5260.679，$df=253$，在0.001水平上显著。通过主成分分析法共提取5个公因子，累计方差贡献率为72.34%。第1个题项"我对新闻工作很感兴趣"和第12个题项"我梦想成为一名新闻工作者"划归到F1中，该研究对此的初步解释是对新闻职业的兴趣和期待是新闻工作者入职前就可能产生的职业情感，这有力地说明职业兴趣具有长期稳定性，一般不会随着外界环境的变化而轻易改变。

表5.1 新闻工作者职业认同问卷探索性因素分析结果

问卷项目	F1	F2	F3	F4	F5	F6	共同度
A16 我喜欢媒体的工作方式	0.767						0.853
A4 作为一名新闻工作者我时常感到很自豪	0.821						0.764
A23 我在乎别人如何看待新闻工作者	0.770						0.675
A3 我对新闻职业非常满意	0.735						0.632
A14 新闻工作者是社会的瞭望者		0.694					0.715
A5 新闻工作者是时代变迁的记录者		0.788					0.796
A27 新闻工作者社会地位高		0.795					0.805
A22 我认为新闻工作者很有声望		0.819					0.808
A6 我认为新闻工作者很受人尊重		0.718					0.712
A30 新闻工作对促进人类进步很重要			0.792				0.807
A2 新闻报道对人们了解外部的世界可有可无			0.801				0.793
A8 新闻媒体有很强的公信力			0.841				0.827
A28 新闻职业是社会分工中最重要的职业之一			0.774				0.676
A24 我有较好的新闻敏感性				0.674			0.669
A32 我能自觉遵守新闻采编职业行为				0.737			0.731
A11 我熟练掌握全媒体报道技能				0.766			0.671
A25 我具有较强的新闻采编能力				0.781			0.638
A31 我的新闻报道总能得到他人的认可				0.675			0.532
A1 我对新闻工作很感兴趣					0.548		0.716
A12 我梦想成为一名新闻工作者					0.637		0.508
A17 新闻工作带给我新鲜感					0.826		0.762
A20 新闻职业有很好的发展前景						0.843	0.766
A13 新闻职业符合我的预期						0.775	0.786
A19 我对新闻行业的未来充满信心						0.648	0.570
A26 即使有更好的选择,我还是会选择新闻工作						0.785	0.745
A9 新闻职业的发展空间很大						0.794	0.735
特征值	10.287	2.171	1.977	1.591	1.388	1.106	
方差贡献率(%)	39.565	8.349	7.606	6.121	5.338	4.254	
累积方差贡献率(%)	39.565	47.914	55.520	61.641	66.979	71.233	

再次对修正后的二阶五因子模型进行验证性因子分析,结果显示,修正后的模型整体适配度得到提高(如表5.2所示)。此外,将一阶单因子模型(问卷中23个题项总体上由新闻工作者职业认同一个因素解释)、二阶六因子模型与二阶五因子模型比较,发现二阶五因子模型适配度最好。新闻工作者职业认同二阶五因子模型的验证性因素分析结果如图5.1所示。

表5.2 新闻工作者职业认同结构模型的各拟合指标

	χ^2	df	χ^2/df	RMSEA	GFI	AGFI	NFI	TLI	CFI	PGFI	PNFI	PCFI
一阶单因子模型	2117.72	230	9.21	0.15	0.57	0.48	0.61	0.60	0.63	0.48	0.55	0.58
二阶六因子模型	1074.42	319	3.37	0.08	0.85	0.82	0.83	0.86	0.88	0..72	0.76	0.80
二阶五因子模型	278.54	226	1.23	0.03	0.93	0.92	0.95	0.99	0.99	0.77	0.85	0.88
适配标准			<2.0	<0.08	>0.90	>0.90	>0.90	>0.90	>0.90	>0.50	>0.50	>0.50

注:χ^2表示的是卡方,df表示的是自由度,χ^2/df表示的是卡方检验的结果。RMSEA(Root-Mean-Square Error of Approximation,近似误差均方根)、GFI(Goodness-of-Fit Index,拟合优度指数)、AGFI(Adjusted Goodness-of-Fit Index,调整后的拟合优度指数)、NFI(Norm-of-Fit Index,规范拟合指数)、TLI(Tucker-Lewis Index,塔克-刘易斯指数)、CFI(Comparative Fit Index,比较拟合指数)、PGFI(Parsimony Goodness-of-Fit Index,节俭拟合优度指数)、PNFI(Parsimony Norm-of-Fit Index,节俭规范拟合指数)和PCFI(Parsimony Comparative Fit Index,节俭比较拟合指数)都是结构方程模型中拟合检验的指标。

量表信度主要从内部一致性信度、分半信度和重测信度三方面进行检验。量表总的α系数为0.94,各因子介于0.86到0.92之间,均超过0.70的标准。分半信度采用斯皮尔曼-布朗公式计算方法,所得问卷总的分半信度系数为0.86,各因子介于0.82到0.91之间,均超过0.70的标准。选择同一批被试中的132名新闻工作者间隔两周后进行重测,量表总的重测信度为0.90,各因子介于0.79到0.89之间,均超过了0.70的标准。以上检验结果说明该研究模型符合心理测量学的要求,量表具有较好的同质性和稳定性(如表5.3所示)。

表5.3 新闻工作者职业认同问卷的信度检验

因子	职业情感	角色价值观	职业价值观	职业能力	职业信念	总量表
内部一致性系数	0.90	0.92	0.90	0.86	0.86	0.94
分半信度	0.90	0.91	0.89	0.82	0.87	0.86
重测信度	0.87	0.89	0.87	0.79	0.83	0.90

该研究经文献分析、开放式问卷进行新闻工作者职业认同的理论建构,咨询心理学、新闻学领域的专家,对问卷的内容进行反复斟酌、认真推敲,使题项充分涵盖新闻工作者职业认同的各个方面,从而保证了问卷具有可靠的内容效度。该研究从收敛效度、区别效度和准则效度来评估量表的构建效度。如表5.4所示,量表的5个因子之间都显著相关,

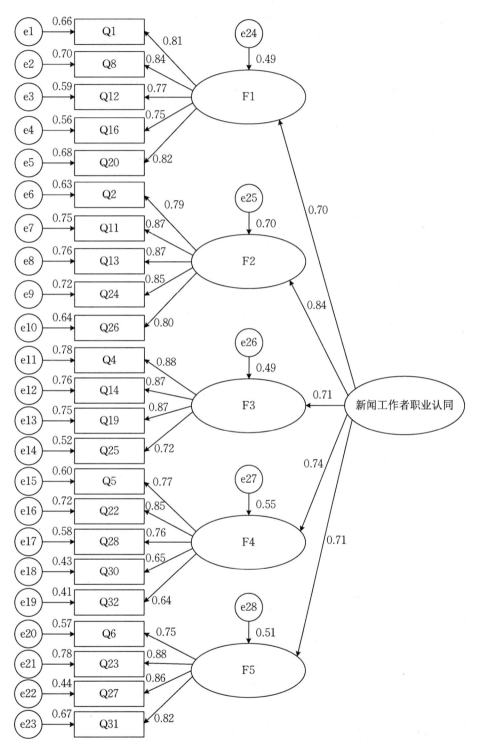

图5.1 新闻工作者职业认同二阶五因子模型的验证性因素分析结果

且相关系数介于0.36到0.52之间,属于中低度正相关,说明各因子之间有一定的独立性;各因子与量表总分显著相关,相关系数介于0.67到0.75之间,属于中高度正相关,且高于各因子之间的相关,说明各因子能方向一致地反映测查的内容,量表具有良好的收敛效度(Fornell,Larcker,1981)。此外,各因子AVE(平均提取方差值)的均方根介于0.74到0.84之间,均大于该因子与其他因子的相关系数,由此判断,量表的区别效度良好。

表5.4 新闻工作者职业认同各因子与量表总分的相关矩阵及AVE的均方根

	总体职业认同度	职业情感	角色价值观	职业价值观	职业能力	职业信念
总体职业认同度	1.00					
职业情感	0.69**	0.80**				
角色价值观	0.75**	0.50**	0.84**			
职业价值观	0.68**	0.43**	0.51**	0.84**		
职业能力	0.67**	0.42**	0.52**	0.36**	0.74[a]	
职业信念	0.67**	0.42**	0.50**	0.42**	0.42**	0.78[a]

注:**$p<0.01$,[a]为AVE的均方根,其余数值为各因子之间及与量表总分的相关系数。

已有研究表明,职业认同与工作满意度存在显著正向关系(魏淑华,宋广文,2012;Moore,Hofman,1998)。为此采用工作满意度问卷作为效标,参考《新闻工作者工作满意度量表》(Chan,Pan,2004),该量表由外在满意度、内在满意度、关系满意度3个维度共10个题项构成,各因子的内部一致性系数介于0.72到0.83之间。根据上述理论假设,构建了新闻工作者职业认同与工作满意度的理论模型。借助Amos23.0软件进行适配度检验。结果显示2个潜变量所对应的8个观察变量职业情感、角色价值观、职业价值观、职业能力、职业信念、外在满意度、内在满意度和关系满意度因子负荷值介于0.50到0.95之间;模型中的标准误差较小,且未出现负的误差变异量。新闻工作者职业认同与工作满意度的组合信度CR值分别为0.859,0.923,均符合大于0.60的适配标准,两者的AVE值分别为0.551,0.668均符合大于0.50的适配标准。此外,模型估计的所有参数均通过了0.001水平上的显著性检验。模型的基本适配度和内在适配度指标较优。整体适配度的输出结果表明,各项适配度指标良好:$\chi^2=362.133$、$df=294$、$\chi^2/df=1.232$,增值适配度指数($NFI=0.932$,$TLI=0.984$,$CFI=0.984$)均符合大于0.90的适配标准;简约适配度指数($PGFI=0.785$,$PNFI=0.855$,$PCFI=0.821$)均符合大于0.50的适配标准。

模型的假设检验结果显示,新闻工作者职业认同对工作满意度的路径系数为0.32,在0.001水平上通过了显著性检验,由此判断该研究编制的新闻工作者职业认同问卷的效标关联效度较高(张兰,陈信凌,2020)。

第二节 心理测验编制

一、心理测验的种类

心理测验是对心理与行为特征进行测量的方法，这一定义比较偏重于将"心理测验"视为一种"方法"。事实上，心理测验也可以作为心理测量的一种"工具"。心理测验有多种类型，以下简要举例。

(1) 按照测验内容，可以分为能力测验、成就测验和人格测验。其中，能力测验又可以分为测量实际能力测验和测量潜能测验、一般能力测验与特殊能力测验；成就测验主要用于测量个人或团体经过某种教育或训练之后对知识和技能掌握的程度，即学业成就，也称学绩测验；人格测验主要用于测量性格、气质、兴趣、态度、品德、动机、信念、价值观等方面的个性心理特征，一些人格测验和能力测验通常也称为"量表"。

(2) 按照施测方式，可以分为个别测验与团体测验。个别测验采用单独施测方式，通常由一位主试面对面地测试一位被试，如一些智力测验；团体测验是对一些人或很多人在同一时间内进行施测，如大多数高校在开学之初对新生进行的心理健康测评。

(3) 按照测验材料的性质，可以分为纸笔测验和操作测验。纸笔测验所用的测验项目以文字或图片形式呈现，被试只需进行书面回答即可；操作测验的项目多采用卡片、实物、工具、模型等实物形式，被试通常对这些实物进行辨认和操作，而无须使用书面文字作答，如韦氏智力测验。

(4) 按照测验的学术目的，可以分为描述性测验、诊断性测验和预测性测验。描述性测验用于对个人或团体的心理特点进行描述，以确定其现状，如确定个体绝对的能力水平或在团体中的相对位置；诊断性测验用于诊断可能存在的心理与行为问题，如鉴别个体是否存在某种人格障碍或认知加工过程缺陷；预测性测验目的在于通过测验分数预测一个人将来的表现和可能达到的水平。

(5) 按照测验的要求，可以分为最佳表现测验与典型表现测验。最佳表现测验试图在某个或某些从低到高的尺度上，确定被试的最高水平，为此要求被试尽可能做出最好的回答，表现出最佳水平，如能力或成就测验；典型表现测验试图确定被试通常的行为模式和心理特点，为此只要求被试按通常习惯的方式作答，对测验项目的反应没有正误之分，例如人格测验。

(6) 按照结构化程度，可以分为自陈测验和投射测验。在人格测验中，由被试根据自己的实际情况与项目表述的吻合程度来自行判断并选择答案，这称为自陈测验，大部分标准化的人格测验都属于自陈测验；投射测验所提供刺激的意义是模糊的，对被试的作答方式限制较少,被试很难知道测验的目的和意图,研究者根据被试的回答或行为反应(如自由联想、编制故事等)确定其背后隐藏的无意识层面的人格、需要和动机等,这种测验材料的解释通常不是结构化的。

(7)按照测验结果的解释方式,可以分为常模参照测验和标准参照测验。常模参照测验将一个人的测验得分与其他人比较,考察其在常模群体中所处的相对位置,如大多数的成绩排名;在标准参照测验中,根据与某种绝对标准的比较,来解释被试分数的含义。这种绝对标准在能力测验和成就测验中体现为应该掌握的知识或能力,或者期望达成的效果或外部标准,如医师资格考试(辛自强,2017;张林,刘燊,2020)。

二、心理测验的编制

一般来说,一份完整的心理测验的编制包括如下5个环节:

(1)确定测验目的。这一步骤需要回应3个问题:一是测验对象是什么?要明确定义测验的实际对象或可能的适用人群,明确该群体的基本特征;二是测验内容是什么?要明确陈述测验的具体内容,并将其中的理论概念操作化;三是测验用途是什么?通常,测验可以用于描述、诊断、选拔、预测等。

(2)拟定编制计划,设计测验项目。编制计划是对测验的总体设计,包括测验的内容、结构、项目形式等。编制项目可以直接依据测验内容,但通常有必要借鉴现有的类似测验中的题目,或者到实践中通过开放式的访谈或调查来搜集题目或类似表述。例如,编制学绩测验,可以到教材或者教学辅助材料中搜集题目,或者向一线教师寻求帮助。在搜集了大量的备用题目后,还要考虑测验和项目的具体呈现形式,如采用纸笔测验还是操作测验、使用开放式问题还是封闭式问题等。

(3)修改完善测验项目,形成初步的测验。在编制项目时,要格外注意表述的准确性,确保意义明确、内容表达准确;项目的内容范围要与测验目的和计划相一致;项目的数量通常要比测验项目最终的数量多一倍至几倍,以备将来筛选和编制复本;项目的难度必须符合测验目的和实际需要;指导语必须清楚无歧义。待项目编制完成后,应将所有的项目按照合适的顺序和结构组织起来,补充测验指导语和人口学信息调查表等内容,这便形成了初步的测验。

(4)测验的试测和分析。所制定的测验的初始版本,尽管经过了反复推敲和修改,但其科学性仍无法得到最终的保证,还需进行实际测试,在测验过程中检验其质量,分析问题与不足,以便后期进行改进和完善。

(5)正式测验的确定。在反复的试测和修订后,如果确定测验已经没有较大问题,则要确定测验的信效度指标、常模等,制定测验指导手册,从而确定正式测验的版本,以供今后研究使用。

(6)编写测验使用手册。为使测验今后能合理应用,在正式测验定稿后,需要编写测验使用指导手册,以供研究者使用(辛自强,2017;张林,刘燊,2020)。

三、心理测验的标准化

测验标准化指的是测验的编制、实施、计分以及测验分数解释程序等方面的一致性和统一性。这种标准化有助于减少误差,控制无关因素对测验结果的干扰,确保心理测验的准确性和有效性。

(1)测验内容的标准化。标准化首先指测验内容的标准化,给所有被试施测相同的一组测验项目,即确保所有的被试接受相同内容的刺激,这样的测验结果才有可比性。此外,测验的制作还要保证物理特性上的一致。例如,纸质测验的印制、操作测验中的实物要确保对于所有的被试而言是一致的,以避免系统误差的出现。

(2)测验实施的标准化。除了对所有的被试施测相同的测验项目外,还要保证在相同的条件下进行测验,主要包括两方面的内容:一是统一的指导语,不仅有针对被调查者的,还有针对调查者的,这两种指导语都要明确无误,以控制可能出现的误差;二是统一的施测程序和要求,包括测验的发放与回收、顺序和时间安排、场景与材料、主试的行为规范等,都要做到统一。

(3)测验计分的标准化。不仅包括计分与分数合成方法的标准化,还包括这两种方法的使用要做到标准化。对于完全使用客观题目的测验,只需按照统一的计分方法,测验分数的整理与合成比较容易保证一致性。然而,对于主观题目的评分,计分方法相对复杂,对评分者的要求很高,为此要严格训练评分者,确保最后测验分数的可比性。一般认为,两个评分者之间所给分数的平均一致性应该达到90%,才可认为计分是可靠的、客观的。

(4)测验分数解释的标准化。一个标准化测验,不但编制、施测和评分要标准化,对分数的解释也要标准化。如果同一个分数可做出不同的推论和解释,测量便失去了客观性。测验分数必须与某种参照系相比较,才能显出其意义。例如,如果只知道自己抑郁情绪方面得分为35分,但是不知道自己究竟属不属于抑郁,那么只要知道了全校学生抑郁情绪的总体得分和平均分,便可知道自己究竟处于一个什么水平。在测验中,用作分数解释参照系的是"常模",它是根据测验对象总体的代表性样本测得的分数分布。根据该分布的主要描述统计指标,如平均数、标准差、全距等,就可以有效解释某个被试得分的含义。作为心理测验,通常要建立常模,而问卷却一般不要求有常模(辛自强,2017)。

下面以董圣鸿等(2016)编制的情景判断测验为例,简要介绍心理测验的编制步骤。

(1)第一步:收集情景事件。研究者在董圣鸿等(2016)《幼儿教师胜任力研究:基于BEI技术的模型构建》行为事件访谈得到的情景事件资料基础上,采用了与《幼儿教师胜任力研究:基于BEI技术的模型构建》相同的访谈方案,要求受访者分别描述他们在工作过程中的3件成功事件和3件失败事件,并详细描述事件的起因、过程、涉及的人和事,当时的想法和感受,并进一步补充了情景事件资料。同时根据情景事件的文字意义,排除与胜任特征内容不相符或意义不明的事件,并对相同或相似事件进行整合加工,共得到110个情景事件。

(2) 第二步:筛选情景事件。情景事件的筛选分两步进行,先根据情景事件的典型性进行筛选,再依据情景事件的常见度进行筛选。典型性指的是该情景事件是否是幼儿教师工作实践某一方面工作中,具有代表性的事件。为此,选择了5位学前教育专业的研究生和2位从教10年以上的优秀幼儿教师组成了评价小组,采用德尔菲法让评价小组成员背靠背、不沟通对整理获得的110个情景事件进行典型性评价;评价采用7点量表,1表示"非常不典型",7表示"非常典型",数字越大,表示该情景事件越典型。评价工作进行了两轮,第一轮后,由研究者将专家评价的每个情景事件的平均得分和标准差汇总反馈给各位评价者,评价者再进行第二轮评价。根据第二轮评价结果,删除7位评价人员所评得分标准差大于1的情景事件,共删除32个情景事件;另外,对情景事件内容相似的进一步合并,共有14个两种相似情景事件予以合并,有2个三种相似情景事件予以合并。最终,得到60个情景事件。在评价人员进行典型性评价的同时,要求他们对情景描述中的不当之处提出修改意见,作为修改情景描述的依据。常见度是指该情景事件在幼儿园正常的教学工作实践中,是否会发生,甚至经常发生,反映的是事件的常见性。为此,另外选择了两位从教10年以上的优秀幼儿教师组成评价小组,采用与典型性评价相同的评价过程,让两位教师对情景事件的常见度进行评价,1表示"很不常见",7表示"很常见",数字越大表示越常见。两轮评价后,删除2位教师评分绝对差值大于等于3的情景事件,最后剩下34个情景事件,构成了《幼儿教师胜任力行为情景事件自由反应问卷》。

(3) 第三步:收集反应项。为了得到34个情景事件下有区分度的个体实践中可能会表现出来的真实行为反应,且从不好的行为反应到恰当的行为反应都有,在发放《幼儿教师胜任力行为情景事件自由反应问卷》收集行为反应项时,充分考虑到对不同水平的被试进行施测。研究随机选取江西师范大学学前教育专业45名大四学生,以及江西景德镇市3个公立幼儿园和2个私立幼儿园,江西省九江市武宁县幼儿园、庐江市幼儿园,并在幼儿教师论坛向全国幼儿教师发放《幼儿教师胜任力行为情景事件自由反应问卷》。共发放问卷170份,有效问卷146份。开放式问卷调查中,要求幼儿教师和学前教育在校生设想自己处在这些情景当中会采取什么样的具体措施或做法,并要求写出自己可能做出的反应,而不是自己认为最好的反应。

(4) 第四步:筛选反应项。首先,对146名被试在每个情景事件上的行为反应进行归类、合并,得到每个情景事件下的4~7个行为反应选项,34个情景事件共计217个行为反应项。其次,由3位学前教育的研究生和2位从教10年以上经验丰富的幼儿教师组成专家小组,采用背靠背独立评价方式对各情景的行为反应项由最不好到最好进行两轮评价。评价采用5点量表,1表示"该行为最不好",5表示"该行为最好",数字越大表示该行为越好。第一轮评价后,删除专家评价不一致的行为反应项(至少有2人意见与其他人评价相差2个等级,共删除26个行为反应项),并把余下的191个行为反应项的评价平均得分和标准差汇总反馈给各位评价者,选项依据平均得分从低到高重新排列后,再次交给专家小组评价。第二轮评价后,删除评价得分标准差大于1的行为反应项(共删除25个行为反应项),得到34个情景事件共166个行为反应项;对于其中多于4个行为反应项的情景事件,按第二轮评价平均得分大小排序,取平均得分最小和最大的两个行为反应项,对处于中间的行为反应项,依据行为内容由专家推荐选取两个行为反应项。至此,得到34个情景事件,每个事件4个行为反应项,共136个行为反应项的情景判断测验。

(5) 第五步:答案标定与计分。研究采用事先由专家和熟手将每一行为反应在"最有效"至"最无效"("最愿意"至"最不愿意")的等级指定值上(1表示"行为最无效",5表示"行为最有效",数字越大表示行为越有效),然后计算被试在每一选项的评定值与专家指定值的绝对离差,再用该选项的最大可能绝对离差减去被试与专家的绝对离差作为被试在该选项上的得分。例如,专家指定值为"5",那么最大可能的绝对离差就是"4"(因为最小的评价等级是1,5−1=4),如此某被试评价等级为"4",那么他在该选项上的得分就是"3"(因为他与专家指定值的绝对离差是1,4−1=3)。采用该种计分方法,答案的标定十分关键。为此,先选取3位优秀的幼儿园园长,让她们背靠背独立地指定各选项"最有效或最无效"的等级值;然后请一位资深的学前教育专家对3位园长的评价做进一步整合:如果3位园长评价一致,则直接采用评价结果;如果3位园长出现评价方向上的差异(有人评为"有效",有人评为"无效"),则删除该选项(实际研究过程中没有因此原因而删除任何选项);如果3位园长评价方向一致,但等级不一致,则由专家提出意见,并与园长讨论确定等级。

(6) 第六步:构成测验。经过上述情景事件和行为反应的收集和筛选,最终形成了包含34个情景事件,每个情景事件4个行为反应项,共计136个行为反应项的正式测试题本。指导语中要求被试依据自己采用该做法的可能性做出判断,1表示"一定不会采用",5表示"一定会采用",数字越大采用的可能性越大;并指出不需署名以及尽量不要选择中间答案等要求。

第三节 问卷调查中被试不认真作答的控制与识别[①]

在科学研究中,当研究者将所要调查的内容具体化为一系列有机联系的可测指标,进而编制成问题表格或本册(刘蔚华,陈远,1991),旨在测量人的行为或态度时,就形成了问

---

① 本节改编自《问卷调查中被试不认真作答的控制与识别》(钟晓钰 等,2021)一文,已征得通讯作者李凌艳的同意。

卷(车文博,2001)。问卷调查是社会科学研究中十分常见的数据收集方式,但是,通过这种方式获得的数据容易包含较多测量误差,因此在基于数据建模、推断、决策之前需要对其进行筛选,以识别和纠正这些不正确的结果(Huang et al.,2012)。

在这些误差中,不认真作答是既常见又往往因难以处理而被忽视的因素之一。研究表明,在大多数问卷调查中不认真作答的发生率从1%(Gough et al.,1996)到30%(Burns et al.,2014)不等。不认真作答会污染数据结果,大大降低数据的真实性,如不加处理,可能会掩盖有意义的结果、产生虚假结果(Curran,2016;Maniaci,Rogge,2014)。其影响主要包括:第一,影响测量工具的信效度(DeSimone et al.,2018;Kam,Meyer,2015;Zijlstra et al.,2011)。例如,单维量表中的反向表述题越容易从正向表述题中脱离成单独的维度(Woods,2006)。第二,形成随机(Random)数据或奇异值(Outlier),进而影响随后的推断与决策(Barge,Gehlbach,2012;Huang et al.,2015;Zijlstra et al.,2011)。例如,影响百分等级评分(Zijlstra et al.,2011)、夸大或缩小变量间的相关等(Credé,2010;Holtzman,Donnellan,2017;Huang et al.,2015;Schneider et al.,2018)。

随着电子问卷的使用愈加广泛(Evans,Mathur,2005;Lloyd,Devine,2010),问卷提交的便利性(Johnson,2005)、作答的匿名性(Meade,Craig,2012)、作答环境的不可控性(Barge,Gehlbach,2012;Carrier et al.,2009;Meade,Craig,2012)、主试与被试互动的减少(Francavilla et al.,2019;Johnson,2005;Ward,Meade,2018;Zhang,Conrad,2018)等会大大增加不认真作答的风险(Ward,Pond,2015)。基于此,本节对相关研究进行系统概括和总结,首先梳理了国外研究中不认真作答的相关概念以明确其范畴,其次分别总结不认真作答的控制与识别技术,最后对未来研究的方向做了展望,以期提高研究者与实践者对问卷不认真作答的重视,并为其选用控制与识别方法提供参考。

一、不认真作答的相关概念

"不认真作答"这一概念在英文语境中尚无统一的术语,且不同研究中使用的术语存在微妙的差别,这些术语主要有两个侧重方向:外在作答模式和内在产生原因。

1. 外在作答模式

不认真作答的其中一类概念着重描述外显结果,即作答模式(Response Pattern),多指李克特量表中的选项分布。例如被研究者广泛采用的术语随机作答(Random Responding),即被试在问卷中随机勾选(Beach,1989;Berry et al.,1992;Marjanovic et al.,2015)。但也有研究者指出,不认真作答可能呈现出非随机的模式(Meade,Craig,2012),例如,直线作答(Straight-lining & Nondifferentiation)(Curran,2016;Fang et al.,2016;Huang et al.,2012;Meade,Craig,2012),或按照无意义的规律选择答案等(Dunn et al.,2018)。此外,Grau等(2019)也发现不认真作答与特定作答风格(Response Style)存在一

定程度的重合。各作答模式示例如图5.2所示。

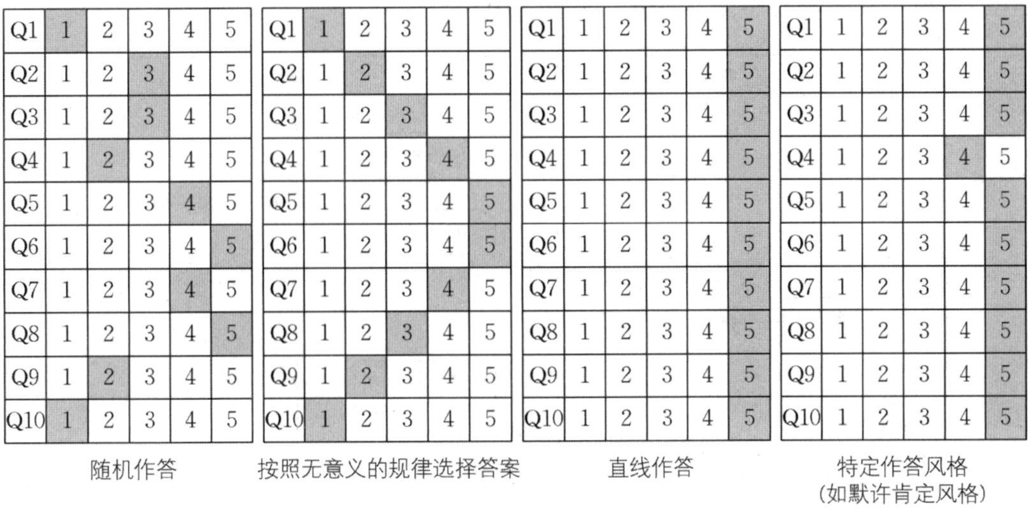

| 随机作答 | 按照无意义的规律选择答案 | 直线作答 | 特定作答风格（如默许肯定风格） |

图5.2 各类作答模式示例

这些研究直观地描述了不认真作答外显的作答模式,同时认可这些模式产生的原因是被试的不努力、不认真。这种"不努力"恰恰是不认真作答与社会称许性反应(Social Desirability Responding)的差别,社会称许性反应也可能表现为特定的作答风格(He, Vijver, 2013, 2015a, 2015b, 2016),但它并非减少了答题过程中的认知负荷,反而"需要额外认知努力"(Grau et al., 2019; Maniaci, Rogge, 2014; McGrath et al., 2010; Meade, Craig, 2012)。然而,由于不认真作答模式复杂多样难以穷举,仅从模式表现上的描述会造成对该概念的窄化。

2. 内在产生原因

为了避免上述对不认真作答模式概念的窄化,有研究者在定义时更侧重不认真作答的产生原因。Krosnick(1991)认为被试作答的努力程度是一个从理想最大值(Optimization)到完全不努力的连续体,任务难度、被试能力和被试作答动机共同影响了被试在这一连续体上的位置。Zhang(2013)将这一理论进一步细化,区分了努力程度的理想最大值a、可达到最大值(Attainable Maximum)、实际值(Actual)三个节点。其中任务难度和被试能力决定了可达到最大值b的位置,被试作答动机决定了实际值c的位置(如图5.3所示)。不认真作答则是被试因为作答动机较低,从而出现不遵循问卷的指导语、没有精准地理解题目内容、没有提供准确回答的行为(Bowling et al., 2016; Huang et al., 2012; Meade, Craig, 2012)。这类概念包括缺乏努力的作答(Insufficient Effort Responding)(Huang et al., 2012)、粗心的作答(Careless Responding)(Grau et al., 2019; Johnson, 2005; Meade, Craig, 2012)、非卷入的作答(Disengaged Responding)(Soland et al., 2019)、逃避行为(Shirking Behavior)(Fang et al., 2016)、不专心(Inattention)(Johnson, 2005; Maniaci, Rogge,

2014;Meade,Craig,2012)、自我满意的作答行为(Satisficing Behaviors)(Anduiza,Galais, 2017;Barge,Gehlbach,2012;Zhang,Conrad,2018)等。

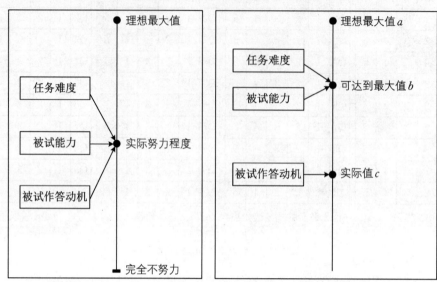

图5.3 Krosnick(1991)及Zhang(2013)的理论框架

以上两类术语从两个侧面对不认真作答进行了描述或定义,二者并不冲突,且在相互补充之下,丰富了不认真作答的内涵。基于这些术语,有研究者提出,不认真作答可以被定义为个体在作答问卷过程中因动机不足而表现出的不遵从题目要求,或未仔细阅读题目内容便做出回答的作答模式,其外显形式包括随机作答、直线作答等(Huang et al., 2012)。

二、不认真作答的事前控制

事前控制是指在编制问卷或施测时通过某种方法阻止或者减少被试作答不认真的现象。控制方法主要分为两大类:第一,降低任务难度以提高努力程度的可达到最大值,常见手段为调整问卷表述与长度;第二,提高作答动机从而提高努力程度的实际值,常见手段有施加外部奖惩、要求被试承诺认真作答以及提供反馈增加社会互动。

1. 降低任务难度

按照Zhang(2013)的理论,任务难度会影响被试的努力程度中可达到的最大值。而在调查问卷中,降低任务难度一方面体现在为被试提供清晰、合适、易于理解的指导语和题目表述,进而减轻被试的认知加工负担(García,2011;Rousseau,Ennis,2013);另一方面体现在缩短问卷,降低被试的疲劳感。如果问卷过长,被试在作答至问卷中间或靠后的位置时,可能精力不足,注意无法持续集中(卫旭华,张亮花,2019),或产生厌烦感和枯燥感,出现不认真作答的现象(Baer et al.,1997;Berry et al.,1992)。研究表明,单次填答较长的调查问卷会对数据质量产生负面影响(Nguyen,2017)。因此有研究者建议,当被测量构念是定义清晰的单维构念且非研究中的核心构念时,尤其是在大样本、时间受限的研究中,对同一构念的测量可以采用单题项的方式缩短问卷,以提高数据收集的有效性(卫旭华,张亮花,2019)。

2. 提高作答动机

不认真作答的事前控制更多着力于激发被试的作答动机,以提高被试努力程度的实际值。当被试不愿意或不认为自己应当对结果负责时,就不会持谨慎的态度,实际认真程度会远低于最大可能的认真程度(Ward,Meade,2018)。而提高被试作答动机主要包含以下几种方式:

(1) 施加外部奖惩。由于大多数问卷调查对被试而言是低利害或无趣的(卫旭华,张亮花,2019),所以问卷自身无法使被试保持较高的作答动机,因而需要一些外部的奖励或警告。其中,外部奖励(如被试费)是吸引被试填答问卷的常见手段。但当奖励的目的性过强时,被试可能会为了获得奖励而随意应付调查(Barge,Gehlbach,2012;Maniaci,Rogge,2014)。因此除了奖励,警告也是有必要的。警告通常出现在指导语中,例如告知被试调查结束后研究者会采用统计手段评估作答质量,将有问题的数据剔除,或将数据质量反馈给被试,甚至对不认真作答的被试有所惩罚(如不支付被试费等)。有研究表明,警告对控制不认真作答有显著的效果(Huang et al.,2012;Ward,Pond,2015)。

(2) 要求被试承诺认真作答。一旦人们明确承诺一个行动或立场,他们倾向于以与承诺相一致的方式行事(Cialdini,2001)。但直接的承诺未必能达到理想的效果,Cibelli(2017)在实验中要求被试承诺"认真思考、努力回忆、花时间填答",以增加被试的责任感。实验结果显示承诺在提高作答质量上作用有限,仅能使得被试在难题(如主观题)上付出更多努力。此外,被试填答时往往会无视指导语,因此有研究者提出可以通过在问卷前设置指示题(Instructional Manipulation Checks)提醒被试认真作答,被试只有正确回答指示题才可以继续填答问卷。Oppenheimer等(2009)发现,这种方式使得不认真作答的情况得到整体改善。

(3) 提供反馈增加社会互动。这类方法主要针对电子问卷。第一,在被试作答过快或者连续选择同一选项时出现弹窗提示,能够提升数据质量(Cibelli,2017;Zhang,2013;Zhang,Conrad,2018)。第二,在电子问卷中,缺少与主试之间的社会互动被认为是被试难以维持填答动机和认知努力的原因(Fang et al.,2014;Meade,Craig,2012),因此提高社会互动也是降低不认真作答的思路之一。Ward和Pond(2015)通过在电子问卷中放置"虚拟人"(Virtual Humans)的方式模拟纸笔测验时被试与主试之间的社会互动,提升被试的注意力和责任感。实验证明当警告的指导语与监督的"虚拟人"同时存在时,不认真作答在被试中的发生率显著降低。但Francavilla等(2019)的研究结果显示,"虚拟人"的作用有限,实验组的被试仅在少数指标上表现更好。第三,有研究进一步分析了反馈中"社会性"的作用,即在反馈弹窗中用人脸图片替代黄色感叹号图标,但结果显示这两种方法并没有显著差异(Zhang,2013;Zhang,Conrad,2018)。第四,弹窗信息和"虚拟人"也存在分散被试注意力的潜在风险(Ward,Pond,2015)。

三、不认真作答的事后识别

事前控制能减少不认真作答情况的发生,但不能完全避免,因此有必要在数据收集之后,对原始数据中仍存在的不认真作答数据进行事后识别与剔除。已有研究开发出许多事后识别的方法,按证据来源可分为三类:嵌入识别量表、作答模式识别及反应时识别。

(一) 嵌入识别量表

嵌入识别量表也被称作主动筛查法(Proactive Approaches)(Dunn et al.,2018)或者直接筛查法(Direct Screening Methods)(DeSimone et al.,2015),其基本原理是在原问卷中嵌入识别量表,反应被试不认真作答程度。识别量表题主要有三类:陷阱题(Bogus Items)、指示题和自我报告题(Self-report)。

1. 陷阱题

陷阱题即正确答案显而易见的题目。例如"我于2月30日出生"(Huang et al.,2012)、"我已经周游了世界92次"(Dunn et al.,2018)等。这类题虽然与周围题目一样采用李克特5点计分法或7点计分法询问被试的同意程度,但只有"非常不同意"是合理的。如果被试多次在这类题目上选择其他选项,则会被认为是不认真作答。

2. 指示题

指示题即要求被试按照题干的指示进行操作的题目。例如"请在本题选择第二个选项"(Anduiza,Galais,2017)、"请跳过本题"(Maniaci,Rogge,2014)、"请点击屏幕下方的小圆圈"(Oppenheimer et al.,2009)。如果被试多次出现不按题干指示作答的情况,则会被认为是不认真作答。

3. 自我报告题

自我报告题即直接询问被试对自己认真努力程度的主观判断。例如"我并没有太在意这些问题的实际含义""我回答问题的时候很粗心"(Huang et al.,2012)。这种识别方法简单而直接,如果被试承认自己作答不认真,则研究者也会将其标记。

识别量表简单、直观,是最为普遍的识别方法,但其也存在两方面的问题。一方面,不认真作答者未必完全不看题目,如果这类量表题和问卷主体内容毫无关联,被试仅需动用极少认知资源就能注意到,因此该方法只能最低程度地识别不认真作答。另一方面,嵌入量表题目过多可能会激怒认真作答的被试(Costa,McCrae,2008;Curran,2016;Meade,Craig,2012)。

(二) 作答模式识别

依据作答模式识别,也称反应性筛查(Reactive Approaches)。此类方法在数据收集之后对被试的作答模式进行分析,计算识别指标,表示被试不认真作答的程度(Meade,Craig,2012)。识别逻辑主要有个体一致性(Individual Consistency)分析和奇异值分析两种。

1. 个体一致性分析

在李克特量表中,不认真作答的常见表现形式为随机作答和直线作答(Curran,2016;Maniaci,Rogge,2014;Meade,Craig,2012;Revilla,Ochoa,2015)。因此,这类指标假定,如果被试在各题目上的选项分布过于随机,或过于一致,则表明其没有认真作答(Barge,Gehlbach,2012;Marjanovic et al.,2015)。常见指标包括长线系数(Long String Index)、作答标准差(Inter-item Standard Deviation,ISD)、个人信度(Individual Reliability)、正/反向题目对相关。

(1) 长线系数,即连续选择某一选项的最长个数,对直线作答十分敏感(Meade,Craig,2012)。例如,当被试在一个10题的4点计分量表中作答模式为[1,1,1,2,1,2,2,3,4,4],则连续选择同一选项的个数分别为[3,1,1,2,1,2],其中最大值3即为长线系数,均值1.67亦可作为衡量不认真作答的指标;也有研究者采用每个选项对应的长线系数(Costa,McCrae,2008;Huang et al.,2012),在本例中,答案1~4对应的长线系数分别为[3,2,1,2]。

(2) 作答标准差,又称个人作答变异系数(Intra-individual Response Variability Index)(Curran,2016;Dunn et al.,2018;Marjanovic et al.,2015)。其计算公式为

$$ISD_i = \sqrt{\frac{\sum_{g=1}^{k}(X_{ig}-\overline{X_i})^2}{(k-1)}}$$

其中ISD_i表示被试i的作答标准差,X_{ig}是被试i在第g题上的得分,$\overline{X_i}$是被试i所有题目的均分,k是题目总数。当被试作答过于随机时,其单个维度中的ISD会异常大;而被试作答过于一致时,其整个问卷的ISD会异常小(Dunn et al.,2018;Marjanovic et al.,2015)。研究者建议整个问卷题量在25~150,单个维度内题量大于5时更适合计算ISD(Barge,

Gehlbach,2012;Dunn et al.,2018)。

（3）个人信度。利用个人信度测量不认真作答有以下前提假设：每一个子量表都只测量一个心理构念；不认真作答的被试采取的方式是随机作答(Curran,2016)。个人信度最常见的指标是奇偶一致系数(Even-odd Consistency)(Huang et al.,2012;Jackson,1976,1977;Johnson,2005;Meade,Craig,2012)。其计算过程是先将整个问卷分为若干个子量表，再分别计算每个子量表的奇数项和偶数项的平均值，求奇数项平均值组成的向量和偶数项平均值组成的向量之间的相关，最后用斯皮尔曼-布朗公式进行校正。Jackson(1977)建议当奇偶一致系数小于0.30的时候，可以认为该被试很大概率作答不认真。Curran(2016)提出一种新计算方法，称作重复取样个人信度(Resampled Individual Reliability,RIR)系数，与奇偶一致系数逻辑相同，但通过重复不断的抽样(Resampling and Bootstrapping)获得尽可能多的分半样本以得到更稳健的结果。

正/反向题目对相关，是指量表中意义相同或者意义相反的两个题目组成的题目对之间的相关。其中构建题目对的方法有两种：一种称为"语义上的题目对"，是在题目设计之初制定的；另一种称为"心理测量上的题目对"，是通过数据驱动的方式进行构建的(Curran,2016)，依据Johnson(2005)的建议，可以利用已采集的数据计算题目间的两两相关，相关系数在0.60以上的题目对可以构建成心理测量上的正/反向题目对。而个人作答的认真程度可以通过正/反向题目对得分的相关值体现。尽管个体一致性的各识别指标在理解与计算上相对直观，但被试作答的一致性程度受问卷内容、长度和形式等因素影响，这使得各识别指标很难制定跨问卷的临界值(Cutoff)，且在有些情况下这些指标的识别效果有限。例如，利用长线系数识别不认真作答明显在短问卷中有较大局限性(Curran,2016)，在某些内容领域（如态度、适应性）的调查中，得分分布并非正态，而常常呈现偏态(牟智佳,2017;王俪嘉,朱德全,2009;姚成 等,2012;郑云翔 等,2018)，这也就意味着被试选择很多"非常同意"也是正常的。又如，当问卷中存在反向表述的题目时，对分数大小敏感的个人信度、作答标准差等指标的使用也需要更加谨慎(Curran,2016)。

2. 奇异值分析

奇异值分析的基本假设是"任何给定样本中的大多数被试都在认真思考并答题"(Curran,2016)。因此当个人作答模式偏离群体程度过大时，可以认为该被试作答不认真。常见的指标有马氏距离(Mahalanobis Distance)、被试拟合系数(Individual Respondent's Goodness-of-fit Score,RGF)、人总相关系数(Person-total Correlation)、个人拟合指数(Person-fit Statistics)中的Guttman错误(Guttman Error)个数、U3指数、l_z指数、神经网络(Neural Network)算法中的自动编码器(Autoencoder)等。

（1）马氏距离(Mahalanobis,1936)，这是一个常用的多变量奇异值识别指标，且在大多统计软件中可以直接计算。其计算公式如下：

$$MD_i = \sqrt{(x_i - \mu)^T S^{-1} (x_i - \mu)}$$

为第 i 个样本的马氏距离。其中 $x_i=(x_{i1},\cdots,x_{ik})^T$ 为样本 i 在 k 个维度上的得分；$\mu=(\mu_1,\cdots,\mu_k)^T$ 是 x 的期望；S 是 x 的协方差矩阵。Meade 和 Craig(2012)通过模拟结果发现，马氏距离作为探测不认真作答的指标非常有效。Velleman 和 Welsch(1981)建议也可以用杠杆值 $h_{ii}=\frac{1}{n-1}MD^2+\frac{1}{n}$ 判断奇异值，以 $\frac{2k}{n}$ 或 $\frac{3k}{n}$ 作为临界值，其中 k 为变量个数，n 为样本量。

（2）被试拟合系数(Kountur,2016)，其计算公式如下：

$$R_{GF}=\sum_{g=1}^{k}\frac{(X_g-\overline{X_g})^2}{\overline{X_g}}$$

其中 R_{GF} 是代表作答认真程度的被试拟合系数，X_g 是该被试在第 g 道题目上的得分。$\overline{X_g}$ 是所有被试在第 g 道题目上得分的均值。被试拟合系数反映了某个作答或整体作答之间的偏差，当被试偏离整体的程度越大时，被试拟合系数的数值越大。

（3）人总相关系数(Curran,2016)，即某被试作答模式 X 与其他所有人作答模式 M 的相关系数 ρ_{XM}，其中 $M=E(X)$。如果人总相关系数较低，则表示该被试的作答模式与总体有较大的背离，该被试可能作答不认真。

（4）个人拟合指数，在成就测验领域使用个人拟合指数来识别异常个体已得到广泛认可，其逻辑是比较分数的观测分布和理想分布的拟合程度(Meijer,Sijtsma,2001)。这一逻辑近年来也被迁移至问卷调查不认真反应的识别中。其中，理想分布需要使用群体作答模式数据进行构建，因此通过个人拟合指数进行不认真作答识别也需假定大部分人是认真作答者(Meijer,Sijtsma,2001；Wang,Xu,2015)。常见用于识别不认真作答的个人拟合指数有多级计分中 Guttman 错误(Guttman Error)的个数 G^P(Emons,2008；Guttman,1944,1950)以及 G^P 的标准化形式 G_N^P(Emons,2008)、U3 指数(Flier,1980)的多级计分版本 U3^P(Emons,2008)、l_Z 指数的多级计分版本 l_Z^P(Melipillán,2019)等。

① Guttman 错误个数。Guttman 模型(Guttman Model)的基本逻辑是被试应该更容易在简单题目上得分。它最开始被用于成就测验（二级计分），例如，将测验中所有题目按正确率 π_g 从大到小降序排列，如果被试在靠前的相对简单题上没有得分，而靠后的相对难题上得分了，则不符合 Guttman 模型，犯了 Guttman 错误。Guttman 错误越多，数据越异常。定义 Guttman 错误的个数 G 为：

$$G=\sum_{h,e}X_{nh}(1-X_{ne})$$

X_{nh} 表示被试在两道题中相对难的题目上的得分(1 为正确，0 为错误)，X_{ne} 表示被试在两道题中相对简单的题目上的得分。

实际上，Guttman 模型也可以扩展到多级计分中，进而可以在李克特量表式问卷中计算 G^P(Emons,2008；Niessen et al.,2016)。即基于优势模型(Dominance Model)的测量理论，被试的特质水平越高，越容易打高分，即越容易跳过前一个选项（如非常不同意）而选择后一个选项（如比较不同意）。此时，可以用计算"测验正确率"的逻辑计算每一个题目的每一个选项的通过概率π_g。Emon(2008)同时提出G^P的标准化版本G_N^P,便于跨情境对比。

② U3指数。U3指数是一种常见且具有较好检验力(Power)的非参数个人拟合指数(Karabatsos,2003)。它同样源于成就测验,在成就测验中非参数个人拟合指数的一般表达式为:

$$G_i = \frac{\sum_{g=1}^{r} w_g - \sum_{g=1}^{k} X_g w_g}{\sum_{g=1}^{r} w_g - \sum_{g=k-r+1}^{k} w_g}$$

其中g为题目序号,k为题目总数($g=1,\cdots,k$),X_g为被试第g题上的得分,i为被试编号,n为被试数($i=1,\cdots,n$),r为被试答对的题目数(Meijer,Sijtsma,2001)。w_g为适应性函数,在不同的个人拟合指数中w_g的计算有所不同,而在U3指数中$w_g = \ln\left[\frac{\pi_g}{1-\pi_g}\right]$。$G_i$的绝对值越小,异常程度越低,当$G_i$为0时,数据符合Guttman模型。与Guttman错误个数一样,当用题目的选项通过率π_g代替正确率时,U3指数同样可用于多级计分的量表中(Emons,2008)。

③ l_z指数。Levine和Rubin(1979)提出似然估计指标(Log-likelihood Fit)是个人拟合研究中应用最为广泛的指数。l指数属于个人拟合指数,表示个人得分模式和IRT模型拟合的理想模式之间的差异,l_z指数即l的标准化形式(Drasgow et al.,1985)。l指数计算公式为:

$$l = \sum_{g=1}^{k} \{X_g \ln P_g(\theta) + (1-X_g)\ln[1-P_g(\theta)]\}$$

在二级计分(如成就测验)中$P_g(\theta)$表示能力θ是被试在题目g上答对的概率;在多级计分中则记为$P_{xg}(\theta)$,表示通过题目g的选项x_g的概率(Melipillán,2019)。l指数与l_z指数越小,异常程度越大。

④ 自动编码器。自动编码器是非监督神经网络中常用于识别高维度奇异值的方法,被广泛运用于工程学领域,Melipillán(2019)将其用于识别问卷中的不认真作答。自动编码器的原理是将数据先降维编码,再升维解码,比较生成数据与原始数据的差距。对于奇异值而言,其生成数据和原始数据的差距一般较大。在事先设置合适阈值的情况下,即可以标记奇异值。Melipillán(2019)用自动编码器的方法经过4次迭代识别奇异值的整体效果优于利用l_z指数识别。

然而,任何奇异值指标的效果都非常依赖整个样本的性质,即奇异值分析只能说明该被试的作答是否偏离群体,无法断定偏离群体的原因,这使得采用奇异值分析识别问卷中的不认真作答的方法值得商榷。第一,低利害调查中不认真作答的比例可能非常大(不同于奇异值分析常用的考试领域,异常作答情况较少),被奇异值指标标记的异常被试很可能是认真作答者,而不是数量可观的不认真作答者。第二,个体在各个题目上得分不同本属正常现象,当用这种差异判定个体是否认真作答时,可能会把一部分认真作答的极端个体排除。第三,作假等其他因素也可能造成数据异常,因此通过奇异值指标标记的异常被试不一定是不认真造成的。第四,这些奇异值指标也有各自的优势和缺陷,如马氏距离虽然可以在大多数统计软件上直接计算,但其要求数据服从多元正态分布,而问卷中的数据常常难以满足这一前提(Niessen et al.,2016);又如,个人拟合指数在题量较少时虽有较高敏感度,但其计算基于优势模型的理论假设,可能不符合态度调查的认知过程。再如,神经网络算法的结果难以解释,且较难保证跨情境的稳定性。

(三) 反应时识别

一般认为,当作答时间非常短、被试在回答问题之前完成基本阅读都是不可能的情况下,其给出的回答难以代表真实想法(Huang et al.,2012)。反应时阈值的设定有4种方法:依据经验设定、观察反应时分布图像、结合其他数据质量指标设定以及进行实验预试。

1. 依据经验设定

依据经验设定的反应时阈值可以分为绝对标准和相对标准,其中绝对标准中运用最为广泛的阈值是Huang等(2012)"有根据地猜测"的题均2秒(Curran,2016;Soland et al.,2019)。也有研究设定相对标准,Höhne和Schlosser(2018)总结了过往研究中的5个相对标准(如表5.5所示):

表5.5 离群反应时上下阈值

文献来源	阈值下限	阈值上限
Mayerl,2013	$Mean-(2\times SD)$	$Mean+(2\times SD)$
Schnell,1994	$Q_{0.50}-(1.5\times IQR)$	$Q_{0.50}+(1.5\times IQR)$
Hoaglin et al.,2000	$Q_{0.50}-[1.5\times(Q_{0.50}-Q_{0.25})]$	$Q_{0.50}+[1.5\times(Q_{0.75}-Q_{0.50})]$
Hoaglin et al.,2000	$Q_{0.50}-[3\times(Q_{0.50}-Q_{0.25})]$	$Q_{0.50}+[3\times(Q_{0.75}-Q_{0.50})]$
Hoaglin et al.,2000	$Q_{0.01}$	$Q_{0.99}$

资料来源:文献(Höhne,Schlosser,2018)。

2. 观察反应时分布图像

通过观测反应时分布图像来确定阈值也是常用的方法。例如,假设认真答题的被试需要至少5秒钟的时间来阅读、理解和回答题目,那么正常作答的情况下,时间分布应该大于5秒;但是不认真作答的被试可能不需要5秒就能完成回答。在这种情况下,整个群体的反应时应该呈双峰分布(如图5.4所示)。最初几秒内出现的是不认真作答的"尖峰",之后是正常作答行为的反应时(Wise,2017;Wise,Demars,2006;Wise,Kong,2005)。

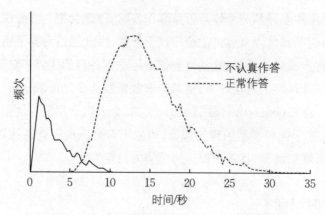

图 5.4　不认真作答和正常作答的反应时理论分布

3. 结合其他数据质量指标设定

这种方法是利用其他识别指标(如前述长线系数等)与反应时进行关联以帮助确定阈值,或者验证已有阈值合理性。Soland 等(2019)在世界经济合作与发展组织(Organization for Economic Cooperation and Development,OECD)的学校测试数据中利用该种策略,按照一定经验准则将题均反应时分成若干区间,并分别计算每个区间内被试的长线系数、反向题目对相关、EFA 第二特征根的大小、自我效能问卷得分与相应学科成就测验得分的相关等若干指标。结果发现当题均反应时小于 2 秒时,以上指标的表现都较差。

4. 进行实验预试

事先进行实验预试也是方法之一,Huang 等(2012)在研究中首先通过实验室的指导语将被试控制为认真作答组与不认真作答组,并获得两组被试包括反应时在内的各项指标数据;其次他们再固定特异性(Specificity)为 95% 和 99%,得到各指标的阈值与对应的敏感度(Sensitivity);最后将从实验中获得的各指标阈值运用于问卷调查的筛查中。

由于反应时不受被试作答模式影响,还可以细化到题目水平进行评估,所以较多研究都发现反应时是有效的不认真作答识别指标(Huang et al.,2012;Wise,Kong,2005)。但反应时也存在一定缺陷:第一,反应时数据获取困难,只有电子问卷才可能记录。第二,和其他识别指标一样,反应时能否有效区分正常作答被试和不认真作答被试,取决于不认真作答被试在该指标上和正常作答被试的重叠程度,当不认真作答的分布偏离正常分布不大时,识别效果将会降低(Curran,2016);而这一点在问卷调查中格外明显,因为不同于认知测验,问卷题目即使认真阅读和思考也无须花费太长时间,这使得通过反应时进行数据清理可能存在较多"误杀",所以也有研究认为认知测验中快速猜测行为与正常答题行为的反应时理论分布(双峰分布)难以在调查问卷中推广使用(Soland et al.,2019)。第三,反应时的增加并不一定意味着数据质量的增加(Yan,Tourangeau,2008),Meade 和 Craig

(2012)认为反应时和数据质量之间存在非线性关系,作答非常快的被试是不认真的,但作答非常慢的被试,一旦用时超过既定的阈值,也可能被认为是不认真的。比如在网络调查中,反应时过长可能是因为被试在和他人聊天、看电视或听音乐(Barge,Gehlbach,2012;Börger,2016)。

四、其他有待研究者探索和解决的问题

1. 基于不认真作答的产生机制,优化与开发控制方法

已有研究发现,调整问卷表述或长度、奖励、警告、弹窗提醒、"虚拟人"、承诺及前置指示题均在一定程度上有助于减少不认真作答情况的发生,但这些方法也可能产生副作用甚至反作用,如外部激励可能导致被试态度更为散漫,弹窗提醒可能成为环境干扰分散被试注意力,而"虚拟人"容易破坏被试作答体验等。

为了避免或减轻控制方法的副作用、反作用,开发更加有效的控制方法,必须回答"控制方法为何有效"的问题。为此,未来研究可以采取一定技术手段(如眼动、脑电等)对被试问卷作答过程进行深入细致的监控与探索,丰富、完善不认真作答产生机制及影响因素的相关理论,并结合这些理论解释产生副作用、反作用的原因,在此基础上对控制方法进行优化与开发。

另外,未来研究可以对已有方法进行系统梳理,分析现有控制方法的具体作用。已有研究常通过实验组和对照组在若干不认真作答反应识别指标上的差异,对控制方法是否有效做出回应,但是许多控制方法仅对某些识别指标有作用。因此未来研究可以通过实验设计对各方法的实际效果进行检验与比较,并结合不认真作答的产生机制解释这些方法降低了何种类型的不认真作答,为研究者和实践者选用时提供参考。

2. 探究不认真作答识别指标的跨情境适用性,开发新方法

已有识别指标多基于人格量表或认知测验开发,这两类问卷具有题目较多、得分呈正态分布等特点,因此许多指标在这些问卷情境中有更好的适用性。例如,越长的问卷就有越多的题目能用来计算奇偶一致系数、正/反向题对相关,得到的系数也更加稳定;在得分呈正态分布时,马氏距离、l_z指数等指标也更加有效。

而态度和行为调查这两类社会科学领域同样常见的问卷可能不满足上述特征,这会造成识别指标有效性下降。例如,在许多态度问卷中,正常被试倾向于给出4分或5分(以5点计分的李克特量表为例),总体得分呈负偏态,而一些不认真作答的被试则可能在所有题目上均给5分。在这种情况下,由于个体作答内部差异减小,许多个体一致性分析指标的效果下降,同时由于与正常被试的差异较小,奇异值分析指标有效性也可能下降。

因此,未来研究需要重点关注不同指标的跨情境适用性。对态度和行为调查而言,一方面,结合现有各指标的特点,组合使用多个指标,以应对单一指标识别效果不佳的问题。但联合使用指标时,要对这些指标各自能识别什么样的不认真作答模式有更清楚的认识,进而针对各类型不认真作答模式有选择地使用相应指标。另一方面,可以开发新指标,以应对已有指标不适用的问题,尤其可以关注个人拟合指数、机器学习的应用,相较于人总相关系数等传统方法,这些方法在奇异值识别上更加精准。

另外需要注意,现有研究多采用模拟研究的方式判断识别指标的有效性,但现有模拟数据的参数特征可能不适用于态度和行为调查问卷,因此未来研究可多利用态度和行为调查的真实数据,以提高研究的生态效度与研究结果的推广性。

3. 局部不认真作答的识别与处理

尽管已有研究常对被试进行"认真作答"与"不认真作答"的区分,但真实作答情境中,除了完全不认真的被试外,也有一部分被试仅在部分题目上作答不认真。例如,当问卷较长时,被试更容易在中间或后半部分因疲劳或失去兴趣从而表现出不认真作答(Baer et al.,1997;Berry et al.,1992;Meade,Craig,2012)。当局部不认真作答的情况出现时,嵌入量表的错答次数、个体一致性指标、奇异值分析指标均可能介于完全认真与完全不认真的被试之间,与完全认真作答的相似性取决于其局部不认真的比例。这种情况下,通过已有指标可能难以将其识别出来。目前,对此情况仅 Dunn 等(2018)指出,可以灵活地选择部分连续题目,计算作答标准差,探测被试在选中题目上是否认真作答。例如,当问卷较长时,可以在问卷较为靠后的位置选择若干题目,判断哪些是被试因疲劳等原因出现局部不认真作答的情况。但是,被试未必都在这一部分才出现不认真作答。特别是电子问卷兴起后,被试的作答环境无法受控,被试在任何作答时间都有可能受到外界干扰。因此,如何采用更灵活的手段识别被试不认真作答的部分,可成为未来研究的方向之一。

此外,当成功识别出被试不认真作答的部分时,如何处理这部分数据也有待进一步研究。如果删除该被试的全部数据,则是对有效数据的浪费;但仅仅剔除不认真作答的数据,又会产生数据非随机缺失的风险。即使能够排除非随机缺失情况,不认真作答的数据也并非缺失数据,而是不够准确的数据,它同样代表了被试的部分倾向,因此是否利用插补处理以及使用何种插补方法都值得进一步探讨。

被试不会在任何时候都认真思考并给出可靠的答案。研究者与实践者对这一现象更不能盲目乐观或选择性无视,而应当在利用问卷收集数据时采取有效措施尽可能控制不认真作答的产生,并在数据清理阶段通过一定技术手段识别并剔除这类噪音数据,使得数据尽可能真实、准确,以便后续得到可靠的分析结果。

【思考题】

1. 请列举常见的问卷并论述其特点。
2. 请简述问卷的内容结构。
3. 请自行确定一个主题并编制相应的问卷。
4. 请自行通过检索获得一份心理测验并简要介绍。
5. 请论述如何识别与控制问卷调查中被试不认真作答的现象。

第六章 访 谈 法

第一节 访谈法概述

一、访谈法及其特点

访谈法,也称晤谈法,是指通过访谈者和受访者面对面交谈来了解受访者情况的一种基本的社会科学研究方法。其特点包括:第一,访谈作为一种交谈方式包括两个或两个以上的当事人;第二,访谈中双方当事人的角色是不同的,访谈者是主动者,而受访者是被动者,即访谈者主动约请受访者进行访谈;第三,访谈是出于一定的目的、按照计划而进行的谈话。由此可见,访谈是访谈者为了通过受访者了解信息、验证假设而有计划实施的、与受访者的角色地位不平等的谈话。访谈一般是通过口头交流方式获取社会信息,但随着现代科技的发展和介入,其内容有所扩大。访谈法应用十分广泛,尤其是与其他研究方法结合使用时效果更佳。

访谈法的优点主要表现在如下方面:第一,可广泛获得社会信息。通过访谈,访谈者不仅可以了解正在发生的社会现象,还可以了解已经发生的社会现象;不仅可以获得外在的行为和事实,还可以把握受访者潜在的想法、动机和情感。因此,访谈法能"听其言,观其行",更加全方位、多角度地了解信息。第二,可深入研究问题。访谈者不仅可以通过受访者的言辞、语气、神态、动作等,更加深入地了解受访者,还可以通过与受访者的反复交谈就所要研究的问题层层深入地探讨,发现社会现象之间的因果联系和内在本质,以了解更多深层次的信息。第三,能可靠地收集资料。访谈者可以直接观察到受访者的各种反应,可以不断追问、立即重复、运用各种非语言信息进行交流,还可以确保受访者独立回答问题不受其他干扰。因此,访谈法可提高调查工作的可靠性,并能评估所获资料的信度和效度。第四,可灵活地设计调查方式。访谈法可以围绕研究的主题为不同的受访者准备各自合适的问题,可以根据不同的研究主题设计不同的访谈形式、访谈时间和访谈的场所。

然而,访谈法也存在一定的局限:第一,访谈是访谈者与受访者互动的过程,但双方由于具有不同的价值观、社会经验、社会地位、思想方式、生活习惯等,往往会造成访谈误差。因此,访谈法的实施必须依赖具有较高素质和能力的访谈者,以保证调查的质量。第二,对于敏感、尖锐和隐私问题,受访者往往不愿意回答或不做真实回答,此时使用访谈法便较为被动。第三,与其他社会科学研究方法相比,访谈法的费用较高、耗时较长、需要投入的人力较多,这些都限制了访谈法应用的规模。

二、访谈法的原则

1. 访谈的目的是了解而不是表达

如果访谈者在访谈时急于表达自己的意见,就可能会产生如下结果:第一,如果访谈者夸夸其谈,就会导致受访者没有机会表达自己的观点;第二,如果访谈者事先陈述了自己的观点,就会导致受访者受其影响而顺着访谈者的思路谈话;第三,即使受访者不同意访谈者的观点,但如果访谈者先陈述了观点,而受访者又不愿意与其争论,就会导致受访者闭口不谈自己的观点。在以上这几种情形中,访谈者皆无法了解受访者的真实想法。

2. 访谈者不能诱导受访者

类似于上述第二种情形,访谈者在访谈过程中可能会出现这样的情况:第一,访谈者先陈述自己的观点,然后问受访者的看法;第二,访谈者先陈述一些进行判断的"大前提",然后诱导受访者说出结论。这时,受访者往往会"因人兴言",对于访谈者或已有结论的观点加以赞同,或"因人废言",对于访谈者或尚未取得一致性结论的观点加以批驳。无论访谈者采用何种诱导的手法,所达到的结果都是相同的:与其说访谈者获知了受访者的想法,不如说访谈者得到的是自己的观点。

3. 访谈者不能在访谈时对受访者进行价值判断

没有经验的访谈者在进行访谈时往往会忍不住对受访者的观点进行价值判断,其结果可能是:访谈者的价值判断使受访者产生戒备心理,从而不敢、不愿或不屑于表达自己的真实看法;由于访谈者的观点与受访者的观点不一致,使得受访者三缄其口,不能深入陈述自己的观点;由于访谈者批驳了受访者的观点,使得受访者不得不违心地放弃自己的观点。

4. 访谈中任何信息都有意义

没有经验的访谈者往往认为,在访谈中只有受访者的语言信息是有意义的,甚至认为只有去掉了种种"不规范"的语言信息(如语气、节奏、重复、结巴、语病等)后才能得到"纯粹的"信息。但事实上,受访者的任何表述都是有意义的,只不过其意义需要访谈者深入发掘。例如,受访者顾左右而言他、受访者对于访谈者的提问方式本身进行批驳、受访者沉吟不语、受访者的表述自相矛盾、受访者不厌其烦地就某一个或某几个细节进行描述、受访者的某个稍纵即逝的眼神或动作等,往往都隐藏着受访者的动机、价值判断、情感等。受访者这些未经过理智或下意识表现出来的细节信息,往往最接近受访者真实的心理活动,最有助于访谈者对受访者的语言信息进行真伪判断。

由此可见,访谈法是一种面对面的社会交往,交往成功与否将决定调查质量的好坏,即访谈法在很大程度上取决于访谈者个人的人际交往能力、访谈技巧的熟练程度和对访谈过程的有效控制。因此,访谈法能比其他社会科学研究方法获得更多、更有价值的信息,但也比其他社会科学研究方法更复杂、更难于掌控。

第二节 访谈法的类型

根据研究的目的、性质和对象不同,访谈法有多种不同的形式。按照对访谈过程的控制程度,可以将访谈法分为结构式访谈与无结构式访谈,这是目前社会科学研究中广泛采用的分类方式;按照访谈中访谈者与受访者的交流方式,可以将访谈法分为直接访谈和间接访谈;按照一次被访谈的人数,可以将访谈法分为个别访谈和集体访谈。至于选择哪种访谈方式,主要取决于哪种方式能更好地服务于研究目标或研究问题。

一、结构式访谈与无结构式访谈

1. 结构式访谈

结构式访谈又称为标准化访谈,是一种高度控制的访谈形式。这种控制主要表现在如下几个方面:第一,受访者必须按照高度统一的标准和方法选取,一般采用概率抽样;第二,访谈过程高度标准化。访谈通常采用事先统一设计、有一定结构的问卷进行,对所有受访者提出的问题、提问的次序和方式,以及对受访者回答的记录方式等均是完全统一的,访谈者不能随意对题目做解释和发挥;第三,受访者不清楚题目含义时,访谈者只能重复题目或按照统一口径进行解释。

结构式访谈的优点包括:第一,所获取的资料便于定量研究,如做统计与比较分析;第二,与自填式问卷相比,结构式访谈能更好地控制调查过程,最大限度地降低来自受访者方面的误差,以提高调查结果的可靠程度;第三,访谈者能仔细观察到受访者在回答问题之外的非语言信息,有助于分辨其回答问题的真伪,从而有利于准确评估资料的信度和效度;第四,与自填式问卷相比,结构式访谈回收率高,一般可超过80%。

然而,结构式访谈也存在一定的局限性,包括:第一,访谈过程灵活性不够高,访谈者难以进行临场发挥,不利于发挥访谈者和受访者的积极性和主动性,难以对问题进行深入探讨;第二,由于面对面交流的局限,尤其对于某些敏感性、隐私性的问题,结构式访谈的效度便远比不上自填式问卷。

由此可见,结构式访谈适用在访谈者对受访者的一般特点已有所了解的情况。例如,俞少宾和崔兴硕(2012)以身份认同转变的影响因素探析为例,对16位在韩朝鲜族移民进行了一项结构式访谈。该研究基于对16位移居韩国的朝鲜族移民的结构式访谈,属于质的研究范畴。研究者认为,要想深入了解在韩朝鲜族的身份认同和心理状态,质的研究方法有利于通过"语言"这一媒介,逐渐挖掘和接近事实(Denzin,Lincoln,2005),是对量的研究的有益补充。在访谈过程中,访谈者依据访谈大纲向每位受访者提问,还对疑惑点或兴趣点进行"追问"。作为研究对象的16位在韩朝鲜族移民,大部分是从前期问卷调查阶段(2011年12月)同意接受进一步访谈的对象中,根据性别、年龄、职业以及滞留时长等特征而筛选出来的,个别受访者通过个人接触和"滚雪球"法确定,以期达到广泛的代表性。受访者年龄在20岁到80岁之间,其中9名女性,10名已婚,大部分受访者的受教育程度在大学以下。滞留时长方面,8名受访者在韩国滞留3年以下,4名受访者滞留3年以上5年以下,其他4名受访者滞留5年以上。国籍和签证种类方面,有1名受访者已取得韩国国籍,8名受访者持有H2访问就业签证,2名受访者持有F4在外同胞签证,2名受访者持有D2学生签证,1名受访者持有F2居住签证,1名受访者持有C3综合观光签证,还有1名受访者选择不回答。访谈始于2012年4月,历时2个月。访谈采用结构式的方式进行,首先,了解的是受访者的基本信息、移民状态以及定居计划;其次,开始涉及本研究的核心问题——身份认同,主要包括移居韩国前以及移居后的身份认同倾向、移居韩国的原因及期望。在此过程中,通过听受访者讲故事的方式,记录受访人员移居韩国前后的经历,重点关注并追问可能影响其身份认同的相关因素。语言方面,根据受访者的语言偏好及语言能力,访谈使用朝鲜语或汉语进行。由于该研究基于多元身份认同的理论基础,因此在访谈过程中,访谈者一改直接询问受访者"您觉得自己属于下列哪一个身份"的惯常问法,代之以"下列几项身份中,您最看重哪一个"或者"在某个时期,您最珍惜/认可自己的哪一个身份"这样的问法。基于此,可以相对准确地了解朝鲜族移民在移居韩国前后,对各个身份认同度的转变。张建人等(2019)基于重要性排序的分析,就时间视角下工作价值观进行了一项结构式访谈。研究者依据前期研究发现人们找工作时主要考虑的15个因素,自编"时间视角下工作价值观的结构访谈问卷",包括薪酬、工作地点、能力匹配与发挥、稳定安全、环境舒适、照顾家人、压力小、符合兴趣、学习成长、晋升、福利、社会地位、休闲旅游、同事关系和工作自由。要求受访者依据自己在刚参加工作、现在重新选择工作和将来选择工作时对15个因素的重要性的考虑,对这15个因素按照重要程度(1="最重要",15="最不重要")排一个顺序。界定了以下3种情况属于无效问卷:工作价值观重要程度排序有漏填,工作价值观重要程度排序重复(即并列排序),过去、现在、未来工作价值观重要程度排序完全一致。

2. 无结构式访谈

无结构式访谈也叫非标准化访谈，是一种半控制或无控制的访谈。与结构式访谈相比，无结构式访谈没有事先制订的统一的问卷、表格和访谈程序，只拟订了一个粗线条的访谈提纲，由访谈者给出一个题目或一些问题，与受访者自由交往。无结构式访谈的最大优点是灵活性高，有利于充分发挥访谈者和受访者双方的积极性和创造性，有利于访谈者拓宽和深化对问题的研究。访谈者和受访者可以围绕题目，就有关问题、事件、现象等，进行深入而广泛的讨论。受访者可以对自己的意见和感受畅所欲言，而无须顾及访谈者的需要，这样往往能给予受访者很大的启发，同时还能促进调查者更全面深入地了解问题，找到研究的新思路和新问题。因此，无结构式访谈通常被用于探索性研究，用于提出假设和构建理论。但如果用这种方法来验证一种理论可能不太合适，因为不容易控制研究方向。与结构式访谈相比，无结构式访谈比较费时，调查的规模会受到更大的限制。这种访谈法获得的资料主要是定性资料而不是定量资料，因此对访谈的结构难以做定量分析。此外，无结构式访谈的结果更依赖于访谈者的素质、经验和技巧，对访谈者的要求更高。

此外，除了结构式访谈和无结构式访谈外，还有一种半结构式访谈。半结构式访谈是指按照一个粗线条式的访谈提纲而进行的非正式的访谈，该方法对访谈对象的条件、所要询问的问题等只有一个粗略的基本要求。访谈者可以根据访谈时的实际情况灵活地做出必要的调整，至于提问的方式和顺序、访谈对象回答的方式、访谈记录的方式和访谈的时间、地点等没有具体的要求，由访谈者根据情况灵活处理。例如，何嘉等（2019）面向年轻护士进行了一项半结构式访谈。访谈者选取了某三级甲等综合性医院12名年资短于5年的年轻护士进行半结构访谈，其中护师7人、护士5人。该研究中的访谈提纲主要由三部分组成：第一，介绍性评述。先介绍参与此次访谈的人员，让受访护士了解本次圆桌对话的目的是广泛征求临床一线年轻护士的意见与建议，明确年轻护士的思想动态和发展方向，增进护理团队的凝聚力。第二，主要问题清单。主要包括：工作中存在哪些困惑？对于工作，有哪些个人需求？就目前自己的情况，对医院、护理部有哪些建议和意见？第三，结束语。一般最后一句应对受访者表示感谢，如"感谢大家对这次访谈的参与"等。为了严谨起见，通过预访谈对访谈提纲进行修改与完善。该研究选取了两名访谈者同事，对他们进行访谈，预访谈完成后，访谈者修改了原访谈提纲中的一些措辞，调整了原访谈提纲中的一些问题顺序。章棋等（2020）采用半结构式访谈法对产褥期剖宫产术后合并新型冠状病毒肺炎患者的心理状态进行了分析，采用的患者个体访谈提纲主要包含如下7方面：第一，粗略询问。像医生查房问诊一样，粗略询问患者的病史。第二，询问选择剖宫产的原因是否与患新冠肺炎有关？第三，家中是否有其他亲属感染了新型冠状病毒肺炎？第四，在隔离病房中，是否感到焦虑、抑郁（比如没有亲人的陪伴）？第五，产褥期本身对于女性来说是很特殊的时期，加之感染新冠肺炎，是否担心会留下后遗症？第六，在隔离病房住院期间有什么看法或体会？第七，对战胜新冠肺炎是否有信心？

二、直接访谈和间接访谈

1. 直接访谈

直接访谈，就是访谈者和受访者直接进行面对面的交谈。访谈者可以直接到受访者家中去进行实地访谈，其优点是有利于访谈者在交谈的同时对实地进行观察了解，加深感官的印象，用情境帮助对问题的理解。访谈者也可以将受访者请到指定的地点进行访谈。

2. 间接访谈

间接访谈，就是访谈者通过电话或书面问卷等形式对受访者进行的访谈。电话访谈的优点是时间短、费用少、保密性强，在大多数情况下已普遍应用。但其局限是只能询问比较简单的问题，难以进行无结构式访谈。书面问卷访谈可通过报刊登载、邮局传递等方式进行，这种方式具有匿名性强、回答的质量高、受访者敢于吐露真情实感，有利于敏感性问题的回答，有助于节省时间等。但其缺点是回复率低、难以判断回复者的代表性、难以控制回答的过程、难以了解影响回答的因素等。因此，在采用间接访谈时，必须慎重分析回收的资料。

三、个别访谈和集体座谈

1. 个别访谈

个别访谈是以个体作为对象的访谈，其优点在于能根据受访者的特殊性区别对待，如可以根据受访者的职业、教育程度、性别、年龄、民族以及所属的社会阶层等因素来掌握访谈的技巧；同时，由于访谈者与受访者之间的距离较近，便于双方的沟通，访谈结果的真实性与可靠性能得到保证。与集体座谈相比，个别访谈耗时费资、访谈成本较高。

2. 集体座谈

集体座谈，即将许多调查对象集中在一起同时进行访谈，如常见的座谈会这种形式。集体座谈的最大特点是访谈过程不仅是访谈者与受访者的社会互动过程，也是访谈者之间的社会互动过程，座谈会的质量会受到这两种社会互动的影响。因此，这是一种比个别访谈层次更高、难度更大的调查方法。集体座谈获取的信息比较广泛而迅速，获得的资料更为完整和准确；由于同时访谈若干人，还可以节约人力、时间、资金。但座谈会也常常容易产生一种"团体压力"，在从众心理的支配下，个人可能会违心地顺从多数人的意见而不敢表示异议。此外，对于一些敏感的问题，受访者往往难以回答。一般来说，集体座谈最好采用半结构式访谈的形式,这样有利于把握方向与重点以及控制局面。否则如果意见不统一,访谈者会难以控制局面。另外,对于参加座谈会的人数也有一定的要求,一般以5~7人为宜,不超过10人。

第三节 访谈法的实施步骤

访谈本身不仅仅是一种调查方法,也是一门人际沟通的艺术,必须善于运用各种访谈技巧,才能成功实施访谈。一般来说,访谈大体分为访谈前的准备、进入访谈、访谈过程的控制、结束访谈等阶段。

一、访谈前的准备

访谈前的准备工作包括:选择恰当的访谈方法、确定访谈对象、制订访谈提纲或问卷、选择好访谈者、了解并确定受访者、拟订访谈、准备工具等。具体而言,访谈前有如下两方面的准备工作:一方面是项目负责人或机构的准备,需要综合考虑调查研究所需资料的特点、受访者的特点和访谈者的特点。总体而言,选择什么样的访谈方式主要依据访谈目的而定。结构化访谈多采用随机抽样法选取受访者,以确保研究结果能被量化统计分析;而无结构化访谈对象的选择主要与研究目的和社区特性密切相关,一般会将当地或部门的决策者和领导层列入被访谈对象中,因为他们对地区事务和文化传统的了解较深。访谈提纲或问卷是根据研究目的和理论假设,将其具体化为一系列访谈问题而形成的。访谈的程序表或细则就是对所要做的工作与时间进行安排,如访谈前应阅读哪些文献资料、是否有特殊人物或事件要事先准备、受访者如何安排和如何联系、访谈时如何控制、如何防范和处理突发事件等。访谈最常用的调查工具有两类:一是照相机、录音机、纸张文具等普通工具;二是访谈提纲、问卷、地图、访谈细则、调查机关所发的介绍信、证件等特殊工具。另一方面是访谈者的准备工作,包括:第一,理解上述关于访谈的全部内容,并了解相关知识。受访者有时会主动询问访谈者相关问题,如果访谈者没有相应的知识或应对技巧,则受访者可能会轻视访谈者从而失去回答问题的兴趣,甚至还会故意欺骗访谈者。第二,访谈者要注意自身的态度,尤其要尊重访谈发生地区的风俗习惯,也要提前了解受访者的一些基本信息。第三,选择适当的时间、地点和场合进行访谈。如果访谈在乡村开展,则不宜在农忙时段进行;如果是在城市开展,则不宜在工作时段进行,除非有特殊需要(林聚任,2017)。

二、进入访谈

进入访谈是访谈的开始,由请求和第一批问题组成,目的是激发受访者作答的动机,并做好作答的准备。访谈也是一门艺术,访谈的全部资料的可靠性在很大程度上取决于访谈者一开始的表现。首先,要充分理解受访者的心理,有效接近受访者。在访谈调查中,受访者要付出一定的劳动,一些受访者希望得到一些报酬。最容易想到的报酬是钱或者小礼品等,例如,一些企业为了宣传产品对大街上愿意接受访谈的市民发放新研发的产品等。除了钱和小礼品以外,信任和责任也是一种回报。这就是许多访谈者一开始要向受访者说明"您作为我市市民的代表""您的参与很重要"等的原因。另一种与信任有关的回报是对受访者有一个"好的印象和看法",这也是调动受访者积极性的一种途径。其次,要争取有关组织的支持配合。当受访者是一个社区或社会组织时,通常都要先与其领导洽谈,以争取他们的支持配合。进入访谈的步骤主要包括:第一,访谈者进行自我介绍,并尽可能言简意赅地说明自己的访谈计划和访谈目的。此外,还要告诉对方是如何被选出来的,根据具体情况可以告诉对方是根据科学方法随机抽样的,无特殊目的,其回答给予保密;有时则告诉对方是因其重要性而特意挑选的。如果已经取得领导的支持,这个步骤是非常简单的,否则,对访谈者便是一种挑战。有时受访者会很不配合,但访谈者切忌因别人的偏见和兴趣干扰了自己的态度,也不要以自己的偏见和兴趣去批判别人。自我介绍是一种艺术,要做到不卑不亢,使对方了解你,认为你的访谈是善意的,至少没有恶意。第二,建立友好的气氛,详细说明调查内容,提出第一批问题。设法营造一种愉快友善的气氛,最好的办法是先观察或了解受访者的行动类型,再反馈以适当的礼貌和尊重,这样才有希望建立较友好的关系,再慢慢使谈话变得生动些。切忌一开始就提出一些大而复杂的问题,必须要让受访者在回答主要问题时有一个心理上的准备过程(林聚任,2017)。

三、访谈控制

(一)提问控制

1. 题目的类型

提问是否成功是访谈能否顺利进行的关键。在访谈的过程中,问题本身以及访谈者的言谈举止都会影响到受访者的情绪和回答问题的质量。因此,提问与言行举止是控制访谈的两个主要手段。主要根据问卷来控制访谈,访谈过程中提出的问题大致可以分成两类,即实质性问题和功能性问题。

所谓实质性问题,是指为了掌握访谈调查所要了解的实际内容而提出的问题,包括如下几种类型:第一,事实方面的问题,如姓名、年龄、年薪、家庭人口等;第二,行为方面的问题,如去过哪些省份、本科专业是什么等;第三,观念方面的问题,如对所在单位文化建设方面有什么建议、如何激发员工的积极性等;第四,感情、态度方面的问题,如对所在单位目前的绩效制度是否满意、对当前的购房补贴政策是否满意等。

所谓功能性问题,是指在访谈过程中为了对受访者发生某种作用而提出的问题,包括如下几种类型:第一,接触性问题,如最近心情怎么样、今年的业绩如何等。提出这些问题的目的不是为了了解这些问题本身,而是为了接触受访者。第二,试探性问题,如今天下午是否有会议安排、是否经常爬山等。提出这些问题是为了试探受访者和访谈时间的选择是否恰当。第三,过渡性问题,如从工作问题转向家庭问题时,可以问"您的工作真忙,回到家里可以放松一下吧"这种过渡性问题可以使谈话容易保持连贯与自然。第四,检验性问题,如先问"您对现在的工作岗位满意吗",经过一段时间访谈后再问"您是否希望调换一下工作岗位"。提后一个问题的目的是检验前一个问题的回答是否真实、可靠,这样的问题在社会科学实验中经常设置,被视为交叉检验或重复验证的一种较为有效的手段。第五,引导性问题,这是针对访谈中受访者有时作答会跑题的现象,这时就需要访谈者进行适当的引导性提问。在转换话题时切忌粗暴地打断对方,或者直接告诉对方"您跑题了""您没有按要求回答"等,这会使受访者感到难堪和抵触。此时,可以将受访者跑题的情况加以归纳,如"您刚才谈的是公司的培训问题,现在请您再谈谈公司考核方面的问题"。或者也可以从受访者所谈的不着边际的材料中,选取一两句跟正题有关的话进行提问,如"您刚才谈到的公司存在不同工而同酬的现象,这是怎么回事呢?"一般来说,访谈者对实质性的问题都较为重视,但提问的技巧恰恰突出表现在功能性问题上。一个熟练的访谈者,不仅仅要善于以恰当的方式提出各种实质性问题,而且要善于灵活利用各种功能性问题,促进访谈的顺利进行。

2. 提问的技巧

提问的方式很多,有直来直去、投石问路、借题发挥、循循善诱等,具体采用哪种方式主要取决于以下3个因素:第一,问题本身的性质和特点。对于敏感、复杂或有威胁性的问题,应采取谨慎、迂回的方式提问,反之则可以大胆、正面地提问。第二,访谈者的具体情况。对思想上顾虑较多、性格孤僻、多疑、敏感或对情况不太熟悉、理解能力较差的受访者,最好采取循循善诱、逐步前进的方式提问,反之,则可以单刀直入地连续提出问题。第三,访谈者与受访者的关系。在访谈者与受访者互不熟悉、尚未建立信任感的情况下,应耐心、慎重地提问,反之,则可以直率、简洁地提问。提问作为一种谈话的艺术,没有一成不变的模式,访谈者可以综合考虑以上3方面因素,因地因时地选择最恰当的提问方式,使访谈过程在平等、友好的气氛中进行。提问的语言要简短,以能达意为原则,不要不着边际。一个成功的访谈过程,应该是用简短的提问换取充分的回答,而不应该用很长的提问换取简短的回答。此外,提问的语言应该通俗化、口语化和地方化,受访者如果是孩童就应用浅显的语言和亲切的口气,如果是老年人则要放慢说话速度。另外,在访谈过程中要始终保持中立的态度,应尽力避免倾向性,不允许对受访者的作答进行诱导。

当访谈者提问后,如果受访者没给出令人满意的答案,这时访谈者应根据具体情况对受访者进行适当追问。在这个过程中,访谈者一方面要根据受访者答案的类型,采取适当的追问策略;另一方面,则需要注意防止出现追问误差。需要追问的受访者的答案通常有如下类型:第一,不精确的回答。当受访者对问题的回答含糊不清、前后矛盾、回答残缺不完整时就要进行追问,以引导受访者做更准确、更充分的回答,或至少给予一个最低限度可接受的回答。在追问中,访谈者要特别注意,不要进行引导式追问。因为引导式追问容易给受访者提供某个特定的答案,使这个答案更容易被选中。判断这个追问是否是引导式的,可以看能否用"是"或"否"来回答。能用"是"或"否"回答的就是引导式追问,不能的则不是。第二,"不知道"的回答。在访谈过程中,受访者经常会回答"不知道"。如果这种作答的比例过高,则会影响访谈的质量。另一方面,受访者"不知道"的作答传递的信息是多种多样的,当"不知道"的作答出现时,访谈者应分辨一下受访者是的确不知道还是不愿回答,尽可能给予适当的追问。对一个询问意见、态度、观点的问题,"不知道"可以表示受访者没想过或不愿回答这个问题,访谈者就应该对受访者加以鼓励,特别强调受访者是最适合回答这个问题的人选,然后重复一遍问题。对一个知识性问题,"不知道"的回答可以被理解成一个合理的答案,访谈者可以记下答案,再继续问其他问题。当然,"不知道"的回答也可能只是一种延迟反应模式,受访者在考虑答案时习惯性地以此作为开场白,这时访谈者应该给受访者思考的时间,重复一遍问题。"不知道"的回答也可能表示受访者拿不准自己的答案是否符合访谈者的要求,是否"正确"。这时,访谈者应向其说明答案无所谓正确与否,只要如实地将自己的理解和判断说出来即可。总之,当访谈者听到"不知道"的回答时,不要轻易放弃,而应该试着给予适当的追问。第三,开放式问题。当受访者回答开放式问题出现以下情况时,访问者应该给予适当追问:① 受访者的答案并没有回答问题本身。例如,对于"在您看来,最应该解决科研工作者亟需的哪方面问题?"这一问题,如果回答是"我认为,我的单位氛围很好,大家都干劲十足"。很显然,这个作答跑题了。对于这种情况,访谈者可以尝试重复一下问题。② 受访者的作答中有一些含糊不清的概念或名词。例如,对于"您所在的单位有哪些同事主持过国家级的课题?"如果回答是"好几个"那就明显很模糊。③ 受访者答案不够详细或具体。例如,对于"您认为您所在的单位有哪些同事比较好相处"这个问题,就很难界定"好相处"的标准。但如果进一步补充说明"好相处"的表现如"言行举止有分寸,性格温和儒雅等",那么作答便相对容易多了。④ 开放式题目可以让受访者无限制地作答,因此访谈者即使得到了非常合适的答案,也要注意受访者还有可能提出其他观点的答案,访谈者可以适当使用追问语句如"您还有其他的想法吗?"直到受访者回答"没有了"方可结束。追问尤其是正面追问是一种比较尖锐的访谈方式,容易引起受访者的反感。因此,追问一般放在访谈的后期进行,而且应该尽量采用中立的追问方式,如复述问题、复述回答、表示理解和关心及适当的停顿等。

3. 合适的发问与插话

访谈过程组织的成功与否,取决于问题的好坏、提问的方式的优劣和提问时机的把握如何。访谈活动是双方互动的动态过程,不可能完全按照某种模式进行,访谈者必须根据具体情况灵活处理,这就要求访谈者要善于捕捉时机提问或插话。例如,当受访者只谈将来而对过去的经历不做任何回答时,则需要访谈者适时、适当地提出一些问题以寻求受访者肯定的回答。这些问题往往是访谈者临时提出的,不一定与正常过程或预先的计划有关。另外,对于一些敏感性和威胁性问题,怎样恰当地发问是访谈中最困难却又是关键之处。为了在这些问题上获得回答并尽可能提高其真实程度,可以考虑利用如下方法:① 将这些问题放在访谈的后半段进行;② 有意识地逐步营造出一种适宜讨论这些问题的氛围,使受访者感到访谈者对此类事情已经听多了,讨论这类问题不会引起什么麻烦;③ 提问时语气自然而不神秘,态度安详而不惊讶。此外,还要善于使用插话这种方式。用插话的方式引导提问一般存在于以下情况中:有时受访者在谈话中途可能停顿一下等待访谈者的暗示,以便开始另一个问题的谈话,这是访谈者提出准备好的问题的最好时机,如提出"您对这一现象有什么看法"等。有时受访者答非所问或漫无目的跑题太远时,也需要访谈者通过插话打断正在进行的话题。有时为了鼓励受访者,尤其是那些不善于说话或欲言又止的人,访谈者需要插几句鼓励或对刚才的谈话表示满意的话。有时当受访者对过去的经验无法清楚地回忆时,也可提一些补充问题帮其回忆(林聚任,2017)。

(二)访问过程中的非语言信息

访谈过程除了"访"和"谈"的言语交流外,访谈者还应该通过各种非语言交流的方式,随时关注双方表情与动作的变化,包括肢体语言、目光语言、表情语言等以便更好地控制访谈过程。优秀的访谈者应该能在最短时间内,判断出最能让受访者感到舒服的态度和受访者最喜欢的谈话方式。

1. 肢体语言

访谈者既可以通过自己的行为来表达一定的思想和感情,又可以通过观察受访者的某些动作和姿态捕捉对方的思想和感情信息。例如,访谈者连连点头,表示"很对""同意";访谈者用笔记录,表示刚才所谈的内容非常重要;受访者频频看表说明其希望加快速度尽快结束谈话,受访者东张西望表示其对刚才的内容不感兴趣或注意力已转移,受访者打哈欠或做小动作表示其已经很疲倦等。当受访者跑题时,访谈者可以利用给其递茶杯等方式中断谈话而开始新的话题。同时,访谈者自身也要尽量避免个人习惯性的小动作,如挠耳朵、抖大腿、抓头发等。

2. 目光语言

人们常通过目光来表达各种态度和感情。访谈者在访谈过程中,目光要柔和、自然、放松,同时用目光观察受访者的行为,引导访谈的过程,又不至于引起受访者的警觉和反感。访谈者既不能一直盯着受访者而让他们觉得紧张,也不能处处回避受访者的目光,或只盯着自己的笔记本使受访者误以为自己的谈话令人厌倦,而应使自己的目光在对方的头发、嘴唇和脸颊两侧这个范围内活动,并不时与他们的目光短暂接触。一般来说,受访者如果谈得非常好,则访谈者的目光应频频与其接触表示喜欢和赞赏;受访者如果切入关键内容,则访谈者应目不转睛地看着对方表示专注和很感兴趣;受访者如果谈话跑题了,则访谈者可以用目光表示困惑或不理解。访谈者要根据访谈的具体情况,及时领悟受访者的"目光语言",灵活运用自己的"目光语言",让目光成为访谈过程中有效的指示灯和调节器。

3. 表情语言

第一,访谈者自始至终都要使自己的表情谦虚、诚恳、耐心且有礼貌,要避免毫无表情。受访者总是希望自己的谈话能引起访谈者的共鸣和重视,因此如果受访者看到的始终是一张毫无表情的脸,则会大大降低其谈话的兴趣。第二,要会用表情控制人。访谈者要控制自己的表情使其符合受访者所谈的情境。例如,当受访者谈到失败时,要有同情和惋惜的表情;谈到不公平时,要有义愤填膺的表情;谈到成就时,要有称赞和高兴的表情;谈到隐私时,要有表示理解的表情。第三,访谈者要充分利用表情传达思想,起码要表现得心情愉悦。因为访谈者实际上介入了受访者的个人生活和态度,他必须要能传达出一种诚恳的兴致来了解受访者,而不至于像在打探别人的隐私一般。

4. 外部形象

外部形象包括衣着、服饰、打扮等,通常是一个人的职业、教养、经济状况和兴趣爱好等的反映。首先,访谈者的穿着应该整洁和得体,能被大多数受访者接受。其次,访谈者的穿戴要普通化,避免制服或任何标注群体或团体符号的衣饰,避免因为风格过于严肃或衣着轻率导致受访者产生偏见性回答。例如,访谈者如果染色彩鲜艳的头发、戴设计夸张的耳饰、穿风格前卫的衣服,则有可能让受访者觉得访谈者思想比较激进。最后,访谈者的穿戴不应该引人注目,要让受访者的注意力集中在访谈本身而不是访谈者的外表。例如,访谈者不应佩戴过于昂贵的首饰,不宜浓妆艳抹。对穿着讲究的受访者,访谈者应注意态度庄重、严肃,对穿着随意的受访者就可以坦率、随和一些(林聚任,2017)。

（三）对无回答的处理

访谈过程中出现无回答的情况可能的原因包括两种：一种是受访者不在家、不在单位或出差等，另一种是受访者不合作、拒绝访谈。如果出现这两种情况，一定不要轻易地放弃访谈。因为那些常不在家的人多是男性、中青年、在业人员，特别是从事销售或做外勤工作的人员，而不合作的往往是知情人或关键人。如果缺少了对他们的调查，则调查结果会受到影响。对于不在场的受访者，必须进行复访。如果入户访谈时受访者第一次访谈不在家，则要做好详细的时间记录，以便在复访时调整上门时间，选取受访者在家的时间造访。如果连续复访都没有人，则可以向邻居打听情况，这样可以省掉几次不必要的来回，降低人工成本。对于拒绝接受访谈的受访者首先要了解他们拒绝的原因，常见的原因和解决方法有如下几种：第一，受访者认为调查与自己无关、不感兴趣，或认为调查根本不能解决任何问题，纯粹是浪费时间。访谈者应该耐心地解释调查的目的和对受访者的影响，说明调查研究的价值，并举出通过调查解决了问题的实例来增强他对调查工作的信心。第二，受访者害怕调查结果对自己不利，如增加劳动时间、抽调劳动力等，或害怕得罪他人引起对自己的不良后果，或是觉得访谈的主题涉及政治或过于敏感。访谈者应加强宣传，说明调查工作的保密原则和匿名性，使他们消除顾虑。第三，受访者由于繁忙不想耽误时间，或遇到困难心情不好，没有心思接受访谈。访谈者首先要理解和体贴他们的困难，然后与对方商量在他们方便时再进行访谈。第四，受访者不相信访谈者解决问题的能力，或不喜欢访谈者，或是访谈者触犯了他们的某些禁忌。访谈者应着重改进自己的工作，用实际行动证明自己是有能力的、公道的、正派的、有错就改的。如果受访者还是不能接受，则可以考虑更换访谈者（林聚任，2017）。

四、结束访谈

结束访问是访谈的最后一个环节，一般应该掌握两个原则：

1. 适可而止

一方面，访谈的时间不宜过长，以1~2个小时为宜。在农村做调查，夏夜乘凉、冬闲烤火时可做较长的访谈，农忙时则不宜进行访谈。如果受访者对调查的内容既感兴趣又有研究，则访谈时间也可以延长，但延长的时间一般应以不妨碍受访者的正常工作生活为原则。另一方面，访谈必须在良好的氛围中进行。例如，受访者疲倦了或其他家庭成员在一旁不耐烦了，又或受访者家里来了客人等，良好的交谈氛围一旦被破坏，就应该立即结束访谈。

2. 善始善终

访谈者应告知受访者此次访谈已经取得了预期的结果,对受访者的配合表示感谢。感谢应该真诚,因为受访者确实因此花费了时间和精力。为使调查材料完备,最好询问受访者"我们有没有忽略了什么"等问题以结束调查。如果今后还需要继续调查,则应告知受访者此次调查还需要继续访谈,再邀约对方进一步访谈,并与对方商定以后访谈的时间、地点等。最后,告知访谈结束,取得了预期的效果,并向受访者提供赠品或酬劳。

五、访谈记录

结构式访谈的记录比较简单,只需要按照事先规定,将受访者的回答记录在设计好的表格、问卷或卡片上就行了。非结构式访谈的记录则比较困难,因为当场记录可能会分散受访者的注意力,影响访谈的质量和进度。一般来说,可以采取两人一起访谈的方法,一人专门记录、一人专门访谈。如果要使用录音或摄像等方法,必须征得受访者的同意。笔记是各种访谈记录的最基本的形式,主要有3种使用笔记的方法:速记、详记和简记。速记需要事后的翻译和整理,简记主要用一些符号、代号和缩写来记录,如用1表示男、0表示女等。无论是详记还是简记,在记录内容上都应注意以下4方面:第一,记要点,即有特色的事件和情节,有个性的语言和表情;第二,记疑点,便于访谈后期的询问;第三,记易忘掉的信息,如人名、时间、地点等;第四,记自己的感受,便于访谈后期整理。因此,访谈者的记录除了受访者的回答与陈述外,还应包括对其居住条件、邻居情况的描述,在访谈中观察到的现象与行为,受访者参与调查的态度、情感的评价等。在访谈结束后,应尽快整理访谈记录,根据记忆及时发现和解决错记、漏记等问题,对所使用的符号、代号、缩写等进行转写和说明,使访谈的信息更加完备和真实。

第四节 访谈者的挑选与训练

访谈者是调查研究中资料收集工作的主要承担者,访谈结果的优劣很大程度上取决于访谈者素质能力的高低,挑选和培训访谈者是研究者在调查研究中的一项重要任务。

一、访谈者的选择

如何选择合适的访谈者完成访谈工作,主要取决于主客观两方面的因素:一方面是研究主题的特质、调查对象的特点和社区类型等因素,如有关家庭计划的研究,以女性访谈员为宜;另一方面是访谈者的个人因素,如能力、诚实等任何访谈者都必须具备的。

(一) 特殊条件

特殊条件因访谈的情况不同而对访谈者做不同的选择,主要有如下4方面:第一,性别。一般来说,对女性的访谈以女性访谈者较为合适;在一个大型的研究计划中,则既使用男访谈者,也使用女访谈者。第二,年龄。对年龄较大的受访者,以年龄较大者的访谈者较为合适,在政治经济问题研究中不适合委派年轻的访谈者。年龄较大的访谈者通常给人以稳重的印象,容易取得受访者的信任和好感。第三,教育。研究表明,教育水平高的访谈者在提问时造成的差异最小,教育水平对访谈的重要性还体现在对访谈技巧的运用和对受访者的反应上。因此,在研究较复杂问题时,对访谈者学历的要求相对较高,而且要求其具有一定的经验。第四,地域。我国民族众多,各地区风俗习惯、方言等有很大差异,城乡间也差异较大。因此选择访谈者时要尽量选择当地人。总之,访谈者在年龄、职业、社会地位、地域、民族等背景条件上与受访者越接近越好。但这也不是绝对的,还是要视具体情况而定。

(二) 一般条件

1. 诚实和精确

要求访谈者诚实,一方面是忠于自己的工作,另一方面是忠于访谈的事实。任何将不确定的事实肯定下来,替受访者勾选答案,假造记录都是不诚实的行为。对于访谈资料的记录也必须十分精确,不能敷衍了事。

2. 兴趣和能力

对访谈工作没有兴趣的访谈者是做不好工作的。能力不等于兴趣,但兴趣可以促进能力的提升。访谈者主要应具备的能力包括观察能力、辨别能力、表达能力和人际交往能力。

3. 勤奋和负责

访谈工作很辛苦,访谈者到了工作地点进行访谈,不仅要根据受访者的情况随时调整自己的时间,还可能要面对受访者的冷淡、拒绝等。如果不能吃苦耐劳,只会知难而退,则无法完成访谈任务。因此,勤奋负责这一品质对访谈者而言相当重要。

4. 谦虚和耐心

访谈者应尊重受访者,要抱着虚心求教的态度,受访者才能知无不言。耐心体现在访谈中要耐心地听完受访者的回答,耐心地讲解问题,即使碰到无理对待也要有耐心。否则很容易造成双方关系紧张,导致访谈失败。

二、访谈者的训练

新进的访谈者,除非已经历过相似的训练,否则都必须给予相当时间的访谈训练。如果研究的方法或访谈方法发生了改变,即使访谈者受过某些训练,还须重新进行访谈训练。培养一个优秀的访谈者需要经过培训、实践、再培训、再实践的过程。在具体做法上,对访谈者的训练通常包括下列步骤和内容:

1. 全面介绍研究项目

研究者不仅要向全体访谈者介绍该项研究的目的、计划、方法等整体情况,还要就访谈的步骤、要求、时间安排、报酬等具体问题进行说明。访谈者对研究计划了解得越深,对访谈越有帮助。这样,访谈者可以随时检查资料是否符合研究需要。还可以让访谈者了解访谈得来的资料如何使用,这样不但可以提高访谈者对访谈的兴趣,也可以提高访谈者在访谈过程中的控制力。

2. 介绍和讲解访谈的技术与技巧

研究者不仅要指导访谈者掌握如何入户、如何说开场白、如何取得对方信任、如何客观提问、如何记录、如何结束访谈等技巧,还要组织访谈者集中学习和阅读相关问卷、访谈手册或指南、访谈提纲等材料。研究者要逐条对上述文件进行讲解和提示,使受访者明确每个项目的内容和回答方式,明确访谈中每一步工作及对访谈者的要求。

3. 模拟访谈结合集体讨论并撰写心得

可以让访谈者模拟访谈相互访谈,熟悉访谈内容,掌握访谈技巧。研究者应从旁观察和协助,并严格检查访问结果。模拟访谈的目的是发现和解决实际访谈中可能出现的潜在问题,及时加以改正。之后,访谈者和研究者应一起再次逐一复习和讨论访谈中的所有问题,并撰写相应的心得,解决每一个疑问,提出今后的改进措施和建议。

4. 建立监督管理措施

访谈者与研究者,访谈者之间都要建立相互联系和相互帮助的方式,制定每天工作的进度安排,资料要求和纪律要求,访谈记录及工作日志的记法和要求等。只有建立起相互联系、监督和管理的办法,才能保证正式调查工作的顺利进行。在监督的同时还要注意鼓舞士气,如安排适当的聚餐,让访谈者能轻松地相互沟通和总结,调整状态,更好地投入访谈工作中(林聚任,2017)。

> 【思考题】
> 1. 请简述访谈法的特点。
> 2. 请简述访谈法的原则。
> 3. 请论述常见的访谈法及其特点。
> 4. 请自行确定一个主题并设计相应的访谈方案。
> 5. 请简述挑选与训练访谈者应注意的要点。

第七章 实 验 法

第一节 实验法概述

一、实验法

实验作为一种科学的认识方法,开始是被应用于自然科学研究领域,后来才逐渐被引进社会科学研究领域。在社会科学研究中,实验法作为一种实证研究方法,具有特殊意义和重要作用。实验法是一种经过精心的设计,并在高度控制的条件下,通过操纵某些因素,来研究变量之间因果关系的方法。实验法是自然科学研究领域中一种常用的方法,但自然科学与社会科学存在差异,社会科学研究是否与自然科学研究一样能开展实验呢?一般来说,自然科学研究中的实验与社会科学研究中的实验存在如下不同点:

第一,研究对象不同,这是自然科学研究中的实验与社会科学研究中的实验最大的不同点。自然科学研究中的实验对象一般是无机物、植物、低等动物、少量有机体(如人类被试等),而社会科学研究中的实验对象主要是以人类被试为主的有机体。例如,张正海和杨显珠(2021)在实验部分便点明其研究的对象是无机物,具体如下:

> 合成PEG-DA。实验所用试剂(纯度≥99.9%)购自国药集团化学试剂有限公司。聚乙二醇均聚物(链接数为77,34 g,10.0 mmol,纯度>97%,Sigma Aldrich,美国)加入500 mL的三口烧瓶中,并加入200 mL的无水四氢呋喃溶液;待完全溶解后,将整个体系置于−5 ℃反应浴中,并通过恒压滴液漏斗逐滴加入三乙胺(1.52 g,15.0 mmol)和丙烯酰氯(1.36 g,15 mmol)的四氢呋喃溶液(40 mL)。在−5 ℃反应浴中,继续反应24 h后,过滤除去三乙胺盐酸盐。滤液浓缩后,沉淀于乙醚两次。过滤后的产物于室温下真空干燥至恒重,收率为83.3%。

卢长娥和罗生金(2021)在"研究方法"部分便点明其研究对象是人类被试,具体如下:

以安徽省幼儿园教师为研究对象,共回收有效问卷486份。其中男性5人(1.03%),女性481人(98.97%);已婚330人(67.90%),未婚156人(32.10%);年龄在30岁及以下272人(55.97%),31~40岁136人(27.98%),41岁及以上78人(16.05%);教龄5年及以下197人(40.54%),6~15年153人(31.48%),16年及以上136人(27.98%);幼教高级职称77人(15.84%),中级职称84人(17.28%),初级职称227人(46.71%),未评职称98人(20.17%);高中或中专学历13人(2.68%),专科学历183人(37.65%),本科学历290人(59.67%);公办园448人(92.18%),民办园38人(7.82%);城市园187人(38.48%),农村园299人(61.52%)。

第二,价值取向不同。自然科学研究的实验法的一大优点是可以保持"价值中立",因为真理是价值无涉的。但社会科学研究中的实验对象多为人类,因此必须要使得参与实验的人类个体的利益不受损害,否则实验将无法进行。因此,社会科学研究中的实验无法绕过"价值"的问题。这就涉及社会科学研究中的实验最敏感的问题——求真还是求善?如果以"求真"作为终极目标,则必然以损害实验对象的身心发展作为代价来换取科学真理;如果以"求善"作为终极目标,则势必会造成科学性的降低甚至丧失。此外,唐权(2020)指出人文社会科学研究过程中的伦理风险致因之一是受到学术利益驱使。人类天性本善还是本恶难以判断,但现实生活中的人受自身利益的驱使却是不争的事实。在现实的研究过程中,研究者并不是一个完全自由的"行动体",其研究行为充斥着各种利益权衡与考量。鱼与熊掌不可兼得,研究者更关注研究资料的数量还是研究质量?更关注研究手段还是研究目的?倾向于控制学术研究还是双方平等友好互动?关注"日常道德"还是"职业伦理"?关注短期项目资助还是长期学术生涯发展?为利益集团服务还是为增进知识与公共利益服务?追求财富和地位还是人文价值关怀?追求学术职称与声望这类"符号资本"还是社会公益的实质性内容?追求"善的最大余额"还是正义本身?关注"对"的伦理观还是"好"的伦理观?如果更多的是前者,那么研究者很容易陷入功利主义研究误区。他们通过计算研究者本人与研究对象在研究中所付出的成本与所获得的收益来做出伦理决策。更有甚者,将自身理应担负的成本转嫁给他人,或者通过损害他人的利益来实现自己的目标。基于成本与收益计算,功利主义研究者即使有风险防控意识,也会选择有违伦理的手段来获取学术利益。这也是学术界长期以来之所以存在触犯研究伦理或道德失范的现象,其学术研究存在偏颇、造假与剽窃等方面问题的主要原因。2020年教育部与科技部联合下发的《关于规范高等学校SCI论文相关指标使用 树立正确评价导向的若干意见》切中要害,明确指出我国科研领域出现了"价值追求扭曲""学风浮夸浮躁""急功近利""论文SCI至上"等问题。

第三,实验控制的严格程度不同。自然科学研究中的实验具备假设、控制和重复验证三大特征,其中,控制是实验法的精髓。自然科学研究中的实验向来对有严密控制的实验室实验青睐有加,因为实验室实验便于控制无关变量从而使得自然科学研究中的实验可以严格按照实验设计进行,对于实验结果的解释与推广也极其有利。但社会科学研究中的实验由于受其实验对象和实验环境的限制,在实验过程中主要采用自然实验法,实验室实验法便成为一种辅助手段。另外,在实验结果的解释与推广上,自然科学研究中的实验多是在封闭的实验室中进行,有着严密的条件控制,因而得出的结论也较为精确,便于推广。但由于社会科学研究对象的特殊性和社会科学研究情境的复杂多变性,在对实验结果的推广过程中,会有许多无法预期的变化出现,从而给实验结果的解释与推广带来了诸多不便。

尽管自然科学研究中的实验和社会科学研究中的实验各有特点,但作为实验法,两者之间有着如下共同点:

第一,均尽可能严格地控制并排除了影响自变量与因变量关系的无关因素,从而保证实验发现是调控有限影响因素的结果。

第二,均对设计的方法能否重复有过考量,因为能否重复实验发现往往是检验实验结果的有效方法。如果严格地用设计的方法可以重复研究发现,则表明研究结论可靠,反之则研究结论还有待进一步的验证。

第三,均在实验之前有明确的实验假设,然后通过实验来检验假设是否成立。

社会科学研究中的实验法,是实验者有目的、有意识地通过改变某些社会环境来认识实验对象的本质及其发展规律的方法,同时也是一种旨在揭示自变量与因变量之间因果关系的可控制的方法。在一个较为理想的实验中,实验者可以控制实验环境,保持它的稳定性并控制任何一个可能影响实验的无关因素。此外,实验者可以控制自变量。实验者可通过在实施自变量之前(前测)或之后(后测)来测量因变量,进而展现自变量作用的结果,以探求事物发展变化的因果规律。

二、实验法在社会科学研究中的应用

尽管大部分社会科学研究中的实验都是在实验室中进行的,而且在实验室中几乎所有的环境都可以得到良好的控制,但类似的实验只有在心理学研究领域中的使用最为频繁。其中,社会心理学中经常使用的态度测量,就是用针对某一态度对象而设计出态度测量表,再对人们的态度做出定量的分析。社会学实验不同于心理学实验,实验地点一般从实验室移到了学校、医院、社区、街道等。因为社会学家要控制实验几乎是不可能的,有时往往从严格控制的实验中获得错误的结论。因此,他们也经常采用自然实验,即实验是在真实的环境中进行的,实验不设控制组。通过与自然实验相比,实验室实验可以更好地控制变量。此外,关于遵从的实验研究,说明了在群体当中人们的判断力或判断标准是怎样受群体的制约和影响的。例如,美国社会心理学家所罗门·E·阿希(Solomon E. Asch)于1956年进行了一项关于从众现象的三垂线实验。该实验招募了一些大学生被试并设置了不同的组,每组7人,坐成一排,其中6人为事先安排好的实验合作者,只有1人为真被试。实验者每次向大家出示两张卡片,其中一张画有一条标准的直线 X,另一张画有三条直线 A,B,C,X 的长度明显与 A,B,C 三条直线中的一条等长,要求被试判断直线 X 与 A,B,C 中哪一条等长。在实验者规定的顺序中,真被试总是排在最后。第一次和第二次测试真被试和假被试的作答没有差异,但第三次到第十二次都安排假被试们故意说错,借此观察真被试的反应是否会从众。结果发现,大约 1/4~1/3 的被试保持了独立性,没有发生过从众行为;所有被试平均从众行为占比为 35%;约 15% 被试从众行为的次数占实验判断次数的 75%。实验后,阿希对从众的被试们进行了访谈,归纳出从众的情况大致包括3种:第一,被试确实将他人的反应作为参考框架,由于观察错误而导致了知觉歪曲;第二,被试意识到自己看到的与他人不同,但认为多数人总比自己正确些,从而产生了判断歪曲;第三,被试明知其他人都错了,却跟着做出了错误反应,发生了行为歪曲。

由此可见,鉴于社会科学研究的特殊性,实验室实验与自然实验各有利弊,在具体的实验研究中,可以根据研究的需要和不同的实验内容进行选择。无论采用的是实验室实验还是自然实验,其基本的实验逻辑是相同的。

第二节　实验法的基本原理和程序

一、实验法的基本原理

实验法的基本原理就是对社会心理现象的发生条件进行控制,然后分析引起这种社会心理现象的原因,再阐明现象之间的因果关系。

社会科学的研究对象是众多的社会现象,社会现象的存在和发生受到其他很多客观因素的影响,与这些客观因素之间存在因果关系,进行实验法的目的便是要建立或验证这些变量之间的因果关系。在实验之前人们一般会有对于社会心理现象中因果关系的初步认识或者假设,实验法的功能在于通过实验操作来检验这些认识或假设。例如,熊承清等(2021)探索了囚徒困境博弈中对手面部表情对合作行为的影响及其作用机制,其假设1为他人的高兴表情诱发最高的合作预期,中性表情次之,愤怒表情最低,这种预期在他人面部表情与个体合作行为之间起中介作用。为了验证这个假设,研究者设计了实验1,考察面部表情对合作行为的影响以及合作预期的中介作用。研究者招募成人被试180人(女性109人),平均年龄为22.36岁($SD=4.10$),身心均健康,视力或矫正视力正常。高兴表情组50人,中性表情组71人,愤怒表情组59人。实验结束后,被试得到10元的现金报酬。该研究采用单因素三水平完全被试间设计,自变量为对手的面部表情(高兴、中性和愤怒),因变量为个体的合作水平(被试在5轮博弈任务中选择转让的总次数)和预期对手的合作水平(被试在5轮博弈任务中预期同伴选择转让的总次数)。结果发现,对手的高兴表情比愤怒表情诱发了更高的合作水平,且高兴和中性表情均比愤怒表情产生了更高的合作预期,合作预期中介了面部表情与合作行为的关系,以上结果均证实了实验假设。

当然,更一般性的实验往往具备如下几个方面的特征:第一,在实验开始时对因变量进行测试,即前测,这时能获得一个初始的数据结果;第二,引入自变量,让它发挥作用或影响;第三,在实验结束前再测量因变量,即后测,这时又能获得一个数据结果;第四,比较前测获得的结果与后测获得的结果之间是否存在差异便可以检验假设。如果没有差异,则说明自变量对因变量没有影响,从而推翻原假设。反之,则可以证实原假设,即自变量对因变量有影响。

通常,实验结束时测得的因变量结果不仅仅只受到自变量的影响,还可能受到其他无关因素的影响。因此,仅设置一个单一的实验组往往很可能会导致对自变量和因变量关系的错误推断。解决办法是将被试分为两组:实验组与控制组。这两个组中的被试是随机分配的,他们的所有特征和条件可以假定相同,只是在实验中仅对实验组施加自变量的影响、对控制组不施加这种影响。如果两组的结果存在差异,则表明自变量对因变量发挥了影响;反之,则表明自变量对因变量没有发挥影响。科学研究的目的是反映客观实际的真实状况,以揭示规律,实验法的原理正是如此。

二、实验法中主要的变量

实验的主要目的是揭示自变量和因变量之间的因果关系,找出因变量变化的主要原因,旨在证明是由自变量而非其他变量引起了因变量的变化。实验中包括三类主要的变量:自变量、因变量和额外变量。

1. 自变量、因变量和额外变量

变量(Variable)是指在数量上或质量上可变的事物的属性,一般分为质的自变量和量的自变量。例如,性别分为男和女、中学分为初中和高中等,这些都属于质的变量;百分制的成绩范围从0到100、震动的频率从低到高等,这些都属于量的变量。两类自变量最为显著的区别是量的自变量直接是量化的,有相应的数值;而质的自变量往往是类别,无相应的数值。但质的自变量可以通过赋值的方式被视为"量的自变量"参与统计分析,如可以给性别中的男性赋值为1、女性赋值为0,这样性别这个变量便可以参与统计分析。

在实验中实验者所操纵的对被试的反应产生影响的变量称为自变量(Independent Variable),由操纵自变量而引起的被试的某种特定反应称为因变量(Dependent Variable)。因此,自变量和因变量是相互依存的,没有自变量便无所谓因变量,没有因变量也就无所谓自变量。除了自变量外,还有其他许多因素都会影响因变量的变化。凡是对因变量产生影响的实验条件都称为相关变量(Relevant Variable),而对因变量不产生影响的实验条件则称为无关变量(Irrelevant Variable)。在相关变量中,实验者用以研究的变量称为自变量,实验者不用于研究的那些相关变量称为额外相关变量(Extraneous Relevant Variable),或简称为额外变量(Extraneous Variable)。在实验中,额外变量是必须加以控制的。如果不控制额外变量,就会弄不清因变量的变化到底是由自变量的影响引起的,还是由额外变量的变化引起的,因而也就无法得出明确的结论。由于在实验中额外变量是必须加以控制的,所以额外变量也被称为控制变量(Controlled Variable)。评价一项实验设计优劣的一个重要依据就是看研究者能否成功地控制那些额外变量。

自变量的种类很多,大致可以分为3类:

第一,任务。任务(Task)是指实验中要求被试做出特定反应的某种呈现刺激,如通过识记无规则字母串来考察被试的记忆容量。如果将这些任务的任何特性作为自变量来操纵,则这种自变量便是一种任务变量(Task Variable)。

第二,环境。当实验呈现某种作业时,如果改变实验环境的任何特性,则改变了的环境特性即为环境自变量(Environmental Independent Variable)。例如,可以改变实验间照明的强度等。

第三,被试。被试的个体因素如年龄、性别、健康状况、智力、教育水平、人格特性、动机、态度、内驱力等都可能影响对某种刺激的反应,这些因素为被试变量(Subject Variable)。在这些被试变量中,有的是实验者可以主动操纵加以改变的,如记忆任务的强度可以通过改变一次性呈现给被试无规则字母的数量来加以操纵;而有的则是不能主动操纵的、只能进行测量,如教育强度等。被试本身固有的、实验者不能加以操纵而发生改变的特性称为属性变量(Attribute Variable)。

在某些情况下,研究者会把几个不同的自变量当作一个复合自变量(Complex Independent Variable)来操纵,以确定它们的综合效应。例如,为了提升研究生创新能力和水平,某高校开设了创新类课程、设立了创新类竞赛、资助研究生参加创新类学术会议等,这些措施在一定程度上都会对研究生创新能力和水平的提升发挥促进作用,但很难分辨出究竟是哪种变量在发挥作用。也许在这些众多变量中只有一个真正发挥了作用,但诸如此类实验的目的并非是要鉴别出某个变量的作用或者是对所有变量的作用进行排序,而是想要考察这些变量的综合效应。因此,对于此类实验,不应该对复合自变量做出分析性或得出定性结论。由于复合自变量更接近日常生活实际,并能解决某些实际问题,因而常被研究者所采用。因为自变量的变化而产生的现象变化或结果,称为因变量,也就是反应变量(Response Variable)或反应测量(Response Measurement)。

可以从如下5个指标测量被试的反应:

第一,反应速度。例如,一般性的简单反应时或潜伏期、在一定时间内完成投篮命中的个数等。

第二,反应的正确性。例如,按键反应中正确的次数、跟追踪盘离靶的次数或距离等。

第三,反应的难度。有些作业可以定出一个难易等级,看被试能达到什么水平,如斯金纳箱就有三个难度等级。

第四,反应的次数或概率,是指在一定时间内被试能做出某种反应的次数。例如,在心理物理学实验中,根据概率来规定阈限。

第五,反应的强度。例如,情绪实验中的出汗量、皮肤电反射电阻变化的大小等。

除了上述反应指标外,被试的口语报告内容(口语记录)也是一项重要的反应变量。口语记录是指被试在实验时对自己心理活动进程所作叙述的记录,或实验结束后对主试提出问题所做回答的记录。在社会科学实验中,口语记录是很重要的参考资料,有助于分析被试的内部心理活动。目前口语记录分析已被用于问题解决的实验中,借以了解被试解决问题时所使用的思维策略。

2. 额外变量的控制

额外变量是使实验结果发生混淆的主要根源,往往掩盖了自变量对因变量的效应。提高研究科学水平的方法之一便是采取一定的方法来控制额外变量,通常有如下方法可以实现对额外变量的控制:

(1) 排除法。排除法是指将额外变量从实验中排除出去。例如,如果噪声和光线影响到实验的开展,那么最好的办法是进入隔音室或暗室,这样便可以排除噪声和光线的干扰。社会心理学领域有两个著名的效应,即霍桑效应和实验者效应。霍桑效应,指的是由于被试意识到自己正在被研究,而带来的方法上的人为效应;实验者效应,也称罗森塔尔效应或实验者期待效应,指的是主试在实验中可能以某种方式,如表情、手势、语气等有意无意地影响被试,使他们的反应附和主试的期望。霍桑效应和实验者效应均会对实验结果产生一定的干扰,从控制变量的观点来看,这时使用排除法便会格外有效。但需注意的是,使用排除法所得到的研究结果往往在推论普遍性方面有一定的欠缺。

(2) 恒定法。恒定法是使额外变量在实验的过程中保持不变的一种控制额外变量的方法,往往用于消除额外变量有困难的情境。例如,如果将一个大型的实验分成3个不同的阶段在不同的实验室、由不同的实验者进行,即使实验材料和实验流程完全相同,但不同的时间(即阶段)、不同的实验地点(即实验室)以及不同的实验者便均为额外变量。如果想要避免出现这种情况,最好的办法便是在同一时间、同一实验室,由同一个实验者完整地做完这个大型的实验,这样便有效排除了上述的额外变量。此外,如果实验设计中涉及不止一组被试,如同时有实验组和控制组,则还要注意实验组和控制组被试的基本特征(如与实验有关的人格特征)也应保持恒定,否则也会成为额外变量,从而无法得出两组之间的差异主要是自变量发挥效应的结论。然而,恒定法也存在一定的局限:第一,实验结果无法推广到额外变量的其他水平上去。例如,如果只用成年男性作为被试进行实验,其结果不能推广到女性成人。第二,操纵的自变量和保持恒定的额外变量可能会产生交互作用。例如,如果被试是男性,主试是富有魅力的女性,实验时,主试可能会使被试分心。这是交互作用产生的额外变量。

（3）匹配法。匹配法是使实验组和控制组中被试特点相等的一种控制额外变量的方法。使用匹配法时，首先要测量所有被试在实验中将要完成的作业具有高相关任务上的水平状况，然后根据测得的结果将实验组和控制组的被试特点匹配相等。例如，如果要从事一项关于训练对投篮命中率的影响的研究，首先应测量所有被试投篮的命中率，然后将命中率相同的一批被试随机分配至实验组和控制组。随后实验组接受训练，而控制组则不接受训练。但由于匹配法的思路过于理想，在实际的操作过程中往往导致研究者顾此失彼（如需匹配的因素过多而无法逐一兼顾），因此不太常用。

（4）随机法。随机（Randomization）是根据概率理论将被试随机地分派到各处理组中，往往与上述几种方法配合使用。从理论上讲，随机法是控制额外变量的最佳方法。因为根据概率理论，不同实验组被试所具备的条件和机会是均等的，这样便不会产生系统性偏差。因此，随机法能有效克服上述匹配法顾此失彼的局限。

（5）抵消平衡法。抵消平衡法是通过采用某些综合平衡的方式使额外变量的效果互相抵消以达到控制额外变量的方法，主要是控制序列效应。如果在实验中给被试施以一系列以固定顺序出现的不同处理，那么被试的反应便很容易受到处理方式时序先后的影响。甚至如果先后两种处理在性质上无关，还会导致被试产生疲劳效应。序列效应和疲劳效应都有可能导致实验效应发生混淆，因此需加以抵消。如果只有 A 和 B 两种实验处理，则最常见的抵消平衡法设置是 ABBA。如果实验处理个数较多，则需采用拉丁方设计。例如，当实验处理个数为偶数时，可以将实验处理的顺序确定为 $1, 2, n, 3, n-1, 4, n-2\cdots$（$n$ 代表要排序的量的个数），随后的次序是在第一个次序的数目上加"1"，直至形成拉丁方。

（6）统计控制法。由于上述 5 种方法都是在实验设计时可以采用的，因此可以将这些方法统称为实验控制。但有时由于条件限制，上述方法可能无法使用，只有做完实验后采用一定的统计控制（如协方差分析、偏相关分析等）才能将影响结果的因素析出，以达到对额外变量的控制。这种事后用统计技术来控制额外变量的方法，称为统计控制法。例如，在对两个班级的学生进行实验以比较两种教学方法的好坏时，尽管实验者事先知道这两个班级的学生智力不等，但限于条件，实验前无法对智力因素加以控制以使得两个班级的学生智力水平相当。此时，智力便成为影响实验结果的重要因素。但实验结束使用协方差分析将智力因素所产生的影响排除后，便可以比较两种教学方法的优劣了。

三、实验研究的程序

实验的目的是揭示自变量与因变量之间的因果关系，并且对这种因果关系进行解释。实验是在特定的条件下按照严格的程序进行的，因此需要进行精心的准备后才能实施。一般来说，实验研究的程序包括准备、实施和整理汇报 3 个阶段以及若干步骤。

1. 准备阶段

准备阶段一般需要完成如下3个方面的工作：

（1）确定研究问题和研究目的。这需要查阅大量有关的文献，确定研究课题是否具有原创性以及研究课题的价值和可行性。

（2）提出研究假设。在大量查阅文献的基础上，需要提出研究假设。假设是实验设计的依据，也是实验证明或检验的目标。

（3）实验设计。实验设计的内容较多，包括选择实验地点、配置实验仪器设备、准备测量工具、制定实验日程表、安排控制方式和观察方法等。

2. 实施阶段

实施阶段是实验操作和测量的阶段，包括选取实验对象和进行实验两个部分。选择被试是实验研究中的抽样过程，对于实验结果有重要的影响，一般采用随机化法进行实验分组。实验实施是根据实验设计的方案进行实验，控制实验环境，引入自变量，然后仔细观察，做好测量记录。实验所要求的观察记录应当是定量化的数据，因为自变量对因变量的影响只能通过定量化的指标才能加以评定。测量工具一般有问卷、量表和仪器等工具，测量工具的选择要保证它们的准确性和可靠性。

3. 资料整理总结阶段

资料整理阶段是对上述两个阶段的总结，是对实验结果的陈述，也是实验目的的体现。该阶段一般包括两部分内容：第一，整理汇总实验材料，对观测记录进行统计、分析，得出实验结果，以此检验研究假设是否成立，并对实验结果提出理论解释和推论；第二，撰写研究报告。根据实验的结果和前期的文献资料撰写研究报告，这是实验的最终成果。

四、选择研究对象

理想情况下，所选取的研究对象一定要能代表所要研究的群体。但实际情况是实验室情境下招募的实验被试往往有一定的局限性，如是否满意实验报酬、是否真正愿意参加实验等。在很多情况下，实验室情境下招募的实验被试大多是那些"易得"的群体，如在校大学生等。该类被试群体其实并不能完全地代表实验所要研究的对象，除非是明确研究在校大学生心理与行为特点，这折射出当前社会科学研究中一种潜在的缺陷。此外还需遵循"相似"的原则，即参与研究的被试群体的心理与行为特点要尽可能地做到相同或者相似。例如，周怀康等（2021）在"样本与数据来源"部分的描述如下：

> 通过将员工个体的背景信息与2014～2018年期间工作绩效等相关数据进行

精确匹配,本研究获得了由48276位员工构成的初始面板数据集……利用员工个体工作信息数据中关于外部工作经历的信息,我们使用系列中英文关键词有效搜索与初步识别出进入当前企业之前具有自主创业经历的员工个体,这些关键字包括"创业""创始人""合伙创业"等。在此基础上,我们使用人工筛选的方式以进一步排除那些仅在创业公司里就职而非自主创业的情况。最终,我们共计识别出313位具有自主创业经历的员工个体。其中,296人有一次创业经历,13人有两次创业经历,4人有3次创业经历。

【思考题】

1. 请简述自然科学研究中的实验与社会科学研究中的实验的不同点。
2. 请在中国知网自行检索一项实验研究论文并指出文中的变量类型。
3. 请简述控制额外变量应注意的要点。
4. 请简述实验研究的程序。

第八章 观察法

第一节 观察法概述

一、日常观察与科学观察

观察是获取社会信息的重要手段。从经验主义的角度来看,"知识"是可以直接感知和观察到的。研究者通过自身的感觉器官或科学仪器,可以直接观察到"客观""真实"的"事实"。因此,"科学"的观察方法是获得"事实"和各种直接"知识"的基本方法。观察一般利用眼睛、耳朵等感觉器官去感知观察对象,如观察天气的变化、察看工作状况是否正常等。但日常观察与科学观察有很大的区别:日常观察基本上是随意的、无研究目的的、不系统的、不规则的,人类在发展的过程中逐渐将日常观察延伸和拓展为科学观察;而科学观察是科学研究的基本方法之一,指的是在自然发生的条件下,通过感觉器官直接或借助某些科学仪器有目的地描述客观对象的一种研究方法。作为科学研究方法的科学观察不同于一般的观察,其具备如下特点:第一,观察者必须根据研究目的或问题搜集资料。科学观察是在一定的研究目的和研究设想指导下进行的,是为科学研究服务的。离开了研究目的和研究设想,观察就是盲目的。而日常观察尽管也有一定的目的,但主要是为了获取周围生活的信息,用以安排个人的生活或调节个人的行为,更多是无意识或潜意识的活动。第二,观察者必须在确定的范围内去搜集研究所需要的资料。观察的范围主要由研究课题所确定,只有立足于研究课题确定的观察范围,观察者才能搜集到所需要的重要资料。第三,科学观察必须有系统、有组织地进行。它要求在实地观察之前根据观察对象、观察项目和观察方法制订详细的观察计划,用科学的方法对社会现象进行系统的观察。第四,科学观察除了利用观察者的感觉器官如眼睛、耳朵等以外,还可以借助照相机、摄像机、录音机等器材将观察结果准确、详细地记录下来。第五,观察记录必须客观,要对观察结果加以证实。为了确保观察的科学性和客观性,必须对观察者的观察力、判断力、综合能力等进行严格的训练。对于观察结果则可以采用反复观察,或通过其他搜集资料的方法加以对照或验证。

二、观察法的特点和应用

科学观察不仅在自然科学领域普遍应用,而且被引入了社会科学领域。在社会科学研究领域中,观察法是一种搜集社会初级信息或原始资料的方法。观察法是观察者有目的、有计划地运用感觉器官和辅助工具,能动地了解社会客观现象的方法。观察法是通过直接感知和直接记录的方式,获得由研究目的和研究对象所决定的一切有关的社会现象和社会行为的信息。观察虽然主要依赖视觉获取信息,但也运用其他感官,如听觉、触觉和直觉等作为辅助。观察法是社会科学研究的主要方法之一,它不同于日常观察,具有高度的目的性和计划性,要求观察者对观察结果做出系统的描述和实质性的解释。当然,它也不同于自然科学中的观察。

社会科学研究领域中的观察法有着如下特点:第一,在观察社会现象时,观察者与被观察者之间存在某种社会联系和相互影响;第二,由于社会现象很少有完全相同的重复,因此很难进行反复观察并精确地比较观察结果;第三,观察者的情感、思想观念、社会理论素养等有可能影响对社会现象的理解。

在社会科学研究领域中,观察法通常在实地研究中使用,并结合其他调查方法共同使用。

一切科学发现都离不开对具体事物的大量观察,观察可以提供有关社会行为的详细的、第一手的资料,可以对社会情境进行直接的感性认识。例如,汪际慧和金逵(2015)运用系统观察法进行了一项评价有效体育教学的研究,其中就涉及实地的观察。他们指出:

> 本人于2014年由浙江师范大学指派,以访问学者身份到中国台湾学习交流,本研究依托于中国台湾正在进行的中小学教师教学评鉴活动,借此机会跟随中国台湾评鉴专家去往当地小学做实地考察,评鉴考察的学校遍布中国台湾地区6个地、市共9所小学,学习体育教学系统观察法的运用。

观察也是提出理论假设的基础,理论研究经常一开始对所要研究的问题并没有较全面和深入的了解,没有明确的概念和假设。这时一般要先进行探索性研究,初步观察和了解研究对象的特点,并结合其他方法形成一些理论假设,为下一步的深入研究做准备。

三、使用观察法的原则

1. 客观性原则

客观性原则是观察法的最重要的原则,它要求观察者必须如实地反映客观事物本身,得出的观察结论必须真实可靠。具体而言,观察者在观察的过程中,必须如实记录与调查目的、计划有关的一切客观情况,决不能因个人喜好或外界干扰而任意歪曲事实,也不能故意摒弃或削减不愿看到的事实,更不能凭空捏造事实。在做出观察结论时,一定要以充分的、真实可靠的观察资料为依据,全面、系统地说明有关情况,决不能无中生有,也不能只顾一点。

2. 全面性原则

在社会科学研究领域中,绝大多数事物的构成都是多层次、多变量的。因此在实施观察法时绝对不能"盲人摸象"或"一叶障目,不见泰山",而是要多方位、多角度、多层次地对有关调查主题的一切客观情况进行全面、立体的观察,否则得到的观察结果必然会出现失误,从而无法全面、正确地认识事物。

3. 真实性原则

社会现象和事物往往都是复杂的,所包含的变量之间具有多种多样的表现形式,而且时常会出现一些偶然情况,或者是由于人为因素和其他因素产生一些假象。如果观察时不辨真伪或是走马观花,就很难得出真实可靠且深刻的科学结论。因此,观察法除了要求观察必须全面,还要求观察做到"去伪存真""由表及里""由此及彼"。为此,观察者应深入观察对象之中,密切注意发生的各种情况及细节,一丝不苟地做好观察记录。

4. 合法性原则

和其他社会科学研究领域的方法相比,观察法尤其需要注意法律和道德伦理问题。在很多观察中,为了保证观察结果的客观真实,观察者并不会向观察对象表明身份,而是在私下旁观观察对象的实际状况,这在某种意义上说甚至类似于对观察对象的隐私进行"窥探"。这种情况如果处理不当,很容易引起法律纠纷或者违背社会伦理道德。因此,对于那些不直接涉及法律法规或者不甚敏感的问题,观察者不一定要事先告知被观察者。但有些涉及受法律保护的个人权益或个人隐私的观察,则必须事先征得观察对象的同意。在少数民族地区和宗教场所观察时,还要遵守一些特殊的风俗习惯和教规等。另外,有些实验观察需要人为设置一些场景,来观察参与者在这些场景中的反应,对此时应遵循被观察者自愿参与的原则,同时在观察中,要尽一切可能避免对被观察者造成任何肉体和精神的伤害(李志,潘丽霞,2012)。

第二节　观察法的类型

在实际的社会科学研究过程中,由于研究目的的不同以及所需研究资料性质的不同,研究者为了获得合适的资料,采取的观察形式往往也差别较大。根据不同的标准,可以将观察法划分为不同的类型。例如,根据观察场所的不同,可以将观察法分为实验室观察和实地观察;根据观察程序的不同,可以将观察法分为结构式观察和非结构式观察;根据观察者角色的不同,可以将观察法分为非参与观察和参与观察;根据观察对象的不同,可以将观察法分为直接观察和间接观察。

一、实验室观察和实地观察

1. 实验室观察

实验室观察是指在配备各种各样观察设施的实验室内,对研究对象进行观察的方法。在社会科学研究领域中,实验室观察通常在有开关时间记录仪、单向透视镜、摄像机、录音机等设施的实验室中进行。有时,这种"实验室"也可以是某些公共场所,如教室、会议室、活动室、俱乐部等。尽管在这些公共场所所进行的实验生态效度可能会比实验室高一些,但这些公共场所事前必须经过一定程度的控制,如预先设置某些观察工具、规定好观察的程序和内容等。总之,要使公共场所尽可能地接近实验室的条件。在社会科学研究领域中,由于受到研究对象的限制,实验室观察有一定的条件要求。此外,观察的范围和对象又受到一定的局限,所以在社会科学研究中采用实验室观察的情形很少,而且多半局限于对儿童进行观察,如对儿童的模仿行为进行实验室观察。在这种实验室观察中,核心的问题是不能让观察对象知道处于被"监视"的状态,否则会影响观察的真实性。研究者一般借助单向透视镜来进行观察,实验室里的人看到的是一块不透明的黑板,而观察室的人看到的则是一块普通的透明玻璃。里面的人看不到外面,但外面的人却可以看到里面。这样就使得被观察者意识不到有人在观察自己,而观察者可以看得一清二楚。同时,实验室的各个不同方向都装有隐蔽的摄像头,研究者可以根据需要拍摄室内的各种活动内容。实验室观察常常是为了了解人们某些具体的、细微的行为特征,这些行为特征则是作为命题中概念或变量的指标被观察的。正因为如此,实验室观察常常采用结构式观察的形式来进行。例如,曹建勋等(2013)针对某三级甲等医院护士的给药过程开展了一项结构式观察研究。研究者以某三级甲等医院有药品治疗的27个病区作为研究的观察对象,观察每个病区共27次的药品管理情况和每个病区10种药品配制、给药过程。采用现场结构式观察法进行观察研究,观察的具体步骤为观察人员早上进入病区后,依据结构式观察表的内容,首先对该病区正在进行的护士给药过程展开观察,随后查看运行病历及药品管理情况。为避免霍桑效应,观察人员不带观察表,只说明观察目的是护理检查和管理,实际哪天去哪个病区,则会做随机安排,所有观察在一个月内完成。由课题组依据研究目的、参考国内外相关研究资料、结合研究对象所在医院护理程序,自行设计结构式观察表,包括病区药品管理观察表、护士用药观察表。病区药品管理观察表主要涉及病区药品摆放情况,即外用药与内服药存放、标识情况及高危药品存放情况等。护士用药观察表涵盖了给药过程的各个环节,即执行三查七对、执行核心制度、剂量准确性、静脉药品配制过程注意力有无受到影响等。观察表在应用前邀请5位专家做内容效度评价,在前后经过两轮的专家评价与修改后,最终专家一致评价观察表具有满意的内容效度,遂形成正式的观察表。实际的观察由一名资深护理学指导专家带领一名临床护士组成观察小组,该临床护士作为具体观察员,每天白天不间断进入病区进行实地观察。为确保研究质量,要求观察员从事临床工作10年以上,临床经验丰富;能理解给药过程和情景,熟悉结构式观察表内容,能进行细微的观察;接受过观察研究法的训练。观察员接受培训,每天观察结束后要与指导专家进行面对面沟通,每周举行两次观察小组总结会议,讨论观察结果,并确保观察结果与记录无误。

2. 实地观察

实地观察指的是在现实生活场景中所进行的观察,是观察者有目的、有计划地运用感觉器官或借助科学观察工具,能动地了解处于自然状态下的社会现象的方法。这种观察在自然的环境中进行,不需要(实际上也不可能)控制观察的场所和对象,而是深入现实生活中对实际所发生的现象进行观察。实地观察与实验室观察的不同之处除了地点或场景不同外,还体现在实地观察通常是一种直接的、不需要借助其他工具或仪器的观察。从实际情况来看,大部分的实地观察适用于定性类的调查研究,是一种无结构的观察。由于实地观察简便易行、获得的资料真实可靠、观察的过程直观生动,是进行社会调查经常采用的一种方法。实地观察是观察者获得感性经验和事实的根本途径,也是检验和发展假说的实践基础。通常只有通过实地观察才能深入彻底地挖掘人们生活和工作的潜在需求,并提炼出人们潜意识中的某些信息。实地观察在开始时往往只有一个大致的研究设想或计划,随时准备根据实际情况进行修正或者改动。正因如此,实地观察不像实验研究那样有着相对固定、明显的步骤顺序。实地观察有利于搜集第一手数据,形成研究假设和理论。实地观察更加关注对现象的描述和解释,而不是对现象的测量和定量化。例如,葛春(2011)为了论述新课程实施中农村教师的日常反抗及其基本策略,对皖中L县开展了一项实地观察。他在文中指出:

> 笔者在L县调研期间,就曾经有教师向我反映了他们这里所谓公开课的虚假

性与表演性。当教研员和外面学校的教师来学校听课、参观时,学校或者当事的教师就会早早地按照新课程改革的精神和旨趣并参照借鉴其他教师的公开课经验设计一堂表演课。为了让这堂表演课能够更加符合"导演"的意图和原初的设计,教师一般还会找班级的学生预先练习。此外,有的教师为了让"表演"更加万无一失、更加出彩,他们还会挑选这场"表演"的"演员"——学生,所以在现实中就出现了将几个班好学生临时凑成一个班或者借班教学的现象。在校本教研活动中,这种"前台"与"后台"的区分也是同样的存在。当需要农村教师们展现课改的成果、显示农村教师紧随课改的时代要求时,农村教师们会在公开的"前台"惟妙惟肖地进行着表演,并且会有大量相应的课改成果展示给观众,如教师们的课改教学反思文本、课件、发表的论文等。但实际上,农村学校的校本教研就是给外人看的,它在平时是很难存在的。

二、结构式观察和非结构式观察

1. 结构式观察

结构式观察也称有结构观察、有控制观察或系统观察,是根据事先设计好的观察项目和要求所进行的观察。一般会在观察前制订好观察计划,按照一定的程序、采用明确的观察提纲或观察记录表格开展观察。这种观察方法适用于欲详细研究的行为已被确认,并且已清楚知道需要获得何种信息资料的情况,如行为的时间、频率、类型等。结构式观察具有系统化、标准化和定量化的特点,要求观察过程标准化,即它对观察的对象、范围、内容、程序等均有严格的规定,一般不随意改动,因而能获得较为系统的观察材料。结构式观察常将注意力集中到若干具体的、明确的、可计数的行为和特征上,其内容大概包括物质表征、动作行为和态度行为。结构式观察还需要确定观察对象和观察内容,然后将观察内容具体化,做出详细的分类,确定观察项目及项目之间的相互关系,然后选择反映观察项目具体特征的观察指标或单位,形成标准化的观察范畴。观察范畴要有明确的定义,并且不会产生歧义,以便根据观察范畴制订具体的观察表或观察卡片。在制订观察表时,要明确列出各种观察范畴和分类,还要标明观察的时间、地点、观察客体的特性等内容。适当的分类可以使观察的资料比较集中,减少那些不必要或不重要的信息,但这要经过一个筛选、检验和完善的过程。

结构式观察与问卷调查、结构访谈的形式有点相似,观察的内容是固定的。观察记录表也类似于结构式问卷,明确列出各种观察范畴和分类,表上的范畴类似于问卷的题项、行为类别类似于问题中的答案类别。观察者根据统一的要求,严格按照设计要求进行观察,在观察表格或卡片相应的格内标记,而不做出自己的评价。因而对观测数据通常可以像对问卷调查的结果那样进行定量的处理和分析,即可对数据做出总体描述、分类统计,也可以进行相关分析。尽管结构式观察的结果较为客观和准确,但它们的观察范围较小,缺乏深度和广度,观察的焦点集中在少数几个非常特定的行为。只有预先确定的观察项目才被记录,其搜集的是文字较少的定量资料。此外,有的研究也会使用半结构观察,半结构观察表相当于一份访谈提纲。

2. 非结构式观察

非结构式观察也称无结构观察、无控制观察或简单观察,指的是没有任何统一的、固定不变的观察内容和观察表格,完全根据现象发生、发展和变化的过程所进行的简单观察。非结构式观察对观察的内容、程序事先不做严格规定,只要求观察者有一个总的观察目的和要求或一个大致的观察内容和范围,没有很明确的研究假设和具体的观察内容与要求,然后结合现场的实际情况进行观察。观察者事先并不专注于某些特定的行为和特征,在观察过程中也不只是期待某种行为的出现,而是在观察现场根据当时环境和条件的变化随时调整观察内容和观察角度,或者对该场景下的所有行为和现象都进行观察并记录下来。在观察过程中,观察者可以拟订初步的提纲,抓住重要现象集中观察,然后取得较为深入的资料。无结构观察比较灵活,适应性较强,而且简便易行,因此最为常用,是实地研究中最主要的观察方式。非结构式观察的内容,主要包括对环境、人物、事物的动因、社会行为、出现频率、次数等的观察。但非结构式观察所得到的资料不系统,分散在许多方面,不便于分类和分析,因此无法进行定量分析和严格的对比研究,通常只能从定性角度用来描述所研究的对象和行为。

结构式观察与非结构式观察的不同点主要体现为以下两点:第一,结构式观察所获得的资料大多可以进行定量处理和分析,而非结构式观察所获得的资料则大多是从定性角度描述所观察的对象;第二,结构式观察适用于因果性和预测性研究,而非结构式观察则适用于探索性研究(李志,潘丽霞,2012)。

三、参与观察和非参与观察

1. 参与观察

参与观察指的是观察者亲自投身到所观察的社会现象和社会生活中所进行的观察。参与观察往往是在自然场所里进行的直接观察,而且多采用无结构的形式,预先并没有具体的理论假设,而是通过观察者长期参与到被观察者的社会环境、社会关系中从而搜集与研究有关的资料。因此需要根据调查研究的主题,从大量现象中逐步概括出调查对象的主要特征。常用于对现代社会某些特殊群体和社区的调查研究,参与观察能对研究客体进行深入的了解,可获得从外部观察得不到的资料。但参与观察也存在一定的局限性,蔡

宁伟等(2015)指出:

> 被调查者一旦得知自己受到研究者的关注,可能会在被观察的过程中改变自己的言行。对此,"霍桑实验"的研究过程与结论就是最好的例证:工人生产效率的提高并非来源于照明等环境的改变,而是感觉自己受到外界的重视而更加努力工作。

2. 非参与观察

非参与观察指的是观察者置身于所观察的现象之外,以旁观者的身份观察特定行为的方法。实验室观察就是典型的非参与观察。在实地观察中,有些也是以非参与观察的形式进行的。非参与观察一般适用于观察者无法介入或无须介入被观察活动的情况,如观察交通违规现象等。非参与观察的形式一般包括近距冷淡法与远距仪器法两种。近距冷淡法指的是观察者在距离被观察者很近的地方观察,但对被观察者及其行动不表示任何兴趣,只是听和看,如对车站排队候车的人的上车行为进行观察、在书店某个隐蔽处对光顾书店的顾客行为进行观察等。远距仪器法指的是借助望远镜、摄像机等设备在距离被观察者较远的地方进行观察,如对考试中作弊行为进行调查等。非参与观察主要是观察者单方面的观察活动,一般不依赖语言交流,不与被观察者进行人际交往、不干预当事者的行为方式,只是记录事件发展的自然过程,使被观察者意识不到他们正在被观察,保证他们在极其自然的、不受干扰的环境中行动。因此,被观察者的活动不易受到观察的影响,有利于排除语言交流或人际交往中可能发生的种种误会和干扰,避免了被观察者感到不自在而影响到观察结果的真实性和准确性。例如,彭迎春等(2012)对社区卫生服务机构岗位工作内容进行了一项非参与观察。他们根据B市社区卫生服务机构的区域分布特点及信息化系统建设完善程度,采用目的抽样原则,选取A,B,C三个区县,在每个区县内再分别选取两家运营状况较好的社区卫生服务机构作为研究对象。由课题组经过统一培训的研究生作为工作分析人员,深入社区卫生服务机构,采用非参与观察的方式进行实地研究,并填写《写实性工作分析记录表》。每个机构安排3名工作分析人员进行为期两周的实地观察,选取全科医生、社区护士、预防保健人员3类岗位,主要查看各岗位人员每天开展的工作任务内容、每项工作时间、工作流程、服务范围、每天的累计工作量等,并予以记录、归纳、整理、分析。采用非参与观察的方法,最理想的情况是观察者隐蔽起来观察,使被观察者完全意识不到有研究者在场正在观察他们。但非参与观察可能会影响观察对象的行为,也可能会引起欺骗、侵犯他人隐私权等道德和法律上的问题。

蔡宁伟等(2015)指出:

实践证明,参与式观察法和非参与式观察法是其他调查研究方法的有机补充,也是案例研究的重要操作方法。无论研究者参与与否,长期的观察至少能够较为充分地达到因果关系三原则的要求。观察法绝非一蹴而就,在强调持之以恒的同时,更需要研究者与被研究者加强过程交流,做好日常沟通,避免心理阻碍;更希望有兴趣的研究者根据自身研究设计,采取适合自身研究的方法,合理运用参与式观察与非参与式观察,以取得更多更好的成果。

四、直接观察和间接观察

1. 直接观察

直接观察指的是对那些正在发生、发展和变化着的社会行为和社会现象所进行的观察。在直接观察中,观察者目睹人们的行为举止和正在发生的各种事件和过程,从观察到的现实社会事物那里直接获得所需的信息资料。一般来说,直接观察比较简便易行,真实性和可靠性高。直接观察的应用最为广泛,上述各种类型的观察法均是对当前正在发生的鲜活的社会现象的观察,因而都是直接观察。直接观察的局限性主要在于观察者或观测工具会对被观察者造成一定的影响,直接观察可能引起被观察者的心理反应而改变行为方式,以致观察结果不实。此外,涉及社会禁忌或个人隐私的行为无法被直接观察。

2. 间接观察

间接观察指的是对人们行动、事件发生以后所遗留下的痕迹这一中介物进行观察。间接观察的对象通常不是正在活动着的人们,不是人们当时的行为和表现,也不是正在发生的事件和活动,主要是行动、事件发生以后所留下的各种痕迹。例如,通过观察某城市的公共卫生状况,可以间接了解到该市的市政建设、市政管理和居民文明程度等社会情况。

间接观察的形式包括物质痕迹观察和行为标志观察两种,其中,物质痕迹观察是对人们活动以后所遗留下的迹象进行观察,由于行为者并不曾想到观察者会对这些迹象感兴趣,因而他们的行为是真实的、自然的。行为标志观察是通过一些表面的或无意识的现象来推测人们的行为方式和价值观,它假定这些现象是人们行为或态度的间接反映。例如,社会学家将一些标有姓名、住址的物品故意丢在不同地区,然后观察不同地区的归还率,由此推断不同地区居民的道德水准。

间接观察比较复杂,需要观察者有较强的分析能力,有时还需要有科学的鉴定手段和方法,而且在推论时也可能发生种种误差。但间接观察对已消逝的历史事物来说是唯一可行的观察方法,对一时无法直接观察到的现实事物来说也很有效,往往可以弥补直接观察的不足。

第三节 参 与 观 察

一、参与观察的适用范围

参与观察是人类学研究中搜集第一手资料的最基本方法,被视为传统人类学田野调查的特征之一,由英国人类学家布罗尼斯拉夫·马林诺夫斯基(Bronislaw Malinowski)创立。它要求观察者在较长时间内置身于被观察者的社区中,参加他们的日常活动并尽可能成为其中的一员。从1915年9月1日到1917年5月,马林诺夫斯基独自在新几内亚南部的迈鲁岛上从事研究,并率先学习土著语言以方便调查。1915年5月,在偶然机缘下他决定到东北方的特罗布里恩群岛进行下一步研究。在特罗布里恩群岛,马林诺夫斯基整理了之前碰到的问题,以及自身奉守的实证主义,逐渐创立一套新的田野调查方法论:他认为作为科学的人类学,其依据的民族志材料应该根据具体的证据书写,因此首要工作便是写作统计图、族谱等图表以理解澄清研究对象的状态和彼此之间的关系,而这些图表又包含来自土著的意见以及自身的观察。然而,这些图表的制定不是毫无意义的工作,而是具备对研究问题的关怀与学科上的考量。基于前述的原则,他提出了参与观察法的研究方式,即让自己真正参与部落之间的活动,并适当地与自身的文化保持距离,使自身真正观察到土著生活中琐碎而又关键的习俗与规范。此外,他认为许多实际的规范仍难找到真正的答案,因此土著的传说、口语中的词汇以及其自身的观点也应是民族志记录的对象。而最后完成的民族志应该呈现土著的想法与世界观,而让读者理解不同文化之间的差异,进而认识自身的本性。社会学也将这种方法运用到对现代社会某些特定群体和社区的研究中,成为实地研究中最基本的方法。

在决定采用参与观察这种方法之前往往需要考虑如下4点:第一,采用参与观察的研究往往不是要验证某种理论或假设,而是对现象发生的过程提供直接和详细的资料,以便获得较为深入的理解。因而采用参与观察的研究无需提出特定的假设,研究过程也没有特别的限制,常常会观察到原先并未预期会得到的资料,得到意外的收获。第二,如果研究目的主要是了解局内人的意义建构以及他们的行为互动方式,则采用参与观察会事半功倍。例如,凭直觉人们可能会认为中学生与很早辍学、在社会上不务正业的人交往是叛逆的表现,但作为当事人的中学生可能会认为他们这是在主动寻求友谊。如果实施参与观察的观察者实地融入了研究对象之中,便能发现一些凭直觉所无法发现的信息。第三,当研究者需要对社会现象进行深入的个案调查,而且这些个案也允许研究者进行一定时间的参与观察时,采用参与观察则较为合适。此时,研究者可以将所研究的个案放在当时当地的社会文化情景中,对事件的发生过程以及社会成员之间的互动获得较为直接、完整和全面的了解。第四,当对不能或不需要进行语言交流的研究对象进行调查时,参与观察具有一定的优势。例如,关于婴儿的研究往往会受限于语言沟通障碍,此时采用参与观察的方式较为有效(李志,潘丽霞,2012)。

二、观察者的角色

参与观察是一种对研究者要求很高的资料搜集方式,这种方式不仅要求研究者深入到所研究对象的生活情境中,而且还要求研究者实际参与研究对象的日常生活和各种活动,并在参与的同时进行观察。那么观察者的角色是什么呢？这里引用风笑天(2009)较为详细的论述,主要有"四种角色说""三种角色说""两种角色说"。

1."四种角色说"

按照涉入和疏离于社会背景中成员程度的不同,可以将参与观察者分为如下4种类型：

(1) 完全参与者。完全参与者的角色要求研究者涉入背景中,隐藏其观察者的角色,尽可能自然地行动,寻求完全成为群体的成员。例如,以一名研究生辅导员的身份来研究所带班级研究生的日常生活。

(2) 作为观察者的参与者。这一角色与完全参与者一样,但社会背景中的人们知道研究者作为研究者的身份。研究者与人们进行正常的互动,参与他们的日常生活,在这种互动和参与中进行观察。例如,以一名科研助理的身份参与某实验室或课题组的日常科研。

(3) 作为参与者的观察者。在这一角色中,研究者的主要身份是访问者。作为参与者的观察者的角色,不参与背景中的活动,但研究者的身份对于被研究对象而言是公开的。而任何一个身份公开的研究者是否能不参与现场中的活动还是一个问题,因为其角色已经是包括其在内的更大的群体中的一员了。例如,上述马林诺夫斯基进行田野调查的案例。

(4) 完全观察者。即研究者不与背景中的人们互动,人们根本就不知道研究者的存在。例如,以一名酒店管理者的身份通过监控观察后厨工作人员的日常活动(David,Sutton,2004;Gold,1958)。

2."三种角色说"

按照丹尼尔·查姆布里斯(Daniel Chambliss)和罗素·斯卡特(Russel Schutt)的观点,

可以将参与观察者划分为如下3种角色(Chambliss, Schutt, 2003):

(1) 完全参与的角色。这种角色完全按照场景中的一个真实成员角色来行动,最常见的是这种研究是隐蔽的或秘密的,其他的成员都不知道这个研究者正在进行研究。

(2) 参与和观察混合的角色。大多数研究者在现场采取一种涵盖某些主动参与的角色,通常他们至少会将自己的研究兴趣告诉一部分群体成员,然后参与足够的群体活动以发展与群体成员的关系,获取群体成员所经历的直接感觉。

(3) 完全观察的角色。在这种角色中,研究者试图在事件发生时进行观察,而不会主动地去参与其中。

3."两种角色说"

根据风笑天(2022)的观点,一种角色是作为观察者的参与者,这种角色是指研究者的身份对于所研究的群体来说是公开的。同时,研究者又被这一群体所接受,允许其参与成员关系和群体活动,使其得以进行观察和研究。另一种角色是作为参与者的观察者或隐蔽观察者,即研究者将自己的真实身份隐藏起来,而以所观察社区或群体中一个真实成员的身份去参与其中并进行观察,是一种要求研究者采取虚伪角色的形式。

三、参与观察的优缺点

与其他研究技术相比,参与观察导致研究者将自己的看法和观点强加于试图理解的那个社会世界的可能性最小,常常是在"没有先入之见"的情况下进行这种探讨的。因此,参与观察为获得社会现实的真实图像提供了最好的方法,能直接全面地观察社会现象,可以使人对事物有深刻和充分的理解,能细腻、透彻地描述角色之间的关系、人际之间的交往与行为事件所传递的意义和信息。而采用其他研究技术如问卷/量表式调查,都要求研究者事先确定好一组要求受访者回答的问题,这样做就有可能使研究者将其自己关于所研究现象或行为的特定猜想、判断、看法和观点,强加给被观察者。此外,当观察者深入实地、完全参与到被观察者的实际生活中时,观察者往往能直接、真切地感受被观察者的思想感情和行为动机,特别有利于研究者"设身处地"地"理解"被观察者。此外,针对无法正常使用言语表达的婴儿以及对使用自创或新创语言的少数民族(如独龙族使用独龙语、基诺族使用基诺语等)进行民族志调查时,参与观察是较好的途径。

但参与观察也有一些局限,如被观察的对象和范围有很大的局限,需要花费较多的人力和时间,相对而言效率并不高;观察者为了获得想了解的资源而不停提问的行为,很可能会引起被观察者的反感;观察者的出现可能会影响被观察者的行为;参与观察在很大程度上依赖于观察者的敏感性、领悟能力和解释技巧,而并非所有参与观察者均能掌握这些技巧等。

第四节 观察法的步骤

开展各种类型的观察法往往都包括3个主要的阶段,即准备阶段、实施阶段和资料整理分析阶段。在实际操作中,各个阶段彼此之间往往有不同程度的交叉和融合,按照李志和潘丽霞(2012)的观点,通常可以分为如下6个步骤:

一、确定研究目的,制订观察计划

1. 根据研究目的,确定观察对象和范围

这一部分主要涉及计划观察什么对象、观察的范围有多大、观察的目的什么、观察要解决哪些问题等。此外,观察对象的选择需要考虑研究目的和观察者角色的影响。例如,如果要研究在校研究生主观幸福感的程度,就要观察不同层次、不同学科、不同性别、不同年级的研究生。需要注意的是,还必须要考虑研究者本人是否适合从事这种观察。例如,如果要观察跳广场舞的老年人就应该选择和这些群体年龄相仿的观察者,这样才有共同语言。如果挑选较为年轻的观察者开展这项研究,往往会出现因为没有共同语言或者受到跳广场舞的老年人以长辈的身份的说教导致无法顺利开展研究,那么获得的资料便和研究目的相差甚远。

2. 选择适当的观察方法,确定观察的时间和地点

选择观察方法主要涉及观察是隐蔽进行的还是公开进行的、采取实验室观察还是实地观察、实地观察的方式是有结构的还是无结构的、观察时是否需要结合其他调查方法等。观察者要根据需要,以及被观察者的性质来选择合适的观察方式。一般来说,在正式研究中,观察可以先从无结构观察开始,然后再到半结构式观察,最后根据需要采用结构式观察方法。在观察时间的选择上,要考虑在什么时间段进行观察、计划观察多少次、每次观察持续多长时间等。在观察地点的选择上主要涉及观察对象所处的地理位置和地域范围,还需要考虑当地的自然环境、风俗习惯、宗教信仰、社区历史、社区经济发展、政治制度等。如果是非参与观察,还要说明观察点设在具体什么位置、与被观察对象保持多远的距离、这一距离对观察结果有什么影响、在当地观察是否需要办理有关手续等。

3. 计划观察的内容

观察往往包括如下内容:第一,现场的情境,即事件或活动的舞台与背景;第二,观察

对象的角色、地位、身份、数量以及彼此之间的关系等；第三，人们行动的目的、动机、态度；第四，社会行动的类型、产生与发展过程，以及行为的性质、细节以及影响等；第五，事件和行为发生的时间、出现频率、持续期间等。此外，还要确定观察项目之间的相互关系，建立各种变量或现象之间的关系，以便根据观察所收集的资料来探索变量或现象之间的关系。但是，无结构观察预先对具体的观察范畴和观察内容没有明确规定，可能是全面观察，也可能是观察某些方面的内容，这些都可以在研究过程中灵活调整。

4. 进行理论与物质的准备

观察的理论准备包括查阅文献、提出理论假设或将观察范畴操作化、确定观察指标和分类系统等。而观察的物质准备则应根据观察的方式、方法而确定：如果是实验室观察，就需要提前准备好符合条件的场所和观察设备；如果是必须借助辅助工具才能进行的隐蔽非参与实地观察，就要准备一定的专用仪器。另外，无论哪种类型的观察，最好都配备好照相机、录音机等工具。当然，也要考虑到经费、人员安排等方面的问题。

5. 预计观察中可能出现的问题及其对策

一些问题需要事先预计好，如观察中可能出现哪些影响资料可靠性的问题，采取什么措施才能获得更准确的资料；观察过程可能对观察对象的正常生活产生什么作用，这些作用对观察结果有什么影响；在观察中出现意外事件应如何处理等。

总而言之，在制订观察计划时，不仅要考虑观察者和被观察者双方的角色、地位、数量以及彼此之间的关系，还要考虑社会行为或社会现象发生的时间、地点、过程和背景，更要考虑参与者的动机、目的、态度等主观因素。事先制订一个系统且周密的观察计划对于观察法的实施至关重要，在结构式观察中尤其如此。非结构式观察中虽然预先对具体的观察内容没有明确规定，但可以在实际观察过程中灵活机动，而观察内容也无外乎上述内容。

二、观察训练

观察是一项技能性较高的工作，因而在正式观察前要进行观察训练，以便能以标准化的方式来观察拟观察的对象。一个合格的观察者不仅要具有良好的注意力、忍耐力、记录能力，还要仔细、认真，要善于控制自己的行为，使自己对观察对象的影响以及由此引起的变化减少到最低程度。对于观察者的训练除了要注意培养其观察能力、判断能力外，还要注意培养记忆力和记录能力。在训练过程中，要使观察者能仔细区分被观察的事实以及被观察对象对此产生的反应，并在这些事实中分析出主要或重要因素。观察训练的具体方式可以采用模拟观察的方法，录制类似观察者预观察行为的情境并探讨该行为，也可以让被训练者一边观察专门的表演或电影，一边记录；被训练者可以到真实的情境中做观察练习;研究者与被训练者也可以在观察开始阶段共同观察某一现象,然后对研究者和被训练者的观察记录进行比较,并由研究者解释他们各自的记录不同的原因所在。此外,在训练过程中,观察者还要掌握各种观察工具或器具的使用方法。

三、进入观察环境

正式实施观察首先要保证能顺利进入观察现场,研究者进入观察环境的难易程度主要取决于环境是否具有公开性和研究对象接受观察的意愿程度。一般来说,最易接近的观察环境是公共场合,人们在公共场合中对自己的行为没有保密的必要;最难接近的观察环境是限制进入而且被观察者都有保守自己行动秘密的理由。在参与观察中,研究者获准进入原始社区需要各种特殊的方式,这是因人而异、因地制宜的。而获准进入现代社会的社区和群体则是更为现实和复杂的问题,一般都要经有关部门的允许或受其委托。借助上级机关和领导人的支持,可以彰显所开展研究的重要性。为了获准进入现场可以采取一些策略,如协作研究、为当地解决某些实际困难等。对于一些禁止外人进入的社区和群体,常常是采用完全参与的方式,但在选择这一方式前要慎重考虑,并注意职业道德的问题。对于非参与观察而言,完成观察任务的关键是不能惊扰观察对象。

四、观察实施

在观察实施阶段要格外注意如下5个方面的问题:第一,消除被观察者的种种顾虑。观察活动往往会对被观察者产生一定的影响,使被观察者产生一种戒备心理,从而导致行为失常。在这种情况下,观察到的可能是一种假象,而不是处于自然状态下的真实情况。为了避免这种现象,观察者应表现出谦虚、友善的态度,使被观察者尽快消除对观察者的畏惧感和陌生感。同时,观察者应与被观察者进行耐心细致的思想交流,必要时还可以通过当地政府部门或在群众中有威望的人物做一些解释工作,使被观察者相信观察者只是来了解情况,而不是故意找茬的。观察的目的不是针对某个人或某件事,而是了解各种社会现象,被观察者的一切活动都可以照常进行,所以完全不必有任何顾虑。第二,深入被观察者的日常生活中。观察者要建立同被观察者亲密无间的关系,必须尽可能参加他们的各项社会活动,同他们共同工作和生活,以逐步取得被观察者的信任。第三,遵从被观察者的生活习惯和生活方式。观察者不但要尊重被观察者的风俗习惯、语言、道德规范和生活方式,还要尽可能使自己的行为与被观察者保持一致,如根据当地的习俗安排自己的饮食起居、服饰打扮、言谈举止,尽量学会使用当地语言等。只有这样才能与被观察者很快融为一体,建立信任和友谊,为实现观察目的创造良好的条件。第四,重视个别交往。观察者既要经常参与公共活动,密切同被观察者的关系以取得广泛的信任和合作,也要特别注意与个别被观察者建立较密切的日常往来关系和较好的私人友谊,以利于同被观察者进行一定的思想沟通。第五,热情帮助被观察者。要想获得被观察者的信任和友谊,很重要的一点是在被观察者有困难时尽量给予他们帮助。

五、观察记录

观察记录是针对所观察到的现象的文字描述。观察记录的过程是观察者对观察现象思考、分类和筛选的过程,也是一个澄清事实、提炼观点的过程。因此,观察记录可以使观察者对所观察现象的了解和认识更加明确和深入。观察记录的方式主要有当场记录与事后追记:当场记录是最常用的一种记录方式,为了使观察记录尽可能完整与准确,但凡有条件人们总会随时随地记下所观察到的现象和行为,而且经常是同时由两个以上的观察者分别记录,以便相互对照、取长补短。当场记录的主要方法是手工记录。在结构式观察中,观察者会建立观察表格,这些记录通常或多或少具有结构化的形式。

六、记录整理

在长期连续的观察中,会积累大量的观察记录。对于各种观察记录,都应当进行再加工。通常的做法是采用分类学或流程图的方法对观察记录做进一步的整理和分析。分类主要是以人物、事件或行为为依据,分别建立资料档案以便查阅和检索;流程图是从资料中归纳出事件发展的几个重要阶段,然后按时间顺序对各个阶段做详尽描述和深入分析。这些虽然仍然不是资料整理、分析的最终结果,但也能为社会调查研究后期的资料整理和资料分析工作提供良好的基础。

【思考题】

1. 请谈谈你对于观察法的理解。
2. 请简述使用观察法的原则。
3. 请论述常见的观察法及其特点。
4. 请论述参与观察中观察者的角色。
5. 请自行确定一个研究主题并设计相应的观察方案。

第九章 文　献　法

第一节　文献法概述

一、文献的类型

社会科学研究中的文献主要指记录、保存、交流和传播社会科学研究知识的纸质出版物和视听材料,通常包括书籍、期刊、报纸、科技报告、学术会议论文、学位论文、科研简讯、科技档案等。这些纸质出版物和视听材料的种类有很多,按照不同的标准可以进行多种不同的分类。以下对一些常见的文献类型做简要的介绍。

1. 书籍

(1) 教材。教材提供了某个学科分支、方向、领域最概要的、基础性的知识,阅读教材是了解某方面知识最基本的方法。例如,中国人民大学教授刘大椿所著的《科学技术哲学导论》是科技哲学专业学生研习的基础性教材;北京师范大学教授彭聃龄主编的《普通心理学》是心理学专业学生研习的基础性、奠基性教材。然而不可避免的是,教材的知识往往比较基础,尽管适合大众学习,但无法及时体现学术前沿动态和热点问题。但如果连教材的内容都一知半解,就很难谈得上开展自己的学术研究。因此,要从事社会科学研究,还是要以教材作为起点。

(2) 专著。专著是对某个领域或主题较之教材更为精深、系统的研究,通常包含了作者大量的独到见解和发现。对于研究者而言,专著往往比教材有着更高的学术价值。例如,要从事科学社会学方面的研究,最好阅读本领域主要专家的专著,如美国著名社会学家、科学社会学的奠基人和结构功能主义流派的代表性人物之一罗伯特·金·默顿(Robert King Merton)的著作。默顿一生出版了大量著作,如1938年出版的《17世纪英国的科学、技术与社会》(《Science, Technology & Society in Seventeenth Century England》)、1949年出版的《社会理论与社会结构》(《Social Theory and Social Structure》)、1973年出版的《科学社会学:理论与经验研究》(《The Sociology of Science: Theoretical and Empirical Investi-

gation》)等。要从事儿童心理学方面的研究,最好阅读近代最有名的儿童心理学家让·皮亚杰(Jean Piaget)的著作。皮亚杰一生留给后人60多部专著、500多篇论文,如1970年出版的《发生认识论原理》(《The Principles of Genetic Epistemology》)是一部影响较大的关于发生认识论的著作,这部著作集中而系统地体现了他和由他领导的"日内瓦学派"几十年来的研究成果。

(3)手册、年鉴、文库。以心理学为例,在有些心理学研究较发达的国家,手册或年鉴会定期出版。例如,自20世纪30年代起,美国每隔9~16年便会修订出版《儿童心理学手册》(《Handbook of Child Psychology》)。该手册从第7版起更名为《儿童心理学与发展科学手册》(《Handbook of Child Psychology and Developmental Science》)并于2015年出版,已成为国际发展心理学界最权威的著作。此外,还有各种各样的手册,如《剑桥指南系列丛书》(《The Series of Cambridge Companion》)、《牛津哲学手册》(《The Oxford Handbooks in Philosophy》)、《劳特利奇指南系列丛书》(《The Series of Routledge Companion》)等。美国加利福尼亚州年鉴出版公司出版的《心理学年鉴》(《Annual Review of Psychology》),从1950年起每年出版一次,系统总结上年度心理学各领域新进展,已经成为心理学领域影响因子最高的学术出版物之一。目前,国内心理学方面的手册或年鉴尚很少见到。例如,中国心理学会组织编写了系列的《中国心理学年鉴》,但该年鉴并非真正的学术性年鉴,只是总结了某一时间范围内中国心理学会及其下属机构开展的实际工作。此外,文库也是一种非常有学术价值的资源。例如,郭贵春主编的《科学技术哲学文库》丛书,目前已出版的有《科学思想史:一种基于语境论编史学的探讨》《语言意向与存在》《语义分析方法与当代科学哲学的发展》等。

2. 期刊

各种定期出版的(偶尔也有不定期出版的)学术期刊,是发表最新的学术成果(如研究报告、综述性、理论性文章等)的阵地,它们提供了科学研究所需的最为重要的原始文献,也成为大多数学术论文引用文献最主要的来源。学术期刊大多为季刊、双月刊或月刊,少数为年刊、半月刊、旬刊。相较于书籍,期刊能更好地体现学术前沿领域的动态,这是因为期刊论文接受过严格的同行评审,科学性得到保障。例如,我国主办的并被2021~2022版中文社会科学引文索引(Chinese Social Sciences Citation Index, CSSCI)收录的新闻学与传播学类期刊有17种,包括《编辑学报》《编辑之友》《出版发行研究》《出版科学》《当代传播》《国际新闻界》《科技与出版》《现代出版》《现代传播》《新闻大学》《新闻记者》《新闻界》《新闻与传播研究》《新闻与写作》《中国编辑》《中国出版》《中国科技期刊研究》。国外的哲学期刊主要是被划归在"History & Philosophy of Science"(科学史与科学哲学)小类中,2021年最新的数据显示该小类中收录了63种期刊,与哲学有关的包括《British Journal for the Philosophy of Science》《Biology & Philosophy》《Philosophy Ethics and Humanities in Medicine》《Synthese》《Philosophy of Science》《European Journal for Philosophy of Science》等。

3. 学位论文

社会科学研究领域每年都会问世大量的学位论文,包括学士学位论文、硕士学位论文和博士学位论文,这些论文大多都未公开发表,但其中很多有学术参考价值,尤其是硕士学位论文和博士学位论文。一般学士学位论文由于数量较多,往往保存在各培养单位自己的数据库和图书馆/档案馆中。大多数硕博士学位论文可以在中国知网、万方数据库等数据库检索到,少数硕博士学位论文仅在本单位保存,无法在网络上检索到,如清华大学、北京大学等。

4. 会议文献

每年都有大量的社会科学研究学术会议在各地举办,如第三十届国际应用心理学大会(2019年于葡萄牙卡帕里卡举办)、第五届社会科学与人文国际会议(2020年于中国杭州举办)、第五届社会科学与人文国际会议(2021年于中国武汉举办)等。大多数此类会议都会在汇总后编辑成会议论文摘要集,部分会议论文的全文文集被出版,这些会议论文摘要集反映着最新的研究动向,还可能进一步被一些数据库收录。会议文献由于学术性强、内容新,利用率越来越高。

5. 报纸

报纸是以刊登新闻报道和评论为主的定期连续出版物,一般是每天、每周或每半个月出版,出版迅速,信息及时。许多报纸如《人民日报》《光明日报》《中国科学报》《中国教育报》《中国科技报》《中国青年报》《中国社会科学报》等都经常报道社会科学研究方面的新闻、研究成果以及学术动态。在报纸中,研究者不但可以了解到某些研究的新进展,更重要的是还可以了解到社会实践、社会科学工作者提出的亟待解决的新课题,对研究者选择研究课题有很大的帮助和启发(董奇,2019;张林,刘燊,2020)。

二、文献检索的方法

(一) 利用二次文献限定检索范围

文献检索最好的起点是新近发表的二次文献。例如,找到一本最新出版且与研究主题相近的教材,从教材的章节标题检索并找到更小的领域,在此领域内筛选关键词和作者名录,制订下一步重点搜索的信息线索列表。在这里,最常用的线索是关键词。关键词是用来确认和描述研究变量以及被试特征的词汇,可以有效地反映研究的主题领域,以及文献包含的研究对象。例如,检索关键词"超扫描"(Hyperscanning),便可以很容易地搜索到一系列关于"超扫描"的研究工作。此外,可以有效使用的检索线索是作者姓名(Author Names)。如果在前期阅读二次文献中,不断重复地看到同样一群人的名字,那么这些人很可能就是当前该领域的专家。例如,在"超扫描"这个领域的研究中,发文量最多的且排名为前十的学者为意大利米兰理工大学心理学系的米凯拉·巴尔科尼(Michela Balconi)、意大利米兰大学哲学系的玛丽亚·埃利德·瓦努特利(Maria Elide Vanutelli)、华东师范大学心理与认知科学学院的胡谊、浙江大学心理与行为科学系的潘亚峰、加拿大蒙特利尔大学精神病学系的纪尧姆·杜马斯(Guillaume Dumas)、意大利米兰理工大学心理学系的朱莉娅·弗朗达(Giulia Fronda)、华东师范大学心理与认知科学学院的李先春、浙江大学管理学院的刘涛、德国马克斯·普朗克人类发展研究所毕生心理学中心的厄尔曼·林登伯杰(Ulman Lindenberger)以及北京师范大学认知神经科学与学习国家重点实验室的卢春明[①]。

(二)使用关键项目集检索并筛选文献

登录大容量的学术文献在线数据库,使用关键项目集进行自动搜索,可能会检索出成百上千条文献,每一条文献又都可能与研究主题有关。然而,这其中的绝大多数可能并不是与研究主题直接有关,因此在进行全面的文献检索时,要考虑的一个问题便是剔除其中无直接关联的材料。对决定一条记录是否相关或是否应该放弃没有绝对的标准,研究者可以根据实际情况进行选择。常见的做法如下:

(1) 将论文的标题作为筛选文献的第一个工具。在学术期刊数据库的检索结果中,一般都会按照某种顺序呈现出检索到的论文标题。根据标题的相关度,可以排除近90%的论文。例如,可以直接在检索中填入论文题目"面孔吸引力研究的回顾与展望——基于文献计量学的分析",便可检索到这篇文献由甘烨彤等于2021年发表在《应用心理学》上(甘烨彤 等,2021)。

(2) 使用论文摘要作为筛选文献的第二个工具。如果标题听起来令人感兴趣,那么就可以阅读它的摘要来确定论文本身是否与研究主题有关。有许多文章从标题看好像是相关的,但当阅读过它的摘要之后,就会将其排除。例如,想要研究超扫描技术在社会科学研究领域中的应用,以"超扫描"作为关键词在中国知网进行检索会出现几百条记录,但不会每条都与研究主题有关。例如检索出的结果中有一篇论文题为《脑-脑耦合技术应用于经济管理决策领域》,其摘要如下:

> 用能够探测脑-脑耦合的新技术对人类大脑交流过程进行直接观察,有助于深入了解我们的社会本质。人与人之间的社会互动是人类社会的核心特征,研究大脑在社会交往过程中的动态活动有助于深入了解我们的社会本质。囿于研究逻

[①] 源自2021年6月9日在Web of Science平台检索的结果。

辑、理论框架和技术手段等因素的限制,传统神经生理技术对社会交互的研究集中于"离线"的认知,如社会交往中只记录单脑的神经生理信号,并未直接对人与人互动过程进行直接测量(杨雪 等,2021)。

尽管该文标题中未直接出现"超扫描"字样,但"脑-脑耦合技术"实质就是超扫描技术,而且该文是论述超扫描技术在经济管理决策领域的应用,与社会科学研究密切相关。

(3)如果在查看了标题和摘要后,还对一篇论文感兴趣,那就要去相应的期刊上或对应的电子期刊数据库中找到这篇论文。有时整本期刊可能都是关于某个特定主题的,期刊社还常常会在某一期的期刊上刊出关于某一主题的系列文章。例如,假设对"科技扶贫"这个话题感兴趣,通过中国知网检索到一篇题为《科技扶贫与生态系统服务提升融合的机制与实现途径》(王克林 等,2020)的论文,觉得获益颇多。进一步检索便会发现该文出自《中国科学院院刊》2020年第10期,这一期是"科技扶贫"专刊,总共刊发了18篇主题相关论文。

(三)阅读文献并寻找新线索

经过筛选找到了有直接相关的文献后,就要仔细阅读这些论文。在阅读原始文献时,需要留意,研究报告会被习惯性地编排成几个标准的部分,以下简要介绍这些部分。

1. 引言

引言(Introduction)是对所要调查的研究问题、研究构想由何而来以及研究预期或研究假设的陈述,可以快速帮助研究者确定这篇文章在形成研究设想方面是否有用。假设你对"科技自立自强"这一主题感兴趣,先要明确你所关注或研究的问题和方向,之后便要搜集相关文献来了解你所感兴趣的问题。引言部分一般会介绍某项研究的背景、研究目的、问题提出和研究假设,这些都是有价值的信息。

2. 研究方法

研究方法(Method)部分详细地描述了研究是如何完成的,包括哪些人参与了研究以及使用了什么材料,接着是详细的研究程序,研究者往往可以利用论文的研究方法部分提供的信息帮助形成自己的研究方法或程序。例如,目前基本上所有采用问卷/量表的测量型研究在处理数据之前都要进行共同方法偏差检验,基本上都会引用周浩和龙立荣于2004年在《心理科学进展》发表的《共同方法偏差的统计检验与控制方法》(周浩,龙立荣,2004)一文,该文是学术界公认的共同方法偏差的方法论论文。阅读该文掌握共同方法偏差分析的步骤,在自己撰写论文时并不一定要花很多篇幅详细说明共同方法偏差的原理,只需注明引用来源即可。

3. 结论

结论(Results)部分的内容是对研究结果的描述,且常常包含一些统计分析的图表。单纯阅读某篇论文的结果可能并不会获益太多,只有学会剖析分析的思路,才能运用到自己的研究中来。

4. 讨论

讨论(Discussion)是一项研究的重要部分,呈现的是作者对结果所指含义的思考。在这里,作者常常还会讨论其他一些方面的内容,包括研究的设想或建议,读者往往能从这些建议中得到有关某一研究主题的设想。讨论部分是文章深度的升华,一些重要的问题或者研究得出的新发现都会在讨论部分加以论述,因此,讨论部分的重要性不言而喻。这里着重强调讨论部分中的3处重要性:

(1) 如果研究发现与研究假设不一致,则需要解释不一致的原因,往往文章水平升华的关键便在于此。例如,陈杰等(2021)在"讨论"部分的相关描述如下:

> 在P3成分上,内外群体启动条件下疼痛刺激都比非疼痛刺激诱发了更大的P3波幅,但是疼痛共情效应(疼痛刺激减非疼痛刺激)在两种启动条件下没有显著差异。这些结果说明内外群体因素对疼痛共情的早期情绪分享过程影响较明显,而对晚期认知评价过程没有影响。而且,自我构念分数与对内外群体疼痛加工(疼痛减非疼痛条件)诱发的P3波幅都呈显著的正相关关系,并且两者的相关系数没有显著差异。这表明特质性自我构念与对内外群体的疼痛共情都有着密切的关系,且相关程度是相同的……尽管如此,在P3和LPP成分上,没有出现刺激类型和群体类型的交互作用,只出现了刺激类型的主效应,即在内群体和外群体启动条件下,疼痛刺激都比非疼痛刺激诱发了更大的P3波幅。P3成分被认为反映了自上而下的控制加工和对刺激意义的认知评价(Ito et al.,1998;Polich,2007)。在疼痛共情的ERP研究中,疼痛刺激往往会在头皮中央-顶区诱发明显的P3成分,反映了对他人疼痛刺激的认知评价和判断(Decety et al.,2010;Fan,Han,2008)。因此,本研究表明在排除了面孔熟悉性或物理特征的影响后,内外群体因素会影响疼痛共情的早期情感分享过程,但不影响晚期的认知评价过程。

(2) 讨论部分所总结的理论意义和实践/现实/临床意义是高屋建瓴式的"点睛之笔",往往能直接影响主题相关其他论文的研究设计。例如,尚雪松等(2021)在"总讨论"部分中的"理论意义"的相关描述如下:

> 在探讨人们对他人的预测偏差时,现有研究多关注人际互动中的非冲突事件,

如表达感激(Kumar, Epley, 2018)、与人交谈(Boothby et al., 2018)、讲述故事(Cooney et al., 2017)、送礼等(Goodman, Lim, 2018; Kupor et al., 2017)，这些事件对他人造成伤害的可能性较小。在帮助的背景下，研究者也多着眼于帮忙成功的事件(Zhang, Epley, 2009)，而帮忙成功也不会引发人际冲突。那么，在可能造成人际冲突的情境中，是否存在预测偏差？相较于非冲突情境，人际冲突情境中的预测偏差是否具有独特表现？目前，仅有 Levine 和 Cohen(2018)的研究关注了该问题，她们发现，对于实话实说这一可能引发人际冲突的事件，人们高估了它给听话者造成的消极影响。这是由于实话实说者误认为听者非常在意实话的具体内容，却忽视听者也在意交流的目的。

与 Levine 和 Cohen(2018)研究不同的是，本研究关注帮倒忙这一可能会引发人际冲突的事件，并着眼于施助者与受助者对温暖与能力的在意程度，结果显示，施助者低估了预测者的积极反应，而且该预测偏差具有独特性，在相应的非冲突事件——帮忙成功——中，该预测偏差消失或强度减弱。该结果暗示，冲突情境和非冲突情境并不对称，冲突情境尤其独特。未来研究不妨进一步关注冲突情境的预测偏差，并与非冲突情境中的预测偏差进行对比，考察它们在偏差的强度或方向上是否不同。

此外，本研究拓展了行为决策理论。负性偏差(Negativity Bias)是行为决策理论中的重要部分，它是指人们对负性信息比对正性信息更为敏感(Baumeister et al., 2001)，损失厌恶(Loss Aversion)是负性偏差的具体表现之一(Kahneman, Tversky, 1979)。本研究揭示了相比非冲突事件，人们的预测过程对冲突事件更为敏感，在冲突事件中表现出更大的预测偏差。这一发现将负性偏差理论的适用范围扩展到预测偏差。

"现实意义"的描述为：

好心帮倒忙的后果不容小觑：一方面，它给受助者造成身体或物质损失，这种损失很容易被人重视；另一方面，它也可能会给施助者造成隐性的精神损失，例如，施助者可能会因担心受助者对自己的差评，不敢继续为其提供帮助，甚至有可能将这种担忧泛化到其他求助者身上，可谓"一朝帮倒忙，十年怕助人"，也许进而会造成冷漠的社会氛围。这种精神损失及其后果往往被人忽略。而理解本研究揭示的预测偏差，了解受助者的真实反应，可能有助于好心帮倒忙者减少得到他人差评的顾虑，缓解对双方关系可能产生裂隙的担忧，进而在未来继续热情助人。

除了"知彼"，施助者还要做到"知己"。本研究发现，帮倒忙者之所以高估他人的消极反应是因为过于关注自身的能力，忽略了自身的温暖。为了矫正预测偏差，施助者需要重视自身的温暖程度。具体而言，施助者可以优先考虑自身表现出的温暖、更多考虑温暖(Lu, Xie, 2014),从而增进对温暖这一维度的考量。对于受助者,即使在被帮倒忙后,不妨多感谢对方的好心,让施助者意识到人们不仅关注他人的能力,还尤其在意他人的意图。

本研究对儿童的教育问题也有所启示。在孩子的成长过程中,我们需要保护他们的善良之心,尤其是对于那些心态较为敏感的孩子。如果能使孩子们认识到这种预测偏差,则有助于减少他们帮倒忙后的消极体验,同时也有助于让孩子继续向他人传递自己的善意。

(3) 讨论部分建议的未来研究展望往往能直接启发研究者开展自己的研究工作,而未来研究展望的每一小点一般是将当前研究的局限作为前提,呈现形式是列举一条当前研究的局限、再点明一条未来研究的展望。例如,胡琼晶等(2021)在"讨论"部分中的"研究局限及未来展望"的相关描述如下:

本研究虽然具有一定的理论价值和实践意义,但仍存在以下不足。

第一,本文的研究发现仍存在一定的适用限制。一方面,同事对员工差错是否容忍的前提是团队成员能够觉察到员工的工作差错。然而在现实当中,一些差错本身可能比较隐蔽,再加上犯错员工因为担心同事或者上级的负面评价会倾向于掩盖差错,这容易导致有一部分员工差错不易被团队中其他同事觉察到。另一方面,即使是在高度互依的团队中,依然可能存在一些员工的个人任务是与其他团队成员无关的,在这些任务上的差错即使被同事觉察也并不会引起他们的关注和人际反应。因此,本研究的发现更适用于那些团队成员间有更多工作互动,且差错更易被观察的工作场景。

第二,本文仅探究了在个体出现工作差错时,导致地位"保护"作用消失的边界条件,而并未进一步考察地位可能反过来加剧负面人际反应的情况。实际上,地位在某些情况下不仅不能起到"保护"作用,反而可能成为"负担",为个体或组织带来更多的负面后果(Dewan, Jensen, 2020; Fragale et al., 2009)。未来研究可以基于角色期待和期望违背的视角从以下两个方面进一步考察人们在什么情况下会更不包容高地位者的工作差错。

一方面,当不同地位、水平的犯错者在其所扮演的角色上存在差异,并且该个体的差错违背了人们对他们持有的角色期待时,人们对于高地位犯错者的差错容忍度可能会更低。工作角色中通常包含了一组与特定社会位置(Social Position)相对应的行为期望(Biddle, 1986)。例如,领导角色在组织中通常占据着较高的正式职位,人们在将他们视作高地位者的同时也形成了与之对应的高水平的角色期待。相反地,有一些较为边缘的角色在组织中通常占据着较低位置,人们倾向于将他们视作低地位者,对他们的角色期待相对领导也显然更低。因此,当两者都出现违背角色期待的差错时,领导犯错可能更难得到人们的宽容。

另一方面,地位对同事差错容忍度的影响是否会发生逆转可能取决于期望违背的严重程度。换言之,本文的实验研究对任务目标偏离度的操作可能仍未达到促使地位作用逆转的拐点。因此,未来研究还可以沿着本文所依据的期望违背视角进一步细分任务目标偏离度,捕捉同事们开始更不包容高地位犯错者的拐点,从而更全面地揭示犯错者地位影响同事差错反应的规律。具体地,未来研究可以考虑将任务目标偏离度从零到一按特定的百分比间隔(例如10%)进行细分,通过多组并行的随机实验,分别针对高、低地位犯错者绘制以任务目标偏离度为横坐标,同事差错容忍度为纵坐标的趋势图,从中找到同事开始更不包容高地位犯错者的拐点。

第三,尽管本文的研究发现启示管理者要注意管理团队成员对不同地位犯错者的差异化反应,但是,本文并未探究那些可由管理者自主开展的措施又将如何影响团队成员的差错反应及后续差错管理氛围的形成。实际上,以往探讨团队或组织氛围形成的研究已经指出,领导风格(如变革型领导)(Jung et al.,2003;Zohar,Luria,2004)与领导行为(如反馈干预、包容行为)(Zohar,Polachek,2014;Hirak et al.,2012)是影响团队或组织氛围形成的重要前因(Kuenzi,Schminke,2009;Schneider et al.,2017)。因此,未来研究可以进一步考察,什么样的领导风格或行为能够让团队成员更好地正视彼此的工作差错,开放讨论差错背后的原因,并最终有效促进团队差错管理氛围的形成。

第四,本文只在人际水平考察了犯错者地位对同事差错反应的影响,而并未考虑团队中同事自身的地位可能会对他们的差错行为反应所造成的影响。按照自我提升理论的观点,个体一般不会积极评价那些能力和表现与自己接近的团队成员,甚至有可能通过贬低对方的方式来使自己看起来更具竞争力(Sedikides,Gregg,2008)。因此,当员工出现工作差错时,不同地位水平的同事可能会因为自身与犯错者的地位差异而出现不同的人际反应。除了人际水平的探索,未来研究还可以考虑在团队层面,探究团队地位层级对于差错管理氛围形成的影响。此外,团队氛围一般被认为是一种团队涌现的状态(Luria,2019)。未来研究还可以考虑从单一水平分析转向以多水平涌现的方式捕捉团队成员差错行为作用于团队差错管理氛围形成的微观动力过程。

第五,本研究采用的是情景实验方法,被试和目标对象之间并没有直接互动,同时也并未捕捉直接的人际反应行为,而是行为倾向。尽管模拟场景能够捕捉"置身其中"的被试瞬时的心理反应和行为倾向,但这与面对面真实互动带给员工的刺激还是存在一定差异。因此,未来研究可以考虑在现实组织场景中设计巧妙的准实验,在日常的团队工作中观察团队成员对不同地位员工工作差错的真实反应。

第二节 科学计量法

一、科学计量法概述

在文献法的逐步发展过程中,渐渐出现了一种新的形式——文献计量法。法国与国际工人运动活动家保尔·拉法格(Paul Lafargue)在《忆马克思》中谈到,马克思认为:"一种科学只有在成功地运用数学时,才算达到了真正完善的地步。"人类科学史的研究表明,任何一门科学或学科在演化发展进程中,必定会产生相应的专门进行定量描述的分支学科。而科学计量学(Scientometrics)是运用数学方法对科学的各个方面和整体进行定量化研究,以揭示其发展规律的一门新兴学科(袁军鹏,2010)。在信息化时代,知识爆炸性增长,大数据和海量的信息中蕴涵着许多规律和价值,科学计量学或文献计量学的技术正是结合计算机和统计学方法,通过数据挖掘、处理、计量、绘制等,实现知识框架等内部联系的目的(刘则渊 等,2009),在学科前沿、科学发现、跨学科合作等方面极具应用价值。

在科学计量学和信息技术的推动下,科学知识图谱作为科学计量学的一种研究方法,在2003年美国国家科学院组织的研讨会中应运而生。科学知识图谱(Mapping Knowledge Domains)是以知识域(Knowledge Domain)为对象,显示科学知识的发展进程与结构关系的一种图像,具有"图"和"谱"的双重性质与特征:既是可视化的知识图形,又是序列化的知识谱系,显示了知识单元或知识群之间网络、结构、互动、交叉、演化或衍生等诸多隐含的复杂关系,而这些复杂的知识关系正孕育着新的知识的产生。信息可视化工具旨在改变人类看世界的方式:借助知识领域演进的可视化图谱,以更高层次的"二阶科学"范畴和更为生动直观的形象化图像,从整体上更加深刻地反映和逼近物理世界一个具体领域的科学发展规律,不仅有助于解释现有科学发现,而且有利于建立在客观知识世界基础上的新发现,即基于文献的科学发现(陈悦 等,2015)。因此,科学知识图谱是一种有助于客观量化研究发展脉络,挖掘发展趋势的研究方法。

从所要分析的科技文献的知识单元组成和目的来看,科学知识图谱回答的基本问题可以总结为"5W1H",即 When,Where,Who,What,Why 和 How。

1. When

科学知识图谱可以反映研究主题或领域的时间信息,即了解某一主题随时间的演变,了解整个网络链接的时间分布以及科学研究的增长和周期规律等。例如,颜志强和苏彦捷(2017)发现共情研究领域的年度发文量总体呈现指数式的增长,符合摩尔定律(Moore' s Law)。该定律原本是指电脑芯片的晶体管数量每18个月就能增长一倍,后来则被广泛应用于指代科学技术发展的等缩比规律(Brenner,1997)。就文献发表数量而言,中文文献年度发文量大约从2008年起开始爆发式增长,英文文献则是从2004年起开始爆发式增长。

2. Where

提取科技文献中包含的作者地理信息,用以展现某项研究的空间分布情况,地理信息可视化分析能快速帮助研究人员定位某项研究的重要区域为科技发展和合作提供决策支持。例如,任利强等(2018)对国际人工智能研究作者合作网络进行地理可视化分析,如图9.1所示。其中,左边为国际人工智能研究的合作网络,右边为我国在参与人工智能研究中的合作网络。美国和欧洲国家在人工智能领域具有密切的合作,同时国际人工智能研究中心位于美国和以西班牙、英国、意大利、法国和比利时为代表的欧洲国家。中国和美国、欧洲国家都有合作,但合作密度较小,中国人工智能研究中心主要位于北京、上海、香港和台湾。

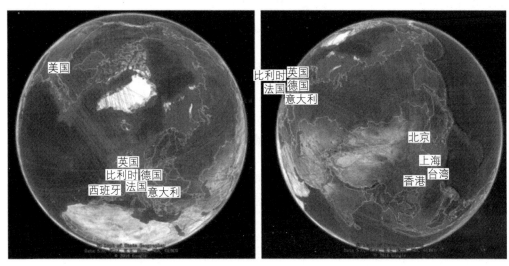

(a) 国际合作网络　　　　　　　　(b) 中国合作网络

图9.1 人工智能研究国际合作网络地理可视化

3. Who

挖掘文献中的作者信息,包含在施引文献及其参考文献中的作者信息可通过不同的方法进行分析,如作者合作网络、作者耦合分析、共被引作者分析等。例如,汪琛等(2020)对《统计与决策》创刊35年以来的高产作者发文频次进行分析,在发掘高产作者的同时,结合作者所在机构探讨在该研究领域中的极具影响力的机构。结果发现,《统计与决策》自创刊至今刊文作者累计有27194人次,经过同名筛选后,确定《统计与决策》以第一或合作作者发文量最高的前三位分别为南京航空航天大学教授刘思峰、暨南大学教授韩兆洲和暨南大学教授王斌会,三位作者在《统计与决策》的首次发文时间均为2003年。此外,从篇均被引数和篇均下载数可以看出,三位作者不仅发文数量多,发文质量同样较高。此外,发文数量前十的作者主要来自经济学、管理学、统计学等相关领域,研究方向主要聚焦在宏观经济管理与可持续发展、社会统计学等领域,还涉及非线性科学与系统科学、经济体制改革以及环境科学与资源利用等研究方向。

4. What

主要是指对文献反映的主题以及热点的分析,即探索该研究领域存在的研究主题、热点问题,各主题的演化路径和发展趋势等。例如,甘烨彤等(2021)为考察面孔吸引力研究的主题变迁,通过VOSviewer从文献的标题和摘要中提取主题词(共现次数大于20),考察面孔吸引力研究主题的分布和变迁情况,如图9.2和图9.3所示。

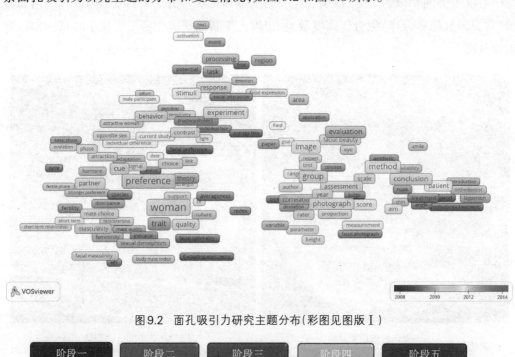

图9.2 面孔吸引力研究主题分布(彩图见图版Ⅰ)

图9.3 面孔吸引力研究主题变迁

5. Why

通过知识图谱得到的结果并结合专业发展背景,解释为什么专业领域是这样的,并预测未来将会怎样发展。此外,还可以从网络数学模型或哲学层面去分析,以探究科学知识图谱形成的机制和原因。例如,陈悦等(2015)指出:

> 我们引入著名科学哲学家卡尔·波普尔关于三个世界的宏观哲学理论,来说明CiteSpace的设计理念,阐释其如何改变看世界方式的核心功能(如图9.4所示)。

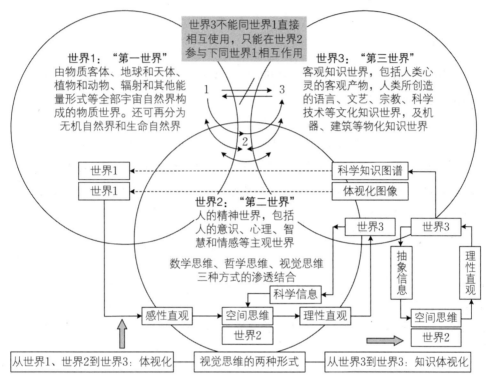

图9.4 CiteSpace的核心功能:基于三个世界理论的看世界方式

注:体视化(Volume Visualization)是指模拟和再现物理世界的科学可视化。

在波普尔的三个世界理论中,存在着物理世界(世界1)、精神世界(世界2)和客观知识世界(世界3)。与划分为客观世界和主观世界的经典哲学认识论不同,波普尔的独到见解在于世界1和世界2相互作用所形成的世界3,是人类创造的知识世界,一旦形成便具有客观性;其结构非常复杂,可分为两部分:文化知识世界和物化知识世界。从科学计量学之父普赖斯的科学学理论(1963年)看,世界3可分为两个层次:由世界2认识自然界所获得的科学知识,属于"一阶科学或一阶主题"(First-Order-Subject),而科学的科学,包括对科学的认识和计量,属于"二阶科学或二阶主题"(Second-Order-Subject)。后来,1999年瑞典学者伍特斯提出科学表征的概念,将其分为三个层次,意味着世界3也可分为三个层次:一阶表征(First Order Representation)为科学文献;二阶表征(Second Order Representation)为引文分析;而他研究的引证文化(Citation Culture)则属于三阶表征(Third Order Representation)。这就是说,世界3存在抽象程度不同的多阶科学。但抽象程度更高的高阶科学却能够更深刻地反映世界1中客体的本质。这就是所谓"思维中的具体"。不过这种思维中的具体毕竟远离直观的物理世界,人们难以理解,于是直观形象的可视化技术应运而生。

6. How

通过知识图谱得到的结论可以分析、指导我们科学发展的实际决策。例如,龙泉(2021)在"结论"部分便指出:

> 据以上结果分析,当前,信息科学为"双一流"高校数字人文主要基础学科,亦是其主要应用学科,说明该领域研究人员对数字人文的思想启蒙、初步实践、推动发展起到关键作用,产生了大量成果与贡献。但未来的发展方向不能局限于此,一方面,应更多考虑到数字人文跨学科特性,推动信息科学类研究人员与人文学科人员间的交流协作,随着数字人文机构的建立、相关服务的开展,信息科学研究人员、研究机构应成为不同学科人员间联系的纽带,并承担起将信息技术、相关研究方法引入人文学科研究实践的责任。另一方面,在数字人文研究网络中的核心高校,应发挥牵头和辐射带动作用,不局限于本机构内合作,打通与校内的人文学院、校际信息科学类学院和数字人文机构的沟通渠道,寻求并扩展合作模式,以帮助建立多样化的项目及实施落地。

随着数据可视化的发展,目前较为主流的绘制科学知识图谱的软件包括CiteSpace和VOSviewer。CiteSpace是由美国德雷克塞尔大学的华裔研究者陈超美及其团队开发的,主要基于共引分析理论(Co-citation)和寻径网络算法(PathFinder)等,对特定领域文献(集合)进行计量,以探寻出学科领域演化的关键路径及其知识拐点,并通过一系列可视化图谱的绘制来形成对学科演化潜在动力机制的分析和学科发展前沿的探测。研究者可通过对图谱解读,实现两大理论功能,即领域现状的解释功能与领域未来前景的预见功能(陈悦 等,2015)。VOSviewer由荷兰伊拉斯姆斯大学的尼斯·扬·凡·艾克(Nees Jan van Eck)和鲁多·瓦特曼(Ludo Waltman)博士共同开发,该软件目前具备了常见的文献计量分析功能,如文献耦合、共被引、合作以及共词分析等。作为科学计量学领域的知名期刊,《Scientometrics》所发表的大量文献计量学的实证研究都使用了VOSviewer这一工具(李杰,2018)。当然,除了CiteSpace和VOSviewer,目前还有一些新兴软件,如以R语言为基础的Bibliometrix或者基于Python强大的爬虫等技术,实现数据抓取、共现矩阵、聚类等功能。此外,《Scientometrics》主编蒂博尔·布劳温(Tibor Braun)认为:"文献计量学和科学计量学的方法非常相似,有时甚至是完全相同的。"两者可以从研究对象上进行区分,文献计量学主要关注图书、期刊以及电子出版物3种正式科学或信息交流的文献,而科学计量学除了关注文献中的科学文献还涉及非正式科学交流的消息、事实、事件等(刘廷元,1994)。从科学学、图书馆学和信息科学等学科角度来看,两者还会有更严谨和客观的划分。然而在社会科学的实验研究中,我们更可能对正式科学交流的文献进行计量分析,以梳理相关主题的发展脉络和研究方向、挖掘研究热点和发展趋势,因此以下主要针对文献计量技术展开论述。

二、科学计量法的设计与实施

文献计量分析可分为8个步骤,包括确定研究目的、数据检索、数据预处理、提取知识单元、提取共现矩阵、共现矩阵标准化、可视化分析和结果解读(李杰,2018)。由于在实际操作过程中,共现矩阵标准化步骤主要是软件内部的模块,因此这里旨在展现研究者实际使用的方法,不再赘述共现矩阵标准化的步骤。此外,由于可视化分析和结果解读往往密不可分,本节在阐述可视化分析方法中穿插对其结果的解读。

1. 确定研究目的

研究者需明确研究目的,并根据研究目的选择数据以及确定数据检索策略。

2. 数据检索

数据检索包括主题词或关键词、期刊、学科、发文作者、发文机构、发文国家、基金资助等检索。科学知识图谱绘制的科学性来自其数据基础,要求文献数据必须能精确全面地反映所要研究主题,因此,数据检索便成为文献计量分析的关键问题。研究者应当重视检索方式,并在研究论文中明确表述,以便同行交流、提高科学的可重复性。

3. 数据预处理

数据预处理包括对原始数据去除重复、消除歧义、转换格式以及排序等处理。检索的文献相当于文献计量分析的数据或样本,但可能存在如下问题,如文献重复出现、信息缺失等。这会影响随后数据分析的结果,因此为了保证文献信息的匹配,需要在数据预处理中进行筛选,尤其需要剔除重复出现的文献以及缺失关键词的文献。是在CiteSpace中进行后续分析,要注意CiteSpace可实现去除重复文献的功能,但无法剔除信息缺失的文献;而在VOSviewer中两者均无法实现。大多数情况下会用多种可视化分析软件,但为了保证数据统一性和准确性,建议在进行描述统计或可视化分析前手动筛选数据。

以上3个步骤往往是连贯在一起的,例如,王卓玉等(2021)以 Web of Science 外文核心数据库、中国社会科学引文索引数据库、CNKI中文数据库中的相关文献为研究对象,借助文献计量工具CiteSpace软件,通过文献共被引分析找出重点文献,通过关键词共现和聚类计量分析、辨析比较发掘研究主题,解析国内外STEAM教育研究的发展历程和核心体系,比较STEAM教育研究的中外进展,把握其内涵外延和基本理论,以期深化对STEAM教育研究的认识。该文"研究设计"中的数据来源部分的表述如下:

> 本研究数据来源分为三部分,检索日期均为2020年12月。
>
> 国外数据以"Web of Science Core Collection"数据库为数据来源,对STEAM教育的相关文献进行检索。选取"STEM Education or STEAM Education Not Cell"作为条件对数据库初步筛选,所得文献时间跨度为2009~2020年,共检索到4614条文献记录。将文献类型定义为"ARTICLE"进行精练,得到4039条文献记录。手动选择剔除与该领域不相关的文献,得到3269条有效文献记录,每项结果以全记录及引用的参考文献的纯文本格式下载。国内数据一部分以CNKI为数据库来源,为保证文献质量,以"STEM教育"或"STEAM教育"为主题,范围限定在"SCI来源期刊、EI来源期刊、北大核心、CSSCI和CSCD"进行高级检索,最终得到有效文献486篇,手动剔除会议、通知等相关记录,以Refworks格式导出472条有效文献记录。因CNKI导出的数据中不包含引用的参考文献,因此不能进行文献共被引分析,故国内数据另一部分以CSSCI中国社会科学引文索引为数据库来源,以"STEM教育"为关键词检索,得到90条文献记录;以"STEAM教育"为关键词检索,得到20条文献记录。逐一筛选所有检索结果,最终导出110条有效文献记录。

4. 提取知识单元

文献的题录数据由不同的知识单元构成,包含标题、发文作者、发文机构、摘要、关键词以及参考文献等。清洗数据后,建议先合并数据,按照一定顺序合并及整理每一篇文献的基本信息,如图9.5所示。整理的基本信息要尽可能地丰富,以便于后续多维的数据挖掘,如提取共现矩阵等。

	A	B	C	D	E	F	I	J
1	year	cited numb	auther	title	journal	organizatic	Extended k	keywords
4	2012	14	Roxbury, C	Impact of c	LARYNGOS	Johns Hop	FACIAL AT	Rhinoplasty; cr
5	2012	10	Koscinski, K	Hand attra	BEHAVIOR	Adam Mick	DIGIT RATI	attractiveness;
6	2012	162	Lin, Alice', '	Social and	SOCIAL CO	[Adolphs, F	VENTROMI	social reward;

图9.5 合并数据示例

5. 提取共现矩阵

需要注意,计量分析并非一开始便进行多彩酷炫的可视化分析,或者说别忽略了接下来要提到的描述性统计,以下信息的恰当挖掘也将提供大量有价值的信息,如年度发文量、年度引文量、发文趋势、高频关键词、高频发文作者、高频期刊、高频发文机构等。例如,甘烨彤等(2021)进行了如下分析:年度发文量、年度引文量和发文趋势如图9.6所示。年度发文量即统计每一年度所发表的文献数量,发文趋势可通过Origin软件对数据进行拟合,可看出经过指数拟合后发文趋势呈指数型增长。年度引文量需要在Web of Science获得数据后的"创建引文报告"中导出引文数据,如图9.7所示,这也要注意先对数据进行去重和筛选。

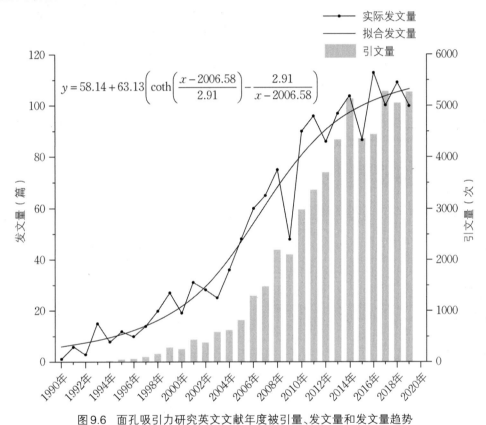

图9.6　面孔吸引力研究英文文献年度被引量、发文量和发文量趋势

图9.7　引文报告界面

基于年份和关键词两组数据,考察高频关键词随时间变化的趋势。这不仅可以看出高频关键词信息,还可增加时间维度看出关键词的变化趋势。如图9.8所示可看出近十几年来"ERP"和"fMRI"开始作为高频关键词出现。

	1990~1992年	1993~1995年	1995~1998年	1999~2001年	2002~2004年	2005~2007年	2008~2010年	2011~2013年	2014~2016年	2017~2019年
Facial Attractiveness*	6	27	14	51	52	92	132	158	170	155
Three Traits of Attractive Faces*		5	7	34	32	65	77	66	50	45
Sexual Selection*		5	6	23	23	37	36	46	33	32
Perception*	1	9	4	9	10	23	28	34	41	32
Face		5	6	3	11	18	27	35	32	37
Sex Differences*	1	10	11	8	11	22	23	16	26	23
Beauty		5	4	5	10	18	15	26	28	19
Evolutionary Psychology*		1	4	4	8	17	24	10	21	13
Menstrual Cycle				4	5	21	23	12	14	9
Preference		1		5	6	10	17	20	11	5
Aesthetics			1	1	1	6	9	9	11	14
fMRI				1	1	5	9	14	11	6
Health			1	1	2	6	6	8	13	8
ERP						2	5	7	15	14
Testosterone					2	6	5	7	9	4

图9.8 面孔吸引力研究英文文献高频关键词表

注:"*"标注的为合并关键词。

6. 可视化分析

目前有这几种常用的分析,包括共词分析(Co-word)、共被引分析(Reference Co-citation)和文献耦合分析(Bibliographic Coupling)。共词分析主要通过主题词或关键词等之间共同出现的次数来统计相似性或关联强度;共被引分析主要通过两篇文献共同被引用的次数来测度文献之间的相似性。例如,施引文献A、文献B、文献C、文献D均引用了文献a和文献b,那么文献a和文献b便具有共被引关系,即共同被引用;文献耦合分析主要是通过文献引用相同的参考文献数量来测度文献的相似性。在施引文献A和文献B的参考文献列表中,都出现了文献a、文献b、文献c和文献d,那么文献A和文献B便存在耦合关系。文献耦合强度是固定不变的,因为参考文献的列表不会发生变化,而共被引分析中的共被引强度是动态的,两篇没有共被引关系的论文可能会随着时间变化而产生共被引关系,或者共被引强度增加。因此,共被引分析用来研究科学文献的内在联系以及描绘科学发展的动态结构更优于文献耦合。以下分别从共词分析和共被引分析中展开(如图9.9所示)。

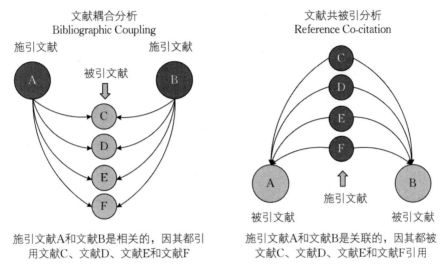

图9.9　耦合分析与共被引分析的区别(李杰,2018)

7. 共词分析

对于期刊主题演变路径的探析,往往关键词最能反映一篇论文的核心要点和研究者最为关注的主题(Burt et al.,2013)。因此,分析高频关键词及关键词的共现关系将有助于了解研究者们的关注点及其变化。例如,汪琛等(2020)借助CiteSpace,采用对数似然率(log-likelihood Ratio,LLR)算法对所有关键词进行聚类分析,得到聚类网络的模块值(Modularity Q)Q=0.4521,大于0.3,说明划分出的社团结构显著,聚类网络的平均轮廓值(Mean Silhouette)仅有0.1857,说明关键词节点之间的分布比较分散,反映《统计与决策》所刊载文献的研究领域比较宽泛(陈悦 等,2015),如图9.10所示。

由表9.1可见,10个聚类的轮廓值Silhouette均大于0.7,说明聚类的结果是令人信服的(陈悦 等,2015)。为了理清《统计与决策》期刊发展历程中所包含的重点研究领域,以下对10个聚类进行具体分析:

编号0经济增长的是规模(Size)最大的聚类团,是期刊刊文的重点研究领域,标签内包含有"经济增长""影响因素""面板数据""预测"等关键词,说明聚类所重点关注的内容与社会经济发展紧密相关,专业领域更加偏向计量经济学领域(汪琛 等,2020)。

同样是关键词共现分析,CiteSpace还可加入时间维度,生成关键词共现网络的时区视图。例如,甘烨彤等(2021)进行了如下分析:图9.11是以5年为间隔,每个圆圈代表一个关键词,其中时间为该关键词首次出现的年份,圆圈大小反映该关键词在这30年间的出现频次。最近时间出现的关键词在一定程度上是近期的焦点。需要注意的是,系统自动生成的时区图中关键词呈现较为杂乱,为求清晰美观,需手动调整和排列;并且可根据对阈限大小的调整,从而改动所呈现的关键词数量。

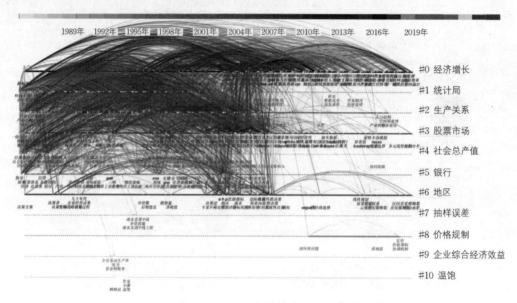

图9.10 《统计与决策》刊文关键词共现的时间线视图

表9.1 关键词聚类分析

聚类编号	聚类名称	聚类规模	轮廓值	平均年①
0	经济增长	462	0.796	2010
1	统计局	349	0.705	1991
2	生产关系	220	0.774	1996
3	股票市场	176	0.75	2003
4	社会生产总值	102	0.851	1991
5	银行	90	0.848	1998
6	地区	61	0.913	2004
7	抽样误差	5	0.998	1995
8	价格规制	5	1	2016
9	企业综合经济效益	5	0.994	1993
10	温饱	4	0.996	1993

① "平均年"反映了特定主题出现的时间特征,便于突出一个主题研究的持续性(李杰 等,2019),可有效揭示关键词的时效性(陈凌 等,2018)。平均年越近,表明该主题越为较新的研究热点。

第九章　文　献　法

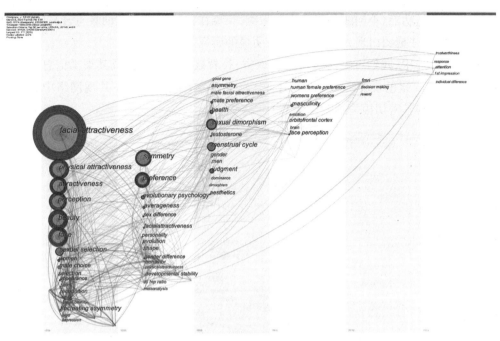

图 9.11　面孔吸引力研究英文文献关键词共现的时区图

除了 CiteSpace，研究者可以通过 VOSviewer 对关键词进行共现分析，如图 9.12 所示。

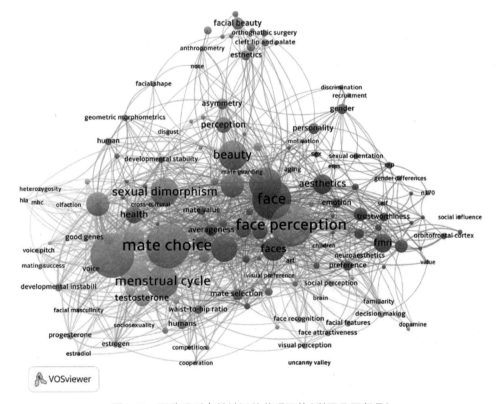

图 9.12　面孔吸引力关键词的共现网络（彩图见图版Ⅱ）

其自带聚类分析功能,不同颜色代表不同聚类,聚类往往是一些关键词具有较高的共现频次,反映它们往往抱团出现,标志了一个较明显的研究方向。

在实际操作中,我们可通过点击图中聚类,查看该关键词信息及其聚类信息。例如,图9.13中点击浅蓝色聚类"face perception",左下角会有该关键词在共现网络中的信息,左边也会显示与其密切相关的关键词。

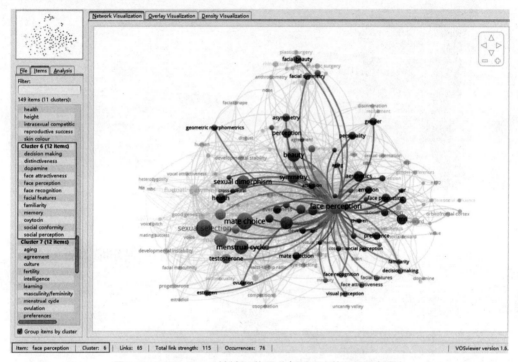

图9.13　VOSviewer关键词共现分析界面(彩图见图版Ⅲ)

例如,汪琛等(2020)还进行了如下分析:采用VOSviewer中叠加可视化网络进行高频关键词共现分析。该分析使用"平均年"概念来描述期刊刊文的关键词演变趋势,可以突出部分重点研究主题的时效性与持续性(李杰 等,2019)。由图9.14可见节点的颜色变化由深到浅,关键词也发生了明显的变化和迁移,早期的关键词种类比较零散,所涉及的领域较为宽泛,包含"经济体制""国民经济""国民经济总产值"等研究主题,与期刊早期所处的社会背景有关。随后,期刊的主要刊文主题开始汇集,形成如"企业""财政管理""经济"等研究重心。近期的主题关键词种类更加繁多,但还是主要立足于重点研究主题,研究内容逐渐细致和深入,各种类型的计量算法与统计模型开始大量应用。从图9.14中密集的连线还可以看出,虽然研究的具体关键词有变化,但仍然存在较为明显的关键领域,很多研究主题具有持久的连贯性。

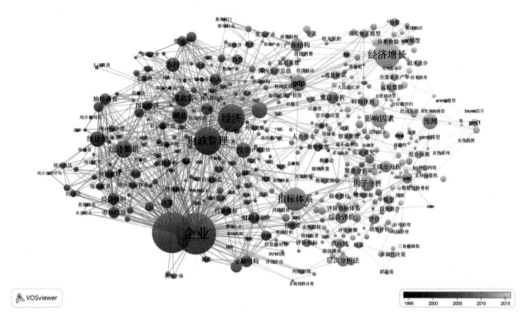

图9.14 《统计与决策》期刊主题关键词共现(彩图见图版Ⅳ)

8. 共被引分析

共被引分析中最为关键的是共被引文献分析,即挖掘共同被引频次前十的文献信息,相当于该领域的经典文献。把握经典文献如同抓住领域的研究命脉,需要高度重视这些文献的价值。例如,臧祺超等(2020)进行的团队社会网络的研究热点与前沿的可视化分析,进行了如下分析:

> 高发文量以及高共被引频次的期刊是某一研究领域的核心期刊。对不同期刊的发文量以及被引期刊被引频次绘制了期刊共被引网络知识图谱如图9.15所示,进一步统计分析如表9.2所示。这一研究领域的相关文章大部分来自管理学类以及心理学类期刊。刊登文章最多的是《Organization Science》,分析结果显示这一刊物既是发表文献最多也存在较高被引量。同时拥有较高发文量和共被引频次的期刊还有《Journal of Applied Psychology》和《Journal of Management》。这些期刊为该研究领域的发展做出了理论贡献并且其研究发展依然受到重视。共被引期刊比较集中且频次较大,这类被引频次靠前的刊物都具有较高的学术影响力,可见团队社会网络的研究有丰富的理论基础。

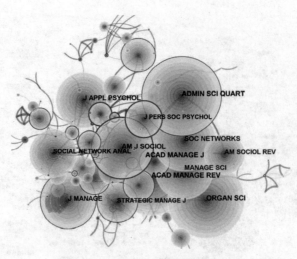

图9.15 期刊共被引网络知识图谱

表9.2 期刊发文量

排名	发文量	刊载期刊
1	23	Organization Science
2	12	Journal of Applied Psychology
3	12	Journal of Knowledge Management
4	12	Journal of Organizational Behavior
5	11	Small Group Research
6	10	Journal of Management
7	10	Research Policy
8	9	Implementation Science
9	9	Social Networks
10	9	The Leadership Quarterly

表9.3 共被引期刊被引频次

排名	被引频次	共被引期刊
1	492	Academy of Management Journal
2	451	Administrative Science Quarterly
3	442	Organization Science
4	440	Academy of Management Review
5	366	American Journal of Sociology
6	358	Social Networks
7	339	Management Science
8	331	Journal of Applied Psychology
9	327	Journal of Management
10	287	Social Network Analysis

第九章 文献法

文献的共被引分析是CiteSpace最具亮点的功能之一。共被引次数较多的文献通常拥有被引突现性的特点和连接转折点的功能,故拥有较高的中心度,在整个文献网络中有较大的影响力(李杰,陈超美,2022)。通过对团队社会网络进行关键节点文献分析,有助于识别该领域的核心研究学者及其经典文献。做文献共被引网络知识图谱如图9.16所示,进一步汇总分析之后,得到高共被引频次的关键节点文献如表9.4所示。最早的关键节点文献是Adler(2002)发表的《社会资本:新概念的展望》,这篇文章从社会资本角度提出了团队社会网络的研究概念,综合各学科对社会资本理论的研究指明在团队层面社会资本的研究方向,给团队社会网络提供了一个重要的理论视角。Oh等(2004)通过对来自韩国的11个组织77个工作团队研究发现,传统团队可能通过群体封闭来建立一个高度团结的团队,引入社会网络有利于完善团队联系,从而最大化其社会资本,提高团队效率。这2篇文献在团队层面建立了社会网络与社会资本的关系,为后续的研究奠定了基础。

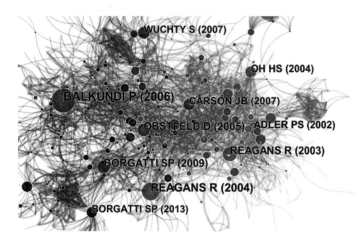

图9.16　文献共被引网络知识图谱

表9.4　高共被引频次的关键节点文献

序号	节点作者	出版年	文献题名	被引次数
1	Balkundi P	2006	团队中的纽带、领导者和时间:网络结构对团队生存能力以及绩效影响	40
2	Reagans R	2004	如何组建团队:社交网络与人口学作为设计有效团队标准	30
3	Borgatti S P	2009	社会科学中的网络分析	24
4	Reagans R	2003	网络结构与知识转移:内聚力和广度的影响	23
5	Obstfeld D	2005	社会网络、"第三人"取向和参与创新	23
6	Carson J B	2007	团队共享领导:前因后果与绩效调查	21
7	Adler P S	2002	社会资本:新概念的展望	21
8	Oh H S	2004	群体社会资本与群体效能:非正式社会化关系的作用	21
9	Wuchty S	2007	团队在知识生产中日益占主导地位	20
10	Borgatti S P	2013	社会网络分析	20

为了全面地展示采用文献计量法这一手段的行文特色,这里呈现两个案例以便读者更好地理解。

案例1:中国发展心理学的研究热点与发展趋势:
基于《心理发展与教育》创刊35年的文献计量分析

《心理发展与教育》(《Psychological Development and Education》)是由教育部主管、北京师范大学主办的面向国内外公开发行的心理学学术刊物,是我国唯一的发展心理学与教育心理学专业学术刊物,主要发表发展心理学和教育心理学领域的高质量研究报告与论文,下设认知与社会性发展、教与学心理学、心理健康与教育、理论探讨与进展等栏目。《心理发展与教育》创刊于1985年,曾于2013年、2014年、2016年、2017年、2018年和2019年被评为"中国最具国际影响力学术期刊",是"中文社会科学引文索引"(Chinese Social Sciences Citation Index,CSSCI)统计源期刊。

随着我国心理学事业的快速发展,大量的心理学研究成果层出不穷。为了进一步系统梳理这些研究成果,国内一些学者尝试对心理学期刊进行文献计量分析,获得了一些有价值的发现(郭文斌 等,2013;贾海波 等,2019;李静,丁亚东,2017;苏纯惠 等,2015;王道阳 等,2016;伍定国 等,2018)。文献计量学是指运用数学、统计学和文献学的方法,通过研究某一学科的诸多特征以描述该学科当前发展现状和未来趋势,以便为学科发展提供重要的参考依据(孙建敏 等,2014)。尽管已有学者针对《心理发展与教育》进行了文献计量分析,但仅仅是从基金资助情况、发文机构等方面进行了描述统计分析(王道阳 等,2016),并未从中国发展心理学的研究热点与发展趋势这一更为宏观的高度进行分析,因此贡献较为局限。《心理发展与教育》创刊已35年,作为我国唯一的发展心理学与教育心理学专业学术刊物,该刊发文的学术影响力和研究主题演变值得进一步深入挖掘和研究。为此,本研究首先立足于《心理发展与教育》35年间的发展变化,借助科学计量学领域的可视化分析软件,系统全面地分析该刊的多项指标,以期对该刊创刊至今的发展状况进行客观评价,并以此为切入点探析我国发展心理学研究领域的发展趋势与演进脉络。

1. 数据来源与分析方法

本研究于2020年5月31日检索中国知网(CNKI)文献数据库中1985~2019年发表于《心理发展与教育》的论文,共获得2478篇文献数据。为提高文献计量分析的准确性,本研究剔除了缺失作者等资讯类文献数据,最终得有效文献2456篇。此外,基于中文社会科学引文索引(CSSCI)文献数据库、中国人民大学复印报刊资料和中国知网数据库,本研究获得了上述2456篇文献被转载、被收录以及被引的情况。本研究还借助于科学统计与计量可视化软件CiteSpace、Origin对《心理发展与教育》的载文量、被引量、机构、关键词等数据指标进行了整理与分析。

2.《心理发展与教育》发展现状

《心理发展与教育》年发文量、引文量以及发文趋势如图9.17所示。其中,该刊年发文量总体呈波动上升的趋势。2002年发文量开始大幅增长,2005年达到发文量的第一个高峰;2010年为发文量的第二个高峰,这可能是因为从2010年开始《心理发展与教育》由季刊变为双月刊。自2007年后,年均发文量为88篇,拟合的结果也表明自2007年开始该刊年发文量逐渐平稳,预计这一趋势将继续保持下去。这表明,在国内发展心理学研究领域蓬勃发展之际,《心理发展与教育》仍严控发文质量关,重点刊发对发展心理学研究具有理论和实践意义的工作。此外,2002~2006年的年均被引量均超过了5000次,2005年的被引量更是高达5906次;总下载量高达337万次,其中2015年下载量高达19万次,篇均被下载量高达2097.07次。这些结果均反映了《心理发展与教育》所刊发的论文获得了学术界的高度关注,在业界具有较高的认可度。

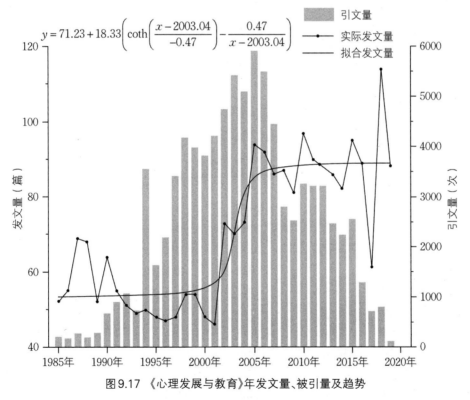

图9.17 《心理发展与教育》年发文量、被引量及趋势

作为人文社会科学领域重要的精选库,被中国人民大学复印报刊资料转载已逐渐成为学术评价的标准之一,该举动不仅反映了期刊刊文的深度和价值,也在一定程度上凸显了当前某一研究领域的热点和发展趋势(汪琛 等,2020)。自1995年以来,《心理发展与教育》被中国人民大学复印报刊资料累计转载306次,其中2005年的被转载量最高为23次,具体如图9.18所示。

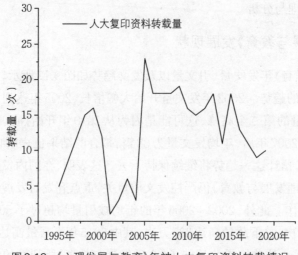

图9.18 《心理发展与教育》年被人大复印资料转载情况

下述针对一级单位进行研究机构发文量的分析。从发文总量来看,北京师范大学、华南师范大学、西南大学和华中师范大学位列前四,总发文量分别为814篇、135篇、122篇和110篇,均突破了百篇大关;从篇均被引次数来看,总发文量位列第十一位的南京师范大学篇均被引最高为58.87次,紧随其后的是华南师范大学、上海师范大学、山东师范大学和北京师范大学,均超过45次(如表9.5所示)。总体来看,总发文量排名前十五的高产机构基本为师范类院校(占比66.67%),拥有心理学一级学科硕/博士学位授权点、心理学或应用心理学本科专业、心理学博士后科研流动站等的高校。

表9.5 《心理发展与教育》前十五名高产机构

单位	总发文量	总被引次数	总下载次数	篇均被引次数
北京师范大学	814	37051	1361535	45.52
华南师范大学	135	6906	283594	51.16
西南大学	122	3584	206430	29.38
华中师范大学	110	3721	254343	33.83
山东师范大学	90	4090	162029	45.44
天津师范大学	72	2432	82022	33.78
华东师范大学	66	2250	99304	37.50
中国科学院	42	1240	40933	29.52
辽宁师范大学	40	875	59055	21.88
中国人民大学	31	1034	61339	33.35
南京师范大学	31	1825	53876	58.87
陕西师范大学	29	1050	67382	36.21
上海师范大学	29	1331	37342	45.90
东南大学	23	449	35589	19.52
中央财经大学	21	431	33381	20.52

被引量是衡量期刊水平和学术影响力的重要指标,文献的被引次数反映了杂志所刊文的质量以及学者及其所在单位的研究水平(李静,丁亚东,2017)。为了突出不同时间段高被引文献的价值,该研究划分了三个时间段,即1985~2000年、2000~2009年、2010~2019年,并分别分析排名前十的高被引文献,结果如表9.6、表9.7和表9.8所示。不难发现,这三个时间段均涉及一些经典主题如父母教养方式、自我效能感、同伴关系等,具体如下:一是父母教养方式、亲子以及家庭环境对青少年心理适应的影响(蒋奖 等,2010;曾琦 等,1997);二是教师职业认同、倦怠以及工作满意度的影响因素(陈卫旗,1998;宋广文,魏淑华,2006;王国香 等,2003;赵玉芳,毕重增,2003);三是同伴关系乃至更广泛的人际关系、社会支持在个体发展及心理健康中的价值(沃建中 等,2001;严标宾,郑雪,2006;周宗奎 等,2015;邹泓,1997);四是自尊或自我效能感与学习动机和归因的关系(池丽萍,辛自强,2006;高申春,2000;王凯荣 等,1999;叶仁敏,Hagtvet,1992;周勇,董奇,1994)。值得注意的是,后两个时间段的高被引文献均涉及幸福感这一主题,从积极心理学视角审视发展与教育成为一种研究趋势。此外,近10年来,青少年网络成瘾以及大学生就业问题日益突出(乔志宏 等,2011;张锦涛 等,2011)。

表9.6 1985~2000年《心理发展与教育》高被引论文前十名

文献题名	作　者	发表时间	被引次数
学习动机、归因、自我效能感与学生自我监控学习行为的关系研究	周勇,董奇	1994	941
中学生自我效能感、归因与学习成绩关系的研究	王凯荣,辛涛,李琼	1999	687
同伴关系的发展功能及影响因素	邹泓	1998	584
成就动机的测量与分析	叶仁敏,Knut A. Hagtvet	1992	500
中学教师工作满意感的结构及其与离职倾向、工作积极性的关系	陈卫旗	1998	396
父母教育方式与儿童的学校适应	曾琦,芦咏莉,邹泓,董奇,陈欣银	1997	387
自尊的结构模型及儿童自尊量表的编制	魏运华	1997	350
幼儿家长教育方式的类型及其行为特点	林磊	1995	347
3~6岁儿童母亲的教育方式及影响因素的研究	陶沙,林磊	1994	339
同伴接纳、友谊与学校适应的研究	邹泓	1997	328

表9.7 2000~2009年《心理发展与教育》高被引论文前十名

文献题名	作　者	发表时间	被引次数
中学教师职业倦怠状况及影响因素的研究	赵玉芳,毕重增	2003	979
自我效能理论评述	高申春	2000	742
教师职业倦怠量表的修编	王国香,刘长江,伍新春	2003	577
影响教师职业认同的相关因素分析	宋广文,魏淑华	2006	575

续表

文献题名	作者	发表时间	被引次数
职业压力、教学效能感与中小学教师职业倦怠的关系	刘晓明	2004	499
大学生学习动机的测量及其与自我效能感的关系	池丽萍,辛自强	2006	476
大学生社会支持、自尊和主观幸福感的关系研究	严标宾,郑雪	2006	466
中学生人际关系发展特点的研究	沃建中,林崇德,马红中,李峰	2001	417
幸福感:认知与情感成分的不同影响因素	池丽萍,辛自强	2002	364
大学生外语焦虑、自我效能感与外语成绩关系的研究	张日昇,袁莉敏	2004	353

表9.8 2010~2019年《心理发展与教育》高被引论文前十名

文献题名	作者	发表时间	被引次数
中介效应的检验方法和效果量测量:回顾与展望	方杰,张敏强,邱皓政	2012	502
简式父母教养方式问卷中文版的初步修订	蒋奖,鲁峥嵘,蒋苾菁,许燕	2010	348
初中生感恩与学业成就的关系:学习投入的中介作用	文超,张卫,李董平,喻承甫,代维祝	2010	207
家庭社会经济地位与学习投入的关系:学业自我效能的中介作用	石雷山,陈英敏,侯秀,高峰强	2013	166
心理弹性与压力适应的关系:积极情绪中介效应的实验研究	崔丽霞,殷乐,雷雳	2012	164
父母教养方式对青少年社会适应的影响:人格类型的调节作用	刘文婧,许志星,邹泓	2012	157
大学生的心理韧性及其与积极情绪、幸福感的关系	王永,王振宏	2013	142
青少年亲子关系与网络成瘾:孤独感的中介作用	张锦涛,刘勤学,邓林园,方晓义,刘朝莹	2011	137
同伴关系的发展研究	周宗奎,孙晓军,赵冬梅,田媛,范翠英	2015	136
大学生就业能力的结构及其对就业结果的影响	乔志宏,王爽,谢冰清,王祯	2011	135

2015年,为了庆祝《心理发展与教育》创刊30周年,《心理发展与教育》编委会特设立了"《心理发展与教育》创刊30周年优秀论文"奖项。根据中国知网上的被引数据,结合年代分布,经编委会投票,最后从2054篇论文中评选出了10篇优秀论文。其中有9篇论文与3个时间段的高被引文献重合,表明即使随着时间的推移,经典的优秀论文也依然会被后来的学者广泛关注和引用。此外,《心理发展与教育》高被引的论文主要是实证类,少量为综述或理论类,表明了该刊更加注重实证类研究工作。

3.《心理发展与教育》研究热点与发展趋势

作为高度概括研究内容的信息,关键词的共现网络和出现频次为研究者提供了明晰发展心理学当前研究热点的可能,突出了某一特定时期研究者所聚焦的研究问题,有助于洞见未来的研究趋势(潘黎,侯剑华,2012)。该研究采用CiteSpace对《心理发展与教育》2456篇论文的关键词进行共现分析,得到如图9.19所示的结果,详细的结果如表9.9所示。由表9.9可见,不同年龄阶段的群体是该刊主要关注的对象,表现为"青少年"出现了121次、"大学生"出现了92次、"儿童"出现了42次、"幼儿"出现了41次等。此外,社会性发展、心理问题以及问题行为的研究也备受关注,例如,网络欺负/攻击行为(宋明华 等,2017;汪倩倩 等,2020)、学业表现(侯珂 等,2018;王明忠 等,2020)、焦虑/抑郁情绪(柴唤友 等,2019;苗灵童 等,2018)、同伴关系(李庆功 等,2020)、认知发展(刘伟方 等,2019)等。值得关注的是,越来越多新兴的技术被应用于发展与教育心理学的研究之中,如眼动、元分析等,这是学科发展的必然趋势,也是近十年来该学科发展的重要助力。尽管神经成像技术的运用日益增多,但相较传统的研究手段,本学科的研究方法还有待进一步发展。

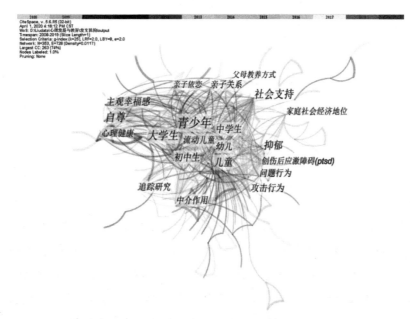

图9.19 《心理发展与教育》主题关键词共现网络

表9.9 1985~2019年《心理发展与教育》期刊发文的主题关键词

序号	关键词	频次	中心度	首现年
1	青少年	121	0.35	2009
2	大学生	92	0.13	2009
3	儿童	42	0.17	2008

续表

序号	关键词	频次	中心度	首现年
4	幼儿	41	0.06	2009
5	自尊	38	0.13	2011
6	抑郁	31	0.12	2010
7	初中生	30	0.04	2008
8	社会支持	29	0.09	2010
9	主观幸福感	26	0.03	2009
10	中学生	23	0.08	2008
11	小学生	21	0.04	2010
12	眼动	21	0.04	2011
13	学前儿童	20	0.03	2008
序号	关键词	频次	中心度	首现年
14	问题行为	19	0.05	2009
15	流动儿童	17	0.02	2010
16	追踪研究	17	0.05	2012
17	亲子关系	15	0.03	2008
18	中介作用	15	0.03	2009
19	攻击行为	15	0.04	2009
20	网络成瘾	14	0.02	2010
21	心理健康	12	0.08	2010
22	家庭社会经济地位	11	0.03	2013
23	元分析	11	0.04	2015
24	中小学教师	10	0.01	2009
25	社会适应	10	0.02	2011
26	学业成绩	10	0.01	2013

在关键词共现分析的基础上，对高频关键词进行聚类分析，并将发表时间加入考察。这不仅能通过聚类凸显研究主题，相比于关键词共现分析更能明确研究方向和课题；而且时间线视图侧重于各个聚类研究演变的时间跨度，可体现不同研究方向的发展趋势（陈悦 等，2014）。根据陈悦等（2015）的建议，采用对数似然率算法对所有关键词进行聚类分析，结果如图9.20所示。其中，纵轴体现聚类信息，横轴反映发表年份，通过观察时间线视图可分析该聚类的开始年份、持续时间等。其中，所得到聚类网络的模块值为0.5158，大于0.3这一临界值，表明划分出的模块结构显著。

由表9.10可知，13个聚类的轮廓值均大于0.7这一临界值，表明聚类的结果令人信服（陈悦 等，2015）。为了更为深入地了解《心理发展与教育》发展历程中所包含的重点研究领域，以下将从学科宏观视角，分别从发展与教育心理的四大研究领域阐释聚类结果：

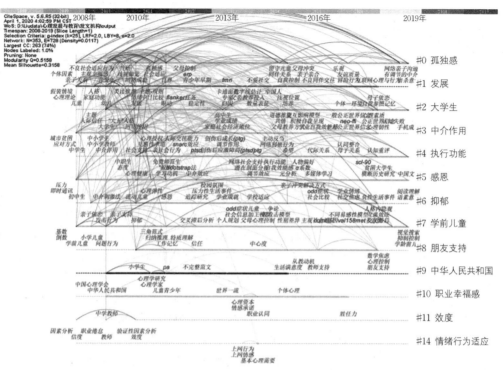

图 9.20 《心理发展与教育》主题关键词共现的时间线视图（彩图见图版Ⅴ）

（1）认知发展。认知发展研究主要聚焦于不同年龄阶段的认知能力以及脑发育或脑老化的发展性特点及其机制。研究者从认知心理学甚至是认知神经科学的视角，试图回答随着生理年龄的增长，认知的动态变化机制。例如，聚类4"执行功能"、聚类7"学前儿童"等反映了该主题的研究通常涉及儿童的数学认知、言语能力、认知灵活性等认知能力的功能性发展，并且聚类4和聚类7的平均年也体现出该主题是近年来的研究热点（张云，2016）。此外，随着发展认知神经科学的兴起和发展，研究者不仅局限于探讨儿童认知能力的发展特点，而且进一步探索认知能力的发展与大脑发育或神经发展机制间的关联性（李何慧 等，2017；马军朋 等，2016），这强有力地推动了发展性障碍的诊断、干预等研究的发展（邹雨晨 等，2015）。此外，尽管认知与脑老化的研究较少、未形成明显的聚类，但近10年来认知老化的研究日益受到研究者的关注，并且认知功能的老化研究也日趋细化，如阅读广度或词汇加工的年老化特点（刘志方 等，2019；张骏 等，2019）。值得注意的是，从一些聚类包含的具体关键词中不难发现，除了一部分研究纯粹关注特定认知功能的发展，还有较大部分研究者关注认知发展对学业活动的影响（梁兴丽 等，2020）。这表明，认知发展研究作为发展与教育心理学的研究基础，其研究结果往往为教育心理学提供了依据（Dumontheil, 2016）。

表9.10 《心理发展与教育》发文关键词聚类分析

聚类编号	聚类规模	轮廓值	平均年	其他关键词
0	52	0.721	2012	孤独感;青少年;同伴依恋;亲子关系;歧视知觉;影响因素;攻击;父母冲突;依恋;认知发展
1	41	0.869	2011	发展;情绪;儿童;数字线估计;家庭功能;心理理论;人格;错误信念认识
2	30	0.722	2014	大学生;手机成瘾;道德认同;网络使用;认知失败;家庭社会经济地位;青少年;网络成瘾;网络偏差行为
3	29	0.878	2012	中介作用;创伤后应激障碍;中小学生;创伤后成长;应对方式;外源性注意;数字加工;时间进程;心理社会适应;亲社会行为
4	24	0.849	2013	执行功能;心理健康;3~5岁儿童母亲;学习动机;中职生;潜在剖面分析;贫困大学生;态度;内在觉知;自我反思;言语能力;2~3.5岁儿童;灵活转换;学业成就
5	20	0.835	2013	感恩;学业成就;初中生;群体态度;学习投入;学校依恋;环境因素;汉语儿童;生活事件;默读流畅性;父母情绪调节困难;压力;日常性学业复原力
6	19	0.868	2014	抑郁;父母心理控制;攻击行为;亲子支持;性别差异;交叉滞后;争论;互惠效应;一般攻击模型;对立违抗性障碍儿童;同伴接纳/拒绝;COMT基因Val158Met多态性
7	17	0.94	2013	学前儿童;特质理解;信任;分配公平性;竞争/合作;能力特质;基数;序数;策略使用;学龄前儿童;可信度特质;倒数;数感
8	9	0.899	2014	朋友支持;教师支持;情绪行为适应;心理控制;从教动机;政策满意度;压力事件;焦虑代际传递;教师职业认同
9	7	0.999	2011	中华人民共和国;心理学研究;创新;朱智贤;发展心理学;心理学家;儿童心理学;儿童青少年
10	6	0.972	2013	职业幸福感;职业认同;幼儿教师;职业压力;心理资本
11	6	0.987	2009	效度;信度;验证性因素分析;心理一致感;青少年
12	3	0.99	2014	情绪行为适应;任务难度;网络偏差行为

(2) 社会性发展。社会性发展涉及个体掌握社会性技能的发展水平,如自我意识、道德判断观念以及社会认知等社会化过程的发展(林崇德,张文新,1996)。这部分与社会心理学密切相关,强调了社会环境与儿童发展的相互作用。例如,聚类1"发展"和聚类8"朋友支持"就表明,研究者关注心理理论、同伴支持、道德认同等领域,如青少年的人际信任的发展等(李庆功 等,2020;孙晓军 等,2015);并探讨社会认知发展对个体特定行为的影响(丁凤琴,纳雯,2015;苗灵童 等,2018)。此外,鉴于德育是教书育人的重要环节,道德发展不仅是社会性发展关注的热点问题,也是教育心理学所涉及的研究领域。一方面,社会性发展研究关注道德概念表征、道德判断(丁凤琴 等,2017;贾宁 等,

2018),另一方面就如同聚类2更关注道德认同在行为适应问题中的作用(衡书鹏 等,2018;王兴超 等,2012)。此外,近年来社会性发展对心理健康的影响日益受到研究者的关注,从聚类6"抑郁"、聚类14"情绪行为适应"等均可发现,同伴接纳或拒绝的态度在儿童情绪或行为适应问题乃至严重的心理问题中发挥了重要作用(曹衍森 等,2017;田录梅 等,2016)。

(3)教与学心理。该研究领域主要包括两大内容:一是从学生的角度出发,聚焦于学生的学习心理,如聚类4和聚类5,通常涉及"学习动机""默读流畅性""学业成就"等主题(池丽萍,辛自强,2006;赵英 等,2019)。例如,程亚华等(2019)在探索字词和句子阅读流畅性的发展模式的基础上,分析了小学低年级儿童的阅读流畅性对阅读理解的预测作用,以揭示认知发展特点及其对学习水平的发展变化的作用机制。二是从教师角色出发,作为教育的重要实施者,教师的心理健康及其职业满意度也是教育心理学的焦点之一。例如,聚类10"职业幸福感"和聚类8"朋友支持",研究者不仅关注教师的职业幸福感,还对"职业认同""职业压力""从教动机"等方面进行了探讨(王钢 等,2017;张西超 等,2014),这往往从教师内在人格或动机因素以及外在环境因素(如工作家庭冲突、教学自主性等)着手,试图回答如何提高教师的职业满意度和幸福感,缓解职业倦怠和压力(李明军 等,2015;林颐宣,2020;朱进杰 等,2018)。

(4)心理健康与教育。作为影响社会发展的重大公共卫生以及社会安全问题,青少年的心理健康一直备受学界关注,如聚类0"孤独感"、聚类6"抑郁"、聚类12"情绪行为适应"等,该主题主要探索焦虑、抑郁、攻击性行为、网络欺凌等情绪与行为适应问题的影响因素及其作用机制(宋明华 等,2017),如考察社会支持对抑郁情绪的缓解作用(范航 等,2018)。此外,聚类中涉及"对立违抗障碍儿童""贫困大学生"等主题也不容忽视,"流动儿童"作为高频关键词反映了研究者并未局限于典型群体,而是逐渐开始关注非典型发展群体的心理健康问题,如流动儿童的对立违抗障碍症状及其情绪调节(黎燕斌 等,2016)、贫困大学生群体的孤独感(谢其利 等,2016)等。需要注意的是,聚类"抑郁"中涉及了与基因相关的研究内容,表明目前国内心理健康与发展的研究领域在神经机制上也有所涉猎和突破(曹衍森 等,2017;刘亚鹏 等,2019),预示着中国发展心理学将在理论和机制研究上不断深入,从而为心理障碍的干预和治疗提供神经层面的实证依据。

案例2:超扫描研究的热点、发展趋势与启示:基于文献计量学的分析

社会互动对人类的发展非常重要,人类之所以能建设如此有秩序的文明,原因之一就是在社会互动中发展了一套完整的社会沟通系统与交流技巧。然而,传统的社会互动研究的局限之一在于主要关注实验室模拟的、单人的社会互动特征,本质上体现了离线认知。但事实上,人类大多数的社会互动都是实时的、自然的(Konvalinka et al.,

2012;Schilbach et al.,2013),是一种在线认知甚至是超脑认知。因此,从这个意义而言,人们的活动并不是单个个体大脑活动的简单叠加(Hari et al.,2009;Konvalinka et al.,2012),应在特定的环境中同时考察多个大脑的活动(Koike et al.,2015)。研究问题的需要促进了研究技术的发展,这里的研究技术主要是指同时记录多个大脑活动的超扫描(Hyperscanning)技术。所谓超扫描,是指借助神经影像学技术的同时记录共同完成某一认知活动的多人脑活动的技术,可用于分析大脑信号间的相似性、相关性、相干性[①]以及因果关系[②]等(Smith et al.,2014),主要有基于脑电(Electroencephalography,EEG)、脑磁图(Magnetoencephalography,MEG)、功能性磁共振成像(functional Magnetic Resonance Imaging,fMRI)、功能性近红外光谱成像(functional Near-infrared Spectroscopy,fNIRS)的超扫描技术等。目前来看,超扫描技术发展迅速并已成为主流的认知神经科学研究手段之一。

总体而言,超扫描研究主要被应用于人际神经科学(Interpersonal Neuroscience)领域,旨在揭示社会交流或决策中群体的神经活动模式(成晓君 等,2021;Konvalinka et al.,2012;Schilbach et al.,2013)。研究者往往从感知运动、信息交流、社会决策等方面开展脑际认知同步的研究,并考察相应的影响因素(李先春 等,2018;Li et al.,2020;Nguyen et al.,2020)。感知运动方面的研究主要涉及对不同手势、动作的模仿或协作发生时的多脑耦合机制(Holper et al.,2012;Miyata et al.,2021);对信息交流方面的研究探索了言语交流(Liu et al.,2017,2021)、眼神交流(Dravida et al.,2020;Noah et al.,2020)、情感交流(Goldstein et al.,2018;Liu et al.,2018)等活动发生时的多脑耦合机制;对社会决策方面的研究则围绕协作、合作与竞争等互动发生时的多脑耦合机制展开探讨(卑力添 等,2019;Zhang et al.,2020)。随着研究的不断深入,社会互动中负责情感交流、情绪调节的脑际认知同步机制也越来越受到研究者的关注(Hu et al.,2017;Koole et al.,2016;Reindl et al.,2018)。此外,研究者还尝试采用电刺激技术如经颅交流电刺激(transcranial Alternating-current Stimulation,tACS),从调控和干预的视角试图揭示脑际认知同步与信息传递、情感交流等现象之间的因果关系(Liu et al.,2019;Pan et al.,2021)。

鉴于真正理解社会互动的重要性和必要性,研究者从上述多个不同的角度借助超扫描技术开展了大量社会或人际神经科学研究。然而,目前零散的研究仍难以客观地梳理及探索超扫描研究的发展脉络、研究热点以及未来研究趋势。随着可视化技术的日益成熟,科学知识图谱越来越多地应用于展现知识结构、探索研究热点、挖掘研究主题以及构

---

① 这里提及的相似性、相关性和相干性,它们彼此之间的联系在于均是对大脑中多个区域之间神经信号的线性依存关系进行计算,即对于多个同时记录到的神经信号中的相同节律成分进行相位稳定性测量;区别在于描述神经信号之间线性依存关系的角度不同以及计算方法不同。

② 在超扫描研究中,对于神经信号之间因果关系的衡量常采用格兰杰因果分析。格兰杰因果分析是一种对于两个平稳时间序列是否存在预测关系的检验,可以用于考察互动过程中个体之间脑信号的方向性。然而需要注意的是,尽管格兰杰因果关系可以作为因果关系的一种支持,却不能作为肯定或否定因果关系的根据,因为该分析的结论只是一种统计估计,而不是真正意义上的因果关系(Granger,1969)。

建演化规则,已经成为研究领域动态和发展趋势的主要知识发现工具。基于此,本研究采用科学计量学技术,结合知识图谱方法对超扫描研究进行可视化分析,从而为后续研究提供新的思路和方向。

(一) 方法

1. 数据来源

本部分内容基于中国知网文献数据库以及 Web of Science 核心合集的 SSCI 和 SCI 引文检索文献数据库获取到的文献数据信息,时间为2021年6月9日。分别以"超扫描""脑间同步""脑-脑耦合""人际神经同步""多人交互同步记录""多人同时交互记录""多脑同时扫描""脑间活动同步性"和"hyperscanning""inter-brain coherence""inter-brain connectivity""inter-brain correlation""inter-brain synchronization""interpersonal neural synchronization""brain-to-brain coupling""brain-to-brain synchronization""inter-brain phase synchronization""brain-to-brain synchrony""between-brain connectivity""inter-individual neural synchronization"作为中英文文献数据库检索的主题词,发表时间限定为1900年1月1日至2021年6月9日,中文文献类型限定为已出版的期刊论文,英文文献类型限定为"Article"和"Review",分别获得10篇中文文献数据和257篇英文文献数据。由于中文文献数量较少,不适合进行文献计量分析,因此本研究仅针对检索到的英文文献进行文献计量分析。具体的文献绘制流程如图9.21所示。

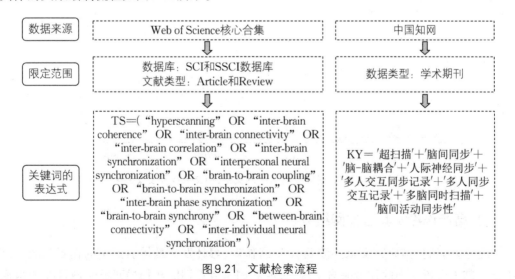

图9.21 文献检索流程

2. 研究工具和程序

借鉴已有研究中采用的方法(甘烨彤 等,2021;颜志强 等,2019),借助Python(Version 3.6.3)编写文本处理程序抽取文献数据信息,包括每篇文献的作者、发表年份、关键词、发表杂志等,以便后续进行文献计量分析。此外,使用CiteSpace(Version 5.7R5W)和VOSviewer(Version 5.5.R2)软件对文献数据进行可视化分析。

(二)描述统计分析

1. 年度发文量、引文量以及发文趋势

超扫描研究文献年度发文量、引文量以及发文量趋势的拟合方程如图9.22所示,总体的发文量呈指数型增长,表明超扫描研究持续得到学界的关注,对发文量进行拟合所得到的拟合方程也支持了该发现。257篇英文文献累计被引8389次,篇均被引32.64次。最早的文献发表于2002年(Montague et al.,2002),迄今已被引348次。

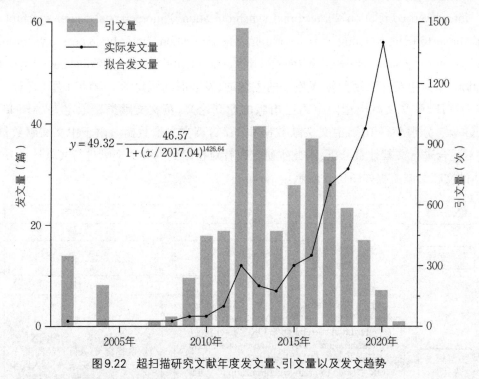

图9.22 超扫描研究文献年度发文量、引文量以及发文趋势

2. 高产作者及其合作网络分析

经检索,超扫描研究文献共涉及1069名作者,累计发文量排名前十的作者如表9.11所示。其中有近一半的作者来自中国,表明我国学者在国际超扫描研究领域具有相当重要的发言权,华东师范大学、浙江大学以及北京师范大学更是国内的超扫描研究重镇。采用VOSviewer软件分析作者合作网络,结果如图9.23所示。不难发现,超扫描研究作者合作网络目前已现雏形,但尚未形成规模较大的作者集群,提示该领域后续的研究还要加

强不同单位学者之间的密切合作。

表9.11 超扫描研究发文量排名前十的作者

作者	频次	占比	现所在机构
Michela Balconi	19	7.42%	Department of Psychology, Catholic University of Milan, Italy
Maria Elide Vanutelli	12	4.69%	Department of Philosophy, University of Milan, Italy
Yi Hu（胡谊）	11	4.30%	School of Psychology and Cognitive Science, East China Normal University, China（华东师范大学心理与认知科学学院，中国）
Yafeng Pan（潘亚峰）	10	3.91%	Department of Clinical Neuroscience, Karolinska Institutet, Stockholm, Sweden
Guillaume Dumas	9	3.52%	Department of Psychiatry, Université de Montréal, Canada
Giulia Fronda	9	3.52%	Department of Psychology, Catholic University of Milan, Italy
Xianchun Li（李先春）	9	3.52%	School of Psychology and Cognitive Science, East China Normal University, China（华东师范大学心理与认知科学学院，中国）
Tao Liu（刘涛）	9	3.52%	School of Management, Zhejiang University, China（浙江大学管理学院，中国）
Ulman Lindenberger	8	3.13%	Center for Lifespan Psychology, Max Planck Institute for Human Development, Germany
Chunming Lu（卢春明）	8	3.13%	State Key Laboratory of Cognitive Neuroscience and Learning, Beijing Normal University, China（北京师范大学认知神经科学与学习国家重点实验室，中国）

图9.23 超扫描研究作者合作网络

3. 高频关键词与聚类分析

经检索,超扫描研究文献共涉及2038个关键词,累计出现次数排名前十的关键词如表9.12所示。值得关注的是,采用超扫描技术探究"合作""社会互动"等行为是当前的热点议题,以期揭示脑-脑耦合、脑际认知同步等现象潜在的神经机制。从技术手段层面来看,fMRI,EEG和fNIRS是目前超扫描研究所依托的主要技术。相较于fMRI和EEG,fNIRS出现的平均年较近(2016年),表明其是近期更受超扫描研究青睐的依托技术。这可能是由于fNIRS兼具高空间分辨率和高生态效度的优势,更适合在自然情境或伴随动作等互动情境下研究脑际认知同步(Balconi et al.,2021;Zhang et al.,2020;Zhao et al.,2021)。

表9.12 超扫描研究中出现次数排名前十的关键词

关键词	频次	中心度	平均年
hyperscanning	116	0.12	2011
cooperation	52	0.08	2015
fmri	50	0.12	2011
social interaction	47	0.07	2012
fnirs	45	0.13	2016
coherence	43	0.15	2012
EEG	40	0.11	2013
brain	35	0.04	2013
connectivity	32	0.09	2015
synchronization	29	0.04	2012

表9.12的结果在如图9.24所示的超扫描研究关键词突显分析中得到了验证,其中,"Mind"(心智)属于最新出现的一个关键词,从2019年首次出现至今一直活跃。

采用VOSviewer对超扫描研究所涉及的关键词进行聚类分析,结果如图9.25所示。蓝色聚类以"fNIRS""cooperation"等关键词为代表,反映了该聚类主要是以基于功能性近红外光谱成像的超扫描技术来研究合作行为的认知神经机制;绿色聚类以"EEG""SocialInteraction""Joint Action"等关键词为代表,反映了该聚类更多是以基于脑电的超扫描技术来研究以联合行动为代表的社会互动行为的认知神经机制;红色聚类以"fMRI""Cognition""Connectivity"等关键词为代表,反映了该聚类主要是以基于功能性磁共振成像的超扫描技术来研究人类认知的神经机制。此外,黄色聚类和粉色聚类中的关键词较为分散,与上述几个规模较大的聚类有较多重叠,反映了这两种聚类尚未形成特色鲜明的研究主题。

Keywords	Year	Strength	Begin	End	2004~2021
fmri	2004	7.24	2011	2016	
social interaction	2004	4.97	2012	2016	
social cognition	2004	3.45	2012	2016	
cortex	2004	2.84	2012	2016	
hyperscanning	2004	3.24	2013	2015	
perception	2004	2.49	2013	2016	
social neuroscience	2004	2.64	2014	2017	
connectivity	2004	2.65	2015	2016	
modulation	2004	3.77	2016	2018	
brain activity	2004	2.24	2016	2017	
near infrared spectroscopy	2004	1.94	2016	2017	
coordination	2004	2.39	2017	2018	
competition	2004	2.19	2017	2018	
mind	2004	1.96	2019	2021	

图9.24 超扫描研究关键词突显分析

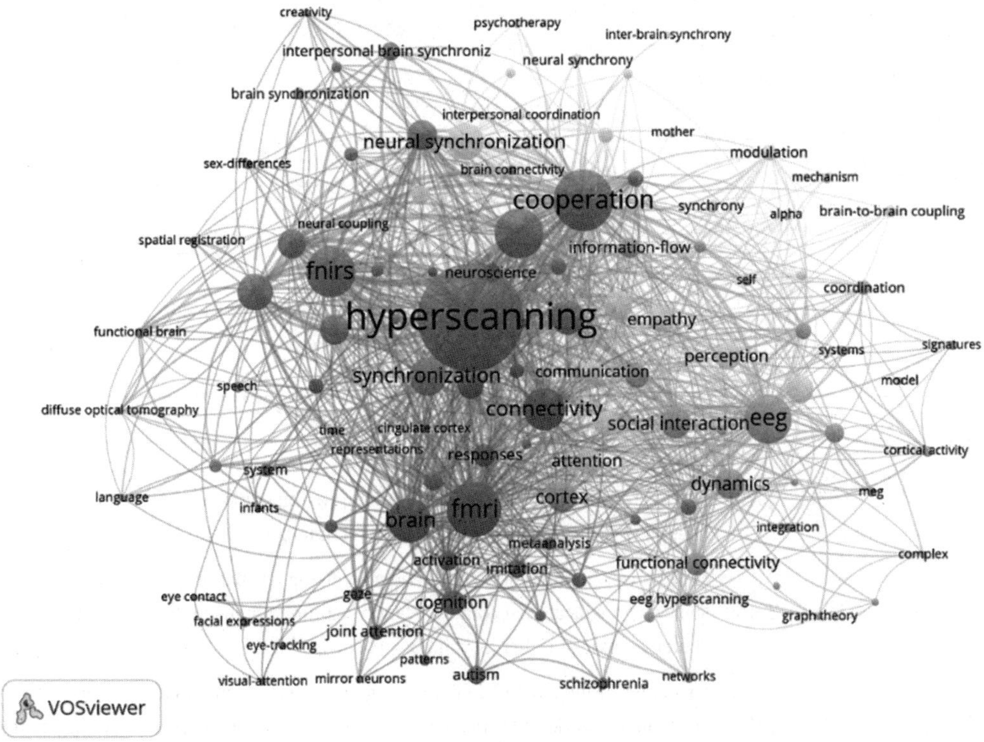

图9.25 超扫描研究关键词聚类网络（彩图见图版Ⅵ）

（三）研究趋势分析

采用Citespace对超扫描研究的关键词进行聚类分析，并将发表时间加入考察以呈现时间线视图，其中纵轴体现了聚类信息，横轴反映了发表年份，通过观察时间线视图能分析该聚类的开始年份、持续时间等，结果如图9.26所示。该分析一方面可以通过聚类凸显研究主题，更能明确研究方向；另一方面借助时间线视图侧重于展现各个聚类研究演变的时间跨度，可揭示不同研究方向的发展趋势（陈悦 等，2015）。根据陈悦等（2015）的建议，聚类模块值大于0.3且平均轮廓值大于0.7时，聚类结构是显著的且具有较高可信度。本研究采用对数似然率算法对关键词聚类进行调整，获得的聚类模块值及平均轮廓值分别为0.42和0.74。更为详细的聚类情况如表9.13所示，以下将分别从特殊群体、应用范畴、社会脑和心理过程4个方面分析超扫描研究未来的发展趋势和方向。

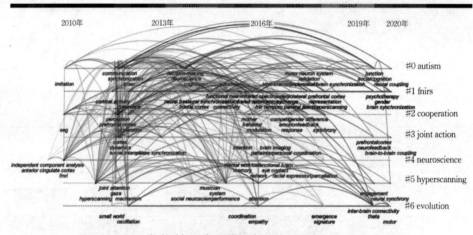

图9.26　加入发表时间的超扫描研究关键词聚类（彩图见图版Ⅶ）

表9.13　超扫描研究聚类分析

编号	规模	轮廓值	平均年	其他关键词
0	21	0.63	2015	autism; strategic game; social expertise; interacting human brain; information flow; cerebellar-cortical connectivity; mu rhythm suppression; pilot study; neural alignment; to-face spontaneous deception; interacting bat
1	20	0.804	2016	fNIRS; less/highly-creative individual; interaction pattern; physical synchrony; subsequent educational communication; capturing human interaction; clinical psychology; novice teacher; psychological counseling
2	15	0.733	2015	cooperation; inter-brain coupling; cognitive performance; emotion domain; hyper-brain network; interbrains cooperation; joint action; to-brain coupling; ineffective joint strategies; interpersonal synchrony; EEG

续表

编号	规模	轮廓值	平均年	其他关键词
3	13	0.751	2015	joint action; functional connectivity change; interpersonal coordination; resting state connectivity; rTPJ; sensory-motor synchronization; shared intentionality; mutual pro-sociality
4	8	0.802	2014	neuroscience; measuring speaker-listener; infrared spectroscopy; pseudo-hyperscanning show; shared affective feeling; mere emotion recognition; ecological setting; spontaneous deception; to-human competition; social brain
5	13	0.777	2014	hyperscanning; to-eye contact; fNIRS; neural substrate; dual eye-tracking; angular gyrus; cross-brain neural coupling; high-functioning autistic spectrum disorder; inferior frontal cortex; functional brain connectivity; neural mechanism
6	7	0.749	2017	evolution; inter-brain connectivity; non-verbal communication; gestures reproduction; social coordination; territorial threat; gamma interbrain synchrony; pro-social behavior; naturalistic noisy situation; anatomical connectivity

正如聚类0所示，近年来，以社会交往障碍为典型特征的孤独症谱系障碍（Autistic Spectrum Disorder，ASD）群体成为揭示社会脑的重点研究对象之一（Holz et al.，2019）。研究者通过研究面对面的囚徒困境任务探索合作或背叛发生时的认知神经机制，发现右侧颞顶联合区（right Temporo-Parietal Junction，rTPJ）的脑际认知同步与解读合作意图有关，并推测该脑区可能在ASD患者的社会互动中发挥了重要作用（Jahng et al.，2017）；Wang等（2020）采用基于fNIRS的超扫描技术，考察了不同ASD程度的儿童在与父母的合作互动中表现出的脑际认知同步差异，发现其神经同步与合作表现存在共变关系。以上关注真实互动情境中ASD的认知神经机制研究为诊断和治疗ASD奠定了重要的基础，也从特殊群体的视角推动了人际神经科学的发展（刘涛 等，2017；Liu et al.，2019）。

此外，研究者格外重视超扫描研究的实际应用，如聚类1，主要包括3个方面：一是教与学过程中的师生互动交流，如师生在音乐学习或概念学习过程中的行为和脑际认知同步特征（Pan et al.，2018，2020）；运动同步对随后的教学质量、脑际认知同步以及学习绩效的影响（Nozawa et al.，2019）；沟通方式与学生先验知识的交互作用对教学效果的影响及其认知神经机制（Liu et al.，2019）；专家和新手老师在师生合作互动中的行为和脑际认知同步差异等（Sun et al.，2020）。根据社会性学习理论，学习在很大程度上是在社会互动情境中通过对他人的观察和模仿而实现的社会性发展过程（乔新虹 等，2018）。因此，超扫描技术在教育神经科学中的应用为有效的学习和教学过程提供了新的视角，人际神经同步（Interpersonal Neural Synchronization，INS）也成为动态评估师生互动以及教学效果的重要指标（Brockington et al.，2018；Liu et al.，2019）。二是心理咨询与临床心理治疗，相较于闲聊，心理咨询中来访者与咨询师在右侧颞顶联合区的脑际认知同步更强，并且非言语性的情感交流在治疗关系中也发挥了至关重要的作用，从而为心理咨询的合理性及其行为和脑际认知同步提供了来自神经层面的解释（Schore，2021；Vaisvaser，2021；Zhang et al.，2018）。三是团体创造活动中的多脑互动，如基于人际互动视角探索互动模式、交流形式、反馈评价或团队类型对团队创造力的影响等(Lu et al.,2019a,2019b,2020;Xue et al.,2018)。

此外,超扫描的研究离不开对社会脑(Social Brain)的探讨。涉及镜像神经元系统(Mirror Neuron System)和心智系统(Mentalizing System)的社会脑是表征社会认知的神经基础(Wang et al.,2018),它们与社会交流、决策等行为密不可分(Astolfi et al.,2011)。正如聚类2所示,有研究通过联合行动的协作任务考察合作与心智系统的关系,发现执行联合任务增强了右侧颞顶联合区的脑际功能连接(Abe et al.,2019;Barraza et al.,2020);探索联合行动反馈对认知能力以及脑际认知同步的影响,发现无效的联合行动与竞争均减弱了脑际功能连接(Balconi et al.,2018a,2018b);考察抑郁倾向对社会合作的影响,发现抑郁群体在合作情境中脑际认知同步程度的减弱可能与心智系统的功能性缺陷有关(张丹丹 等,2020)。除了社会交流与决策,非言语交流同样是社会互动的重要组成部分,亦是揭示社会互动神经基础的重要主题之一,如聚类5和聚类6中的目光接触、感知运动等(Dravida et al.,2020;Hirsch et al.,2017;Noah et al.,2020)。

如聚类3所示,脑际认知同步潜在的心理过程是超扫描研究中的重要议题,引发了研究者的广泛关注。例如,有研究发现,互动中的脑-脑耦合与运动协调或共同意图有关(Barraza et al.,2020;Salazar et al.,2021;Tang et al.,2016);Dai等(2018)采用基于fNIRS的超扫描技术,同时测量了自然交流情境中倾听者与多名说话者的大脑活动,发现在多名说话者交流情境中,言语选择性加工的脑际认知同步与言语内容而非言语感知的神经预测有关,从而在一定程度上揭示了"鸡尾酒会效应"的认知神经机制。此外,还有研究逐渐在行为同步的基础上,细化了亲子关系或异性/同性成员的互动模式(Hoyniak et al.,2021;Lu et al.,2020),这有助于进一步探索不同互动形式背后的脑际认知同步差异,从而为厘清社会互动的多脑耦合机制奠定了重要的基础。

(四)当前研究的局限和未来研究趋势的展望

尽管超扫描技术已经成为探索具有较高生态效度的社会互动内在机制的一种有力的研究工具和手段,但日常生活中社会互动的复杂性给后续超扫描研究带来了极大的挑战和改善的空间。就目前而言,超扫描研究尚存在如下局限:第一,现有的超扫描研究中发现的脑际认知同步,其实质是多个神经信号之间的相似性、相关性或相干性等,是社会互动过程中不同个体的脑活动特征。但人们往往忽略了一个更基础的问题,即脑际认知同步的理论基础或神经机制是什么?现有的超扫描研究在理论建构方面还较为薄弱,缺乏从心理学或哲学理论层面去思考脑际认知同步的科学意义究竟是什么。如果无法回应这一基本问题,则无法全面采用超扫描技术诠释社会互动的内在机制。第二,现有的超扫描研究所涉及的情景仍较为单一,基本都是局限于实验室环境,生态效度有待提高。最常见的超扫描研究实验设置是让两个被试面对面共同完成某一社会互动任务,采用神经影像学技术同步记录两个被试的神经信号,然后再进行统计分析(Reinero et al.,2021;Zhang et al.,2021)。这些人为设置的任务往往缺乏必要的生态效度,与真实的社会互动相差较远。第三,本研究在数据选取方面也存在一定的局限。按照科学计量学研究通用的模式,本研究基于 Web of Science 中的 SSCI 和 SCI 引文检索文献数据库获取了拟分析的文献数据信息。但受限制于 Web of Science 平台以及 SSCI 和 SCI 引文检索文献数据库会造成拟分析的文献可能不够全面。相较而言,Google Scholar 和 PubMed 没有限制 SSCI 和 SCI 引文检索文献数据库,往往可以从中获得更多的文献数据信息。如果综合 Web of Science、Google Scholar、PubMed 等平台的结果,尽管结果会较为饱满,但会导致无法解决检索、分析工作量成倍增加及非 SSCI/SCI 论文的学术认可度问题。

　　结合上述研究局限和聚类分析的结果,本研究立足于超扫描研究所揭示的脑际认知同步现象,获得了如下关于未来研究趋势的展望:第一,进一步探索超扫描技术在认知科学视角转换中的作用以及推动个体与群体研究范式的相互促进。在很长一段时间内,研究者关注的是单个个体的认知和心理特征,反映到认知神经层面则是单个大脑的活动情况。这本质上是一种旁观者的视角,体现了离线认知(徐献军,2007)。随着人际神经科学研究的深入,研究者们日益发现个体的认知活动只有在社会互动中才能得以进化,所以研究视角需要转变,相应的研究手段也需要更新,对多个大脑的超扫描研究便提上议事日程。问题的推进对技术的发展提出了新的要求,随着超扫描技术的发展,同时研究多个大脑的神经活动成为了可能,引导着单个个体朝着群体的方向调整自身的行为,促进了复杂认知行为的产生。但需要注意的是,离线认知框架下个体水平的神经影像反映了个人在完成某一认知任务时的大脑活动模式,每个人的大脑对认知任务的激活模式和强度可反映个体认知能力的差异以及疾病状态下的异常变化。相较而言,超扫描技术则反映了多人共同完成某一认知活动时的脑活动,以探索大脑信号间的关系,体现了在线认知框架下群体层面的神经影像。因此,离线认知框架下个体水平的神经影像探索和在线认知框架下群体层面的神经影像探索应该是互补的,未来的研究应推动这两种研究范式的相互促进。第二,进一步揭示脑际认知同步现象所蕴含的认知科学哲学意义,尤其是对具身认知研究的促进作用。超扫描技术可以通过创设共享的环境进而实现脑际认知同步,处于共享环境中不同个体的神经元会彼此协调各自的活动来达到一致、保持同步,协调的过程中可以不发生实际的互动(Rizzolatti et al.,2004),在这种"静止"状态中发挥作用的主要是镜像神经元系统。镜像神经元主要是对具身认知的解释,镜像神经元所展现的机制被认为是行为理解的一种直接方式。该机制表明,行为观察可以导致观察者与被观察者大脑中的相同神经元区域自发地激活,而且镜像神经元的工作模式是依附于身体的(Gallese,2013)。由此,具身认知便有了来自认知神经科学层面的证据。除了镜像神经元网络,心智推理网络在脑-脑耦合中也发挥了重要作用(Schilbach et al.,2013)。研究发现,心智推理网络的激活并不需要情绪加工或外显的心理状态推断(Schilbach et al.,2010),即心智推理系统依靠眼神注视或意图推断(Liu et al.,2016)。其认知科学哲学意义在于为我们解释某些内在体验提供了一种媒介,为解释人类自身行为建构了一个经验性理解的基本层次,而该层次甚至无需借助语言表征便可以实现。而在更为广泛的哲学层面,镜像神经元系统和心智推理系统的存在表明,人类的心灵交流可以通过这两座"桥梁",心灵从此不再是虚无缥缈的"黑箱"。因此,共享的环境信息塑造了个体外在的行为和内在的大脑活动。尽管环境的部分特征由物理环境所决定,但环境的其他特征却是由共同建立一系列规则的群体所决定的。耦合的大脑可以产生新的行为,如言语和非言语交流系统等。然而,在那些缺乏脑-脑耦合的物种中则不会出现上述行为。因此,脑-脑耦合塑造了个体的社会世界,并为此提供了新的研究视角,从而推动了真实的社会互动机制的研究。第三,进一步发挥超扫描技术在教与学情境中的应用从而为教育工作者有针对性地改善教学活动和提升教学效果提供了实证证据。近年来,研究者们通过观察教学活动中大脑活动的群体模式,探索了教师与学生在生理层面产生的联结,从而更全面客观地揭示教学过程中的师生交互现象的实质,为教育的有效性提供了有力的科学依据(乔新虹 等,2018)。例如,脑际认知同步可能是衡量注意投入的一个指标,教师与学生的脑际认知同步可以预测学生的课堂投入度(Dikker et al.,2017)。因此,良好的师生关系对学生课堂投入度的影响可能是通过增强师生的脑际认知同步来实现的。这时便可以借助超扫描研究领域所发现的脑际认知同步可以通过互动来增强的发现(Zheng et al.,2020),进一步提升教学质量。第四,进一步发挥超扫描技术在评估异常人群社会功能缺陷中的作用。近年来,超扫描技术广泛应用于孤独症谱系障碍个体社会功能缺陷的评估中,发现孤独症谱系障碍个体较正常个体在右侧额下回部位的脑际认知同步明显减弱,进而导致孤独症谱系障碍个体社会交往功能上的缺陷(Sato et al.,2012)。这表明,借助超扫描技术所发现的神经靶点能揭示包括孤独症谱系障碍在内的社会交往障碍的原因,并且也有助于医务工作者依据具体的指标为社会交往功能缺陷个体提供相应的干预和评估方案。

【思考题】

1. 请简述文献的类型。
2. 请简述文献检索的方法。
3. 请谈谈你对于科学计量法的理解。
4. 请自行确定一个研究主题并对其进行文献计量分析。

第十章 比 较 法

第一节 比较法概述

一、比较法的含义和意义

比较法,又称类比分析法,是指对事物与事物之间以及人与人之间的相似性或相异性进行研究与判断的一种分析方法,即比较法是根据一定的标准,对两个或两个以上有联系的事物进行考察,以寻找其异同并探求普遍规律与特殊规律的方法。自20世纪七八十年代以来,比较法在社会科学研究领域中迅速兴起。比较法不仅是一种具体的分析方法,而且是一种思维方式。随着比较法应用的深入,一系列与结合比较法的学科纷纷出现,如比较社会学(Comparative Sociology)、比较经济学(Comparative Economics)、比较法学(Comparative Jurisprudence)、比较哲学(Comparative Philosophy)、比较文学(Comparative Literature)、比较史学(Comparative History)、比较文化学(Comparative Culturology)等。这些新兴学科的出现,表明比较法作为一种重要的研究分析方法,已在社会科学研究中有广泛的应用。就比较法在社会科学研究领域中的实际应用而言,历史比较法的应用更为广泛(林聚任,2017)。

在社会科学研究领域,比较分析的思想可以追溯到古代思想家那里,只是那时的比较分析是朴素且有限的。例如,古代思想家会将人类社会比作宇宙,或者将人类与动物进行比较。到了近代,随着人类活动视野的扩大,比较分析的思想才开始成熟。18世纪和19世纪的许多西方思想家,如戈特弗里德·莱布尼茨(Gottfried Leibniz)关注东方人的思想,并比较分析了东西方思想的异同。但第一个称得上系统地应用比较法的人是阿历克西·德·托克维尔(Alexis de Tocqueville),他以研究美国监狱制度的名义于1831~1832年在美国访问研究,之后写成了著名的《论美国的民主》(《De la démocratie en Amérique》)一书,从而名声大噪。在此书中,托克维尔比较了美国的民主政权与法国的集中化国家制度。他特别推崇美国的自由结社和大量的志愿团体,认为这些对维护民主和自由具有重要意义。从方法论上来说,托克维尔使用的是比较分析模型。尽管托克维尔并没有提出任何一种像"理想类型"那样的方法论，但他在整个著作中明确地对两类不同的社会形式（贵族社会与民主社会）做了概括和比较分析。例如，刘舒杨和王浦劬（2018）指出：

> 总体而言，托克维尔的民主概念在作为一种社会形式的民主与作为一种政治制度的民主之间摇摆，但他指出了这两种概念之间的差别。作为一种社会形式，民主依赖于平等原则；作为一种政治制度，民主表现为人民主权原则。但是，即使将民主理解为一种政治制度安排，在托克维尔的视阈下，实现竞争性的普选也不意味着民主的最终实现。人民主权原则只是实现自治与积极政治参与的必要制度前提。采取人民主权——最民主的管理方式——的目标："社会由自己管理，并为自己管理。"

段德敏（2014）指出：

> 托克维尔关于宗教对共同善的提升的论述明确地存在于《论美国的民主》一书中。在该书的上卷第五章"美国的行政分权的政治效果"中，托克维尔重点比较了行政集权和政府集权。政府集权是将"全国性法律的制定和本国与外国的关系问题"集中到中央政府手里，而行政集权则是将地方的事务事无巨细地都由中央政府管理。对托克维尔来说，前者是必要的，后者则是灾难性的。行政集权取消了地方自治和公民参与政治的可能，地方民众对影响自己生活和命运的公共事务没有发言权，一切都由中央政府规划。托克维尔认为，任何强大的国家都需要政府集权；而行政集权"只能使它治下的人民萎靡不振，因为它在不断消磨人民的公民精神"。托克维尔举例说，在现代英国，政府集权强大，但没有行政集权，当时的美国同样如此。行政分权和地方自治的最大好处是可以使人们参与到公共事务之中，关心自身的利益，并能对自身的命运产生影响，从而使人们产生公共的美德。

同托克维尔一样，埃米尔·涂尔干（Émile Durkheim）和马克斯·韦伯（Max Weber）也非常重视比较法，他们都将比较法作为社会科学研究的重要方法之一。涂尔干甚至提出，比较法是社会学研究领域中唯一适当的方法，比较社会学即社会学本身。涂尔干从实证主义的观点出发，指出社会学的解释主要是建立社会现象之间的因果关系。但他也指出，并不能从社会现象中直接观察到它们之间的因果关系，而只能通过比较法才能加以研究。因此，他主张比较法必须坚持因果关系的原则。涂尔干指出，使用科学的比较法，根据因果关系的原理去考察社会事实时，必须将"一种相同的结果总是相对应于一种同样的原因"作为比较的基础。涂尔干在他的一系列研究中都系统应用了比较分析的方法，如在

第十章
比 较 法

《社会分工论》一书中,涂尔干采用二分法对两种不同的社会团结形式和社会形式做了比较分析。潘建雷和李海荣(2013)指出:

> 《社会分工论》的主要目的是确立一般意义的社会团结形式与道德健康条件,涂尔干认为任何社会都同时包含两种基本的社会类型及其相应的团结形式,具体如下:
>
> 环节社会—机械团结(肯定性团结)—同质熔合—集体道德—压制性制裁……为他的自杀
>
> 组织社会—有机团结(否定性团结)—差别协作—个人自律—恢复性制裁……自我的自杀
>
> 机械团结是一种无差别的社会状态。在纯粹的环节社会中,集体意识渗透到社会生活的各个角落与细节,几乎完全吞没个体;高度的同质性促使人们合成为单一的熔合体。一旦当某些行为损害或危及集体意识的核心,人们就以道德舆论或严厉的形式(例如暴力机关)镇压之,维护集体意识与社会凝聚力。机械团结虽有坚硬的集体意识,但各单元都有完整的社会生活,致使凝聚力很"脆"。一旦某个氏族或家族不再共享总体的信仰或观念,就可以脱离环节型的社会。
>
> 有机团结是指以个人及其物权为基础的市民关系系统。首先,就物的社会属性起源而言,物是通过人的中介整合到社会关系之中的,但在深度分工的市民社会中,人与人的关系是以物为基础。物权的排他性决定了有机团结缺乏肯定性的社会纽带,因此有机团结的任务不是联合社会各功能部分,而是分离,明确个人的权利及界限,确保物权所有者能规范运用权利。涂尔干指出,"有机团结不能让个人意志趋向共同的目标,它只能让物体以有序的方式维系于个人意志"。其次,与有机团结相对应的恢复性制裁"只是为了有效拆解因外界强力走到一起的人们,重新确立已经遭到侵犯的界限,重新把每个人放回到自己的领域之中"。因此,有机团结是一种否定性团结,至于积极协作的社会基础或者说"共意"是它所缺乏的。

韦伯在比较法的推动进程中也发挥了重要作用,他不仅确立了理解社会学(Understanding Sociology)的传统,而且提出了"理想类型"的概念方法。理想类型指的是研究者为了进行比较和建立理论说明"按照假说",用组成要素构成的包括"行动"类型、社会类型或制度类型等在内的统一体。构成某个"类型"的组成要素凭一定经验是可以观察的,或者在历史上是被承认的。总之,理想类型这种方法也为比较分析提供了基础。尽管和涂尔干一样,韦伯也强调社会学的解释旨在发现因果关系,但韦伯关于因果关系的分析法与涂尔干不同。韦伯认识到,没有一种科学体系能包罗全部的具体现实,也没有任何一个概念能完全说明无限多样的具体现象。任何科学都需要抽象,都有所取舍。科学不能停留在对个别现象的描述上,这就需要运用从"个别"上升到"一般"的概念工具,或者使用"概念的纯粹类型"法,即"理想类型"。韦伯的理论前提是认为社会行动是理性的,且存在着一定的因果关系。但他将社会现象的因果性与自然界的因果性以及历史的因果性进行了区分,认为自然界的因果关系是种完全的确定关系,即"A决定B",但社会现象的因果关系多是部分的确定关系或者说是可能性关系(或然性)。韦伯指出,社会因果性与历史因果性虽有共同之处,即都反映的是可能性,但二者也有明显的不同。历史的因果关系要说明的是一个事件所发生的特殊环境,但社会因果性更侧重一般性关系的分析。因此,韦伯提出,理想类型是适用于社会科学研究的关于社会现象的一般属性的概念分析工具。但要注意的是,理想类型可能也存在一定的局限。例如,何远长(2019)对理想类型抱有方法论上的警惕,主要体现为:第一,"理想类型"是多个的,并不是唯一的。各个乌托邦之间不存在截然相同的关系,但也不是可以被观察到的实体。乌托邦的立足之处在于将研究者与文化现象连接起来的价值观念或价值关联,研究者可以根据不同的原则去选取被纳入关联宇宙的要素。第二,"理想类型"与实在截然不同,既不应该将"理想类型"理解为历史的"本质"或"真正的内容",也不应该将"理想类型"铸造成将实在完全吸纳的模型。第三,"理想类型"并不是具有典范性的典型,即不是可以对实在进行评价性判断的理想。"理想类型"所做的只是将经验实在与价值关联结合起来,而不是对实在进行价值判断。

此外,从事比较法的学者不仅对涂尔干和韦伯彼此的思想感兴趣,同时也深入比较涂尔干和韦伯在比较法运用上的异同。例如,陈建明(2012)以古典社会学的历史学因子及其后续为例,比较了涂尔干和韦伯在历史比较分析上的异同,指出:

> 比较涂尔干和韦伯从各自的角度对于19世纪社会变迁所做的阐释,可以发现他们都对从古延续至当时的人类社会历史作了段落划分,这些不同的段落对应不同的社会团结类型或者支配类型。尽管无论涂尔干的"机械团结""有机团结"还是韦伯的几种支配类型都是理想类型,但丝毫掩盖不住他们对于这些理想类型的价值判断,在他们眼中"有机团结"与"官僚制支配"更具有进步的意蕴。如果将人类社会自古至今的发展解释为从一种理想类型到另一种理想类型的转变的话,那么这种对于人类社会发展的解释和"大叙述"或"大历史"一样,同样具有单线条的、进步主义的、解释整个人类社会的特征,只不过这种"大叙述"同马克思与黑格尔的有所不同,采用的是从一种理想类型到另一种理想类型的方式。因此可以认为,涂尔干与韦伯的理论具有明显的"大叙述"痕迹。

庄林政(2019)以行会为例,比较涂尔干和韦伯思想的异同,指出:

> 将涂尔干和韦伯对于行会的论述放在一起,我们马上就能形成一个直观的感受:涂尔干始终在讨论行会的道德面相,丝毫不考虑行会内部个人的问题,行会在现代社会的没落被认为是"无法适应新时代的条件";而韦伯则主要侧重行会的经

济面相,并始终以理性化的眼光来看待行会的各种特征,将其视为对个人自由竞争的限制。

自20世纪七八十年代以来,随着学界对跨学科研究和综合研究的重视,比较法也得到了更广泛的应用。一方面,自第二次世界大战之后,世界社会政治格局发生了明显的改变,一大批新兴的发展中国家纷纷建立和发展起来。这些国家的历史和社会发展经历与问题引起了西方学者的更多关注,他们开始从事对西方以外的国家和社会的研究。另一方面,由于马克思主义辩证唯物主义观点的影响,传统的欧洲中心主义观点受到了批判。例如,早期的西方学者基于发达国家的经验,为落后国家的发展提出了现代化的道路,认为广大的发展中国家只要借鉴西方发达国家的模式就会发展起来。但实践证明,西方的发展模式并不能普遍适用于其他国家。相反,有学者提出,落后国家的"不发达状况"恰恰是由于发达国家的殖民主义控制所导致,因此主张发展中国家应摆脱西方的控制,走自己的发展道路,即主张多元化的发展道路或多元现代性。此外,现代科学技术的发展也为人们进行较大范围的比较研究提供了便利条件。现在的交通和通信条件已非常发达,整个世界的联系加强了,各个国家与社会都成了"世界体系"的一部分。在"全球化"趋势加强的同时,人们并没有忽视"地方化"问题,人们也更加尊重不同的文化与传统。这就要求人们应具有比较的视角。因此,各种跨文化研究、跨社会研究纷纷出现。

二、比较法的原则

尽管比较法是从事社会科学研究所必需的方法,但也不是任何情况下都可以随意应用比较法,需要遵守一定的原则。

1. 可比性原则

运用比较法时应注意所涉及单位的可比性。进行具体的比较分析时,要注意比较的要素需有层次性、彼此之间具有可比性。此外,针对不同的对象,要选择可比的方面和统一的标准进行比较。例如,比较两个不同"C9联盟"成员高校的综合实力,就要通过一系列可以衡量其综合实力的指标进行对比,如是否被纳入国家重大发展战略、是否被纳入省级重大发展战略、入选"双一流"学科的数量等。

2. 横向比较与纵向比较相结合的原则

横向比较是指对同一时期的不同对象进行对比分析,也可以在同类事物内部的不同部分之间进行对比;纵向比较是指对同一对象在不同时期的状况进行对比分析,主要着眼于其历史发展,如研究某一个国家现代化发展的不同阶段的特征等。纵向比较侧重于分析事物的发展与变化,主要属于历史比较研究。当然,研究不同国家或地区的社会发展水平,既可以进行横向比较,也可以进行纵向比较。例如,王微等(2015)以中国图书情报学领域机构合作网络研究为例,进行了一项横向与纵向比较。他们运用社会网络分析方法,基于通过普赖斯定律遴选出的核心机构构建图书情报领域机构合作网络,主要从网络整体指标分析和关键节点分析两个方面对构建的机构合作网络进行揭示。首先,从横向比较研究的视角,对中美两国图书情报领域核心机构合作网络状况进行分析。总的说来,中国图书情报学领域核心机构合作网络中的节点的点度中心度(相对)、中间中心度和接近中心度均略高于美国,且与在中国机构的合作网络中,发文量、点度中心度、中间中心度和接近中心度各指标被香港城市大学、武汉大学和中国科学院三家机构包揽的情况不同,在美国的合作网络中,这几个指标表现较好的机构并不是集中于一家或者几家机构,而是比较分散,尤其是发文量与其他几个指标的表现并不一致。结合整体网络分析指标网络平均度的分析结果来看,美国图书情报学领域核心机构合作网络的整体凝聚性较好,但是并不会有个别机构在网络中尤为重要。相对来说,中国图书情报学领域核心机构合作网络的整体性表现稍差,而其中的个别机构,在合作中表现活跃,在网络中处于特别重要的位置。其次,从纵向比较研究的视角,对中国图书馆情报领域核心机构合作网络的演化情况进行分析。随着时间的推移,中国图书情报学领域核心机构合作网络的整体凝聚性有所提升。中国图书情报学领域,先前在中美比较中显现出来的个别机构在合作网络中特别重要的趋势有所放缓,结合网络平均度指标,可以看出该领域整体合作趋势在加强。最后,根据对比分析结果,总结出中国图书情报学领域机构合作状况,并据此对该领域的机构合作研究提出建议,包括以下2点:

(1) 通过行业协会、业内研讨会等形式增强领域内的沟通和交流,促成机构间更广泛的合作,尤其是相对低产机构与高产机构间的合作。

(2) 在合作网络中表现并不活跃的机构,在寻求合作中更应积极主动,与同行交流讨论,实现优势互补,以产出更多高质量的文章。

张弛和余鹏翼(2017)以并购类型对中国企业技术并购绩效的影响为例,充分运用了横向和纵向比较的方法。他们采用2006~2015年中国企业219起技术并购相关数据,通过实证分析及稳健性检验发现,横向技术并购对企业并购绩效具有抑制作用,纵向技术并购对企业并购绩效具有促进作用,混合技术并购对企业并购绩效影响不显著。由此得出以下结论:

(1) 中国企业在横向并购前应当储备足够资金,充分调动研发人员并购后的积极性,提高并购后自主研发效率。

(2) 中国企业并购应优先选择与自身技术互补的企业,通过协同创新提高绩效。

(3) 中国企业在混合技术并购时需要提前熟悉被并企业的技术知识,并购后尽力避免被并企业人才流失。

3. 相同性比较与相异性比较相结合的原则

许多事物之间既具有相同性或相似性,也具有差异性或相异性。运用比较法的一个重要原则和目的,便是找出事物之间的共同点和不同点,从而加深对它们的认识,再进行区别对待。对于相同点的比较,目的在于将具有相同性或相似性的对象归入同类进行分析,这样有助于概括事物的本质特征;而对于相异点的比较,有助于区分和鉴别事物的不同类型,分析种类型的不同特点。因此,在运用比较法之前,需对要比较的对象进行分类整理。由此可见,分类与比较是密切相关的,分类是比较的基础,比较是为了更深入地认识事物。

三、比较法的类型

比较法有不同的类型,例如,可以将比较法分为4种不同的类型,包括:个案比较研究、文化背景比较研究、各国比较研究和超国家比较研究。而社会科学研究领域中,常用的比较法主要是类型比较法和历史比较法两类。类型比较法多属于横向比较,而历史比较法多属于纵向比较。其中,类型比较法是指对各种不同类型的事物进行比较的方法。如前所述,要采用类型比较法,先要对各种事物进行分类整理。社会学领域的学者最擅长使用比较法,如赫伯特·斯宾塞(Herbert Spencer)将社会与有机体进行比较,从社会进化的角度将人类社会分为军事社会和工业社会,这两类社会具有一系列不同的特征。与韦伯同时代的斐迪南·滕尼斯(Ferdinand Tönnies)从人类社会总结出了"共同体"(Community)和"社会"(Society)两种基本生活形式,认为这两类形式代表着两种不同的社会联系或两种不同的社会群体,其根本区别在于内部的结合方式。韦伯提出的"理想类型"法也是一种类型比较法,如前文所述,他在研究中广泛应用了这一方法。韦伯认为"理想类型"这种概念工具是一种基本的、普遍化的研究方法,适用于对各种社会行动和现象进行研究。此外,在社会科学研究中发展起来的文化比较法、制度比较法等也都属于类型比较法。这些方法就是将文化、制度等分为不同的类型,如东方文化与西方文化等,然后通过一系列特征来比较各种类型的异同。分类是科学研究的基础性工作,只有通过分类才能使千差万别的现象条理化、系统化。对事物的分类可以通过归纳法来进行,在归纳过程中,对大量现象进行辨别和区分,找出其共同点和不同点,然后加以概括,再从具体事物的各种属性和关系中抽出某一本质特征,确定其类别关系。因此,类型比较法的作用之一就是由个别到一般,逐步地建立类型,由此上升到对整体的一般性认识。此外,类型比较法的另一个作用是抽象出事物的本质特征,以便比较和认识表面上千差万别的各类社会现象。当然,类型比较法的使用往往还因具体的情境而有所不同。例如,申珍珍(2018)论述了费孝通类型比较法的形成与发展。费孝通是我国著名的社会学家、人类学家和民族学家。早期的研究中,费孝通关注中国农村的发展状况和致富之路。改革开放后,费孝通以家乡为据点,研究领域由农村拓展到城乡关系,开始探索小城镇发展之路。之后的研究中费孝通"南下北上"双管齐下,"行行重行行"确立其区域发展研究思路。在这一研究过程中,费孝通形成了其独特的研究方法:类型比较法。费孝通所言的类型比较法是指,在研究中国社会的问题中,找到一个具体的标本,观察其循环运行的流程,有如解剖麻雀一般,知晓其生理构造,并以此为出发点,开始把相同、相近的归在一起,相异、相远的区别开来,出现不同类型或模式,即可进行类型比较研究。通过对单个样本点的研究,由一点到多点,由多点到面,最终达到由特殊接近一般,局部接近全面的认识。类型比较法源起于"江村"的研究,最早应用于农村的研究,最终升华于区域的研究。

第二节　历史比较法

一、历史比较法的含义

历史比较法是指按照时间顺序解释同一社会内部或不同社会中的社会现象或事物的相似性和相异性的一种研究方法,本质上是一种纵向比较法。社会学家对历史比较法的重视,体现了历史学与社会学之间新的融合和发展——历史社会学的兴起。研究社会发展或变迁离不开比较史的角度,这一方法要求将发展置于整个人类社会发展的历史之中加以考察,将时间维度作为一个基本变量,注重一个社会不同时期或同一时期不同社会形态的比较研究。

社会学家对历史学方法的认识与应用经历了一个反复的过程。早期的社会学家非常重视历史分析,他们既研究社会静态方面的问题,也研究社会动态方面的问题。例如,奥古斯特·孔德(Auguste Comte)、韦伯等都有很强的历史意识,都试图去解释近代工业革命和法国大革命以来欧洲社会所出现的巨大社会变迁。早期社会学家对社会变迁与发展的研究主要呈现如下两个特点:第一,研究课题主要涉及与资本主义生产方式建立以来所出现的工业化、城市化、阶级分析等一些宏观的社会变迁问题;第二,带有明显的进化论色彩,主张人类社会是由低级阶段向高级阶段不断进步的,就像生物界是由低级向高级演进一样。但到了20世纪中叶,随着孔德和涂尔干所倡导的实证主义社会学(Positivistic Sociology)的主流化,社会学家开始追求社会研究的一般性和形式化,结果造成社会学研究常常脱离具体的历史背景的分析,即缺乏历时分析(Diachronic Analysis)而过分强调对社会的共时分析(Synchronic Analysis)。历时分析是按时间顺序进行研究的方法,而共时分析是指在某一静止的时间点上进行研究的方法。例如,以塔尔科特·帕森斯(Talcott Parsons)为代表的功能主义者侧重于对社会系统的抽象分析,强调系统的整合和均衡,而不重视具体社会的变迁问题。即使谈到变迁,也只是指社会系统自身的调整变化。但结构

第十章 比较法

主义者也反对历史主义,强调共时分析。他们主张用自然科学的研究模式去寻找稳定的关系,而认为"历史"是偶然性的和反复多变的,因而不会有稳定的模式。此外,有些社会学家虽然不同于帕森斯,他们放弃了建立宏观大理论的奢望,不再关注对宏观的社会变迁的具体分析,而是转向了微观分析,但他们同样缺乏历史的分析视角。例如,符号互动论和本土方法论等微观学派只重视互动现象的分析,没有关注到宏观社会历史对人们行为的限定。

但20世纪70年代后,社会科学研究领域中出现了明显的"历史学转向"或朝历史化方向发展的趋势。根据查尔斯·蒂利(Charles Tilly)的观点,历史化是指将重大社会转型的研究时期向过去延伸,寻找出可以与现代变迁相类似的历史,然后再借助它们史上所留下的文献资料,来考察现代社会变迁的横扫过程及其结果,并检视通则概念是否无误。他还提出这种历史学转向主要有4种类型:第一,后设史学式的,企图在所有的人类经验中找出时间模式;第二,世界体系式的,追测出世界体系的延续性以及人类互动的最大关联;第三,宏观史学式的,考察世界体系内的大型结构与过程;第四,微观史学式的,探讨在大型结构和进程的限制组内个人和团体的经验。

历史社会学的兴起和历史比较法的广泛应用,主要有两个方面的原因:第一,对实证主义和功能主义的批判。新的社会科学家对功能主义的非历史主义倾向持有明显的批判态度。因此,伊曼纽·华勒斯坦(Immanuel Wallerstein)在谈到历史社会学的兴起时指出:

> 他们所做的工作不太具有"科学主义"的性质,而更多地偏于"历史主义"的方向。他们严肃地对待各种特殊的历史背景,将社会变迁放在他们所讲述的故事的核心位置上。他们所从事的研究工作的主旨并不是要检验、修正和制订普遍规律(如现代化的规律),而是要利用一般规则去解释各种不断变化的复杂现象,或从这些一般模式出发对它们加以说明。

第二,马克思主义和法国年鉴学派的影响。20世纪60年代以后,马克思主义观点在西方又重新引起了人们的关注,各种新马克思主义观点纷纷出现,许多社会科学家开始关注国家的性质、战争与冲突、资本主义的发展等重要问题,历史唯物主义也产生了更广泛的影响。此外,法国年鉴学派也重新将历史方法引入他们的研究之中,社会学家的历史意识又加强了。随后,大批有影响的历史社会学研究成果问世,如华勒斯坦的《现代世界体系》(《The Modern World-System》)等。在该书中,华勒斯坦首次提出世界体系理论(World System Theory),认为世界体系是资本主义生产内在逻辑充分展开的结果,当今国际事务、国家行为和国际关系都是这一逻辑的外在表现。资本主义的延续性质是由它的深层社会经济结构的基本因果联系所决定,并规定世界面貌的形成。该派还认为,世界体系的形成同世界范围的资本积累有密切关系,国家互相作用体系是世界范围资本积累的政治结构。当原有的结构不能容纳世界商品生产和剩余价值分配的规模时,就会发生国家之间的冲突,列强的兴衰和世界大战是国家相互作用体系的暴力改组(林聚任,2017)。

二、历史比较法的类型和特点

(一)历史比较法的类型

1. 作为理论上并行论证的历史比较法

用这种比较法进行研究,主要是为了进行理论证明,即通过对处于不同社会历史环境中的不同实例的说明,来证明一种理论或观点的普遍性。例如,什缪尔·艾森斯塔得(Shmuel N. Eisenstadt)在《帝国的政治体系》(《The Political Systems of Empires》)中便使用了该方法,他所验证的是历史上中央集权官僚帝国的兴起、持续和衰落的结构/功能主义理论。

2. 作为事物来龙去脉对照的历史比较法

这种方法是将多个事物放在一起,对比说明它们与某一主题或特定理论之间的关系。因此,它强调历史事物的特殊性,分析这些独特性如何导致了特定的结果。比较分析一方面寻找事物间的相似性,另一方面寻找其相异性。这种对照性的比较方法,主要就是为了说明相异性,也就是通过一种结构与其他结构相对照而增强其"显著度"。例如,通过与日本封建主义进行比较,欧洲封建主义可以得到更明确的界定;通过与那些相比来说教会组织不发达的其他文明相对比,教会在西方文明中的重要性也显得更突出了。总之,这种历史比较法主要在于关注某些历史过程的特殊性,而不去做一般性概括。

3. 作为宏观因果分析的历史比较法

宏观的历史比较法,主要是通过对某些重大历史过程的比较分析,为社会发展与变迁提供因果性解释(林聚任,2017)。

(二)历史比较法的特点

历史比较法作为一种重要的社会科学研究方法,具有两个主要特点:

(1)历史比较是一种纵向比较法,即以时间为基础分析社会事物或现象的异同点,以说明社会发展的过程和趋势。因此,它适用于解释事物的变迁过程。

(2)历史比较主要是一种定性分析。它强调社会结构和过程的本质属性、具体性或个别性,而非一般性或共同性。历史比较属于宏观层次的社会科学研究,因此比较分析的对象多是不同国家或社会中发生的长时段的社会变迁与问题,如工业化、现代社会革命、阶级结构变化等(林聚任,2017)。

三、历史比较法的意义

根据曹德品(2011)的观点,历史比较法具有如下意义:

(1) 通过比较,克服历史研究中的片面性,便于在历史发展中找到和发现历史之间的因果联系及其历史发展的异同关系。

(2) 通过比较,利于从研究的领域把握全局与局部的异同关系,以便进一步找到历史发展的普遍规律和特殊规律。

(3) 通过历史比较,解决难点。

(4) 通过历史比较,进一步提高综合分析能力。

(5) 通过历史比较,吸取历史中的养分。

【思考题】

1. 请简述比较法的原则。
2. 请谈谈你对历史比较法的理解。

第十一章 统 计 法

第一节 描 述 统 计

一、集中量数

描述统计(Descriptive Statistics)主要研究如何整理社会科学实验、调查得来的大量数据,描述一组数据的全貌。具体的描述可分为描述数据集中情况的特征值,描述数据分散情况的特征值。集中趋势(Central Tendency)是指数据分布中大量数据向某方向集中的程度,用来描述一组数据中此种特点的统计量被称为集中量数(Measures of Central Tendency)。集中量数包括算术平均数、中数、众数、加权平均数、几何平均数、调和平均数等(张厚粲,徐建平,2021)。

(一)算术平均数

算术平均数(Arithmetic Average),简称为平均数(Average)或均数、均值(Mean),是应用最普遍的一种集中量数。平均数一般用字母 M 表示。如果平均数是由 X 变量计算的,就记为 $\overline{X}$;如果由 Y 变量求得,则记为 $\overline{Y}$。

1. 计算方法

当一组数据未进行统计分类时,如果想描述其典型情况,找出其代表值,可计算算术平均数,公式为 $\overline{X} = \dfrac{\sum x_i}{N}$。式中,$\sum x_i$ 表示原始分数的总和,N 表示分数的个数。算术平均数的计算公式就是将所有的数据相加,再用数据的个数去除数据总和。

如果数据个数以及每个观测值都很大时,应用基本公式计算比较烦琐。在此种情况下,利用估计平均数(Estimated Mean)可以简化计算。具体方法是先设定一个估计平均数,用符号 AM 表示,从每一个数据中减去 AM,使数据变小,便于计算。最后在计算结果中加上该估计平均数,计算公式为:$\overline{X} = AM + \dfrac{\sum x'}{N}$。式中:$x'=X_i-AM$,$AM$为估计平均数,$N$为数据个数。估计平均数的大小,可根据数据表面值任意设定,但其值越接近平均数计算越简便。AM值不同,但最终的平均数是相等的(张厚粲,徐建平,2021)。

2. 特点

平均数具有如下特点:第一,在一组数据中每个变量与平均数之差(称为离均差)的总和等于0;第二,在一组数据中,每一个数都加上一个常数C,则所得的平均数为原来的平均数加常数C;第三,在一组数据中,每一个数都乘以一个常数C,则所得的平均数为原来的平均数乘以常数C;第四,算术平均数是"真值"(True Score)渐近、最佳的估计值,当观测次数无限增加时,算术平均数趋近于真值(张厚粲,徐建平,2021)。

3. 优点

平均数具有如下优点:

(1) 反应灵敏。观测数据中任何一个数值或大或小的变化,甚至细微的变化,在计算平均数时都能反映出来。

(2) 计算严密。计算平均数有确定的公式,不管何人在何种场合,只要是同一组观测数据,所计算的平均数都相同。

(3) 计算简便。计算过程只需运用简单的四则运算。

(4) 简明易懂。平均数概念简单明了,容易理解。

(5) 适合进一步用代数方法演算。在求解其他统计特征值,如离均差、方差、标准差的计算时,都要应用平均数。

(6) 较少受抽样变动的影响。在来自同一总体逐个样本的集中量数中,平均数的波动通常小于其他量数的波动,因此用样本数据推断总体集中量时,算术平均数最接近于总体集中量的真值,它是总体平均数的最好估计。

(7) 只需一组观察值的总和及总频数就可算出算术平均数。

(8) 用加权法可以求出几个平均数的总平均数(张厚粲,徐建平,2021)。

4. 缺点

平均数具有如下缺点:

(1) 易受极端数据的影响。由于平均数反应灵敏,因此当数据分布呈偏态时,受极值的影响,平均数就无法恰当地描述分布的真实情况。

(2) 当出现模糊不清的数据时,平均数无法计算。在这种情况下,一般采用中数作为该组数据的代表值,描述其集中趋势(张厚粲,徐建平,2021)。

（二）中数

中数（Median），又称中点数、中位数、中值，符号为 M_d 或 M_{dn}。中数是按顺序排列在一起的一组数据中居于中间位置的数，即在这组数据中，有一半的数据比它大，有一半的数据比它小。这个数可能是数据中的某一个，也可能不是原有的数。中数能描述一组数据的典型情况（张厚粲，徐建平，2021）。

1. 计算方法

中数的求法根据数据是否分组，有不同的方法。

(1) 未分组数据求中数的方法

根据中数的概念，首先将数据依其大小排序，然后找出位于中间的那个数，即为中数。此时又分为两种情况：第一，当数据个数为奇数时，则中数为 $\frac{N+1}{2}$ 位置的那个数；第二，当数据个数为偶数时，则中数为居于中间位置两个数的平均数，即第 $\frac{N}{2}$ 与第 $\frac{N}{2}+1$ 位置的两个数据相加除以2。

【例11.1】 求取数列 2,4,7,8,11,16,21 的中位数？

解 已知数据个数为奇数，采用 $\frac{N+1}{2}=4$，数列中排在第4位的数据为8；

故 $M_d=8$。

【例11.2】 求取数列 1,5,9,11,14,17,19,23,27,31 的中位数？

解 已知数据个数为偶数，采用 $\frac{N}{2}=5$，$\frac{N}{2}+1=6$，数列中排第5位的数据为14，排第6位的数据为17；

故 $M_d=\frac{14+17}{2}=15.5$。

(2) 一组数据中有重复数值的情况

指一组数据中有相同数值的数据，这时计算中数的方法基本与无重复数值的数据相同。但根据重复数值数据在该组数据中所处的位置又可以细分为以下几种情况：

第一，当重复数值没有位于数列中间时，求中数的方法与无重复数据时求中数的方法相同。

【例11.3】 求数列 2,3,3,4,6,7,9,11 的中位数。

解 上述数列中重复数字为3，数据个数 $\frac{N}{2}$ 为偶数，其中间位置为 $\frac{N}{2}+1=4$，$\frac{N}{2}+1=5$，不包括重复数字。因此，其中位数 $M_d=\frac{4+6}{2}=5$。

第二，当重复数目位于数列中间，数据的个数为偶数的情形。

【例11.4】 请计算如下数据的中位数：

3 2 6 1 3 4 7 5 2 7 4 7

解 首先对数据进行重新排序；

1 2 2 3 3 4 4 5 6 7 7 7

已知数据个数为偶数，因此，中数在第$\frac{N}{2}$和第$\frac{N}{2}+1$个数据之间，由计算可知，该组数据的中数位于第6和第7个数据之间，此为重复数值，可以将其视作连续数，理解为两个4占据了一个分数单位的全距，即3.5~4.5，这两个数据均匀地分布在这个区间，那么，中数就位于第6个数据的上限，也是第7个数据的下限，即

$$M_d = 4$$

答：该组面孔热情评分的中位数为4。

第三，当重复数目位于数列中间，数据的个数为奇数的情形，计算方法与数据的个数为偶数时基本相同。

2. 优缺点与应用

中数是根据观测数据计算而来的，不能凭主观而定。中数的计算简单，容易理解，概念也简单明了，这是它的优点。但是，它也有一些不足之处，如中数的计算不是每个数据都加入，其大小不受制于全体数据；反应不够灵敏，极端值的变化对中数不产生影响；中数受抽样影响较大，不如平均数稳定；计算时需要对数据先排列大小；中数乘以总数与数据的总和不相等（中数等于平均数时例外）；中数不能做进一步代数运算等。因此，在一般情况下，中数不被普遍应用。

但在一些特殊情况下，中数的应用受到重视。这些特殊情况如下：

（1）当一组观测结果中出现两个极端数目时。因为求中数不受极大值与极小值的影响，而决定中数的关键是居中的那几个数据的数值大小。

（2）当次数分布的两端数据或个别数据不清楚时，只能取中数作为集中趋势的代表值。

（3）当需要快速估计一组数据的特征值时，也常用中数（张厚粲，徐建平，2021）。

第二节 推 论 统 计

一、推论统计基本原理：假设检验

在统计学中，对样本统计量得出的差异做出一般性结论，以判断总体参数之间是否存

在差异,这种推论过程称为假设检验(Hypothesis Testing)。假设检验是推论统计中最重要的内容,它的基本任务就是事先对总体参数或总体分布形态做出一个假设,然后利用样本信息来判断原假设是否合理,从而决定是否接受原假设。

假设检验包括参数检验和非参数检验。如果进行假设检验时总体的分布形式已知,需要对总体的未知参数进行假设检验,则称为参数假设检验(Parametric Test);如果对总体分布形式所知甚少,需要对未知分布函数的形式以及其他特征进行假设检验,则称为非参数假设检验(Non-Parametric Test)(张厚粲,徐建平,2021)。

(一)假设与假设检验

假设是科学研究中广泛应用的方法,它是根据已知理论与事实对研究对象所做的假定性说明,统计学中的假设一般专指用统计学术语对总体参数所做的假定性说明。

在进行任何一项研究时,都需要根据已有的理论和经验事先对研究结果做出一种预想的希望证实的假设。这种假设称为科学假设,用统计术语表示时称为研究假设,记作 H_1。在统计学中不能对 H_1 的真实性进行直接检验,需要建立与之对立的假设,称为虚无假设(Null Hypothesis)或无差假设、零假设、原假设,记作 H_0。在假设检验中,H_0 总是作为直接被检验的假设。而 H_1 与 H_0 对立,两者择一,因而 H_1 有时又称为对立假设或备择假设(Alternative Hypothesis),指一旦有充分理由否定虚无假设 H_0,则 H_1 这个假设可供备选。运用统计方法如果证明 H_0 为真,则 H_1 为假;反之,H_0 为假,则 H_1 为真(张厚粲,徐建平,2021)。

(二)假设检验中的小概率原理

假设检验的基本思想是概率性质的反证法。为了检验虚无假设,首先假定虚无假设为真。在虚无假设为真的前提下,如果导致违反逻辑或违背人们常识和经验的不合理现象出现,则表明"虚无假设为真"的假定是不正确的,也就不能接受虚无假设。如果没有导致不合理现象出现,那就认为"虚无假设为真"的假定是正确的,即要接受虚无假设。这种"反证法"是统计推论的一个重要特点。

假设检验中的"不合理现象"是指小概率事件在一次试验中发生了,它是基于小概率事件原理,该原理认为"小概率事件在一次试验中几乎是不可能发生的"。通常情况下,将概率不超过 0.05 的事件称为"小概率事件",有时也将概率不超过 0.01 或 0.001 的事件作为"小概率事件"(张厚粲,徐建平,2021)。

（三）假设检验中的两类错误

1. Ⅰ型错误与Ⅱ型错误

如图11.1所示，$\overline{X}$是从总体（平均数μ_0）中抽取的任意一个样本平均数，它可能大于μ_0也可能小于μ_0，但只要没有超出左右两个临界线落到阴影区，$\overline{X}_i$与μ_0的差异就被认为仅由抽样误差所致，这时不能推翻虚无假设（$H_0: \mu_1 = \mu_0$）。如果两端的阴影区面积很小（例如仅占全面积的5%），而$\overline{X}_i$却落到了阴影区，即难以发生的情况（小概率事件）出现了，那么就有充分理由否定虚无假设H_0，这时就要推翻H_0。即使阴影区面积再小，例如两端加起来占全面积的1%（$\alpha=0.01$），按照概率法则，任意抽取的$\overline{X}_i$仍有1%的可能落入该区域，这时H_0仍有1%的可能是真，因而按上述分析，做出$\overline{X}_i$与μ_0差异显著的结论，犯错误的可能就有1%。统计学中将这类拒绝H_0时所犯的错误称作Ⅰ型错误（Type Ⅰ Error），由于这类错误的概率以α表示，故又常常称为α型错误。如果$\alpha=0.05$，习惯上称$\overline{X}_i$与$\mu_1=\mu_0$的差异在0.05水平显著；如果$\alpha=0.01$，习惯上称$\overline{X}_i$与μ_0的差异在0.01水平显著；α代表着某一个显著性水平。如果$\overline{X}_\alpha$未落入阴影区内，但按照上述分析，要接受H_0（等于拒绝H_1）时，同样也会犯错误，统计学中称这类接受H_0（或说拒绝H_1）时所犯的错误为Ⅱ型错误（Type Ⅱ Error），这类错误的概率以β表示，因而又称β型错误。即接受H_0并不代表两者之间100%没有差异，同样有犯错误的可能性，不能由此得出没有差异的结论（张厚粲，徐建平，2021）。

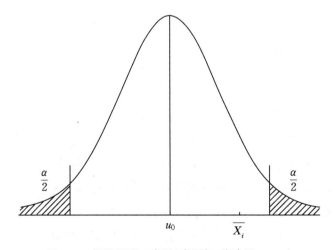

图11.1 假设原理示意图（张厚粲，徐建平，2021）

综上所述，总体的真实情况往往是未知的，根据样本推断总体，可能犯两类错误：第一，虚无假设H_0本来正确但拒绝了H_0，这类错误称为弃真错误，即Ⅰ型错误；第二，虚无假设H_0本来不正确但接受了H_0，这类错误称为取伪错误，即Ⅱ型错误。假设检验的各种可能结果如图 11.2 所示。

	接受 H_0	拒绝 H_0
H_0为真	正确	Ⅰ型错误 α型错误
H_1为假	Ⅱ型错误 β型错误	正确

图 11.2 假设检验的各种可能结果(张厚粲,徐建平,2021)

一个好的检验应该在样本容量 n 一定的情况下,使犯这两类错误的概率 α 和 β 都尽可能小,但 α 不能定得过低,否则会使 β 大为增加。在实际问题中,一般总是控制犯Ⅰ型错误的概率 α,使 H_0 成立时犯Ⅰ型错误的概率不超过 α。在这种原则下的统计假设检验问题称为显著性检验(Significance Test),将犯Ⅰ型错误的概率 α 称为假设检验的显著性水平。

经过检验,如果所得差异超过了统计学规定的某一误差限度,则表明这个差异已不属于抽样误差,而是总体上确有差异,这种情况称为差异显著(Significant Difference),或者说差异具有统计学意义。反之,如果所得差异未达到规定限度,说明该差异主要来源于抽样误差,这时称之为差异不显著。具体而言,如果样本统计值与相应总体已知参数差异显著,意味着该样本已基本不属于已知总体;如果两个样本统计值的差异显著,则意味着各自代表的两个总体参数之间确实存在差异。

2. 两类错误的关系

(1) $\alpha+\beta$ 不一定等于 1

α 与 β 是在两个前提下的概率。α 是拒绝 H_0 时犯错误的概率(此时前提是"H_0 为真");β 是接受 H_0 时犯错误的概率(此时前提是"H_0 为假"),所以 $\alpha+\beta$ 不一定等于 1。结合图 11.3 分析如下:

如果 $H_0: \mu_1=\mu_0$ 为真,关于 $\bar{X}_i$ 与 μ_0 的差异就要在图 11.3 中左边的正态分布中讨论。对于某一显著性水平 α,其临界点为 $\bar{X}_\alpha$(将两端各 $\alpha/2$ 放在同一端)。$\bar{X}_\alpha$ 右边表示 H_0 的拒绝区,面积比率为 α;左边表示 H_0 的接受区,面积比率为 $1-\alpha$。在"H_0 为真"的前提下随机得到的 $\bar{X}_i$ 落到拒绝区时拒绝 H_0 是犯了错误的。由于 $\bar{X}_i$ 落到拒绝区的概率为 α,因此拒绝在"H_0 为真"时所犯错误(Ⅰ型)的概率等于 α。而又落到 H_0 的接受区时,由于前提仍是"H_0 为真",因此接受 H_0 是正确决定,$\bar{X}_i$ 落在接受区的概率为 $1-\alpha$,那么正确接受 H_0 的概率就等于 $1-\alpha$。如果 $\alpha=0.05$ 则 $1-\alpha=0.95$,这 0.05 和 0.95 均为"H_0 为真"这一前提下的两个概率,一个指犯错误的可能性,一个指正确决定的可能性,这两者之和当然为 1。但讨论 β 错误时,前提就变了,要在"H_0 为假"这一前提下讨论。对于 H_0 是真是假事先并不能确定,如果 H_0 为假,等价于 H_1 为真,这时需要在图 11.3 右边的正态分布中讨论($H_1:$ $\mu_1 > \mu_0$),它与在"H_0 为真"的前提下所讨论的相似,$\bar{X}_i$ 落在临界点左边时要拒绝 H_1(接受

H_0),而前提 H_1 为真,因而犯了错误,这就是 Ⅱ 型错误,其概率为 β。很显然,当 $\alpha=0.05$ 时,β 不一定等于 0.95(张厚粲,徐建平,2021)。

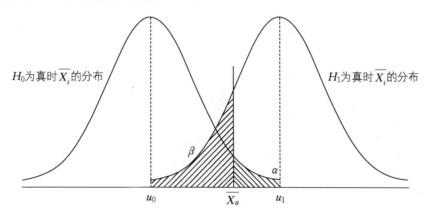

图 11.3 α 与 β 的关系示意图(张厚粲,徐建平,2021)

(2) 在其他条件不变的情况下,α 与 β 不可能同时减小或增大

这一点从图 11.3 也可以清楚看到。当临界点 $\overline{X}_\alpha$ 向右移时,α 减小,但此时 β 一定增大;反之 $\overline{X}_\alpha$ 向左移则 α 增大 β 减小。一般在差异检验中主要关心的是能否有充分理由拒绝 H_0,从而证实 H_1,所以 α 在统计中规定得较严。社会科学实验研究中 α 至多不能超过 0.05。至于 β 往往就不予重视了。其实许多情况需要在规定 α 的同时尽量减小 β。这种场合最直接的方法是增大样本容量。因为样本平均数分布的标准误为 $\frac{\sigma}{\sqrt{n}}$,当 n 增大时样本平均数分布将变得陡峭,在 α 和其他条件不变时 β 会减小(如图 11.4 所示)。

(四)假设检验的步骤

一个完整的假设检验过程和具体分析步骤,包括以下 5 个方面的内容:

1. 根据问题要求,提出虚无假设和备择假设

以平均数的显著性检验为例,其假设检验有下面三种类型:
(1) $H_0: \mu_1 = \mu_0$,$H_1: \mu_1 \neq \mu_0$,为双侧检验。
(2) $H_0: \mu_1 \geq \mu_0$,$H_1: \mu_1 < \mu_0$,为单侧(左侧)检验。
(3) $H_0: \mu_1 \leq \mu_0$,$H_1: \mu_1 > \mu_0$,为单侧(右侧)检验。

2. 选择适当的检验统计量

样本来自总体,包含着关于总体参数的信息。然而,直接用样本原始观测值检验假设是困难的,必须借助于根据样本构造出的统计量,而且对不同类型的问题需要选择不同的

检验统计量。

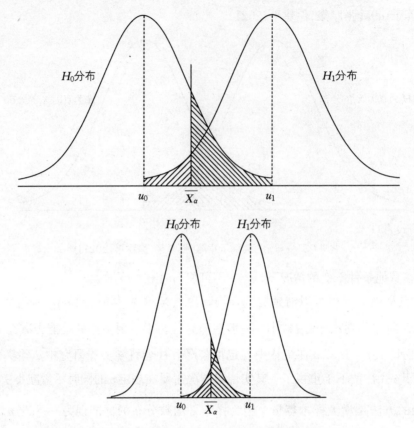

图11.4　不同标准误影响 β 大小示意图（张厚粲，徐建平，2021）

3. 规定显著性水平 α

在假设检验中有可能会犯错误。如果虚无假设正确却把它当成错误加以拒绝，犯这类错误的概率用 α 表示，α 就是假设检验中的**显著性水平**。显著性水平确定以后，拒绝域也随之而定，而且对于不同的假设形式，拒绝域是不同的。

显著性水平的大小应根据研究问题的实际情况而定，对于接受备择假设而言，如果要求结果比较精确，则显著性水平 α 应小一些；反之，如果要求结果不那么精确，则 α 可稍大一些。值得注意的是，显著性水平的大小有时会影响假设检验的结果。如对于同一问题，当 $\alpha=0.05$ 时拒绝了虚无假设，而当 $\alpha=0.01$ 时就可能接受了虚无假设。

4. 计算检验统计量的值

根据样本资料计算出检验统计量的具体值。

5. 做出决策

根据显著性水平 α 和统计量的分布,查相应的统计表,查找接受域和拒绝域的临界值,用计算出的统计量的具体值与临界值相比较,做出接受虚无假设或拒绝虚无假设的决策。

另外,在假设检验中经常讨论的有关两个平均数、两个比率、两个方差、两个相关系数这些统计值之间的差异问题,一般分为两种情况:一种是样本统计量与相应总体参数的差异,另一种是两个样本统计量之间的差异。

二、样本平均数与总体均值差异检验

样本平均数与总体均值差异检验,是指对抽样样本的平均数与特定总体平均数间的差异进行显著性检验。如果检验结果差异显著,则表示抽样样本平均数的总体平均数 ($\mu_{\bar{X}}$) 与特定总体平均数 (μ_0) 有差异,这表明样本平均数 $\bar{X}$ 与总体平均数 μ_0 之间的差异已经不能用抽样误差来解释了,$\bar{X}$ 可以被认为是来自另一个总体。根据总体分布的形态和总体方差是否已知,其具体的检验过程有所区别。

1. 总体为正态分布且方差已知

当总体为正态分布且方差已知时,样本平均数的抽样分布为正态分布,因此选择 Z 分数作为检验统计量;再根据显著性水平 α,从正态分布表中查得临界点 Z 值加以比较,这样的检验也称为 Z 检验。

$$\sigma_{\bar{X}} = \frac{\sigma_0}{\sqrt{n}}$$

$$Z = \frac{\bar{X} - \mu_0}{\sigma_{\bar{X}}}$$

式中:σ_0 为总体标准差,μ_0 为总体平均数,$\bar{X}$ 为样本平均数,n 为样本容量。

【例 11.5】 某中学使用黄希庭等(2002)编制的《青少年学生自我价值感量表》对学生的自我价值感现状进行抽样调查,其中,初一男生参与调查的人数为 $\mu_1 - \mu_2$,对应的自我价值感平均分为 (μ_1, σ_1^2),学校负责人想知道该校初一年级男生的自我价值感与全国常模之间是否存在差异。

解 设全国初一男性青少年学生的自我价值感服从正态分布。

虽然在本次调查中,该校初一男生的自我价值感均分高于全国均分,但并不能排除抽样误差的可能性,即在总体上,并不清楚该校初一男生的自我价值感水平 (n_1) 比 $\bar{X}_1$ 高还是低。因此,在检验时需采用双侧检验。

$$H_0: \mu_1 = \mu_0$$
$$H_1: \mu_1 \neq \mu_0$$

已知 $\mu_0 = 18.3, \sigma_0 = 4.4, n = 121, \overline{X} = 20.1$；

则样本平均数分布的标准误为 $\sigma_{\overline{X}} = \dfrac{\sigma_0}{\sqrt{n}} = \dfrac{4.4}{\sqrt{121}} = 0.4$；

则平均数检验统计量为 $Z = \dfrac{\overline{X} - \mu_0}{\sigma_{\overline{X}}} = \dfrac{20.1 - 18.3}{0.4} = 4.5$。

从正态分布表查得，双侧 $\alpha = 0.05$ 时临界点 $Z_{\alpha/2} = 1.96$，而检验统计量 $Z = 4.5 > 1.96$，$p < 0.05$，这意味着在 0.05 水平上 $\overline{X}$ 与 μ_0 的差异显著。因此，在统计学意义上，可以得出该中学初一男生的自我价值感水平与全国常模存在差异。

2. 总体为正态分布但方差未知

当总体为正态分布但总体方差未知时，样本平均数的抽样分布为 t 分布。因此，选择 t 分数作为检验统计量，再根据显著性水平 α 和自由度 $df = n - 1$，从 t 分布表中查出临界值加以比较。这样的检验也称为 t 检验。由于总体方差未知，对于总体标准差要使用其无偏估计量 s_{n-1} 来代替。

$$s_{n-1} = \sqrt{\dfrac{\sum x^2}{n-1}}$$

$$\sigma_{\overline{X}} = \dfrac{s_{n-1}}{\sqrt{n}} = \dfrac{s}{\sqrt{n-1}}$$

$$t = \dfrac{\overline{X} - \mu_0}{\sigma_{\overline{X}}} \quad (df = n-1)$$

式中：s 为样本标准差，μ_0 为总体平均数，$\overline{X}$ 为样本平均数，n 为样本容量。

【例 11.6】 睡眠对个体的身心健康有着重要影响，有研究表明睡眠时间与个体的执行功能有重要影响（邢淑芬 等，2018）。关于睡眠的时间，有观点认为一般人的平均睡眠时长为 7.8 h。某睡眠医学研究中心在某社区随机抽取 82 名无睡眠疾病的居民作为研究样本进行测查，结果显示睡眠平均时长为 6.9 h，标准差为 1.2 h。问这一调查结果能否推翻关于睡眠时长为 7.8 h 的观点。

解 假设人类的睡眠时长符合正态分布。

已知 $\mu_0 = 7.8, n = 82, \overline{X} = 6.9; s = 1.2$。

$$H_0: \mu_1 = \mu_0$$
$$H_1: \mu_1 \neq \mu_0$$

$$\sigma_{\overline{X}} = \dfrac{s_{n-1}}{\sqrt{n}} = \dfrac{s}{\sqrt{n-1}}$$

$$t = \dfrac{\overline{X} - \mu_0}{\sigma_{\overline{X}}} \quad (df = n-1)$$

查 t 分布表(双侧) $df=81$, $t_{0.05/2}=-2.00$。$-8.92<-2.00$，即 $p<0.05$，表明否定 H_0 时犯错误的概率小于 0.05，因此，在统计学意义上能够否定 H_0。

答：样本均值(6.9 h)与总体均值(7.8 h)的差异显著，因此，能够推翻 7.8 h 睡眠时长的观点。

3. 总体非正态分布

如果有证据表明某一变量测量值的总体不是正态分布，那么其平均数的抽样分布既不符合正态分布，也不符合 t 分布，原则上不能进行 Z 检验或 t 检验，应该使用非参数检验。但当样本容量较大时，根据中心极限定理，$\overline{X}$ 的抽样分布趋近正态，且 $\mu_{\overline{X}}=\mu_0$, $\sigma_{\overline{X}}=\dfrac{\sigma_0}{\sqrt{n}}$。所以，当 $n\geqslant 30$ (也有人认为 $n\geqslant 50$)时，尽管总体分布非正态，但对平均数的显著性检验仍可用 Z 检验。用于此时的 Z 检验是近似的，故称 Z' 检验。检验统计量的计算公式为：

$$Z'=\frac{\overline{X}-\mu_0}{\dfrac{\sigma_0}{\sqrt{n}}}$$

当总体标准差 σ_0 未知时，由于样本容量较大，可以直接用样本标准差 s 代替上式中的 σ_0。

$$Z'=\frac{\overline{X}-\mu_0}{\dfrac{s}{\sqrt{n}}}$$

【**例 11.7**】亲子关系对青少年的心理发展有着重要影响。因此，越来越多的研究聚焦于青少年家庭亲密度上。某省教育厅使用《家庭亲密度和适应性量表》中的家庭亲密度分量表调查全省初中学生对家庭的亲密度，调查结果的分数分布不是正态，家庭亲密度的平均分为 64.9。其中，某县参与调查的初中学生为 570 人，家庭亲密度平均分 $\overline{X}=68.57$, $s=10.9$，该县的平均分与全省平均分是否存在差异？

解 $n=570>50$，符合使用近似 Z 检验的条件。
已知 $\mu_0=64.9$, $n=570$, $\overline{X}=68.57$; $s=10.9$。

$$H_0: \mu_1=\mu_0$$
$$H_1: \mu_1\neq \mu_0$$

则

$$Z'=\frac{\overline{X}-\mu_0}{\dfrac{s}{\sqrt{n}}}=\frac{68.57-64.9}{\dfrac{10.9}{\sqrt{570}}}=7.98$$

从正态分布表查得，双侧 $\alpha=0.05$ 时临界点 $Z_{\alpha/2}=1.96$，而检验统计量 $Z=7.98>1.96$, $p<0.05$，这意味着在 0.05 水平上 $\overline{X}$ 与 μ_0 的差异显著。因此，在统计学意义上，可以得出该县初中学生的家庭亲密度平均水平与全省平均水平存在差异。

三、两样本平均数差异检验

两个平均数差异的显著性检验,就是指由样本平均数之间的差异($\overline{X_1} - \overline{X_2}$)来推断两个样本各自所代表的总体之间是否存在显著差异($\mu_1 - \mu_2$)。这时需要考虑的条件更为复杂,不仅要考虑总体分布与总体方差是否已知,还要注意各总体方差是否一致、样本之间是相互独立的还是相关的等。不同条件下,使用的公式也有所区别(张厚粲,徐建平,2021)。

(一)两个总体均为正态且方差已知

可以设想:从第一个总体(μ_1, σ_1^2)中随机抽取容量为n_1的样本,计算出平均数,记为$\overline{X_1}$;再从第二个正态总体(μ_2, σ_2^2)中随机抽取容量为n_2的样本,计算出平均数,记为$\overline{X_2}$。两个样本平均数之间的差异记为$D_{\overline{X}} = \overline{X_1} - \overline{X_2}$,两总体均值之间的差异为$\mu_{D_{\overline{X}}} = \mu_1 - \mu_2$。此时,$D_{\overline{X}}$的抽样分布可以视为正态分布。

1. 独立样本的平均数差异检验

所谓独立样本,是指两个样本数据之间不存在关联性。即观测或抽取得到两个样本中的任何一个数据时,都不会受到两个样本中其他数据的任何影响,两者之间不存在连带关系。两个样本容量可以相等,也可以不等。

当两个变量相互独立时,其和(或差)的方差等于各自方差之和。因此,两样本相互独立时,$\overline{X_1} - \overline{X_2}$的方差应等于各自分布的方差之和,即

$$\sigma_{D_{\overline{X}}} = \sqrt{\frac{\sigma_1^2}{n_1} + \frac{\sigma_2^2}{n_2}}$$

将$D_{\overline{X}}$与上一节中的$\overline{X}$相比较,则$\overline{X_1} - \overline{X_2}$之间的差异显著性检验可以转化为对一个统计量$D_{\overline{X}}$的显著性检验,两者在本质上没有区别,即 $Z = \dfrac{D_{\overline{X}} - \mu_{D_{\overline{X}}}}{\sigma_{D_{\overline{X}}}}$。

由于要使用虚伪假设是两个样本所在总体的平均数相等,即$H_0: \mu_1 = \mu_2$,则上述统计检验公式可以转化为

$$Z = \frac{\overline{X_1} - \overline{X_2}}{\sqrt{\dfrac{\sigma_1^2}{n_1} + \dfrac{\sigma_2^2}{n_2}}}$$

【例11.8】某中学从初二学生中随机抽取男生40人,女生49人,调查其自我价值感水平。男生自我价值感平均水平为$\overline{X_1} = 23.5$,女生自我价值感平均水平为$\overline{X_2} = 21.1$。黄希庭等(2003)发现中国初二男性青少年学生的自我价值感水平的标准差$\sigma_1 = 4.4$,女性

青少年学生的自我价值感水平的标准差$\sigma_2=4.8$;能否根据这次抽样调查测量的结果得出该中学初二男女学生的自我价值感水平存在差异?

解 已知$n_1=40, \overline{X_1}=23.5, \sigma_1=4.4; n_2=49, \overline{X_2}=21.1, \sigma_2=4.8$;

$$H_0: \mu_1 = \mu_2$$
$$H_1: \mu_1 \neq \mu_2$$

$$\sigma_{D_{\bar{x}}} = \sqrt{\frac{\sigma_1^2}{n_1} + \frac{\sigma_2^2}{n_2}} = \sqrt{\frac{4.4^2}{40} + \frac{4.8^2}{49}} = 0.977$$

$$Z = \frac{\overline{X_1} - \overline{X_2}}{\sigma_{D_{\bar{x}}}} = \frac{23.5 - 21.1}{0.98} = 2.45$$

从正态分布表查得,双侧$\alpha=0.05$时临界点$Z_{\alpha/2}=1.96$,而检验统计量$Z=2.45>1.96, p<0.05$。因此,在统计学意义上,可以得出该校初二学生男女的自我价值感差异显著。

2. 相关样本的平均数差异检验

所谓相关样本,是指两个样本数据之间存在一一对应关系,如同一组被试在前后两次实验或调查中的两个项目相同,这时前后两次结果相互影响而不独立,可视为相关样本。此时,当两个变量之间的相关系数为r时,两变量差的方差为

$$\sigma_{(X-Y)}^2 = \sigma_X^2 - 2r\sigma_X\sigma_Y + \sigma_Y^2$$

则

$$\sigma_{D_{\bar{x}}} = \sqrt{\frac{\sigma_1^2}{n_1} + \frac{\sigma_2^2}{n_2} - 2r \cdot \frac{\sigma_1}{n_1} \cdot \frac{\sigma_1}{n_2}}$$

得

$$Z = \frac{\overline{X_1} - \overline{X_2}}{\sqrt{\frac{\sigma_1^2}{n_1} + \frac{\sigma_2^2}{n_2} - 2r \cdot \frac{\sigma_1}{n_1} \cdot \frac{\sigma_1}{n_2}}}$$

【例11.9】 某研究人员探讨正念训练对降低中学生抑郁倾向有无效果,在正念训练前,采用某标准差为$\sigma=1.1$的抑郁情感倾向量表对23名中学生的抑郁水平进行了测量,结果显示抑郁倾向的平均水平为$\overline{X_1}=2.79$,在为期5周的正念训练之后,研究人员再对同组被试施测,结果显示抑郁倾向的平均水平为$\overline{X_2}=1.95$,已知两次施测结果的相关系数$r=0.34$,能否得出正念训练能降低中学生的抑郁倾向?

解 根据题意,用单侧检验。

已知$n=23, \sigma=1.1, \overline{X_1}=2.79, \overline{X_2}=1.95$。

$$H_0: \mu_1 = \mu_2$$
$$H_1: \mu_1 > \mu_2$$

$$\sigma_{D_{\bar{x}}} = \sqrt{\frac{\sigma_1^2}{n_1} + \frac{\sigma_2^2}{n_2} - 2r \cdot \frac{\sigma_1}{n_1} \cdot \frac{\sigma_1}{n_2}} = \sqrt{\frac{1.1^2}{23} + \frac{1.1^2}{23} - 2 \times 0.34 \cdot \frac{1.1}{\sqrt{23}} \cdot \frac{1.1}{\sqrt{23}}} = 0.069$$

$$Z = \frac{\overline{X_1} - \overline{X_2}}{\sigma_{D_{\bar{x}}}} = \frac{2.79 - 1.95}{0.069} = 12.17$$

从正态分布表查得,单侧 $\alpha=0.01$ 时临界点 $Z_\alpha=2.32$,而检验统计量 $Z=12.17>2.32$,$p<0.01$。因此,在统计学意义上,可以得出正念训练能显著降低中学生的抑郁倾向。

(二) 两个总体均为正态但方差均未知

在这种情况下,样本平均数差异量的抽样分布符合 t 分布,所以一般选用 t 值作为检验统计量。当然,与单样本平均数的显著性检验一样,如果样本量足够大(即两个样本的容量均大于30),抽样分布趋近于正态分布,可以用 Z 检验。另外,在这种情况下,还要注意两个样本所在总体的方差相等性,即所谓的方差齐性是否成立。

1. 独立样本的平均数差异检验

(1) 两总体方差相等,即 $\sigma_1^2 = \sigma_2^2$

此时,σ_1^2(或 σ_2^2)未知,需要用两样本的无偏估计量 $s_{n_1-1}^2$ 和 $s_{n_2-1}^2$ 分别作为各自总体方差的无偏估计。由于 $\sigma_1^2 = \sigma_2^2$,显然将两个无偏估计合并起来共同估计总体方差最好。为此,应该求 $s_{n_1-1}^2$ 和 $s_{n_2-1}^2$ 的加权平均数:

$$s_P^2 = \frac{(n_1-1)s_{n_1-1}^2 + (n_2-1)s_{n_2-1}^2}{(n_1-1) + (n_2-1)}$$

$$\sigma_{D_{\bar{x}}} = \sqrt{s_P^2 \left(\frac{1}{n_1} + \frac{1}{n_2}\right)}$$

$$t = \frac{\overline{X_1} - \overline{X_2}}{\sigma_{D_{\bar{x}}}} \quad df = n_1 + n_2 - 2$$

【例11.10】 范航等(2018)对青少年的社会支持感进行了测查,其中男生275人,其社会支持量表的平均分为3.59,标准差为0.83;女生262人,其社会支持量表的平均分为3.67,标准差为0.79。为了实现总体研究目标,研究人员必须首先确定不同性别个体的社会支持是否存在显著性差异。

解 一般认为个体的社会支持感都具有正态性。因此,假设两组观测数据均服从正态分布。

已知 $n_1=275, \overline{X_1}=3.59, s_1=0.83; n_2=262, \overline{X_2}=3.67, s_2=0.79$。

① 设

$$H_0: \mu_1 = \mu_2$$
$$H_1: \mu_1 \neq \mu_2$$

② 两总体方差未知,据方差齐性检验结果,两样本的方差的差异不显著,可以接受总体方差一致的前提假设,即 $\sigma_1^2 = \sigma_2^2$。

此外,由于

$$(n-1)s_{n-1}^2 = (n-1) \times \frac{\sum x^2}{(n-1)} = \sum x^2 = ns^2$$

因此,

$$s_P^2 = \frac{(n_1-1)s_{n_1-1}^2 (n_2-1)s_{n_2-1}^2}{(n_1-1)(n_2-1)} = \frac{n_1 s_1^2 + n_2 s_2^2}{n_1 + n_2 - 2}$$

代入数据可得

$$s_P^2 = \frac{n_1 s_1^2 + n_2 s_2^2}{n_1 + n_2 - 2} = \frac{275 \times 0.83^2 + 262 \times 0.79^2}{275 + 262 - 2} = 0.66$$

$$\sigma_{D_{\bar{X}}} = \sqrt{s_P^2 \left(\frac{1}{n_1} + \frac{1}{n_2} \right)} = \sqrt{0.66 \times \left(\frac{1}{275} + \frac{1}{262} \right)} = 0.07$$

$$t = \frac{\overline{X_1} - \overline{X_2}}{\sigma_{D_{\bar{X}}}} = \frac{3.59 - 3.67}{0.07} = -1.14$$

根据题意,应进行双侧检验,查 t 表,当 $df = n_1 + n_2 - 2 = 535$, $t_{0.05/2} = -1.98$, $-1.14 > -1.98$, $p > 0.05$。

答:男生与女生的社会支持感不存在显著性差异。

(2) 两总体方差不相等,即 $\sigma_1^2 \neq \sigma_2^2$

此时, $D_{\bar{X}} = \overline{X_1} - \overline{X_2}$ 的抽样分布不再是 t 分布,也非正态分布。并且,在这种情况下计算两个样本的联合方差已经失去意义。因此,使用两样本方差的无偏估计替代 σ_1^2 和 σ_2^2,即:$\sigma_{D_{\bar{X}}} = \sqrt{\frac{s_{n_1-1}^2}{n_1} + \frac{s_{n_2-1}^2}{n_2}}$。其检验公式如下:

$$t' = \frac{\overline{X_1} - \overline{X_2}}{\sqrt{\frac{s_{n_1-1}^2}{n_1} + \frac{s_{n_2-1}^2}{n_2}}}$$

【例 11.11】某研究人员想比较高父母冲突与低父母冲突的青少年在攻击行为倾向上的差异,随机抽取高父母冲突组被试 32 名,低父母冲突组被试 44 名,进行攻击行为倾向水平的调查。结果显示高父母冲突组被试的攻击行为倾向水平 $\overline{X_1} = 25.28$, $s_1 = 0.78$,低父母冲突组被试的攻击行为倾向水平 $\overline{X_2} = 21.81$, $s_2 = 0.46$。高父母冲突组与低父母冲突组在攻击行为倾向上是否存在差异?

解 已知 $n_1 = 32$, $\overline{X_1} = 25.28$, $s_1 = 0.78$; $n_2 = 44$, $\overline{X_2} = 21.81$, $s_2 = 0.46$。

$$H_0: \mu_1 = \mu_2$$
$$H_1: \mu_1 \neq \mu_2$$

两总体方差未知，据方差齐性检验结果，两样本方的差异显著，意味着总体方差不等 ($\sigma_1^2 \neq \sigma_2^2$)，因此

$$t' = \frac{\overline{X_1} - \overline{X_2}}{\sqrt{\frac{s_1^2}{n_1-1} + \frac{s_2^2}{n_2-1}}} = \frac{25.28 - 21.81}{\sqrt{\frac{0.78^2}{32-1} + \frac{0.46^2}{44-1}}} = 22.15$$

$$t'_{(0.05/2)} = \frac{\sigma_{D_{\overline{x_1}}}^2 \cdot t'_{1(0.05/2)} + \sigma_{D_{\overline{x_2}}}^2 \cdot t'_{2(0.05/2)}}{\sigma_{D_{\overline{x_1}}}^2 + \sigma_{D_{\overline{x_2}}}^2}$$

其中 $\sigma_{D_{\overline{x_1}}}^2 = \frac{s_1^2}{n_1-1} = \frac{0.78^2}{31} = 0.02$，$\sigma_{D_{\overline{x_2}}}^2 = \frac{s_2^2}{n_2-1} = \frac{0.46^2}{43} = 0.005$；查表 $t_{1(0.05/2)} = 2.042$ ($df=31$)，$t_{2(0.05/2)} = 2.021$ ($df=31$)。代入得

$$t'_{(0.05/2)} = \frac{0.02 \times 2.042 + 0.005 \times 2.021}{0.02 + 0.005} = 2.0378$$

则 $\alpha = 0.05$ 时临界点 $t' = 2.038$，$22.15 > 2.038$，$p < 0.05$。因此，在统计学意义上，可以得出在攻击行为倾向上高父母冲突与低父母冲突的青少年存在差异。

2. 相关样本的平均数差异检验

(1) 相关系数未知

用 d_i 表示每一对对应数据之差，即 $d_i = X_{1i} - X_{2i}$，其中，X_{1i} 和 X_{2i} 表示分别取自样本1和样本2的第 i 对数据。显然 n 个 d 值的平均数为

$$\overline{d} = \frac{\sum d_i}{n} = \frac{\sum (X_{1i} - X_{2i})}{n} = \overline{X_1} - \overline{X_2}$$

则 d 值的方差为

$$s_d^2 = \frac{\sum (d - \overline{d})^2}{n} = \frac{\sum d^2 - \frac{(\sum d)^2}{n}}{n}$$

当 $n \to \infty$ 时，d 值的分布是正态，这是 $\overline{d}$ 可以视为从 d 值总体中抽取的一个样本平均数，因而 $\overline{d}$ 的样本分布也是正态，其总平均数 $\mu_{\overline{d}} = \mu_1 - \mu_2$。

则标准误为

$$\sigma_{\overline{d}} = \sqrt{\frac{s_d^2}{n-1}} = \sqrt{\frac{\sum d^2 - \frac{(\sum d)^2}{n}}{n(n-1)}}$$

因 $\overline{d}$ 即为 $D_{\overline{X}}$，因此 $\sigma_{D_{\overline{x}}} = \sqrt{\frac{s_d^2}{n-1}}$。

在这种情况下对 $\bar{d}$ 的显著性检验性实际上就是对 $\overline{X_1} - \overline{X_2}$ 的显著性检验。由于 s_d^2 是样本得到的方差,故用 t 检验,即

$$t = \frac{\overline{X_1} - \overline{X_2}}{\sqrt{\frac{s_d^2}{n-1}}} = \frac{\overline{X_1} - \overline{X_2}}{\sqrt{\frac{\sum d^2 - \frac{(\sum d)^2}{n}}{n(n-1)}}} \quad (df = n-1)$$

【例 11.12】 某研究探讨了团体辅导课程对中学生的学校联结情感有无影响,在团体干预前,其采用学校联结量表对 23 名中学生的学校联结情感进行了测量,结果显示其平均水平为 $\overline{X_1} = 3.27$,在为期五周的团推辅导课程之后,研究人员再对同组被试施测,结果显示学校联结情感的平均水平为 $\overline{X_2} = 3.89$,经计算,$s_d^2 = 0.266$。在干预前与干预后,学生的学校联结情感水平是否存在显著差异?

解 由已知条件,得

$$\sigma_{D_{\bar{x}}} = \sqrt{\frac{s_d^2}{n-1}} = \sqrt{\frac{s_d^2}{23-1}} = 0.110$$

$$t = \frac{\overline{X_1} - \overline{X_2}}{\sqrt{\frac{s_d^2}{n-1}}} = \frac{3.27 - 3.89}{0.110} = -5.62$$

查 t 值表 $df = n - 1 = 22$ 时,$t_{0.05/2} = 2.074$,$t_{0.01/2} = 2.819$,$5.62 > 2.819$,即 $p < 0.01$。

答:在干预前与干预后,学生的学校联结情感水平存在显著差异。

(2) 相关系数已知

此时,$s_d^2 = s_1^2 - 2rs_1s_2 + s_2^2$。

标准误和 t 值公式为

$$\sigma_{D_{\bar{x}}} = \sqrt{\frac{s_1^2 - 2rs_1s_2 + s_2^2}{n-1}}$$

$$t = \frac{\overline{X_1} - \overline{X_2}}{\sqrt{\frac{s_1^2 - 2rs_1s_2 + s_2^2}{n-1}}} \quad (df = n-1)$$

【例 11.13】 用上述公式对例 11.12 进行检验。此外,在该研究中,$s_1 = 0.73$,$s_2 = 0.86$,$r = 0.792$。

解 已知 $\overline{X_1} = 3.27$,$\overline{X_2} = 3.89$,得

$$\sigma_{D_{\bar{x}}} = \sqrt{\frac{s_1^2 - 2rs_1s_2 + s_2^2}{n-1}} = \sqrt{\frac{0.73^2 - 2 \times 0.792 \times 0.73 \times 0.86 + 0.86^2}{23-1}} = 0.112$$

$$t = \frac{\overline{X_1} - \overline{X_2}}{\sqrt{\frac{s_1^2 - 2rs_1s_2 + s_2^2}{n-1}}} = \frac{3.27 - 3.89}{\sqrt{\frac{0.73^2 - 22 \times 0.792 \times 0.73 \times 0.86 + 0.86^2}{23-1}}} = -5.52$$

5.52＞2.819

答：计算结果与例11.12近似，结论相同。

（三）两总体非正态

当总体分布非正态时，可以取大样本（$n>30$ 或 $n>50$）进行 Z' 检验。这种方法同样适用于两总体非正态的平均数差异检验。也就是说，当两个样本量都大于30（或50）时也可以用 Z' 检验。

1. 独立样本的平均数差异检验

$$Z' = \frac{\overline{X_1} - \overline{X_2}}{\sqrt{\frac{\sigma_1^2}{n_1} + \frac{\sigma_2^2}{n_2}}} \quad \text{或} \quad Z' = \frac{\overline{X_1} - \overline{X_2}}{\sqrt{\frac{s_1^2}{n_1} + \frac{s_2^2}{n_2}}}$$

2. 相关样本的平均数差异检验

$$Z' = \frac{\overline{X_1} - \overline{X_2}}{\sqrt{\frac{\sigma_1^2 - 2r\sigma_1\sigma_2 + \sigma_2^2}{n}}} \quad \text{或} \quad Z' = \frac{\overline{X_1} - \overline{X_2}}{\sqrt{\frac{s_1^2 - 2rs_1s_2 + s_2^2}{n}}}$$

四、非参数检验

与参数统计相比，非参数检验对总体分布不做严格假定，故又称任意分布检验（Distribution-free Test），特别适用于计量信息较弱的资料，往往仅依据资料的顺序、等级资料即可进行统计推断，在实践中得到了极为广泛的应用。在社会科学研究中，许多变量是称名变量或顺序变量，常用非参数方法解决此类问题（张厚粲，徐建平，2021）。

（一）非参数检验的基本概念与特点

1. 非参数的概念

"非参数"概念可以从以下3个不同角度理解：

（1）"非参数"是指非参数模型。从统计学的观点出发，所谓参数模型，是指分布的"模式"（Pattern）已经知道（如已经知道总体分布为正态分布），而其中的一些具体的细节（如参数）是未知的，这种对分布模式的知识可以解释为在观察样本之前所掌握的信息，利用这种事先掌握的信息，可以使研究者更有效地提炼样本中的（关于参数的）信息。例如，如果已经知道总体分布为正态分布，则可以进一步知道样本均值和样本方差是有关总体均值和方差的充分统计量。而在非参数模型中,缺乏关于总体分布模式的知识,或相关信息很少。

(2) 在非参数统计中面临的问题也与参数统计中不同。一类问题是想要知道分布是否属于某一参数模型。一旦确认这一点,就可以采用参数模型作更深入的推断,χ^2拟合优度检验解决的就是这类问题。这类问题本质上虽然是非参数,但还是与参数模型有关。另一类问题则根本与参数模型没有任何关系。例如,通常假定样本是从同一总体中随机抽取的,这就会假定独立样本是同分布。例如,通常假定样本是从同一总体中随机抽取的,这就会假定独立样本是同分布。但是,有时要在非参数模型前提下对"一组独立样本是否是同分布的""两个变量是否独立""两组样本是否取自同一总体"进行检验,对两组正态样本的均值进行比较等。

(3) 在非参数统计中使用的统计量与参数统计中使用的统计量也不同。由于是非参数模型,在提炼样本中的信息时,不可能将样本压缩得十分紧凑,而不损失信息。一个重要的事实是假定样本是独立分布的,则不存在比顺序统计量更小的充分统计量。因此,当用顺序统计量这种测量水平较低的统计量进行推断时,势必要损失一部分信息。问题是这种损失究竟有多大?这也是非参数统计理论中关心的一个重要问题。另一方面,由于是在非参数模型下处理问题,因此所使用的统计量应该具有不依赖总体分布的性质,也就是说,统计量的分布或至少是极限分布,应该与总体分布无关。

2. 非参数检验的特点

非参数检验方法有如下特点:

(1) 一般不需要严格的前提假设。这是它与参数检验相比最大的优点。进行非参数检验时不必过多考虑假设条件,非常方便。

(2) 特别适用于顺序资料(等级变量)。在社会科学研究中,很多变量属于顺序水平,目前还达不到等距水平,处理这类资料离不开非参数方法。

(3) 较适用于小样本,且方法简单。在社会科学研究中,进行一些规模较大、设计较复杂的实验时,常常在正式实验之前需要做一些实验,此时被试数量少且要求结果尽快处理,用非参数方法很方便。

(4) 最大的不足是未能充分利用资料的全部信息。在符号检验法中只考虑数据的符号,忽视其大小;在秩和法及其他求等级和的方法中,虽然考虑到数据的大小,但在将原始数据转换成等级时,丢失了许多信息。所以,对于符合参数检验的资料,非参数检验的检验效能较低。如果某些资料既可以用参数方法也可以用非参数方法,则应使用参数方法;若所得资料不满足参数法要求的前提条件,则宁可浪费一部分信息而使用非参数方法,也不应该冒增大错误结论的风险去使用参数方法。

(5) 目前还不能处理"交互作用"。对总体分布的假定要求不严格,条件很宽,这是非参数统计问题中的一个最重要特点,但正是因为非参数统计方法需要照顾范围很广的分布,在某些情况下其效率会降低。

(二) χ^2检验

在社会科学研究中,除了计量数据外,计数数据(类别数据)是使用最普遍的一种数据类型。对于这类数据的统计分析,那些用于测量数据的统计方法就不太适合,因为这类数据是按照事物属性进行多项分类的。此外,由于对这些计数数据统计分析的根据是χ^2分布,故称这类统计分析方法为χ^2检验(Chi-square Test)。在初步整理计数数据时,除了用次数分布表呈现数据外,大都用列联表(Contingency Table)或交叉表(Cross Tabulation)的单元格形式表示,故这种分析方法又有列联表分析或交叉表分析的称谓。此外,χ^2检验又称为百分比检验。应用χ^2检验分析计数数据时,对计数数据总体的分布形态不做任何假设。因此,χ^2检验被视为非参数检验方法的一种。

χ^2检验能处理一个因素两项或多项分类的实际观察频数与理论频数分布是否相一致问题,或是否有显著差异问题。所谓实际频数(Actual Frequency),简称为实计数或实际数,指的是在实验或调查中得到的计数资料,又称为观察频数(Observed Frequency)。理论次数(Theoretical Frequency)是指根据概率原理、某种理论、某种理论次数分布或经验次数分布计算出来的次数,又称为期望次数(Expected Frequency)。

1. χ^2检验的假设

(1)分类相互排斥,互不包容。χ^2检验中分类必须相互排斥,这样每一个观测值就会被划分到一个类别或另一个类别之中。此外,分类必须互不包容,这样,就不会出现某一观测值同时划分到更多的类别中去的情况。

(2)观测值相互独立。各个被试的观测值之间彼此独立。当同一被试被划分到1个以上的类别中时,常常会违反这个假定。因此,在实验研究中,让观测值的总数等于实验中不同被试的总数,要求每个被试只有一个观测值,这是确保观测值相互独立最安全的做法。

当讨论列联表时,独立性假定是指变量之间的相互独立。这种情况下,这种变量的独立性正在被检测。而观测值的独立性则是预先的一个假定。

(3)期望次数的大小在5个以上。为了努力使χ^2分布为χ^2值合理准确且近似估计,每一个单元格中的期望次数应该在5个以上。然而,在许多分类研究中会存在这样一种情况,如自由度很大,有几个类别的理论次数虽然很小,但在可以接受的标准范围内,只有一个类别的理论次数小于1。此时,一个简单的处理原则是设法使每一个类别的理论次数都不要小于1,分类中不超过20%的类别的理论次数可以小于5。在理论次数较小的特殊的四格表中,应运用一个精确的多项检验来避免使用近似的χ^2检验。

2. χ^2 检验的类别

χ^2 检验因研究的问题不同,可以细分为多种类型,如配合度检验、独立性检验、同质性检验等。

配合度检验主要用来检验一个因素多项分类的实际观察数与某理论次数是否接近,这种 χ^2 检验方法有时也称为无差假说检验。当对连续数据的正态性进行检验时,这种检验又可称为正态吻合性检验。

独立性检验用来检验两个或两个以上因素各种分类之间是否有关联或是否具有独立性的问题。所谓的两个因素,是指所要研究的两个不同事物。例如在性别与对某个问题的态度是否有关系中,性别是一个因素,分为男女两个类别,态度是另一个因素,可分为赞同、不置可否、反对等多种类别。各因素分类的多少视研究的内容及所划分的分类标志而定。这种类型的 χ^2 检验适用于探讨两个变量之间是否具有关联(非独立)或无关(独立),如果再加入另一个变量的影响,即探讨3个变量之间的关系时,就必须使用多维列联表分析方法。

同质性检验主要目的在于检定不同人群母总体在某一个变量的反应是否具有显著差异。当用同质性检验检测双样本在单一变量分布情形,如果两样本没有差异,就可以说两个母总体是同质的,反之,则说这两个母总体是异质的。

3. χ^2 检验的基本公式

简单来说,χ^2 检验的方法检验的是样本观测次数(或百分比)与理论或总体次数(或百分比)的差异性。理论或总体的分布状况,用统计的期望值来表示。χ^2 检验的统计原理,是比较观察值与理论值的差别,如果两者的差异越小,检验的结果越不容易达到显著性水平;两者的差异越大,检验的结果越可能达到显著性水平,就可以得出结论拒绝虚无假设而接受备择假设。基本公式如下:

$$\chi^2 = \sum \frac{(f_0 - f_e)^2}{f_e}$$

该公式由实际观察次数(f_0)与某理论次数(f_e)之差的平方再除以理论次数,是一个与 χ^2 分布非常近似的次数分布。当 f_e 越大($f_e \geqslant 5$),接近得越好。f_0 与 f_e 相差越大,χ^2 值就越大。χ^2 值越大,代表统计量与理论值的差异越大。f_0 与 f_e 相差小,χ^2 值也小。因此,它可用于表示 f_0 与 f_e 相差的程度,同时它也具备与 χ^2 值分布相同的一些特点:f_0 与 f_e 之差的平方再除以 f_e 的值,随自由度而变化,变化的趋势与 χ^2 值分布一样。同时它也具有可加性特点等。由于具体计算时,都用列联表形式表示数据,所以,公式中的 f_0 与 f_e 实际上表示的是列联表中每项分类单元格中的实计数与理论次数。

一旦 χ^2 值大于某一临界值,便能获得显著的统计结论。这个临界值是在某一特定显著水平、某一特定自由度条件下,从 χ^2 的理论分布推导而来。在实际统计分析时,是通过查χ^2值分布表获得的。

χ^2检验可以用于检验单一变量的实际观测次数与某个理论次数是否存在差别。

【例11.14】 根据以往的经验,某健身教练认为购买健身年卡的会员中,IT行业工作者、公务员、医务人员、教育工作者的比例为1:3:2:4;今年年终的健身年卡会员中IT行业工作者53人,公务员113人,医务人员82人,教育工作者178人。今年的健身年卡会员职业分布比例是否符合该健身教练的经验?

解 该题实质上是假设健身年卡会员的职业分布与该教练的经验分布相同,因此,理论次数应按照经验分布的概率计算。

根据题意计算经验概率:IT行业工作者的概率为0.1,公务员的概率为0.3,医务人员的概率为0.2,教育工作者的概率为0.4;

因此,理论次数为

$$f_{eIT职员}=(53+113+82+178)\times 0.1=42.6$$

$$f_{e公务员}=(53+113+82+178)\times 0.3=127.8$$

$$f_{e医务人员}=(53+113+82+178)\times 0.2=85.2$$

$$f_{e教育工作者}=(53+113+82+178)\times 0.4=170.4$$

$$\chi^2=\sum\frac{(f_0-f_e)^2}{f_e}$$
$$=\frac{(53-42.6)^2}{42.6}+\frac{(113-127.8)^2}{127.8}+\frac{(82-85.2)^2}{85.2}+\frac{(178-170.4)^2}{170.4}$$
$$=4.712$$

自由度$df=4-1=3$,查$df=3$的χ^2表得$\chi^2_{0.05}=7.81$,$\chi^2<\chi^2_{0.05}$,则差异不显著。

答:今年年终购买健身年卡的会员职业分布与该健身教练的经验没有显著差异。

4. 应用χ^2检验应注意取样设计

应用χ^2检验时,要十分注意取样的代表性。在社会科学研究中,搜集到的数据有些属于定性资料,获得这些数据大都通过调查、访谈或问卷,除了少部分实验可以事先计划外,大部分实验难以安排。难题是研究的现象并不经常出现,搜集到的数据仅仅允许做回顾性研究。因此,这样的研究难以得到合适的控制,并且由于总体中的各种局限性,常会使研究遇到有严重缺陷的样本。鉴于此,在应用计数数据时,就要特别注意取样的代表性。尽管计数资料的获得比计量资料容易,但实验难以控制,搜集数据过程中容易出现有偏样本。因此,为确保统计推论的科学性,在应用χ^2检验分析计数资料,进行推论统计时,要特别小心谨慎,防止产生有偏样本,注意控制那些影响数据的因素。只有这样,才能根据χ^2检验的结果,做出正确的推论。

【例11.15】 下面通过该例介绍在SPSS(Statisical Product Service Solutions,统计产品与服务解决方案)中独立样本t检验的对应操作过程以及结果与图表。图11.5为观测数据集,考察不同性别个体的社会支持感是否存在差异。

	性别	社会支持	心理韧性
1	1	4.50	3.67
2	1	5.00	4.04
3	2	4.33	4.26
4	2	5.00	4.56
5	1	4.50	3.59
6	2	4.25	3.56
7	1	5.00	4.70
8	1	5.00	4.81
9	2	4.25	4.33
10	2	4.25	3.81
11	2	5.00	3.04
12	1	3.83	3.07
13	1	4.25	4.00
14	2	2.50	3.00
15	1	3.58	4.67
16	1	4.67	3.74
17	1	3.67	4.00
18	2	5.00	4.00
19	1	2.67	3.33
20	2	4.50	4.30

图 11.5 示例数据视图

SPSS 统计技巧:点击"分析"→"比较均值"→"独立样本 T 检验",将要检验的变量点选到右侧"检验变量"对话框中,将分组变量点选到右侧"分组变量",点击"定义组",给予两组数据编号,点击"确定",输出结果,如图 11.6 所示。

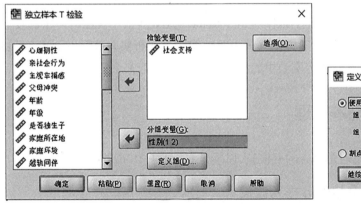

图 11.6 SPSS 处理视图

在输出的结果中,应看方差齐性检验的结果,如果 $Sig > 0.05$ 说明两样本方差差异不显著,表明总体方差一致,此时应该看"均值方程的 t 检验"表中第一行的 Sig,由图 11.7 可知,$Sig = 0.212 > 0.05$,表明男女的社会支持感不存在显著差异。如果方差齐性检验中的 $Sig < 0.05$,说明两总体方差不一致,此时应该看"均值方程的 t 检验"表中的第二行的 Sig,以此来判断。

另外,如果检验结果表明两组存在显著性差异时,应该查看"组统计量",确定两组变量差异的方向。

组统计量

性别		N	均值	标准差	均值的标准误差
社会支持	1	275	3.5845	0.83068	0.05009
	2	261	3.6721	0.78796	0.04877

独立样本检验

		方差方程的 Levene 检验		均值方程的 t 检验						
		F	Sig	t	df	Sig(双侧)	均值差值	标准误差值	差分的95%置信区间	
									下限	上限
社会支持	假设方差相等	0.318	0.573	−1.250	534	0.212	−0.08755	0.07001	−0.22508	0.04998
	假设方差不相等			−1.252	534	0.211	−0.08755	0.06991	−0.22489	0.04979

图 11.7 SPSS 结果输出

第三节 方差分析

方差分析又称作变异分析（Analysis of Variance，ANOVA），是探讨一个因变量和一个或多个自变量之间关系的检验方法。其主要功能在于分析实验数据中不同来源的变异对总变异的贡献大小，从而确定实验中的自变量是否对因变量有重要影响。

一、方差分析的基本原理

方差分析的基本原理是综合的 F 检验，以下是 F 检验具体的要点：

1. 综合虚无假设与部分虚无假设

方差分析主要处理两个及两个以上的平均数之间的差异检验问题。此时，该实验研究就是一个多组设计，需要检验的虚无假设就是"任何一对平均数"之间是否有显著性差异。为此，设定虚无假设为样本所归属的所有总体的平均数都相等，一般把这一假设称为"综合的虚无假设"（Omnibus Null Hypothesis）。组间的虚无假设相应地就称为"部分虚无假设"。综合虚无假设和部分虚无假设差异很大。检验综合虚无假设是方差分析的主要任务。如果综合虚无假设被拒绝，紧接着要确定究竟哪两个组之间的平均数之间存在着显著性差异时，需要运用事后检验方法来确定。

2. 方差的可分解性

方差分析依据的基本原理就是方差(或变异)的可分解原则。作为一种统计方法,方差分析把实验数据的总变异分解为若干个不同来源的分量。具体来说,就是将总平方和分解为几个不同来源的平方和。

平方和指观测数据与平均数离差的平方总和。一般来说,任意一个数据 X_{ij}(第 j 组的第 i 个数据)与总平均值 $\overline{X_t}$ 的离差 $(X_{ij}-\overline{X_t})$,等于 X_{ij} 与该组平均数的离差 $(X_{ij}-\overline{X_j})$ 加上该组平均数与总平均数的差 $(\overline{X_j}-\overline{X_t})$。即

$$X_{ij}-\overline{X_t}=(X_{ij}-\overline{X_j})+(\overline{X_j}-\overline{X_t})$$

把第 j 组的 n 个数据的平方和相加,即把这上面这个等式两边平方之后连加:

$$\sum_{i=1}^{n}(X_{ij}-\overline{X_t})^2=\sum_{i=1}^{n}[(X_{ij}-\overline{X_j})+(\overline{X_j}-\overline{X_t})]^2$$

再利用平均数离差和等于零这一特性,简化得到下式:

$$\sum_{i=1}^{n}(X_{ij}-\overline{X_t})^2=\sum_{i=1}^{n}(X_{ij}-\overline{X_j})^2+n(\overline{X_j}-\overline{X_t})^2$$

然后将 K 组的这种关系全加起来:

$$\sum_{j=1}^{k}\sum_{i=1}^{n}(X_{ij}-\overline{X_t})^2=\sum_{j=1}^{k}\sum_{i=1}^{n}(X_{ij}-\overline{X_j})^2+n\cdot\sum_{j=1}^{k}(\overline{X_j}-\overline{X_t})^2 \tag{11.1}$$

式中 $\sum_{i=1}^{n}$ 表示各组的数据从 1 加到 n 的和,$\sum_{j=1}^{k}$ 表示从第 1 组加到第 k 组之和。

令

$$SS_T=\sum_{j=1}^{k}\sum_{i=1}^{n}(X_{ij}-\overline{X_t})^2 \tag{11.2}$$

$$SS_B=n\cdot\sum_{j=1}^{k}(\overline{X_j}-\overline{X_t})^2 \tag{11.3}$$

$$SS_W=\sum_{j=1}^{k}\sum_{i=1}^{n}(X_{ij}-\overline{X_j})^2 \tag{11.4}$$

则

$$SS_T=SS_B+SS_W \tag{11.5}$$

在上面的公式中,X 的下标 j 表示第几组,i 表示某一组中第几个被试,$\sum$ 的起止标记意义与此相同。n 表示每组的人数,k 表示有几种实验处理。其中 SS 表示平方和(Sum of Square);SS_T 为总平方和(Sum of Squares Total),表示实验中产生的总变异;SS_B 为组间平方和(Sum of Squares Between Groups),表示由于不同的实验处理而造成的变异;SS_W 为组内平方和(Sum of Squares Within Groups),表示由实验误差(包括个体差异)造成的变异。下标 T 表示全部(Total)的意思,B 代表组间(Between Groups)之意,W 代表组内

(Within Groups)之意。

这样,总变异就被分解为组间变异和组内变异两部分。总变异的计算是把所有被试的数值作为一个整体考虑时得到的结果,是由所有被试的因变量的值计算所得。在计算时,它不区分各个数值究竟来自哪一种实验条件。组间变异主要指由于接受不同的实验处理而造成的各组之间的变异,可以用两个平均数之间的离差表示。两组平均数的差异越大,组间变异也就越大。组间变异可以看作组间平均数差异大小的一个指标。组内变异则是由组内各被试因变量的差异范围决定的,主要指由实验误差,或组内被试之间的差异造成的变异。由于被试分组是随机分派,个体差异及实验误差带有随机性质,因而组内变异与组间变异相互独立,可以分解。

平方和除以自由度所得的样本方差可作为其总体方差的无偏估计。那么,方差分析中组间方差和组内方差就分别表示为

$$MS_B = \frac{SS_B}{df_B} \tag{11.6}$$

$$MS_W = \frac{SS_W}{df_W} \tag{11.7}$$

MS_B表示组间方差,一般称作组间均方(Mean Squares Between Groups),指实验处理(Treat)的均方,也就是组间均方;df_B为组间自由度。MS_W表示组内方差或称组内均方(Mean Squares Within Group),指误差的均方,即组内均方;df_W为组内自由度。

在方差分析中,组间变异与组内变异的比较必须用各自的均方,不能直接比较各自的平方和。因为平方和的大小与项数(k或n)有关,应该将项数的影响去掉其均方,因此必须除以各自的自由度。

组间自由度:

$$df_B = k - 1$$

组内自由度:

$$df_W = k(n-1)$$

总自由度:

$$df_T = nk - 1 \quad df_T = df_B + df_W \tag{11.8}$$

检验两个方差之间的差异用F检验,因此比较MS_B与MS_W也要用F检验。在讨论方差齐性检验时,指出利用F检验比较两个样本方差的差异要用双侧检验。在方差分析中关心的是组间均方是否显著大于组内均方,如果组间均方小于组内均方,就无须检验其是否小到显著性水平。因而总是将组间均方放在分子位置,进行单侧检验。即

$$F = \frac{MS_B}{MS_W} \tag{11.9}$$

F为组间变异与组内变异比较得出的一个比率数,如果$F<1$,说明数据的总变异中由分组不同所造成的变异只占很小的比例,大部分由实验误差和个体误差所致,也就是说不同的实验处理之间差异不大,或者说实验处理基本上无效;如果$F=1$,同样说明实验处

理之间的差异不够大；当$F>1$且落入F分布的临界区域时，表明数据的总变异基本上由不同的实验处理所造成，或者说不同的实验处理之间存在着显著差异(张厚粲，徐建平，2021)。

二、方差分析的基本过程与步骤

在实际应用方差分析时，为了方便，一般直接基于原始数据求平方和，这时平方和的公式为：

$$SS_T = \sum\sum X^2 - \frac{\left(\sum\sum X\right)^2}{nk} \tag{11.10}$$

$$SS_B = \sum\frac{\left(\sum X\right)^2}{n} - \frac{\left(\sum\sum X\right)^2}{nk} \tag{11.11}$$

$$SS_W = SS_T - SS_B = \sum\sum X^2 - \frac{\left(\sum X\right)^2}{n} \tag{11.12}$$

通过方差分析，可以检验组间方差是否在统计上显著大于组内方差。假如拒绝虚无假设的p值(p-value)定为0.05，如果计算的值远大于所确定的显著性水平的临界值，表明F值出现的概率小于0.05，就可以拒绝虚无假设，可以说不同组的平均数之间在统计上至少有一对有显著差异。参考各组的平均数，进一步做事后检验，可以确定究竟哪一对平均数之间有显著差异。如果计算的F值小于p为0.05的临界值，就不能拒绝虚无假设，只能说不同组的平均数之间没有显著差异。除了确定显著性水平外，在查F值表时，还必须明确是用单侧检验，还是双侧检验。另外，p值也可以定为0.01。

上面几个步骤的计算结果，可以归纳成一个方差分析表。一般在实验报告的结果部分，只需列出方差分析表即可。不同的实验设计，方差分析表组成要素基本一致，主要包括变异来源、平方和、自由度、均方、F值和p值。因实验设计不同，变异来源也不同，相应的自由度和均方值、F值、p值也会发生变化。

【例11.16】 范航等(2018)收集了初中学生的抑郁情绪的数据，如表11.1所示。其中，初一190人(35.4%)，其抑郁量表的观测数据的平均数$\overline{X}_1 = 1.94$；初二154人(28.7%)，其抑郁量表的观测数据的平均数$\overline{X}_2 = 2.16$；初三193人(35.9%)，其抑郁量表的观测数据的平均数$\overline{X}_3 = 2.10$；抑郁量表的总样本平均数$\overline{X}_t = 2.06$。研究人员想知道处于不同年级的学生的抑郁水平是否存在区别。

解 由题意可知，这是以单个被试变量为分组依据的数据集，并且各组的样本容量不同。因此，应使用单因素完全随机涉及的方差分析进行检验。

设虚无假设和备择假设分别如下：

$$H_0: \mu_1 = \mu_2 = \mu_3$$
$$H_1: \mu_1 \neq \mu_2 \neq \mu_3$$

表11.1 初中三个年级学生的抑郁情绪统计表

初一	初二	初三
3.05	1.95	1.65
1.90	2.70	2.05
2.05	2.80	2.55
1.70	2.20	2.30
1.50	2.15	2.10
1.80	1.60	2.45
⋮	⋮	⋮
$n_1=190$	$n_2=154$	$n_3=193$

(1) 计算平方和。

$$SS_W = \sum_{j=1}^{k}\sum_{i=1}^{n}(X_{ij}-\overline{X}_j)^2 = \sum_{i=1}^{190}(X_{i1}-\overline{X}_1)^2 + \sum_{i=1}^{154}(X_{i2}-\overline{X}_2)^2 + \sum_{i=1}^{193}(X_{i3}-\overline{X}_3)^2 = 82.27$$

$$SS_T = \sum_{j=1}^{k}\sum_{i=1}^{n}(X_{ij}-\overline{X}_t)^2 = \sum_{i=1}^{190}(X_{i1}-\overline{X}_t)^2 + \sum_{i=1}^{154}(X_{i2}-\overline{X}_t)^2 + \sum_{i=1}^{193}(X_{i3}-\overline{X}_t)^2 = 86.96$$

则 $SS_B = SS_T - SS_W = 86.96 - 82.27 = 4.69$。

(2) 计算自由度。

$$df_W = \sum_{i=1}^{k=3}(n_i-1) = 190-1+154-1+193-1 = 534$$

$$df_B = k-1 = 3-1 = 2$$

则 $df_T = df_B + df_W = 534 + 2 = 536$。

(3) 计算均方。

$$MS_B = \frac{SS_B}{df_B} = \frac{4.69}{2} = 2.35$$

$$MS_W = \frac{SS_W}{df_W} = \frac{82.27}{534} = 0.15$$

(4) 计算F比值,进行F检验,做出决断。

则 $F = \dfrac{MS_B}{MS_W} = \dfrac{2.35}{0.15} = 15.22$。

查F表,$F_{0.05(2,\infty)} = 3.69$,算得的F值大于临界值,$p<0.05$可以拒绝虚无假设,得出结论认为处于不同年级的个体的抑郁水平存在差异。

【例11.17】 某研究想探讨面孔吸引力对初始信任评价的影响,要求被试对高、中、低三种吸引力的面孔进行初始信任评价。表11.2是被试对每种面孔的信任评价结果,不同吸引力水平的面孔是否会影响个体的初始信任判断?

解 原始数据如表11.2所示。

表11.2 被试对不同类型面孔的信任评价结果

被试序号	高吸引力面孔	中吸引力面孔	低吸引力面孔
1	4.70	4.5	1.80
2	3.70	2.50	2.70
3	4.80	4.30	3.10
4	4.10	2.80	1.60
5	6.30	4.80	3.60
6	3.80	2.90	3.30
…	…	…	…
44	4.70	4.60	3.60

由题意可知,该过程是每个被试接受所有实验处理的情况。因此,应使用单因素随机区组设计涉及的方差分析进行检验。

设虚无假设和备择假设分别如下:

$$H_0: \mu_1 = \mu_2 = \mu_3$$
$$H_1: \mu_1 \neq \mu_2 \neq \mu_3$$

(1) 计算平方和。

$$SS_B = \sum_{j=1}^{k} \frac{\left(\sum X\right)^2}{n} - \frac{\left(\sum \sum X\right)^2}{nk} = 63.581$$

$$SS_E = \sum_{j=1}^{k}\sum_{i=1}^{n} X^2 + \frac{\left(\sum_{j=1}^{k}\sum_{i=1}^{n} X\right)^2}{nk} - \sum_{j=1}^{k} \frac{\left(\sum_{i=1}^{n} X\right)^2}{n} - \sum_{i=1}^{n} \frac{\left(\sum_{j=1}^{k} X\right)^2}{k} = 22.193$$

(2) 计算自由度。

$$df_B = k - 1 = 3 - 1 = 2$$
$$df_E = (k-1)(n-1) = 2 \times 43 = 86$$

(3) 计算均方。

$$MS_B = \frac{SS_B}{df_B} = \frac{63.581}{2} = 31.790$$

$$MS_E = \frac{SS_E}{df_E} = \frac{22.193}{86} = 0.258$$

(4) 计算F比值,进行F检验,做出决断。

则$F = \frac{MS_B}{MS_E} = \frac{31.79}{0.258} = 199.267$。

查F表,$F_{0.05(2,60)} = 3.93$,$F_{0.05(2,120)} = 3.80$,$F_{0.01(2,60)} = 5.79$,$F_{0.01(2,120)} = 5.54$,算得的F值大于临界值,$p < 0.01$,可以拒绝虚无假设,得出结论认为个体对不同吸引力的面孔的信任评价存在差异。

三、方差分析的基本假定

运用 F 检验进行的方差分析是一种对所有组间平均数差异进行的整体检验。进行方差分析时有一定的条件限制,数据必须满足以下几个基本假定条件,否则由它得出的结论将会产生错误。

1. 总体正态分布

方差分析同 Z 检验及 t 检验一样,也要求样本必须来自正态分布的总体。在社会科学研究中,大多数变量是可以假定其总体服从正态分布,一般进行方差分析时并不需要检验总体分布的正态性。当有证据表明总体分布不是正态时,可以将数据进行正态转化,或采用非参数检验方法。

2. 变异的相互独立性

总变异可以分解成几个不同来源的部分,这几个部分变异的来源在意义上必须明确,而且彼此要相互独立。这一点一般都可以满足。

3. 各实验处理内的方差要一致

各实验处理内的方差彼此无显著差异,这是方差分析中最重要的基本假定。在方差分析中用 MS_W 作为总体组内方差的估计值,求组内均方 MS_W 时,相当于将各个处理中的样本方差合成,它必须满足的一个前提条件就是各实验处理内的方差彼此无显著差异。如果这一假定不能满足,原则上不能进行方差分析。

四、方差分析中的方差齐性检验

在进行方差分析时,各实验组内部的方差彼此无显著性差异是最重要的一个假定。为了满足这一假定条件,往往在做方差分析前先要对各组内方差做齐性检验。这与 t 检验中方差齐性检验的目的意义相同,只是在具体方法上由于要比较的样本方差多于两个而有所不同。

方差分析中的齐性检验常用哈特莱(Hartley)最大 F 比率法(Maximum F-ratio),这种方法简便易行。具体的实施步骤是先找出要比较的几个组内方差中的最大值与最小值,代入下式:

$$F_{\max} = \frac{s_{\max}^2}{s_{\min}^2} \tag{11.13}$$

查 $F_{\max}$ 临界值表,当算出的 $F_{\max}$ 小于表中相应的临界值,就可认为几个要比较的样本方差两两之间均无显著差异。

五、与方差分析有关的实验设计问题

不同的实验设计,所需方差分析的具体方法存在区别。如果用方差分析去检验一个双组设计的平均数差异,将会得到与 t 检验同样的结果,得到一个完全相同的结论,在此意义上,可以将方差分析看成一种 t 检验的延伸与扩展。但是,t 检验处理的是两个样本组之间的差异显著性问题,检验的数据来自两种不同的实验处理,它仅适用于只有两组样本的实验设计。在社会科学研究中,这种实验设计只是最简单的一种。大多数实验都包含两种以上的实验处理,比较的对象都超过了两个实验组,需要同时比较两个以上的样本平均数。这种同时对所有平均数差数的显著性进行检验的方法只能使用方差分析。

用方差分析方法处理的实验数据,大多属于方差分析实验设计类型产生的结果。在方差分析型实验设计中,有多个样本组共同参与实验,接受一个变量或多个变量的多种水平的实验处理。简单讲,这类实验设计中的被试组数超过两组,是一种多组设计。这种设计最常见的类型有组间设计、组内设计与混合设计。

(1)组间设计通常把被试分为若干个组,每组分别接受一种实验处理,有几种实验处理就相应地将被试分为几组,即不同的被试接受自变量不同水平的实验处理。由于被试是随机取样并随机被安排到不同的实验处理中,因此,该设计又称完全随机设计。完全随机分组后,各实验组的被试之间相互独立,因而这种设计又被称作独立组设计或被试间设计。从理论上讲,在这类设计中,各个组别在接受实验处理前各方面相同,如果实验结果中组与组之间有显著差异,就说明差异是由不同的实验处理造成的。这是完全随机设计的主要特点。当对该设计中各实验组和控制组的数据进行方差分析时,如果结果差异显著,则表明实验处理是有效的。在社会科学研究中,由于某些实验中被试不可能先后接受两种实验处理,如药物实验,被试如果接受旧药治疗后再接受新药治疗,即使效果有差异,也并不能说明问题。因此在这类实验中,被试的分组一般采用完全随机的方式,也可以采用配对组的方式。但是,在这类设计中,实验误差既包括实验本身的误差,也包括被试个别差异引起的误差。由于这两种误差无法分离,因而该设计的效率受到一定的限制。

(2)组内设计又称为被试内设计,是指每个被试都要接受所有自变量水平的实验处理。由于接受每种实验处理后都要进行测量,因此,它又称为重复测量设计。在组内设计中,尽管被试样本组都要接受所有实验处理,但组中的每个被试只随机地接受一种实验处理。通常,这样的被试被称为区组。同一区组内应尽量同质,即在各个方面都相似或相同。这种设计将被试的个别差异从被试(组)内差异中分离出来,提高了实验处理的效率。

(3)混合设计一般涉及两个及两个以上的自变量,其中每个自变量的实验设计各不相同。如一个用组间设计,一个用组内设计,实际上是同时进行几个实验。

下面以例11.16中的观测数据为例(如图11.8所示),介绍单因素完全随机设计在SPSS中对应的操作分析过程以及结果与图表。

	年级	抑郁	社会支持
1	1	3.05	3.42
2	3	2.15	3.17
3	3	1.85	4.58
4	3	2.40	3.92
5	3	2.75	3.67
6	3	1.85	2.33
7	3	1.70	3.67
8	3	1.75	3.17
9	3	2.15	3.25
10	3	2.70	4.75
11	3	1.85	4.25
12	3	2.55	3.75
13	3	2.50	2.33
14	3	2.65	4.08
15	3	2.10	3.75
16	3	2.60	4.75
17	3	1.70	3.67
18	3	2.25	4.33

图11.8 SPSS主界面变量管理窗口

注:原始数据为537个样本,此图是为读者更为直观地理解而提供的样图,故仅截取部分数据,下同。

在该研究中,研究人员采用整群抽样法选取被试,根据浙江省各地市人均GDP等综合发展指标,选取经济社会各方面发展比较靠前的(宁波市)和相对落后的(象山县)地区的两所初级中学作为本次调查的总体,每个地区各抽一所重点中学和一所普通中学的学生作为样本。共施测600人次,回收有效问卷537份,有效率为89.5%。其中,初一190人(35.4%),其抑郁量表的观测数据的平均数$\overline{X}_1 = 1.94$;初二154人(28.7%),其抑郁量表的观测数据的平均数$\overline{X}_2 = 2.16$;初三193人(35.9%),其抑郁量表的观测数据的平均数$\overline{X}_3 = 2.10$;抑郁量表的总样本平均数$\overline{X}_t = 2.06$。研究人员想知道处于不同年级的学生的抑郁水平是否存在区别。

进行SPSS统计的操作为依次点击"分析"→"比较均值"→"单因素",将要检验的变量点选到右侧"因变量列表"中,将分组变量点选到右侧"因子"中,再点击"选项",根据自身统计需求,选择需要输出的统计量。一般来说,"描述性""固定和随机效应""方差同质性检验"等均是需要勾选并在论文中报告的。此外,勾选"均值图"可以提供三组观测数据的均值分布折线图,这有利于研究者更直观地观察三组数据的均值差异特点(如图11.9、图11.10所示)。

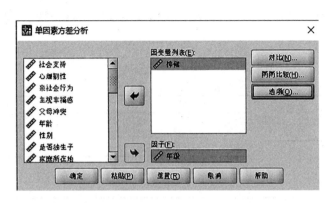

图11.9 "单因素方差分析"对话框

图11.10 选项子对话框

另外,方差分析只能表明三组数据之间存在差异,但是并不清楚三者中是哪两者之间存在差异,还是三者均存在差异以及差异的方向是什么。因此,必须对三组数据进行两两比较。具体操作为点击图11.9中的"两两比较",在该对话框中,有两类比较方法,一类是在三者的方差齐性的情况下的两两比较计算方法,一类是用于在三者方差不齐的情况下的两两比较计算方法。由于计算前并不可能知道三者方差是否齐性,在此情况下,一般研究人员会在两类比较方法中各选一种(如图11.11所示)。

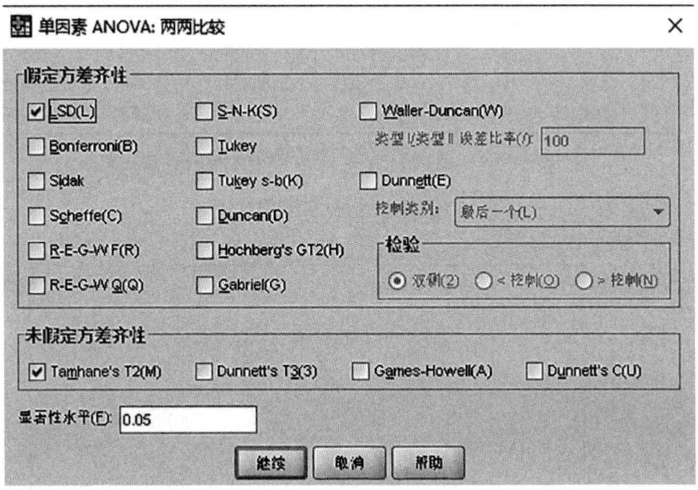

图11.11 两两比较子对话框

在输出的结果中,首先应看方差齐性检验的结果,如果 $Sig>0.05$ 说明两样本方差差异不显著,表明总体方差一致,即方差齐性检验通过,这是能够进行方差分析的必要条件。之后查看方差分析表,与上述计算结果相同,方差分析结果差异显著,表明不同年级的个体的抑郁水平存在显著性差异。具体哪两个年级存在差异,需要看事后多重比较。由于方差齐性,所以对于两两比较只需要看LSD的检验结果。结果显示,初一与其他两个年级的均值对比检验的 p 值均小于0.05,说明初一与其他两个年级学生的抑郁水平存在显著差异。需要注意的是，表中的"均值差"显示了具体的差异方向。表中的"均值差"显示初一学生的抑郁水平显著低于初二和初三学生，均值图更直观地反映了这一特点，如图11.12、图11.13所示。

方差齐性检验

因变量：抑郁

Levene 统计量	df_1	df_2	显著性
0.930		534	0.395

ANOVA

因变量：抑郁

	平方和	df	均方	F	显著性
组间	4.690	2	2.345	15.222	0.000
组内	82.269	534	0.154		
总数	86.959	536			

多重比较

因变量：抑郁

	(I) 年级	(J) 年级	均值差值 ($I-J$)	标准误差值	显著性	95%置信区间 下限	95%置信区间 上限
LSD	1	2	−0.22240*	0.04256	0.000	−0.3060	−0.1388
		3	−0.16207*	0.04011	0.000	−0.2409	−0.0833
	2	1	0.22240*	0.04256	0.000	0.1388	0.3060
		3	0.06033	0.04241	0.155	−0.0230	0.1436
	3	1	0.16207*	0.04011	0.000	0.0833	0.2409
		2	−0.06033	0.04241	0.155	−0.1436	0.0230
Tamhane	1	2	−0.22240*	0.04410	0.000	−0.3282	−0.1166
		3	−0.16207*	0.03984	0.000	−0.2576	−0.0665
	2	1	0.22240*	0.04410	0.000	0.1166	0.3282
		3	0.06033	0.04149	0.379	−0.0393	0.1599
	3	1	0.16207*	0.03984	0.000	0.0665	0.2576
		2	−0.06033	0.04149	0.379	−0.1599	0.0393

图 11.12 单因素方差分析 SPSS 输出结果

注：均值差的显著水平为 0.05。

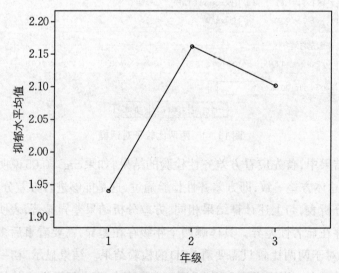

图 11.13 不同年级的学生抑郁水平均值

下面以例11.14中的观测数据为例(如图11.14所示),介绍单因素随机区组设计在SPSS中对应的操作分析过程以及结果与图表。

数据文件整理技巧:由于参与实验的有44名被试,也就是说共有44个个案,因此,数据文件占44行。此外,虽然有一个自变量,分3个水平,但是这个变量的3个水平都是由一组被试完成,所以这个数据文件中不需要被试的实验处理分组变量。每个被试均在3种实验条件下接受测试,因此,得到3列数据。故整个数据文件结构如图11.14所示。

NO	high	neutral	low
1	3.80	2.90	3.30
2	6.20	4.40	3.90
3	4.70	4.50	1.80
4	4.70	4.00	2.90
5	3.70	2.50	2.70
6	4.30	4.10	3.90
7	4.60	3.80	3.50
8	5.20	4.60	3.60
9	4.80	4.30	3.10
10	3.30	4.30	3.30
11	3.90	3.30	3.00
12	4.70	4.20	3.60
13	5.60	4.70	3.50
14	5.10	4.70	4.00
15	5.30	3.80	3.10
16	5.10	4.00	3.70
17	4.80	4.30	2.10
18	4.90	5.30	3.80
19	5.00	3.80	3.90
20	4.90	3.90	3.50
21	5.20	5.20	3.50
22	4.80	2.80	3.20
23	4.40	3.50	2.40
24	4.90	3.80	2.90
25	4.50	3.40	2.70
26	5.00	4.10	3.00
27	5.20	4.00	2.50
28	4.30	4.20	3.40
29	4.60	4.40	3.00

图11.14 单因素随机区组设计数据结构示例

SPSS统计技巧的操作为依次点击"分析"→"一般线性模型"→"重复度量",在"重复度量定义因子"对话框中输入被试内因子的名称"面孔吸引力等级",在"级别数"中输入对应的实验处理水平数"3",点击"添加",之后再点击"定义"以打开"重复度量"对话框,将要检验的变量按一定顺序勾选到右侧"群体内部变量"中,点击"绘制",将自变量"面孔吸引力等级"勾选到右侧的"水平轴"中,并点击"添加",以便输出自变量(不同吸引力面孔)与因变量(信任评分)之间的趋势图。其能提供3组观测数据的均值分布折线图,有利于研究者更直观地观察3组数据的均值差异特点。点击"选项",设置有关的统计量、效应量检验的输出要求。一般来说,"描述统计""功效估计""检验效能""方差齐性检验"等均是需要点选以及在论文中报告的;并且将自变量"面孔吸引力等级"点选至右侧的"显示均值"中,点击"比较主效应",在"置信区间调节"中选择比较方法,此操作是为了 F 检验之后的具体的事后比较检验。点击"继续"回到主对话框,点击"确定"输出结果(如图 11.15 所示)。

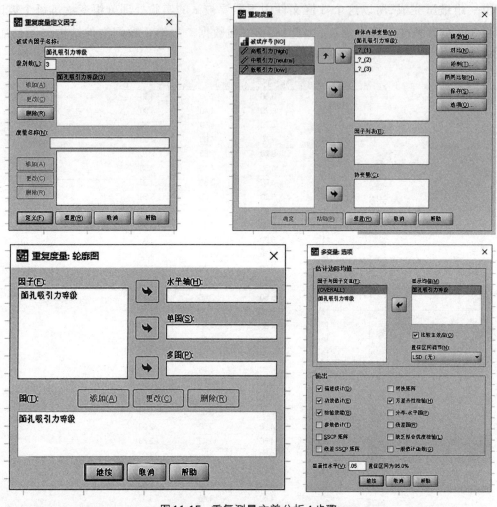

图 11.15　重复测量方差分析 4 步骤

在输出的结果中,首先应看方差齐性检验的结果,即"Mauchly 的球形检验"。如果 Sig >0.05 说明该数据集方差差异不显著,即方差齐性检验通过,符合进行方差分析的必要条件。之后查看"主体内效应检验"表,查看"采用球形度"所在行的结果。结果与例 11.14 的计算结果相同,方差分析结果差异显著,表明个体对不同吸引力面孔的信任评价存在显著性差异。具体哪两种吸引力面孔之间存在差异,需要看"成对比较"结果。结果显示,个体对高吸引力面孔(编号 1)的信任评分与其他两种面孔的评分的均值对比检验的 p 值均小于 0.05,说明高吸引力面孔与其他两种面孔的信任评分存在显著差异。需要注意的是,表中的"均值差"显示了具体的差异方向。表中的"均值差"显示高吸引力面孔的信任评分显著高于中吸引力(编号2)和低吸引力(编号3),同理,在第二行数据结果中,可得出中吸引力面孔的信任评分显著高于低吸引力面孔。因此,面孔吸引力的强度影响个体对其的信任评价,均值图更直观地反映了这一特点,如图11.16、图11.17所示。

Mauchly 的球形度检验[b]

度量:MEASURE-1

主体内效应	Mauchly 的 W	近似卡方	df	Sig	Epsilon[a]		
					Greenhouse-Geisser	Huynh-Feldt	下限
面孔吸引力等级	0.937	2.741	2	0.254	0.941	0.982	0.500

主体内效应的检验

度量:MEASURE-1

源		Ⅲ型平方和	df	均方	F	Sig	偏 Eta 方	非中心参数	观测到的幂[a]
面孔吸引力等级	采用的球形度	63.581	2	31.790	123.192	0.000	0.741	246.384	1.000
	Greenhouse-Geisser	63.581	1.881	33.799	123.192	0.000	0.741	231.741	1.000
	Huynh-Feldt	63.581	1.964	32.368	123.192	0.000	0.741	241.987	1.000
	下限	63.581	1.000	63.581	123.192	0.000	0.741	123.192	1.000
误差(面孔吸引力等级)	采用的球形度	22.193	86	0.258					
	Greenhouse-Geisser	22.193	80.889	0.274					
	Huynh-Feldt	22.193	84.465	0.263					
	下限	22.193	43.000	0.516					

成对比较

度量:MEASURE-1

(I)面孔吸引力等级	(J)面孔吸引力等级	均值差值 ($I-J$)	标准误差	Sig[a]	差分的95%置信区间[a]	
					下限	上限
1	2	0.855*	0.106	0.000	0.641	1.068
	3	1.700*	0.120	0.000	1.457	1.943
2	1	−0.855*	0.106	0.000	−1.068	−0.641
	3	0.845*	0.097	0.000	0.649	1.042
3	1	−1.700*	0.120	0.000	−1.943	−1.457
	2	−0.845*	0.097	0.000	−1.042	−0.649

图 11.16 重复测量方差分析 SPSS 输出结果

注:使用 alpha 的计算结果等于 0.05。

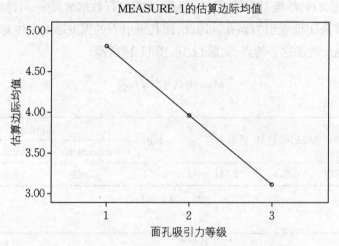

图 11.17　被试对不同吸引力面孔的信任判断水平均值

六、两因素实验设计与方差分析

1. 两因素完全随机实验设计与方差分析

在一个实验中,研究者同时操纵多个自变量时,应该使用因素实验设计。可以考察多个自变量之间的交互作用,从而获得比单因素实验更丰富的信息。

最简单的因素实验设计是完全随机因素设计。一个两因素完全随机实验设计适合用于这样的研究条件:第一,研究中有两个自变量,每个自变量有多个水平;第二,如果一个自变量有 p 个水平,而另一个自变量有 q 个水平,则实验中含有 pq 个处理的结合,研究者对所有处理水平的结合的效应感兴趣。

它的基本方法是在两因素完全随机设计中,随机分配被试接受的是一个处理的结合,而不是一个处理水平,两种实验设计中分配被试的图解如表 11.3 和表 11.4 所示。

表 11.3　单因素完全随机实验设计图解

a_1	a_2	a_3	a_4
S_1	S_2	S_3	S_4
S_5	S_6	S_7	S_8
S_9	S_{10}	S_{11}	S_{12}
S_{13}	S_{14}	S_{15}	S_{16}

由表 11.3 可以看出,在这个两因素完全随机实验设计中,两个自变量的所有水平的结合都被测量了,处理水平是完全交叉(Crossed)的。一个两因素完全随机设计需要的被试

量是 $N=npq$，其中 n 是接受同一实验条件的被试的数量，p 和 q 分别是 A 因素和 B 因素的水平数。随着 n 值的增加，实验中需要的被试数量迅速增加。

表 11.4　两因素完全随机实验设计图解

a_1	a_1	a_1	a_2	a_2	a_2
b_1	b_2	b_3	b_1	b_2	b_3
S_1	S_2	S_3	S_4	S_5	S_6
S_7	S_8	S_9	S_{10}	S_{11}	S_{12}
S_{13}	S_{14}	S_{15}	S_{16}	S_{17}	S_{18}
S_{19}	S_{20}	S_{21}	S_{22}	S_{23}	S_{24}

两因素完全随机实验设计可检验的假说如下：

（1）A 因素的处理效应为 0，即

$$H_0: \alpha_j = 0$$

或 A 因素的各水平总体平均数相等，即

$$H_0: \mu_{1\cdot} = \mu_{2\cdot} = \cdots \mu_{p\cdot}$$

（2）B 因素的处理效应为 0，即

$$H_0: \beta_k = 0$$

或 B 因素的各水平总体平均数相等，即

$$H_0: \mu_{\cdot 1} = \mu_{\cdot 2} = \cdots \mu_{\cdot q}$$

（3）A 因素和 B 因素的交互作用为 0，即

$$H_0: (\alpha\beta)_{jk} = 0$$

或

$$H_0: \mu_{jk} - \mu_{j'k} - \mu_{jk'} - \mu_{j'k'} = 0$$

它的实验设计模型如下：

$$Y_{ijk} = \mu + \alpha_j + \beta_k + (\alpha\beta)_{jk} + \varepsilon_{i(jk)} \quad (i=1,2,\cdots,n; j=1,2,\cdots,p; k=1,2,\cdots,q)$$

其中：μ 为总体平均数或真值；

α_j 为 A 因素的水平 j 的处理效应；

β_k 为 B 因素的水平 k 的处理效应；

$(\alpha\beta)_{jk}$ 为水平 α_j 和水平 β_k 的交互作用；

$\varepsilon_{i(jk)}$ 为被试的误差变异，完全随机设计中的误差变异是单元内误差。

两因素实验设计与单因素实验设计最重要的区别是前者可以考察交互作用的影响。交互作用的考察对于研究的深入非常重要，在几个因素同时作用时，经常会出现这样的情况：一个因素的各个水平在另一个因素的不同水平上变化趋势不一致，以致如果只区分每个因素单独的作用，就无法揭示因素水平之间的复杂关系。

2. 对交互作用的进一步检验

当方差分析表明两个因素的交互作用是显著的时,研究者常常需要进一步了解交互作用的含义是什么。

一种简单的方法是画出交互作用的图解,以观察一个因素的各水平在另一个因素的每个水平上的变化。做图解时,应先计算出每个处理水平结合上所得到的平均数,然后以平均数作图。

图解法的优点是简单、直观。直接利用各处理水平结合所得的平均观测值作图,可以使读者对结果模式有一个直观的了解。图解法的缺点是解释较为主观,有时不同的研究者可能会对同一结果做出不同的解释。因此,图解一般只作为检查交互作用的第一步,它需要同统计检验结合起来,以便进一步用数据对交互作用的意义做出更精确可靠的解释。

检查交互作用含义的另一个方法是简单效应检验。简单效应检验与主效应检验不大相同。主效应检验是在忽略其他因素的情况下检验一个因素的处理效应。简单效应检验则是指分别检验一个因素在另一个因素的每一个水平上的处理效应,以便具体地确定它的处理效应在另一个因素的哪个(些)水平上是显著的,在哪个(些)水平上是不显著的。进行简单效应检验的前提是两个因素的交互作用显著。交互作用不显著时,做简单效应检验是没有必要的。交互作用不显著表明一个因素在另一个因素的不同水平上的影响是一致的。在这种情况下,只进行主效应检验即可。而当交互作用显著时,表明一个因素在另一个因素的不同水平上的影响不一致,简单效应检验可以帮助研究者用数据来进一步说明这种不一致。在两因素完全随机实验中,可做的简单效应检验有两组,一组可检验A因素在B因素的每个水平上的简单效应,另一组可检验B因素在A因素的每个水平上的简单效应。一般来说,不需要同时做两组检验,但是选做哪一组检验,与实验的理论假设和对实验结果的解释有关,因此需要根据实验的具体情况而定。

简单效应检验只能得出处理效应显著或不显著的结论,它的意义和差异的方向还要通过图解来了解。因此简单效应检验最好与图解相结合,即先做图解,对交互作用的性质有一个直观的了解,然后用简单效应检验做进一步的统计检验(张厚粲,徐建平,2021)。

3. 两因素随机区组实验设计与方差分析

两因素随机区组设计使用了区组技术,在估计两个因素的处理效应及其交互作用的同时,还可以分离出一个无关变量的影响。两因素随机区组设计适合用于研究的条件如下:第一,研究中有两个自变量,每个自变量有多个水平($p \geqslant 2, q \geqslant 2$),实验中含$pq$个处理的结合;第二,研究中有一个研究者不感兴趣的无关变量,且这个无关变量与自变量之间没有交互作用,研究者希望分离出这个无关变量的变异。

两因素随机区组实验设计的基本方法是事先将被试在无关变量上进行匹配（如果这个无关变量是被试变量），然后将选择好的每组同质被试随机分配，每个被试接受一个实验处理的结合。它的实验设计中被试的分配如表 11.5 所示。

表 11.5 两因素随机区组实验设计中被试的分配

	a_1 b_1	a_1 b_2	a_1 b_3	a_2 b_1	a_2 b_2	a_2 b_3
区组 1	S_{11}	S_{12}	S_{13}	S_{14}	S_{15}	S_{16}
区组 2	S_{21}	S_{22}	S_{23}	S_{24}	S_{25}	S_{26}
区组 3	S_{31}	S_{32}	S_{33}	S_{34}	S_{35}	S_{36}
区组 4	S_{41}	S_{42}	S_{43}	S_{44}	S_{45}	S_{46}
区组 5	S_{51}	S_{52}	S_{53}	S_{54}	S_{55}	S_{56}

可以看出，每个区组需要 pq 个同质被试，随着因素水平数的增加，每个区组内所需的同质被试迅速增加，给选择带来困难。

两因素随机区组设计可检验的假说如下：

(1) $H_0: \mu_1.=\mu_2.=\cdots\mu_p.$ 或 $H_0: \alpha_j=0$。
(2) $H_0: \mu_{.1}=\mu_{.2}=\cdots\mu_{.q}$ 或 $H_0: \beta_k=0$。
(3) $H_0: \mu_{jk}-\mu_{jk'}-\mu_{j'k}+\mu_{j'k'}=0$ 或 $H_0: (\alpha\beta)_{jk}=0$。
(4) $H_0: \pi_i^2=0$，即区组效应等于 0。

它的实验设计模型如下：

$$Y_{ijk}=\mu+\alpha_j+\beta_k+(\alpha\beta)_{jk}+\pi_i+\varepsilon_{ijk} \quad (i=1,2,\cdots,n;j=1,2,\cdots,p;k=1,2,\cdots,q)$$

其中：μ 为总体平均数或真值；

α_j 为 A 因素的水平 j 的处理效应；

β_k 为 B 因素的水平 k 的处理效应；

$(\alpha\beta)_{jk}$ 为水平 α_j 和水平 β_k 的交互作用；

π_i 为区组 i 的效应，它来自一个均数为 0、方差为 σ_π^2 的正态分布的总体；

$\varepsilon_{i(jk)}$ 为被试 i 的误差变异，随机区组设计中的误差变异是残差。

4. 两因素重复测量实验设计与方差分析

在一个实验中，每个被试仅接受一个实验处理的设计称为非重复测量实验设计或被试间设计，完全随机和随机区组设计都是非重复测量设计。在这种实验设计中，误差变异的一个重要来源是被试的个体误差。一种更好地控制被试个体差异的方法是让每个被试接受一个变量的所有的处理水平，这就是重复测量实验设计。在两因素实验设计中，一个因素是被重复测量设计而另一个因素是非重复测量设计时，称为混合设计。当两个因素都是重复测量的时，称为被试内设计。

(1) 重复测量一个因素的两因素实验设计：两因素混合设计

既包括非重复测量的因素（被试间因素），又包含重复测量的因素（被试内因素）的实验设计称为混合因素设计。虽然对被试变量控制最好的实验设计是重复测量设计，但在社会科学研究中，很多情况下研究者不能使用完全被试内设计，而需要使用混合设计。两因素混合设计适合用于这样的研究条件：第一，研究中有两个自变量，每个自变量有多个水平。第二，研究中的一个自变量是被试内的，即每个被试要接受它的所有水平的处理。研究中的另一个自变量是被试间的，即每个被试只接受它的一个水平的处理，或者它本身是一个被试变量，是每个被试独特拥有而不可能同时兼备的，如年级、社会阶层等。第三，研究者更感兴趣于研究中的被试内因素的处理效应，以及两个因素的交互作用，希望对它们的考察更加精确。

两因素混合设计的基本方法是首先确定研究中的被试内变量和被试间变量，将被试随机分配给被试间变量的各个水平，然后使每个被试接受与被试间变量的某一水平相结合的被试内变量的所有水平。混合实验设计既具有完全随机设计的特点，又具有重复测量实验设计的特点，两因素混合设计和两因素被试内设计中被试的分配比较如表11.6、表11.7和表11.8所示。

表11.6 两因素完全随机设计

| a_1 | a_1 | a_1 | a_2 | a_2 | a_2 |
b_1	b_2	b_3	b_1	b_2	b_3
S_1	S_2	S_3	S_4	S_5	S_6
S_7	S_8	S_9	S_{10}	S_{11}	S_{12}
S_{13}	S_{14}	S_{15}	S_{16}	S_{17}	S_{18}
S_{19}	S_{20}	S_{21}	S_{22}	S_{23}	S_{24}

表11.7 两因素被试内设计

| a_1 | a_1 | a_1 | a_2 | a_2 | a_2 |
b_1	b_2	b_3	b_1	b_2	b_3
S_1	S_1	S_1	S_1	S_1	S_1
S_2	S_2	S_2	S_2	S_2	S_2
S_3	S_3	S_3	S_3	S_3	S_3
S_4	S_4	S_4	S_4	S_4	S_4

在两因素混合设计中，对于A因素来说，实验设计很像完全随机设计，每个被试只接受一个水平的处理，对于B因素来说，它是一个重复测量设计，每个被试接受所有水平的处理。同时，它又是一个因素设计，每个被试接受的是A因素的某一水平与B因素所有水平的结合。两因素混合设计所需的被试量是$N=np$，少于两因素完全随机设计（$N=npq$），多于两因素被试内设计（$N=n$）。

表11.8 两因素混合设计

	b_1	b_2	b_3
a_1	S_1	S_1	S_1
	S_2	S_2	S_2
	S_3	S_3	S_3
	S_4	S_4	S_4
a_2	S_5	S_5	S_5
	S_6	S_6	S_6
	S_7	S_7	S_7
	S_8	S_8	S_8

两因素混合设计可检验的假说如下：

(1) $H_0: \mu_1.=\mu_2.=\cdots\mu_p.$ 或 $H_0: \alpha_j=0$。

(2) $H_0: \mu._1=\mu._2=\cdots\mu._q$ 或 $H_0: \beta_k=0$。

(3) $H_0: \mu_{jk}-\mu_{j'k}-\mu_{jk'}+\mu_{j'k'}=0$ 或 $H_0: (\alpha\beta)_{jk}=0$。

它的实验设计模型如下：

$Y_{ijk}=\mu+\alpha_j+\beta_k+(\alpha\beta)_{jk}+\pi_{i(j)}+\beta\pi_{i(j)}\varepsilon_{ijk}$ $(i=1,2,\cdots,n;j=1,2,\cdots,p;k=1,2,\cdots,q)$

其中：μ 为总体平均数或真值；

α_j 为A因素的水平 j 的处理效应；

β_k 为B因素的水平 k 的处理效应；

$(\alpha\beta)_{jk}$ 为水平 α_j 和水平 β_k 的交互作用；

$\pi_{i(j)}$ 为嵌套在 α_j 水平内的被试(区组) i 的效应；

$\beta\pi_{i(j)}$ 为嵌套在 β_k 水平和被试(区组) i 的交互作用的残差；

ε_{ijk} 为误差变异。

以下3种情况下，需要使用混合设计：第一，当研究中的两个变量中有一个是被试内变量，如被试的年级、社会阶层、智力水平等，研究这个被试变量的不同水平对另一个因素的影响感兴趣。这时，每个被试不可能同时具有这个变量的几个水平，因此，它是一个被试间变量。如果实验中选择了这样一个被试变量作为两个自变量之一，就必须使用混合设计。第二，当研究中的一个自变量的处理会对被试产生长期效应，如学习效应，则不宜采用被试内设计。因为如果将对被试有长期影响的变量反复施测给同一被试，学习效应会导致结果失去真实性。第三，有时选用混合设计是出自于实验的可行性考虑。例如，当实验中两个因素的水平数都较多，使用完全随机设计则所需的被试量很大。而选用被试内设计，每个被试重复测量的次数很多，会带来疲劳、练习等效应。这时，混合设计可能是一个很好的选择。

在混合实验设计中，被试间因素的处理效应与被试的个体差异相混淆，因此结果的精度不够高。但是，实验中被试内因素的处理效应以及两个因素的交互作用的结果的精度都较高。所以,如果研究中的一个自变量的处理效应不是研究者最关心的,可以将其作为被试间因素,牺牲它的结果精度,以获得对另一个变量的主效应及两个变量的交互作用的估价的精度。

(2) 重复测量两个因素的实验设计:两因素被试内设计

重复测量两个因素实验设计是一种被试内设计,实验设计中只有两个被试内因素。在实验条件允许的情况下,被试内设计是一种很好的设计,因为它能分离出所有由被试个体差异引起的变异,达到减少实验误差、提高结果精度的目的。

两因素被试内设计适合用于这样的研究条件:第一,研究中有两个自变量,每个自变量有多个水平,如果一个自变量有 p 个水平,另一个自变量有 q 个水平,实验中含 pq 个处理的结合;第二,研究中的两个自变量都是被试内变量。

它的基本方法是每个被试都接受所有的实验处理的结合,实验刺激呈现给被试的先后次序是随机的或按拉丁方排序的。与两因素完全随机设计相比,两因素被试内设计中被试的分配如表11.9、表11.10所示。

表11.9 两因素完全随机设计

| a_1 | a_1 | a_1 | a_2 | a_2 | a_2 |
b_1	b_2	b_3	b_1	b_2	b_3
S_1	S_2	S_3	S_4	S_5	S_6
S_7	S_8	S_9	S_{10}	S_{11}	S_{12}
S_{13}	S_{14}	S_{15}	S_{16}	S_{17}	S_{18}
S_{19}	S_{20}	S_{21}	S_{22}	S_{23}	S_{24}

表11.10 两因素被试内设计

| a_1 | a_1 | a_1 | a_2 | a_2 | a_2 |
b_1	b_2	b_3	b_1	b_2	b_3
S_1	S_1	S_1	S_1	S_1	S_1
S_2	S_2	S_2	S_2	S_2	S_2
S_3	S_3	S_3	S_3	S_3	S_3
S_4	S_4	S_4	S_4	S_4	S_4

在两因素被试内实验设计中,每个被试要求接受 pq 个处理水平的结合。与两因素完全随机设计相比,所需的被试量大大减少。

两因素被试内设计可检验的假说与两因素混合设计可检验的假说完全相同,此处不再重述。

它的实验设计模型如下:

$$Y_{ijk}=\mu+\pi_i+\alpha_j+(\alpha\pi)_{ij}+\beta_k+(\beta\pi)_{ik}+(\alpha\beta)_{jk}+(\alpha\beta\pi)_{ijk}+\varepsilon_{ijk}$$
$$(i=1,2,\cdots,n;j=1,2,\cdots,p;k=1,2,\cdots,q)$$

其中：μ为总体平均数或真值；

α_j为A因素的水平j的处理效应；

π_i为由被试i引起的变异，被试间变异；

β_k为B因素的水平k的处理效应；

$(\alpha\beta)_{jk}$为水平α_j和水平β_k的交互作用；

$(\beta\pi)_{ik}$为水平β_k和被试i的交互作用的残差；

$(\alpha\pi)_{ij}$为水平α_j和被试i的交互作用的残差；

$(\alpha\beta\pi)_{ijk}$为水平α_j、水平β_k和被试i的交互作用的残差。

【例11.18】 某研究者已知未来时间洞察力可以影响学生的学业拖延水平，即如果将受试对未来时间洞察程度分为“低”“高”两个等级，他们的学业拖延水平随着未来时间洞察力的升高而降低。该研究者拟进一步分析被试这种未来时间洞察力与学业拖延水平的相关关系是否受与自我控制有关的解释水平(Construal Level)的影响。他招募了76位被试，将其分为低未来时间洞察力和高未来时间洞察力两组(1为低，2为高)，并随机分配至低解释水平启动或高解释水平启动条件(1为低，2为高)。该研究者采用问卷测量被试的学业拖延，被试得分分布在1～7分，分数越高，学业拖延水平越高。最终，收集到被试的学业拖延、未来时间洞察力类别和解释水平启动类别等变量信息，部分数据如图11.18所示：

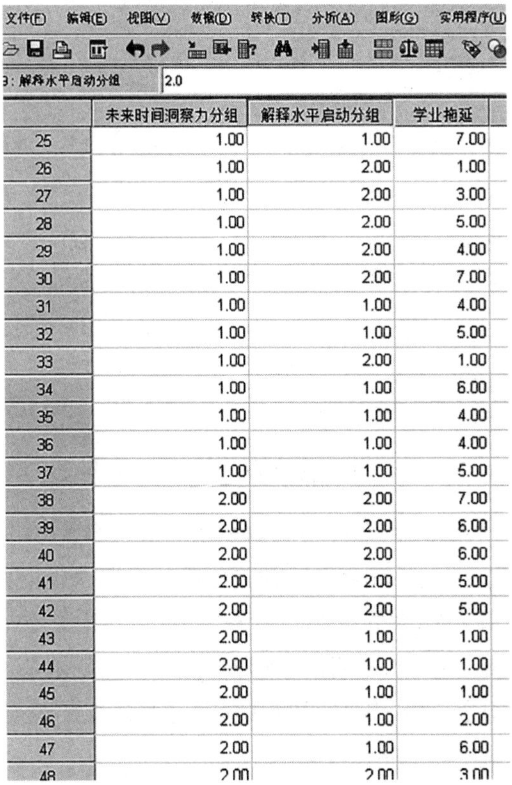

	未来时间洞察力分组	解释水平启动分组	学业拖延
25	1.00	1.00	7.00
26	1.00	2.00	1.00
27	1.00	2.00	3.00
28	1.00	2.00	5.00
29	1.00	2.00	4.00
30	1.00	2.00	7.00
31	1.00	1.00	4.00
32	1.00	1.00	5.00
33	1.00	2.00	1.00
34	1.00	1.00	6.00
35	1.00	1.00	4.00
36	1.00	1.00	4.00
37	1.00	1.00	5.00
38	2.00	2.00	7.00
39	2.00	2.00	6.00
40	2.00	2.00	6.00
41	2.00	2.00	5.00
42	2.00	2.00	5.00
43	2.00	1.00	1.00
44	2.00	1.00	1.00
45	2.00	1.00	1.00
46	2.00	1.00	2.00
47	2.00	1.00	6.00
48	2.00	2.00	3.00

图11.18 两因素完全随机设计的数据结构示例

SPSS统计技巧为在主菜单点击"分析"→"一般线性模型"→"单变量";分别将"学业拖延"放入"因变量"栏,"未来时间洞察力分组"和"解释水平启动分组"放入"固定因子"栏;点击"绘制",分别将"未来时间洞察力分组"和"解释水平启动分组"放入"水平轴"和"单图"栏;点击"添加",点击"继续";点击"选项",将"未来时间洞察力分组*解释水平启动分组"放入"显示均值"栏,并在"输出"下勾选"描述统计""功效估计""方差齐性检验",点击"继续";点击"保存",在"预测值"中勾选"未标准化",并在"残差"中勾选"未标准化"和"学生化";点击"继续"→OK,如图11.19所示。

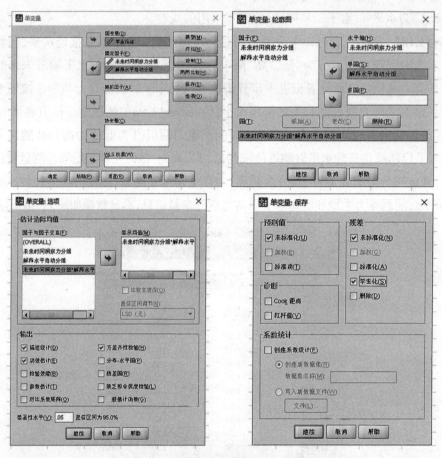

图11.19 两因素完全随机设计分析步骤

在输出的结果中,应先看方差齐性检验的结果。如果$Sig>0.05$说明该数据集方差差异不显著,即方差齐性检验通过,符合进行方差分析的必要条件。之后查看主体间效应检验表,结果表明,未来时间洞察力分组差异显著,表明不同未来时间洞察力个体的学业拖延水平程度存在显著差异;解释水平启动分组差异显著,表明经受不同解释水平启动的个体的学业拖延水平存在显著差异;未来时间洞察力与解释水平的交互作用显著,具体的影响需要进一步的简单效应分析,如图11.20所示。

误差方差等同性的Levene检验[a]

因变量:学业拖延

F	df1	df2	Sig
1.121	3	72	0.346

主体间效应的检验

因变量:学业拖延

源	Ⅲ型平方和	df	均方	F	Sig	偏Eta方
校正模型	95.783[a]	3	31.928	11.557	0.000	0.325
截距	1161.091	1	1161.091	420.302	0.000	0.854
未来时间洞察力分组	30.177	1	30.177	10.924	0.001	0.132
解释水平启动分组	31.766	1	31.766	11.499	0.001	0.138
未来时间洞察力分散*解释水平启动分组	18.709	1	18.709	6.773	0.011	0.086
误差	198.901	72	2.763			
总计	1432.000	76				
校正的总计	294.684	75				

图11.20 两因素完全随机设计SPSS输出结果

SPSS简单效应分析统计技巧:在主菜单点击"分析"→"一般线性模型"→"单变量"→"粘贴"进入"语法编辑器"。在如图所示位置添加一个命令:/EMMEANS=TABLES(未来时间洞察力分组*解释水平启动分组)COMPARE(未来时间洞察力分组)ADJ(SIDAK),点击"运行"按钮,开始处理数据并输出结果,如图11.21所示。

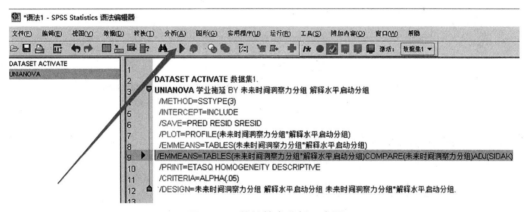

图11.21 简单效应分析示意图

在输出结果中查看成对比较表可得,低解释水平启动组中不同未来时间洞察力的学生其学业拖延水平不同,低未来时间洞察力学生的学业拖延水平显著高于高未来时间洞察力的学生($p<0.001$);而在高解释水平启动组中不同未来时间洞察力的学生其学业拖延水平并无显著差异(如图11.22所示),这表明解释水平会调节未来时间洞察力与学业拖延的关系,在高解释水平条件下,未来时间洞察力不会对学业拖延水平产生影响。从均值图可直观看出这一点,如图11.23所示。

成对比较

度量：MEASURE 1

解释水平启动分组	未来时间洞察力分组(I)	未来时间洞察力分组(J)	均值差值($I-J$)	标准误差	Sig^a	差分的95%置信区间[a]	
						下限	上限
1.00	1.00	2.00	2.293*	0.552	0.000	1.193	3.392
	2.00	1.00	−2.293*	0.552	0.000	−3.392	−1.193
2.00	1.00	2.00	0.273*	0.546	0.619	−0.816	1.361
	2.00	1.00	−0.273*	0.546	0.619	−1.361	0.816

图 11.22　简单效应分析 SPSS 结果输出

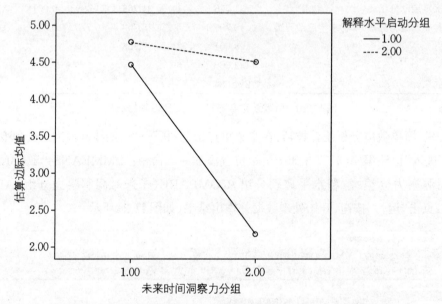

图 11.23　不同未来时间洞察力与解释水平条件下的学业拖延均值图

七、多因素实验设计与方差分析

1. 三因素完全随机实验设计

三因素完全随机实验设计适合下列的研究条件：第一，研究中有三个自变量，每个自变量有多个水平；第二，如果实验中的一个因素有 p 个水平，另一个因素有 q 个水平，第三个因素有 r 个水平，则研究中共有 pqr 个处理水平的结合。它的基本方法是随机分配被试接受不同的实验处理水平的结合，每个被试只接受一个实验处理的结合，如表 11.11 所示。

表11.11 三因素完全随机实验设计中被试的分配

a_1	a_1	a_1	a_1	a_2	a_2	a_2	a_2
b_1	b_1	b_2	b_2	b_1	b_1	b_2	b_2
C_1	C_2	C_1	C_2	C_1	C_2	C_1	C_2
S_1	S_2	S_3	S_4	S_5	S_6	S_7	S_8
S_1	S_1	S_1	S_1	S_1	S_1	S_1	S_1
S_1	S_1	S_1	S_1	S_1	S_1	S_1	S_1
S_1	S_1	S_1	S_1	S_1	S_1	S_1	S_1

三因素完全随机设计所需的被试为$N=npqr$,随着因素和水平数量的增加,实验中所需的被试量迅速增加。

三因素完全随机设计可检验的假说如下:

(1) $H_0: \mu_{1..}=\mu_{2..}=\cdots=\mu_{p..}$或$H_0: \alpha_j=0$。

(2) $H_0: \mu_{.1.}=\mu_{.2.}=\cdots=\mu_{.q.}$或$H_0: \beta_k=0$。

(3) $H_0: \mu_{..1}=\mu_{..2}=\cdots=\mu_{..r}$或$H_0: \gamma_l=0$。

(4) $H_0: (\alpha\beta)_{jk}=0$,即A因素与B因素的两次交互作用为0。

(5) $H_0: (\alpha\gamma)_{jl}=0$,即A因素与C因素的两次交互作用为0。

(6) $H_0: (\beta\gamma)_{kl}=0$,即B因素与C因素的两次交互作用为0。

(7) $H_0: (\alpha\beta\gamma)_{jkl}=0$,即A因素、B因素与C因素的三次交互作用为0。

可以看出,三因素完全随机设计能检验更多的假说,它可以检验A,B,C三个主效应,还可以检验AB,AC,BC,ABC四个交互作用。其中,包含两个字母的交互作用叫两次交互作用,包含三个字母的交互作用叫三次交互作用。

三因素完全随机试验设计模型如下:

$$Y_{ijkl}=\mu+\alpha_j+\beta_k+\gamma_l+(\alpha\beta)_{jk}+(\alpha\gamma)_{jl}+(\beta\gamma)_{kl}+(\alpha\beta\gamma)_{jkl}+\varepsilon_{ijkl}$$
$$(i=1,2,\cdots,n;j=1,2,\cdots,p;k=1,2,\cdots,q;l=1,2,\cdots,r)$$

其中μ为总体平均数或真值;

α_j为A因素的水平j的处理效应;

β_k为B因素的水平k的处理效应;

γ_l为C因素的水平l的处理效应;

$(\alpha\beta)_{jk}$为水平α_j和水平β_k的两次交互作用;

$(\alpha\gamma)_{jl}$为水平α_j和水平γ_l的两次交互作用;

$(\beta\gamma)_{kl}$为水平β_k和水平γ_l的两次交互作用;

$(\alpha\beta\gamma)_{jkl}$为水平$\alpha_j$、水平$\beta_k$和水平$\gamma_l$的三次交互作用;

ε_{ijkl}为误差变异。

2. 重复测量一个因素的三因素实验设计:三因素混合设计

重复测量一个因素的三因素设计是混合因素设计的一种,它适合下列的研究条件:第一,研究中有三个自变量,每个自变量有多个水平,其中有两个自变量是被试间变量,一个自变量是被试内变量;第二,如果实验中的三个自变量分别有p,q,r个水平,则研究中共有pqr个处理水平的结合。重复测量一个因素的三因素设计的基本方法是在两个被试间因素上,随机分配被试,每个被试接受一个处理水平的结合。在一个被试内因素上,每个被试接受所有的处理水平。

把它的图解与三因素完全随机设计的图解及三因素被试内设计的比较如表11.12、表11.13和表11.14所示。

表11.12 三因素完全随机实验设计

a_2	a_1	a_1	a_1	a_1	a_1	a_2	a_2	a_2	a_2	a_2	a_2
b_1	b_1	b_2	b_2	b_3	b_3	b_1	b_1	b_2	b_2	b_3	b_3
c_1	c_2	c_1	c_2	c_1	c_2	c_1	c_2	c_1	c_2	c_1	c_2
S_1	S_2	S_3	S_4	S_5	S_6	S_7	S_8	S_9	S_{10}	S_{11}	S_{12}
S_{13}	S_{14}	S_{15}	S_{16}	S_{17}	S_{18}	S_{19}	S_{20}	S_{21}	S_{22}	S_{23}	S_{24}
S_{25}	S_{26}	S_{27}	S_{28}	S_{29}	S_{30}	S_{31}	S_{32}	S_{33}	S_{34}	S_{35}	S_{36}
S_{37}	S_{38}	S_{39}	S_{40}	S_{41}	S_{42}	S_{43}	S_{44}	S_{45}	S_{46}	S_{47}	S_{48}

表11.13 三因素被试内实验设计

a_2	a_1	a_1	a_1	a_1	a_1	a_2	a_2	a_2	a_2	a_2	a_2
b_1	b_1	b_2	b_2	b_3	b_3	b_1	b_1	b_2	b_2	b_3	b_3
c_1	c_2	c_1	c_2	c_1	c_2	c_1	c_2	c_1	c_2	c_1	c_2
S_1	S_1	S_1	S_1	S_1	S_1	S_1	S_1	S_1	S_1	S_1	S_1
S_2	S_2	S_2	S_2	S_2	S_2	S_2	S_2	S_2	S_2	S_2	S_2
S_3	S_3	S_3	S_3	S_3	S_3	S_3	S_3	S_3	S_3	S_3	S_3
S_4	S_4	S_4	S_4	S_4	S_4	S_4	S_4	S_4	S_4	S_4	S_4

表11.14 重复测量一个因素的三因素混合实验设计

	b_1	b_2	b_3
	S_1	S_1	S_1
	S_2	S_2	S_2
a_1c_1	S_3	S_3	S_3
	S_4	S_4	S_4
	S_5	S_5	S_5

续表

	b_1	b_2	b_3
a_1c_2	S_6	S_6	S_6
	S_7	S_7	S_7
	S_8	S_8	S_8
	S_9	S_9	S_9
a_2c_1	S_{10}	S_{10}	S_{10}
	S_{11}	S_{11}	S_{11}
	S_{12}	S_{12}	S_{12}
	S_{13}	S_{13}	S_{13}
a_2c_2	S_{14}	S_{14}	S_{14}
	S_{15}	S_{15}	S_{15}
	S_{16}	S_{16}	S_{16}

可以看到,在所举的2×3×2三因素实验中,如果使用完全随机设计,需要被试数量为$N=npqr=48$。需要的被试量较大会使实验的实施费时费力。

如果使用完全被试内设计,需要的被试量可以大大减少,人数仅需要$N=n=4$,但又会带来其他的问题。除了以前提到的在有些变量本身是被试间变量或有些变量的实施对被试有长期效应时,不可能使用被试内设计外,顺序效应的影响在多因素试验设计中会变得十分重要。随着实验中因素、水平数的增加,每个被试重复测量的次数也会迅速增加,疲劳、练习等问题变得不容忽视。在上面所举的例子中,使用被试内设计需要每个被试接受12个实验处理,当实验任务较复杂、费时较长时,会给实验的实施带来很多困难。

然而,混合设计可以减少上述两种实验设计带来的问题。在上面所举的例子中,如果使用重复测量一个因素的三因素设计,需要的被试数量是$N=npr=16$,每个被试接受3个实验处理,这是一个可行的方案。因此,混合设计是一种非常有实用价值的实验设计。

重复测量一个因素的三因素实验设计可检验的假说如下:

(1) H_0: $\mu_{1..}=\mu_{2..}=\cdots=\mu_{p..}$ 或 H_0: $\alpha_j=0$。
(2) H_0: $\mu_{.1.}=\mu_{.2.}=\cdots=\mu_{.q.}$ 或 H_0: $\beta_k=0$。
(3) H_0: $\mu_{..1}=\mu_{..2}=\cdots=\mu_{..r}$ 或 H_0: $\gamma=0$。
(4) H_0: $(\alpha\beta)_{jk}=0$。
(5) H_0: $(\alpha\gamma)_{jl}=0$。
(6) H_0: $(\beta\gamma)_{kl}=0$。
(7) H_0: $(\alpha\beta\tau)_{jkl}=0$。

可以看出,重复测量一个因素的三因素设计可检验A,B,C三个主效应以及AB,AC,BC,ABC四个交互作用。它能检验的假说与三因素完全随机设计是完全一样的。

它的实验设计模型如下:

$$Y_{ijkl}=\mu+\alpha_j+\gamma_l+(\alpha\gamma)_{jl}+\pi_{i(jl)}+\beta_k+(\beta\gamma)_{kl}+(\alpha\beta\gamma)_{jkl}+(\beta\pi)_{ki(jl)}+\varepsilon_{ijkl}$$
$$(i=1,2,\cdots,n;j=1,2,\cdots,p;k=1,2,\cdots,q;l=1,2,\cdots,r)$$

其中 μ 为总体平均数或真值；

α_j 为 A 因素水平 j 的处理效应；

γ_l 为 C 因素水平 l 的处理效应；

$(\alpha\gamma)_{jl}$ 为水平 α_j 和 γ_l 的两次交互作用；

$\pi_{i(jl)}$ 为嵌套在水平 α_j 和 γ_l 内的被试误差；

β_k 为 B 因素水平 k 的处理效应；

$(\alpha\beta)_{jk}$ 为水平 α_j 和水平 β_k 的两次交互作用；

$(\beta\gamma)_{kl}$ 为水平 β_k 和水平 γ_l 的两次交互作用；

$(\alpha\beta\gamma)_{jkl}$ 为水平 α_j、水平 β_k 和水平 γ_l 的三次交互作用；

$(\beta\pi)_{ki(jl)}$ 为水平 β_k 和嵌套在 α_j 和 γ_l 内的被试 π_i 的交互作用的残差。

3. 重复测量两个因素的三因素实验设计：三因素混合设计

在有些研究中，需要使用另外一种混合因素设计——重复测量两个因素的三因素设计，它适合用于这样的研究条件：第一，研究中有三个自变量，每个自变量有多个水平，其中有一个自变量是被试间变量，两个自变量是被试内变量；第二，如果实验中的三个自变量分别是 p,q,r 个水平，则研究中共有 pqr 个处理水平的结合。

重复测量两个因素的三因素设计的基本方法是在一个被试间因素上，随机分配被试，每个被试接受一个处理水平。在两个被试内因素上，每个被试接受所有的处理水平的结合。

重复测量两个因素的三因素设计的图解如表 11.15 所示。

表 11.15 重复测量两个因素的三因素实验设计中被试的分配

| | b_1 | b_1 | b_2 | b_2 | b_3 | b_3 |
	c_1	c_2	c_1	c_2	c_1	c_2
a_1	S_1	S_1	S_1	S_1	S_1	S_1
	S_2	S_2	S_2	S_2	S_2	S_2
	S_3	S_3	S_3	S_3	S_3	S_3
	S_4	S_4	S_4	S_4	S_4	S_4
a_2	S_5	S_5	S_5	S_5	S_5	S_5
	S_6	S_6	S_6	S_6	S_6	S_6
	S_7	S_7	S_7	S_7	S_7	S_7
	S_8	S_8	S_8	S_8	S_8	S_8

与上一节中介绍的实验设计相比，重复测量两个因素的三因素设计同样具有重复测量一个因素的三因素设计的特点，不同的是它所需要的被试量进一步减少，例如，在同样的 $2\times3\times2$ 实验中，需要的被试数量是 $N=np=8$，每个被试接受 6 个实验处理。

重复测量两个因素的三因素设计可检验的假说与重复测量一个因素的三因素设计可检验的假说完全一致,此处不再重述。

它的实验设计模型如下:

$$Y_{ijkl}=\mu+\alpha_j+\pi_{i(j)}+\beta_k+(\alpha\beta)_{jk}+(\beta\pi)_{ki(j)}+\gamma_l+(\alpha\gamma)_{jl}+(\gamma\pi)_{li(j)}$$
$$+(\beta\gamma)_{kl}+(\alpha\beta\gamma)_{jkl}+(\beta\gamma\pi)_{kli(j)}+\varepsilon_{ijkl}$$
$$(i=1,2,\cdots,n;j=1,2,\cdots,p;k=1,2,\cdots,q;l=1,2,\cdots,r)$$

其中 μ 为总体平均数或真值;

α_j 为 A 因素水平 j 的处理效应;

$\pi_{i(j)}$ 为嵌套在水平 α_j 内的被试误差;

β_k 为 B 因素水平 k 的处理效应;

$(\alpha\beta)_{jk}$ 为水平 α_j 和 β_k 的两次交互作用;

$(\beta\pi)_{ki(j)}$ 为水平 β_k 和嵌套在 α_j 内的被试 π_i 的交互作用的残差;

γ_l 为 C 因素水平 l 的处理效应;

$(\alpha\gamma)_{jl}$ 为水平 α_j 和水平 γ_l 的两次交互作用;

$(\gamma\pi)_{li(j)}$ 为水平 γ_l 和嵌套在 α_j 内的被试 π_i 的交互作用的残差;

$(\beta\gamma)_{kl}$ 为水平 β_k 和水平 γ_l 的两次交互作用;

$(\alpha\beta\gamma)_{jkl}$ 为水平 α_j、水平 β_k 和水平 γ_l 的三次交互作用;

$(\beta\gamma\pi)_{kli(j)}$ 为水平 β_k 和水平 γ_l 和嵌套在 α_j 内的被试 π_i 的交互作用的残差。

4. 重复测量三个因素的三因素实验设计:三因素被试内设计

三因素被试内设计适合下列的研究条件:第一,研究中有三个自变量,它们都是被试内变量,每个自变量有多个水平。第二,如果实验中的三个自变量分别有 p、q 和 r 个水平,则研究中共有 pqr 个处理的结合。三因素被试内设计的基本方法是每个被试接受所有的处理水平的结合,它的分配被试的图解如表 11.16 所示。

表 11.16 三因素被试内设计中被试分配

a_1	a_1	a_1	a_1	a_1	a_1	a_2	a_2	a_2	a_2	a_2	a_2
b_1	b_1	b_1	b_2	b_2	b_2	b_1	b_1	b_1	b_2	b_2	b_2
c_1	c_2	c_3	c_1	c_2	c_3	c_1	c_2	c_3	c_1	c_2	c_3
S_1	S_1	S_1	S_1	S_1	S_1	S_1	S_1	S_1	S_1	S_1	S_1
S_2	S_2	S_2	S_2	S_2	S_2	S_2	S_2	S_2	S_2	S_2	S_2
S_3	S_3	S_3	S_3	S_3	S_3	S_3	S_3	S_3	S_3	S_3	S_3
S_4	S_4	S_4	S_4	S_4	S_4	S_4	S_4	S_4	S_4	S_4	S_4

与前两种混合设计相比,三因素被试内设计所用的被试最少($N=n$),因此引发的被试间的个体差异也最少,当实验中的三个自变量都适合作为被试内变量,且实验任务简

单,每次施测不费时间的时候,是一种控制得最好的设计。

三因素重复测量设计可检验的假说与其他类型的三因素设计可检验的假说完全相同。它的实验模型如下:

$$Y_{ijkl}=\mu+\pi_i+\alpha_j+(\alpha\pi)_{ij}+\beta_k+(\beta\pi)_{ik}+\gamma_l+(\gamma\pi)_{li}+(\alpha\beta)_{jk}+(\alpha\beta\pi)_{ijk}$$
$$+(\alpha\gamma)_{jl}+(\alpha\gamma\pi)_{ijl}+(\beta\gamma)_{kl}+(\beta\gamma\pi)_{ikl}+(\alpha\beta\gamma)_{jkl}+\varepsilon_{ijl}$$
$$(i=1,2,\cdots,n;j=1,2,\cdots,p;k=1,2,\cdots,q;l=1,2,\cdots,r)$$

其中μ为总体平均数或真值;

π_i为被试误差;

α_j为A因素水平j的处理效应;

$(\alpha\pi)_{ji}$为水平α_j和被试π_i的交互作用的残差;

β_k为B因素水平k的处理效应;

$(\beta\pi)_{ik}$为水平β_k和被试π_i的交互作用的残差;

γ_l为C因素水平l的处理效应;

$(\gamma\pi)_{li}$为水平γ_l和被试π_i的交互作用的残差;

$(\alpha\beta)_{jk}$为水平α_j和水平β_k的两次交互作用;

$(\alpha\beta\pi)_{ijk}$为水平α_j、水平β_k和被试π_i的交互作用的残差;

$(\alpha\gamma)_{jl}$为水平α_j和水平γ_l的两次交互作用;

$(\alpha\gamma\pi)_{lij}$为水平α_j和水平γ_l和被试π_i的交互作用的残差;

$(\beta\gamma)_{kl}$为水平β_k和水平γ_l的两次交互作用;

$(\beta\gamma\pi)_{lik}$为水平β_k、水平γ_l和被试π_i的交互作用的残差;

$(\alpha\beta\gamma)_{ljkl}$为水平$\alpha_j$、水平$\beta_k$和水平$\gamma_l$的三次交互作用;

$(\alpha\beta\gamma\pi)_{jkli}$为水平$\alpha_j$、水平$\beta_k$、水平$\gamma_l$和被试$\pi_i$的交互作用的残差。

八、多元方差分析

多元方差分析(Multivariate Analysis of Variance,MANOVA),也称为多变量方差分析,主要用于同时分析和检验不同类别在多个间距测度等级变量上是否存在显著性差异。多元方差分析主要可用于回答三个问题:第一,自变量的变化是否对因变量有显著影响?第二,因变量之间有什么关系?第三,自变量之间有什么关系?现在,许多统计软件都已具备多元方差分析的功能。

1. 简介多元方差分析与一元方差分析的关系

一元方差分析(Analysis of Variances,ANOVA),是用于检验多个子总体在某一变量的平均值上是否存在明显差异的分析方法,其检验假设为,这些子总体中是否至少有一个与其他子总体的平均值存在显著性差异,表示为无差异假设,即

$$H_0: \bar{Y}_1 = \bar{Y}_2 = \cdots = \bar{Y}_g$$
$$H_1: \bar{Y}_i = \bar{Y}_j, \quad i \neq j$$

其中,下标g表示分组数。

方差分析的思路是将来自各子总体抽样样本汇合在一起,先假设它们来自一个总体(假设无差异),然后将这个汇合样本的总变动(用离差平方和表示)分解为两个部分。一部分是组内变动,代表本组内(某个子总体内,即在多因素分析时则是按多因素进行划分的交互分组内)各案例值关于组平均值的分布离散程度。另一部分是组间变动,代表各组平均值关于总平均值的分布离散程度。实际上,组内变动代表了在汇合总体的总变动中不能用分组因素进行解释的部分,组间变动代表了同一总变动中可以用分组因素加以解释的部分。将这两个变动部分除以它们所对应的自由度,即得到均方差。组间变动均方差除以组内变动均方差以后的统计量服从F分布,因此可以根据统计值对应的显著水平决定接受或拒绝当初的无差异假设。

无论是单因素的一元方差分析、多因素的一元方差分析,还是多元回归分析,其共同点就是它们只涉及一个因变量(或称反应变量)。不管它们真正涉及的分类有多复杂,最后是通过一个因变量指标值来反映各类别水平差异。所以,一元方差分析及其多元回归形式的一般模型(指略去权数且不考虑交互效应的模型)如下:

$$y = x_1 + x_2 + \cdots + x_k$$

其中,y是因变量,而且必须是间距测度等级的变量;x是表示分组(或称分类)的名义变量(在方差分析中又称为因素,Factor);k是分组变量的序号。此外需要特别加以提示,k不是分组的个数,而是分组变量的个数。当模型中除了分类变量以外,还有其他间距测度等级的自变量(在方差分析中又称为协变量),其功能是将间距变量作为控制变量的情况下进行方差分析。

而多元方差分析则已经不能以多元回归的形式来完成了,因为多元方差分析模型的因变量已经不是一个,而是多个。它的一般模型如下:

$$y_1 + y_2 \cdots + y_i = x_1 + x_2 + \cdots + x_k$$

其中,自变量x的定义同方差分析模型一样也是分组变量,k为分组变量数;而因变量y有多个,并且必须都是间距测度等级的变量,不能采用虚拟变量或效应变量。在本模型中,因变量按序号排列,下标i表示最后一个因变量。因此,i在表示因变量的数目的同时,也可以理解为指标(Index)。

相比多元方差分析的一般模型与多元回归(在这里用来表示一元方差分析)的一般模型,应该特别指出,这两个名称中关于"元"的定义是完全不同的。多元回归的"元"是指自变量的数目,而多元方差分析的"元"则是指因变量的数目。

多元方差分析所要解决的问题与一般的方差分析并无二致。它的用途仍然是检验不同分组或类别之间是否存在显著差异。不同的是,它的检验是建立在同时考察多个反应变量的观测值上,而不是仅仅考察一个反应变量。

因此，多元方差分析的统计假设需要用向量形式来表达，其无差异假设为：

$$H_0: \begin{pmatrix} \mu_{11} \\ \mu_{21} \\ \cdots \\ \mu_{i1} \end{pmatrix} = \begin{pmatrix} \mu_{12} \\ \mu_{22} \\ \cdots \\ \mu_{i2} \end{pmatrix} = \cdots = \begin{pmatrix} \mu_{1g} \\ \mu_{2g} \\ \cdots \\ \mu_{ig} \end{pmatrix}$$

$$H_1: \mu_1, \mu_2, \cdots, \mu_g \text{ 不全相等}$$

其中，下标 g 代表分组数，i 代表因素数。代表第 g 组在第 i 个指标上观测值的平均值。上述假设表示，总体按各个因素进行分组后，各分组子总体在每一项反应指标上的平均值上均无差异。

关于上述假设表达式中有两点需要加以注意：

第一，这一无差异假设中表示分组的下标为 g，不是上述多元方差分析一般模型中最后一个自变量的下标 k。这是因为，一般模型中的自变量不仅包含表示分组的变量，也可能包含间距测度等级的协变量。并且就是在没有协变量的纯粹方差分析模型中，因为自变量是名义变量，根据一个分类自变量便可以分成多组。

第二，多元方差分析的待检假设并不能用多个单指标方差分析检验结果的叠加来取得，这一点类似于常规一元方差分析不能用多个两类 t 检验结果的叠加取得。这是因为，在多元方差分析中各指标上是否存在差异的检验是同时完成的，它涉及各因变量的多元联合分布。正是因为如此，多个单指标方差分析的结果不能取代多元方差分析的结果。

2. 多元方差分析的数据要求和假设条件

多元方差分析是一元方差分析的扩展。它的所有因变量都必须为间距测度等级变量，自变量为名义测度等级的分类变量，也可以纳入间距变量作为控制变量。在使用 SPSS 进行方差分析时，不需要将分类变量进行虚拟编码等转换，只需要使分类变量中各类以连贯数值作为代码。

由于存在多个因变量，因此它对于因变量之间的关系有专门的要求。因变量之间需要存在一定程度的相关。这里包含两层意思：其一是因变量之间应该存在线性关系，如果是非线性关系，则多元方差分析会失去发现和检验分类之间多元差异的能力。如果已知某些因变量之间存在非线性关系，可以先对因变量进行改造，使非线性关系线性化，然后再用改造得到的变量进行多元方差分析。其二是因变量之间有一定强度的相关，否则不足以发现和检验分类之间的多元差异。换句话说，因变量之间如果线性相关程度太弱，采用多元方差分析将一无所获。

多元方差分析在样本规模上也有一定要求，不仅样本总规模需要较大数量，而且所划分的各类别也要有一定数量的案例，这是因为它是多元分析，否则不容易取得显著结果。另外，各类别的样本规模不宜差别太大，尤其要注意避免出现类别中案例极少甚至空单元（即根本无案例）的情况。

多元方差分析是在一定假定条件下进行的。只有这些假定条件得到满足,多元方差分析才可能得到适当的应用。这些条件包括以下3点:

(1) 案例来自随机抽样。每一类别的案例都是从对应该类的总体中随机抽样得到的。这就是说案例观测值之间是相互独立的。通常在横贯总体中的随机抽样基本上可以保证这个条件的满足。而当观测案例来自时间序列资料时,则案例之间比较容易发生序列相关。但是,对于这一假定条件的满足情况很难通过统计手段来检验,主要是根据经验判断。

(2) 各因变量均为正态分布且方差相等。对应所有因变量的那些总体必须为正态分布,并且每一类的因变量分布具有相同的方差。当各类的样本规模比较接近时,比如最大一组的案例数不超过最小一组案例数的1.5倍时,违反了这个假定的影响也不会太大。当各类样本规模差别很大时,可以采用一些统计手段来检查各类的方差是否相同,如SPSS多元方差分析可以提供的单因素分组的检验有Levene同方差检验,多因素交叉分组的整体检验有Box的M检验。然而,有的检验(如Box的M检验)又对因变量是否正态分布非常敏感,所以在进行多元方差分析的同方差检验之前,还需要对于各因变量的分布是否正态进行检验。

(3) 各因变量之间为多元正态分布。作为多元方差分析的特别之处,它还要求各因变量分布之间具有特定关系。这种关系是通过联合分布的形式所描述的。每个单独的变量是正态分布并不能保证它们的联合分布是正态分布。多元方差分析要求这些正态分布之间的联合分布是多元正态分布。但是,这一假定实际上很难得到验证。

第四节 相 关 分 析

一、相关的概念

事物总是相互联系的,它们之间的关系多种多样,分析起来,大致有以下3种关系:第一种是因果关系,即一种现象是另一种现象的原因,而另一种现象是结果。如父母有钱是子女有钱的原因(至少是部分的原因)。第二种是共变关系,即表面看起来有联系的两种事物都与第三种现象有关。这时,两种事物之间的关系便是共变关系。例如春天栽种的小苗与田边栽植的小树,就其高度而言,表面上看来都在增长,好像有关,其实,这两者都是受天气与时间因素影响而发生变化,它们本身之间并没有直接的联系。第三种是相关关系,即两类现象在发展变化的方向与大小方面存在一定的联系,但不是前面两种关系。无法确定这两类现象之间哪个是因,哪个是果;也有理由认为这两者并不同时受第三因素的影响,即不存在共变关系。具有相关关系的两种现象之间的关系是比较复杂的,甚至可能包含暂时尚未认识的因果关系以及共变关系在内。例如,同一组学生的语文成绩与数学成绩的关系,就属于相关关系。

统计学中所讲的"相关"是指具有相关关系的不同现象之间的关系程度,前提是事物之间有这种联系又不能直接做出因果关系的解释。有时,"相关"被解释为两种特征相伴随的变化。"相关"有以下3种情况:第一种情况是两列变量变动方向相同,即一种变量变动时,另一种变量亦同时发生或大或小与前一种变量同方向的变动,这称为正相关。如儿童的学习动机与学业表现,一般学习动机越强则学业成绩越好。第二种情况是两列变量中有一列变量变动时,另一列变量呈现出或大或小但与前一列变量方向相反的变动,这称为负相关。例如随着学习时间的加长,练习错误就越少等。第三种情况是两列变量之间没有关系,即一列变量变动时,另一列变量做无规律的变动,这种情况称为零相关。如天气与考试成绩、植被数量与失业率等现象之间的关系,都属于零相关,即无相关关系,两列变量都是独立的随机变量。

相关系数(Correlation Coefficient)是对两个变量之间的关系大小及其关系方向进行数量化表达的一个统计量。相关系数有很多种类,对于一组特定的数据而言,究竟需要选择哪一种相关系数,取决于如下因素:第一,用来测量每个变量的量表类型;第二,变量的内在分布特性(连续的还是离散的);第三,数据分布特点。较为常用的两种相关系数是适用于等距或者比率量表数据的皮尔逊积矩相关系数r和适用于顺序量表数据的斯皮尔曼等级相关系数r_s。

无论采用哪种相关技术,它们都具有如下的共同特征:

(1) 两列测量数据都取自于相同的个体(或事件),或者取自根据一定的条件进行匹配的配对个体。

(2) 相关系数的取值在-1.00到$+1.00$之间变化。两个极端的数值反映了变量之间呈现完全相关,0.00代表两列变量之间没有关联。

(3) 正相关(Positive Relationship)意味着个体在一个变量上得分高,则在另一个变量上得分也高;在一个变量上得分低,则在另一个变量上得分也低。

(4) 负相关(Negative Relationship)则与正相关完全相反:个体在一个变量上得分高,则在另一个变量上得分低;在一个变量上得分低,则在另一个变量上得分高。

(5) 变量之间的高相关,并不意味着变量之间有因果关系。例如,校园建筑物上的常春藤的数量与协会捐款的数量可能有很高的相关性,但很少有人认为种植更多的常春藤可以增加捐款的数量(张厚粲,徐建平,2021)。

二、散点图

在相关研究中,常用相关散点图表示两个变量之间的关系。在平面直角坐标系中,以X,Y二列变量中的一列变量(如X变量)为横坐标,以另一列变量(如Y变量)为纵坐标,

把每对数据 X_i,Y_i 当作同一个平面上的 N 个点 (X_i,Y_i),一一描绘在 XOY 坐标系中,产生的图形就称为散点图或相关图。散点图通过点的散布形状和疏密程度来显示两个变量的相关趋势和相关程度,可对原始数据间的关系做出直观而有效的预测和解释。成对观测值越多,散点图提供的信息就越准确。因此,散点图是确定变量之间是否存在相关关系及关系紧密程度的简单直观的方法。

不同形状的散点图形显示了两个变量间不同程度的相关关系。假设在平面直角坐标系中,以 X 轴为基线,每一对数据值准确地落在一条直线上,且直线左低右高,就为完全正相关,如图 11.24(a)所示;如果直线的方向与图 11.24(a)完全相反,呈左高右低,则为完全负相关,如图 11.24(b)所示。

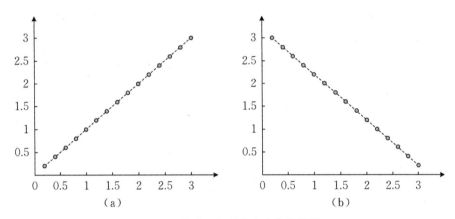

图 11.24　完全正相关和完全负相关图示

如果所有散点分布呈椭圆状,则说明两变量之间呈线性关系。在椭圆状的散点图中,如果椭圆长轴的倾斜方向左高右低(以 X 轴为基准),则为负相关,如图 11.25(a)所示,左低右高则为正相关,如图 11.25(b)所示;如果散点图呈现圆形,如图 11.25(c)所示,则为零相关或弱相关。

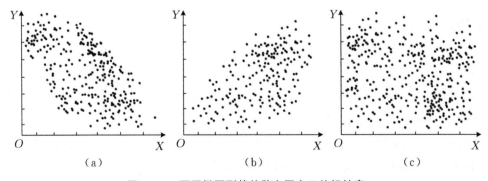

图 11.25　不同椭圆形状的散点图表示的相关度

画散点图时,如果分别以二变量的 Z 分数为横坐标与纵坐标,对相关趋势的考察就会更清楚。以标准分数为坐标的相关散布图,相当于把原坐标轴平移到 $X=\bar{X},Y=\bar{Y}$,新坐标系$X'O'Y'$的原点为$(\bar{X},\bar{Y})$,X轴、Y轴的刻度分别为s_X,s_Y。新的坐标轴把散点分为4个部分。如果散点接近相等地散布在4个象限中,则相关系数接近于零,如图11.26(c)。如果Ⅰ,Ⅲ象限的散点明显多于Ⅱ,Ⅳ象限,或Ⅱ,Ⅳ象限的散点明显多于Ⅰ,Ⅲ象限,都说明两变量呈线性相关。前者为正相关,如图11.26(b);后者为负相关,如图11.26(a)。两个变量相关程度由Ⅰ,Ⅲ象限与Ⅱ,Ⅳ象限散点的差数而定:差数越大,相关程度越高;差数越小,相关程度越低,如图11.26所示。

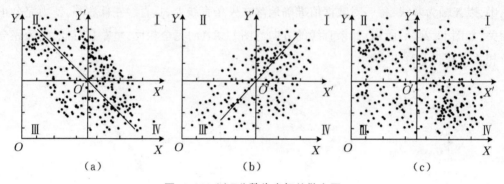

图11.26 以Z分数为坐标的散点图

图11.26中的直线称为拟合直线,代表数据点的相关趋势。这条直线是用统计方法求得的,因为每个数据点与它的离差最小,所以称为最佳拟合直线。数据与最佳拟合直线之间的离差越小,拟合直线对数据相关关系预测的可靠度以及精确性会越高。

用一些合理的统计指标对相关现象的观测值进行的统计分析称为相关分析。在研究中如果无法适当操纵自变量的变化,就经常使用这种类型的分析。相关分析是一种重要的方法,在心理学、教育学、社会科学等学科研究中应用广泛,存在大量的例证。在这些领域,要实现对个体、教育组织、社会团体等的系统性操纵,有时是极为困难的。同时,相关分析还是许多多元分析的基础(张厚粲,徐建平,2021)。

三、积差相关

积差相关是英国统计学家卡尔·皮尔逊(Karl Pearson)于20世纪初提出的一种计算相关的方法,因而称为皮尔逊积差相关,简称皮尔逊相关。积差相关又称为积矩相关(Product-moment Coefficient of Correlation)。通常,人们把离均差乘方之和除以N,用"积矩"概念表示。积差相关是一种运用较为普遍的计算相关系数的方法,也是揭示两个变量线性相关方向和程度最常用和最基本的方法。积差相关的适用条件:

① 成对数据,即若干个体中每个个体都有两种不同的观测值。例如,每个个体的身高与体重、每个人的智商与学业成绩等。任意两个个体之间的观测值不能求相关。每对数据分数与其他对没有关系,相互独立,计算相关的成对数据的数目不宜少于30对,如果

数据太少会缺乏代表性。

② 两列变量各自总体的分布都是正态,即正态双变量,至少两个变量服从应该是接近正态的单峰分布。为了判断计算相关的两列变量的总体是否为正态分布,一般要查询已有的研究资料,或是取较大样本分别对两变量做正态性检验。

③ 两个相关的变量是连续变量,即两列数据都是测量数据。

④ 两列变量之间的关系应是直线性的,如果是非直线性的双列变量,不能计算线性相关。

【例11.19】 下面采用范航等(2018)研究中的父母婚姻冲突和抑郁量表的观测数据为例(如表11.17所示),介绍计算积差相关系数的过程。

表11.17 父母婚姻冲突与抑郁的原始分数

被试编号	父母婚姻冲突 X	抑郁 Y	X^2	Y^2	XY
1	3.06	1.90	9.34	3.61	5.81
2	1.33	2.05	1.78	4.20	2.73
3	2.00	1.70	4.00	2.89	3.40
4	1.00	1.50	1.00	2.25	1.50
5	2.44	1.80	5.98	3.24	4.40
6	1.94	2.20	3.78	4.84	4.28
7	1.00	2.00	1.00	4.00	2.00
8	1.00	1.55	1.00	2.40	1.55
9	3.00	2.00	9.00	4.00	6.00
10	1.44	1.65	2.09	2.72	2.38
⋮	⋮	⋮	⋮	⋮	⋮
合计	1354.77	1107.45	3736.17	2370.22	2852.51

该研究采用整群抽样法选取被试,根据浙江省各地市人均GDP等综合发展指标,选取经济社会各方面发展比较靠前的(宁波市)和相对落后的(象山县)地区的两所初级中学作为本次调查的总体,每个地区各抽一所重点中学和一所普通中学的学生作为样本。共发放问卷600份,回收有效问卷537份,有效率为89.5%。其中男生275人,女生262人。

该研究中的父母婚姻冲突从池丽萍和辛自强(2003)修订的婚姻冲突儿童知觉量表测量而得。选取冲突频率、冲突强度和冲突解决三个维度,采用李克特五点计分法,1代表"非常不符合",5代表"完全符合",总体得分越高表示父母冲突越高。

该研究中的抑郁量表根据流调中心采用抑郁自评量表(CES-D Self-Report Depression Scale)改编,共计20道题,单因子。采用李克特四点计分法,1代表"没有或几乎没有",4

代表"几乎一直有",总体得分越高表示抑郁水平越高。

抽取父母婚姻冲突和抑郁的观测数据如下,对这组观测数据进行相关分析。

解 根据已有资料可知父母婚姻冲突与抑郁的分布都成正态,且两者都属测量数据并为线性相关,因此其可用积差相关公式计算。

① 将数据代入运用原始数据计算皮尔逊积差相关系数的公式中,得

$$r = \frac{\sum XY - \dfrac{\sum X \sum Y}{N}}{\sqrt{\sum X^2 - \dfrac{(\sum X)^2}{N}} \cdot \sqrt{\sum Y^2 - \dfrac{(\sum Y)^2}{N}}}$$

$$= \frac{2852.51 - \dfrac{1354.77 \times 1107.45}{537}}{\sqrt{3736.17 - \dfrac{1354.77^2}{537}} \cdot \sqrt{2370.22 - \dfrac{1107.45^2}{537}}} = 0.35$$

答:两者间的相关系数为0.35,呈正相关。

② 进行积差相关系数的显著性检验,考察两者是否存在显著相关。

设 $H_0: \rho = 0, H_1: \rho \neq 0$,有

$$t = \frac{r - 0}{\sqrt{\dfrac{1-r^2}{n-2}}} = \frac{0.35}{\sqrt{\dfrac{1-0.35^2}{537-2}}} = 8.75$$

$$df = n - 2 = 537 - 2 = 535$$

查 t 值表,$t_{0.001/2} = 3.291$,$8.75 > 3.291$,能拒绝 H_0,即推翻了 $\rho = 0$ 的假设。

答:两者间的相关差异显著。

SPSS统计技巧的操作为依次点击"分析"→"相关"→"双变量",将要统计的变量勾选到右侧"变量"中,相关系数中选择"Pearson",其中结果除了呈现相关系数,还反映了显著性检验结果。

四、相关分析的一些注意事项

(1) 缺少线性关系。当发现变量之间呈低相关时,可以明确这两个变量之间相关很小或没有相关。然而,皮尔逊相关系数 r 反映的仅仅是两个变量之间的线性关系。换言之,只有两个变量之间呈线性关系,才能得出两列变量之间具有规律性的相关。无法找到相关的证据可能是因为以下原因:第一,变量之间本身就是不相关的;第二,偶然变异与小样本也可能会掩盖真正的关系;第三,变量之间是非线性的关系。如果两列变量之间呈非线性关系,则不适合使用皮尔逊相关系数 r。

(2) 因果关系。两个变量之间呈现高相关,并不意味着两者存在因果关系。对于两个变量 A 和 B,相关研究只能说明存在何种形式的相关,不能说明是 A 引起 B,还是 B 引起

A,或是两者共同受某些其他因素的影响。

(3) 全距限制。限定一个变量的全距是导致虚假低相关的另一种情况,这些受到限制的全距通常被称为截断全距(Truncated Range)。

(4) 样本选择。如果研究者只选择极端个体作为研究样本,并且试图发现两个变量之间的关系,会对两个变量的真正关系造成一种错误的印象。为了有效地推断总体,需要能代表整个总体的样本,而不仅仅是两极端。

(5) 相关关系。皮尔逊积差相关测量的是两个变量之间关系的大小及方向。它反映了一个变量取值的相对位置与另一个变量取值的相对位置之间关系的程度。原始分数的数值无论大小如何变化,两者间的关系仍然不变。

(6) 重要与显著。相关系数的显著性取决于解释数据的情境,此外相关系数的大小在统计上要么显著,要么不显著。

第五节 回归分析

一、回归分析

(一) 回归分析概述

在许多领域,包括社会科学的实际研究中,常常会遇到彼此有关系的两列或多列变量。回归分析是探讨变量间数量关系的一种常用统计方法,它通过建立变量间的数学模型对变量进行预测和控制。例如,确定了父母婚姻冲突与儿童抑郁情绪的数学关系模型后,只要知道儿童父母的婚姻冲突情况,就能利用该模型来估计及预测儿童抑郁状况(范航 等,2018)。回归分析不但适用于实验数据,还可以分析未进行实验控制的观测数据或历史资料。回归分析用于分析事物之间的统计关系,侧重考察变量之间的数量变化规律,并通过回归方程的形式描述和反映这种关系,帮助人们准确把握变量受其他一个或多个变量影响的程度,进而为预测提供科学依据(张厚粲,徐建平,2021)。

(二) 回归分析与相关分析的关系

回归分析和相关分析均为研究及度量两个或两个以上变量之间关系的方法。从广义上说,相关分析包括回归分析,但严格地讲,两者有区别。回归分析(Analysis of Regression)是以数学方式表示变量间的关系,而相关分析则是检验或度量这些关系的密切程度,两者相辅相成,可以说相关分析是回归分析的前提和基础,只有在明确两变量间存在密切的关系时,才可通过回归分析获得相对准确的预测性。所以,在国外许多心理统计著作中,经常将相关与回归放在一起论述。

根据不同的目的,可以从不同角度去分析变量间的关系。确定变量之间是否存在关系,是回归与相关分析的共同起点。当旨在分析变量之间关系的密切程度时,一般使用相关系数,这个过程叫相关分析。如果研究的目的是确定变量之间数量关系的可能形式,找出表达它们之间依存关系的合适的数学模型,并用这个数学模型来表示这种关系形式,则称为回归分析(Regression Analysis)(张厚粲,徐建平,2021)。

(三)回归模型与回归系数

变量与变量之间的相关关系虽然不是确定性的函数关系,但在大量的观察下,仍然可以借助一些数学模型来表达它们之间的规律,这种用来表达变量之间规律的数学模型就称作回归模型。由于变量之间的规律性有线性与非线性相关之分,所以,回归模型分为线性回归模型和非线性回归模型,即直线模型和曲线模型两种。按回归分析涉及的相关变量的数目,回归模型又可分为简单回归模型(一个自变量和一个因变量)和多重回归模型(两个以上自变量)。

在初等数学中,一次函数的标准形式可以写成 $Y=a+bX$,这个式子表明,每取一个 X 值,就有一个唯一确定的值与之对应,做出的图是一条直线。但是在社会科学的实际研究中,两个变量的关系可能只呈直线趋势而不完全是直线。例如,X 与 Y 的关系可以用散点图来表示。如果每取一个 X 值后,求出与之对应的 Y 的样本条件均数 $\hat{Y}$(当然 $\hat{Y}$ 不一定实际存在于散点图中),则 X 与 $\hat{Y}$ 的对应关系可以用一条直线表示,设这条直线的数学形式为:$\hat{Y}=a+bX$。这个方程为回归方程(Linear Equation),它代表 X 与 Y 的线性关系。式中 X 为自变量,通常是研究者事先选定的数值;$\hat{Y}$ 叫作对应于 X 的 Y 变量的估计值。常数 a 表示该直线在 Y 轴的截距;常数 b 表示该直线的斜率,实际上也是 $\hat{Y}$ 的变化率,它表示当 X 增加1个单位时 Y 的平均增加或减少的数量,即当 X 变化一个单位时,$\hat{Y}$ 将变化 b 个单位。在回归分析中,b 称为回归系数,确切地说,在回归方程式中 b 应该称为 Y 对 X 的回归系数(Coefficient of Regression)。在本章第四节的散点图中,如果以 Y 作为自变量建立回归方程,则 $X=a'+b'Y$,这时 b' 称为 X 对 Y 的回归系数。一般 Y 对 X 的回归系数以 b_{YX} 表示,而 X 对 Y 的回归系数以 b_{XY} 表示(张厚粲,徐建平,2021)。

(四)回归分析的一般步骤

下面主要以范航等(2018)开展的一项父母婚姻冲突对青少年抑郁情绪的影响研究为例,介绍回归分析的方法及步骤。

1. 确定回归方程中的解释变量和被解释变量

由于回归分析用于分析一个事物如何随其他事物的变化而变化,因此回归分析的第一步应确定哪个事物是需要被解释的,即哪个变量是被解释变量(记为 y);哪些事物是用于解释其他变量的,即哪些变量是解释变量(记为 x)。例如,在父母婚姻冲突对青少年抑郁情绪的影响研究中,青少年的抑郁情绪是被解释变量,父母婚姻冲突是解释变量。回归分析正是要建立 y 关于 x 的回归方程,并在给定 x 的条件下,通过回归方程预测 y 的平均值,这点是有别于相关分析的。例如,青少年抑郁情绪关于父母婚姻冲突的回归分析与父母婚姻冲突关于青少年抑郁情绪的回归分析是完全不同的。

2. 确定回归模型

根据函数拟合方式,通过观察散点图确定应通过哪种数学模型来概括回归线。如果被解释变量和解释变量之间存在线性关系,则应进行线性回归分析,建立线性回归模型;反之,如果被解释变量和解释变量之间存在非线性关系,则应进行非线性回归分析,建立非线性回归模型。建立回归模型实际上就是根据已知两变量的数据求回归方程。如果两个变量之间存在着线性关系,则两个变量间的关系就可以拟合直线模型。

回归模型的建立步骤一般包括:① 根据数据资料作散点图,直观地判断两变量之间是否大致成一种直线关系;② 设直线方程式为 $\hat{Y} = a + bX$,如果估计值 $\hat{Y}$ 与实际值 Y 之间的误差比其他估计值与实际值 Y 之间的误差小,则这个表达式就是最优拟合直线模型(Linear Model Fit),即表示 X 与 Y 之间线性关系的最佳模型;③ 选定某种方法,如平均数法、最小二乘法等,使用实际数据资料,计算表达式中的 a 和 b;④ 将 a 和 b 的值代入表达式,得到回归方程。

3. 建立回归方程

根据收集到的样本数据以及上一步所确定的回归模型,在一定的统计拟合准则下估计模型中的各个参数,建立一个确定的回归方程。

4. 对回归方程进行各种检验

由于回归方程是在样本数据基础上得到的,回归方程是否真实地反映了事物总体间的统计关系以及回归方程能否用于预测等都需要进行检验。

5. 利用回归方程进行预测

建立回归方程的目的之一是根据回归方程对事物的未来发展趋势进行预测。

（五）回归方程的应用

建立变量间有效的回归方程能揭示变量间真实的或可能的数量关系,也就从某些侧面描述了客观事物运动的规律性。有了规律性的认识,就可以实现某些预测和控制。估计或预测因变量的主值(类似于点估计)或取值范围(类似于区间估计)是回归分析的主要目的,回归方程揭示的关系可通过控制或调整自变量的值而达到控制因变量变化趋势的目的。当然,利用回归方程进行控制多见于自然科学领域。在社会科学领域,更多的是利用回归方程进行估计和预测,而且社会科学研究中通常将回归分析与相关分析结合起来应用,具体来说包括如下5个步骤。

1. 绘制实验或统计变量之间的散点图

根据点的分布初步判断两变量之间是否存在相关关系,绘制散点图的要点及步骤可回顾本章第四节中。如果存在则进行相关分析,求出相关系数以检验相关关系的强弱。如果相关关系较强或需要对两变量进行定量描述,则有必要进行回归分析,即进入下一步骤。

2. 进行回归分析

首先选择自变量 X 与因变量 Y,然后由散点图判断两个变量是否具有线性关系,图11.27反映了两变量具有线性关系。如果有则进行线性回归分析,否则根据数据的形式选择其他回归分析方式。为了选择最为精确的回归模型,可以同时对一组数据进行多种可能的回归分析,根据最后的有效性检验结果选择拟合程度最好的回归模型。

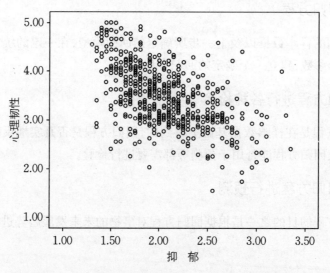

图11.27 心理韧性与抑郁呈负向线性关系的散点图

3. 回归模型的建立

回归方程参数的估计、求解。对于线性回归方程,通常使用最小二乘法,也可使用极大似然估计法;对于非线性回归方程,如逻辑回归分析,只能使用极大似然估计法。

【例 11.20】 下面以范航等(2018)研究中的父母婚姻冲突和抑郁量表的观测数据为例(如表 11.18 所示),介绍通过最小二乘法求回归方程的方法。

表 11.18 父母婚姻冲突与抑郁的原始分数

被试编号	1	2	3	4	5	…	合计
父母婚姻冲突 X	3.06	1.33	2	1	2.44	…	1354.77
抑郁 Y	1.9	2.05	1.7	1.5	1.8	…	1107.45

解 设 $\hat{Y}=a+bX$,求得 $\bar{X}=2.52, \bar{Y}=2.06$,代入

$$b=\frac{\sum(X-\bar{X})(Y-\bar{Y})}{\sum(X-\bar{X})^2}$$

求得 $b=0.24$。再代入 $a=\bar{Y}-b\bar{X}$,求得 $a=1.46$。

答:所求回归方程为 $\hat{Y}=1.46+0.24X$。

4. 回归方程的有效性检验

模型整体的检验,即检验通过样本数据建立的模型在总体上是否具有说服力。

例如,张林、刘燊、徐强等(2017)曾进行一项日常环境中的暴力暴露对攻击行为的长期影响的研究,其中构建了一个有调节的中介模型,并对整体模型进行了检验,检验结果如下:

根据温忠麟等(2006)建议的有调节中介效应的检验程序,对整合模型进行了检验,模型拟合程度较好($\chi^2/df=3.08, CFI=0.94, NFI=0.95, GFI=0.94, RMSEA=0.031$),如图 11.28 所示。其中,日常环境中的暴力暴露会对个体的攻击行为产生显著的正向影响($\gamma=0.22, p<0.001$),人际信任水平会对攻击行为也会产生显著的负向影响($\gamma=-0.10, p<0.01$);日常环境中的暴力暴露会对攻击性信念产生显著的正向影响($\gamma=0.18, p<0.001$),攻击性信念会对攻击行为产生显著的正向预测($\gamma=0.13, p<0.001$),这说明,攻击性信念在日常环境中的暴力暴露影响攻击行为中起部分中介作用。同时,日常环境中的暴力暴露和人际信任的交互项对攻击性信念有显著的正向影响($\gamma=0.36, p<0.001$)。如表 11.19 所示,方程 3 与方程 1 相比调节效应模型提高了 3% 的变异解释量($\Delta R^2=0.03, p<0.001$),使方程 3 的解释率由 27% 提高到 30%,这一结果支持人际信任在日常环境暴力暴露、攻击性信念对攻击行为的影响中是一个有调节的中介变量。

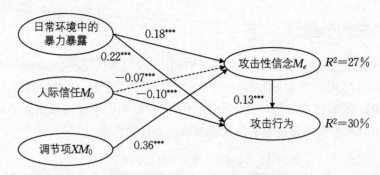

图 11.28 有调节的中介效应模型

注：R^2 表示方差解释率，虚线表示不显著。

表 11.19 父母婚姻冲突与抑郁的原始分数

被试编号	父母婚姻冲突 X	抑郁 Y	X^2	Y^2	XY
1	3.06	1.90	9.34	3.61	5.81
2	1.33	2.05	1.78	4.20	2.73
3	2.00	1.70	4.00	2.89	3.40
4	1.00	1.50	1.00	2.25	1.50
5	2.44	1.80	5.98	3.24	4.40
6	1.94	2.20	3.78	4.84	4.28
7	1.00	2.00	1.00	4.00	2.00
8	1.00	1.55	1.00	2.40	1.55
9	3.00	2.00	9.00	4.00	6.00
10	1.44	1.65	2.09	2.72	2.38
…	…	…	…	…	…
合计	1354.77	1107.45	3736.17	2370.22	2852.51

回归系数的检验，即检验自变量对因变量的影响力在总体中是否存在。

例如，对例 11.20 所求的 $\hat{Y}=1.46+0.24X$ 的回归系数进行显著性检验。

解 ① 已知 $N=537$，根据表中数据，得

$$SS_T = \sum(Y-\bar{Y})^2 = \sum Y^2 - \frac{(\sum Y)^2}{N} = 2370.22 - \frac{1107.45^2}{537} = 86.34$$

$$SS_R = \sum(\hat{Y}-\bar{Y})^2 = b^2\left[\sum X^2 - \frac{(\sum X)^2}{N}\right]$$

$$= (0.24)^2 \times \left(3736.17 - \frac{1354.77^2}{537}\right) = 18.33$$

$$SS_E = SS_T - SS_R = 86.34 - 18.33 = 68.01$$

$$s_{YX}^2 = \frac{SS_T - SS_R}{N-2} = 0.13$$

② 根据已知数据,得

$$\sum(X-\bar{X})^2 = \sum X^2 - \frac{(\sum X)^2}{N} = 318.23$$

$$SE_B = \sqrt{\frac{s_{YX}^2}{\sum(X-\bar{X})^2}} = 0.024$$

$$t = \frac{b-0}{SE_B} = 10$$

查 t 分布表,$t_{0.001/2} = 3.291$,$10 > 3.291$,说明回归系数 0.24 是显著的。

答:回归系数 0.24 是显著的,回归方程显著。

5. 基于回归方程的参数预测

基于回归方程的参数预测是指根据前面建立的自变量与因变量之间的预测方程,从任一自变量的值得到与之对应的因变量的值或一个置信区间,即包括点估计和区间估计。例如,例 11.20 中父母婚姻冲突与抑郁情绪两者的 95% 置信区间为 [0.16, 0.33]。

二、线性回归分析

1. 线性回归分析

通过大量的观测数据,可以发现变量之间存在的统计规律性,并用一定的数学模型表示出来,这种用一定模型来表述变量相关关系的方法就称为回归分析。一次函数是变量之间存在的各种各样的关系模型中最简单的形式。对于这种线性关系(Linear Relationship)的回归分析称为线性回归(Linear Regression)。只有一个自变量的线性回归称为简单线性回归(Simple Linear Regression)。

观察被解释变量 y 和一个或多个解释变量 x_i 的散点图,当发现 y 与 x_i 之间呈现出显著的线性关系时,则应采用线性回归的方法,建立 y 关于 x_i 的线性回归模型。线性回归有如下 4 条假设:第一,线性关系假设。X 与 Y 在总体上具有线性关系,这是一条最基本的假设。回归分析必须建立在变量之间具有线性关系的假设之上。如果 X 与 Y 的真正关系不是线性,而回归方程又是按线性关系建立的,这个回归方程就没有什么意义了。非线性的变量关系,需使用非线性模型。第二,正态性假设。正态性的假设系指回归分析中的 Y 服从正态分布。这样,与某一个 X_i 值对应的 Y 值构成变量 Y 的一个子总体,所有这样的子总体都服从正态分布,其平均数记作 $\mu_{Y(X_i)}$,方差记作 $\sigma_{Y(X_i)}^2$。各子总体的方差都相等,如图

11.29所示。因此经由回归方程所分离的误差项 e，即由特定 X_i 所预测得到的 $\hat{Y}_i$ 与实际 Y_i 之间的差距，也应呈正态分布。误差项 e 的平均数为0。所以，也有观点认为线性回归中应满足变量 X 没有测量误差这一严格假设，但在实际中很难满足，常常只是对 X 的测量误差忽略不计。第三，独立性假设。独立性假设有两层意思，一层是指与某一个 X 值对应的一组 Y 值和与另一个 X 值对应的一组 Y 值之间没有关系，彼此独立。另一层是指误差项独立，不同的 X 所产生的误差之间应相互独立，无自相关（Non-autocorrelation），而误差项也需与自变量 X 相互独立。第四，误差等分散性假设。特定 X 水平的误差，除了应呈随机化的常态分配，其变异量也应相等，称作误差等分散性，如图11.29(a)所示。如图11.29(b)所示的不相等的误差变异量（异方差性，Heteroscedasticity），反应出不同水准的 X 与 Y 的关系不同，不应以单一的回归方程式去预测 Y。当研究数据具有极端值存在时，或非线性关系存在时，异方差性的问题就容易出现。违反假设时，对于参数的估计检验力就会变得不足。

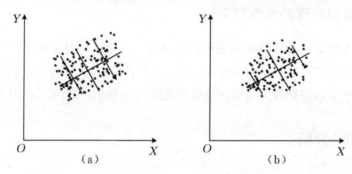

图11.29 误差等分散性(a)与误差变异歧异性(b)图示

在线性回归分析中，根据模型中解释变量的个数，可将线性回归模型分成一元线性回归模型和多元线性回归模型，相应的分析称为一元线性回归分析和多元线性回归分析（张厚粲，徐建平，2021）。

2. 一元线性回归模型

一元线性回归模型是指只有一个解释变量的线性回归模型，用于揭示被解释变量与另一个解释变量之间的线性关系。

一元线性回归的数学模型为

$$y=\beta_0+\beta_1 x+\varepsilon \tag{11.14}$$

式(11.14)表明，被解释变量 y 的变化可由两个部分解释：一是，由解释变量 x 的变化引起的 y 的线性变化部分，即 $y=\beta_0+\beta_1 x$；二是，由其他随机因素引起的 y 的变化部分，即 ε。

由此可以看出一元线性回归模型是被解释变量和解释变量间非一一对应的统计关系的良好诠释，即当 x 给定后 y 的值并非唯一，但它们之间又通过 β_0 和 β_1 保持着密切的线性相关关系。β_0 和 β_1 都是模型中的未知参数，β_0 和 β_1 分别称为回归常数和回归系数。ε 称为随机误差，是一个随机变量，应当满足两个前提条件，即

$$E(\varepsilon)=0, \quad var(\varepsilon)=\sigma^2 \tag{11.15}$$

式(11.15)表明，随机误差的期望应为0，随机误差的方差应为一个特定的值。如果对式(11.15)中第1式两边求期望，则有

$$E(y)=\beta_0+\beta_1 x \tag{11.16}$$

式(11.16)称为一元线性回归方程，它表明 x 和 y 之间的统计关系是在平均意义下表述的，即当 x 的值给定后利用回归模型计算得到的 y 值是一个平均值。

现实社会经济现象中，某一事物（被解释变量）总会受到多方面因素（多个解释变量）的影响。一元线性回归分析是在不考虑其他影响因素或认为其他影响因素确定的条件下，分析一个解释变量是如何线性影响被解释变量的，因而是比较理想化的分析（张厚粲，徐建平，2021）。

【例11.21】 为考察智商与考试成绩的回归方程，表11.20为10个被试的数据，因变量 Y 为考试成绩，自变量 X 为智商。

表11.20 智商与考试成绩数据

被试序号	1	2	3	4	5	6	7	8	9	10
智商(X)	89	97	123	87	117	100	82	79	125	98
成绩(Y)	60	73	95	57	89	80	69	56	93	86

解 经计算 $\overline{X}=99.7, \overline{Y}=75.8, S_x=15.84, S_Y=14.18$，得

$$r=\frac{\sum XY-\dfrac{\sum X \sum Y}{N}}{\sqrt{\sum X^2-\dfrac{(\sum X)^2}{N}} \cdot \sqrt{\sum Y^2-\dfrac{(\sum Y)^2}{N}}}=0.91$$

设 $\hat{Y}=a+bX$，得

$$b_{YX}=\frac{\sum(X-\overline{X})(Y-\overline{Y})}{\sum(X-\overline{X})^2}=0.81$$

$$a=\overline{Y}-b\overline{X}=75.8-0.81\times 99.7=-4.96$$

回归方程为 $\hat{Y}=0.81X-4.96$。

3. 多元线性回归模型

多元线性回归模型是指含有多个解释变量的线性回归模型，用于揭示被解释变量与其他多个解释变量之间的线性关系。

多元线性回归的数学模型如下：

$$y=\beta_0+\beta_1x_1+\beta_2x_2+\cdots+\beta_px_p+\varepsilon \tag{11.17}$$

式(11.17)是一个p元线性回归模型，其中有p个解释变量。它表明被解释变量y的变化可由两个部分解释：第一，由p个解释变量x的变化引起的y的线性变化部分，即$y=\beta_0+\beta_1x_1+\beta_2x_2+\cdots+\beta_px_p$；第二，由其他随机因素引起的$y$的变化部分，即$\varepsilon$。$\beta_0,\beta_1,\cdots,\beta_p$都是模型中的未知参数，分别称为回归常数和偏回归系数。ε称为随机误差，也是一个随机变量，同样满足式(11.15)的要求。如果对式(11.17)两边求期望，则有：

$$E(y)=\beta_0+\beta_1x_1+\beta_2x_2+\cdots+\beta_px_p \tag{11.18}$$

式(11.18)称为多元线性回归方程(张厚粲，徐建平，2021)。

例如，为考察年龄和受教育程度与垃圾分类意愿的关系，如表11.21所示为10个被试的数据，因变量Y为垃圾分类意愿度，自变量X_1为年龄，自变量X_2为受教育程度，建立由X_1和X_2共同估计Y的回归方程。

表11.21 年龄、受教育程度与垃圾分类意愿数据

垃圾分类意愿度(Y)	4	5	7	5	3	5	4	6	5	7
年龄(X_1)	25	30	49	21	17	10	22	60	70	28
受教育程度(X_2)	5	6	3	5	4	2	5	3	1	6

解 经计算

$$\sum x_1^2 = 14524$$
$$\sum x_2^2 = 186$$
$$\sum x_1 y = 1793$$
$$\sum x_2 y = 203$$
$$\sum x_1 x_2 = 1173$$

代入方程组

$$b_1 \sum x_1^2 + b_2 \sum x_1 x_2 = \sum x_1 y$$
$$b_1 \sum x_1 x_2 + b_2 \sum x_2^2 = \sum x_2 y$$

得

$$b_1 \times 14524 + b_2 \times 1173 = 1793$$
$$b_1 \times 1173 + b_2 \times 186 = 203$$

解得$b_1=-2.22, b_2=15.09, a=\bar{Y}-b_1\bar{X}_1-b_2\bar{X}_2=18.44$。

所求方程：$\hat{Y}=18.44-2.22X_1+15.09X_2$

【思考题】

1. 请论述社会科学研究中常见的描述统计方法及其特点。

2. 请谈谈你对假设检验的理解。
3. 请谈谈你对非参数检验的理解。
4. 请简述方差分析的基本原理。
5. 请谈谈你对相关的理解。
6. 请简述回归分析的一般步骤。

第十二章 元 分 析

第一节 元分析概述

一、元分析提出的背景

同所有的科学研究一样,社会科学领域的研究不是孤立的,一个科学共同体感兴趣的研究可能会延续多年。后来的研究往往是在已有研究的基础上进行的,有的是改变研究中使用的材料,有的是改变测量方法,或者增加变量等。但对于同一项课题,研究范式通常都是固定的。研究者要进行某一方面的研究,首要步骤便应设法了解关于这一问题前人研究到了什么程度,得到了什么结果,在哪些方面还存在空白。但这些研究发现很可能是不完全一致的,甚至可能是完全相反的,究竟哪一个才是相对比较合适的结论呢?又是什么因素导致研究发现不一致呢?为了解决这些问题,有必要对前人的研究进行整合。常用的方法是定性的整合,即一般意义上讲的"综述",结论来自对相关研究结果的总体印象,但这种定性的方法也有很大的局限性。面对这样的局限,有学者提出了定量整合的方法,也就是元分析。一般来说,研究者从事任何一方面的研究都先要有综述的过程,目的是对其他学者在这一课题上所做的研究有一个大致的了解。例如,要研究超扫描技术在社会认知领域中的应用,那么首先就要检索与这一研究方向有关的文献,看看前人都做了哪些工作、采用了哪些范式、设置了哪些变量、得到了哪些发现等。而这种综述往往都是定性类的,得到的结论也都是描述性的。但如果只停留在"综述"而不涉及"评价",那么这些综述的价值还会大打折扣。尽管可以让研究者对这些研究有一个大体的印象,但是这种定性综述的方法却存在很多问题:

(1) 这种定性类的综述中包含的研究文献往往都是综述研究者能够很方便找到的,并没有明确选择研究文献的标准,或者说这种标准没有明确定义出来,其他学者没有办法来判断这种综述所包含的文献是否全面且合适,即缺乏重复交叉检验的途径。

(2) 如果关于某一方面的研究文献数量众多,又不依赖一些数据单纯对这些研究进行定性的了解,则很难得到一个一般性的结论。同时,这样往往会忽略其中一些细节,甚至是一些重要的信息,得不偿失。

(3) 综述研究者得出结论只根据所包含的原始研究结果的显著性,而不是具体的数值。例如,要研究社会支持对研究生学业满意度的影响,综述研究者可能只关心是否所有研究中社会支持与研究生学业满意度之间都是显著正相关的,即社会支持程度越高则研究生学业满意度越高。但这样得出的结论只能揭示社会支持与研究生学业满意度之间关系的方向以及是否显著,而无法得知两者之间的相关性究竟如何。

(4) 如果关于某一方面的研究有不一致的研究结果,如关于变量 A 和变量 B 之间的关系,有研究发现两者之间呈显著正相关,但有研究发现两者之间呈显著负相关,甚至还有研究发现两者之间并不存在相关。面对这种情形,定性综述往往无法给出好的解决办法。此时,一些学者往往采用对自己研究有利的方法来解决这一问题,即变量 A 和变量 B 之间的哪种关系对自己的研究结论有利便会罗列一堆有着类似结论的研究文献作为佐证文献,从而忽略或掩盖了实际上还存在不一致结论的研究文献。

总之,传统的综述方法主观性太强,无论是在文献选取方面还是在分析结果方面,得出的结论都依赖于综述研究者的主观因素,其他人对同样的文献做同样的综述可能就会得到不同的结论,结果的说服性就打了折扣。因此,有学者提出了用定量的综述方法对某一方面的相关研究进行定量的整合,即元分析。

二、元分析的概念

元分析的英文是"Meta-analysis",相应的翻译还有"荟萃分析""综合分析""分析的分析""资料的再分析"等,但最普遍的译法是"元分析"。第一次使用"元分析"这个概念的人是基恩·格拉斯(Gene Glass),他于1976年美国教育研究联合会的发言致辞中首次提出元分析概念。格拉斯认为,元分析是一种对分析的分析,具有以下主要特点:第一,元分析是一种定量分析方法,它不是对原始数据的统计,而是对统计结果的再统计;第二,元分析应该包含不同质量的研究;第三,元分析寻求一个综合的结论。总体而言,元分析就是对众多已有实证研究文献的再次统计,通过利用相应的统计公式,对相关文献中的统计指标进行再一次的统计分析,从而可以根据获得的统计显著性等来分析两个变量间真实的相关关系。

自元分析方法被引入社会科学研究领域中以来,每年以元分析为手段的研究文献呈指数型增长的态势,主要还是因为元分析存在如下优势:第一,在方法上,元分析充分利用了定性与定量的方法。在对文献资料的检索上,元分析引入了更为严格的筛选机制与标准,而且不局限于已经发表的研究。对于研究结果,元分析利用多种统计方法进行整合,并采用了效果量(Effect Size)这一指标,从而避免了受样本量大小的掣肘。第二,元分析以得到普遍性的结论为目的。社会科学领域的研究,即使是针对相同的课题,也不会出现两个研究是完全相同的情况,各个研究的条件之间总是会存在或多或少的不同,否则便有抄袭之嫌。元分析方法的出发点便是通过对这些不一致的结果进行综合分析,从而概括出这些研究结果所反映的共同效应,即普遍性的结论。第三,元分析不仅立足于原始研究的数据显著性,还用到了研究结果的具体数值,因此在对效果量的估计上更为精确。第四,元分析的每一步均有明确且严格的标准,较少带有研究者主观意见,因此有较强的可复制性,其他学者可以检验一个元分析过程是否正确。

然而,元分析也存在一些缺点有待进一步完善:第一,对元分析的常见批评是难以理解如何对材料、测量工具以及方法都广泛不同的多项研究进行比较,该难题通常被称为"苹果与橘子之争"。比较不同的研究结果与在一个普通实验里对异质被试进行平均化是毫无不同的,如果愿意接受对被试进行平均化,那也就能接受对异质研究进行平均化。与其讨论应不应该在异质研究之间进行平均,而毋宁讨论是不同的研究方法会不会带来不同的效应规模。第二,元分析中引入的研究质量不能保证,甚至有可能是低质量的研究。低质量的研究本身在结果估计时就可能存在错误和无法纠正的偏向,因此所得结果的可靠性便无法得到保证。尽管在元分析进行的过程中需要引入对研究质量的评价,但这种评价的标准也可能存在主观因素,因此不同研究者可能得到不同的结果。第三,在检索和筛选文献环节,如果一些研究文献不符合入组标准则有可能会被剔除,从而造成了资料的流失。一些研究往往信息较全面,研究者可以很方便地获取想要的信息。但往往也有一些研究缺少必要的信息,此时如果视为信息不完整而将其剔除则可能会丢失很有价值的数据信息。第四,最为现实的问题是,相较于定性类的综述而言,尽管元分析的结果比较可靠、过程比较标准,但往往会耗费研究者大量的时间。

第二节 元分析的步骤[①]

元分析的开展可以分为相互联系的几个分析步骤,每一步均是为下一步的进行做准备的。因此,在开展过程中要确保每一步的正确性,才能使随后的工作更容易进行,有时候几个步骤会反复进行以确保元分析过程的科学性。本节以张亚利等(2019)基于中国学生群体所开展的自尊与社会焦虑关系的元分析为例,详细介绍进行一项元分析工作需经历的步骤。

一、提出问题

社交焦虑(Social Anxiety, SA)是最普遍的焦虑形式之一(Fernández et al., 2018),通

[①] 本节改编自《自尊与社交焦虑的关系:基于中国学生群体的元分析》(张亚利 等,2019)一文,已征得第一作者张亚利的同意。

常始于儿童期或青少年期,初现平均年龄在14至16岁之间(褚晓伟 等,2016;Iverach et al.,2018),严重的将会发展成为精神障碍(张陆 等,2018;Pontillo et al.,2017)。国内外研究发现处于高社交焦虑状态的人群比例为27.2%~42.0%(李静 等,2015;Pontillo et al.,2017;Rietdijk et al.,2013),在美国,社交焦虑障碍更是成为仅次于重度抑郁和酒精依赖的第三大心理问题(Kessler et al.,2005)。社交焦虑不仅会降低个体的主观幸福感和友谊质量、损害社交功能(李宗波 等,2017;Azad-marzabadi,Amiri,2017),程度严重的还会致使个体出现诸如攻击性行为、网络过激行为等非适应性行为(丁子恩 等,2018;Dixon et al.,2017)。社交焦虑的多发性及其影响的广泛性使其近年来持续受到研究者的关注。

大量研究探讨了社交焦虑的风险因子,其中自尊被认为是与其关系最密切的一个(刘广增 等,2017;Bowles,2017;Hiller et al.,2017)。围绕两者的关系,国内诸多研究进行了讨论与分析,然而结果差异较大,r值从-0.61到-0.16均有报告(卜钰 等,2017;丁子恩 等,2018;李静 等,2015;Tan et al.,2016)。所以,自尊与社交焦虑之间相关程度如何,是否受研究特征的干扰就成了需要进一步探讨的问题。此外,国外已有研究对自尊与焦虑的关系进行了元分析(Sowislo,Orth,2013),结果发现两者的关系较为密切且可以相互预测。然而,该研究仅着眼于分析自尊与广泛性焦虑的关系,未对不同形式的焦虑进行探讨。社交焦虑不同于广泛性焦虑,两者虽有共同特征,但在思维内容、回避表现、发生敏感期等方面均存在质的差别(American Psychiatric Association,2013)。因此,本研究采用更全面、更准确、更综合的元分析方法,基于国内对自尊与社交焦虑的关系进行分析并探讨可能对两者关系产生影响的调节变量,可以避免单个研究中受样本容量、地域限制等因素影响而使结果产生偏差,有利于从宏观的角度得出更普遍、更准确的结论。同时,基于本研究的开源数据亦能为日后的进一步研究打下基础。

二、综述文献

对自尊的界定,学术界有3种不同的看法(方平 等,2016)。第一种是以威廉·詹姆斯(William James)为代表的能力观,其将自尊看作对自身能力的一种衡量、估计和评判。第二种是以马歇尔·罗森伯格(Marshall Rosenberg)为代表的价值观,认为自尊是对自我是否有价值的或积极或消极的态度(Rosenberg,1965)。第三种观点恰好整合了前两种看法,认为自尊不应是单一的成分,而应是包含胜任力和价值感的复杂心理特质(Branden,1969),该观点成为当下研究重要的取向之一。虽然不同学者对自尊的看法莫衷一是,但总体而言,自尊被看作一种能够对个体产生多方影响的稳定而统一的人格品质,是个体对自己的欣赏、重视、认可或喜欢的程度(Abdollahi,Talib,2016)。自尊测验一般分为对内隐自尊和外显自尊的测查。前者主要基于内隐联想范式;后者一般基于标准化的心理测验,使用范围最广的当属Rosenberg(1965)编制的自尊量表(Self-esteem Scale,SES),该工具为单因子测验,用于测量个体对自己整体的认知评价,适用于青少年(13~17岁)、成人(18～64岁)和老年人(65岁及以上),共包含10个题目,其中5个条目为反向计分。另外,Tafarodi和Swann(2001)编制的二维自尊量表使用范围也较为广泛,共由16个题目构成,包含对自身能力与价值两个维度的评价。由于外显与内隐自尊具有分离性(李志勇,吴明证,2013),且外显自尊与社交焦虑的研究文献较为丰富,因此本研究只考察外显自尊。

社交焦虑是儿童和青少年的一个突出问题,指不合理、过分惧怕人际互动以及自己在社交场合的表现,具体表现为在社交场合中强烈的紧张不安或苦恼的情绪体验以及回避社会交往的行为倾向(潘朝霞 等,2018;Bowles,2017;Vassilopoulos et al.,2017;Zalk et al.,2017)。国内主要使用如下几类工具对其测量:① Watson和Friend(1969)编制社交回避及苦恼量表(Social Avoidance and Distress Scale,SADS),含社交回避和社交苦恼两个因子,共28个项目;② Feingstein等(1975)编制的社交焦虑量表(Social Anxiety Subscale of the Self-Consciousness Scale,SASS-CS),属单维度结构,共6个题目;③ Leary(1983)编制的交往焦虑量表(Interaction Anxiousness Scale,IAS),属单维度结构,由15个题目组成,用于评定独立于行为之外的社交焦虑主观体验倾向;④ Mattick和Clarke(1998)编制的社交互动焦虑量表(Social Interaction Anxiety Scale,SIAS),属单维度结构,共20个题目;⑤ La Greca等(1988)编制的儿童社交焦虑量表(Social Anxiety Scale for Children,SASC),包括害怕否定评价、社交回避及苦恼两个因子,共10个题目,适用于7～16岁的儿童和青少年。国内对社交焦虑的测查使用最多的是交往焦虑量表。

三、提出理论假设

自尊是自我系统的重要成分,亦是人格的核心因素之一(晏碧华 等,2008),能够对个体的认知系统及行为调控系统产生重要影响(高爽 等,2015;Park et al.,2018),诸多研究发现自尊与社交焦虑存在着密切关系,两者不仅存在显著相关且前者亦是后者的有效预测因子(卜钰 等,2017;张伟玲,2016),对此有以下几种解释:

第一,自尊的恐惧管理理论(Greenberg et al.,1992)认为自尊的作用是保护人们免受先天对死亡的畏惧所产生的焦虑困扰以及摆脱所正在经历的焦虑。该理论有两个基本假设,即"焦虑缓解器"假设和"死亡凸显性"假设。其中,"焦虑缓解器"假设直接将自尊视为应对焦虑的天然缓冲器,认为自尊的自我调节机制所提供的弹性空间能够帮助人们缓解社交焦虑(丁子恩 等,2018)。自尊水平较高的个体具有较强的社交自我效能,自尊对个体的自我调节功能得以有效发挥,使得个体在社交情景中的表现更加主动和积极,对他人更加信任且在与他人的交往过程中心态更加理性、平和(刘广增 等,2017;Berger et al.,2017),因而较少体验到社交焦虑。实证研究也表明,自尊可以通过影响人际信任水平进而作用于个体的社交焦虑(李静 等,2015)。第二,社交焦虑的认知模型认为社交焦虑者由于早期不愉快的经历,会形成一些消极信念,如"我不行",这些消极的信念让社交焦虑者将社交情境知觉为危险的。此时,他们将注意力转到自身,用自身内部的信息来推断他人对自己的认知(Cheng et al.,2015;Ran et al.,2018),如自己体验到扭曲的自我形象,便会认为他人也是这么评价自己的,因此会产生紧张、惶恐、低头、目光回避等一系列的社交焦虑表现(Cheng et al.,2015)。低自尊个体对自身的评价是消极的,这种消极的信念被储存在记忆中,在社交情景中被自动激活,导致对形势出现错误的理解并催生强烈的社交焦虑情绪(Hiller et al.,2017)。实证研究也发现,低自尊个体因过于关注来自他人的负面评价、对他人的拒绝更加敏感,导致了在社交情景中焦虑水平的上升(何霞红,2013;钟佑洁,张进辅,2011);高自尊个体自我概念更加清晰,在社交活动中对来自他人的负面评价能够形成正确的归因和解释,不易生成焦虑情绪(刘广增 等,2017)。第三,社会计量模型认为,自尊本质上是衡量社交关系的标准,它能反映个体被周围群体接纳和认可的程度并为个体从事相应的交际活动提供一定的指示。低自尊个体与社会的联结比较弱,弱化的社会联结使低自尊个体对社会规范的适应较差(施国春 等,2017),进而导致个体在交往过程中缺少安全感、缺乏互动的主动性和积极性,更易出现社交焦虑(李静 等,2015)。综上,本研究提出假设一:自尊与社交焦虑存在一定程度的负相关。

国内在近20年的时间里,广泛开展了自尊与社交焦虑之间的相关研究,但研究发现却不尽相同,这可能与研究对象的性别以及测验工具的选择等因素有关。性别可能影响自尊与社交焦虑的关系。首先,从人格特征来看,相较于男性,女性的心思较为细腻,对社交情景中的负面评价更加敏感(万鹏宇 等,2017;Ran et al.,2018)。因此,低自尊的女性,由于对自身价值感的怀疑,往往在社交情境中更加惧怕他人的否定评价,担心自己不受欢迎,体验到的社交焦虑更强,而低自尊的男性,面对同样的社交情境则表现得更为豁达,不太关注他人的评价,体验到的社交焦虑水平较低(王建平,马林芳,2002)。其次,从心理弹性水平来看,元分析研究表明男生的心理弹性水平高于女性(逯嘉 等,2014)。这使得男性更容易从消极经历中恢复过来,并且更灵活地适应外界多变的环境。因而低自尊的男性往往更容易走出自我价值不足和能力欠缺的阴影,更加从容地开展社交活动,社交焦虑水平同女性相比更低(张伟玲,2016)。综上,本研究提出假设二:性别对自尊与社交焦虑的关系具有调节效应。

研究工具也可能影响自尊与社交焦虑的关系。本次纳入元分析的文献中社交焦虑测量工具的使用较为多样化,不同问卷的维度划分、题目数量、计分方法等均存在差异,可能对研究结果产生影响。例如,基于前文的分析发现,SADS和SASC均属于多维度问卷,测量较为全面,而SAS,IAS和SIAS均为单维度问卷,潜在特质测量较为单一,大都主要关注社交焦虑主观体验而不重视对社交焦虑外在行为表现的测查;SADS共包含28个题目,SAS则仅仅包含6个题目,虽然测量形式变得极其简洁,但不可避免地会损失掉部分信息。因此,本研究提出假设三:社交焦虑测量工具种类对自尊与社交焦虑的关系具有调节效应。

不同年龄被试群体间自尊与社交焦虑的关系也可能存在差别。自尊在人的一生中是逐渐发展和完善起来的,但存在着发展的阶段性和不平衡性。小学阶段儿童的自尊随着经验的增加逐渐丰富,到青春期开始出现剧烈的波动,一般到高中或大学阶段自尊的发展才趋于稳定和成熟(林崇德 等,2003)。因此,自尊在不同年龄段的发展水平可能影响对社交焦虑的应对。此外,施国春等(2017)针对自尊与攻击性的元分析表明,两者的相关程度受到不同年龄群体的调节,中学生群体的自尊和攻击性的相关系数最大。该研究将被试人群分为小学生、中学生和大学生(含专科生、本科生和研究生),基于以上所述提出假设四:不同年龄群体对自尊与社交焦虑的关系具有调节效应。

四、检索和筛选文献

首先,按顺序依次在中国知网、万方、维普数据库输入关键词"自尊"分别与"社交焦虑""交往焦虑""互动焦虑""社会焦虑""社交回避苦恼"匹配,分别进行检索,搜索篇名中包含此类关键词的期刊与硕博论文。之后,在 Web of Science 核心合集、PubMed 数据库、Science Direct 数据库、Springer Online Journals 数据库中分别进行检索,将关键词:"self-esteem"分别与"social anxiety""interaction anxiousness""interaction anxiety""social avoidance distress"匹配,搜索篇名中包含此类关键词的文献,截止日期为2018年11月。共检索到文献377篇。

使用EndNote X9导入文献并遵照如下标准进行筛选:① 报告了自尊与社交焦虑的具体数据(如相关系数、样本量)且无明显错误;② 必须对测量工具有明确介绍;③ 数据重复发表的仅取其一;④ 研究对象非特殊人群,如留守儿童、灾区学生、残疾人等。该研究参考以往文献(Moher et al.,2009)建立的文献筛选流程如图12.1所示。

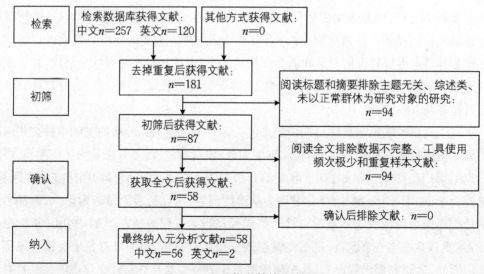

图12.1 元分析文献筛选流程图

五、评估与编码文献质量

根据专家建议并参照实验和干预类研究评价条目与标准(如Jadad量表)自行编制相关类元分析文献质量评价量表,包括:① 被试的选取。随机选取计2分,非随机选取计1分,未报告计0分。② 数据有效率。数据有效率大于0.9计2分,介于0.8~0.9计1分,小于0.8以及未报告的计0分。③ 测量工具的内部一致性信度。信度大于0.8计2分,介于0.7~0.8计1分,小于0.7以及未报告的计0分。④ 刊物级别。按级别CSSCI(含扩展版)及SSCI期刊＞北大核心期刊＞普通期刊及未公开发表的论文分别计2分、1分和0分。最终计算每条文献的总分,介于0~10分,得分越高表明文献质量越好。该评价过程由两位评分者独立完成,两份编码完成后计算评价者一致性Kappa值为0.946。根据Kappa值的判断标准:0.40~0.59为一致性好,0.60~0.74为相当好,大于等于0.75为一致性非常好(Orwin,1994),本研究中两名评分者的一致性达到了较高的水平。

对最后纳入元分析的文献的研究特征进行编码,包括被试类型、男性比例等。该过程由2名编码者各自独立完成,最终获得2份编码结果,2份结果中编码出现不一致的数据,经过查看原始文献进行更正。具体情况如表12.1所示。

表12.1 纳入分析的原始研究的基本资料

第一作者	发表年份	被试数	相关系数	调查对象	发表类型	测量工具	男性比	文献质量
钟佑洁	2011	655	−0.44	本科生	期刊	SIAS	0.60	8
李 静	2015	665	−0.283	本科生	期刊	IAS	0.33	6
晏碧华	2008	259	−0.218	本科生	期刊	SAS	0.37	7
李志勇1	2013	191	−0.509	本科生	期刊	SADS	0.33	8
丁子恩	2018	382	−0.16	本科生	期刊	IAS	0.39	9
张伟玲	2016	947	−0.418	本科生	期刊	SADS	0.51	4
何霞红	2013	673	−0.17	专科生	期刊	IAS	无	5
沈 晨	2010	148	−0.25,−0.31	本科生	期刊	SADS	0	3
卜 钰	2017	797	−0.42,−0.39	小学生	期刊	SASC	0.54	6
周 英	2013	2626	−0.299	中学生	期刊	IAS	0.06	6
刘广增	2017	644	-0.32	中学生	期刊	SAS	0.42	7
Jianfeng Tan	2016	508	−0.55	本科生	期刊	IAS	0.35	8
Gang Cheng	2015	717	−0.55	本科生	期刊	SIAS	0.38	2
徐 云	2015	385	−0.263	小学生	期刊	SASC	0.49	3
熊晓美	2011	164	−0.387	本科生	期刊	IAS	0.1	1
孙配贞	2008	46	−0.443	中学生	期刊	IAS	0.46	7

续表

第一作者	发表年份	被试数	相关系数	调查对象	发表类型	测量工具	男性比	文献质量
王媛丽	2015	58	−0.427	本科生	期刊	IAS	0.48	3
金晓雨	2013	540	−0.34	本科生	期刊	SAS	0.31	5
陈洁	2010	340	−0.34	本科生	期刊	SAS	0.38	0
苏倩怡	2015	285	−0.421	本科生	期刊	IAS	0.44	8
刘小珍	2017	588	−0.38	本科生	期刊	IAS	0.37	8
韦耀阳	2015	366	0.126	本科生	期刊	IAS	0.14	7
陈佳薇	2014	341	−0.416	本科生	期刊	IAS	无	8
李志勇2	2014	563	−0.457	本科生	期刊	SADS	0.34	2
张继安	2014	122	0.376	本科生	期刊	IAS	0.57	7
刘冉	2012	250	−0.36	本科生	期刊	IAS	0.49	5
司徒巧敏	2007	88	−0.382	本科生	期刊	IAS	无	2
阴云航	2018	440	−0.26	中学生	期刊	SAS	0.4	5
闫秀峰	2012	924	−0.223	五到八年级学生	期刊	SASC	0.53	4
李越	2018	308	−0.351	小学和中学生	期刊	SASC	0.4	7
高文凤	2000	487	−0.461	本科生	期刊	IAS	0.58	2
王宇	2016	365	−0.31	本科生	期刊	IAS	0.2	8
陆润豪	2018	314	−0.36	小学生	期刊	SASC	0.57	7
王文娟	2008	333	−0.335	本科生	期刊	IAS	0.45	4
尹洪菊	2010	136	−0.501	本科生	期刊	IAS	无	4
韩思竹	2015	290	−0.27	本科生	期刊	SIAS	0.32	7
邹志礼	2012	568	0.305	小学生	期刊	SASC	0.52	5
孙晓玲	2011	411	−0.17	本科生	期刊	IAS	0.65	2
潘朝霞	2018	1459	−0.43	中学生	期刊	SADS	0.47	10
谭宇军	2014	295	−0.61	本科生	学位论文	IAS	0.46	6
沈贵兰	2017	709	−0.457	小学生	学位论文	SASC	0.53	7
莫家琪	2017	774	−0.305	本科生	学位论文	IAS	0.45	5
孙荣光	2008	840	−0.378	本科生	学位论文	IAS	0.42	5
高蕾	2008	227	−0.471	本科生	学位论文	IAS	0.46	2
陈斯颖	2014	525	−0.464	本科生	学位论文	IAS	0.39	3
赵飞飞	2010	815	−0.323	本科生	学位论文	IAS	0.44	6
刘翻	2013	282	−0.485	本科生	学位论文	IAS	0.26	2
孙易卓	2015	2770	−0.52	中学生	学位论文	SIAS	0.49	8

续表

第一作者	发表年份	被试数	相关系数	调查对象	发表类型	测量工具	男性比	文献质量
肖 飞	2012	244	−0.31	本科生	学位论文	IAS	0.49	2
宁雅童	2016	621	−0.422	本科生	学位论文	IAS	0.63	6
闫晓钒	2015	277	−0.335	研究生	学位论文	SADS	0.3	2
王 晶	2013	437	−0.27	研究生	学位论文	IAS	0.55	4
刘 灵	2012	1123	−0.437	小学生	学位论文	SASC	0.52	7
张 静	2013	403	−0.17	小学生	学位论文	SASC	无	1
朱鸿博	2016	997	−0.43	本科生	学位论文	SADS	0.49	4
张明月	2009	184	−0.443	中学生	学位论文	IAS	0.46	1
孙传英	2013	756	−0.38	本科生	学位论文	IAS	0.32	7
周 卉	2014	519	−0.48	本科生	学位论文	SADS	0.48	8

注：表中相关系数为原始研究中的零阶相关系数。

六、摘取与转换数据

使用 Excel 2007 录入原始文献零阶相关系数，如果原始文献仅报告了自尊与社交焦虑各个子维度的相关系数，则按照 Fisher Z-r 转换表，先将其分别转化为 Fisher Z 分数再求平均分，然后再转换为相关系数进行录入；采用相关系数 r 作为效果量指标，将每项研究的 r 值转换为对应的 Fisher Z 分数，然后再将 Z 值加权转换为相关系数，最终得到总体效应值。具体计算公式如下：

$$Z_r = 0.5 * \ln\left(\frac{1+r}{1-r}\right)$$

$$V_z = \frac{1}{N-3}$$

$$SE_z = \sqrt{V_z}$$

$$W = N - 3$$

其中 Z_r 代表相关系数经过转换对应的费舍 z 值，V_z 为方差，SE_z 为标准误，W 代表方差权重的倒数（高爽 等，2015）。

七、选定模型与检验异质性

目前，元分析主要采用固定效应模型或随机效应模型。前者假定不同研究间的真实效应值相同，研究结果间的差别是由随机误差导致；后者假定不同研究间的真实效应可以不同，研究结果的不同除了受到随机误差影响外，还受到研究群体差异等因素的影响（Borenstein et al.,2009)。本研究梳理文献发现,自尊与社交焦虑的关系可能受到年龄阶段、测量工具等因素的影响,因而采用随机效应模型进行元分析。此外,通过异质性检验(Heterogeneity Test),验证随机效应模型选择的适切性,检验方法主要有Q检验和I^2检验。Q检验假定效应量服从卡方分布,如果$p<0.05$,则说明研究间是异质的(丁凤琴,赵虎英,2018)。I^2衡量的是各个研究所致的而非抽样误差所引起的变异(异质性)占总变异的百分比,I^2高于75%为高异质性(Higgins et al.,2003)。如果异质性检验结果显著或I^2呈现高异质性,则选择随机效应模型更合适,反之,选用固定效应模型更合适。

八、检验出版偏倚

出版偏倚(Publication Bias)意味着被发表的文献不能系统全面地代表该领域已经完成的研究总体(丁凤琴,赵虎英,2018;Rothstein et al.,2005)。它会影响元分析结果的可靠性,规避途径之一是尽可能将那些结果不显著的或未发表的学位论文、个人手稿等纳入元分析。本研究不仅尽可能搜集了未发表的研究资料,还通过漏斗图(Funnel Plot)、Egger检验并结合更新的p-curve技术检验发表偏差。漏斗图本质上是一个散点图,横轴为效果量大小,纵轴为样本量多寡,如果不存在偏倚,则图形中的各点应汇集成一个大致对称的(倒置的)漏斗;Egger线性回归的结果不显著,则视为不存在发表偏差;p-curve检验,如果某一研究的效应量是存在的,那么p值分布应该是右偏态的,也就是说p值在0~0.025的数量会超过其在0.025~0.05的数量,反之,则存在发表偏差(Simonsohn et al.,2015)。

九、分析与处理数据

运用Comprehensive Meta-Analysis Version 2.0(CMA 2.0)进行元分析主效应检验和调节效应检验,包括亚组分析和元回归分析(无约束极大似然法)。如果调节效应不显著则使用JASP 7.2进行贝叶斯因子估计,检验结果是否支持零假设。针对假设一,通过对自尊与社交焦虑关系的主效应分析对该假设进行验证,如果主效应显著且呈一定程度的负相关,则支持了假设,如果主效应不显著或未呈一定程度的负相关,则不支持假设。由于本研究假设不同研究间的真实效应值存在差异,因此选用亚组分析和元回归分析进一步考察异质性的来源。针对假设二,由于男性比例是连续变量,因而采用元回归分析检验其调节作用。以男性比例为预测变量,自尊与社交焦虑关系的效应值为因变量构建回归方程,如果方程显著则支持了假设,反之则不支持假设。针对假设三,采用基于方差分析的Q检验法进行亚组分析,按社交焦虑测量工具种类将自尊与社交焦虑的效应值分组,计算总体变异(所有研究对象总的变异)并将其分割为组内变异(各亚组内研究对象的变异)和组间变异(各小组间的效应量均值变异),对这些变异进行Q检验,如果组间变异显著,则支持了假设,否则不支持假设。同理,针对假设四,按被试群体分组并采用基于方差分

析的 Q 检验法进行检验，如果组间变异显著，则支持了假设，否则不支持假设。

十、纳入文献与评估质量

元分析共纳入 58 篇研究，含 58 个独立样本，样本量达 32181 人。包括中文文献 56 篇，英文文献 2 篇；涵盖小学生、中学生和大学生。文献质量评价分数的均值为 5.10，整体随研究年代呈上升趋势（如图 12.2 所示），其中有 23 条文献评分低于理论均值 5 分，应当谨慎对待此类文献对研究结果的影响（元分析数据详见 https://osf.io/23b7r/）。

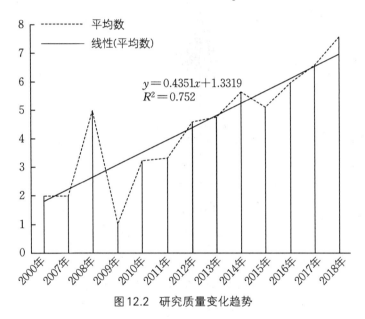

图 12.2　研究质量变化趋势

十一、检验同质性

Q 检验结果为 911.45（$p<0.001$），I^2 值为 93.75% 超过了 75%。说明结果异质，也表明自尊与社交焦虑的关系中有 93.75% 的变异是由效应值的真实差异引起的，即研究间的变异不仅受到抽样误差的影响，还受到组间误差的影响，接下来的元分析适合选用随机效应模型。该结果也提示，不同研究间的估计值差异可能受到一些研究特征因素的干扰，有必要探讨影响两者关系的调节变量，具体如表 12.2 所示。

表 12.2　效应值的同质性检验结果（Q 统计）

模型	研究数	同质性				Tau-squared			
		Q 值	$df(Q)$	p	I-squared	Tau-Squared	SE	方差	Tau
随机模型	58	911.45	57	0.000	93.75	0.03	0.01	0.00	0.17

十二、检验发表偏倚

漏斗图(图12.3)显示,效应值集中在图形上方且均匀分布于总效应的两侧;Egger线性回归的结果不显著,截距为2.08,95%CI为[−0.75,4.92],p值为0.15;p-curve检验的结果(如图12.4所示)表明曲线呈右偏态分布,进一步检验发现结果显著的58个样本具有证据价值($Z=-45.35, p<0.001$)。这表明本研究不存在严重发表偏差,元分析的结果较为稳定可靠。

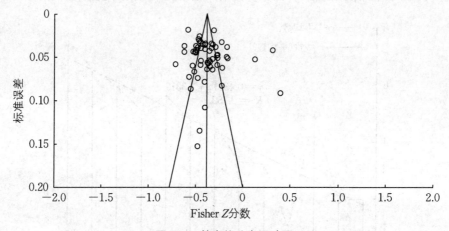

图12.3　效应值分布漏斗图

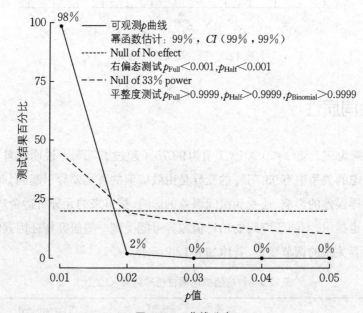

图12.4　p曲线分布

注:可观测p曲线包括58个有统计结果显著($p<0.05$)的样本,58个样本p值均小于0.025。此处无结果不显著。

十三、检验主效应

采用随机效应模型综合探讨自尊与社交焦虑的整体性关联程度,结果(如表12.3所示)显示两者的相关系数为-0.35,效应量的95%的置信区间为$[-0.39,-0.31]$,不包含0。根据Lipsey和Wilson(2001)的评价准则,该研究获得的效应量远高于0.1,可以认为两者存在中等程度的负相关。对效应量的敏感性分析表明,排除任意一个样本后的效应量r值在$-0.36 \sim -0.34$浮动。根据森林图,同时剔除三项高异质性文献后(韦耀阳,2015;张继安,丁园园,2014;邹志礼 等,2012)自尊与社交焦虑的效应量$r=-0.38$,$p<0.001$;根据文献质量评分,删除低于5分的23条文献后,自尊与社交焦虑的效应量$r=-0.33$,$p<0.001$(如表12.3所示)。以上结果均表明效应值具有较高的稳定性。

表12.3 自尊与社交焦虑关系随机模型分析

模型	研究数	N	效应值及95%的置信区间			双尾检验	
			点估计	下限	上限	Z	p
随机效应	58	32181	-0.35	-0.39	-0.31	-15.79	0.000

十四、检验调节效应

调节效应分析的结果表明:① 性别对自尊与社交焦虑关系的调节作用不显著。元回归分析(53项研究)结果显示,男性比例未能显著预测两者的关系($b=-0.07$,$z=-0.38$,95%的置信区间为$[-0.46, 0.31]$)。贝叶斯回归分析显示,贝叶斯因子BF_{10}为0.29,根据判定标准(胡传鹏 等,2018),表明有中等程度的证据认为自尊与社交焦虑的关系不存在性别差异。② 社交焦虑测量工具能够对自尊与社交焦虑的关系产生显著的调节。亚组分析结果显著,其Q值(组间)为24.34,$p<0.001$,使用SASC和SAS测得的相关程度较低,使用SIAS测得的相关程度最高。③ 研究对象类别对自尊与社交焦虑关系的调节效应不显著。亚组分析(56项研究)显示其Q值(组间)为1.27,$p>0.05$,结果不显著,但需要指出的是,中学生中测得的相关程度有高于小学生和大学生的趋势。贝叶斯方差分析的结果也显示BF_{10}为0.37,表明仅有较弱的证据认为自尊与社交焦虑的关系不受对象类别影响。亚组分析结果如表12.4所示,贝叶斯分析结果如表12.5所示。

表12.4 相关因素对自尊与社交焦虑关系的调节效应检验

调节变量	异质性检验			类别	K	N	95%CI			双侧检验	
	Q_B	df	p				点估计	下限	上限	Z	p
测验工具	24.34	4	0.000	IAS	32	14894	−0.35	−0.39	−0.29	−12.52	0.000
				SADS	8	5101	−0.42	−0.46	−0.39	−19.70	0.000
				SAS	5	2223	−0.30	−0.35	−0.26	−13.34	0.000
				SASC	9	5531	−0.27	−0.41	−0.11	−3.30	0.001
				SIAS	4	4432	−0.46	−0.54	−0.37	−8.75	0.000
对象类别	1.27	2	0.530	大学生	42	18481	−0.36	−0.40	−0.32	−15.25	0.000
				小学生	7	4299	−0.27	−0.45	−0.06	−2.49	0.013
				中学生	7	8169	−0.39	−0.48	−0.29	−7.32	0.000

注：K代表独立效果量的个数；N代表样本量，Q_B代表异质性检验统计量，95%CI为亚组效果量r的95%的置信区间；"大学生"含专科生、本科生和研究生。

表12.5 贝叶斯分析

	Models	P(M)	P(M|data)	BF_M	BF_{10}	误差(%)
回归分析	Null model	0.500	0.777	3.484	1.000	
	性别	0.500	0.223	0.287	0.287	0.003
方差分析	Null model	0.500	0.730	2.710	1.000	
	对象类别	0.500	0.270	0.369	0.369	0.031

十五、讨论主效应

本研究通过对国内近20年来的58项研究进行元分析，对自尊与社交焦虑的相关程度进行了分析和回答，发现自尊与社交焦虑呈中等程度的负相关，即自尊水平较低的个体其社交焦虑水平要比一般人更高。该结果与多项研究结果较为一致（潘朝霞 等, 2018; Abdollahi, Talib, 2016; Tan et al., 2016），也验证了本研究提出的假设一。尽管本研究无法确认两者之间的因果关系，但可以认为社交焦虑的确是存在于低水平自尊个体中的一种负性情绪。该结果符合自尊恐惧管理理论的观点，自尊是个体对自我能力感和价值感的整体评价，低自尊个体往往怀疑自身的能力，更容易进行自我贬损，这使得自尊的自我调节机制所提供的弹性空间受到压缩（刘广增 等, 2017），自尊的保护作用无法正常发挥，进而使个体无法有效摆脱和缓解社交情景中的焦虑情绪，因而社交焦虑水平较高（Pan et al., 2018）。反之，自尊水平较高的个体对自身的评价较为积极，具有较强的社交自我效能，能有效发挥自身的调节机制，在与他人的交往过程中不畏惧、不逃避，能更加从容、积极和主动地处理社交问题（丁子恩 等, 2018），并能与他人建立良好的互动关系（Berger et al.,

2017),因而社交焦虑水平较低,这正验证了自尊是一种"焦虑缓解器"的假说。该结果同样是对社交焦虑认知理论的佐证,该理论认为不良的自我图式或消极信念是社交焦虑产生的根源(Berger et al.,2017)。这种消极的信念被储存在记忆中,在社交情景中将被自动激活,所以一个以消极的方式评价自己的人便认为他人也以同样的方式评价自己(Cheng et al.,2015)。这种预期的负面评价最终导致社交焦虑的出现。低自尊表明个体对自身价值和能力的认同感较低,属于一种消极的自我认知。这种不良的信念使其在人际交往中,更容易认为他人会给予自己消极的评价,倾向于把社交情境知觉为危险的,于是焦虑感便油然而生(Cheng et al.,2015;Ran et al.,2018)。实证研究也发现,低自尊个体因过于关注来自他人的负面评价且对他人的拒绝更加敏感,导致了在社交情景中焦虑水平的上升(何霞红,2013;钟佑洁,张进辅,2011)。该结果提示培养自尊品质在缓解社交焦虑方面有着巨大的价值。但另一方面,自尊与社交焦虑的相关仅处于中等水平,说明并不是所有的低自尊个体都必然会存在社交焦虑问题,除了自尊,还有其他因素与社交焦虑存在着联系。高爽等(2015)对中国大学生群体进行的元分析发现,自尊与SCL-90中的焦虑因子之间也存在中等程度的负相关。本研究结果与此较为接近,但效应量略高于自尊与焦虑的相关。这表明尽管低自尊个体社交焦虑水平较高,但总体上看并没有达到临床上的社交焦虑障碍水平,因此,不可过分夸大低自尊个体社交焦虑的危险性。

十六、讨论调节效应

研究结果显示,性别对自尊与社交焦虑的关系的调节作用不显著,进一步的贝叶斯回归分析也显示有中等程度的证据认为自尊与社交焦虑的关系不受性别的影响。因此,该结果未能支持假设二,表明自尊与社交焦虑的关系可能存在跨性别的稳定性,即低自尊伴随的社交焦虑问题普遍存在于不同性别的群体间。虽然已有研究表明女性对社交情境中负面评价的敏感性高于男性,心理弹性水平低于男性,且女性机体内有助于缓解焦虑体验、改善心境的化学物质——五羟色胺和精氨酸抗利尿激素的含量低于男性(逯嘉 等,2014;万鹏宇 等,2017;Nishizawa et al.,1997),这可能使得低自尊女性的社交焦虑水平更高。但本研究在更全面、更综合的视角下认为其不存在性别差异,这与Abdollahi等(2016)的发现相一致。这可能是因为女生的情绪智力水平、共情能力均优于男生、在人际交往中更善于沟通、亲和力更佳(张冲,邹泓,2009;张亚利 等,2018),这在一定程度上会弥补女性在心理弹性以及激素分泌等方面的劣势,使得女性得以借助社交技巧的优势来缓解社交情境中的尴尬和焦感。因此,低自尊女性的社交焦虑水平并不比男性更高。由此可见,男女性别间各自具有的独特优势,均能帮助个体在一定程度上缓解社交焦虑感,但随着自尊水平的降低,男女生的社交焦虑水平均会在一定程度上增加。所以,自尊与社交焦虑的关联可能不会由于性别的不同而产生显著差别。另外,由于仅有中等程度的证据认为自尊与社交焦虑不存在性别差异,未来可进一步验证该结论是否稳健。元分析结果发现,不同社交焦虑测量工具测得的自尊与社交焦虑的相关系数具有显著差别,采用SADS和SIAS测得的相关系数较高,采用SASC和SAS测得的相关系数较低。这表明测量工具的不一致性会导致测验结果出现差异,验证了假设三。使用SAS和SASC测得的相关系数较低可能与量表的题目较少有关。SAS取自Fenigstein等(1975)编制的自我意识量表中的社交焦虑分量表,原作者本意是将其联合其他成分用于测查自我意识的发展状况,而非独立设计出来的专门反映社交焦虑状况的翔实量表。该量表仅6个题目,虽能在一定程度上反映个体的社交焦虑状况,但难免会损失一些必要信息,SASC量表与此类似,仅仅包含10个题目。此外,这两种量表设计的题目涵盖的内容相当广泛,超出了焦虑的范围,如涉及羞怯、窘迫等方面的测量,因此,内部效度较低(汪向东 等,1999)。SIAS和SADS测得的相关系数较高,可能是由于构成问卷的题目较多,可以更全面、准确地反映不同社交情形与场景下个体的焦虑表现和症状,不仅可以详细测查社交焦虑的内部心理变化,还涉及社交焦虑的外部行为表现。这一结果提示未来在使用社交焦虑测查工具时应该选择测量较为全面的量表,而不应仅仅考虑量表题目数量的简短,过于简洁的量表测量的内部效度会有所降低,就本结果而言SIAS和SADS均是将来研究的良好选择。元分析还发现,被试类型的调节效应不显著。该研究基于文献中提供的年级信息,将其分成3个发展阶段的群体:小学生、中学生和大学生。结果表明中学生自尊与社交焦虑的相关程度最高,这一结果与小学生和大学生群体差异不显著,未能验证假设四,但反映了假设四论述的基本趋势。贝叶斯方差分析的结果也显示仅有较弱的证据认为自尊与社交焦虑的关系不受对象类别影响,因此,两者关系是否不受被试发展年龄的影响,尚需进一步考察。导致此结果的原因可能在于,本次元分析有关中学生的研究仅有6项,且原始研究中并未将初中生和高中生分开,而按照前文的论述,初中生阶段乃是自尊发展的转折期和波动期,可能与其他群体存在着差别。因此,将来可待研究成果进一步丰富后继续验证中学生群体中自尊与社交焦虑的相关是否与其他群体有明显的差异。整体而言,对自尊与社交焦虑的元分析具有一定的理论和实践意义。理论上,对自尊与社交焦虑相关强度和相关方向的确定以及调节变量的检验,有助于进一步厘清自尊对社交焦虑的影响机制。实践上,今后可以通过心理健康教育活动和第二课堂等形式,提升个体的自尊水平,从而减少在社交情境中的焦虑体验。

十七、讨论局限性、反思与展望

本研究的不足与展望如下:① 由于元分析方法要求尽可能周全地纳入既有研究资料,本研究虽尽可能地利用检索工具进行了文献搜集,但一些未发表的文献很难被搜集,难免会遗漏一些数据;② 本研究在摘取原始文献数据信息时仅考虑了两个变量的零阶相关系数,未来可考虑纳入偏相关系数考察自尊对社交焦虑的独特效应,也可以继续深入探讨其中的中介机制;③ 本研究纳入的文献均为横断研究,元分析结果无法揭示自尊与社交焦虑的因果关系,未来研究可借助纵向研究进一步揭示两者的因果关系。

【思考题】

1. 请简述元分析的重要性。
2. 请在中国知网自行检索一篇元分析研究并介绍元分析的分析步骤。
3. 请自行确定一个研究主题并对其进行元分析。

第十三章　中介与调节效应分析

第一节　中介变量与中介效应

一、中介变量概述

假设研究者考察自变量X对因变量Y的影响,如果自变量X通过变量M间接影响因变量Y,则称变量M为中介变量(Mediator)。例如,"移动学术虚拟社区治理机制"可以直接影响"知识共享行为",也可以通过"信任"间接影响"知识共享行为"(迟铭 等,2021);"社会支持"和"欺凌应对"通过"依恋回避"影响"欺凌保护行为"(张林 等,2022)。在上述两个例子中,"信任""社会支持""欺凌应对"便是中介变量。

假设所有变量都经过了中心化处理(此时均值为零),可以用下列3个方程来描述变量之间的关系,相应的路径图如图13.1所示:

$$Y=cX+e_1 \tag{13.1}$$

$$M=aX+e_2 \tag{13.2}$$

$$Y=c'X+bM+e_3 \tag{13.3}$$

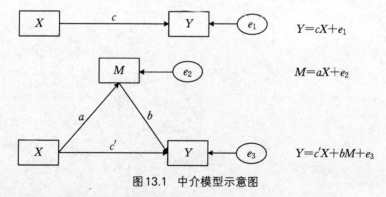

图13.1　中介模型示意图

假设因变量Y与自变量X的相关显著,即式(13.1)显著,则表明式(13.1)中的系数c显著("$c=0$"的假设被拒绝),在这个前提下可以考虑中介变量M。那么,如何检验变量M

是否真正起到了中介变量的作用呢？或者说如何检验式(13.1)中的中介效应(Mediation Effect)是否显著呢？目前有3种不同的做法(Mackinnon et al.,2002)。

传统的做法是依次检验回归系数(Baron,Kenny,1986;Judd,Kenny,1981)。如果下面第一种做法,也是条件成立,则中介效应显著:第一,自变量显著影响因变量。第二,对于因果链中的任一个变量,当控制了它前面的变量(包括自变量)后,它的后继变量会被显著影响。这是Baron和Kenny(1986)定义的(部分)中介过程。第三,如果进一步要求,在控制了中介变量后,自变量对因变量的影响不显著,则变成了Judd和Kenny(1981)定义的完全中介过程。在只有一个中介变量的情形中,上述条件相当于:第一,系数c显著("$c=0$"的假设被拒绝)。第二,系数a显著("$a=0$"的假设被拒绝),且系数b显著("$b=0$"的假设被拒绝)。第三,完全中介过程还要在有了路径(系数)a和b后,原来显著的c变成了不显著的c'。

第二种做法是检验经过中介变量的路径上的回归系数的乘积ab是否显著,即检验"$ab=0$"这一假设。如果拒绝原假设,则中介效应显著(Sobel,1982;Mackinnon et al.,1995),这种做法的本质是将ab作为中介效应。

第三种做法是检验c'与c的差异是否显著,即检验"$c-c'=0$"这一假设。如果拒绝原假设,则中介效应显著(Clogg et al.,1992;Freedman,Schatzkin,1992)。

二、中介效应与间接效应

依据路径分析中效应分解的术语(侯杰泰 等,2004;Bollen,1989),中介效应属于间接效应(Indirect Effect)。在图13.1中,c是自变量X对因变量Y的总效应,ab是经过中介变量M的间接效应(也就是中介效应),c'是直接效应。当只有一个自变量、一个中介变量时,效应之间有如下关系:

$$c=c'+ab \tag{13.4}$$

当所有的变量都经过标准化处理后,式(13.4)就是相关系数的分解公式(侯杰泰 等,2004;Bollen,1989)。但式(13.4)对一般的回归系数也成立,相关证明见(Mackinnon et al.,1995)。由式(13.4)得$c-c'=ab$,即$c-c'$等于中介效应,因而检验假设"$ab=0$"与假设"$c-c'=0$"是等价的。但由于各自的检验统计量不同,检验结果可能不一样。

需要注意的是,尽管中介效应都是间接效应,但间接效应却不一定都是中介效应。实际上,这两个概念是有区别的:首先,当中介变量不止一个时,中介效应应明确是哪个中介变量的中介效应,而间接效应既可以指经过某个特定中介变量的间接效应(即中介效应),也可以指部分或所有中介效应的和。其次,当只有一个中介变量时,尽管中介效应等于间接效应,但两者并不等同。中介效应存在的首要前提是自变量与因变量相关显著,否则便不会考虑中介变量。但即使自变量与因变量的相关系数是零,也仍有可能存在间接效应(温忠麟 等,2012)。

三、中介效应检验流程

对于系数乘积的检验,如果检验结果都显著,依次检验结果强于Sobel检验结果,所以在他们提出的检验流程中,先进行依次检验,不显著才需要做Sobel检验(温忠麟 等,2004b)。但Sobel检验主要出现在中介效应刚引入国内时的一些论文或书籍中,而且公式较为复杂,这里就不过多赘述。早些年为了避免Sobel检验由于公式复杂而给广大研究者带来的不便,一些编程人员开发了在线版Sobel检验计算器,只要将必要的系数或数据输入进去便能自动生成Sobel检验的结果。现在,Sobel检验已逐渐被Bootstrap法所取代(如图13.2所示),步骤如下:

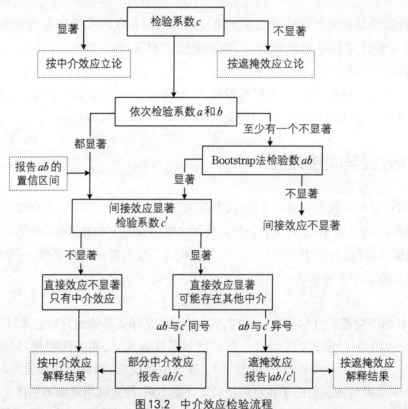

图13.2 中介效应检验流程

第一步,检验式(13.1)的系数c。如果显著,按中介效应立论,否则按遮掩效应立论。一般来说,如果直接效应和中介效应的符号相反,则为遮掩效应。但无论是否显著,都可以进行后续检验。

第二步,依次检验式(13.2)的系数a和式(13.3)的系数b。如果两个都显著,则间接效应显著,转到第四步。如果至少有一个不显著,则进行第三步。

第三步,用Bootstrap法直接检验假设"$ab=0$"。如果显著,则间接效应显著,进行第四步。否则间接效应不显著,则停止分析。

第四步,检验式(13.3)的系数c'。如果不显著,即直接效应不显著,说明只有中介效应。如果显著,即直接效应显著,进行第五步。

第五步,比较ab和c的符号。如果同号,属于部分中介效应,报告中介效应占总效应的比例ab/c。如果异号,属于遮掩效应,报告间接效应与直接效应的比例的绝对值$|ab/c|$。

对于这个流程,有以下4点说明:

第一,当间接效应显著时,如果第一步检验后按遮掩效应立论,则最后结果按遮掩效应解释。如果第一步检验后按中介效应立论,则需根据ab和c的符号进行解释;如果符号相反,则按遮掩效应解释。也就是说,开始按中介效应立论,不排除最后要按遮掩效应解释,但这样的情况很少见。例如,假设自变量X是居民区每月人均购物消费,因变量Y是居民区每月人均便利店购物消费。按照常理,居民消费越高,则表明便利店生意越好,即自变量X对因变量Y应当有正向影响。但结果表明它们之间相关不显著,这是为什么呢?经过分析发现,原来混淆因素是超市,居民区每月人均超市购物消费(M)起到了"中介"作用。居民要买少量东西才会去便利店,要买大量东西则往往会选择去超市,所以增加的消费大都是在超市完成的。在超市消费越多,则意味着在便利店消费越少。这样,统计结果便会显示,自变量X与中介变量M呈显著正相关,而中介变量M与因变量Y呈显著负相关,这样,间接效应是负号;当控制了中介变量M后,自变量X对因变量Y的直接效应显著,但符号却与间接效应符号相反,相互抵消导致总效应不显著,这就涉及效应(或相关系数)的遮掩问题(温忠麟,刘红云,2020)。

第二,关于中介效应的效应量,起码应当报告ab/c或$|ab/c|$,并视情况报告其他效应量。Preacher和Kelley(2011)给出了多种效应量的计算方法,其中MacKinnon(2008)定义的类似于回归中的R^2那样有方差解释率意义的效应量值得注意,但这些效应量没有单调性(即中介效应ab上升时效应量可能反而会下降),不好理解。至于Preacher和Kelley(2011)提出并推荐的中介效应量指标κ^2,不仅缺乏统计意义,而且没有单调性,不建议使用。

第三,这个流程主要是从参数检验的角度考虑的。从参数估计的角度来看,一般认为,仅仅给出点估计是不够的,应当给出区间估计,系数乘积ab的置信区间的计算应当用Bootstrap法代替Sobel检验。这样,为了进行区间估计,Bootstrap法就成了一个必需的方法,而且依次检验也可以通过Bootstrap法进行,即用Bootstrap法求出系数a和b的置信区间再进行检验。但单个系数不像系数乘积那样肯定会违背正态分布,所以使用Bootstrap法依次检验a和b时与一般的依次检验结果基本上不会有出入。此外针对式(13.3),如果Bootstrap法的置信区间过大,则表明参数估计摇摆不定,可能存在多重共线性问题。所谓多重共线性,指的是线性回归模型中的解释变量之间由于存在精确相关关系或高度相关关系而使模型估计失真或难以估计准确。尽管如此,还是应先依次检验,如果显著则结果会强于直接检验系数乘积。

第四,如果直接效应显著,就不能排除还存在其他中介变量的可能(温忠麟 等,2012)。

下面以李忠旭和庄健(2021)开展的一项关于土地托管对农户家庭经济福利的影响研究为例,介绍中介效应的分析思路。

该研究基于2018年辽宁省玉米种植户的调查数据,通过构建"土地托管-非农就业和农业产出-家庭经济福利"理论分析框架(如图13.3所示),结合线性回归模型、工具变量和中介效应等分析方法,从非农就业和农业产出的中介视角实证检验农户土地托管的家庭福利效应。

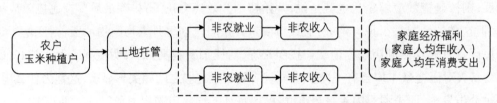

图13.3 土地托管对农户家庭经济福利的影响机制

由于被解释变量农户家庭经济福利水平是连续型变量,因而选择线性一元回归模型,基准模型设定为:$\ln welfare_i = \beta_0 + \beta_1 machinery\text{-}service_i + \beta_2 X_i + \varepsilon_i$。其中,$\ln welfare_i$是该研究所关注的农户家庭$i$的家庭经济福利情况,具体包括家庭收入和消费支出两大类,分别使用家庭人均年收入和人均年消费支出的对数来表示家庭经济福利状况;$machinery\text{-}service_i$是关键解释变量,即农户的土地托管程度;$X_i$表示的是影响农户家庭经济福利的控制变量;$\varepsilon_i$为随机扰动项。为了检验非农就业与农业产出在土地托管促进农户家庭经济福利提升中的中介效应,该研究借鉴Baron和Kenny(1986)及温忠麟等(2014b)提出的中介效应检验方法,将逐步法与Bootstrap法相结合,构建如下中介效应模型:

$$\ln welfare_i = \beta_0 + \beta_1 machinery\text{-}service_i + \beta_2 X_i + \varepsilon_i \tag{13.5}$$

$$Mediator_i = \alpha_0 + \alpha_1 machinery\text{-}service_i + \alpha_1 X_i + \varepsilon_i \tag{13.6}$$

$$\ln welfare_i = \gamma_0 + \gamma_1 machinery\text{-}service_i + \gamma_2 Mediator_i + \gamma_3 X_i + \varepsilon_i \tag{13.7}$$

其中,$\ln welfare_i$(农户家庭经济福利)为中介效应检验的被解释变量,$machinery\text{-}service_i$(土地托管程度)为中介效应检验的解释变量,$Mediator_i$(非农就业和农业产出)为中介变量;$X_i$表示控制变量。式(13.5)中的$\beta_1$是土地托管对农户家庭经济福利影响的总体效应式;式(13.6)中的α_1是土地托管程度对中介变量的影响;式(13.7)中的γ_1和γ_2分别是土地托管程度、中介变量对第i个农户家庭经济福利的直接效应;将式(13.6)代入式(13.7)可以得出土地托管的中介效应$\alpha_1\gamma_2$,即土地托管通过中介变量农业产出和非农就业对农户家庭经济福利所产生的间接影响。

第一部分,进行农业产出的中介效应检验。根据前文模型设定,首先检验农业产出变量是否在土地托管促进农户人均家庭年收入的过程中起到了中介作用(如表13.1所示)。回归(5)表明土地托管对于农户家庭人均年收入是显著的,且系数为0.090。回归(7)中,土地托管与农业产出在10%的水平上显著正相关,即农户的土地托管程度越高,其农业产出越大,土地托管的发展越有利于提升农业产出。在回归(8)中,在土地托管的收入模型中加入农业产出变量后,土地托管与农业产出变量都显著,这表明在控制了土地托管变量的影响后,中介变量农业产出对农户人均年收入的促进作用仍然显著。同时由于α_1、γ_1和γ_2的参数估计值均显著,且$\alpha_1\gamma_2$与γ_1同号,这表明农业产出的中介效应存在,但为部分中介效应。其中中介效应占总效应的比重为$\alpha_1\gamma_2/\gamma_1=(0.111\times0.080)/0.082=0.108$。说明土地托管对农户人均年收入的影响大约有10.8%是通过农业产出的中介作用实现的。

表13.1 农业产出在土地托管对农户家庭经济福利中的中介作用

项目	人均年收入 回归(5)	人均年消费 回归(6)	农业产出 回归(7)	人均年收入 回归(8)	人均年消费 回归(9)
土地托管程度	0.090***	0.104***	0.111*	0.082***	0.106***
	(0.033)	(0.038)	(0.057)	(0.033)	(0.038)
农业产出	—	—	—	0.080*	-0.020
				(0.045)	(0.043)
非农就业	—	—	—	—	—
					—
控制变量	已控制	已控制	已控制	已控制	已控制
样本量	555	555	555	555	555
R^2	0.313	0.166	0.352	0.318	0.166
F统计量	12.991	5.819	16.294	12.274	5.546

注:"*""**"和"***"分别表示在10%、5%和1%水平上显著,下同。

接下来检验农业产出变量是否在土地托管促进农户人均消费水平的过程中起到中介作用(如表13.2所示)。回归(6)表明土地托管对于农户人均消费支出的影响是显著的。回归(7)如前文所述,土地托管变量在10%的水平上显著;在回归(9)中,加入农业产出变量后,土地托管这一变量仍然显著,然而农业产出变量并不显著,据此无法判断中介效应是否存在,因此本部分采用Bootstrap中介效应分析方法,重复样本数选择为1000,置信区间为95%,分别采用Bias-corrected和Percentile两种置信区间估计方式,分析土地托管对农户家庭人均消费支出的直接效应和间接效用。置信区间估计结果如表13.2所示。土地托管对农户家庭人均消费支出的直接影响Percentile和Bias-Corrected的95%置信区间分别为[0.010,0.161]和[0.014,0.165],均不包括0,因此中介效应可能存在,可以进行下一步检验。土地托管对农户家庭人均年消费支出的间接效应(中介效应)Percentile和Bias-Corrected的95%置信区间分别为[-0.008,0.012]和[-0.007,0.013],均包括0,因此认为农业产出在土地托管对农户人均年消费支出的影响中并不存在中介效应。

表13.2 农业产出在土地托管对农户人均年消费支出中的中介作用

中介效应检验	观测值系数	偏差	标准差	自助法（Bootstrapping）			
				Percentile 95%CI		Bias-corrected 95%CI	
				LLCI	ULCI	LLCI	ULCI
直接效应	0.085	−0.000	0.039	0.010	0.161	0.014	0.165
间接效应	0.001	0.000	0.005	−0.008	0.012	−0.007	0.013

第二部分，非农就业的中介效应检验。首先检验非农就业变量是否在土地托管的收入效应中具有中介作用（如表13.3所示）。从回归（10）中可以看出，土地托管有助于提升农户的家庭人均收入水平；回归（12）表明土地托管对非农就业具有显著的正向影响；在回归（13）中，土地托管程度和非农就业变量都显著，这表明在控制了土地托管程度变量的影响后，非农就业这个中介变量依然对农户的家庭人均年收入具有显著的促进作用。由于回归（10）、回归（12）和回归（13）的参数估计值均显著，根据中介效应的判断方法，可以得出非农就业的中介效应是存在的，不过依然属于部分中介效应。其中中介效应占总效应的比重为39.06%。这在一定程度上表明，土地托管农户人均家庭年收入的影响大约有39.06%是通过非农就业的中介作用实现的，即土地托管提升了农户的非农就业比重，从而提升了农户的人均收入水平。

表13.3 非农业就业在土地托管对农户家庭经济福利影响中的中介作用

项目	人均年收入	人均年消费	非农就业	人均年收入	人均年消费
	回归(10)	回归(11)	回归(12)	回归(13)	回归(14)
土地托管程度	0.090***	0.104***	0.091***	0.065***	0.109***
	(0.033)	(0.038)	(0.040)	(0.032)	(0.038)
农业产出	—	—	—	—	—
非农就业	—	—	—	0.279***	−0.056
				(0.039)	(0.047)
控制变量	已控制	已控制	已控制	已控制	已控制
样本量	555	555	555	555	555
R^2	0.313	0.166	0.210	0.375	0.169
F统计量	12.991	5.819	8.213	15.333	5.564

从回归（11）和回归（12）可以看出，土地托管都可以显著促进农户消费支出与非农就业，但回归（14）表明在加入非农就业这一中介变量后，虽然土地托管程度变量依然显著，但中介变量非农就业不再显著。因此通过Bootstrap中介效应分析方法，判断$\alpha_1\gamma_2$是否具有显著性。从表13.4中可以看出，土地托管对农户家庭人均消费支出的直接影响Percentile和Bias-Corrected的95%置信区间分别为[0.017,0.171]和[0.021,0.184]，均不包括0，

因此中介效应可能存在,可以进行下一步检验。土地托管对农户家庭人均年消费支出的间接效应(中介效应)Percentile 和 Bias-Corrected 的 95% 置信区间分别为[-0.017,0.004]和[-0.019,0.003]均包括0,因此认为在土地托管促进农户消费支出增加的影响中,并不存在非农就业的中介作用。

表13.4 非农就业在土地托管对农户人均年消费支出中的中介作用

中介效应检验	观测值系数	偏差	标准差	自助法(Bootstrapping)			
				Percentile 95%*CI*		Bias-corrected 95%*CI*	
				LLCI	*ULCI*	*LLCI*	*ULCI*
直接效应	0.091	-0.000	0.040	0.017	0.171	0.021	0.184
间接效应	-0.005	0.000	0.005	-0.017	0.004	-0.019	0.003

第二节 多重中介效应分析

如果中介效应的研究主要集中在单一中介变量上,那么这种中介效应就是简单中介效应(Simple Mediation)。除此之外,还存在多个中介变量在自变量与因变量之间起作用的现象,这类中介模型称为多重中介模型(Multiple Mediation Models)。然而对多重中介模型的分析尚未引起广泛的关注,相关的研究仅处于起步阶段。对多重中介模型进行比较系统的分析不仅具有理论价值,还能为解决实际问题提供工具。

当多个变量在自变量和因变量之间起中介作用时,其作用方式既可能是同时的,也可能是继时的,还有可能同时包含这两种情况。为了明晰起见,首先讨论单一自变量与单一因变量的情形。

一、单变量多重中介模型

只包含一个自变量与一个因变量的多重中介模型是多重中介效应分析的基础形式,比较复杂的多元多重中介模型都是在此基础上发展而来的。因此,对单变量多重中介模型的分析便成了多重中介模型的研究起点。

1. 并行多重中介模型

并行多重中介模型反映的是多个变量同时在自变量和因变量之间起中介作用的情形,其表现形式如图13.4所示。

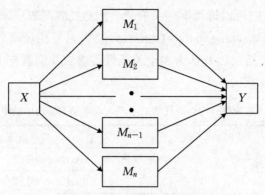

图13.4 并行多重中介模型

下面以赵凯莉等（2017）开展的一项关于成人依恋对大学生网络利他行为的影响研究为例，介绍并行多重中介模型的分析思路。

该研究考察成人依恋对大学生网络利他行为的影响，并探讨了共情和信任在其中的中介作用。

第一，大学生网络利他行为存在显著的性别差异（$p<0.01$），男生的网络利他行为倾向显著高于女生；成人依恋的依恋焦虑维度与共情、网络利他行为呈显著正相关，表明个体依恋焦虑的程度越高，共情能力就越强，网络利他行为倾向也就越高；而依恋回避维度与网络利他行为呈显著负相关，且与共情的相关不显著，表明依恋回避的程度越高，网络利他行为倾向则越低；此外，共情与网络人际信任之间并未表现出显著的相关（如表13.5所示）。

表13.5 各变量的相关分析结果（$n=373$）

变量	M	SD	1	2	3	4	5	6	7
1. 性别	0.41	0.50	—						
2. 年级	1.50	0.80	0.17**	—					
3. 依恋焦虑	68.78	15.60	0.01	−0.11	—				
4. 依恋回避	64.60	13.76	0.08	−0.08	0.12	—			
5. 共情	56.73	14.78	−0.01	−0.25**	0.22**	−0.10	—		
6. 网络人际信任	24.72	4.03	−0.17**	0.14*	0.15*	−0.10	0.01	—	
7. 网络利他行为	51.80	12.51	−0.19**	0.03	0.19**	−0.14*	0.17**	0.39**	—

注：$n=373$，*$p<0.05$，**$p<0.01$，***$p<0.001$。性别为虚拟变量，0为女生，1为男生，M为男生的比例，下同。

第二，检验共情在成人依恋与网络利他行为之间的中介作用。根据温忠麟和叶宝娟（2014a）提出的方法，中介模型检验的程序如下：① 方程（13.1）中依恋焦虑对网络利他行为的预测效应显著；② 方程（13.2）中依恋焦虑对共情的预测效应显著；③ 方程（13.3）中共情对网络利他行为的预测效应显著。除性别、年级外，先将所有的变量标准化处理，然后采用回归分析的方法进行中介模型的检验，检验结果如表13.6所示。

表13.6 共情的中介作用检验($n=373$)

	方程1(效标:网络利他行为)		方程2(效标:共情)		方程3(效标:网络利他行为)	
	β	t	β	t	β	t
依恋焦虑	0.20**	3.23	0.21**	3.43	0.17**	2.71
共情					0.14*	2.33
R^2	0.07		0.11		0.09	
F	6.85***		10.52***		6.57***	
性别	−0.40**	−3.12	−0.11	−0.88	−0.38	−3.02

方程(13.1)中依恋焦虑正向预测网络利他行为,表明依恋焦虑显著正向预测网络利他行为($\beta=0.20, t=3.23, p<0.01$)。方程(13.2)中依恋焦虑显著正向预测共情($\beta=0.21, t=3.43, p<0.01$)。方程(13.3)中共情显著正向预测网络利他行为($\beta=0.14, t=2.33, p<0.01$),表明共情是依恋焦虑与网络利他行为之间的中介变量,且中介效应占总效应的比率为15%($a\times b/c=0.21\times 0.14/0.20=0.15$)。此时依恋焦虑对网络利他行为的预测力虽然有所减弱,但仍达到显著性水平($\beta=0.17, t=2.71, p<0.01$)。以上发现表明,共情在成人依恋与网络利他行为之间起部分中介作用,即依恋焦虑既可以直接影响网络利他行为,也可以通过共情间接影响网络利他行为。

第三,检验信任在成人依恋与网络利他行为之间的中介作用。首先将除性别、年级外的变量标准化处理,然后采用逐步回归分析的方法检验网络人际信任在成人依恋与网络利他行为之间的中介作用,结果如表13.7所示。

表13.7 网络人际信任的中介作用检验($n=373$)

	方程1(效标: 网络利他行为)		方程2(效标: 网络人际信任)		方程3(效标: 网络利他行为)	
	β	t	β	t	β	t
依恋焦虑	0.20**	3.23	0.17**	2.83	0.14**	2.36
网络人际信任					0.36***	6.07
R^2	0.07		0.07		0.18	
F	6.85***		6.67***		15.02***	
性别	−0.40**	−3.12	−0.30**	−2.46	−0.29**	−2.38

方程(13.1)中依恋焦虑显著正向预测网络利他行为($\beta=0.20, t=3.23, p<0.01$)。方程(13.2)中依恋焦虑显著正向预测网络人际信任($\beta=0.17, t=2.83, p<0.01$)。方程(13.3)中网络人际信任显著正向预测网络利他行为($\beta=0.36, t=6.07, p<0.001$),表明网络人际信任在依恋焦虑与网络利他行为之间具有中介作用,中介效应占总效应的比率是31%($a\times b/c=0.36\times 0.17/0.20=0.31$)。进一步加入网络人际信任后,依恋焦虑对网络利他行为的预测效力尽管有所减弱,但仍显著($\beta=0.14, t=2.36, p<0.01$)。以上发现表明,

网络人际信任在成人依恋与网络利他行为之间起部分中介作用,即依恋焦虑既直接影响网络利他行为,又通过影响网络人际信任间接影响网络利他行为。

第四,比较共情与网络人际信任在成人依恋与网络利他行为之间的中介效应。相关分析发现共情与网络人际信任相关不显著,表明这两个中介变量相互独立。但由于两者均在依恋焦虑与网络利他行为之间起中介作用,为揭示它们在依恋焦虑影响网络利他行为过程中的具体作用,可以参考温忠麟和叶宝娟(2014a)的建议建立并行多重中介模型(如图13.5所示)。验证性因素分析得出该模型的拟合指数分别为:$\chi^2/df=2.33$,$CFI=0.90$,$TLI=0.92$,$RMSEA=0.005$,模型拟合指数较为理想,表明该模型可以接受。进一步对两者的中介效应强弱进行比较,发现共情在依恋焦虑与网络利他行为之间的中介效应占总效应的比率为37%,而网络人际信任在依恋焦虑与网络利他行为之间的中介效应占总效应的比率为61%,由此可见网络人际信任的中介效应优于共情,且此时依恋焦虑对网络利他行为的直接效应不显著,即依恋焦虑完全通过共情和网络人际信任间接影响网络利他行为的发生。

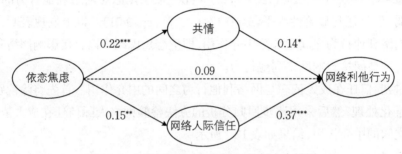

图13.5 共情与网络人际信任的并行中介模型

2. 链式多重中介模型

在链式多重中介模型中,多个中介变量表现出顺序性特征,形成中介链,其表现形式如图13.6所示。

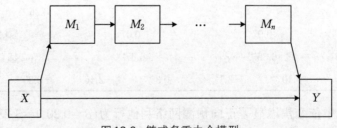

图13.6 链式多重中介模型

下面以彭自芳等(2020)所开展的一项关于父母冲突与中学生应对方式的关系研究为例,介绍链式多重中介模型的分析思路。

为了探讨父母冲突、父母教养方式、情绪安全感和应对方式的关系,采用量表对北京市和河南省1322名初一到高二的学生进行调查。他们首先指出,同样的数据来源、测量环境等特征会造成预测变量与效标变量之间人为的共变而产生共同方法偏差,需要采用统计的方法对其进行检验和控制(周浩,龙立荣,2004)。采用哈曼(Harman)单因素检验法,进行共同方法偏差检验。结果表明,特征值大于1的公因子有5个,其中第一个公因子只解释了方差23.602%的变异,远小于40%的临界标准,因此共同方法偏差不严重。

接着,采用偏相关法在控制年龄和性别变量(赵梅,2005)后对父母冲突、教养方式、情绪安全感和中学生应对方式间的相关关系进行了分析。表13.8列出了各主要变量的平均数、标准差和相关矩阵,从中可以看出,父母冲突与父母积极教养方式、问题解决和求助呈显著负相关,与父母消极教养方式、情绪不安全感、幻想和忍耐呈显著正相关,与退避和发泄不存在显著相关;父母积极教养方式与情绪不安全感、幻想、忍耐不存在显著相关,与问题解决、求助、退避、发泄呈显著正相关,父母消极教养方式与情绪不安全感呈显著正相关,与除问题解决以外的其他应对方式呈显著正相关;情绪不安全感除与问题解决相关不显著外,与其他应对方式呈显著正相关。

表13.8 各研究变量的描述性统计和偏相关分析结果(n=1322)

项目	$M\pm SD$	1	2	3	4	5	6	7	8	9	10
1. 父母冲突	5.05±1.36	1									
2. 父母积极教养方式	5.04±0.95	−0.30***	1								
3. 父母消极教养方式	13.64±2.31	0.29***	−0.01	1							
4. 情绪不安全感	7.20±1.63	0.38***	0.05	0.24***	1						
5. 问题解决	3.26±0.72	−0.27***	0.38***	0.05	−0.04	1					
6. 求助	2.80±0.77	−0.13***	0.26***	0.13***	0.11***	0.49***	1				
7. 退避	2.99±0.69	−0.05	0.14***	0.18***	0.06*	0.17***	0.15***	1			
8. 发泄	2.61±0.69	0.03	0.11***	0.22***	0.19***	0.18***	0.43***	0.23***	1		
9. 幻想	2.10±1.01	0.10***	−0.02	0.24***	0.23***	−0.05	0.18***	0.28***	0.33***	1	
10. 忍耐	3.24±0.83	0.07*	0.05	0.17***	0.16***	0.12***	0.03	0.44***	0.11***	0.23***	1

注:*p<0.05;**p<0.01;***p<0.001,下同。

在相关分析的基础上,采用结构方程模型考察父母冲突影响中学生应对方式的机制,采用极大似然法,并参照以往研究(李宏利,雷雳,2004;张海鸥,姜兆萍,2012)进行模型估计和检验,结果表明,除χ^2/df=8.53因受样本量的影响超过可接受范围之外,其他模型拟合指数(NFI=0.89,CFI=0.90,IFI=0.90,GFI=0.95,$RMSEA$=0.075)均符合标准,表明模型拟合较好。使用偏差校正百分位Bootstrap(重复取样5000次)进行中介效应检验,如果这些路径系数的95%置信区间中不包含0,表明中介效应显著,如表13.9所示,除父母积极教养方式对中学生消极应对方式路径系数的95%置信区间包含0外,其他路径系数置信区间都不包含0,模型图如图13.7所示。

表13.9 中介模型路径系数分析

项目	平均值	标准差	置信区间	
			LL95%	UL95%
1. 父母冲突:父母积极教养方式	−0.43	0.036	−0.489	−0.367
2. 父母冲突:父母消极教养方式	0.27	0.031	0.197	0.339
3. 父母冲突:情绪不安全感	0.41	0.044	0.315	0.489
4. 父母消极教养方式:情绪不安全感	0.17	0.039	0.090	0.242
5. 情绪不安全感:积极应对方式	0.15	0.055	0.043	0.256
6. 情绪不安全感:消极应对方式	0.33	0.055	0.226	0.443
7. 父母消极教养方式:积极应对方式	0.15	0.039	0.078	0.232
8. 父母消极教养方式:消极应对方式	0.34	0.045	0.254	0.434
9. 父母积极教养方式:消极应对方式	0.08	0.050	−0.019	0.174
10. 父母消极教养方式:积极应对方式	0.33	0.040	0.256	0.411

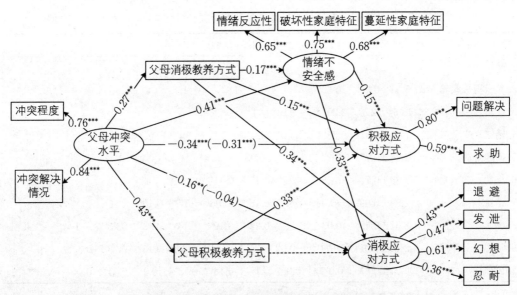

图13.7 父母冲突、教养方式、情绪不安全感对中学生应对方式的中介作用模型

注:括号中的值是在没有加入教养方式和情绪不安全感时的预测系数。

由表13.9和图13.7可知,在假设模型中父母冲突对消极应对方式的路径系数 c 并不显著(第一步),父母冲突对父母消极教养方式和情绪不安全感的路径系数 a(第二步)以及父母消极教养方式和情绪不安全感对消极应对方式的路径系数 b 均显著(第三步),加入中介变量后,父母冲突对消极应对方式的路径系数 c'(第四步)显著,表明存在中介效应(韩磊 等,2019;赖晓璐 等,2019)。即父母冲突通过父母消极教养方式和情绪不安全感影响中学生应对方式,消极教养方式和情绪不安全在父母冲突与中学生应对方式的关系中具有"遮掩效应":间接效应 a 的符号和直接效应 c' 的符号相反,总效应 c 就出现了被遮掩的情况(苏斌原 等,2016)。在传统的中介效应检验中,研究者以"自变量显著影响因变量"为前提,然而温忠麟和叶宝娟(2014b)指出,遮掩效应是研究当系数c不显著时,"自变量是如何不影响因变量"的机制,属于广义上的中介效应。其中,对于积极应对方式而言,父母积极教养方式的中介效应、父母消极教养方式的遮掩效应、情绪不安全感的遮掩效应和链式中介效应分别占直接效应的41.8%,12.1%,18.2%和2%;对于消极应对方式来说,父母消极教养方式的遮掩效应、情绪不安全感的遮掩效应和链式中介效应分别占直接效应的57.5%,84.6%和9.4%。

3. 复合多重中介模型

复合多重中介模型由并行多重中介模型和链式多重中介模型复合而成,其中,既包含并行的多个中介变量,也包含串联的多个中介变量。

下面以陈英敏等(2017)所开展的一项关于初中生羞怯对学校适应的影响研究为例,介绍复合多重中介模型的分析思路。

以499名初中生为被试,运用初中生羞怯量表、自尊量表、青少年自我妨碍量表以及学校适应问卷,考察自尊和自我妨碍在初中生羞怯和学校适应之间的多重中介效应。研究者首先指出,在数据收集过程中,采取了常规的程序控制,即对被试强调匿名性和保密性的原则。运用哈曼单因素检验法,结果发现,共有23个因子的特征根大于1,第一个因子的方差解释率仅为17.74%,小于40%。因此,共同方法偏差不足以影响其研究效度。

接着,对初中生羞怯、自尊、自我妨碍和学校适应进行皮尔逊积差相关分析,结果如表13.10所示。羞怯与自尊、学校适应呈显著负相关,与自我妨碍呈显著正相关;自尊与自我妨碍呈显著负相关,与学校适应呈显著正相关;自我妨碍与学校适应呈显著负相关。

表13.10 相关分析结果

	平均数	标准差	1	2	3	4
1. 羞怯	83.99	20.56	1			
2. 自尊	40.39	4.51	−0.38**	1		
3. 自我妨碍	50.12	11.68	0.47**	−0.49**	1	
4. 学校适应	115.48	13.22	−0.35**	0.53**	0.58**	1

注:"*"表示$p<0.05$,"**"表示$p<0.01$,"***"表示$p<0.001$,下同。

采用结构方程模型检验复合多重中介模型,其中羞怯为外源潜在变量,是模型中的自变量;学校适应为内生潜在变量,是模型中的因变量,自尊和自我妨碍为中介变量。由于自尊量表和青少年自我妨碍量表的项目较多,因此采用平衡法的题目打包策略,进而提高其数据质量和模型的拟合度(吴艳,温忠麟,2011)。模型中的参数估计和中介效应检验使用方差极大似然法与Bootstrap检验,可以得到,$\chi^2/df=3.89<5$,$TLI=0.91$,$CFI=0.93$,

$NFI=0.91$, $GFI=0.93$, $RMSEA=0.08$，表明模型拟合较好；具体的路径系数，如图13.8所示。

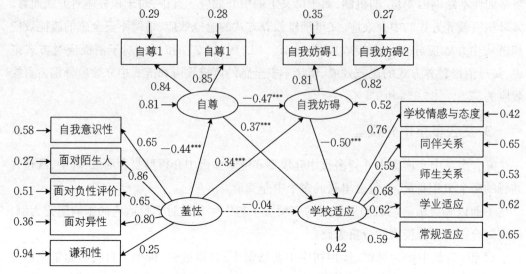

图13.8 复合多重中介模型路径系数

运用Mplus7.0软件建立模型，对中介效应进行显著性检验。"羞怯→自尊→学校适应"和"羞怯→自我妨碍→学校适应"的中介效应的95%的置信区间分别为[-0.23,-0.06]和[-0.24,-0.12]，均未包含0，即自尊和自我妨碍在羞怯和学校适应关系中的中介效应均显著。对"羞怯→自尊→自我妨碍→学校适应"这一链式中介效应的显著性检验的结果显示，其95%的置信区间中未包含0，即该链式中介效应显著。在各路径的间接效应估计值中，"羞怯→自尊→自我妨碍"和"自尊→自我妨碍→学校适应"的置信区间中未包含0，表明中介效应显著。羞怯对学校适应的直接效应加上总的中介效应等于羞怯对学校适应的总效应。羞怯对学校适应的直接效应为-0.04（$p>0.05$），即多重中介起到完全中介作用；总的中介效应为3个中介效应之和（自尊、自我妨碍以及两者在羞怯与学校适应之间链式中介效应），即-0.43，占总效应的91.49%，具体结果如表13.11所示。

表13.11 多重中介模型中的中介效应

路径	标准化间接效应估计	效果量	平均间接效应	95%置信区间	
				上限	下限
羞怯→自尊→学校适应	(-0.44)×0.37=-0.16	34.04%	-0.15	-0.23	-0.06
羞怯→自我妨碍→学校适应	0.34×(0.50)=-0.17	36.17%	-0.18	-0.24	-0.12
羞怯→自尊→自我妨碍→学校适应	(-0.44)(-0.47)(-0.50)=-0.10	21.28%	-0.06	-0.09	-0.04
羞怯→自尊→自我妨碍	(-0.44)(-0.47)=0.21		1.61	0.99	2.23
自尊→自我妨碍→学校适应	(-0.47)(-0.50)=0.24		0.03	0.02	0.04

二、多元多重中介模型

多个自变量的多重中介模型比较复杂一些,它除了具有单一自变量多重中介模型的特点外,还要考虑自变量间的相关性。以图13.9为例,3个两两相关的自变量X_1,X_2,X_3对因变量Y的作用除了直接效应外,还有只经由M_1,M_2的两个并行中介效应和一个经由M_1再到M_2的链式中介效应。此外,多个自变量的多重中介模型还可以拓展至多个因变量的情形。

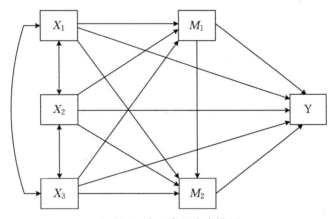

图13.9 多元多重中介模型

下面以黄仪等(2017)开展的一项关于自恋人格对关联绩效的作用机制研究为例,介绍多元多重中介模型的分析思路。

考察自恋(显性自恋和隐性自恋)对关联绩效的影响,同时探索工作满意度和组织承诺在其中的作用。

首先,他们考察了研究所涉及变量之间的相关关系。研究变量的描述性统计与相关分析结果如表13.12所示,大部分人口学变量与研究主变量相关不显著,表明人口学变量对研究结果不会产生太大影响,故建构多元多重中介模型将不再考虑人口学变量的影响。显性自恋与隐性自恋不存在显著相关,显性自恋与工作满意度、组织承诺和关联绩效呈显著正相关,隐性自恋与工作满意度、组织承诺和关联绩效呈显著负相关。工作满意度、组织承诺和关联绩效三者呈显著正相关。以上这些研究结果为研究提供了初步支持。

其次,他们进行了显性自恋人格影响关联绩效的多重中介模型检验。为了检验工作满意度和组织承诺的中介作用,他们采用结构方程模型建构了工作满意度和组织承诺的部分中介模型(假设模型)。结果显示,$\chi^2/df=471.095/199=2.367$,$RMR=0.046$,$RMSEA=0.070$,$CFI=0.891$,$GFI=0.864$,$TLI=0.873$。可见,除$CFI,GFI$和$TLI$指标有待改善外,其余拟合指标理想。依据修正指标,增加工作满意度的题5和题6误差共变后,CFI上升到了0.915,GFI上升到了0.882,TLI上升到了0.900。接着,增加工作满意度的题2和题3误差共变，*CFI*上升到了0.924，*GFI*上升到了0.890，*TLI*上升到了0.910。

表13.12　变量的平均数、标准差与相关分析

项目	*M*	*SD*	1	2	3	4	5	6	7	8	9
性别	1.600	±0.481	1								
学历	1.877	±0.715	−0.040	1							
年龄	1.611	±0.552	−0.086	0.154*	1						
受聘年限	1.404	±3.689	−0.024	0.078	0.252**	1					
显性自恋	2.820	±0.538	−0.026	−0.056	0.029	0.031	1				
隐性自恋	3.271	±0.724	−0.121*	0.090	0.045	0.024	0.023	1			
组织承诺	2.892	±0.613	0.019	0.061	0.094	0.117*	0.297	−0.304**	1		
工作满意度	2.942	±0.684	0.055	0.041	0.089	0.080	0.221	−0.240**	0.650**	1	
关联绩效	2.452	±0.737	0.058	0.036	0.043	0.031	0.228	−0.185**	0.412**	0.460**	1

注：$n=364$，*$p<0.05$，**$p<0.01$。*M*表示平均数，*SD*表示标准差，下同。

最后，增加显性自恋的特权感和自我钦羡两个项目误差共变，结果显示模型拟合度得到了较大改善，各拟合指标达到理想水平，如表13.13所示。

表13.13　基于SEM的模型比较结果

	χ^2	*df*	χ^2/df	RMR	RMSEA	CFI	GFI	TLI	$\Delta\chi^2(\Delta df)$
模型1(假设模型)	358.433	196	1.829	0.042	0.054	0.935	0.903	0.923	
模型2(部分中介)	368.471	197	1.870	0.043	0.056	0.931	0.901	0.920	10.038(1)
模型3(部分中介)	361.246	197	1.834	0.043	0.055	0.934	0.903	0.923	2.813(1)
模型4(完全中介)	369.535	198	1.866	0.043	0.056	0.931	0.901	0.920	8.289(1)
模型5(并行中介)	488.103	198	2.465	0.069	0.072	0.884	0.873	0.864	126.857(1)
模型6(链式中介)	390.506	200	1.953	0.047	0.058	0.924	0.889	0.912	29.260(1)

模型1：假设模型，部分中介模型，增加工作满意度的题2和题3、题5和题6误差共变，增加显性自恋的特权感和自我钦羡两个项目误差共变；模型2：基于假设模型，删除显性自恋→关联绩效的路径；模型3：基于假设模型，删除隐性自恋→关联绩效的路径；模型4：基于假设模型，同时删除显性资料→关联绩效和隐性自恋→关联绩效两条路径；模型5：基于假设模型，删除工作满意度→组织承诺的路径；模型6：基于假设模型，删除工作满意度→关联绩效和显性自恋→组织承诺和隐性自恋→组织承诺的路径。

为了检验部分中介模型的有效性，他们将假设模型(部分中介)和另外3个竞争模型(模型2、模型3和模型4)进行比较，依据$\Delta\chi^2$和Δdf来选择一个更优的模型(林文莹，侯杰泰，1995)。如果差异显著，则说明两个模型的拟合度不同，选择拟合度更优的复杂模型；如果差异不显著，选择路径更为简洁的模型(李锐 等，2009)。通过模型比较(如表13.13

所示),发现模型1与模型2($\Delta\chi^2=10.038, \Delta df=1, p<0.01$)差异显著,且模型1的拟合度优于模型2。因此,选择模型1。模型1与模型3比较的结果显示,差异不显著($\Delta\chi^2=2.813, \Delta df=1, p>0.05$)。由于模型3不仅更简洁,而且各项拟合指标优于模型1,所以选择模型3。将模型3与模型4进行比较,发现差异显著($\Delta\chi^2=8.289, \Delta df=1, p<0.01$),且模型3比模型4拟合更优。因此,通过上述部分中介与完全中介的模型竞争比较,模型3是更为理想的选择。

为了进一步检验本研究建构的复合多重中介模型(模型3)的有效性,将模型3与另外2个竞争模型(并行多重中介模型5和链式多重中介模型6)进行比较。结果显示,模型3与模型5差异显著($\Delta\chi^2=126.857, \Delta df=1, p<0.01$),模型3与模型6差异显著($\Delta\chi^2=29.260, \Delta df=3, p<0.01$)。模型拟合指数显示,模型3各项指标拟合度较模型5和模型6更优。因此,他们确定模型3作为最佳拟合模型,如图13.10所示。

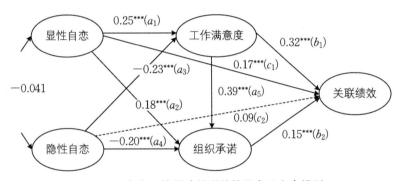

图13.10 自恋人格影响关联绩效的多重中介模型

由于传统的中介效应检验的依次检验回归系数法不断受到质疑(Baron, Kenny, 1986; Judd, Kenny, 1981),依据方杰等(2014)的建议,使用偏差校正Bootstrap方法对中介效应进行检验(Shrout, Bolger, 2002)。Bootstrap方法不需要正态分布假设和大样本数据,操作简便,已成为近几年国际上主流的中介效应检验方法。先以原始数据($n=364$)作为抽样总体,基于有放回抽样,从总体中抽取1000个Bootstrap样本。每个Bootstrap样本的模型检验将得到一个中介效应值,所有Bootstrap样本共生成1000个中介效应值,形成一个近似抽样分布。将这些效应值由小到大排序,第2.5百分位数和第97.5百分位数之间即95%中介效应置信区间。如果中介效应值的95%置信区间没有包括0,表明中介效应显著。在该研究中,多重中介效应的Bootstrap分析结果显示,多重中介模型的所有中介效应的95%置信区间都没有包括0,即验证了工作满意度和组织承诺在自恋人格与关联绩效之间的中介效应,结果如表13.14所示。

由表13.14可见,显性自恋与隐性自恋不存在显著相关。显性自恋对关联绩效的影响是部分通过中介变量(工作满意度和组织承诺)而产生的,而隐性自恋对关联绩效的影响是完全通过中介变量(工作满意度和组织承诺)而产生的。此外,不论是显性自恋还是隐性自恋,都通过工作满意度影响组织承诺,进而影响关联绩效。显性自恋先提升工作满意度,再提升组织承诺进而提升关联绩效。隐性自恋先降低工作满意度,再降低组织承诺进而降低关联绩效。

表13.14 自恋人格影响关联绩效的中介效应值与偏差校正BOOTSTRAP检验结果

路径	中介效应	中介效应占总效应比例	95%置信区间	
			下限	上限
显性自恋→工作满意度→关联绩效(a_1b_1)	0.25×0.32=0.080	0.121/0.49=24.3%	0.013	0.132
显性自恋→组织承诺→关联绩效(a_2b_2)	0.18×0.15=0.027		0.009	0.083
显性自恋→工作满意度→组织承诺→关联绩效($a_1a_5b_2$)	0.25×0.39×0.15=0.014		0.001	0.035
隐性自恋→工作满意度→关联绩效(a_3b_1)	(−0.23)×0.32=−0.073	0.116/0.49=23.3%	−0.129	−0.017
隐性自恋→组织承诺→关联绩效(a_4b_2)	(−0.20)×0.15=−0.030		−0.065	−0.009
隐性自恋→工作满意度→组织承诺→关联绩效($a_3a_5b_2$)	(−0.23)×0.39=−0.013		−0.037	−0.004

第三节 调节变量与调节效应

一、调节变量的定义

如果两个变量之间的关系(如变量Y与变量X的关系)是变量M的函数,称M为调节变量(Baron,Kenny,1986;James,Brett,1984)。也就是说,变量Y与变量X的关系受到第三个变量M的影响,这种有调节变量的模型一般可以用图13.11表示。调节变量既可以是定性的(如性别、种族、学校类型等),也可以是定量的(如年龄、受教育年限、刺激次数等),它影响因变量和自变量之间关系的方向(正或负)和强弱(Baron,Kenny,1986)。

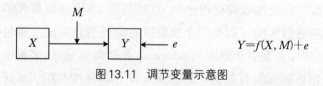

图13.11 调节变量示意图

例如,学生学习效果和老师教学方式的关系往往受到学生个性的影响。一种教学方式对某类学生很有效,但对另一类学生却没有效,即"学生个性"是调节变量。学生自尊与某项自我概念(如外貌、体能等)的关系,受到学生对该项自我概念重视程度的影响:很重视外貌的人,长相不好会大大降低其自尊;不重视外貌的人,长相不好对其自尊影响不大,即"重视程度"是调节变量。

一种常用的特例,是变量Y与变量X存在如下关系:

$$Y=\beta_0+\beta_1 X+\beta_2 M+\beta_3 MX+e \tag{13.8}$$

可以将式(13.8)改写为:

$$Y=(\beta_0+\beta_2 M)+(\beta_1+\beta_3 M)X+e \tag{13.9}$$

对于固定的变量M,这是变量Y对变量X的直线回归。变量Y与变量X的关系由回归系数$(\beta_1+\beta_3 M)$来刻画,它是变量M的线性函数。如果β_3不等于0,则变量M是调节变量,β_3反映了调节效应的大小(温忠麟 等,2012)。

要检验关于调节作用的假设,需要根据自变量和调节变量的类型,使用合适的统计方法(辛自强,2017)。

(1) 如果自变量和调节变量都是分类变量,则通过方差分析检验交互作用是否存在。例如,要考察情绪启动类型(启动组、控制组)对学校适应的影响,需要考虑人格特质(高抑郁、低抑郁)是否具有调节作用,这时只要进行2×2的方差分析即可。如果自变量(情绪启动)与调节变量(人格)的交互作用显著,则表明调节效应存在。

(2) 如果自变量是连续变量,而调节变量是分类变量,就以调节变量对被试分组,然后针对不同组被试建立回归方程,考察自变量对因变量未标准化回归系数(b)的差异。例如,要研究身高(X)对体重(Y)的预测作用,但根据经验猜测性别可能对两者的关系具有调节作用,这时可以分别针对男性和女性建立回归方程:当调节变量(M)的取值为男性时,回归方程为$Y=b_1 X+a_1$;取值为女性时,回归方程为$Y=b_2 X+a_2$。如果两个回归系数b_1,b_2不同(即回归直线的斜率不同),则存在调节作用。两个回归系数是否存在显著差异,通常需要统计检验。

(3) 如果自变量(X)和调节变量(M)都是连续变量,则建立包括两者乘积项的回归方程,即$Y=aX+bM+cXM+d$。如果乘积项的回归系数c显著,则认为变量M具有调节作用。此外,如果其中的自变量是分类变量,可以转换为哑变量(Dummy Variable),再计算它与调节变量的乘积,并采用该方法处理。

不过值得注意的是,采用乘积项做回归分析以检验调节作用时,要直接计算自变量和调节变量的乘积并放入回归方程,可能会导致"多重共线性"现象(自变量或调节变量与两者乘积项之间均容易出现高相关,因为乘积项是基于两者算出来的),影响统计结果的准确性。为解决该问题,通常要先将自变量和调节变量进行标准化处理,然后再计算乘积项。这种标准化处理并不改变乘积项(交互作用)的回归系数,但可以避免回归分析中的多重共线性现象。

下面以袁庆宏等(2014)开展的一项关于知识型员工职业成长与离职意愿关系的研究为例,介绍调节效应模型的分析思路。

通过对200余名企业知识型员工的调查,研究职业成长对知识型员工离职意愿的影响,识别组织认同和专业认同对职业成长与离职意愿之间关系的调节效应。首先测量各变量的信度,同时计算变量间的相关系数(如表13.15所示)。结果显示,各测量量表的内部一致性系数均高于0.8,表明所使用的量表具有较高的信度。同时,通过表13.15中的相关系数可以发现,职业成长、组织认同、专业认同、离职意愿这4个变量间均两两显著相关。

表13.15 相关系数矩阵

变量	均值	标准差	1	2	3	4
职业成长	50.432	9.039	1			
组织认同	23.320	3.878	0.542**	1		
专业认同	22.374	3.748	0.495**	0.770**	1	
离职意愿	10.000	3.048	−0.435**	−0.436**	−0.450**	1

注:"**"表示$p<0.01$(双尾检验)。

运用结构方程模型对所涉及的测量模型进行验证性因子分析,结果如表13.16所示。可以认为,所用的职业成长、组织认同、专业认同、离职意愿4个测量模型的χ^2($p>0.05$),RMR(<0.05),RMSEA(<0.08),AGFI(>0.90),NFI(>0.90),CFI(>0.90),IFI(>0.90)(括号内为适配指标值的可接受标准)等模型适配指标值均达到模型可以接受的标准,表明模型适配情形良好。同时计算出各潜变量的复合信度均高于0.50,平均方差除职业成长外,其余均大于0.50的建议标准(Bagozzi,Yi,1988),表明本研究所涉及的4个测量量表具有较好的收敛效度。

表13.16 验证性因子分析结果

变量	χ^2	df	RMR	RMSEA	AGFI	NFI	CFI	IFI	CR	AVE
职业成长	59.003	56	0.025	0.016	0.923	0.969	0.998	0.998	0.547	0.402
组织认同	8.142	5	0.016	0.055	0.943	0.985	0.994	0.982	0.726	0.507
专业认同	4.116	8	0.001	0.000	0.982	0.992	1.000	1.008	0.725	0.506
离职意愿	0.003	1	0.000	0.000	1.000	1.000	1.000	1.003	0.877	0.641

为了验证量表的区别效度,分别对4个潜变量构建两两相关的未限制模型和共变关系为1的限制模型,然后进行两个模型的卡方值差异比较,如果卡方值差异量越大且达到显著水平($p<0.05$),表示两个模型存在显著性差异,未限制模型的卡方值越小则表示潜在特质间相关性越低,其区别效度就越高(Bagozzi et al.,1991)。通过对涉及的4个潜变量两两相关的未限制模型和限制模型的卡方值进行比较(如表13.17所示),发现未限制模型的卡方值均显著低于限制模型的卡方值($p<0.001$),表明变量测量模型具有良好的区别效度。

关于同源误差,运用哈曼单因素检验法进行检验。将所有潜变量的测量条目进行主成分分析。未旋转的因子分析所得出的具有最大特征根的因子,解释了整体变异量的36.61%。这一结果表明,没有单一的因子可以解释绝大部分的变异,可以认为数据没有严重的同源误差问题。

表13.17 潜变量测量模型的区别效度检验

变量	1	2	3	4
职业成长	1			
组织认同	128.241	1		
专业认同	140.61	82.676	1	
离职意愿	368.133	318.593	265.824	1

注：未限制模型和限制模型的$\Delta\chi^2$。

接着，进行回归分析与假设检验。对数据进行中心化处理，以避免多重共线性问题。结果发现，所有回归方程中自变量的VIF值均小于2，不存在严重的多重共线性问题，回归分析的结果可信。层级回归分析结果具体如表13.18所示。

表13.18 变量之间的层级回归分析结果

变量	离职意愿						
	Model 1	Model 2	Model 3	Model 4	Model 5	Model 6	Model 7
性别[a]	0.122	0.127	0.106	0.099	0.073	0.075	0.086
年龄	−0.069	−0.010	−0.304	−0.019	−0.030	−0.025	−0.019
教育程度[ab]	−0.043	−0.025	0.033	0.028	0.035	0.031	0.037
工作年限	0.096	0.001	0.025	0.029	0.021	0.033	0.026
职位等级[ab]	0.047	0.111	0.110	0.102	0.116	0.107	0.096
职业成长		−0.450***	−0.293***	−0.296***	−0.288**	−0.291***	−0.369***
组织认同			−0.285***		−0.264**		
专业认同				−0.305***		−0.289***	0.344***
职业成长×组织认同					0.173**		
职业成长×专业认同						0.147**	0.175***
职业成长×专业认同×组织认同							0.170*
F值	1.147	9.353***	10.586***	11.297***	10.573***	10.854***	10.288***
ΔF		49.006***	14.251***	18.132***	7.898***	5.823*	3.930*
R^2	0.028	0.220	0.272	0.285	0.300	0.306	0.320
调整后的R^2	0.004	0.196	0.247	0.260	0.272	0.278	0.288
ΔR^2		0.192	0.052	0.065	0.028	0.021	0.014

注："*""**""***"分别表示$p<0.05,p<0.01,p<0.001$；[a]表示类别型的控制变量转换成了虚拟变量；[b]表示控制变量不是本研究的重点，且由于其占用篇幅过多，只报告了每种控制变量的其中一种。

按照温忠麟等（2005）提出的调节效应检验程序，进行层次回归分析：① 做Y对X和M的回归，得测定系数R_1^2；② 做Y对X,M和XM的回归得R_2^2，如果R_2^2显著高于R_1^2，则调节效应显著。Model 1 为对离职意愿与控制变量的回归分析,统计结果不显著,表明性别、年龄、教育程度等控制变量对离职意愿没有显著影响。为检验职业成长对离职意愿的影响,在 Model 2 中引入职业成长变量后,回归方程的 F 值为 $9.353(p<0.001)$,R^2 为 0.220,表明职业成长能解释离职意愿 22.0% 的变异。Model 3 在 Model 2 的基础上加入了组织认同变量,从结果来看,组织认同对离职意愿的影响显著($\beta=-0.285,p<0.001$)。Model 4 在 Model 2 的基础上加入了专业认同变量,结果显示,专业认同对离职意愿的影响显著($\beta=-0.305,p<0.001$)。为检验组织认同的调节作用,Model 5 在 Model 3 的基础上,加入了职业成长与组织认同乘积项,结果表明,Model 5 的拟合度相对于 Model 3 显著改善($\Delta F=7.898,p<0.001$),回归方程 F 值为 $10.573(p<0.001)$,回归方程显著,R^2 增加 0.028。组织认同对职业成长与离职意愿的关系起到调节作用,具体调节模式如图 13.12 所示:在高组织认同的情况下,职业成长对离职愿意的影响较小;而在低组织认同的情况下,职业成长对离职意愿的影响明显提高。

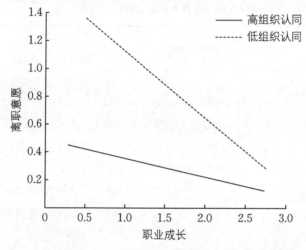

图 13.12　组织认同对职业成长与离职意愿关系的调节模式

为检验专业认同的调节作用,Model 6 在 Model 4 的基础上,加入了职业成长与专业认同乘积项,结果表明,Model 6 的拟合度相对于 Model 4 显著改善($\Delta F=5.823,p<0.05$),回归方程 F 值为 $10.854(p<0.001)$,回归方程显著,R^2 增加 0.021。专业认同对职业成长与离职意愿的关系起到调节作用,具体调节模式如图 13.13 所示:在高专业认同的情况下,职业成长与离职愿意的关系较弱;而在低专业认同的情况下,职业成长与离职意愿之间的关系较强。

为检验组织认同与专业认同的交互对职业成长与离职意愿关系的影响,Model 7 在 Model 6 的基础上,加入了职业成长、专业认同和组织认同乘积项,结果表明,Model 7 的拟合度相对于 Model 6 显著改善($\Delta F=3.930,p<0.05$),回归方程 F 值为 $10.288(p<0.001)$,回归方程显著,R^2 增加 0.014,表明组织认同与专业认同的交互对职业成长与离职意愿的关系起到调节作用。具体调节模式如图 13.14 所示:在低组织认同、高专业认同情境下,职

业成长对离职意愿的影响最大;低组织认同、低专业认同情境次之;高组织认同、高专业认同情境再次之;在高组织认同、低专业认同情境下,职业成长对离职意愿的影响最小。

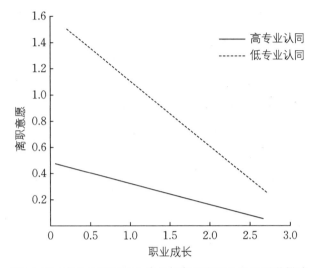

图 13.13 专业认同对职业成长与离职意愿关系的调节模式

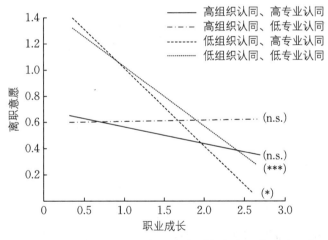

图 13.14 组织认同与专业认同的交互对职业成长与离职意愿关系的调节模式

注:n.s.表示不显著;*表示$p<0.05$,***表示$p<0.001$。

需要指出的是,调节效应的发生并不仅限于上述测量型研究中,调节效应也可以发生在实验型研究中。下面以王秀娟等(2019)开展的一项关于风险决策框架下的求助意愿研究为例,介绍实验型研究调节效应中的分析思路。

采用亲密关系经历量表,基于风险决策框架探讨情境紧急性和依恋类型对个体求助意愿的影响。量表由李同归和加藤和生(2006)修订,共计36个题项,包括回避依恋和焦虑依恋两个维度,分数越高表明个体的焦虑或回避程度越高。区分安全依恋和不安全依恋被试,考察他们在不同情境条件下的求助意愿及风险偏好。该研究向332名在校大学生发放中文版亲密关系经历量表,将得分按照焦虑依恋和回避依恋两个维度由高到低排序,以正负一个标准差作为划分高低组的标准(杨青青 等,2018;Chavis,Kisley,2012),选取依恋焦虑和依恋回避得分都低于平均数加一个标准差的40人(男13人,女27人)为安全依恋组,两维度得分均高于平均数加一个标准差或其中任一维度得分高于平均数加一个标准差的42人(男17人,女25人)为不安全依恋组。关于情境操纵,该研究以大学生乘坐私家车事件为蓝本,改编评定实验材料。实验创设情境为当事人假期结束乘坐火车返校,凌晨5点到达当地火车站后拉杆箱提手忽然坏掉,手机又恰好没电关机,由于时间太早,地铁尚未通行。首先选取不同的紧急情境,随机选取在校学生对所选取情境材料的紧急程度进行7点评分,其中1="非常不紧急",7="非常紧急"。根据所得结果选取评分最低选项作为一般情境(拉杆箱提手坏掉行走不方便,需要向他人求助),评分最高选项作为紧急情境(返校需要参加一个重要的面试,迫切需要向他人求助)。其中一般情境的平均得分为1.98($SD=0.87$),紧急情境的平均得分为4.27($SD=0.70$),两者差异显著($t_{28}=16.41, p<0.01, d=2.95$)。然后选取高低风险的求助行为,随机选取在校学生对所选取的求助方式风险程度进行7点评分,其中1="完全没有风险",7="有非常高的风险"。根据结果选取评分最低的选项作为低风险的求助行为(向他人借手机打电话给室友来接自己),评分最高的选项作为高风险的求助行为(寻找顺路的私家车请求搭车回学校)。其中低风险求助行为平均得分2.20($SD=0.61$),高风险求助行为平均得分4.33($SD=0.93$),两者差异显著($t_{19}=18.32, p<0.01, d=2.78$)。采用2(依恋类型:安全型,不安全型)×2(情境分类:紧急情境,一般情境)×2(求助风险:高风险,低风险)的混合设计,其中依恋类型为被试间变量,情境分类和求助风险为被试内变量,因变量为被试的求助意愿评分。被试首先填写亲密关系经历量表,根据量表得分被区分安全依恋组和不安全依恋组。然后在电脑上完成实验部分。电脑屏幕首先呈现实验情境,然后分别向被试呈现求助的一般情境和紧急情境,在不同情境下分别呈现不同的求助方式,请被试根据材料选择自己使用该种求助方式的意愿,采用7点评分,1="非常不同意",4="很难判断",7="非常同意"。被试反应均用键盘数字作答。其中两种情境的呈现顺序在被试间平衡。实验结束后,向被试赠送礼物表示感谢。

结果发现,被试在不同情境下的求助意愿如表13.19所示。为考察人口学变量对求助意愿的影响,对性别进行独立样本t检验,结果表明男性和女性的求助意愿不存在显著性差异($t_{80}=1.30, p=0.199$)。

表13.19 不同依恋类型个体的求助意愿($M \pm SD$)

分类条件		依恋类型	
情境类型	求助风险	安全型	不安全型
紧急情境	高风险	3.45±0.37	2.30±0.26
	低风险	3.67±0.36	2.10±0.36
一般情境	高风险	2.22±0.36	2.04±0.30
	低风险	3.57±0.41	2.23±0.39

第十三章
中介与调节效应分析

接下来,对被试的求助意愿进行2(依恋类型:安全型,不安全型)×2(情境分类:紧急情境,一般情境)×2(求助风险:高风险,低风险)的三因素重复测量方差分析。结果发现,依恋类型的主效应显著($F_{(1,80)}=687.69, p<0.001, \eta_p^2=0.90$),安全依恋组的求助意愿显著高于不安全依恋组;情境分类的主效应显著($F_{(1,80)}=79.33, p<0.001, \eta_p^2=0.50$),紧急情境下的求助意愿显著高于一般情境下的求助意愿;求助风险的主效应显著($F_{(1,80)}=126.59, p<0.001, \eta_p^2=0.61$),个体对低风险求助方式的选择意愿显著高于高风险求助方式。三因素交互作用显著($F_{(1,80)}=21.70, p<0.001, \eta_p^2=0.21$)。简单效应分析显示,对于安全依恋组,两种情境分类条件下个体的求助意愿均表现为对低风险求助方式显著高于高风险求助方式($ps<0.01$);而对于不安全依恋组,在一般情境下,个体对低风险求助方式显著高于高风险求助方式($p<0.05$);但在紧急情境下,个体对高风险求助方式显著高于低风险求助方式($p<0.01$)。简单效应分析的结果表明,个体的求助意愿受到情境类型的影响,且该影响受到个体依恋类型的调节,具体表现为安全依恋个体在两种情境下的求助意愿均倾向于风险规避,不安全依恋个体在一般情境下倾向于风险规避,而在紧急情境下则更倾向于风险寻求,如图13.15所示。

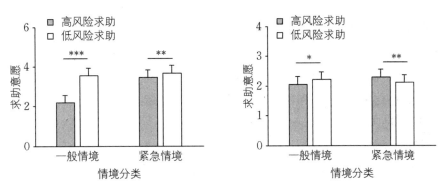

图13.15 安全依恋组(左)和不安全依恋组(右)在不同情境下的求助意愿
注:$^*p<0.05, ^{**}p<0.01, ^{***}p<0.001$,下同。

二、调节效应和交互效应

调节效应与交互效应(Interaction Effect)在某种意义上是同义词(Klein, Moosbrugger, 2000)。对式(13.8)中调节变量的分析主要是估计和检验β_3。如果β_3显著("$\beta_3=0$"的假设被拒绝),则表明变量M的调节效应显著。从式(13.8)可以看出,β_3其实代表了自变量X与调节变量M的交互效应,所以调节效应就是交互效应。这样,调节效应与交互效应从数据分析的角度来看可以说是一样的。因此当问题涉及调节变量,需要进行调节效应分析时,就需要进行交互效应分析。

然而,调节效应和交互效应这两个概念并非完全相同。在交互效应分析中,两个自变量的地位可以是对称的,其中任一个都可以解释为调节变量;也可以是不对称的,只要其中有一个起到了调节变量的作用,交互效应就存在。这一点从有关讨论交互效应的专著中可以看出,例如 Aiken 和 West(1991)讨论显变量之间的交互效应、Schumacker 和 Marcoulides(1998)讨论潜变量之间的交互效应等。但在调节效应中,哪个是自变量、哪个是调节变量,是很明确的,在一个确定的模型中两者不能互换。例如,要研究心理韧性的性别差异(即性别对个体心理韧性的影响),将年龄作为调节变量,表明该研究关注的是性别差异以及是否会随年龄的变化而变化。如果从小学到中学到大学都获得了各年龄阶段学生有代表性的样本,每个年龄阶段(7~12岁、12~18岁、18~22岁)各用一份测试题,所得的数据就可以进行上述分析。但同样的数据却不能用于以年龄为自变量、心理韧性为因变量、性别为调节变量的分析,因为各年龄阶段的测试题目不同,得分没有可比性(除非用项目反应理论进行等值设计和分析),因而按常规的方法,分不同性别做心理韧性对年龄的回归没有意义。要做心理韧性对年龄的回归,应当用同一份试题测试所有年龄段的学生(或用项目反应理论进行等值设计和分析得到学生的能力数据)(温忠麟 等,2012)。

三、调节变量与中介变量的比较

相对于自变量和因变量而言,调节变量和中介变量都是"第三者",因而经常被混淆。从文献上看,存在的问题主要有如下3种:① 术语混用或换用,两个概念不加区分。例如,在描述同一个过程时,既使用调节过程的术语"Interact With",又使用中介过程的术语"Mediating"(Davies,Cummings,1995)。② 术语和概念不一致。例如,研究的是调节过程,却使用中介的术语(Lazarus,Folkman,1984)。③ 术语和统计分析不一致。例如,使用了中介变量的术语,却没有进行相应的统计分析(Thompson et al.,1993)。出现前面的任何一个问题都会使统计结果解释含糊不清,往往导致错误结论。

其实,在明确了调节变量和中介变量的定义后,一般情况下区分它们不难。表13.20从不同角度对这两种变量做了比较(温忠麟 等,2005)。

如果一个变量与自变量或因变量相关不大,它不可能成为中介变量,但有可能成为调节变量,理想的调节变量是与自变量和因变量的相关都不大(Abrahams,Alf,1972;Baron,Kenny,1986;James,Brett,1984)。有的变量如性别、年龄等,由于不受自变量的影响,自然不能成为中介变量,但很多时候都可以作为调节变量。对于给定的自变量和因变量,有的变量做调节变量和中介变量都是合适的,从理论上都可以做出合理的解释。例如,研究中学生的攻击行为对同伴关系的影响,教师对该生的惩罚程度既可以做调节变量,也可以做中介变量。如果认为惩罚程度与攻击行为关系不大,更多是受到其他变量的影响,如同伴地位等,这时可以将惩罚程度作为调节变量进行分析,看它是否影响同伴关系与攻击行为之间的关系。如果认为攻击行为影响惩罚程度，后者又影响同伴关系，则可以将惩罚程度作为中介变量进行分析，看它的中介效应是否显著。

表13.20 调节变量与中介变量的比较

项目	调节变量M	中介变量M
研究目的	X何时影响Y或何时影响较大	X如何影响Y
关联概念	调节效应、交互效应	中介效应、间接效应
什么情况下考虑	X对Y的影响时强时弱	X与Y的影响较强且稳定
典型模型	$Y=\beta_0+\beta_1 X+\beta_2 M+\beta_3 MX+e$	$M=aX+e_2$ $Y=c'X+bM+e_3$
模型中M的位置	X,M在Y前面，M可以在X前面	M在X之后、Y之前
M的功能	影响Y和X之间关系的方向（正或负）或强弱	代表一种机制，X通过它影响Y
M与X,Y的关系	M与X,Y的相关可以显著或不显著（后者较理想）	M与X,Y的相关都显著
效应	回归系数β_3	回归系数乘积ab
效应检验	β_3是否等于0	ab是否等于0
检验策略	做层次回归分析，检验回归系数β_3的显著性	尝试部分中介的依次检验，必要时做Sobel(1982)检验
其他分析	调节效应量大小（即调节项的额外平方和）	中介效应占总效应的比例，中介效应与直接效应之比

尽管有许多信息可以区分调节变量和中介变量，但误用、换用、混用的情况时有出现。例如，某学者在研究青少年自身因素和家庭因素对青少年自身抑郁情绪的影响时，将"年龄""性别""身高体重""情绪调节能力""父母婚姻质量""是否为城镇户口"等变量均作为"父母教养方式"和"抑郁情绪"之间的中介变量。显然，"年龄""性别""身高体重""情绪调节能力""父母婚姻质量""是否为城镇户口"不能作为中介变量，因为父母教养方式不会影响青少年的性别、年龄、身高、体重等客观因素。但"年龄""性别""父母婚姻质量"可以作为可能的调节变量进行分析：不同的"性别"，或不同的"父母婚姻质量"与青少年的"抑郁情绪"或父母的"教养方式"的关系可能是不同的。

总体而言，模型建立有赖于对变量的区分，变量的区分和建模都依靠学科理论或经验常识。考虑将一个变量作为调节变量或中介变量分析之前，从学科理论或经验常识的角度要能解释得通。

第四节　有中介的调节效应与有调节的中介效应

一、有中介的调节效应

如果一个模型除了自变量和因变量外,涉及的第三变量不止一个,可能会同时包含调节变量和中介变量。这些变量出现在模型中的位置不同会产生不同的模型,联系着不同的统计背景和意义。

假设要研究学生行为(X)对同伴关系(Y)的影响。以往的研究发现,老师的管教方式(U)是调节变量,老师对学生的喜欢程度(W)是中介变量。据此可以建立如图13.16所示的模型。其中,UX是调节效应项,如果它影响W,而W影响Y,则表明调节效应(至少部分地)通过中介变量W而起作用,称这样的调节变量是有中介的调节变量(Mediated Moderator)。

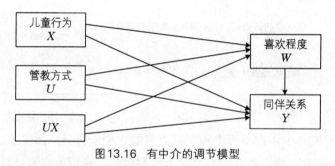

图13.16　有中介的调节模型

以依次检验为例,有中介的调节效应显著意味着:

第一步,做Y对X,U和UX的回归$Y=c_0+c_1X+c_2U+c_3UX+e_1$,$UX$的系数$c_3$显著($U$对$Y$与$X$关系的调节效应显著);

第二步,做W对X,U和UX的回归$W=a_0+a_1X+a_2U+a_3UX+e_2$,$UX$的系数$a_3$显著;

第三步,做Y对X,U,UX和W的回归$Y=c_0'+c_1'X+c_2'U+c_3'UX+bW+e_3$,$W$的系数$b$显著。

此时,间接的调节效应等于a_3b,直接的调节效应等于c_3'。如果在第三步中,UX的系数c_3'不显著,则U的调节效应完全通过中介变量W而起作用(温忠麟 等,2012)。

从上面分析步骤可知,检验有中介的调节效应时,先要检验调节效应,然后检验中介效应。下面以张林、刘燊、徐强等(2017)开展的一项有关社会支持与老年人受骗倾向的关系研究为例,介绍有中介的调节模型的分析思路。

张林、刘燊、徐强等(2017)考察社会支持与老年人受骗倾向的关系,并探讨孤独感在其中的调节作用和人际信任在其中的中介作用。

首先,他们发现,社会支持、人际信任与老年人的受骗倾向分数呈显著正相关,孤独感和人际信任呈显著负相关。社会支持与人际信任呈显著正相关,孤独感与社会支持相关不显著,与老年人的受骗倾向相关不显著(如表13.21所示)。

表13.21 各变量的相关分析结果(n=198)

	M	SD	1	2	3
社会支持	24.56	3.58			
人际信任	11.67	1.33	0.13*		
孤独感	7.26	2.24	−0.05	−0.26**	
受骗倾向	32.44	6.42	0.20**	0.30**	−0.02

其次,进行有中介的调节模型检验。按照叶宝娟和温忠麟(2013)建议的有中介的调节效应的检验步骤,首先对数据进行中心化处理,然后对三个回归方程进行检验(如表13.22所示)。其中,方程(13.1)检验孤独感对社会支持与老年人受骗倾向关系的调节效应;方程(13.2)检验孤独感对社会支持与人际信任关系的调节效应;方程(13.3)进行老人受骗倾向对社会支持、孤独感、人际信任、社会支持与孤独感乘积的回归分析,检验人际信任的中介效应是否存在。如果模型估计满足以下3个条件,则表明有中介的调节效应存在:① 方程(13.1)中孤独感对社会支持和老年人受骗倾向关系的调节效应显著;② 方程(13.2)中孤独感对社会支持与人际信任的调节效应显著;③ 方程(13.3)中人际信任与受骗倾向的关系显著。

结果显示,方程(13.1)中孤独感与社会支持的交互作用显著(β=0.14,p<0.05),表明孤独感对社会支持与老年人受骗倾向关系的调节效应显著。为进一步理解调节作用的本质,根据回归方程分别取社会支持和孤独感正负一个标准差的值绘制了简单效应分析图(如图13.17所示)。简单斜率检验的结果表明,当孤独感水平较高时,高社会支持的老年人比低社会支持的老年人在受骗倾向上表现出较微弱但不显著的上升趋势(β=0.07,t=1.10,p=0.271);当孤独感水平较低时,高社会支持的老年人比低社会支持的老年人在受骗倾向上表现出较大的下降趋势(β=−0.47,t=−4.21,p<0.001)。

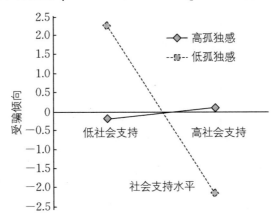

图13.17 孤独感对老年人社会支持与受骗倾向关系的调节

表 13.22 有中介的调节模型检验

	方程(13.1)(效标:受骗倾向)			方程(13.2)(效标:人际信任)			方程(13.3)(效标:受骗倾向)		
	β	t	95% CI	β	t	95% CI	β	t	95% CI
社会支持	0.228	3.199**	[−0.386,−0.062]	0.093	1.244	[−0.244,0.063]	0.193	2.866**	[−0.334,−0.043]
孤独感	−0.053	−0.734	[−0.201,0.097]	−0.046	−0.629	[−0.185,0.101]	−0.044	−0.578	[−0.185,0.114]
社会支持×孤独感	0.14	2.304*	[0.019,0.255]	0.141	2.369*	[0.024,0.256]	0.115	1.674*	[−0.252,−0.141]
人际信任×孤独感							−0.066	−0.984	[−0.239,0.070]
人际信任							0.276	4.067***	[0.137,0.418]
年龄	−0.059	−0.597	[−0.254,0.132]	0.017	0.164	[−0.182,0.220]	−0.068	−0.711	[−0.252,0.122]
性别	−0.176	−1.109	[−0.505,0.153]	0.166	1.020	[−0.139,0.474]	−0.231	−1.507	[−0.525,0.095]
R^2	0.077			0.038			0.151		
F	3.208**			1.498*			5.658***		

方程(13.2)中孤独感与老年人社会支持的交互项也达到显著水平($\beta=0.14, p<0.05$),表明孤独感对社会支持与人际信任的关系调节效应显著。简单斜率检验表明(如图 13.18 所示),当孤独感水平较高时,高社会支持的老年人比低社会支持的老年人的人际信任水平表现出上升趋势($\beta=0.58, t=4.30, p<0.001$);但当孤独感水平较低时,高社会支持的老年人比低社会支持的老年人的人际信任水平表现出下降的趋势($\beta=-0.60, t=-5.31, p<0.001$);方程(13.3)中人际信任对老年人受骗倾向的回归系数显著($\beta=0.27, p<0.001$),当在方程(13.3)中将中介变量人际信任纳入回归模型时,社会支持与孤独感的交互作用仍然显著($\beta=0.11, p<0.05$),表明社会支持与老年人受骗倾向的关系中既存在调节效应也存在中介效应。

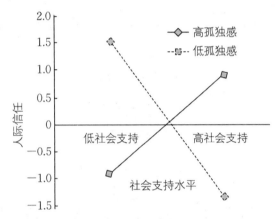

图 13.18 孤独感对老年人社会支持与人际信任关系的调节

以上研究发现表明,社会支持是老年人受骗倾向的预测因素;孤独感对社会支持与老年人受骗倾向的关系具有调节效应;人际信任对这一调节效应的发生起部分中介作用。

二、有调节的中介效应

Edwards 和 Lambert(2007)在讨论既有调节又有中介的模型时,将调节放到中介分析背景中,按中介过程的前半路径、后半路径、直接路径是否受到调节,组合出 8 种模型,但没有进一步分类。这里只考虑有调节的中介模型,将所有路径都没有受到调节的模型(即通常的简单中介模型)作为基准模型看待,也不考虑只有直接路径受到调节的模型(因为不属于有调节的中介模型),并将模型分成两类:只调节间接效应、同时调节间接效应和直接效应。

1. 类别一:只调节间接效应

假设要分析感恩(X)对青少年学业成就(Y)的影响。研究发现,日常性学业复原力(W)是感恩影响学业成就的中介变量(如图 13.19 所示),而压力性生活事件(U)调节了学业复原力对学业成就的影响(叶宝娟,杨强,胡竹菁,2013),如图13.20所示。中介效应等于中介路径上两个路径系数(回归系数)的乘积(温忠麟 等,2012;MacKinnon et al., 1995),因此对于图13.19所示模型,中介效应为ab,是不依赖于任何变量的参数。而对于图13.20所示模型,中介效应为$a(b_1+b_2U)$,是调节变量U的函数,即中介效应受到U的调节。

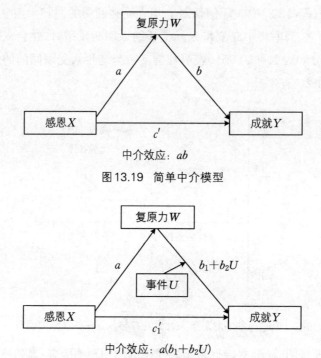

图13.19 简单中介模型

图13.20 调节后半路径的有调节的中介模型

在上述例子中,调节变量调节了中介过程的后半路径(如图13.20所示)。但理论上,调节变量也可以调节中介过程的前半路径,如图13.21所示,中介效应为$b(a_1+a_3U)$,或同时调节中介过程的前后两个路径,如图13.22所示,中介效应为$(a_1+a_3U)(b_1+b_2U)$(温忠麟 等,2012;Muller et al.,2005)。显然,图13.20和图13.21所示的模型,都是图13.22所示模型的特例(温忠麟 等,2012)。

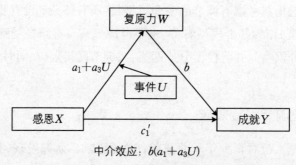

图13.21 调节前半路径的有调节的中介模型

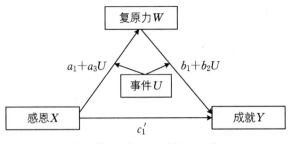

中介效应：$(a_1+a_3U)(b_1+b_2U)$

图 13.22 调节整个中介路径的有调节的中介模型

2. 类别二：同时调节间接效应和直接效应

前面所述的模型(图 13.19～图 13.22)，都没有考虑对直接效应的调节。如果在这些模型中调节变量还可以同时调节直接效应(Edwards, Lambert, 2007)，就可以分别得到如下模型：调节变量同时调节直接路径和中介过程的前半路径(如图 13.23 所示)；同时调节直接路径和中介过程的前半路径(如图 13.24 所示)；同时调节直接路径和中介过程的前后两个路径(如图 13.25 所示)。显然图 13.25 中的模型是最一般的有调节的中介模型，其余模型都是其特例。

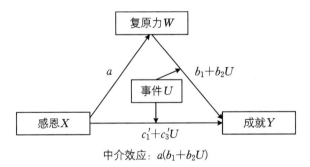

中介效应：$a(b_1+b_2U)$

图 13.23 调节后半路径和直接路径的有调节的中介模型

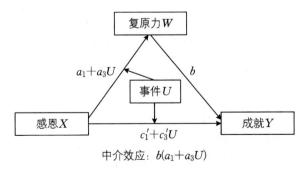

中介效应：$b(a_1+a_3U)$

图 13.24 调节前半路径和直接路径的有调节的中介模型

为了比较模型增加了调节直接效应前后的区别，比较图 13.25 所示的模型和图 13.22 所示的模型。为了检验直接效应是否受到调节，在做中介效应分析之前，先建立如下回归方程(即 Y 对 X,U 和 UX 的回归),如图13.26所示。

$$Y=c_0+c_1X+c_2U+c_3UX+e_1 \tag{13.10}$$

如果 c_3 显著,则应考虑调节了直接效应的模型(如图13.25所示)。

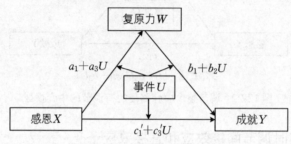

图13.25　调节全路径的有调节的中介模型

图13.26　简单调节模型

无论是图13.25还是图13.22所示模型,中介效应路径上变量之间关系没有差别,以 W 为因变量,可以得到如下回归方程(即 W 对 X,U 和 UX 的回归):

$$W=a_0+a_1X+a_2U+a_3UX+e_2 \tag{13.11}$$

写成 $W=a_0+a_2U+(a_1+a_3U)X+e_2$ 可知, X 对 W 的效应是 a_1+a_3U。

但因为直接路径上变量之间关系不同,以 Y 为因变量的回归方程有差别。对于如图13.22所示的模型,以 Y 为因变量,可以得到如下回归方程(即 Y 对 X,U,W 和 UW 的回归)

$$Y=c_0'+c_1'X+c_2'U+b_1W+b_2UW+e_3 \tag{13.12}$$

写成 $Y=c_0'+c_1'X+c_2'U+(b_1+b_2U)W+e_3$ 可知, W 对 Y 的效应是 b_1+b_2U,因而 X 经过 W 对 Y 的中介效应为 $(a_1+a_3U)(b_1+b_2U)$,这不难将式(13.11)中的 W 代入式(13.12)进行验算得到。对于如图13.27所示的模型,以 Y 为因变量,可以得到如下回归方程(即 Y 对 X,U,UX,W 和 UW 的回归)

$$Y=c_0'+c_1'X+c_2'U+c_3'UX+b_1W+b_2UW+e_4 \tag{13.13}$$

不难看出, X 经过 W 对 Y 的中介效应还是 $(a_1+a_3U)(b_1+b_2U)$。所以,无论直接效应是否受到调节,中介效应的代数表达式相同。检验流程如下:

以依次检验为例,有调节的中介效应显著意味着:

(1)做 Y 对 X 和 U 的回归, X 的系数显著;

(2)做 W 对 X 和 U 的回归, X 的系数显著;

(3)做 Y 对 X,U 和 W 的回归, W 的系数显著(到此为止说明 W 的中介效应显著);

(4) 做 Y 对 X,U,W 和 UW 的回归,UW 的系数显著。

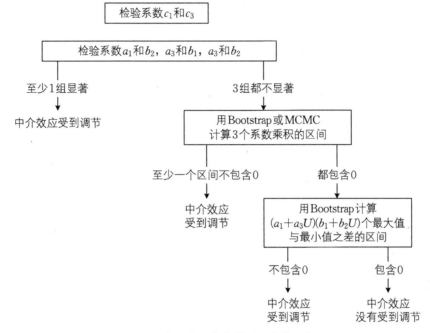

图 13.27　有调节的中介模型层次检验流程

由上述分析步骤可知,检验有调节的中介效应时,先要检验中介效应,然后再检验调节效应。下面以周玮等(2020)开展的一项关于亲子支持与老年人抑郁情绪关系的研究为例,介绍有调节的中介模型的分析思路。

周玮等(2020)采用问卷调查法,以362名老年人为研究对象,考察亲子支持与老年人抑郁情绪的关系,同时探讨安全感的中介作用以及情绪表达的调节作用。首先,他们根据周浩和龙立荣(2004)的建议,采用哈曼单因素检验法进行共同方法偏差检验,探索性因素分析的结果表明,析出的第一个公因子的解释率为35.46%,小于40%的标准,表明不存在明显的共同方法偏差。接着,可以得出相关分析的结果如表13.23所示,亲子支持、情绪表达、安全感、抑郁情绪之间两两相关,亲子支持与情绪表达、安全感均呈显著正相关,与抑郁情绪呈显著负相关;情绪表达与安全感呈显著正相关,与抑郁情绪呈显著负相关;安全感与抑郁情绪呈显著负相关。此外,由于年龄与情绪表达呈显著负相关,因此在后续的研究中将年龄作为控制变量。

根据温忠麟和叶宝娟(2014)提出的有调节的中介效应检验方法,考察亲子支持与抑郁情绪的关系,以及安全感在上述关系中的中介效应和情绪表达的调节效应。将所有变量进行标准化处理,然后用逐步分析法对3个回归方程进行检验。方程(13.1)估计情绪表达对老年人亲子支持与抑郁关系的调节效应;方程(13.2)估计情绪表达对亲子支持与老年人安全感的调节效应;方程(13.3)估计情绪表达对老年人安全感与抑郁情绪的调节效应,检验结果如表13.24所示。方程(13.1)中亲子支持显著负向预测老年人抑郁情绪($p<$

0.001),情绪表达显著负向预测老年人抑郁情绪($p<0.001$)。在方程(13.2)中,亲子支持、情绪表达对老年人安全感的预测作用均显著($p<0.001$),亲子支持与情绪表达的交互项对安全感的预测作用显著($p<0.001$)。方程(13.3)的结果表明,亲子支持、情绪表达对老年人抑郁情绪的预测作用均显著($p<0.001$),安全感对老年人抑郁情绪的预测作用也显著($p<0.05$),安全感与情绪表达的交互项对抑郁情绪的预测作用不显著($p=0.990$)。

表13.23 亲子支持、情绪表达、安全感、抑郁情绪的相关分析($N=362$)

	M	SD	1	2	3	4	5	6
性别[a]	—	—	1					
年龄	71.22	7.48	0.01	1				
亲子支持	77.82	18.09	−0.07	−0.08	1			
情绪表达	22.33	6.32	−0.07	−0.14*	0.61***	1		
安全感	66.38	13.47	−0.01	−0.09	0.54***	0.52***	1	
抑郁情绪	22.85	5.09	0.05	0.10	−0.60***	−0.62***	−0.49***	1

注:[a]性别为虚拟变量,男性=0,女性=1;*表示$p<0.05$,**表示$p<0.01$,***表示$p<0.001$。

综上,本研究对有调节的中介效应分析的结果表明,安全感在亲子依恋与抑郁情绪的关系中起部分中介作用,情绪表达在以安全感为中介的前半段路径中起调节作用。为了更清楚地解释有调节的中介模型,将情绪表达按平均数正负一个标准差分成高低两组,通过简单斜率分析进一步考察不同情绪表达能力下老年人对亲子支持与安全感的预测作用。结果表明,随着老年人情绪表达能力的提高,亲子支持对安全感的预测作用降低(从$\beta=0.49,t=6.52,p<0.001$到$\beta=0.24,t=3.35,p<0.01$),即较高的情绪表达能力减弱了安全感的中介作用(如图13.28所示)。

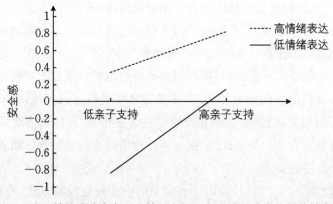

图13.28 情绪表达在亲子支持对老年人安全感影响中的调节效应

根据温忠麟等(2006)的建议,进一步对整合模型进行检验。结果表明,模型拟合程度较好($\chi^2/df=2.81,CFI=0.99,NFI=0.99,GFI=0.99,RMSEA=0.07$),如图13.29所示。其中,亲子支持显著负向预测抑郁情绪($\gamma=-0.28,p<0.001$)以及显著正向预测安全感($\gamma=0.34,p<0.001$),安全感显著负向预测抑郁情绪($\gamma=0.14,p=0.006$),表明安全感在

亲子支持与抑郁情绪之间起部分中介作用;情绪表达显著正向预测安全感($\gamma=0.52$,$p<0.001$),也显著负向预测抑郁情绪($\gamma=-0.46$,$p<0.001$),亲子支持与情绪表达的交互项显著负向预测安全感($\gamma=-0.08$,$p=0.031$),表明情绪表达在以安全感为中介的前半路径中发挥了调节作用。

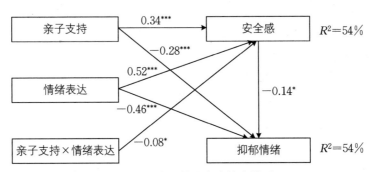

图 13.29　有调节的中介效应模型

注:R^2表示方差解释;*表示$p<0.05$,**表示$p<0.01$,***表示$p<0.001$。

此外,有调节的中介模型分析有时还会有更为复杂的情况出现,例如一个整合模型中的中介变量不是一个而是两个,并且这两个中介变量所构成的中介模型都受到同一个调节变量的影响,即有调节的双路径模型。下面以宋明华等(2018)开展的一项关于相对剥夺感影响网络集群攻击行为关系的研究为例,介绍有调节的双路径模型的分析思路。

宋明华等(2018)以598名大学生为被试,采用问卷法考察群体相对剥夺与网络集群攻击行为之间的关系,检验以群体愤怒和群体效能为中介变量的双路径模型以及群体认同在其所发挥的调节作用。首先进行共同方法偏差控制与检验,采用匿名施测、部分条目使用反向题等方式。除此之外,采用哈曼单因素检验法发现,特征根大于1的公因子有26个,第一个因子的解释率为26.67%,不存在明显的共同方法偏差。其次进行描述性统计分析,各变量的平均数、标准差和相关系数如表13.25所示,群体相对剥夺与群体认同、群体愤怒、群体效能、网络集群攻击行为呈显著正相关,群体认同与群体效能呈显著负相关,群体愤怒和群体效能均与网络集群攻击行为呈显著正相关。

表 13.25　各变量均值、标准差与相关系数($n=598$)

变量	M	SD	1	2	3	4	5
群体相对剥夺	5.42	0.73	1				
群体认同	5.67	0.10	0.20**	1			
群体愤怒	4.62	1.68	0.34**	0.03	1		
群体效能	4.91	1.36	0.13**	−0.14*	0.11	1	
网络集群攻击行为	4.05	1.34	0.23**	−0.02	0.43**	0.14*	1

注:*$p<0.05$,**$p<0.01$,***$p<0.001$,下同。

接着,就群体相对剥夺与网络集群攻击行为意向的关系进行有调节的双路径模型检验。按照温忠麟和叶宝娟(2014)提出的建议对模型进行检验(如图13.30所示)。结果表明,群体相对剥夺显著正向预测网络集群攻击行为($\beta=0.22,p<0.001$),群体相对剥夺与群体认同的交互项对网络集群攻击行为的预测作用不显著($\beta=0.13,p=0.122$)。群体相对剥夺与群体认同的交互项对群体愤怒的预测作用显著($\beta=0.17,p<0.01$),同时群体愤怒显著正向预测网络集群攻击行为($\beta=0.37,p<0.001$);同样地,群体相对剥夺显著正向预测群体效能($\beta=0.16,p<0.05$),同时群体效能与群体认同的交互项对网络集群攻击行为的预测作用显著($\beta=-0.13,p<0.05$)。这表明,群体相对剥夺、群体愤怒、群体效能、群体认同和网络集群攻击行为之间构成了有调节的双中介模型,群体认同在群体相对剥夺与网络集群攻击行为之间起到了不同的调节作用。

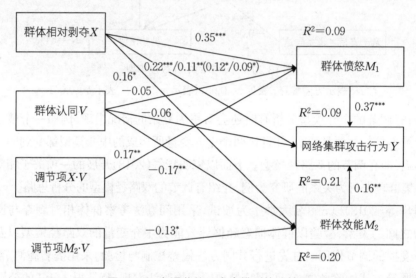

图13.30 有调节的双中介模型检验结果

注:系数均为标准化回归系数,括号内为加入分别以群体愤怒和群体效能为中介时,群体相对剥夺预测网络集群攻击行为的系数。主观阶层感知在方程中作为控制变量,出于简洁目的未在图中显示。

为进一步考察交互效应模式,进行简单斜率检验并依据回归方程取群体相对剥夺/群体效能和群体认同平均数正负一个标准差的值绘制了简单效应分析图(如图13.31、图13.32所示)。结果显示,对于高群体认同成员,群体相对剥夺对群体愤怒的预测作用显著($B_{simple}=1.18, SE=0.17, p<0.01$);对于低群体认同成员,群体相对剥夺对群体愤怒的正向预测作用减弱($B_{simple}=0.42, SE=0.18, p<0.01$)。同样,当群体认同水平较高时,群体效能对网络集群攻击行为的预测作用不显著($B_{simple}=0.06, SE=0.07, p=0.379$);而当群体认同水平较低时,群体效能对网络集群攻击行为有显著的影响($B_{simple}=0.32, SE=0.11, p<0.01$),即当群体认同水平较低时,群体成员的网络集群攻击行为既受到群体相对剥夺的直接影响,也受到群体效能的间接影响。

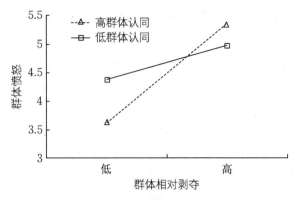

图13.31　群体认同在群体相对剥夺与群体愤怒之间的调节作用

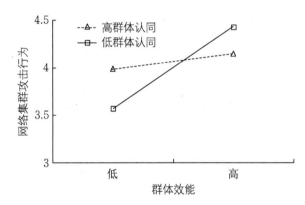

图13.32　群体认同在群体效能与网络集群攻击行为之间的调节作用

三、有中介的调节模型和有调节的中介模型

有时，有中介的调节效应和有调节的中介效应可能同时存在于一个自变量对一个因变量的影响过程之中。下面以 Song 等（2020）开展的一项关于攻击性特质对网络欺凌的影响的研究为例，介绍这种特殊情况的分析思路。

Song 等（2020）以 693 名大学生为被试，采用问卷法考察攻击性特质对网络欺凌的影响，并考察了攻击性信念和网络舆论在其中的作用。在对攻击性特质与网络欺凌的关系进行充分论证的基础上，提出假设1：攻击性特质显著正向预测网络欺凌（H_1）。基于特质激活理论（Trait Activation Theory），特质（攻击性特质）能否预测行为取决于情境中是否提供了特质关联线索。如果存在特质关联线索，则特质被情境激活，个体更多受到特质的影响，保持与特质相关的行为；反之，如果不存在特质关联线索，则特质不能被情境激活，个体更多受到情境的影响（Tett, Burnett, 2003），即攻击性特质对网络欺凌的影响会受到情境变量的调节。网络欺凌的发生离不开互联网这一主要载体，而互联网作为一种新的大众化媒体，网络平台的便捷性、匿名性以及交互性等特点，使其深受网民喜爱，当网民愿意利用网络平台来表达意见、观点和评论时,网络舆论应运而生(蒋万胜,刘晓荣,2011)。网络舆论(Network Public Opinion)作为传统舆论在网络世界延伸出的一种新型舆论形式,是指公众(特指网民)以网络为平台,通过网络语言或其他方式对某些公共事件所表现出的有一定影响力、带有倾向性的意见或言论(胡琪,2016)。尽管网络给人们提供了便捷,网络舆论中却存在着众多非理性和理性成分(蒋万胜 等,2013)。所谓网络舆论的非理性表达,是指网民仅根据自己主观的判断和偏好,未经严谨的思考而轻易对某一事件做出论断,具有情绪化、偏激化和负向性等特点(张志安,晏齐宏,2016)。研究表明,网络舆论的非理性表达氛围会引发"人肉搜索"、散布谣言、谩骂和恶意诽谤他人等行为(刘海中,2014;Çetin et al.,2011)。相比而言,网络舆论的理性表达会引导人们正确看待问题与事件,并对该问题或事件持有恰当的态度与信念,从而较少引发网络欺凌(邢旭东,2015)。此外,个体-环境交互作用模型也指出,个体行为是在个体和环境交互作用中形成和发展的,个体自身因素也会与环境因素产生交互作用从而影响个体发展(王艳辉 等,2017;Lerner et al.,2006)。个体在环境因素的作用下实施攻击行为,不同的网络舆论表达氛围会对攻击性特质个体与网络欺凌之间的关系产生调节作用。例如,网络舆论的非理性表达是一种群体评论的结果,处于该情境下的攻击性特质个体会因责任扩散而表现出更多的网络欺凌(龙晓丹,2014);网络舆论的理性表达会减少甚至改变攻击性特质个体对当前情境的负性判断,较少产生网络欺凌(Dewall et al.,2011)。基于此,提出假设2:网络舆论在攻击性特质与网络欺凌之间起调节作用(H_2)。根据一般攻击模型以及攻击的社会认知模型(Aggression Social Cognition Model),个体因素很少直接对个体的行为产生影响而往往是以个体内在认知过程为中介(刘文文 等,2015)。而攻击性特质作为个体的特质因素,往往也必须依赖内在的认知过程而得以产生攻击行为。研究表明,攻击性特质个体会根据自己积累的生活经验建构一种关于攻击性的知识图式,这种图式会影响个体的攻击性认知(Dewall et al.,2011),进而更容易形成攻击性信念。攻击性信念(Beliefs of Aggression)是指个体关于攻击行为可否用来解决争端和表达敌意或挫败感的一种观念(张林,刘燊,徐强 等,2017;Zhen et al.,2011),是攻击行为产生的主要诱因之一(Anderson,Bushman,2002)。相关研究表明,攻击性特质可以正向预测攻击性信念,攻击性越高的个体越倾向于认可和接受用攻击行为来解决争端和表达敌意(郑宏明,孙延军,2006;Adams,Ireland,2017)。同样,个体的攻击性信念反映了其对攻击行为的认可与接受程度,与攻击行为密切相关(张林,刘燊,徐强 等,2017;Anderson,Bushman,2002)。有研究发现,攻击性信念会显著影响人们对攻击线索的知觉,较高的攻击性信念会使他们倾向于将攻击行为视为社会认可或接受的一种应对方式(Maier,James,2014)。也有研究表明,个体对攻击行为的认知结构(攻击性信念)会显著正向预测传统欺凌(郑清 等,2017;Ang,2015;Lansford et al.,2003;Williams,Guerra,2007;Wright,Li,2013),而网络欺凌是传统攻击行为的特殊衍生形式(Wong et al.,2011),那么攻击性信念水平越高的个体可能会表现出更多的网络欺凌。基于此,提出假设3:攻击性信念在攻击性特质与网络欺凌之间起中介作用(H_3)。然而,不同的网络舆论表达氛围可能在网络欺凌相关的多重路径中扮演着特定且复杂的作用。例如,张林、刘燊、徐强等(2017)发现,反复暴露于暴力信息的虚拟情境容易激活和强化个体的攻击性图式,即形成记忆、情绪与攻击行为的自动化联结,从而促使个体更容易形成攻击性人格特质,逐渐影响或改变成年期个体对攻击行为的认知信念系统,从而引发个体的网络欺凌行为。相对于网络舆论的理性表达氛围而言,当攻击性特质个体接触到网络舆论的非理性表达的环境信息时,其内部的攻击性信念也会有所提升,个体对他人实施网络欺凌的概率也会相应地增加(Dewall et al.,2011;Kowalski et al.,2014)。因此,提出假设4a:网络舆论与攻击性特质的交互作用会通过攻击性信念间接影响网络欺凌(H_{4a})。由此,可以在假设H_1,H_2,H_3和H_{4a}的基础上针对攻击性特质和网络欺凌的关系构建一个有中介的调节模型(如图13.33所示)。

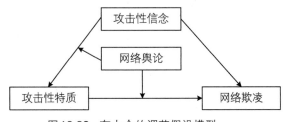

图13.33 有中介的调节假设模型

正如前文所述,根据一般攻击模型理论的观点,攻击行为的产生机制是个体因素与情境因素作为输入变量(如攻击性特质、网络舆论等),激活个体的内在信息加工模式,然后内在信息加工模式对输入变量进行认知处理后,激活攻击图式(如攻击性信念),最后按照攻击图式指引,引发攻击行为(Anderson,Bushman,2002;Dewall et al.,2011)。该理论特别强调攻击性特质对攻击行为引发的主导作用,一方面,攻击性特质会增加个体的敌意认知水平,产生敌意性解释,激活攻击图式;另一方面,它会干扰个体关于攻击性知识图式的建构,影响攻击性信念,进而引发攻击行为(Adams,Ireland,2017;Ang,2015;Wright,Li,2013)。攻击性信念是用来对行为可接受性进行评价的一种信念,个体根据自身对攻击行为的规范信念将他人行为意图进行攻击或非攻击的判断(Huesmann,Kirwil,2007)。它能有效预测不同规范信念个体攻击行为的发生概率,持有赞同攻击行为的规范信念与实际攻击行为呈显著正相关(Wright,Li,2013)。Wilkowski和Robinson(2008)在整合已有理论模型和实证依据的基础上提出了综合认知模型(Integrative Cognitive Model,ICM),认为不同的人格特质会影响个体的内部认知,进而导致不同的行为结果。这表明,个体的攻击性信念与网络欺凌有直接联系,个体特质因素对网络欺凌的影响可能需要通过攻击性信念才能发挥作用。例如,有研究发现,排斥观念与攻击性信念的共同作用会进一步强化个体的攻击行为(Poon,Chen,2014);攻击性信念在自恋人格特质与网络欺凌之间起部分中介作用(Ang et al.,2011)。作为一种重要的个体差异,攻击性特质对网络欺凌的影响很可能受到环境因素的调节。例如,父母控制这一家庭环境变量调节了特质自尊与网络欺凌的关系(Palermiti et al.,2017)。作为一种环境变量,网络舆论(Network Public Opinion)

对个体的思维和行为都有一定的影响(刘文文 等,2015)。换言之,网络舆论可能作为调节变量,调节攻击性信念对网络欺凌的影响。按照自我监管执行功能模型的观点(金童林 等,2018),有攻击性特质的个体遇事不能冷静,容易产生暴力认知和暴力情绪,导致自我监管执行功能失效,在受到网络舆论非理性表达氛围影响时,会提升个体的攻击性信念,出现冲动水平升高,自我控制能力降低,对行为产生的后果不能合理地预估判断,以及对行为的应对策略也不能正确合理地制定,因而他们在使用网络时极容易表现出网络欺凌。相较于传统舆论的环境,网络环境为舆论的形成提供了新的表达和讨论空间,也为公众讨论提供了相对自由的交流氛围,能直接反映出公众在网络空间中对某些公共事件的看法或观点(张志安,晏齐宏,2016)。其中,网络舆论表达中包括理性成分和非理性成分。相较于网络舆论的理性表达而言,网络舆论的非理性表达会影响人们对某一事件持有的态度与信念,进而会更容易引发网络欺凌(Çetin et al.,2011;邢旭东,2015)。按照认知联结理论,处于网络舆论非理性表达氛围时,高攻击性信念个体受到网络平台中具有攻击性言语的影响会更偏向于认可和接受用攻击行为来解决争端和表达敌意,从而促进了网络欺凌的发生;而处于网络舆论理性表达氛围时,个体受群体氛围影响会对某一事件持有恰当的态度与信念并做出理性判断,攻击性信念也不易被激活,相应地会减少网络欺凌的发生(刘文文 等,2015)。可见,个体处于不同的网络舆论表达氛围下,会影响其认知信念系统,从而导致网络欺凌的增加或减少(王刚,2017),具体而言,当处于网络舆论的非理性表达氛围下,随着个体攻击性信念的增加,其网络欺凌也随之增加;而当处于网络舆论的理性表达氛围下,随着个体攻击性信念的降低,其网络欺凌也随之减少。因此,提出假设4b:网络舆论调节了攻击性信念与网络欺凌的关系(H_{4b})。由此,可在假设H_1,H_2,H_3和H_{4b}的基础上针对攻击性特质和网络欺凌的关系构建一个有调节的中介模型(如图13.34所示)。

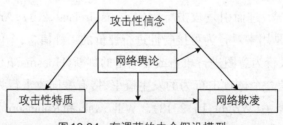

图13.34 有调节的中介假设模型

在心理与行为研究中,深入考察预测变量与因变量的关系时经常会受到"第三变量"的影响,即调节(Moderation)变量和中介(Mediation)变量。调节变量和中介变量都能解释预测变量与因变量之间的关系,但两者有差别。如果预测变量与因变量的关系是变量M的函数,就称变量M为调节变量。具体而言,调节变量能影响预测变量与因变量之间关系的方向(正或负)以及强度,调节变量可以是定性的(如性别、种族、学校类型),也可以是定量的(如年龄、受教育年限等)。当预测变量与因变量的关系强度时强时弱,或方向上有所改变时,常常要考虑调节效应。而中介变量的含义与此不同,如果在考察预测变量对因变量的影响时,预测变量通过变量M来影响因变量,就称变量M为中介变量。中介变量所起的作用是间接效应,用来说明预测变量是怎样通过它而影响因变量的。在检验中介效应或中介作用时就要考察三个变量之间的关系。首先假定预测变量与因变量相关显著,预测变量与中介变量相关显著,当中介变量加入时如果预测变量与因变量之间的相关或回归系数显著降低,就可以认为中介效应较为明显,当该回归系数降低到0时,称为完全中介作用(辛自强 等,2007)。如前所述,如果自变量攻击性特质与因变量网络欺凌的关系受到第三个变量网络舆论的作用,此时网络舆论是调节变量,影响攻击性特质和网络欺凌之间关系的方向(正或负)和强弱,如文中"攻击性特质"与"网络欺凌"的关系,受到"网络舆论"的影响,当处于网络舆论非理性表达氛围时,攻击性特质与网络欺凌呈显著正相关;而当处于网络舆论理性表达氛围时,攻击性特质与网络欺凌相关不显著。调节效应分析的目的是探究攻击性特质何时影响网络欺凌或何时影响较大(Muller et al.,2005)。如果自变量攻击性特质通过影响第三个变量攻击性信念来影响网络欺凌,此时攻击性信念是中介变量,代表的是一种机制,攻击性特质通过影响攻击性信念进而间接影响网络欺凌。中介效应分析的目的是探究自变量攻击性特质如何因变量影响网络欺凌(Muller et al.,2005)。如果一个模型包含不止三个变量,可能同时包含调节变量和中介变量,这些变量在模型中的位置和作用不同会产生不同的模型,有中介的调节模型(Mediated Moderator Model)和有调节的中介模型(Moderated Mediation Model),就是同时包含调节变量和中介变量的两种常见模型。其中,有中介的调节模型意味着自变量对因变量的效应受到调节变量的影响,而调节效应(至少部分地)通过中介变量而发挥作用(温忠麟 等,2006,2012;叶宝娟,温忠麟,2013;Baron,Kenny,1986)。也就是说,有中介的调节模型表示攻击性特质对网络欺凌的效应受到网络舆论的影响,而调节效应(至少部分地)通过攻击性信念而起作用。有调节的中介模型意味着自变量通过中介变量对因变量产生影响,而中介过程受到调节变量的调节(温忠麟 等,2006,2012;温忠麟,叶宝娟,2014;Baron,Kenny,1986)。换言之,有调节的中介模型表示攻击性特质通过攻击性信念对网络欺凌产生影响,而中介过程受到网络舆论的调节。但这两种模型的研究目的和研究重心截然不同,立论和解释也很不同。对于有中介的调节模型,重心在于考虑自变量攻击性特质与因变量网络舆论之间关系的方向(正或负)和强弱受到影响,即调节效应;然后考虑调节变量网络舆论是如何起作用的,即是否通过中介变量攻击性信念而起作用。而对于有调节的中介模型,重心在于考虑自变量攻击性特质对因变量网络欺凌的作用机制,即中介效应;然后考虑中介过程是否受到调节,即中介作用何时较强、何时较弱(温忠麟,叶宝娟,2014a)。有中介的调节模型能比较深入地探讨攻击性特质与网络欺凌之间的关系及其作用机制。既说明攻击性特质是网络欺凌的重要风险因素(是否有作用),又初步阐明了攻击性特质发挥作用的条件(何时起作用),还揭示了攻击性特质在不同条件下网络欺凌存在差别的重要原因(怎样起作用),该模型对网络欺凌现象的解释效力要高于单纯的调节或中介模型。有中介的调节模型拟考察网络舆论是否调节了攻击性特质与网络欺凌的关系,这种调节效应是否以攻击性信念为中介变量。而有调节的中介模型则能进一步探讨攻击性特质如何影响网络欺凌(中介机制)以及在何种条件下影响网络欺凌(调节机制)。中介机制可以回答自变量攻击性特质怎样对因变量网络欺凌起作用的问题,但只关注到变量关系发生的"过程"和"共性"问题,不能回答自变量攻击性特质对因变量网络欺凌的作用对谁更显著的问题,即变量关系发生的"条件"和"个性"问题。就该研究而言,攻击性信念的中介作用只能说明其是攻击性特质与网络欺凌的近端因素,攻击性特质通过攻击性信念进而影响网络欺凌。但攻击性信念的间接作用可能受到其他因素的调节作用,即对于个体处于某种情境而言,这种间接效应更为显著;对于个体处于另外一种情境而言,这种效应可能不明显。有调节的中介模型拟考察攻击性信念在攻击性特质与网络欺凌之间的中介作用以及网络舆论对"攻击性特质→攻击性信念→网络欺凌"这一中介路径的调节作用。

基于综上所述的相关理论以及实证结果,根据一般攻击模型和特质激活理论,将网络舆论、攻击性特质、攻击性信念三者结合起来,综合考察这些变量对网络欺凌的影响,并提出5个假设,同时检验有中介的调节和有调节的中介这两个竞争模型。此外,在攻击性特质与网络欺凌间引入攻击性信念和网络舆论,有助于深入了解攻击性特质对网络欺凌的作用机制以及该作用机制发生的条件,以期对网络欺凌行为预防和干预提供有效的理论依据。

各变量的平均数、标准差和相关矩阵如表13.26所示。相关分析的结果发现,攻击性特质与攻击性信念、网络欺凌均呈显著正相关,攻击性信念与网络欺凌呈显著正相关,网络舆论除了与攻击性特质呈显著负相关外,与攻击性信念和网络欺凌的相关均不显著。此外,网龄、年级、上网时间均与网络欺凌呈显著正相关,因此在后续分析中将网龄、年级、上网时间分别作为控制变量以探讨攻击性特质、攻击性信念对网络欺凌的独立效应。

表13.26 各变量的平均数、标准差和相关系数(n=693)

变量	M	SD	1	2	3	4	5	6	7	8
性别[a]	—	—	1							
年级	—	—	−0.07	1						
网龄	5.83	2.70	0.10	0.16**	1					
上网时间	4.00	3.01	0.20**	0.40**	0.27**	1				
攻击性特质	73.27	15.07	−0.04	0.09	0.04	0.21**	1			
攻击性信念	43.89	4.85	0.09	0.03	0.06	0.03	0.26**	1		
网络舆论[b]	—	—	−0.02	0.33**	0.10	0.06	−0.13*	−0.08	1	
网络欺凌	36.51	15.57	0.10	0.28**	0.18**	0.29**	0.52**	0.34**	−0.07	1

注:[a]性别为虚拟变量,女生=0,男生=1;[b]网络舆论为虚拟变量,非理性评论=0,理性评论=1;*p<0.05,**p<0.01,***p<0.001。下同。

根据叶宝娟和温忠麟(2013)的建议,如果有中介的调节模型满足以下3个条件,则表明有中介的调节效应存在(如表13.27所示):① 方程(13.1)中网络舆论对攻击性特质与网络欺凌关系的调节效应显著;② 方程(13.2)中网络舆论对攻击性特质与攻击性信念关系的调

第十三章 中介与调节效应分析

表 13.27 有中介的调节效应检验

变量	方程(13.1)(Y:网络欺凌)				方程(13.2)(M:攻击性信念)				方程(13.3)(Y:网络欺凌)			
	B	SE	β	95% CI	B	SE	β	95% CI	B	SE	β	95% CI
X	0.47	0.53	0.47***	[0.37, 0.58]	0.25	0.07	0.25***	[0.11, 0.39]	0.44	0.05	0.44***	[0.34, 0.55]
U	−0.17	0.05	−0.17**	[−0.27, −0.07]	−0.09	0.07	−0.09	[−0.22, 0.04]	−0.16	0.05	−0.16**	[−0.26, −0.06]
XU	−0.24	0.05	−0.24***	[−0.34, −0.14]	−0.28	0.07	−0.28***	[−0.41, −0.15]	−0.18	0.05	−0.18**	[−0.28, −0.08]
M									0.12	0.05	0.12*	[0.01, 0.22]
MU									−0.12	0.05	−0.12*	[−0.22, −0.01]
性别	0.16	0.10	0.16	[−0.03, 0.36]	0.17	0.13	0.17	[−0.09, 0.43]	0.14	0.01	0.14	[−0.05, 0.34]
年级	0.25	0.06	0.25***	[0.12, 0.39]	0.09	0.08	0.09	[−0.08, 0.26]	0.24	0.06	0.24***	[0.11, 0.37]
网龄	0.02	0.02	0.05	[−0.02, 0.05]	0.02	0.02	0.02	[−0.03, 0.07]	0.02	0.02	0.02	[−0.02, 0.05]
上网时间	0.03	0.02	0.03	[−0.01, 0.06]	−0.03	0.02	−0.03	[−0.08, 0.02]	0.03	0.02	0.03	[−0.01, 0.07]
R^2			0.54				0.20				0.56	
F			33.92***				7.39***				28.53***	

表 13.24 有调节的中介效应分析

	方程(13.1)(效标:抑郁情绪)			方程(13.2)(效标:安全感)			方程(13.3)(效标:抑郁情绪)		
	β	SE	95% CI	β	SE	95% CI	β	SE	95% CI
亲子支持	−0.30***	0.06	[−0.42, −0.19]	0.36***	0.06	[0.25, 0.50]	−0.025***	0.06	[−0.38, −0.13]
情绪表达	−0.55***	0.06	[−0.67, −0.44]	0.46***	0.06	[−0.33, −0.58]	−0.50***	0.06	[−0.62, −0.37]
亲子支持×情绪表达	0.06	0.04	[−0.01, 0.14]	−0.10***	0.04	[−0.20, −0.04]	0.06	0.06	[−0.05, 0.17]
情绪表达×安全感							−0.01	0.06	[−0.12, 0.12]
安全感							−0.12*	0.05	[−0.22, −0.02]
年龄	0.02	0.01	[−0.01, 0.01]	−0.04	0.01	[−0.01, 0.01]	0.01	0.01	[−0.01, 0.01]
R^2	0.33			0.38			0.33		
F	145.88***			118.79***			103.63***		

节效应显著;③ 方程(13.3)中攻击性信念与网络欺凌的关系显著。在每个方程中对预测变量进行标准化处理,并对网龄、年级和上网时间进行控制,所有预测变量的方差膨胀因子均低于1,因此不存在多重共线性问题。进一步对整合模型进行检验的结果表明,模型拟合程度较好($\chi^2/df=3.02$, $CFI=0.92$, $NFI=0.95$, $GFI=0.94$, $RMSEA=0.032$),如图13.35所示。其中,攻击性特质与网络舆论的交互项显著负向预测网络欺凌($\gamma=-0.23$, $p<0.001$);攻击性特质与网络舆论的交互项显著负向预测攻击性信念($\gamma=-0.27$, $p<0.001$);攻击性信念显著正向预测网络欺凌($\gamma=0.13$, $p<0.05$)。以上结果表明,网络舆论与攻击性特质的交互作用会通过攻击性信念这一中介变量间接影响网络欺凌。因此,有中介的调节模型成立。

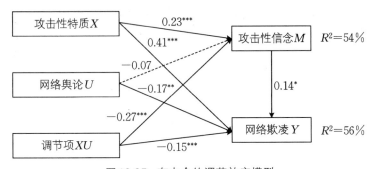

图13.35 有中介的调节效应模型

注:R^2表示方差解释率,虚线表示关系不显著。

根据温忠麟和叶宝娟(2014a)的建议,如果有调节的中介模型满足以下3个条件,则表明有调节的中介效应存在(如表13.27所示):① 方程(13.1)中网络舆论对攻击性特质与网络欺凌关系的调节效应显著;② 方程(13.2)中网络舆论对攻击性特质与攻击性信念关系的调节效应显著;③ 方程(13.3)中网络舆论对攻击性信念与网络欺凌关系的调节效应显著以及攻击性特质对网络欺凌残余效应的调节效应显著。在每个方程中对预测变量进行标准化处理,并对网龄、年级和上网时间进行控制,所有预测变量的方差膨胀因子均低于1,因此不存在多重共线性问题。进一步对整合模型进行检验的结果表明,模型拟合程度较差($\chi^2/df=3.02$, $CFI=0.72$, $NFI=0.85$, $GFI=0.74$, $RMSEA=0.078$),如图13.36所示。因此,有调节的中介模型不成立。

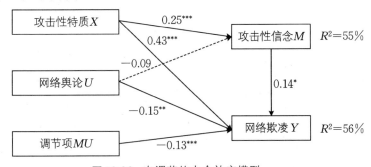

图13.36 有调节的中介效应模型

注:R^2表示方差解释率,虚线表示关系不显著。

由此,该研究仅考虑有中介的调节模型,即攻击性特质和网络舆论交互影响个体的攻击性信念与网络欺凌,攻击性特质和网络舆论的交互作用通过攻击性信念间接影响个体的网络欺凌。

为了更清楚地解释攻击性特质与网络舆论交互影响网络欺凌的实质,并依据回归方程取自变量和调节变量平均数正负一个标准差时的值绘制了简单效应分析图(如图13.37、图13.38所示)。检验发现,在非理性评论的网络舆论导向下,攻击性特质显著正向预测网络欺凌($b_{simple}=0.08, SE=0.06, p<0.001$);在理性评论的网络舆论导向下,攻击性特质对网络欺凌的正向预测作用减弱($b_{simple}=0.03, SE=0.09, p<0.05$)。同样,在非理性评论的网络舆论导向下,攻击性特质显著正向预测攻击性信念($b_{simple}=0.07, SE=0.07, p<0.001$);在理性评论的网络舆论导向下,攻击性特质对网络欺凌的正向预测作用不显著($b_{simple}=0.01, SE=0.08, p=0.600$),即当个体处于网络舆论非理性表达的情境时,攻击性特质直接影响网络欺凌。

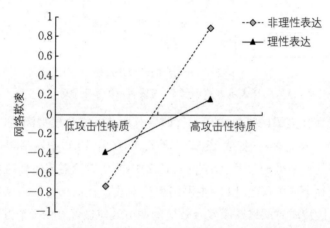

图13.37 网络舆论在攻击性特质与网络欺凌之间关系的调节作用

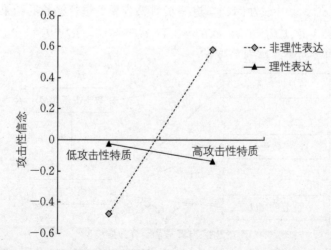

图13.38 网络舆论在攻击性特质与攻击性信念之间关系的调节作用

综上，攻击性特质显著正向预测网络欺凌，网络舆论对攻击性特质与网络欺凌的关系具有调节效应，攻击性特质在这一调节效应起中介作用。即在非理性评论的网络舆论导向下，攻击性特质不仅会通过作用于攻击性信念进而影响个体的网络欺凌，同时也会直接对网络欺凌产生影响；反之，在理性评论的网络舆论导向下，攻击性特质直接影响网络欺凌的发生。

四、Process 插件安装及其在有调节的中介效应中的应用

近年来，随着人们对变量间关系研究的深入，中介效应和调节效应分析已经成为行为科学研究领域重要统计分析。安德鲁·F.海耶斯（Andrew F. Hayes）基于SPSS和SAS的中介和调节效应分析程序，开发了用于进行中介和调节效应分析的插件Process。

（一）Process 插件安装方法

（1）下载Process安装包。可以通过Process官网（http://processmacro.org/index.html）中的Download自行下载安装包。

（2）安装Process。将安装包解压，打开SPSS软件，点击菜单栏上面的"实用程序"，在弹出的框中选择"定制对话框"→"安装自定义对话框"。在弹出的对话框中选择解压后的Process压缩包，并找到安装于SPSS中的插件，点击"打开"即可完成安装。

（3）检查安装。如果在"分析"→"回归"中可以看到 Process v3.3 by Andrew F Hayes，则说明安装成功，如图13.39所示。

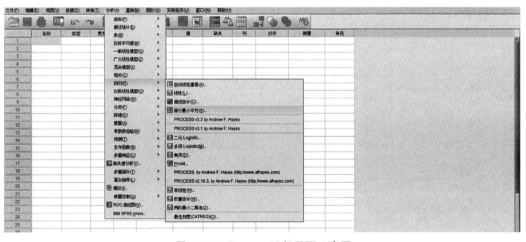

图13.39　Process运行界面示意图

（二）Process分析过程简介

下面以一项关于父母婚姻冲突对青少年攻击行为的研究中所使用的数据为例，简单介绍Process分析过程。

1. 中介效应的检验

中介效应检验需要使用Model 4，检验情绪安全感在父母婚姻冲突与青少年攻击行为之间的中介作用。操作步骤："变量放入相应位置"→"选择Model 4"→"Options"→"继续"→"确定"，如图13.40所示。结果如表13.28所示，情绪安全感在父母婚姻冲突与青少年攻击行为之间的中介效应显著，中介效应占总效应的24.53%，表明情绪安全感部分中介父母婚姻冲突对青少年攻击行为的影响。

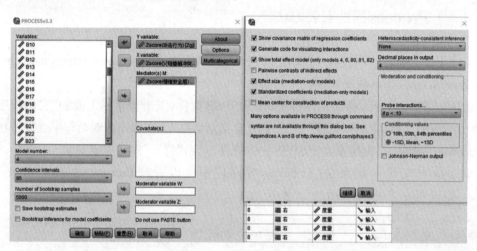

图13.40　中介效应检验

表13.28　父母婚姻冲突对攻击行为的中介效应检验

	效应值	Boot标准误	Boot CI下限	Boot CI上限	相对效应值
直接效应	0.4	0.04	0.33	0.47	75.47%
中介效应	0.13	0.02	0.09	0.18	24.53%
总效应	0.53	0.04	0.47	0.6	

2. 调节效应检验

调节效应检验需要使用Model 1，以检验学校联结在情绪安全感与青少年攻击行为之间的调节作用为例。操作步骤："变量放入相应位置"→"选择Model 1"→"Options"→"继续"→"确定"，如图13.41所示。结果表明，学校联结在情绪安全感与青少年攻击行为之间的调节效应显著，情绪安全感与学校联结的交互项对青少年攻击行为的预测作用显著，

Boot $SE=0.03$,95%的置信区间为$[-0.19,-0.06]$。随着学校联结水平的提高,情绪安全感对攻击行为的作用增强。

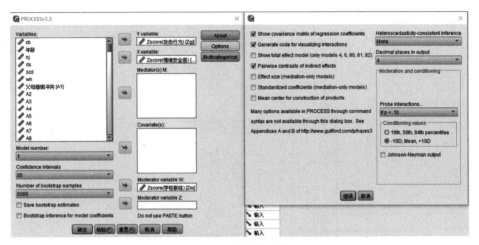

图 13.41　调节效应检验

3. 有调节的中介效应检验

假设学校联结在中介模型的三条路径中均起调节作用,即中介路径的前半段路径、后半段路径和直接路径。因此,研究者采用 Process 的 Model 59 进行检验,见图 13.42。根据 Muller 等(2005)以及温忠麟和叶宝娟(2014a)的观点,检验有调节的中介模型需要对 3 个方程进行估计。方程(13.1)估计调节变量(学校联结)对自变量(父母婚姻冲突)与因变量(攻击行为)之间关系的调节效应;方程(13.2)调节变量(学校联结)对自变量(父母婚姻冲突)与中介变量(情绪安全感)之间关系的调节效应;方程(13.3)调节变量(学校联结)对中介变量(情绪安全感)与因变量(攻击行为)之间关系的调节效应。结果如表 13.29 所示,说明学校联结在中介模型的后半段路径和直接路径上起调节作用。

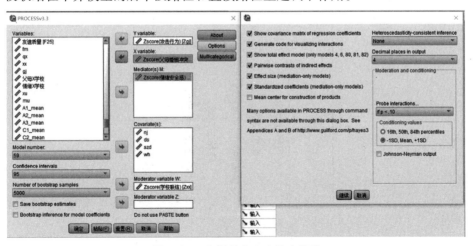

图 13.42　有调节的中介效应检验

表 13.29 有调节的中介效应检验

	方程(13.1)(效标:攻击行为)			方程(13.2)(效标:情绪安全感)			方程(13.3)(效标:攻击行为)		
	β	SE	95% CI	β	SE	95% CI	β	SE	95% CI
父母婚姻冲突	0.43***	0.04	[0.35, 0.50]	−0.33***	0.04	[−0.41, −0.25]	0.33***	0.04	[0.26, 0.41]
学校联结	−0.14***	0.04	[−0.21, −0.06]	0.08	0.04	[−0.00, 0.16]	−0.10**	0.04	[−0.18, −0.03]
父母婚姻冲突×学校联结	−0.04	0.04	[−0.11, 0.03]	−0.01	0.04	[−0.08, 0.07]	0.08*	0.04	[−0.15, −0.01]
情绪安全感							−0.26***	0.04	[−0.33, −0.19]
情绪安全感×学校联结							−0.13***	0.03	[−0.19, −0.06]
R^2	0.35***			0.24***			0.42***		
F	43.99***			26.12***			45.53***		

（三）Process 的优点

（1）操作简单。传统使用 SPSS 做中介效应和调节效应时，需要分布或分层回归，而在 SPSS 中使用 Process 插件进行运算时，则可以一步到位。分析结果是分布呈现，非常方便我们在论文中整理成规范的表格结果。

（2）功能强大。Process 能处理同时包含中介效应和调节效应的模型，中介变量和调节效应的数量和调节位置不同时，可以延伸出多种模型。Process 提供了 70 多种模型，分析过程中需要选择对应的模型，设置相应的自变量、因变量、中介变量和调节变量即可。

（3）自动化程度高。Process 专门用于分析中介效应和调节效应，除了常规的回归分析结果外，可以直接呈现直接效应和间接效应的估计值以及 Bootstrap 置信区间、Sobel 检验等结果。

（四）Process 的缺点

（1）Process 只能处理显变量路径分析模型，不能处理潜变量模型，潜变量需要使用结构方程模型。那么，处理中介效应或调节效应，是使用 Process 还是使用结构方程模型呢？需要考虑 3 个问题：一是样本量的问题。当样本量较小时，使用 Process 比较好，因为小样本的数据更接近 t 分布而不是正态分布，而结构方程模型主要用于处理大样本。二是测量误差问题。SPSS 只能处理显变量，不能分离测量误差，因而结果不如潜变量的结构方程模型精确。三是模型拟合度问题。SPSS 不能像结构方程模型那样提供模型拟合参数，不能进行模型的整体评价。

（2）在做调节效应分析时，自变量和调节变量都要纳入模型，而不能只是将交互项纳入模型，同时还需要注意变量的中心化问题。

五、有中介的调节模型和有调节的中介模型论文写作模板

1. 有中介的调节模型

第一步，确定好研究选题，以及自变量 X、中介变量 M、调节变量 U 和因变量 Y。

第二步，查阅文献，从理论层面论述清楚 X,M,U 和 Y 之间的关系，并提出相应的假设：论述 X 对 Y 的影响，提出假设 1；论述 U 在 X 影响 Y 中的调节作用，提出假设 2；论述 XU 对 M 的影响、M 对 Y 的影响，说明 U 在"$X \to Y$"上的调节效应（至少部分地）通过中介而 M 起作用，提出假设 3。如果 UX 不影响 M，但 X 影响 M，而 U 调节了 M 对 Y 的效应，说明后半路径受到了 U 的调节，结果是 U 间接调节了 X 对 Y 的效应，这是为了说明调节为

何会存在。

第三步,选择好被试群体,测量 X,M,U 和 Y 的量表/问卷。

第四步,进行共同方法偏差检验。

第五步,进行相关分析,只有相关显著才能进行有中介的调节模型检验。

第六步,进行有中介的调节模型,制表。

第七步,针对调节效应,绘图。

第八步,讨论与分析。

第九步,下结论。

2. 有调节的中介模型

第一步,确定好选题,以及自变量 X、中介变量 M、调节变量 U 和因变量 Y。

第二步,查阅文献,从理论层面论述清楚 X,M,U 和 Y 之间的关系,并提出相应的假设:论述 X 对 Y 的影响,提出假设1;论述 M 对 Y 的影响、X 对 M 的影响,提出假设2(论述中介变量 M);论述 U 在 X 影响 M 中的调节作用(前半路径)、U 在 M 影响 Y 中的调节作用(后半路径)、U 在 X 影响 Y 中的调节作用(直接路径)。

第三步,选择好被试群体,测量 X,M,U 和 Y 的量表/问卷。

第四步,进行共同方法偏差检验。

第五步,进行相关分析,只有相关显著才能进行有调节的中介模型检验。

第六步,进行有调节的中介模型,制表。

第七步,针对调节效应,绘图。

第八步,讨论与分析。

第九步,下结论。

【思考题】

1. 请谈谈你对于中介效应和调节效应的理解。
2. 请简述中介效应检验的流程。
3. 请简述多重中介分析的类型及其特点。
4. 请比较中介效应和调节效应的异同。
5. 请在中国知网自行检索关于有中介的调节效应和有调节的中介效应的研究论文并简要介绍两种模型的分析思路。

第十四章　社会科学研究方法新进展

第一节　变量间的网络分析模型及其应用[①]

一、网络分析概述

准确地描述和解释人类的心理与行为是科学心理学的主要目标之一。在过去几十年中,研究者采用潜变量模型[②]来描述和测量人类的心理与行为并取得了丰硕的成果。例如,人格心理学中的大五人格模型以个体不同的行为倾向作为观测变量,采用5个潜在的特质(如外向性)来描述不同个体在这些行为倾向上的差异,进而表征为个体间不同的人格特点(McCrae,Costa,2008)。又如,临床心理学中的《精神障碍诊断与统计手册(第5版)》将不同的症状作为观测变量,再将个体经诊断分类的精神障碍作为导致症状出现的潜变量。近年来,一种新的对个体心理特质进行描述的方法——网络分析模型(Network Analysis Model)——迅速兴起。此方法作为对潜变量模型的补充,为理解人类心理现象提供了新的思路,并逐渐被应用到人格与社会心理学、临床心理学、精神病学等领域的研究中。

网络分析的方法是将某一系统的特征和信息以网络的形式呈现,系统由"节点"(Nodes)和"连线"(Edge)组成。在传统的网络分析研究中,节点一般代表实体(神经元、车站、人),而连线代表实体之间的联系(突触、路线、人际关系)。在数据驱动下,节点与连线的变化特点显示出网络的特征。相较于这一类传统的网络分析模型,基于观测变量的网络分析模型(以下简称"网络分析")的节点是态度、感受、行为等观测变量,而连线则是这些观测变量之间的联系(Borsboom,2008),这一方法也称为心理测量网络(Psychometric Network)、症状网络(Symptom Network)或特质网络(Trait Network)。图14.1中左侧

[①] 本节改编自《变量间的网络分析模型及其应用》(蔡玉清 等,2020)一文,已征得通讯作者胡传鹏的同意。

[②] 本节使用潜变量模型作为Latent Variable Models的统称,关于潜变量模型下的不同理论见文献(Millar,2011)。

网络展示的是将高斯图论模型(Gaussian Graphical Model)或偏相关网络模型(Partial Correlation Model)运用于人格问卷中的三个维度数据所形成的网络。在网络分析方法中,高斯图论模型的应用最广泛,故本节随后将以高斯图论模型为主,介绍网络分析的基本原理、主要分析指标、特点及其在多个心理学领域的应用,并在此基础上具体讨论其他种类的网络模型及网络分析未来发展的方向。

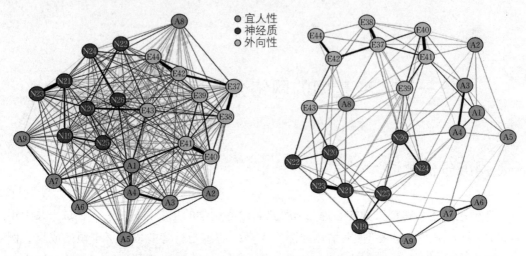

图14.1 简短大五人格问卷中宜人性(Agreeableness)、神经质(Neuroticism)和外向性(Extroversion)三个维度的偏相关网络模型(彩图见图版Ⅷ)

注:测量相同特质的问卷条目由相同颜色的节点表示(数据、代码及问卷条目见osf.io/g74dz/)。条目与条目之间的联系由连线表示,绿色连线代表正相关,红色连线代表负相关,连线越粗代表相关性越强。左:偏相关网络模型;右:GLASSO网络模型。

二、网络分析的基本原理

网络分析最早可以追溯到1735年伦纳德·欧拉(Leonard Euler)解决的哥尼斯堡桥梁建设问题(Newman,2001)。随着数学中图论(Graph Theory)的出现,网络分析及其数据拟合方法在20世纪得到了极大的发展,在自然科学与社会科学领域的研究中获得广泛应用,如信息科学中的网页网络(Web Network)和引文网络(Citation-based Network)、生物科学中的基因调节网络(Gene Regulatory Network)等。

仅考虑节点与节点间是否存在联系的网络称为无加权相关网(Unweighted Association Network)。例如,在社交网络分析中,根据提名法测量是否互为好友而建立的网络称为无加权网络,每条连线仅代表节点(这里表示个体)之间联系的有无。无加权网络仅通过有或无的二元分类描述节点之间的联系,因此往往无法完整描述系统特点,如对于心理学中采用连续型指标的研究,不仅需要描述观测变量间联系的有无,还需要考虑这些联系的强弱程度。此时,观测变量之间的联系更适合使用加权相关网络(Weighted Association Network)进行描述,连线在这一类型的网络模型中表征的是节点间联系的强弱(Borsboom,2008)。由于模型拟合方法的差异,研究者在无加权相关网络的指标的基础上增加了对连线加权值影响的考虑,从而获得加权相关网络中描述各节点以及网络整体结构的指标。Cramer等(2010)首次将加权相关网络应用于心理学的实证研究中,他们构建了精神障碍的网络来探讨重度抑郁障碍和广泛性焦虑障碍的共病,揭示了二者在症状上的广泛重叠。

Cramer等(2010)运用高斯图论模型来分析症状的关系网络,随后此模型成为采用网络分析处理横断数据的基础方法。不过,将网络分析应用于心理测量的数据时,由于节点数目众多,网络中可能存在许多"虚假"相关,即如果两个节点均与第三个节点相关,即使这两个节点本身无直接联系,但两者仍然可能在统计上呈显著相关。为避免这种情况带来的误导性,Lauritzen(1996)和Pourahmadi(2011)提出了一个解决方法:在网络分析中使用偏相关系数以更准确地表征节点之间的真实联系。偏相关网络模型是以加权相关网络为基础的一种模型(McNally et al.,2015),考虑了两节点间相关被另一节点影响的可能性,为进一步准确探究节点间的关系提供了途径(Borsboom,Cramer,2013)。偏相关系数的绝对值取值范围为0~1,某两个节点之间的偏相关系数指的是在保障网络中的其他信息恒定后这两点之间的相关,因此也称为"条件独立性相关"(Conditional Independence Association)。

在实际建模过程中,当网络中所有节点间的联系均以连线的形式展现时,网络图像会显得过于繁复而难以对结果进行有效解释。故研究者在偏相关网络模型的基础上,引入惩罚因子,如图像最小绝对值收敛和选择算法(Friedman et al.,2008),以删除网络中联系程度相对较弱的连线。通过减少连线数目,模型可以拟合出更容易被研究者解释也更具备预测准确性的网络结构。图14.1右侧网络为使用图像最小绝对值收敛和选择算法这一惩罚因子后的网络分析结果,和左侧网络相比,右侧网络更加简洁,也更能清晰地显示出网络中的重要连线,使得该模型更易解读。

基于偏相关分析的高斯图论模型仅适用于所有变量都是连续型变量的横断数据,研究者随后也提出了针对其他数据类型的网络分析方法。例如,对于二分变量数据,van Borkulo等(2014)提出了一种基于易辛模型(Ising Model)的网络分析方法,使用逻辑回归计算节点之间联系的强弱,该网络分析方法同样可以使用相似的惩罚因子来简化网络。又如,对于数据中既有分类变量也有连续变量的情况,Haslbeck和Waldorp(2020)提出了用混合图形模型(Mixed Graphical Model)来建立相应网络的分析方法。而针对纵向数据,研究者提出了采用变量之间的回归系数来表征节点连线数值的分析方法(Epskamp et al.,2018)[①]。在纵向网络模型中,由于变量测量在时间上有先后顺序,变量之间的相互预

---

① 一般来说,针对纵向数据所进行的网络分析将会形成两种网络:以回归系数作为节点指标的纵向网络,以及以偏相关系数(此处指回归残值之间的偏相关系数)为节点指标的横向网络(Epskamp et al.,2018)。

测成为了可能。针对不同种类的纵向数据,研究者逐步发展出了其他种类的网络模型,如针对单一观测变量时间序列数据的向量自回归模型(Bringmann et al.,2013)和主成分自回归模型(Bulteel et al.,2018),针对多个观测变量的多层自回归网络模型(Epskamp et al.,2018)以及针对少数几个测量时间点的交叉滞后网络模型。这些模型都能计算下面所介绍的网络模型指标,只是在模型假设、模型构建和模型拟合过程中有所差别。限于篇幅,本节不对这些模型展开具体介绍。

三、网络分析的主要指标

网络分析采用高斯图像模型为基础构建变量间网络,可以得到传统潜变量模型难以捕捉的、对观测变量间关联和结构进行描述的指标。在实际研究中,这些指标可以给研究者提供关于变量间联系的新视角,从而帮助解决潜变量模型无法应对的研究问题(尤其是探索性研究问题)。具体而言,网络分析的指标包括描述节点特征的指标和描述网络整体特征的指标。

(一)描述节点特征的指标

1. 中心性

中心性(Centrality)反映了一个节点与其他节点联系的多少、强度以及紧密程度,改变中心性高的节点会影响更多其他节点。中心性是显示节点特点的重要指标:一个节点的中心性衡量了其与其他节点的直接相关程度(Costantini, Richetin, Borsboom, et al., 2015)。中心性包括三个具体指标:点度中心性(Degree)、接近中心性(Closeness)和中介中心性(Betweenness)。对于无加权网络来说,一个节点的点度中心性是与该节点直接相连的其他节点的数量;但这一指标未考虑网络中不与该节点直接相连的其他部分,故无法估计该节点在整个网络中的重要性和地位。而接近中心性和中介中心性引入了最短路径距离(Shortest Path Length, SPL)的概念,将网络中所有节点都纳入衡量特定节点中心性的标准(Bringmann et al.,2013),因此可以衡量某节点在整个网络中的地位。

在无加权相关网络中,两节点之间的SPL为连接两者所需最短连线的数目。例如,如果两节点直接连接,则SPL为1;如果两节点无法通过任何连线相连,则SPL为无穷大。接近中心性是网络中所有其他节点到该节点的SPL之和的倒数,因而当网络中存在相互分离的不同部分时,即存在某些节点无法通过连线相互联系时,该网络中所有节点的接近中心性均为0。中介中心性也和最短路径密切相关,它表示的是某节点在其他任意两节点最短路径上的频率。从变量互动性的角度来理解,接近中心性相对较高的节点相对更容易通过直接(SPL=1)或间接(SPL≠1)的方式被其他节点的变异所影响(Costantini et al.,2015);而中介中心性相对较高的节点往往在变量互动过程中发挥了非常重要的作用,直接或间接参与了网络的变化过程。

对于加权相关网络来说,在计算SPL时需要在无加权相关网络SPL的基础上考虑连线加权值(Weights of Edges)和连线数量(Numbers of Edges)的影响。早期研究仅将连线加权值纳入最短路径指标和中心性的计算中,而忽略了连线数量(Freeman,1978)。某节点所有连线的加权值之和作为该节点的点度中心性指标,称为强度(Strength),此时两节点的最短路径被定义为连结两点所有可能路径中连线加权值的倒数之和的最小的路径。在这一定义下,某节点的最短路径可能并非是两节点间连线数量最少的路径,如图14.2中A和B之间的最短路径为A—C—B(即$1/0.5+1/0.2=7$),而非A—B($1/0.1=10$)。

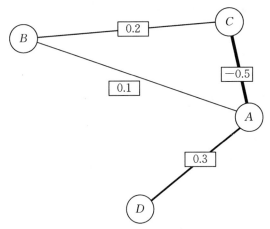

图14.2 包含4个节点的加权网络示意图
注:各连线间加权值如各连线上数值所示。

但最近的学术共识认为加权值和连线数量都是衡量节点重要性的因素,因此都需要被纳入最短路径、接近中心性和中介中心性的计算之中;然而,在不同的网络中,二者的相对重要程度应该有所不同。因此,Opsahl等(2010)引入调整参数α来调节不同网络中计算中心性时加权值和连线数量的比重:当α为0时,不考虑加权值;当α为1时,不考虑连线数量。

2. 可预测性

尽管中心性反映了特定节点与相连节点之间的联系,但它无法表明该节点在多大程度上受到与它相连的其他节点的影响,即该节点的变异在多大程度上被那些与之相连的节点的变异所解释。为了在加权相关网络中量化这一指标,Haslbeck和Waldrop(2020)提出了可预测性(Predictability)这一指标来表示某一节点的变异在多大程度上可以由与其相连节点的变异所预测(其逻辑类似于回归分析中的解释率)。网络中所有节点的平均可预测性反映了该网络受到网络外因素(如环境和生物因素)的影响程度,如果平均可预测性较高,则表明该网络结构内部能较好地相互预测,外部因素能解释的变异较少。

3. 集群性

集群性(Clustering)关注的是与某一特定节点相连的其他节点之间的联系。这里需要引入"三角"的定义：对某一节点以及与它相连的任意两个其他节点而言，如果这3个节点形成了一个"三角"（如图14.2中三个节点A,B,C），网络中的信息就可以在三点间自由流动。一个节点的集群性通过聚集系数衡量，具体为该节点与相连节点真实形成的三角个数与可能形成的三角个数的比值。如对于图14.2中的A节点，其真实形成的三角只有"ABC"，共一个，而其可能形成的三角为"ABC""ACD"和"ABD"，共3个，因此节点A的聚集系数为1/3。

在实证研究中，中心性、可预测性和集群性会提示网络中某一节点（即观测变量）的地位、特点和利用价值。例如，在精神障碍的网络中，点度中心性越高的症状可能对病人的影响也越大[①]，因为出现这一症状的患者同时出现其他症状的可能性也较高(McNally et al., 2015)。接近中心性和中介中心性则衡量了节点对网络整体信息传递的重要程度(Costantini, Richetin, Borsboom, et al., 2015; Freeman, 1978)，根据网络分析的假设，两个节点之间的信息往往通过两者之间的最短路径传递(Costantini, Richetin, Borsboom, et al., 2015)。接近中心性较高的症状，由于它与精神障碍网络中其他症状的总体距离较近，它产生的影响会较快蔓延到其他症状上(Borgatti et al., 2009)。而中介中心性较高的节点，由于它对网络中其他节点的最短路径影响较大，当它从网络中被移除的时候，信息的传递成本（总体路径）大大增加。在共病相关的研究中，共病网络的桥接症状往往中介中心性较高，这些症状同时影响着多个不同精神障碍里其他症状的发生和发展(McNally, 2016)。再如，可预测性在临床治疗中具有重要意义：就个体症状而言，当某一症状可预测性很低时，希望通过改变其相连节点以改善这一症状的做法是难以奏效的；就疾病网络而言，当某精神障碍的平均可预测性较高时，采用外部因素来治疗该精神障碍的难度则可能较高(Haslbeck, Fried, 2017)。

（二）描述网络整体层面的指标

1. 连接强度

连接强度(Connectivity)与网络中所有节点两两之间的最短路径长度的均值（习惯上以L来表示）相关[②]。L越小，该网络的连接强度就越大。如前文所述，加权网络和无加权网络具有不同的最短路径长度的计算方法，相应地，连接强度的计算方式也不同。网络连

[①] 由于横向数据中的相关性无法推测因果结论，无法验证点度中心性高的症状是否确实对病人有更严重的影响，基于此作结论需要更加谨慎。

[②] 需要注意的是，在这一定义下，连接强度不适用于存在孤立节点（不与同一网络中其他任何节点相连的节点）的网络，这是因为孤立节点与其他任何节点的最短路径长度均为无穷大。在这种情况下，一如下文中所演示的，推荐计算网络中某一组成成分的连接强度。

接强度越高,整个网络的连接就越紧密,内部稳定性越高,即需要移除更多的节点来使剩下的节点不再相连(Tio et al., 2016)。网络连接强度是比较两个网络是否相同的重要指标之一(van Borkulo et al., 2014),假设图14.2代表基于女性样本的网络1,节点A,B,C两两相连,仅有A和D相连,B和C与D不相连;在另一个基于男性样本的网络2中,节点B,C,D相连,仅有B与A相连,C和D与A不相连。通过对比发现,网络1和网络2的结构不同,但连接强度相同。

2. 传递性

传递性(Transitivity)即全局聚集系数,和节点的聚集系数具有高度相关性。与计算聚集系数使用的"三角"相对应,当三节点间仅有两条连线时,即形成"相连的三节点",如图14.2中A,B,D三节点间有两条连线,形成了一个"相连的三节点",而一个三角(如"ABC")则包含3个"相连的三节点"。Newman(2003)定义无加权相关网络中传递性为三角个数的3倍与"相连的三节点"个数的比值,Opsahl和Panzarasa(2009)将传递性指标拓展至加权相关网络中。传递性越高,表明网络中可探测到的3个节点形成的聚集体越多,变量更容易两两聚集而非离散性地相互联系(Costantini, Richetin, Borsboom, et al., 2015)。虽然网络传递性与连接强度都与网络整体连线密度相关,但两者也有着重要区别:当网络中存在相互分离的几个部分时,网络的总体连接强度为0而传递性却可能很强。

3. 小世界

小世界指标(Small-Worldness Index, SWI)通过同时考虑平均最短路径长度和全局聚集系数后计算得到,$SWI=(C/C')/(L/L')$,其中L和C为该网络的最短路径长度和全局聚集系数,L'和C'为具有相同节点数和连线数的ER随机网络(Erdős, Rényi, 1959)[①]的相同指标。小世界指标反映的是,和随机网络相比,任意两节点通过其他节点产生联系的难易程度(Marcus et al., 2018)。当SWI大于1(或严格条件下大于3)时,该网络具有小世界特点,即具有高连接强度、节点间平均路径较短、整体联系紧密等特征(Borsboom, Cramer, 2013)。

描述网络整体特征的3个指标(连接强度、传递性以及小世界指标)对于理解心理现象具有启示性意义。例如,Cao等(2019)对不同性别的青少年创伤后应激反应症状的网络分析发现,女性网络结构的连接强度较高,较难取得积极的治疗效果,因此建议在医疗资源匮乏的情况下,可能应该优先对女性采取干预措施。又如图14.1所示的人格网络分析模型中,小世界指标为1.38,即在不严格的条件下该网络具有小世界的特点,说明大五

[①] ER随机网络是由匈牙利数学家保罗·埃尔德什(Paul Erdős)和阿尔弗雷德·雷尼(Alfréd Rényi)提出的随机图理论(Random Graph Theory)建立的随机网络,可以通过确定一定的节点数和连线数建立,也可以通过确定的一定的节点数以及各连线可能存在的概率确定,这一理论开创了对复杂网络结构的系统性分析。

人格问卷中某人格"特质"下某一行为条目并非仅单一与该特质所包含的其他行为条目相关,反而是在各个条目所测量的行为间存在广泛的联系。

需要注意的是,上述对网络整体描述的指标不仅适用于整个网络,也适用于网络中不与成分外节点相连而独立存在的各个组成成分。在一些网络中,存在包含节点数目众多(无明确标准,一般50%左右)的组成成分,这时这种组成成分被称为巨大组成成分(Newman,2001),对于这些具有巨大组成成分的网络,对巨大组成成分特征的分析往往比对网络整体特征的分析更加重要。

四、网络分析的特点

网络分析关注变量之间的相互联系,通过统计建模突出其中的重要部分,因此可以揭示在潜变量模型中难以看出的数据模式。在心理学实证研究中,网络分析主要具有以下特点:

1. 关注观测变量之间的联系

网络分析不必依赖潜变量的定义,可以基于观测变量构建模型,并认为各个观测变量之间具有相关性,因而可以直接分析各个观测变量之间的关系。在众多潜变量模型中,由于假定潜变量为同一维度下观测变量的共同成因,观测变量之间的相关性完全由潜变量解释,即观测变量具有"局部独立性"(Lazarsfeld,Henry,1968);观测变量仅作为测量潜变量的指标,各观测变量之间的关系不作为模型关注的焦点。但心理构念是否必然涉及潜变量(共同成因)是个具有争议的话题。例如,在医学中癌症的各种症状的共同原因可能是肿瘤;但与癌症不同,抑郁症可能不存在一个导致各种症状的共同原因——"抑郁因子",精神障碍更有可能是由不同显性症状间互相促进和影响所最终导致发生和发展的。因此,网络分析方法作为对潜变量模型的补充,能构建和拟合观测变量之间相互作用的系统(如估计抑郁症各个症状之间的相互促进和作用),从而针对同样的研究课题提供了与潜变量模型不同视角的注解。不过需要注意的是,在理解和定义心理构念时,网络分析和潜变量模型具有相似的局限性,即无法直接通过各个观测变量来定义心理构念。网络本身并非等同于心理构念,它也只是描述心理构念的一种方法。

此外,观测变量与潜变量之间的对应关系也存在理论与实践的冲突,观测变量只能受一个潜变量影响的假设也被认为太过严格[①],如在诊断精神障碍时,许多症状出现在多种精神障碍的诊断标准里(如失眠、易激惹等)。网络分析允许观测变量相互影响,更符合实践中症状出现和发展的模式,相较而言,某单一的精神障碍潜变量并非解释这些症状间相互影响的成因。另一方面,研究者可以通过中心性等相关指标来量化不同节点在网络中的重要性,这符合实践中症状跨多个心理/心理障碍系统而相互联系的已有发现。例如,

---

① 一些潜变量模型也可以接受一个观测变量受多个潜变量的影响,例如探索性结构方程模型。

McNally(2016)提出共病中的桥接症状由于具有高中心性,因此对整个网络结构具有重要作用;Fried等(2015)对丧偶和抑郁症状的网络研究发现,孤独感是两者相互关联的最重要因素。

2. 观测变量之间的互动性

网络分析可以用于研究不同节点(观测变量)之间的互相影响及其随着时间的变化过程(通过构建观测变量间的纵向模型)。例如,精神障碍中的症状和症状之间可能互为因果并相互影响,导致严重程度不断加深(Schmittmann et al.,2013)。在开始阶段,这一过程似乎均发生在症状水平(观测变量)上,而非发生在精神障碍水平(潜变量)上。研究这种互动关系的重要意义在于理解不同症状之间的因果关系以及这些关系随着时间的变化进程,从而帮助研究者开发更有针对性的干预治疗方案。

有研究发现受同一种精神障碍困扰的不同个体出现的症状表现可能完全不同,症状之间的相互联系也迥异。例如,对于有失眠症状的重度抑郁个体来说,抑郁的成因在于压力、失眠、注意力集中问题;而对于由躯体症状导致抑郁的个体来说,则可能是压力、血压上升、心肌梗死、情绪低落、容易疲倦、失眠(Borsboom,Cramer,2013),对两者的干预理应有不同的侧重点。再如Isvoranu等(2017)分析童年期创伤与后期精神疾病的关系发现,在后期测量精神错乱的三个维度(正性症状、负性症状、普通精神病理症状)中,只有普通精神病理症状维度与童年创伤具有直接联系,而正性和负性症状则通过普通精神病理症状与童年创伤相关联。基于以上论述不难发现,网络视角下不同观测变量在系统中的作用不同,因而是系统发展和变化的重要影响因素。

3. 整体性

网络分析将所有的观测变量纳入网络之中,从网络整体变化的角度来考查某一心理/行为系统的发生发展过程。例如,Cramer等(2012)从网络分析的角度指出,人格可能是一个完整的心理系统,其形成受到遗传生物因素的影响,而在成长过程中,又不断与环境中的因素进行互动,主动寻找适合自己的行为模式,最终达到一种平衡的状态。举例来说,容易感到受威胁的人会主动回避新的环境,避免与陌生人交往,因此感到紧张和孤独。这里的"感到紧张""感到孤独""容易感到受威胁"相互影响而形成了这些人行为的稳态,而并非是受到了"神经质"特质的潜在影响。如果这个个体经历了成功的社交,其可能会增加与陌生人交往的次数,紧张、孤独和受威胁感可能也会有所减少,所谓"牵一发而动全身"。即使一次外部反馈无法完全改变个体的行为模式,也可能改变系统中的相关成分,这种变化不需要通过改变一个假设的人格潜变量(如改变神经质或外向性的特质)以影响整个系统,仅需要通过改变特定的观测变量及其与其他观测变量的联系就可形成。精神障碍系统也可能如此,症状与症状之间相互影响而形成稳定的系统,即达到某种精神障碍的诊断。一种治疗方式首先作用于一个或几个特定的症状,通过改善这些症状,其他相关症状也间接受到改变,当治疗到达某一时刻,特定症状的严重程度及症状之间的联系发生改变,随后系统整体状态发生改变。

当然,除以上提及的3个特点之外,网络分析还有其他的特点。例如,它能在短时间内构建关于数十个甚至数百个观测变量之间关系的模型,从而提供探索和挖掘复杂心理系统(如人格系统、精神障碍系统或政治信念系统)的可能性。网络分析可以全局性地展现变量之间的复杂联系,描绘出关于心理现象的"宏大画面"。再如,网络分析具有较好的可视化特点——网络分析所构建的变量间的网络本质上已经是一个可视化的图谱(如图14.1所示)。在实际运用中,受益于R语言程序包,如Graph(Costantini,Epskamp,Borsboom,et al.,2015)的发展,通过寥寥几行代码,研究者就能够直观清晰地展现出节点与节点之间以及整个网络复杂的结构特征(Marcus et al.,2018;McNally,2016)。

五、网络分析的应用

网络分析作为一种新方法,近年来在心理学研究中得到了广泛应用,尤其是被应用于人格心理学(Cramer et al.,2012)、社会心理学(Dalege et al.,2018)和临床心理学(Borsboom,Cramer,2013)。以下分别举例说明网络分析在这些领域的实际应用。

1. 人格与社会心理学领域的应用

在人格心理学中,网络分析常常被应用于传统的人格测量问卷所测得的数据,其将问卷条目作为网络中的节点,以条目之间的偏相关为连线来建构网络。通过总结目前已有的研究,网络分析能从如下三个方面增进我们对人格的理解。

(1)获得新的数据模式,从而对人格的潜变量模型得出的结论提出补充和修正。除图14.1所示的案例外,研究者在对大五人格进行网络分析时发现,宜人性和外向性的条目相互渗透,说明测量宜人性维度有关的条目之间的相关性并未强于这些条目和外向性维度有关的条目之间的相关性,两者很难相互区分。从条目本身来看,外向性的一些条目(如喜欢和别人交谈)和宜人性的一些条目(如愿意花时间与别人在一起)确实具有很高的相似性和内在的行为联系(Cramer et al.,2012)。另外,从基因的角度对神经质进行分析发现,在条目的水平上,与神经质不同条目相关的基因显示出异质性,并不符合潜变量模型提出的各变量需要保证同质性的前提假设(Nagel et al.,2018)。对人格障碍的网络分析则补充了现有的理论体系:对自恋型人格障碍的网络分析发现具有病态自恋人格结构的个体的自恋特质较少受其他特质的预测(Pierro et al.,2018);Hyatt等(2018)对自恋和自尊进行网络分析揭示了自恋和自尊的联系(果敢的交友取向)与区别(自恋与冷漠无情、不切实际、贬低的态度有关,而自尊与这些行为特点则无关)。

(2)突破先前研究所提出的理论。结合人格心理学研究中原先各自独立的研究话题或研究领域,将所有相关信息绘制成易于解读的变量间网络,网络分析承担了一个很好的"桥梁"角色,推动了不同研究话题的互动和跨领域的理论突破。例如,在探索成人气质与人格特质的相关网络时,研究者发现人格能被视为由气质和其他特质组成的复杂结构,分析得到了4个集群而非常见的"大五"人格的5个维度,即:① 外向性;② 思维、尽责性和宜人性;③ 灵活性、开放性和想象性思维;④ 神经质(Wechsler et al.,2018)。

(3) 交叉验证通过人格的潜变量模型所获得的研究结果。例如,对"黑暗三角"人格特质开展网络分析后,研究者验证了操纵人际关系和冷漠无情是该人格特质网络中的核心(Marcus et al.,2018),这一发现交叉验证了之前潜变量模型的结果(Jones,Figueredo,2013)。相似的验证还有对尽责性的研究,研究者通过探索性因素分析和网络分析中的集群性特征分析均发现尽责性显现出负责、冲动控制、有序和勤奋4个维度(Costantini et al.,2015b)。

网络分析也开始应用于社会心理学领域。例如,态度的因果网络结构研究为理解态度的形成(信念、感受和行为的相互作用)、维持和改变的原因及其强度提供了探索性的证据(Dalege et al.,2016)。实证研究指出个体的政治兴趣能预测个体关于总统候选人态度的网络的连接强度,而网络的连接强度又与态度的两个决定性因素(态度的稳定性和态度对行为的影响程度)显著相关(Dalege et al.,2018)。结合前人研究以及网络分析的视角,Brandt等(2019)提出了"政治信念系统"的概念,他们认为个体的各种政治信念组成了一个网络,其中处于核心地位的是一些象征性的信念,而处于边缘地位的则是对于具体政策的态度。不过,网络分析方法在社会心理学领域的应用尚属于探索阶段,此技术巨大的潜力仍有待挖掘。

2. 临床心理学领域的应用

在临床心理学中,网络分析的应用主要包括探索传统精神障碍诊断标准中症状的网络结构、探索不同精神障碍的共病情况以及探索干预对某个症状以及对整个症状网络的影响这3个方面。

(1) 网络分析为理解传统精神障碍诊断中不同症状之间的关系提供了新的视角。研究者采用无加权网络分析的方法,探索了不同精神障碍的症状之间的网络结构。总的说来,目前所使用的精神障碍的诊断标准具有以下特点:① 复杂性,即精神障碍网络中不同成分的复杂交互作用;② 症状(节点)与组成成分协同回应性,即精神障碍网络中组成成分对症状的变化产生协同回应;③ 直接因果关系,即网络结构由症状间联系产生;④ 精神障碍服从网络结构,即网络中一些症状间的联系更紧密,这些症状集群后相互作用引发其他症状;⑤ 滞后效应,即精神障碍是由于较强联系的症状出现滞后效应所导致的,原因是引发症状的事件消失后已被激活的症状间仍能相互激活。

(2) 网络分析较好地描述了不同精神障碍的共病状况。网络分析通过描述节点的特征来推断节点在网络中的作用,因此能很好地识别不同精神障碍网络之间的"桥接"节点,即共病的症状。除前述Cramer等(2010)探究重度抑郁障碍和广泛性焦虑症的共病机制的研究外，Ruzzano等(2015)探索自闭症与强迫症的共病机制发现，虽然刻板的重复行为是两者所共有的症状诊断标准，但网络分析结果显示孤独症与强迫症是两个完全不同的症状集群，除共有的刻板重复行为外，两者症状间少有直接相关。这从另一个角度证明了网络分析能对精神障碍的共病性进行深层的梳理，从而识别易共病与不易共病的精神障碍。Afzali等(2017)对创伤后应激障碍和重度抑郁障碍的共病机制开展网络分析发现，其共病的桥接节点不仅局限于睡眠问题、易激惹性、注意力困难和兴趣丧失这4个共有的症状，还存在于自责感、悲伤感和闪回等其他一些非共有症状，该研究进一步指出个体易伤痛性和消极情绪性两个特点可能是造成这些共病症状的原因。

(3) 网络分析也开始应用于探究精神障碍干预的效果和鉴别干预的作用途径等方向。一些研究将干预作为观测变量引入网络中，观察该变量与不同症状之间的联系以及该变量对网络整体结构的影响(Bekhuis et al., 2018; Santos et al., 2018)。不同症状(或网络中的不同部分)的联系强弱和方式不同，一些症状与治疗具有强相关，而另一些则可能仅有间接联系，这对临床治疗研究具有重要意义。例如，Blanken等(2019)将网络分析应用于探究失眠症的认知行为治疗对失眠症和抑郁症的共病的治疗效果的研究，结果发现认知行为治疗对失眠症的症状作用明显，而对抑郁症的作用则更接近于通过改善失眠症状而起到的间接效应。

六、网络分析的总结与展望

作为对传统潜变量模型的一个有力补充，网络分析在描述心理构念上有独特的优势，因此在最近几年该方法已经被广泛用于诸多心理学领域。从当前研究的发展趋势来看，在未来几年网络分析可能会在如下方面获得进一步发展。

(1) 网络分析理论与实证证据结合，如验证网络分析揭示的重要节点是否也在改变网络结构过程中起到关键作用。如前文所述，从网络分析视角对精神障碍的研究发现一些症状相对重要，而最重要的症状则通常被认为是网络的核心，因此推断改变这些症状可能是改变整个网络(即治疗该障碍)的重要切入点。那么在实际治疗过程中，对那些在网络中与其他症状有较多较强联系的症状开展重点治疗能否更有效地改善与之相联系的其他症状呢？目前尚没有研究验证这一假设，因此未来与精神障碍治疗方法有关的研究可着重关注这一点(Fried et al., 2017)。

(2) 网络分析的可重复性问题。由于网络分析本质上是一种"数据驱动"的探索性分析方法，所得的结果可能局限于特定的样本数据，难以推广到其他样本。虽然数据越多，驱动数据得出的结果也更接近于真实情况，但样本量难以达到完美，因此网络分析是否真实反映了心理系统的普遍特征仍待进一步验证(Epskamp et al., 2018; Forbes et al., 2017)。研究者已经发展出比较两个网络结构是否有显著差异的方法(van Borkulo et al., 2014)，尽管已有一项研究证实了网络分析在样本内和样本间的高重复性(Borsboom et al.,2017),说明了网络结构至少在一定情况下是可重复的和可推广的,但在心理学研究的可重复性受到关注的背景下(胡传鹏 等,2016;Open Science Collaboration,2015),对于可重复性的考察尚待进一步深入研究。因而,未来一个重要的研究方向是发展出验证性网络模型的方法来确定基于某一特定样本所拟合出的变量间网络在多大程度上能推广到其所在群体甚至其他群体,进而能辨别若某一网络模型不可重复的原因。这些潜在的原因可能是样本选择本身不具有代表性,无法代表其所在的群体,因此导致通过该样本建构的网络模型可推广性有限;也可能是所构建的网络只适用于某一群体,而不适用于其他群体,如同一网络结构无法同时适用于来自普通人群体的样本和来自病人群体的样本(Borsboom et al.,2018)。

(3)与潜变量模型的进一步融合。虽然前文介绍了诸多网络分析模型相较于传统潜变量模型的创新之处和优势;但不可否认的是,潜变量模型仍然拥有网络分析模型难以替代的优势。一方面,潜变量模型(特别是广义的结构方程模型)纳入了对于测量误差的考察和控制(Borsboom et al.,2003),这有效地规避了心理测量无法做到完全精确的问题;另一方面,潜变量模型提供了有效的验证性分析的框架。未来研究应开发出一个更加综合的方法,既能展现网络模型互动性和整体性的特点,也能纳入对于测量误差的考量。目前Epskamp等(2017)对综合潜变量模型与网络模型进行了初步尝试,构建了以潜变量为节点的网络模型。未来研究可以进一步完善该模型,以在研究中结合潜变量模型和网络分析模型的优势。

(4)应用于个体的网络分析(Borsboom,Cramer,2013)。由于不同个体的心理/行为特征具有独特性,建立每个个体的网络分析有利于更加准确地理解个体心理现象以及精神障碍的出现、保持和发展过程。研究者应开发统计方法来建立基于个体的网络分析,以帮助了解具体每个个体态度、人格、行为特征形成的原因,也帮助了解每个个体精神障碍的诱因、作用通路和潜在发病风险。最终,应用网络分析所得发现来提供个性化的发展建议,制定个性化的干预方案,促进每个个体的精神健康和积极发展。

第二节 贝叶斯因子及其在JASP中的实现①

一、贝叶斯因子概述

自20世纪以来,统计推断在科学研究中发挥着越来越重要的作用(Salsburg,2001),

---

① 本节改编自《贝叶斯因子及其在JASP中的实现》(胡传鹏 等,2018)一文,已征得第一作者胡传鹏的同意。

科学研究结论的正确性也越来越依赖于统计推断的正确应用。目前,使用最为广泛的统计推断方法是零假设检验(Null Hypothesis Significance Testing,NHST)(Wasserstein, Lazar,2016)。然而,与 NHST 在各个领域中广泛使用相伴的是研究者对 NHST 及 p 值的误解和盲目使用(胡传鹏 等,2016;Greenland et al.,2016;Ziliak et al.,2008),因此带来了一些消极的后果。例如,p 值被用来支持不合理且无法重复的研究结果(Bem, Utts,Johnson,2011),引起了关于 NHST 是否适合于科学研究的争论(Miller,2011)。在这个背景之下,有研究者推荐使用贝叶斯因子替代 NHST(钟建军 等,2017;Wagenmakers et al.,2011)。

贝叶斯因子(Bayes Factor)是贝叶斯统计(Bayesian Statistics)中用来进行模型比较和假设检验的方法。在假设检验中,其代表的是当前数据对零假设与备择假设支持的强度之间的比率。正如接下来将要详述的,贝叶斯因子能量化地反映当前数据对各个假设支持的程度,因此可能更加适用于假设检验。但由于贝叶斯因子的统计原理及其实现相对复杂,其在各个学科的研究中并未获得广泛应用。

近年来,随着计算机运算能力的大大提升,贝叶斯统计在计算机等领域获得了巨大的成功(Zhu et al.,2017)。贝叶斯统计的工具迅速发展,如 WinBUGs(Lunn et al.,2009)、JAGS(Plummer,2003)、Stan(Carpenter et al.,2017)和 Python 语言的工具包 PyMC3 (Salvatier et al.,2016)等。这些软件和工具包的出现,促进了贝叶斯方法在各个研究领域中的使用(Depaoli,vandeSchoot,2017;vandeSchoot et al.,2017)。在这些工具中,也出现了用于计算贝叶斯因子的工具,如 R 语言中的 Bayes Factor[①]。在心理学及其相关领域,最近有不少研究者试图引入贝叶斯统计的方法(Dienes,2014;Kruschke,2014;Morey,Rouder,2011;Rouder et al.,2012;Rouder et al.,2009;Wagenmakers et al.,2010)。在心理学(胡传鹏 等,2016;Open Science Collaboration,2015)、神经成像研究(Chen et al.,2018;Zuo, Xing,2014)等领域出现"重复危机"的背景之下,使用合理的统计方法就显得更为迫切。但对于不少心理学及其相关领域的研究者来说,使用 R 语言或其他计算机语言进行贝叶斯因子计算仍然较为困难。为解决这一障碍,研究者们开发了与商业统计软件 SPSS 具有相似图形界面的统计工具 JASP[②](Wagenmakers et al.,2017),简化了贝叶斯因子的计算。

本节旨在向心理学及其相关学科的研究者介绍贝叶斯因子及其使用。本节将介绍贝叶斯因子的原理,及其相对于传统假设检验中 p 值的优势;再以独立样本 t 检验为例,介绍如何使用 JASP 计算贝叶斯因子,以及如何解读和报告其结果。在此基础上,讨论贝叶斯因子的应用价值及其不足。

---

① 网址为 http://bayesfactorpcl.r-forge.r-project.org/。

② 网址为 https://jasp-stats.org/。

二、贝叶斯因子的原理

贝叶斯因子是贝叶斯统计在假设检验上的应用,因此要理解贝叶斯因子,需要先理解贝叶斯统计的原理。

1. 贝叶斯统计简介

贝叶斯学派(Bayesian)与频率学派(Frequentist)是统计学中主要的两个学派,其核心的差异在于它们对于概率所代表的意义有着不一样的解读。对于频率学派而言,概率是通过无数次重复抽样中频率的预期值。与之相反,贝叶斯学派则认为,概率是对一件事情的相信程度,从0到1表示人们基于所获得的信息,在多大程度上相信某件事情是真的。由于不同人对同一事件的相信程度可能不同,因此,贝叶斯学派的概率具有主观性。但贝叶斯学派的概率却不是任意的:人们通过合理的方式,不断获取并更新已知信息,可以最终消除主观性,从而达成一致。正由于频率学派将概率视为长期行为表现的结果,要理解频率学派的概率,通常需要假想尚未发生的事件。例如,在NHST框架之下,p值的意义是假定H_0为真的情况下,出现当前结果以及比当前结果更加极端结果的概率。换句话说,p值表达的意思是假如H_0为真,如果采用完全相同的条件,无数次地重复当前实验,这些实验中将有多大概率会出现当前结果模式或比当前结果模式更极端的模式。因此,p值的意义暗含一个重要的假设——我们能无数次地重复试验。但研究者却经常忽略这种无数次重复相同试验的假定,误认为p值是单次检验中拒绝零假设时犯错误的概率(Greenland et al.,2016)。这种对NHST的误解,恰好带有贝叶斯统计色彩,即根据当前的数据计算某个模型正确或错误的概率。与频率学派统计不同,贝叶斯统计最大的特点之一在于它考虑了不同可能性对于个体而言的可信度(Kruschke,2014)。而通过不断获得的数据,人们可以改变对不同可能性的相信程度。这种思维方式与人们在日常生活中的经验非常相似:当我们不断地获得支持某个观点的证据时,我们会更加相信该观点。虽然贝叶斯统计对概率的理解与频率学派不同,但其对概率的计算却严格依照概率的基本原则——加法原则与乘法原则。贝叶斯统计中最核心的贝叶斯法则(Bayes' rule),也是根据简单的加法原则与乘法原则推导而来。依据概率的乘法原则,随机事件A与随机事件B同时发生的概率如下:

$$p(A\cap B)=p(A|B)\times p(A) \tag{14.1}$$

式(14.1)为联合概率的公式,即A与B同时发生的概率。其意义为A与B的联合概率$p(A\cap B)$为,在B发生的条件下A发生的概率$p(A|B)$与B发生的概率$p(B)$的乘积,也等于在A发生的条件下B发生的概率$p(B|A)$与A发生的概率$p(A)$的乘积。其中,$p(A|B)$和$p(B|A)$均为条件概率,两者意义不同。

对式(14.1)进行变换,即可以得到如下公式:

$$p(A|B) = \frac{p(A \cap B)}{p(B)} = \frac{p(B|A) \times p(A)}{p(B)} \tag{14.2}$$

式(14.2)即为贝叶斯定理公式。其代表的意义是,如果我们要计算 B 发生的条件下 A 发生的概率 $p(A|B)$,可以通过使用 A 与 B 同时发生的概率 $p(A \cap B)$ 除以 B 发生的概率 $p(B)$,也就等于在 A 发生的条件下 B 发生的概率,与 A 发生概率的乘积,再除以 B 发生的概率。式(14.2)将两个条件概率联系起来,从而使得计算不同的条件概率成为可能。在贝叶斯统计的框架之下,式(14.2)可以视为一次信息的更新。假定我们需要根据一次实验收集到的数据来检验某个理论模型为真的可能性。以心理学研究中常用的零假设 H_0 为例,则可以将式(14.2)改写如下:

$$p(H_0|data) = \frac{p(data|H_0) \times p(H_0)}{p(data)} \tag{14.3}$$

$p(H_0|data)$ 表示数据更新之后理论模型 H_0 正确的概率,即后验概率;$p(H_0)$ 表示更新数据之前认为理论模型 H_0 正确的概率,即先验概率;而 $p(data|H_0)$ 则是在模型 H_0 下,出现当前数据的概率,即边缘似然性。由此可以看出,在贝叶斯统计之中,一次数据收集(实验)的主要功能在于更新理论模型的可信度。根据式(14.3),可以使用数据对任意的模型为真的概率进行更新。在假设检验中,可以根据观测数据同时对零假设(理论模型 H_0)和备择假设(理论模型 H_1)的可信度进行更新,分别见式(14.3)和式(14.4),得到它们更新的后验概率。

$$p(H_0|data) = \frac{p(data|H_0) \times p(H_1)}{p(data)} \tag{14.4}$$

得到 H_0 和 H_1 的后验概率后,可能对两者进行比较,即

$$\frac{p(H_1|data)}{p(H_0|data)} = \frac{p(data|H_1)}{p(data|H_0)} \times \frac{p(H_1)}{p(H_0)} \tag{14.5}$$

其中,贝叶斯因子为:

$$BF_{10} = \frac{p(data|H_1)}{p(data|H_0)} \tag{14.6}$$

在式(14.6)中,BF_{10} 下标的1代表的是 H_1,0代表的是 H_0,因此,BF_{10} 即代表的是 H_1 与 H_0 对比的贝叶斯因子,而 BF_{01} 则代表的是 H_0 与 H_1 对比的贝叶斯因子。例如,$BF_{10}=19$ 表示的是,在备择假设 H_1 为真条件下出现当前数据的可能性是虚无假设 H_0 条件下出现当前数据的可能性的19倍。从这个定义公式中可以看出,贝叶斯因子体现了当前数据将先验概率更新为后验概率过程中的变化。正是如此,贝叶斯因子与NHST回答了不同的问题。NHST试图回答"假定我们已知两个变量的关系(如两种条件没有差异),出现当前观测数据的模式或更加极端模式的概率 $p(more\ extreme > observed\ data|H_0)$ 有多大"的问题;而贝叶斯因子试图回答的是"在当前数据更可能在哪个理论模型下出现"的问题。在假设检验中,贝叶斯因子具有一些NHST不具备的优势(如表14.1所示),下面将对这些

优势进行详细说明。在Jeffreys(1961)的基础上,Wagenmakers等(2017)对贝叶斯因子的大小所代表的意义进行原则上的划分(如表14.2所示)。但是这个划分仅是大致参考,不能严格对应,研究者需要根据具体的研究来判断贝叶斯因子的意义。

表14.1 假设检验中贝叶斯推断与传统NHST推断的比较

假设检验中的问题	贝叶斯因子	传统推理	参考文献
同时考虑H_0和H_1的支持证据	√	×	Jeffreys,1935,1961
可以用来支持H_0	√	×	Rouder et al.,2009;Wagenmakers,2007
不明显倾向与反对H_0	√	×	Edwards,1965;Berger,Delampady,1987
可以随着数据累积来监控证据的强度	√	×	Edwards et al.,1963;Rouder,2014
不依赖于未知的或者不存在的抽样计划	√	×	Berger,Berry,1988;Lindley,1993

表14.2 贝叶斯因子决策标准

贝叶斯因子,BF_{10}	解释
>100	极强的证据支持H_1
30~100	非常强的证据支持H_1
10~30	较强的证据支持H_1
3~10	中等程度的证据支持H_1
1~3	较弱的证据支持H_1
1	没有证据支持
1/3~1	较弱的证据支持H_0
1/10~1/3	中等程度的证据支持H_0
1/30~1/10	较强的证据支持H_0
1/100~1/30	非常强的证据支持H_0
<1/100	极强的证据支持H_0

2. 备择假设的默认先验

由于贝叶斯因子中先验概率具有至关重要的作用,如何选择备择假设的先验分布变得尤其重要。其中一个较为合理的做法是根据某问题的先前研究结果(如元分析得到的效应量)来设定备择假设的先验分布。但这种做法在很多情况下并不现实:根据范式的不同,效应量的可能分布不同;更重要地,由于许多研究本身具有一定的探索性,并没有先前研究结果作为指导。因此,更加常用的做法是使用一个综合的、标准化的先验。例如,在贝叶斯t检验中,使用柯西分布(Cauchy Distribution)作为备择假设的先验可能是比较合理的选择(Jeffreys,1961;Rouder et al.,2009)。与标准正态分布相比,柯西分布在0附近概率密度相对更小一些,因此其比标准的正态允许更多较大的效应(如图14.3所示);而与均匀分布(即效应量在所有值上的分布完全相同)相比,柯西分布更偏好零假设一些(Jeffreys,1961;Rouder et al.,2009)。因此,对于备择假设的先验分布,可以表示如下：

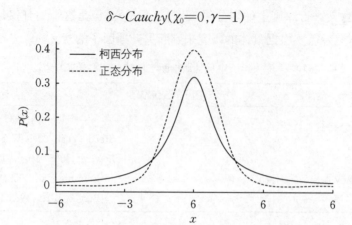

图14.3 柯西分布与正态分布密度函数的对比

其中，χ_0为柯西分布的位置（Position）参数，γ为尺度参数（也有文献中使用r来表示）。Jeffreys(1961)最早提出在贝叶斯因子中使用柯西分布作为先验来比较两样本的问题。最近研究者进一步验证发现，柯西分布可以作为先验用于计算心理学研究中常用的贝叶斯因子分析，如t检验（Rouder et al.，2009），ANOVA（Rouder et al.，2012）等。这些验证性的工作，为贝叶斯因子在心理学及相关学科研究中的应用打下了基础。

三、贝叶斯因子的优势

如前所述，在假设检验中，贝叶斯因子除了更加符合人们的直觉之外，还具有一些NHST所不具备的优势。这些优势可以总结为5个方面（如表14.1所示），以下将从这5个方面展开。

1. 同时考虑H_0和H_1

贝叶斯因子的计算同时考虑H_0和H_1，并根据全部现有数据对H_0和H_1为真的先验概率进行更新，在此基础之上，比较在当前数据下哪个理论模型（H_0和H_1）更合理。这种思路与NHST不同：在NHST框架之下，计算p值仅需要假定H_0为真，而对H_1不做任何假设，因此p值与H_1无关。NHST的逻辑是，如果H_0为真的条件下，观察到当前数据出现的概率非常小，则拒绝H_0，接受H_1。这种情况下，NHST忽略了一种可能性：当前数据下，H_1为真的概率与H_0为真的概率相当或者更小（Wagenmakers et al.，2017）。例如，在Bem(2011)的研究中，H_0是被试的反应不受到未来出现刺激的影响，H_1是未来出现的刺激会影响到被试当前反应，即被试能"预知"尚未出现的刺激。虽然采用NHST的逻辑Bem(2011)得到了$p<0.05$的结果，即H_0为真时，得到当前数据的概率$p(data|H_0)$很低，因此作者选择拒绝H_0而接受H_1，认为被试能预知未来出现的刺激。然而，研究者更关心的是，根

据当前数据,我们能得到某个模型/假设(如H_1)为真的概率$p(H_1|data)$,而非零假设H_0为真时得到当前数据的概率$p(data|H_0)$。在Bem(2011)的研究中,先验知识表明H_1本身为真的概率可能非常低,在当前数据模式下,H_1为真的可能性$p(H_1|data)$极可能比H_0为真的可能性$p(H_0|data)$更低(Rouder, Morey, 2011; Wagenmakers et al., 2011),但NHST却完全忽视了这一点。

2. 可以用来支持H_0

同样,由于贝叶斯因子同时量化当前数据对H_0和H_1各自的支持强度,其可以用来支持H_0(Dienes, 2014)。但在传统的NHST框架下,假设检验仅在H_0为真的假设下进行,仅凭借小于显著性水平(比如0.05或0.005)无法为H_0是否为真提供证据。例如,仅依据假设检验的结果$p=0.2$并不能推断有证据表明没有效应(除非结合样本量、效应量和统计效力Power做出综合判断)。实际的研究中,能对H_0提供量化的证据具有非常重要的意义(Gallistel, 2009; Rouder et al., 2009),它可以直观地让研究者区分出有证据表明没有效应和没有证据表明有效应这两种情况(Dienes, 2014)。具体来说,贝叶斯因子的结果有3种状态:① 提供了支持H_1的证据(即有证据表明有效应);② 支持H_0的证据(即有证据表明没有效应);③ 证据对两者都不支持(没有足够的证据表明有效应还是无效应)。例如,贝叶斯因子$BF_{01}=15$表明观察到的数据出现在H_0为真情况下的可能性是在H_1为真情况下的可能性的15倍,表明当前数据更加支持没有效应的假设H_0。但假如$BF_{01}=1.5$,则说明观察到的数据出现在H_0为真情况下的可能性是在H_1为真情况下的可能性的1.5倍,也就说明当前数据对于两个假设的支持程度相当,没有足够的证据支持H_0或H_1(见表14.2关于贝叶斯因子大小意义的建议)。值得注意的是,无论是支持H_1,还是支持H_0,贝叶斯因子提供的证据是相对的,即相对于某个假设更支持另一个假设,因此可能存在第三个模型H_2比H_1和H_0均更接近真实情况,具有更高的后验概率。需要指出的是,最近有研究在NHST框架之下发展出可以接受零假设的方法:等同性检验(Equivalence Test)。这种方法通过设定多个H_0来检验效应量是否与0没有差异,从而检验是否能接受H_0(Lakens, 2017)。但等同性检验仍然使用了p值,无法提供对证据的直接测量(Schervish, 1996)。

3. 不"严重"地倾向于反对H_0

贝叶斯因子同时分别量化了当前数据对H_0和H_1支持的强度,其与传统NHST相比,其对H_0和H_1的支持更加均衡,从而其拒绝H_0的倾向也相对没有那么强烈。

在传统NHST假设之下,只要研究者能收集足够多的数据,总能得到$p<0.05$从而拒绝H_0。与之相反的是,贝叶斯因子会随着数据的增加而逐渐趋于稳定(见下文关于贝叶斯因子收敛的讨论)。对于同样的数据,p值也似乎比贝叶斯因子对H_0的反对程度更强。例如,有研究者分析了美国总统选举中候选人的身高与当选之间的关系,对相关系数进行显著性检验之后发现$r=0.39, p=0.007$(Stulp et al., 2013)。如果使用贝叶斯因子分析,则

会得到 $BF_{10}=6.33$（Wagenmakers et al.，2017）。虽然两种方法大致上支持了同样的结论（即拒绝 H_0 与中等程度的证据支持 H_1），但是从 p 值上看，似乎表明拒绝 H_0 的证据很强，而贝叶斯因子得到的支持则是有保留的。Wetzels 等（2011）比较了 855 个 t 检验的结果，发现虽然大部分的情况下 p 值与贝叶斯因子在结论上的方向一致，但贝叶斯因子相对来说更加谨慎：p 值在 0.01 与 0.05 之间的统计显著结果，其对应的贝叶斯因子只表明有非常弱的证据。对传统 p 值的贝叶斯解读，详见文献（Johnson，2013；Marsman, Wagenmakers，2017b）。

4. 可以监控证据的强度变化

计算贝叶斯因子时，可以根据数据来更新对 H_0 和 H_1 支持的程度，因此，随着新数据的出现，可以不断对不同假设的支持程度进行更新。在贝叶斯的框架下，贝叶斯因子的计算与解读均不需要假定存在无数的重复实验，而是按照似然性法则对贝叶斯因子进行更新，此外数据的出现顺序不会影响贝叶斯因子的解读（Rouder，2014）。在贝叶斯统计的框架下，不需要假定无数次重复试验，对贝叶斯因子的解读不会受到何时停止收集数据的影响（Rouder，2014）。实际上，如果研究者们能采用序列贝叶斯因子设计，在实验开始前提前设置贝叶斯因子的合理阈值（通常是 10，即较强的证据），则能在实验中根据数据增加对后验概率进行更新，可以在适当的时候停止收集数据（Schlaifer, Raiffa，1961；Schönbrodt et al.，2017）。这种不受到停止规则影响的原则，对实际研究具有重要的意义，使得研究者能合理有效地收集数据。

5. 不受抽样计划的影响

抽样计划是指研究者根据数据分析的假设，在研究开始之前对样本选择以及数据收集过程进行计划以保证数据符合统计假设。例如，心理学实验中通常采用的随机抽样以及随机分配的做法。由于 NHST 的使用包含了一些潜在的假设，抽样计划（尤其是功效分析）对于解读 p 值具有重要意义（Halsey et al.，2015）。但对于贝叶斯因子的解读，则不受到抽样计划的影响，原因在于贝叶斯因子的计算使用似然性原则（Berger, Wolpert，1988），其对数据的分析没有预先的假设。换句话说，即使研究者对数据收集的过程不清楚，仍能计算和解读贝叶斯因子。这个特点对于分析自然情境中获得的数据非常实用。

仍然以上述的美国总统选举中候选人的身高与当选之间关系的研究为例，研究者发现 $r=0.39$，$p=0.007$（Stulp et al.，2013）。在 NHST 框架之下，要对 p 值进行合理的解读，必须假定实验者在总统选举之前已经计划好进行 46 次选举，并且在第 46 次选举后停止收集数据，并在此基础之上计算相关系数。如果不满足这些假设条件，$p=0.007$ 代表的意义很难解读。但很明显的是，这些假设是不成立的。同样，这个例子还包含与停止规则（即什么条件下停止收集数据）相关的问题：在真实的生活中，美国的总统选举还会继续，数据会继续增加。如何分析未来的这些数据呢？如果每新增加一个数据均进行一次 NHST

分析,则会引起多重比较的问题,使得假阳性增加[①]。

与NHST不同,贝叶斯因子能随着新数据不断地出现而不断地更新,从而能分析实验室之外的真实数据,也能对数据进行有意义的解读。从这个角度来讲,贝叶斯因子实时监控证据的优势与不受抽样计划影响的优势是相互关联的:这两个优势均是因为贝叶斯因子不依赖于研究者收集数据的意图。但正如我们之后要提到的,虽然随着数据更新而更新贝叶斯因子不会影响到对其的解读,但这种忽略假阳性的做法并不能避免假阳性的升高,研究者仍需要通过提前设置合理的阈值和(或)选择合适的先验来控制假阳性。

总之,贝叶斯因子以观察到的数据为条件,定量地分析当前数据对H_0和H_1提供的支持程度。通过实时地监控证据强度的变化,贝叶斯因子让研究者可以在收集数据的同时监控证据强度的变化。如果预先确定贝叶斯因子的停止阈值(比如BF_{10}大于10或者BF_{10}小于1/10时停止收集数据),研究者能在证据足够充足时停止收集数据。此外,即使缺乏数据收集计划信息的情况下,贝叶斯因子仍然能从观测数据中得到证据以加强支持某个假设。

四、使用JASP计算贝叶斯因子

由于贝叶斯因子的独特优势,因此很早就有研究者试图将其引入心理学的研究之中(Edwards et al.,1963)。但贝叶斯因子的计算在实际情况中随着数据类型和分析类型不同而变得更加复杂,相关公式可以参考文献(Morey,Rouder,2011;Rouder et al.,2019,2012,2017)。正是由于这个原因,贝叶斯因子在心理学的研究中一直受到很大的限制。最近,研究者利用R语言丰富的软件包,开发了可视化的统计工具JASP,该软件采用与SPSS类似的图形界面,让贝叶斯因子的计算变得更加容易实现,下面将介绍JASP软件及其使用。

1. JASP软件简介

JASP是一个免费、开源的统计软件,使用R语言的工具包进行数据处理,但其使用时不需要安装R语言。JASP的长期目标是让所有人能通过免费的统计软件进行最先进的统计技术,尤其是贝叶斯因子。JASP是在心理学研究面临可重复危机的背景下开发的,其开发理念如下:第一,开源与免费,因为开源应该是科学研究的本质元素;第二,包容性,既包括贝叶斯分析,也包括NHST分析方法,而且NHST分析方法中,增加了对效应量及其置信区间的输出(Cumming,2014);第三,简洁性,即JASP的基本软件中仅包括最常用的分析,而更高级的统计方法又可以通过插件模块进行补充;第四,友好的图形界面,如输出部分随着用户选择变量输入而实时更新,表格使用APA格式。同时,JASP的使用递进式输出,即默认的结果输出是最简洁的,更多的结果输出可以由研究者自己进行定义。此

[①] 对于频率主义的分析来说,多重比较是非独立的,校正的方法减少但无法消除一类错误。

外,为方便公开和分享分析过程,JASP将输入的数据与输出结果保存于同一个后缀为.jasp的文件之中,每个分析的结果均与相应的分析和变量数据相关联。这种结果与数据整合的文件可以与开放科学平台Open Science Framework兼容,从而做到数据与结果公开。

2. 贝叶斯因子分析在JASP的实现及其结果解读

目前,JASP中可以实现多种实验设计的贝叶斯因子分析,包括单样本t检验、独立样本t检验、配对样本t检验、方差分析、重复测量的方差分析、ANCOVA和相关分析。对于每一种分析,均提供了频率学派的方法和贝叶斯学派的方法。JASP的贝叶斯因子分析中采用默认先验分布,但也可以修改。接下来将Wagenmakers等(2015)对Topolinski和Sparenberg(2012)的重复实验数据①为例进行分析,说明如何使用JASP进行独立样本t检验。其他常用贝叶斯因子分析,可以进一步参考Wagenmakers等(2017)的研究。

在Topolinski和Sparenberg(2012)的第二个实验中,一组被试以顺时针方向拨动一个挂在厨房里的钟,而另一组以逆时针方向拨动这个钟。随后,被试填写一份用于评估经验开放性的问卷。结果表明,顺时针拨动的被试比逆时针拨动的被试表现出对于经验更高的开放性(Topolinski,Sparenberg,2012)。Wagenmakers等(2015)采用提前注册的方式对该研究进行重复,在实验开始前确定停止收集数据的标准:当支持某一个假设的贝叶斯因子达到10时即停止收集数据,或达到50个样本后停止收集数据。此外,预注册时采用单侧t检验的默认先验,即$\gamma=1$的柯西分布。而单侧的t检验的先验是只有正效应的柯西分布,即备择假设为$H_+:Cauchy(0,1)$。

有研究认为,默认先验分布$Cauchy(0,1)$是不现实的,因为在这个分布中,大的效应量占的比例太大(大于1的效应量在分布中占比超过50%);相反,另一些人觉得这个分布不现实是因为这个分布中,靠近0的效应量的比重太大,即效应量为0是最可能的值。一个避免这些问题的做法是减小柯西分布的尺度参数γ。在Bayes Factor工具包中,默认采用以下式:

$$\gamma=\frac{1}{2}\sqrt{2}\approx 0.707$$

JASP中对于单侧的t检验同样采用这个先验。γ减小意味着H_1和H_0相似,他们对观测数据的预测相似,更难得到支持H_0的强证据。

使用JASP可以对这批数据进行贝叶斯的独立样本t检验。首先用JASP打开数据(File→Examples→"Kitchen Rolls",或从网址 https://osf.io/9r423/下载后,点击File→Open),然后在"T-tests"的面板中选择"Bayesian Independent Samples T-test"。将显示如图14.4中间图所示的对话框。已经将"mean NEO"作为因变量(Dependent Variable),"Rotation"作为分组变量(Grouping Variable)。如图14.4中间所示,将Cauchy先验设置为JASP的默认值$\gamma=0.707$,同时勾选了"Prior and posterior"及其子选项的"Additional info"

---

① 网址为 https://osf.io/uszvx/。

这两个选项,则得到如图14.4右侧所示的结果:与顺时针相比,逆时针对经验的开放性稍微高一些,这个结果的方向与Topolinski和Sparenberg(2012)所假设的正好相反。图14.4右侧下半部分中,实线为后验分布,虚线为先验分布。可以看到,大部分的后验概率是负值,其中值为−0.13,95%的置信区间为[−0.5,0.23]。$BF_{01}=3.71$,表明观察到的数据在H_0假设之下的可能性是在H_1假设之下可能性的3.71倍(我们选择了BF_{01},因为$BF_{01}=3.71$相对于等价的$BF_{10}=0.27$来说更好解释)。

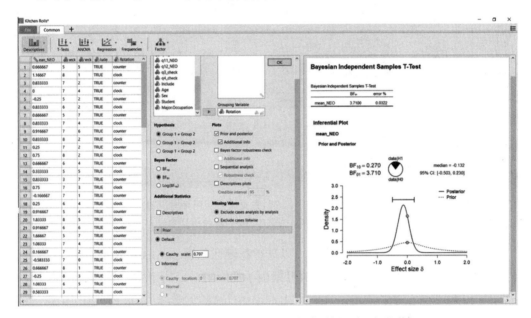

图14.4 使用JASP进行贝叶斯独立样本t检验时的操作截屏
注:软件左侧是数据,中间为数据分析选项,右侧为结果输出。

通过这个初步的展示,可以了解如何进行贝叶斯独立样本t检验的操作。接下来展示如何按照提前注册过的方法,对这批数据进行贝叶斯单侧独立样本t检验。由于描述性统计输出表明顺时针是组1而逆时针是组2,我们将在"Hypothesis"的面板处勾选"group1>group2",如图14.5中间所示。

单侧检验的结果如图14.5右边部分所示。与预期的一致,如果观察到的效应是与假设相反,则这种使用单侧检验将先验知识整合到分析之中的做法,增加支持H_0的相对证据,即贝叶斯因子BF_{01}从3.71增加到7.74,意味着观察到的数据在H_0下的可能是在H_+可能性的7.74倍。

值得注意的是,在H_+下的后验分布集中在0但不是没有负值(如图14.5右侧所示),与H_+中的顺序限制是一致的。这一点与传统频率主义的单侧置信区间不同,传统方法的单尾置信区间为$[−0.23,+\infty)$[①]。虽然传统频率主义的区间在数学上是良好定义的(它包括了全部的不会被单尾的$\alpha=0.05$显著性检验拒绝的值),但大部分研究者会发现这个

---

① 可以使用R语言中的t.test函数来得到p值的区间$(−0.23,+\infty)$。

区间既不好理解也没有信息量(Morey et al., 2016)。

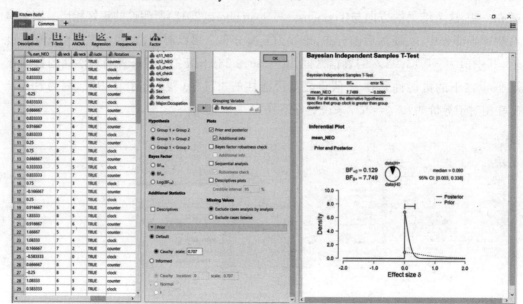

图14.5 使用JASP对Wagenmakers等(2015)数据进行贝叶斯单侧独立样本t检验的示意图
注:左侧是数据,中间为操作过程,右侧为结果输出。

除了计算贝叶斯因子外,JASP还可以进行稳健性分析(Bayesian Robustness Check),从而量化柯西先验分布尺度参数γ对贝叶斯因子的影响。

如图14.6所示,选中"Bayes factor robustness check"的选项,这将得到图14.6右侧上半部分的图。从该图可以看到,当Cauchy先验的γ为0时,H_0与H_+相同($BF_{0+}=1$),

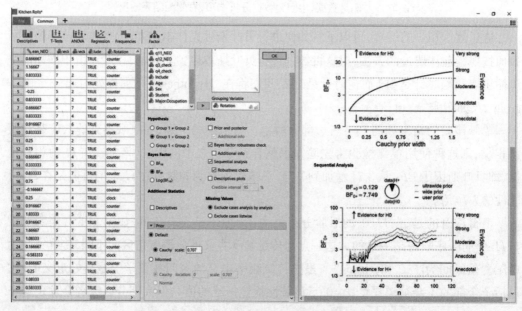

图14.6 使用JASP进行贝叶斯因子的稳健性分析

BF_{0+} 随着 γ 的增加而增加。在 JASP 的默认值 $\gamma=0.707$,贝叶斯因子 $BF_{0+}=7.73$;而对于 Jeffrey 默认的 $\gamma=1$,贝叶斯因子 $BF_{0+}=10.75$。因此,在一系列 γ 的先验值中,当前数据显示了对 H_0 的中等到强的证据支持。

此外,还可以勾选图 14.6 中间的部分的"Sequential analysis"及子选项"Robustness check",进行序列分析。其结果如图 14.6 右侧下半部分所示。序列分析显示的是贝叶斯因子随着抽样而变化的结果,也就是说,研究都可以在新数据收集到时对证据的积累进行监控和可视化。从图中可以看到,实际上 Wagenmakers 等(2015)并未按预注册时的 $\gamma=1$ 先验来计算 BF_{0+} 并在 $BF_{0+}>10$ 或者 $BF_{+0}>10$ 时立刻停止收集数据:在 55 个被试之后,虚线超过了 $BF_{0+}>10$,但是数据仍然继续收集。在实践中,每隔几天检验一次贝叶斯因子,有助于了解贝叶斯因子是否在某个时间点上超过预先决定的标准,并据此决定是否停止数据。

序列分析的一个优点是它可视化了贝叶斯因子在不同先验条件下的收敛过程,即贝叶斯因子在 log 尺度上差异开始稳定不变(Bahadur,Bickel,2009;Gronau,Wagenmakers,2018)。在当前的例子中,当被试数量达到 35 时,不同先验下的贝叶斯因子开始出现收敛。要理解为什么在贝叶斯因子的 log 值的差异会在一些初步的观测数据之后不再变化,我们可以假定数据 y 包括两个部分 y_1 和 y_2,根据条件概率公式,$BF_{0+}(y)=BF_{0+}(y_1) \times BF_{0+}(y_2|y_1)$。这个公式表明,贝叶斯因子并非是对不同数据进行盲目地相乘,实际上公式中的第二个因子 $BF_{0+}(y_2|y_1)$ 反映的是当先验分布已经根据数据 y_1 进行更新后,数据 y_2 对贝叶斯因子再次更新(Jeffreys,1961)。对这个公式进行 log 转换后,得到 $\log(BF_{0+}(y))=\log(BF_{0+}(y_1))+\log(BF_{0+}(y_2|y_1))$。假定数据 y_1 包括了足够的信息,不管 γ 如何变化,通过 y_1 更新后均得到大致相同的结果分布(在大部分情况下,这种情况很快就会出现)。而通过 y_1 得到的这个后验分布,又变成了数据 y_2 的先验分布,即成为 $\log(BF_{0+}(y_2|y_1))$ 的先验。在这种情况下,$\log(BF_{0+}(y_2|y_1))$ 的值大致相似(相似的先验分布,相同的数据)。因此,不一样的 γ 值会让数据 y_1 产生不同的后验分布,但当数据 y_1 足够大之后,使得 y_1 的后验分布大致相似,此时 y_2 再次对模型进行更新的大小也是相似,这就使得 $\log(BF_{0+}(y_2|y_1))$ 在不同的 γ 下相似,产生收敛的现象。

3. 如何报告贝叶斯因子结果

贝叶斯统计在目前的心理学研究中并不常见。虽然大部分杂志的编辑和审稿人会欣赏采用更加合理的统计手段,但由于贝叶斯方法较为陌生,使用贝叶斯因子时需要提供相关的背景信息让编辑和审稿人了解这种背景。因此,除了报告贝叶斯因子的结果之外,还需要报告如下 4 点(Kruschke,2014):第一,选用贝叶斯因子的动机与原因,即为什么在某个报告中使用贝叶斯因子而不是 NHST。如前所述,可以说明贝叶斯因子提供了更加丰富的信息,或数据特点不满足 NHST 的前提假设(如在自然情境下收集的数据,无法判断数据收集的动机和实验假设)。第二,描述贝叶斯因子在模型比较中的基本逻辑。即假定读者并不非常了解贝叶斯因子,简单地解释贝叶斯因子中模型比较的思想。第三,描述贝叶斯因子分析中的先验分布以及采用该先验的原因,先验分布应该或多或少对数据分析提供一些信息。第四,解释贝叶斯因子,将贝叶斯因子与研究中的理论或假设结合起来。

贝叶斯因子不使用统计显著,而是描述数据对假设的支持程度。例如,在 Wagenmakers 等(2015)的研究中,对 Jeffreys(1961)默认先验下的贝叶斯因子结果进行如下描述:"贝叶斯因子为 $BF_{01}=10.76$,说明在(假定没有效应的)零假设下出现当前数据的可能性是在(假定存在效应的)备择假设下可能性的10.76倍。根据 Jeffreys(1961)提出的分类标准,这种较强的证据支持了零假设,即在顺时针和立逆时针转钟表指针的人在经验开放性(NEO)得分上没有差异。"

此外,使用贝叶斯因子进行分析时,还可以报告探索性的结果,如稳健分析和序列分析的结果,这将进一步丰富结果,给其他研究者提供更加全面的信息。

五、总结与展望

近年来,科学研究的可重复问题备受关注(Baker, 2016;Begley, Ellis, 2012),在心理学(Klein et al., 2014;Open Science Collaboration, 2015)、神影像学(Poldrack et al., 2017;Zuo, Xing, 2014)尤其如此。而对 NHST 的过度依赖正是原因之一(胡传鹏 等,2016;Lindsay, 2015)。因此,研究者们希望贝叶斯因子作为一种假设检验方法,能改变当前心理学研究过度依赖 NHST 的现状。当然,也有研究者提出了其他的方案,例如,将显著性的阈限下降到0.005(Benjamin et al., 2018)。但值得注意的是,心理学研究重复失败的原因多种多样,仅改变统计方法不能让心理学的研究变得可重复。数据不开放以及研究过程不透明(Lindsay, 2015;Nosek et al., 2015)、对探索性分析与验证性分析不加区分(Kerr, 1998;Wagenmakers et al., 2012)、以发表论文为核心的奖励体系(Nosek et al., 2012)等都可能是造成当前研究可重复率低的原因。因此从某种程度上来讲,对数据分析过程与数据结果保持开放与透明是关键的解决方案(Poldrack, Gorgolewski, 2017;Zuo et al., 2014)。

即便如此,作为一种不同于传统 NHST 的方法,贝叶斯因子有助于研究者使用多种的方法对同一研究进行分析,从而得到准确的统计推断,得到更加接近真实的结论。需要指出的是,采用多种方法进行分析时,需要报告全部的分析过程和结果,而非选择最有利于自己结论的分析结果进行报告。

1. 贝叶斯因子的不足

贝叶斯因子是贝叶斯统计在假设检验方面的应用,而贝叶斯学派与频率学派统计的争议一直存在(Miller, 2011)。实际上,研究者指出贝叶斯因子也可能存在许多问题,充分了解这些反对的观点,将更加有利于合理地使用贝叶斯因子。

首先，对贝叶斯因子最强烈的质疑来自对其先验概率的设定，可能会认为先验概率过于主观、过于保守从而不容易出现较强的证据等（Wagenmakers et al.，2017）。也有研究者认为，默认的先验对小的效应不利。例如，Bem，Utts，Johnson（2011）认为，Wagenmakers等（2011）对Bem（2011）的数据进行重新分析时，采用了不合适的先验概率是他们未能得到与Bem（2011）一致结论的原因。这种批评实质上是对贝叶斯因子的误用，即未将先验知识转化成为合适的先验概率（Hoijtink et al.，2016）。有趣的是，只要将自己使用的先验概率保持透明与公开，其他研究者可以采用交叉验证，从而起到充分探索的作用。

其次，也有研究者认为，贝叶斯因子没有考虑假阳性的问题。在NHST框架之下，研究者非常强调控制Ⅰ型错误与Ⅱ型错误的问题。例如心理学研究中一般将Ⅰ型错误控制在5%以内，因此显著性水平设置为0.05。也正是需要控制Ⅰ型错误，NHST框架之下有许多方法用来调整阈值使其Ⅰ型错误率不至于太高，如多重比较校正的方法。而贝叶斯统计主要是为了不断地对证据的强度进行测量，不考虑控制假阳性（Ⅰ型错误）的问题。因此，当研究者基于贝叶斯因子进行决策（效应是否存在）时，就可能犯Ⅰ型错误（Kruschke，Liddell，2017a）。在实际的贝叶斯因子分析中，可以通过先验来解决多重比较的问题（Jeffreys，1938；Scott，Berger，2006，2010）。例如，直接说明研究者预期假阳性率有多大（Stephens，Balding，2009）。

还有研究指出，基于估计的统计总是要比假设检验更优，因为估计本身将不确定性考虑进来。例如，Cumming（2014）建议使用效应量及其置信区间以替代p值。但考虑到参数估计与假设检验在科研中均有其相应最适用的问题，因此贝叶斯因子无法直接与基于估计的频率主义学派统计进行比较。但在贝叶斯统计中，也有基于估计的方法（Kruschke，Liddell，2017b）。

最后，贝叶斯因子进行假设检验，本质上是证据的不断累积，而非得到二分的结论。因此，一次实验的结果可以被视为试探性的，研究者可以继续收集数据或进行重复实验。

2. 贝叶斯因子的应用前景

贝叶斯因子作为基于贝叶斯统计的假设检验方法，与NHST相比具有一些优势，其使得研究者可以直接检验数据是否支持零假设，不再受抽样意图和停止收集数据标准的影响，从而更加灵活地进行数据分析。这些优势可能帮助心理学家更好地在研究过程中进行决策，同时，贝叶斯因子的采用也可以促进研究者更加深入地理解贝叶斯方向法的适用范围以及前提条件等（Depaoli，Schoot，2017）。

JASP的开发，使用贝叶斯因子的计算和解读变得更加简便，研究者即便没有很强的编程基础，也能使用JASP进行贝叶斯因子分析。这可能有助于推动研究者更加广泛地使用贝叶斯因子。此外，JASP本身正在快速发展，其功能的深度和广度正在不断地扩大，新的方法和标准将不断地整合到软件之中，可能帮助研究者更加科学地进行研究。

第三节 方差分析效果大小报告的新指标[①]

近年来,可重复性或重现性在心理学相关领域引起了广泛重视(Francis,2013)。研究的可重复性是指不同的研究机构能客观独立地进行重复实验,得到与原始结论相同或相似结论的研究。近年来心理学界此类学术不端的行为引发了相关研究者对可重复性问题的重视。2015年,开放科学协作组(Open Science Collaboration)从2008年发表在《Psychological Science》《Journal of Personality and Social Psychology》《Journal of Experimental Psychology: Learning, Memory, and Cognition》三个杂志的448篇文章中选取了符合条件且能在项目期间完成的158篇,对其中的111篇(70%)进行113项重复研究(其中有2篇各包括两个研究),最后完成了100(88%)项重复研究,使用p值、效果大小以及元分析进行评估,原始研究中97%的结果是显著的($p<0.05$),但重复研究中只有36%的结果是显著的,主观评定为重复了原始结果的研究仅为39%(Open Science Collaboration,2015)。

因此,在心理学期刊已发表的文章中部分文章结果的可重复性仍存在质疑。Baker(2016)调查了1576位研究人员,其中超过70%的研究人员曾尝试但未能重复另一位科学家的实验,还有超过半数的人未能重现他们本人做过的实验。同时为使论文更易发表,有的研究者甚至选择性地报告研究结果,这也是研究可重复性不高的重要因素。一项研究结果发现,大约40%的研究未能完整报告所有实验条件,约70%的研究选择性地报告问卷中的结果变量,报告出来的效果大小是未报告效果大小的2倍,具有统计学显著性的结果约是不具有显著性结果的3倍,即相比于报告的效果大小,未报告出来的效果大小较小,结果可能不具有统计学意义(Franco et al.,2015)。

对统计推断的误用或误解是导致可重复性低的另一原因。当检验数据与研究假设是否一致时,误差难以避免,但应尽量避免对零假设的错误拒绝,即假阳性。Simmons等(2011)揭示了心理学研究假阳性过高的现象,其提出的解决方案是加强对作者和对审稿人的要求。John等(2012)认为可疑操作是导致心理学研究结果假阳性过高的原因,如根据显著性检验结果选择性地终止数据采集、选择性报告显著性结果、四舍五入p值以达到统计显著、查看结果后决定是否剔除数据、伪造数据达到统计显著等。为了避免某些情况下将p值表示的统计显著性代替研究实际显著的混淆状况,国外一些学者率先提出了报告效果大小(Kirk,1996)来弥补p值对统计结果解释的不足;也有学者提出使用置信区间来表示心理学实验的可重复性,区间宽度越小,实验的可重复性越好(Cumming,

---

[①] 本节改编自《方差分析效果大小报告的新指标》(刘铁川 等,2019)一文,已征得第一作者刘铁川的同意。

Fidler,2009;Miller,2010);国内也有学者对此进行了分析和解读,聂丹丹等(2016)提出在报告统计结果时应尽可能地报告效果大小和置信区间以提高结果的可重复性。

方差分析是心理学研究中常用的统计方法。本节对方差分析中最常用的效果大小指标的可比性问题进行讨论,结合实例介绍近年来新提出的一种新的效果大小指标——广义eta方,并对其优缺点、使用报告等问题进行分析讨论。

一、国内外广义eta方的研究

从1994年开始,美国心理学会建议在主要结果部分报告效果大小(American Psychological Association,2020)。此后,APA多次重申并规范对效果大小的报告。同时,杂志编辑和学术协会也提出应报告效果大小。美国教育研究协会(AERA)指出,当报告统计结果时,应包括"变量之间的量化关系的指标"(效果大小)和"该效果指标的不确定性的说明",如置信区间(Green et al.,2006)。美国国家教育统计中心统计标准规定,当统计结果具有统计学意义时,应考虑对效果大小的实质性解释,观察到的差异可以转化为效果大小,以便解释差异大小(NCES,2003)。随着美国心理学会对效果大小的报告要求力度日益增加(American Psychological Association,2020),心理学以及相关学科学术期刊也明确要求报告效果大小。例如,从2014年1月起,《Psychological Science》建议使用"新统计量"(效果大小、置信区间和元分析)以克服虚无假设检验的局限(Cumming,2014)。

近年来,国内一些学者也逐渐认识到了效果大小的重要性。权朝鲁(2003)较早介绍了效果大小的意义和几个常见效果大小指标的测定方法。胡竹菁和戴海琦(2011)对单因素方差分析和多因素方差分析中不同效果大小指标做了进一步的比较和分析。郑昊敏等(2011)分析了在不同研究设计或不同数据条件下效果大小的选用和计算。效果大小在量化方面弥补了虚无假设检验的不足,因此,国内几个主流心理学期刊也开始要求投稿论文报告效果大小。

(一)方差分析效果大小的常见指标

研究人员通过报告效果大小和统计显著性检验以更好地呈现研究结果。效果大小是一个标准化的指标和估计参数,量化总体之间的差异大小以及自变量和因变量之间的关系强度,且其值不依赖样本量。

效果大小种类很多,一般将其分为平均差异和关系强度两类指标。基于标准化平均差异,常见的指标有Cohen的d、Hedges的g以及Glass的Δ;当有两个以上水平的自变量或者是连续变量时,效果大小通常描述的是每个变量所占的方差比例,包括$\eta^2, \eta_P^2, \eta_G^2, \omega^2, \omega_P^2, \omega_G^2$,以及相关回归分析中常用的指标,比如$r^2, R^2$和$R_{adj}^2$。除此之外还有一些不太常见的指标,比如$\varepsilon^2, f^2, \varphi$和Crame的$V$等,限于篇幅,这里不再展开介绍(Cohen,1988)。

在方差分析结果中报告最多的是 η^2 和 η_P^2，在单因素方差分析中它们的值是相同的。如在一个被试间设计中

$$\eta^2 = \frac{SS_{Effect}}{SS_{Total}}$$

上式中，SS_{Effect} 是待分析因素的平方和，SS_{Total} 是总平方和。由于不同研究设计下的总方差也存在差异，所以 η^2 并不适合进行跨研究结果的比较。在更复杂的设计中，有不止一个因素，这时，η_P^2 可以识别每一个因素的效果大小，

$$\eta_P^2 = \frac{SS_{Effect}}{SS_{Effect} + SS_{Error}}$$

其中，SS_{Error} 是待分析因素对应的误差平方和。

η_P^2 避免了 η^2 不同研究设计下总方差不同的问题。对于被试内设计，计算 η_P^2 时的分母中的误差项中去除了个体差异，提高了统计功效，这是研究设计的优点之一。但在计算 η_P^2 时，同一自变量在被试内和被试间不同研究设计下，对应的误差项不同，使其在跨被试间和被试内设计中不能直接比较。η_G^2 作为 η^2 和 η_P^2 的替代方案，适用于至少有一个分类独立变量的设计，使得效果大小在不同的设计间可以比较，用于调查来自同一个总体，但使用不同的分组因素、协变量或附加因素的一个因素或因素间的交互作用。

（二）广义eta方的提出和使用

η_G^2 的计算数据的变异来源于研究中的操作因素和个体差异。个体差异是由于被试稳定、暂时的特性以及实验设置中的不可控特性造成的。例如，在体重训练方案对力量增长的有效性研究中，性别、身体类型和先前活动水平的个体差异，动机水平和个人暂时健康状况的暂时性特征，以及设备质量或仪器校准等实验设置的差异，都是同一体重训练计划中个人得分差异的来源。要得到一个在各种研究设计中可比较的效果大小指标，效果大小参数要能够识别和调整操作因素的数量和类型，以及个体差异来源或控制程度上的差异。Olejnik 和 Algina(2003)提出的广义eta方（Generalized Eta Squared，η_G^2）是一个一般化形式的效果大小指标，可实现上述目的，克服 η^2 和 η_P^2 的不足，用于包含一个或多个测量因素（即个体差异，可归因于被试稳定或短暂特征，如个体的性别或动机状态）或操作因素（由研究者创建）的设计。定义式如下：

$$\frac{\sigma_{Effect}^2}{\delta \times \sigma_{Effect}^2 + \sigma_{Individual\ Differences}^2}$$

如果待分析因素只包含操作因素，那么，$\delta=1$；如果待分析因素包含一个或多个测量因素及其交互作用，如性别、性别×测量因素，那么 $\delta=0$。参数 σ_{Effect}^2 定义为待分析因素的方差。比如 J 水平的单因素被试间设计，

$$\sigma_{\text{Effect}}^2 = \frac{\sum_{j=1}^{J}(\mu_j - \mu)^2}{J}$$

μ_j 是因素的第 j 水平的均值，μ 是总均值。$\sigma_{\text{Individual Differences}}^2$ 是由于测量因素（如性别）、测量因素与其他因素的交互作用以及协变量引起的方差分量之和。需要指出的是，如果 σ_{Effect}^2 是测量因素的主效应，或是测量因素与其他因素的交互作用的一个方差分量时，σ_{Effect}^2 已经包含在 $\sigma_{\text{Individual Differences}}^2$ 中，设置 $\delta=0$ 只是为了避免将其计算分母内两次。另一方面，如果 σ_{Effect}^2 是操作因素的主效应，或仅仅是操作因素之间的交互作用的一个方差分量时，σ_{Effect}^2 则没有包含在 $\sigma_{\text{Individual Differences}}^2$ 中，设置 $\delta=1$ 将其加入分母内计算，因为操作因素增加了数据的方差。

以下用实例来阐述效果大小参数起作用的方式，以及在不同研究设计中估计参数的意义。假设在单因素被试间设计中考察 4 种记忆方法（因素 D）对回忆成绩的影响。效果大小即，

$$\sigma_D^2/(1 \times \sigma_D^2 + \sigma_{s/Cells}^2) = \sigma_D^2/(\sigma_D^2 + \sigma_{s/Cells}^2)$$

其中，$\sigma_{s/Cells}^2 = \sigma_{\text{Individual Differences}}^2$，分母是总方差。

但这个例子并不意味着分母总是包含总方差。现在假设被试根据性别进行分组，分组后是两因素被试间设计，效果大小变为

$$\sigma_D^2/(1 \times \sigma_D^2 + \sigma_G^2 + \sigma_{DG}^2 + \sigma_{s/Cells}^2) = \sigma_D^2/(\sigma_D^2 + \sigma_G^2 + \sigma_{DG}^2 + \sigma_{s/Cells}^2)$$

这里，$\sigma_{s/Cells}^2$ 为单元内误差或残差，不包括所有由个体差异引起的误差。$\sigma_G^2 + \sigma_{DG}^2 + \sigma_{s/Cells}^2 = \sigma_{\text{Individual Difference}}^2$，因为性别效应以及性别与因素 D 交互作用反映了个体差异的变化。可以看出，除了 σ_D^2 一项，上面两个公式的分母是相同的。所以，尽管两个例子中两个设计是不同的，但定义的效果大小是可比的。

1. 广义 eta 方的计算和使用条件

η_G^2 在不同设计间可比较的效果大小的公式如下：

$$\hat{\eta}_G^2 = \frac{SS_{\text{Effect}}}{\delta \times SS_{\text{Effect}} + \sum_{\text{Measured}} SS_{\text{Measured}} + \sum_{\kappa} SS_{\kappa}}$$

其中，SS_{Effect} 是待分析因素的平方和；SS_{Measured} 为测量因素的平方和（如分组因素或分组×操作因素的交互作用，不包括被试），$\sum_{\text{Measured}} SS_{\text{Measured}}$ 是这一类效果的总和。SS_{κ} 为所有被试或协变量的平方和，$\sum_{\kappa} SS_{\kappa}$ 是这种变异来源的总和。

η_G^2 与 η^2，η_P^2 之间的不同体现在分母上，η^2 分母中包含所有的方差，η_G^2 和 η_P^2 分母中包含了其中的一部分方差。通常，η_G^2 分母中包含的方差比 η_P^2 更多。例如，在重复测量设计中，因为包括被试或被试与测量因素的交互作用，所以 η_G^2 的分母更大，其值一般小于 η_P^2。

在完全随机设计中，所有的因素都是操作因素，对于所有的效应，$\delta=1$，并且，

$$\sum_{\text{Measured}} SS_{\text{Measured}} = 0$$

在多因素完全随机设计中,操作因素的 η_G^2 就等于 η_P^2。如一个两因素设计,A 是操作因素,b 是测量因素(使用小写字母代表测量因素,如性别)。如果待分析因素是 A,那么 $SS_{\text{Effect}} = SS_A, \delta = 1$。

$$\sum_{\text{Measured}} SS_{\text{Measured}} = SS_b + SS_{Ab}$$

$$\hat{\eta}_G^2 = \frac{SS_A}{SS_A + SS_b + SS_{Ab} + SS_{s/Cells}} = \frac{SS_A}{SS_{\text{Total}}}$$

如果感兴趣的是测量因素 b,$SS_{\text{Effect}} = SS_b, \delta = 0$。

$$\sum_{\text{Measured}} SS_{\text{Measured}} = SS_b + SS_{Ab}$$

$$\hat{\eta}_G^2 = \frac{SS_b}{SS_b + SS_{Ab} + SS_{s/Cells}} = \frac{SS_b}{SS_{\text{Total}} - SS_A}$$

当两个因素 a 和 b 都是测量因素时,

$$\sum_{\text{Measured}} SS_{\text{Measured}} = SS_a + SS_b + SS_{ab}$$

a 和 b 交互作用的 η_G^2 就能通过 SS_{ab}/SS_T 计算。

2. 重复测量方差分析中的广义 eta 方

重复测量方差分析是心理学研究中常用的统计方法。由于重复测量的变量几乎都是操作因素,所以单因素重复测量设计下 η_G^2 的计算比较简单。设计重复测量因素为 P,此时与 η_P^2 的主要区别是 η_G^2 的计算将个体差异平方和 SS_s 纳入了分母(如表 14.3 所示)。

在混合设计中,被试间变量可能是操作因素或测量因素中任一种。例如,在两因素混合设计中,一个重复测量因素 (P),一个被试间因素 (A),被试嵌套在因素 A 水平之内 (s/A),如果被试间因素是操作因素,那么,$SS_{\text{Effect}} = SS_A, \delta = 1$,

$$\sum_{\text{Measured}} SS_{\text{Measured}} = 0$$

与 η_P^2 的计算不同,对于包含重复测量的设计,η_G^2 时计算,不只被试方差,所有的被试 重复测量因素的交互作用(或误差均方)也包括在分母中。被试间因素 A 的 η_G^2 公式如下:

$$\hat{\eta}_G^2 = \frac{SS_A}{SS_A + SS_{s/A} + SS_{Ps/A}} = \frac{SS_A}{SS_T - SS_P - SS_{AP}}$$

类似地,重复测量因素 P 的 η_G^2 公式如下:

$$\hat{\eta}_G^2 = \frac{SS_P}{SS_P + SS_{s/A} + SS_{Ps/A}}$$

表 14.3 给出了 AP 设计下交互作用及其他设计下部分效应的 η_G^2 公式。随着纳入研究变量数量的增加,计算公式也变得更加复杂,Bakeman(2005)以及 Olejnik 和 Algina

(2003)提供了其他效应以及更复杂的三因素设计下 η_G^2 的计算方法。尽管这些公式在形式上比较复杂,但根据SPSS等统计软件的方差分析结果都可以计算得到 η_G^2。也可使用R语言中的ez包(Lawrence,2011),在完成方差分析的同时直接计算得到 η_G^2。

表14.3 A,P,AP,aP 和 PQ 设计下的 η_P^2,η_G^2 的计算公式

设计	效应	F	η_P^2	η_G^2
A	SS_A	$MS_A/MS_{s/A}$	$SS_A/(SS_A+SS_{s/A})$	$SS_A/(SS_A+SS_{s/A})$
P	SS_P	MS_P/MS_{Ps}	$SS_P/(SS_P+SS_{Ps})$	$SS_P/(SS_P+SS_s+SS_{Ps})$
AP	SS_{PA}	$MS_{PA}/MS_{Ps|A}$	$SS_{PA}/(SS_{PA}+SS_{Ps|A})$	$SS_{PA}/(SS_{PA}+SS_{s|A}+SS_{Ps|A})$
aP	SS_{Pa}	$MS_{Pa}/MS_{Ps|a}$	$SS_{Pa}/(SS_{Pa}+SS_{Ps|a})$	$SS_{Pa}/(SS_{Pa}+SS_a+SS_{s|a}+SS_{Ps|a})$
PQ	SS_{PQ}	MS_{PQ}/MS_{PQs}	$SS_{PQ}/(SS_{PQ}+SS_{PQs})$	$SS_{PQ}/(SS_{PQ}+SS_s+SS_{Ps}+SS_{Qs}+SS_{PQs})$

注:"A"和"a"分别代表被试间操作因素和测量因素;"P"和"Q"代表被试内因素,其与被试分组的个体差异因素无关,故不会出现小写字母。在被试内设计中,被试因素的交互作用作为误差项,不是操作因素,故使用小写字母"s"代表被试因素。

二、重复测量方差分析中广义eta方应用的一个实例

当研究包括重复测量因素时,由于 η_G^2 的分母包含了被试方差以及所有被试与重复测量因素的交互作用,所以得出的 η_G^2 比 η_P^2 更小。例如,两因素重复测量设计中(PQ 设计),P 效应的 η_P^2 的分母是 SS_P+SS_{Ps},η_G^2 的分母是 $SS_P+SS_s+SS_{Ps}+SS_{Qs}+SS_{PQs}$(即 $SS_T-SS_Q-SS_{PQ}$)。正如Olejnik和Algina(2003)指出,η_P^2 忽视了个体差异的其他来源,使它在被试间设计和被试内设计的研究中不可以直接比较相同变量的效果大小。

下面使用一个实例具体说明 η_G^2 的计算(舒华,2016):研究目的是检验生字密度(重复测量因素,记作 P)、主题熟悉性(被试间因素,记作 a)对阅读的影响,为 aP 设计。经SPSS输出结果整理为如下方差分析表(如表14.4所示)。

表14.4 计算实例方差分析表

来源	平方和	自由度	均方	F	P	η_P^2	η_G^2
主题熟悉性 a	80.667	1	80.667	15.869	0.007	0.726	0.472
Error(a)	30.500	6	5.083				
生字密度 P	81.083	2	40.542	162.167	<0.001	0.964	0.322
$a\times P$	56.583	2	28.292	113.167	<0.001	0.950	0.331
Error(P)	3.000	12	0.250				
总和	251.833	29					

SPSS计算的被试间的 a 和 a/s 的平方和分别是80.667和30.500;被试内 P,Pa 和 Ps/a

的平方和分别是81.083,56.583和3。所以,主题熟悉性(a)的$\eta_G^2=SS_a/(SS_a+SS_{s/a})=$80.667/(80.667+30.500)＝0.726;$\eta_G^2=SS_a/(SS_a+SS_a+SS_a+SS_a)＝$80.667/(80.667+30.5+56.583+3)＝0.472。生字密度(P)的$\eta_G^2=SS_P/(SS_a+SS_a)＝$81.083/(81.083+3)＝0.964,$\eta_G^2=SS_P/(SS_P+SS_a+SS_{s/a}+SS_{Pa}+SS_{Ps/a})＝$81.083/251.833＝0.322。交互作用的$\eta_G^2=SS_{Pa}/(SS_{Pa}+SS_{Ps/a})＝$56.583/(56.583+3)＝0.950,$\eta_G^2=SS_{Pa}/(SS_{Pa}+SS_{Pa}+SS_{Pa}+SS_{Pa})＝$56.583/56.583+80.667+30.5+3)＝0.331。正如我们预期的,η_G^2小于η_P^2,生字密度和交互作用的η_P^2几乎是η_G^2的3倍。

从计算过程中可以看出,在主题熟悉性(a)中,η_P^2没有考虑到重复测量因素即生字密度(P)及其与主题熟悉性(a)的交互作用$SS_{Pa}+SS_{Ps/a}$,所以得到的值大于η_G^2。在重复测量因素生字密度(P)中,η_P^2没有考虑到主题熟悉性(a)、其被试因素及其与生字密度(P)的交互作用$SS_a+SS_{s/a}+SS_{Pa}$,所以得到的值大于η_G^2。η_G^2和η_P^2差异的大小取决于测量因素以及测量因素和操作因素的交互作用的方差使分母增加的程度。

三、η_G^2应用中的优据点分析

在报告方差分析的效果大小中,η_G^2的应用率并不高,在国内则更少。方差分析报告最多的效果大小是η_P^2,可能与心理学研究中使用SPSS较多有关。η_G^2的优势在于提供了跨研究比较的可能性,对于心理学研究结果的累积是有价值的。此外该研究还有一些关于η_G^2的使用条件需要完善,具体如下:

(1)还没有文章提出针对η_G^2的解释标准。Cohen(1988)提出的针对η^2的标准,即定义η^2(与Cohen的f^2不同)0.02为小效应,0.13为中等效应,0.26为大效应。尽管Cohen没有考虑重复测量设计,这一标准对η_G^2似乎也合适。事实上,理想的标准应来自研究的问题,根据变量的实际影响或作用来判断其效果的大小,而不是参考固定的某种标准。

(2)η_G^2的使用也是有局限性的,并不能解决所有的可比性问题。无法控制实验设置特性的变化或抽样于不同的总体都会影响到$\sigma^2_{Individual Difference}$的设计。例如,在前例记忆方法的研究中,第一种情况下,A组实验在早上进行,B组被试自行选择在早上、中午或晚上,那么在B组中时间是没法记录的,如果存在一天的时间效应,尽管在两个研究中,σ^2_D是一样的,但是效果大小是不一样的。第二种情况下,假如C组被试年龄在60~75岁,D组被试年龄范围不受控制。虽然两组中σ^2_D是一样的,但是C组中$\sigma^2_{s/Cells}$更小了。Olejnik和Algina(2003)认为,当样本来自不同的总体时,效果大小是不可比的。η_G^2无法解决此类可比性问题。

(3)η_G^2的置信区间难以得到。报告统计结果时,除了点估计外,应可能提供置信区间(American Psychological Association,2020)。η_G^2作为一个较新的效果大小指标,常见的统计软件并不提供,虽然通过方差分析表容易计算其值,但其置信区间却不易得到,使得研

究者难以评价估计结果的可靠性。

对于一些简单的设计，η_G^2，η_P^2 和 η^2 没有差别。对于单因素被试间方差分析，不管是操作因素还是测量因素（A 或 a），η_G^2 都和 η_P^2，η^2 的值是一样的。对于操作因素的被试间设计（AB、ABC 等），η_G^2 和 η_P^2 是相同的，但是如果包含被试间测量因素，那么 η_G^2 小于 η_P^2。同样，对于单因素（P）的重复测量方差分析，η_G^2 和 η^2 是相同的，但对于其他被试内设计或者混合设计，η_G^2 小于 η_P^2。

总之，研究者在报告一个或多个重复测量方差分析的结果时，建议报告 η_G^2，因为其易于计算，且不管是被试间设计还是被试内设计，η_G^2 的值是可比较的。

第四节　解释现象学分析的系统评价及指南[①]

在过去几十年间，各种质性研究方法在心理学领域得到了大量运用，这些方法包括民族志、现象学、扎根理论和主题分析等，形成了不同于主流量化研究的认识心理现象的研究取向（Willig，Rogers，2017）。这些质性研究方法针对不同的研究问题而言各有优势。例如，民族志能详细地描绘社会文化情境对个体心理影响的动态过程（Case et al.，2014），现象学方法关注对个体经验及其本质进行探究（Giorgi，2009），扎根理论致力于针对心理学现象建构中层理论（Charmaz，Henwood，2017），主题分析则具有非常大的灵活性，可以不预先设置理论框架，因此可以兼容于不同的质性研究方法（Braun，Clarke，2006）。

解释现象学分析（Interpretative Phenomenological Analysis，IPA）是一种质性研究方法，这种方法致力于研究人们如何理解其生活经验，而且特别关注那些对个体来说具有重要、特殊意义的生活经验（Smith et al.，2009）。IPA 有三个思想上的来源：现象学、诠释学和特则取向。首先，IPA 遵循现象学的理念，现象学哲学家胡塞尔提倡"回到事物本身"（Husserl，1970），这里的"事物"指的就是生活经验。IPA 旨在对日常生活经验展开细致和系统的反思，关注人们在世存有的那些具身的、认知的、情感的和存在主义层面的事物（Smith et al.，2009）。其次，诠释学也对 IPA 产生了重要的影响。在 IPA 的使用中，"分析总是包含着诠释"，因此它强调研究者在理解研究对象的生活经验的过程中所扮演的角色（Smith，2004）。这个过程涉及安东尼·吉登斯（Anthony Giddens）所说的"双重诠释"（Giddens，1987），即研究对象尝试理解他们自己的生活经历，而研究者则对研究对象的理解加以理解（Smith，Osborn，2004）。最后，IPA 强调研究的特则取向，认为研究首要的价值在于对生活经验的独特事例进行详尽和细致的分析，只有这样才能揭示人类心理本身的复杂性。特则研究取向是相对通则取向而言的，通则取向要求得出一个群体层面的结论，

[①] 本节改编自《解释现象学分析在中国的运用：系统评价及指南》（侯力琪 等，2019）一文，已征得通讯作者唐信峰的同意。

从而建立人类行为的一般规律(Jaccard,Dittus,1990),此类研究是基于统计计算和概率而进行的,处理的是群体平均值而非特殊的案例。而IPA会对每个案例进行详细的审视,其后再转向更为一般的结论(Smith et al.,2009)。

早期的IPA研究大多出现在健康心理学领域,力求探索人们如何感知、理解和建构健康与疾病(Smith et al.,1997),例如慢性腰痛(Osborn,Smith,1998;Smith,Osborn,2007)、心脏疾病(Senior et al.,2002)、痤疮(Murray,Rhodes,2011)、慢性疲劳综合征(Adele et al.,2008)或帕金森综合征(Bramley,Eatough,2005)。后来IPA也运用于临床、咨询和学习过程及师生关系等领域,还扩展至人文科学、医疗科学和社会科学中的其他相关科(Biggerstaff,Thompson,2008;Charlick et al.,2016;Tuffour,2017)。

随着大量IPA研究的出现,研究的质量也日益受到关注。在量化研究中,内部效度、外部效度、信度和客观性通常是研究质量的指标,但这些指标根植于量化研究实证主义的范式,并不能直接应用于质性研究中(Golafshani,2003)。在过去几十年间,研究者们一直在尝试为质性研究制定一些质量评价方面的概念和指标,如可信度、可迁移性、可靠性和可验证性,形成了一套独立于量化研究的评价系统(Hannes,2011;Lincoln,Guba,1985)。另一种评价质性研究质量的做法是,针对不同的质性研究方法,分别制订相应的评价标准。这样做是因为不同的质性方法所基于的认识论和方法论不尽相同,在研究目标和过程方面可能具有很大的差异(Willig,Rogers,2017)。

有鉴于此,Smith(2011)为IPA研究开发了一份质量评价指南。在这份评价指南中,一项"合格"的IPA研究需要满足以下4个标准:明确表示该研究遵循了IPA的三个理论原则(现象学、诠释学和特则取向),研究过程足够清晰透明,条理清晰、言之成理,每个主题都有足够的证据加以支持。一项"优秀"的IPA研究同时还需要符合以下3个条件:文章中心突出、分析深入,资料翔实、解释很具说服力,引人入胜、发人深省。

Smith(2011)系统地检索并筛选出了1996～2008年51篇采用IPA的英文文献,发现只有27%($n=14$)的文章可以算得上是优秀的IPA研究,55%($n=28$)的文章质量处于合格水平,其余的文章(18%,$n=9$)则被判定为"不合格"。Smith认为IPA作为一种发展时间较短的质性研究取向,已经得到了较为广泛的认可,在14篇被评为优秀的IPA研究中,有11篇是发表在健康心理学领域最顶尖的期刊上。但总体来看,大部分(超过70%)文章并不能算是优秀的研究。

早在2006年,就有研究者使用IPA来对中国女性尿失禁的体验进行研究(Komorowski,Chen,2006)。随后在心理学领域出现了很多项以中国群体为研究对象的IPA研究,比如脊髓损伤患者的创伤后成长(王艳波 等,2011)、失去亲人后的哀伤历程(何丽,康信峰 等,2017;李秀,杜文东,2017)和智障病人照顾者的体验(Chou,Kröger,2014)。由于针对中国群体进行的IPA研究刚刚开始不久(郑显亮,谢园梅,2014),研究者们对其了解不够深入,现已发表的IPA研究质量参差不齐:一些研究的分析过于描述性,无法看出研究者进行的诠释(彭艳琼 等,2016;许洪梅 等,2016);一些研究样本量较大而分析比较粗糙和浅显,没有体现出 IPA 的特则取向(Hou et al.,2013);还有一些研究并没有引用足够的访谈资料来支撑其提取的主题(房蕊,2013)。

目前中国已有的 IPA 研究数量丰富而质量不一,有必要对这些研究做一次系统评价。因此本研究有两个目的,一是系统地检索并筛选出现有的以中国人(包括大陆和港澳台)为研究对象的 IPA 研究,并对这些研究的质量进行评估;二是为将来中国心理学及其他社会科学领域的 IPA 研究提供可供参考的指南。

一、方法

本研究遵循系统评价和元分析优先报告条目(Preferred Reporting Items for Systematic Reviews and Meta-Analyses,PRISMA;Moher et al.,2009)。

(一)检索策略及纳入标准

从中英文数据库中检索期刊文章。所检索的中文数据库包括万方医学网、中国知网数据库、维普数据库以及台湾华艺线上图书馆。所检索的英文数据库为 Web of Science,Scopus,EMBASE 和 Medline。检索词为"解释现象学"("解释现象学""诠释现象学";"Interpretative Phenomenological""Interpretive Phenomenological")。数据库检索不设起始时间,截止时间为 2018 年 7 月 14 日。

将符合以下标准的文章将纳入分析:① 明确表示所采用的研究方法是 Smith(1996)的解释现象学分析;② 研究对象为中国人[①],综述、评论类的文章不纳入评估,全文无法在数据库中获得以及无法通过联系作者而获得的文章也会被排除。

(二)资料提取及质量评价

根据上述纳入标准对检索出的文献进行筛选。先通过文章标题及摘要进行筛选,直接排除那些确定不符合纳入标准的文献,然后对其余文献进行全文筛选。接下来对纳入的每篇文章进行资料的提取,包括作者、年份、抽样方式、样本人口学变量、研究主题和效

---

① 在制订纳入标准时,理想的做法是纳入中国人所开展的研究,即研究者是中国人。但这一点在对英文数据库的检索中无法实现,比如一篇英文文章的作者姓名为汉语拼音,但单位为国外高校,我们就无法确定该作者是否仍为中国国籍。因此我们采取另外一种纳入标准,即聚焦于那些研究对象为中国群体的研究,这在对中英文数据库的检索中都可以很好地实现。筛选结果发现,在纳入的 49 篇文章中,绝大多数的研究($n=47$)恰好是中国学者所开展的,符合我们研究的目的。只有 2 篇研究无法确定其作者国籍,因为其作者姓名为汉语拼音,但单位为国外高校。鉴于 IPA 研究数量并不充裕,我们也将这 2 篇研究纳入系统评价中。因此该研究标题中 IPA"在中国的运用",最精确的理解应为"以中国群体为对象的研究"。

度等。

研究基于 Smith（2011）所提出的 IPA 质量评价标准，将评估的文章分为三个类别：没有达到质量标准（"不合格"）、基本达到质量标准（"合格"）和达到质量标准（"优秀"）。具体评价标准如下：

IPA研究评价标准

1. 合格的研究必须满足以下4个条件：

1.1 明确表示该研究遵循了IPA的三个理论原则：现象学、诠释学和特则取向。

1.2 研究过程足够清晰透明，包括如何选取研究对象、如何进行访谈和分析过程。

1.3 条理清晰、言之成理。

1.4 每个主题都有足够的证据加以支持，具体如下：

1.4.1 样本量1~3：每个主题下都有来自所有研究对象的摘录。

1.4.2 样本量4~8：每个主题下至少有3位研究对象的摘录。

1.4.3 样本量8以上：每个主题下至少有3位研究对象的摘录，以及该主题在研究对象中出现的频次；或者每个主题下都有一半研究对象的摘录。

1.5 补充条件 如果研究不能完全满足以上4点，但是符合下面的3项中的任何一项，可以被认为是部分合格，在本研究中被归为合格一类：

1.5.1 研究提取出多个主题，虽然不能满足条件1.4，但是部分主题有趣且有足够的证据支持。

1.5.2 研究有多个研究对象，虽然不能满足条件1.4，但是摘录均来自某一位研究对象且条理清晰，那么可将该研究看作是特则取向的案例研究，归入合格的类别。

1.5.3 研究涉及多个类别的研究对象，比如男性和女性，如果某一类研究对象的分析和结果符合1.1~1.4，那么该研究也可算作合格研究。

2. 如果研究没有满足以下条件中的任何一个，则被判定为不合格：

2.1 不符合IPA的理论原则。

2.2 研究过程不够清晰透明。

2.3 不够有趣且证据不足。

研究被判定为不合格往往是因为其缺乏证据支持，通常有以下表现形式：

2.3.1 从大样本中提取大量描述性的、粗浅的主题。

2.3.2 每个主题只有简短的总结和一两条未经解释的摘录。

2.3.3 没有足够的摘录支撑所说明的主题。

2.3.4 没有呈现每个主题在研究对象中出现的频率（在样本量8以上的研究中）。

2.3.5 分析粗糙，缺乏细节。

3. 优秀的研究必须满足上述合格研究的所有条件,且必须满足以下3个条件:
3.1 文章中心突出、分析深入。
3.2 资料翔实、解释很具说服力。
3.3 引人入胜、发人深省。

研究者侯力琪、唐信峰根据评价标准对纳入的研究进独立的评估,不一致之处通过讨论形成统一的评价。组内相关系数(Intraclass Correlation Coefficient,ICC)为0.83,表明评价者之间有较高的评分信度。

二、结果

(一)研究基本信息

筛选文章的过程见图14.7。研究共检索到571篇期刊文章,通过标题和摘要排除了460篇,对余下的111篇进行全文筛查,最后将49篇文章纳入评价。在被排除的62篇文章中,有58篇所使用的研究方法并非Smith(1996)所提出的IPA,有3篇文章为综述、评论类文章,有1篇文章无法获得全文。

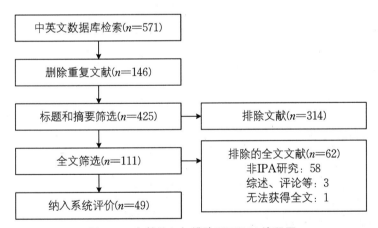

图14.7 文献纳入与排除PRISMA流程图

表14.5呈现了最终纳入评价的49篇文章的基本信息。其中有22篇中文文章,27篇英文文章。最早的IPA研究发表于2006年,到2013年之后,文章的数量显著增加且有逐年增加的趋势(如图14.8所示)。大部分研究(n=41)的样本量都在16以下,最小的样本量为1,最大的样本量高达86,样本量平均值为14。在研究领域方面(如图14.9所示),有16篇文章关注身体疾病,有12篇文章研究学习过程及师生关系领域,有6篇文章关注丧亲,有3篇文章关注临终护理,有5篇文章关注LGBT(性少数)群体,还有3篇文章聚焦于精神疾病方面的主题。

表 14.5 纳入研究的基本信息

研究者	研究年份	语言	地区	样本量	研究领域	条件1 IPA理论原则	条件2 清晰透明	条件3 言之有理	条件4 证据强度	效度
Cheng et al. (2010)	2010	英文	中国香港	7	丧亲	1	1	1	0	1
Cheng (2017)	2017	英文	中国香港	7	LGBT	0	0	1	0	1
Cheng (2018)	2018	英文	中国香港	4	LGBT	0	0	1	1	1
Chou et al. (2013)	2013	英文	中国台湾	15	身体疾病	0	0	1	0	1
Chou et al. (2014)	2014	英文	中国台湾	11	身体疾病	0	1	1	0	1
Fan et al. (2012)	2012	英文	中国台湾	33	身体疾病	0	1	1	0	1
Fu et al. (2018)	2018	英文	中国内地（大陆）	6	丧亲	1	1	1	0	0
Fung et al. (2016)	2016	英文	中国香港	13	精神疾病	0	1	1	0	1
Fung (2016)	2016	英文	中国香港	2	学习过程及师生关系	1	1	1	1	0
Fung (2018a)	2018	英文	中国香港	1	其他	1	1	1	1	1
Fung (2018b)	2018	英文	中国香港	2	学习过程及师生关系	1	1	1	0	1
Ho et al. (2014)	2014	英文	中国香港	10	精神疾病	1	0	1	1	1
Hou et al. (2013)	2013	英文	中国内地（大陆）	86	身体疾病	1	1	1	0	0
Ko et al. (2013)	2013	英文	中国台湾	15	精神疾病	0	1	1	0	1
Komorowski et al. (2006)	2006	英文	中国内地（大陆）	15	身体疾病	1	1	1	0	1
Li et al. (2015)	2015	英文	中国内地（大陆）	16	学习过程及师生关系	0	1	1	0	0
Liu et al. (2015a)	2015	英文	中国内地（大陆）	6	学习过程及师生关系	1	1	1	1	1
Liu et al. (2015b)	2015	英文	中国内地（大陆）	8	学习过程及师生关系	1	1	1	1	1
Liu et al. (2017)	2017	英文	中国台湾	13	临终护理	1	1	1	0	1
Luo et al. (2018)	2018	英文	中国内地（大陆）	16	身体疾病	0	1	1	0	1
Ng et al. (2016)	2016	英文	中国香港	8	学习过程及师生关系	1	1	1	0	1

续表

研究者	研究年份	语言	地区	样本量	研究领域	条件1 IPA理论原则	条件2 清晰透明	条件3 言之有理	条件4 证据强度	效度
Southcott et al. (2018)	2017	英文	中国内地（大陆）	15	学习过程及师生关系	0	0	1	0	1
To et al. (2009)	2009	英文	中国香港	10	其他	1	1	1	1	1
Wang et al. (2012)	2012	英文	中国内地（大陆）	6	身体疾病	1	1	1	0	0
Wang et al. (2015)	2015	英文	中国内地（大陆）	12	身体疾病	1	1	1	0	1
Wang et al. (2016)	2016	英文	中国内地（大陆）	25	学习过程及师生关系	1	1	1	0	1
Zhang et al. (2018)	2018	英文	中国内地（大陆）	16	其他	1	1	0	0	0
房蕊 (2013)	2013	中文	中国内地（大陆）	43	其他	1	0	0	0	0
何丽,唐信峰 等 (2017a)	2017	中文	中国内地（大陆）	11	丧亲	0	1	1	0	0
何丽和王建平 (2017)	2017	中文	中国内地（大陆）	5	丧亲	0	1	1	0	0
解海霞等 (2015)	2015	中文	中国内地（大陆）	12	身体疾病	0	1	1	0	0
李梅等 (2017)	2017	中文	中国内地（大陆）	28	丧亲	0	1	1	0	0
李秀等 (2017)	2017	中文	中国内地（大陆）	6	丧亲	0	0	1	0	0
刘冬等 (2014)	2014	中文	中国内地（大陆）	8	LGBT	1	1	1	1	0
刘冬等 (2016)	2016	中文	中国内地（大陆）	40	LGBT	0	0	0	0	0
刘盈君等 (2014)	2014	中文	中国台湾	7	临终护理	1	0	1	0	1
刘盈君等 (2017)	2017	中文	中国台湾	13	临终护理	1	0	1	0	1
彭艳琼等 (2016)	2016	中文	中国内地（大陆）	8	身体疾病	0	0	0	1	1
钱玉芬 (2011)	2011	中文	中国台湾	6	LGBT	1	1	1	1	0

续表

研究者	研究年份	语言	地区	样本量	研究领域	条件1 IPA理论原则	条件2 清晰透明	条件3 言之有理	条件4 证据强度	效度
田国素(2013)	2013	中文	中国内地（大陆）	10	身体疾病	0	0	0	0	0
汪昌华和Gretchen(2017)	2017	中文	中国内地（大陆）	6	学习过程及师生关系	1	0	0	0	0
汪昌华,晋玉等(2017)	2017	中文	中国内地（大陆）	6	学习过程及师生关系	1	0	0	1	0
王冰等(2016)	2016	中文	中国内地（大陆）	5	学习过程及师生关系	1	1	1	0	1
王艳波等(2011)	2011	中文	中国内地（大陆）	3	身体疾病	0	0	0	1	0
王艳波,范素云,贾彦彦等(2017)	2017	中文	中国内地（大陆）	38	身体疾病	0	1	1	0	0
王艳波,张萌萌,赵旭东等(2017)	2017	中文	中国内地（大陆）	6	学习过程及师生关系	0	1	0	1	0
许洪梅等(2016)	2016	中文	中国内地（大陆）	33	身体疾病	0	1	1	0	1
尹秋馨等(2015)	2015	中文	中国内地（大陆）	5	身体疾病	1	1	1	0	0
张媛媛等(2013)	2013	中文	中国内地（大陆）	15	身体疾病	0	0	1	0	0

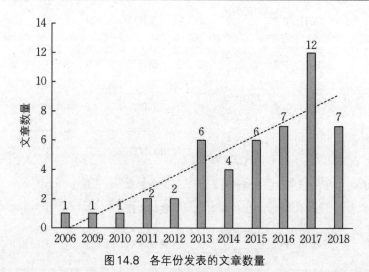

图14.8 各年份发表的文章数量

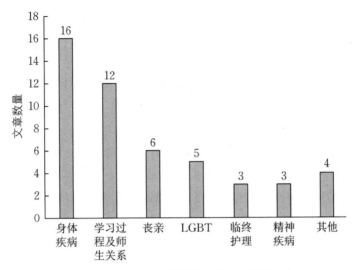

图 14.9 各研究领域发表的文章数量

（二）质量评价

如前所述，"合格"研究需要满足 4 个条件。有超过半数（$n=26$）的研究明确提到它们遵循了 IPA 的三项理论原则；三分之二（$n=33$）的研究资料收集和分析过程清晰透明；绝大多数（$n=40$）研究条理清晰、言之成理；不过在证据强度方面，只有 13 篇研究提供了足够的摘录来支撑所提取出来的主题（如图 14.10 所示）。从总体的研究质量来看，大部分研究（$n=34$）被评为"不合格"，11 篇研究被评为"合格"，只有 4 篇文章被评为"优秀"。

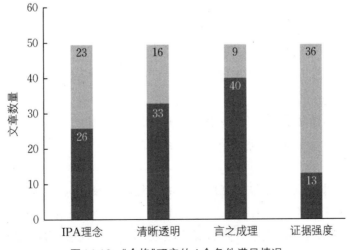

图 14.10 "合格"研究的 4 个条件满足情况

此外，研究还关注了这些 IPA 研究是否采取了一定措施以保证其效度。结果显示，有近一半的研究（$n=23$）并未使用任何方法来保证研究效度。

1. IPA三大理论原则

一项合格的IPA研究需要明确指出其遵循了IPA的三项理论原则。例如,尹秋馨等(2015)在针对特大事故重伤者亲属早期照护体验的解释现象学分析这一研究中有如下内容:

> IPA由Smith提出,以现象学、诠释学、个案研究为理论基础,提及当人们试图探索个体如何感知其面对的特殊情境,如何诠释其个人世界及社会,特别是关注个体认知、语言、情感和生理状态等的复杂历程时,最适合应用IPA法。探讨特大事故重伤者亲属的照护体验,IPA是适用的方法。此外IPA的个案研究特征,决定其多采用目的性抽样,尽量选择同质性的样本,以有效分析典型个案,深入挖掘亲属的个人体验,并比较个案间差异性与共同性。

不合格的研究并没有提及IPA所基于的理论基础,只是将其作为一种资料分析的方法,呈现其具体的分析步骤而已(彭艳琼 等,2016;许洪梅 等,2016;Cheng,2018;Chou,Kröger,2014)。

2. 资料收集和分析过程

合格的IPA研究需要有清晰透明的资料收集过程,并遵循IPA所提出的分析过程的主要步骤。例如,何丽和王建平(2017)在对失独者宗教应对的研究中,呈现了研究实施的时间("研究在2013年10月至2015年2月间进行")和研究对象的基本信息(年龄、婚姻状况、宗教信仰、丧失对象、丧亲时间、逝者年龄以及死亡原因)。同时也说明了研究所采用的资料收集方法("采用深度访谈法和实物收集法"),并介绍了访谈提纲的样例("在孩子离世之后,你认为信仰宗教对你有何影响")。又如,王艳波,范素云,贾彦彦等(2017)在研究甲状腺癌患者对诊断结果的心理体验研究中明确写到分析的具体步骤:

> ① 反复阅读转录文本;② 初步注释与评析;③ 提出主题;④ 寻找主题间关联;⑤ 着手下一个案分析;⑥ 寻找个案间的主题模式。

相比之下,有些研究并未描述资料分析的过程和步骤(Cheng,2017),还有些研究并未遵循IPA的分析步骤。其中,一些研究"运用NVivo 8软件对资料进行存储、编码、检索及非智性分析,概括及提炼主题"(张媛媛 等,2013)。一些研究采用"主题突出分类法对描述条目分类:根据问题本身(行为要素)归类;根据突出的概念和主题归类"(房蕊,2013)。还有的IPA研究采用内容分析法来对资料进行分析:

登录手册的号码将访谈内容的字或句分门别类归纳,计算频率或进行深入的统计分析,使用计算机软件进行,确认共同主题进行整理,提炼出主题和要素。(田国素,2013)

3. 条理清晰、言之成理

大部分研究都能做到条理清晰,从摘录中提取主题的过程能自圆其说,对资料的分析和解释也能言之成理。但也有部分研究并没有做到言之成理这一点。例如在一项针对流动儿童的师生冲突的研究中(汪昌华,Gretchen,2017),研究者摘录了一段对教师的访谈记录:

> 这些孩子欠教养,父母没能很好地教育他们,没有告诉他们洗手要排队、有事要和别人商量,父母对待孩子动不动就动手。孩子犯错误了,老师把家长叫来。有些家长当着老师的面,在办公室就责骂孩子:"叫你听老师的话,好好学习,咋不听老师的话?"个别孩子的父亲甚至动手对孩子推推搡搡的,搞得老师也挺难堪的。家长说:"没事,把孩子交给老师了,老师就像管自家孩子一样,只管打。孩子在乡下野惯了,满场飞(到处乱跑,打闹)。城里老师水平高,让他到城里学点本事,长大考个大学,能有出息。"

研究者从这段话里面提取出了这样的主题:从低教养水平高教育期待的家庭中走出来的流动儿童更能接受师道尊严。但读者从这段摘录中只看到了父母的态度,并没有描述流动儿童的行为或态度。而且从摘录中,读者似乎能感受到就算流动儿童"接受"师道尊严,也并非是他们真的认可师道尊严,而是在父母的强迫和压力之下被动地接受。研究者的分析与摘录的内容不尽相符,提取的主题不够合理,而且并未对更深层次的内容进行探索。

4. 证据强度 IPA

虽然非常强调研究者的解释性角色,但是这种解释必须始终基于文本。因此在研究报告中,所呈现的主题下必须有足够的摘录对其进行支持。在所有纳入评估的研究中,只有13项研究符合Smith(2011)提出的证据强度的要求。例如,刘冬和唐魁玉(2014)的研究,每个主题下面均有来自3个以上研究对象的摘录,很好地支撑了所提取出来的主题及分析。在To和Chu(2009)对10位意外怀孕的香港年轻女性的研究中,每个主题均引用了3个以上研究对象的摘录且呈现了每个主题在研究对象群体中出现的频次。其他的研究并没有满足在证据强度这一点上的要求。在样本量小于3的研究中每个主题下没能引用所有研究对象的访谈摘录(Fung,2018b);在样本量为4~8的研究中,每个主题下没能引用3个以上研究对象的摘录(李秀,杜文东,2017;刘盈君,蒋欣欣,2014;Wang et al.,

2012);在样本量大于8的研究中,没能引用3个以上研究对象的摘录,且给出每个主题在研究对象群体中出现的频次(Chou et al.,2013;Southcott,Li,2018;Wang et al.,2016;Zhang et al.,2018)。

(三)优秀的IPA研究

有4篇文章被评为优秀,它们不仅符合合格研究的所有条件,且满足优秀研究的3个条件:文章中心突出、分析深入;资料翔实、解释很具说服力;引人入胜、发人深省。接下来对这4项研究逐一进行简介,以便为后来的研究者提供范例和参考。

To和Chu(2009)访谈了10名意外怀孕的香港年轻女性,详细地描述了她们在中国文化背景下的情绪体验。该研究清晰地呈现了资料的收集过程和研究过程。每个主题下都有来自3个以上研究对象的访谈摘录作为支撑而且统计了每个主题在所有研究对象中出现的频次。有研究指出中国文化背景下的父母在面对未婚子女意外怀孕时,可能会出于羞耻或为维护面子而建议或强迫子女堕胎。但该研究揭示这样的情况并不存在,只有部分父母建议堕胎,而且原因是如果生下孩子可能会给年轻夫妇带来非常大的负担。另外,该研究还生动地揭示了堕胎之后研究对象如释重负的感觉、悲伤的情绪以及对未出生的孩子的内疚。

Fung(2018a)访谈了一位女大提琴手在婚姻及其解体的过程中的体验和身份转变。研究者对其进行了两次面对面的半结构化访谈,并与其保持了18个月的短信交流。研究全面地回顾了该大提琴手童年时贫寒的家境和悲惨的生活经历对其婚姻观念及行动造成的影响。婚后,研究对象充满了对经济富足的追求以及对子女教育的高度重视。但因夫妻双方在思想上日渐疏离,丈夫又只负责提供经济来源,在家庭生活中的参与日益减少,二人的婚姻最终解体。研究生动地描述了一位职业女性在结婚生子之后转变为全职主妇,在婚姻解体之后又成为职业女性的单亲妈妈的历程。在文章的最后,研究者还反思了自己对离婚的偏见可能对研究的过程及结果带来的影响。

Liu等(2015a)聚焦于父母对子女的职业发展的影响,来自两个家庭的父母和孩子都接受了访谈。在研究的证据强度方面实现得很好,在主题下基本上都引用了来自每位研究对象的摘录。研究发现父母能够回应孩子在职业上的好奇,以及提供适当的机会让他们探索。研究还揭示了在孩子的职业发展上,父母会强化性别刻板印象。另外,研究发现母亲与孩子有着更多的互动,如带孩子参观她们的工作场所,因此对孩子来说母亲比父亲更有职业榜样的作用。

(四)研究效度

有26篇文章至少提到了一种保证效度的方法。这些研究主要采用以下两种方法:与研究团队的其他研究者一起讨论分析的结果(刘盈君,蒋欣欣,2014;Ko et al.,2014;Liu et al.,2015b),或将分析结果分享给研究对象进行再次核验(Member Check)(Cheng,2018;Fung et al.,2016;Ho et al.,2014)。

三、讨论

本研究对解释现象学分析在中国的运用进行了系统评价,纳入了中国内地(大陆)和港澳台地区使用IPA作为研究方法的期刊文章。在纳入的49篇文章中,只有4篇符合"优秀"的标准,11篇被评为"合格",大部分文章($n=34$)"不合格"。

有近一半的研究没有提及IPA的三个理论原则,以及没有在文章中说明选择使用该方法的原因。众多质性研究指南均建议作者在文章中说明为何选择某一质性研究方法(Malterud,2001;O'brien et al.,2014;Wu et al.,2016),因为不同的研究问题可能需要不同的质性研究方法。一般来说,质性研究取向"像一把伞"(Maanen,1979),下面包含了各种不同的质性研究方法,如扎根理论、主题分析等。如果研究者希望对特定现象做出理论层面的解释,最终能建立起中层理论,那扎根理论可能比较适合(Charmaz,2014;Glaser,1992;Strauss,Corbin,1998)。如果只是关注特定群体对特定现象的经验,想通过较小规模和较高同质性的样本达到研究目的,那么IPA可能是更为合适的方法。主题分析是一种比较灵活的分析方法,适用于很多研究主题,如探索特定人群的经验或建构理论。另外,主题分析通常比IPA样本量更大,而且更加关注研究对象之间共同的主题(Braun,Clarke,2006)。

有不少文章没有清晰透明地呈现资料收集和分析的过程,但这个过程实际上很重要,因为不同的质性研究方法在资料的收集和分析方面可能存在显著的差异。对于大多数质性研究来说,半结构化访谈是最佳的资料收集方式(Ayres,2008)。IPA的访谈提纲经常会采用"漏斗注入"技术,即一开始的问题会询问研究对象关于研究主题的一般看法,接下来再询问更为特定和具体的问题,像"漏斗注入"一样逐渐缩小关注点。这样的访谈节奏既能够让研究对象充分表达,又能接近研究者所关心的核心议题(Smith,Osborn,2004)。对于IPA而言,研究者会对一个案例进行初始批注,然后从这些批注中寻找显现的主题,接下来在这些主题之间寻找联系以发展上级主题。研究者逐个对研究对象的转录稿进行分析,在处理之后的案例时,要尽可能地把在之前的案例分析中出现的观点放入括弧。最后研究者在多个案例之间寻找共同的主题或模式(Smith et al.,2009)。与之不同的是,主题分析则一开始就会对所有的案例进行初始编码,然后在所有初始编码中寻找主题并为其命名(Braun,Clarke,2006)。扎根理论则会采取理论取样,边访谈边分析,对理论发展不足的维度再进行取样和访谈,直到最后理论达到饱和,资料的收集和分析才会结束(Strauss,Corbin,1998)。

Smith(2011)所提出的合格研究的第四条标准,是关于所提取出的主题在总体样本中出现的频次。在所有纳入的文章中,满足这条标准的文章最少(13/49)。虽然在质性研究中使用量化指标存在一些争议,但许多质性研究者都支持在质性研究中纳入量化的数据(Hammersley,1992;Miles,Huberman,1984)。尽管量化研究和质性研究有着不同的本体论和认识论(Sale et al.,2002),但量化的计数方式并非量化研究所独有,在质性研究中也可以使用。在质性研究中使用量化计数有诸多优点,如能让读者了解到特定主题在纳入的研究群体中的可推广程度——Maxwell(1992)将其称之为内部可推广性(Internal Generalizability),这能为研究者的解释提供证据支持(Maxwell,2010)。因此,即使没有出现明确的计数,质性研究也会常常使用"总是""经常""一些"这类词语来描述主题出现的频率。但是如果过度依赖量化计数,可能也会带来一些负面影响,比如选取主题时只根据它在资料中出现的频次来进行选择。如果研究者在进行资料分析时,将量化指标作为参考和补充,这种做法就是正当且有价值的(Maxwell,2010;Smith et al.,2009)。

在所有纳入的研究中,平均样本量为14,最大高达86。太大的样本量可能会带来一系列问题。首先,IPA的特则取向必然会使它的研究聚焦于比较小的、同质性较高的样本。其次,研究者需要对文本进行反复阅读和解释,这需要花费大量的时间和精力,样本过大可能会对研究的深度有所妨碍。Smith等(2009)建议合理的样本量为3~6个,既能提供足够的案例以展现研究对象之间有意义的相似和差异,又不会多到使研究者面临被大量资料淹没的风险。此外,关于数据饱和度的研究表明,在一项纳入了60个样本的质性研究中,前6个研究对象已经可以囊括94%的主题,前12位研究对象所提供的资料就包含了97%的主题(Guest et al.,2006)。因此,对于IPA研究来说,3~6个可能是比较合适的样本量。如果研究者想再追求更大的样本量,12个样本量也许就足够了。

优秀的IPA研究必然会对现象和经验进行深入且富有启发的解释。虽然描述性的分析与解释性的分析在质性研究中都是可接受的(Lopez,Willis,2004),但IPA明确强调了研究者的解释性角色。在IPA研究中,研究者的解释有不同的层次。Osborn和Smith(1998)对慢性良性腰痛的个人经历的分析非常精彩地体现了这些不同的解释层次。下面这段话是该研究中一位女士琳达的表述:

> 我就是认为我是(I just think I'm)最健康的,因为家里有三个女孩,我是中间的一个,我曾经认为我是(I thought I'm)最健康的,我曾经像马一样辛勤地工作,我曾经认为我是(I thought I was)最强壮的,然后这种感觉突然间就被像砍断了,我连之前做的一半都做不到了。

这里研究者给了3个层次的解释。第一层次是琳达将自己与她的姐妹们进行社会比较。在第二层次中,研究者探究她如何使用隐喻:琳达提到了自己"像马一样",这象征着她过去拥有的力量,而现在却感觉那么无力。"然后这种感觉突然间就像被砍断了"也可看作一种隐喻,我们仿佛看到了草被镰刀斩断的景象,这也象征着琳达的虚弱感。在更深的层次中,研究者对她所使用的动词时态进行了微观的文本分析,在英语中动词有过去时和现在时之分,I was 意味着过去是健康的,但是现在不再健康。I am 则意味着现在也是健康的。琳达在简短的一段叙述中"混用"了两种时态,这种"混用"也许触及了琳达心理斗争的核心,因为她的认同感被慢性背痛破坏了。一方面,琳达承认已经失去了曾经的自我,一个强壮、自豪和自主的自我已经被一个无力和脆弱的自我取代。另一方面,琳达仍然认同那个强壮的自我。因此,新我和旧我可能同时出现在琳达的自我认同中,呈现出一种此消彼长和矛盾的状态。Smith 等(2009)希望优秀的 IPA 研究能达到第二层次甚至第三层次的解释,但在这些中国的 IPA 研究中,几乎没能看到这些深层次的解释。

虽然 Smith(2011)和本研究并未将效度作为研究质量的标准之一,但质性研究者对质性研究的效度问题开展了大量讨论,并日益反对将质性研究的效度直接等同于量化研究的效度。因为质性研究的价值并不在于它的结论的可推广性,而且质性研究也并不致力于得出普遍性的结论,而是为某一现象的探索贡献出新鲜的、独特的、深刻的理解(Creswell,Miller,2000;Golafshani,2003)。研究者们尝试提出了一些质性研究质量的评估标准,如 Yardley(2000)提出的四大原则:对语境的敏感性、投入和严谨、透明和连贯、影响力和重要性。也有研究者提出处理质性研究效度问题的方法,如独立核验,同时明确指出,使用这些方法并不意味着研究质量自动得到保证,不使用这些方法也不意味着研究质量低下,重要的是研究者在质性研究过程中的高度自觉与反思(Smith et al.,2009)。因此,本次评估同时也关注了这 49 项研究是否使用了某种措施来提升其效度,目的是引起研究者们的重视:一方面,效度标准不是唯一的指标;另一方面,提升效度、保证质量需要研究者们投入极大的严谨性、自觉性并不断付出创造性的努力。

相比于扎根理论或其他现象学取向的质性研究方法(Giorgi,1970;Glaser,Strauss,1967),对 IPA 的运用是更为晚近的事情,第一篇以中国群体为研究对象的 IPA 研究发表于 2006 年。质性研究的方法众多,可能是因为研究者对解释现象学分析的理论和方法理解不够透彻,导致很多 IPA 研究质量并不理想。因此,根据 Brocki 和 Wearden(2006)、Smith 等(2009)以及 Smith(2011)的研究,我们尝试制定一份 IPA 研究指南,希望为有意使用 IPA 的研究人员提供一些可供参考的建议。不过需要注意的是,这份指南并非是唯一、固定不变的,随着 IPA 和质性研究不断推进,指南可能也会有所调整。

四、结论及展望

本研究通过系统评价分析了以中国群体为研究对象的 IPA 的情况,得到以下结论:IPA 研究在中国逐年增多,大部分聚焦在心理学领域;合格和优秀的论文仍然较少,只占总研究数量的 1/3 左右。

(1)将来的 IPA 研究需要质量上的提升,对 IPA 理论及其方法的遵循都应更为严谨。具体来说,在选题上应更加聚焦于特定人群的重要经历和体验;在样本选择上应选取小规模、同质性的样本;在资料收集中应使用半结构化访谈获得第一人称视角的、深入的叙述;在分析过程中应采取迭代而非线性的主题形成方式;在分析层次上应体现研究者的诠释而不仅仅是描述现象;在研究的可信度上应邀请其他研究者对分析过程进行独立核验。

(2) 除了在心理学领域,IPA也可以帮助社会科学的其他领域以及人文科学和医学等领域做出重要贡献。Smith等(2009)指出,IPA的核心关注点在于人们对特定经历的体验、理解和意义建构,这不仅是心理学的研究对象,同时也是其他很多学科的关注点。无论研究属于哪一领域,只要关注研究对象特殊和重要的经验,那么IPA就适用于这些研究(Smith,2018)。例如教育学领域的研究者运用IPA来探索学生在学习质性研究方法过程中的体验(Cooper et al.,2012);护理学领域的研究者使用IPA来分析护士给血液病患者提供临终服务过程中的体验和挑战(Grech et al.,2018);新闻学领域的研究者利用IPA来阐释报道自然灾害的记者们所体验到的多重身份角色(Tandoc,Takahashi,2016);信息和管理科学领域的研究者尝试通过IPA了解人们使用个人云存储服务的过程和体验(Ghaffari,Lagzian,2018)等。中国目前正处于社会转型期,关注人们的精神感受、身心状态的研究在各个领域都蓬勃发展(王俊秀,2014)。研究者可以继续使用IPA并拓展其使用范围,对人类生活经验展开全面和深入的探索。

(3) 结合了质性和量化取向的混合研究设计近年来在各个领域得到了越来越多的运用(Creswell,Clark,2017;Johnson,Onwuegbuzie,2004)。IPA经常出现在这样的混合研究设计中,与量化取向的研究方法相结合,对研究对象的生活经验和意义建构进行更为深入的探索(Geerlings et al.,2018;Vignoles et al.,2004;Zamariola et al.,2019)。虽然两种取向在研究范式上存在差异(量化研究的实证主义和质性研究的建构主义),但很多研究者认为它们的结合是合理且有利的能发挥各自优点并克服诸多缺点,如量化研究缺乏对研究对象的深入理解,质性研究的结论可推广性不足等(Johnson,Turner,2003)。因此当研究者既想要保证结论的可推广性,又想要深入细致地探索研究对象的经验及其理解时,可采用IPA与量化方法相结合的混合设计,并根据研究需要或以IPA为主,或以量化为主,也可二者比重持平(Johnson et al.,2007),IPA研究指南如下:

IPA研究指南

(1) 明确指出使用IPA研究的原因。

在做研究之前,要想好为什么要选用IPA研究,而非扎根理论、话语分析或主题分析等。选用IPA研究主要的原因在于想通过研究者的解释(诠释学)去理解特定群体(特则取向)的生活经验(现象学)。

(2) 关注点应清晰明确。

好的IPA研究都有着清晰的主题。一般来说,有3种类型的研究主题:

① "X群体如何看待Y经历?"例如Smith和Rhodes(2015)对抑郁症病人如何看待其第一次抑郁症发作经历的研究。

②"X群体如何看待Z概念?"例如研究神职人员对人是什么样的这一问题的看法(Vignoles et al.,2004)。

③"X群体如何看待Y经历对Z概念的影响?"例如研究早期阿尔茨海默病患者如何看待和处理疾病对他们自我感知的影响(Clare,2003)。

(3)选取较为同质的研究对象。

IPA研究得益于对某一特定群体在特定背景下的生活经验的深入探究,因此应选取较为同质的研究对象,即选取的研究对象在一些对该生活经验影响较大的社会人口学变量上应当较为一致。

(4)进行高质量的访谈。

通过有效的访谈获取资料是好的IPA研究的先决条件,这需要访谈者熟练地使用技巧来进行提问和追问。IPA研究一般采用一对一的半结构化访谈或非结构化访谈。

(5)采用迭代的分析流程。

诠释学中有一个非常著名的概念——诠释学循环,指的是部分和整体的关系。要了解任何特定的部分,需要看整体,对整个文本的了解,可能会加深对部分文本的理解;要了解整体,需要看部分,对部分文本的深入理解,可能会促进对文本整体的理解。

虽然IPA研究给出了6个步骤的分析流程,但这只是对一般流程的指导。在实际的分析过程中,需要反复分析和思考资料,要求动态的、非线性的思维方式。

(6)使用足够的摘录以支持主题。

研究需要引用足够的摘录来支持其提取出来的主题。在样本量为1~3个的研究中,每个主题下需要有来自所有研究对象的摘录;在样本量为4~8个的研究中,每个主题下至少应有3位研究对象的摘录;当研究的样本量大于8个时,每个主题下至少应有3位研究对象的摘录同时注明每个主题在所有研究对象中出现的频次;或每个主题下至少包含一半研究对象的摘录。

(7)要求研究者的解释而不仅是描述。

IPA研究最重要的特征之一是强调研究者的解释。这里涉及一个双重诠释的过程:研究者尝试理解研究对象对自身生活经验的理解。不过解释应始终基于文本而进行,且存在不同的层次。

(8)分析需要显示出研究对象间的趋同和分歧。

当IPA研究有不止1位研究对象时,结果部分需要呈现研究对象间共同的主题,也需要展示个体经验的独特性。文章需要展现并分析不同研究对象如何以不同的、独特的方式来体现该共同主题。对相似与差异、趋同与分歧的细致分析是优秀IPA研究的标志。

(9)使用独立核验来保证质量。

将研究的所有资料(研究计划、访谈提纲、录音、转录稿、分析过程及报告)提供给没有参与该研究过程的研究者,让他们根据这些资料来检查最终的报告是否合理、可信。

第五节 群组发展模型作为干预研究的新方法[①]

一、干预研究概述

心理学研究的目的是对心理与行为进行描述、解释、预测和控制(彭聃龄,2018)。其中控制是建立在描述、解释和预测的基础之上,对不利于发展的行为或心理状态实施干预。心理学研究者一直致力于干预研究,试图通过教育、咨询、知识普及等方式改善个体行为,促进个体的心理健康。

干预研究作为广义追踪研究的一种形式(刘红云,张雷,2005),通常采用随机对照实验设计(Lee et al.,2014),将被试随机分配到干预组和对照组,在干预前和干预后对被试进行多次测量,关心干预组与对照组在平均水平和发展趋势的差异。研究者不仅关注干预的即时效果,也越来越关注干预的持续效果(Armitage et al.,2014),以及观测值的整体发展趋势、个体发展趋势及趋势中的个体差异等(李丽霞 等,2012)。

根据研究目标的不同,采用的数据处理方法也有所差异。重复测量方差分析侧重总体平均发展趋势,而潜变量增长曲线模型和多层线性模型除了总体平均发展趋势之外,同时注重个体发展趋势之间的差异(刘红云,张雷,2005)。唐文清等(2014)统计了中国1982~2013年发表的研究论文,发现2005年之前国内追踪研究主要运用t检验和重复测量方差分析追踪数据,2005年后多层线性模型、潜变量增长曲线模型等分析方法有所应用,开始关注个体间的发展差异。

上述模型均假设研究样本存在相同的发展轨迹,即内部同质,大多数个体具有共同的发展轨迹。然而很多心理状态和行为的发展过程并不存在普适的变化趋势,这一假设并非总能满足(王孟成 等,2014)。

以未成年人加入不良团体的研究为例。当研究者认为个体是同质的,男生加入不良团体的概率在个体间是相同的,则可以用一条曲线模拟发展轨迹,如图14.11的左图所示。而群组发展模型分析发现,可以将群体进一步分为三个亚组(如图14.11右图所示)。其中,74.4%的青少年几乎不可能加入不良团体,12.8%的青少年则是"青春期"组,而最后的一组为"童年"组占总体的12.8%(Lacourse et al.,2003)。可以看出,群体中由此往往存

[①] 本节改编自《群组发展模型:干预研究的新方法》(吕泥尘,赵然,2018)一文,已征得通讯作者赵然的同意。

在不同的发展轨迹。如果将个体视为同质,那么估计的概率会被"折中"。

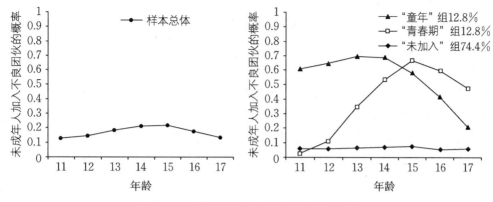

图14.11 个体同质与个体异质发展轨迹对比

干预研究也开始关注个体的异质性(Peer, Spaulding, 2007)。Nagin(1999)提出群组发展模型,用以识别群体内遵循不同发展轨迹的亚组,并描绘亚组成员的发展轨迹曲线。Eggleston等(2004)认为群组发展模型是一种潜类别分析,而纪林芹和张文新(2011)将其归为潜类别增长分析。此外,巫锡炜(2009)曾将"group-based trajectory model"译为"组基发展建模"。

二、群组发展模型的异质性

正如上文所说,多层线性模型、潜变量增长曲线模型认为群体是同质的,而群组发展模型的基本逻辑是群体具有异质性,为了更好地说明个体异质性,接下来将具体讨论这3种模型的区别。

多层线性模型和潜变量增长曲线模型认为个体可能存在变异性,并对这种变异性进行检验(截距和斜率),但认为群体中的个体是同质的,群体只具有一般的发展轨迹。Morgan等(2011)使用多层线性模型分析儿童学习的发展轨迹,发现患有学习障碍或语言障碍的儿童与健康儿童在阅读测试的平均值和变化速率(斜率)上均存在差异,并用种族、性别和自尊水平等因素解释这种差异。

与上述两种模型不同,群组发展模型认为个体间的发展轨迹可能存在质性差异,可以将群体划分为不同的轨迹组(或亚组),而群体是一个包括有限个轨迹组的混合。其中轨迹组的划分是基于统计分析和相关理论获得的,并非依据研究者的事后分析或特定的划分标准而确定的。因此,群组发展模型具有一定的统计效度,能区分个体差异中的随机变异和真实变异,可以验证模型的拟合效果。群组发展模型更近于真实情况,在实际应用中具有重要的意义。对1岁半到3岁半儿童的攻击性研究发现,可以将其划分为3个轨迹组。28%的儿童属于"低攻击组",攻击性较低近似没有;14%的儿童具有较高的攻击水平,且不断提高,为"高攻击组";大多数儿童(58%)则属于"中度攻击组",具有适度的攻击性,缓慢上升(Tremblay et al.,2004)。并且不同亚组的发展轨迹不同,其预测变量和结果变量很可能也有所差异。

基于两个研究的对比可以发现,潜变量增长曲线认为群体是同质的,分组依靠于测量指标,关注不同类型儿童的平均轨迹,以及个体特征如何影响个体对平均轨迹的偏离。群组发展模型则关注个体间的差异,识别潜在的轨迹组,包括不同轨迹的形状、轨迹组间的差异、区别轨迹组成员的因素以及可能改变轨迹的事件等(Nagin,2005)。因此,这两种研究方法是互相补充的,而不是相互对立的。潜变量增长曲线适用于分析具有共同发展轨迹的心理现象或行为,或特定分组(如性别、种族等)的发展轨迹等研究。而群组发展模型可以发现群体中无法确定亚组的、潜在的、具有质性差异的发展轨迹,而且可以研究干预、转学等转折点对发展轨迹的影响。

王孟成等(2014)指出,群组发展模型与潜变量混合增长模型是目前两种最常用也是影响最大的处理群体异质增长的模型。两者最大的区别在于,群组发展模型假定各轨迹组内的个体具有相同的发展轨迹,组内同质而组间异质,通过不同轨迹组之间的差异来估计发展轨迹中的个体变异。而潜变量混合增长模型在确定亚组轨迹的同时,允许发展轨迹的增长参数(如截距、斜率等)存在亚组内变异(刘红云,2007),模型的估计更加复杂。

三、基本模型的建立

1. 建立似然函数

与传统的聚类分析不同,群组发展模型的基础是最大似然估计,其基本思想是通过参数估计使得所有观测数据发生的概率最大。群组发展模型认为总体是由有限个潜在亚组构成的,可以用有限个多项式函数进行表达。每个亚组的发展轨迹不同,其概率分布也会存在差异。因此观测值发生的概率依赖于个体i所属轨迹组j的概率分布,以及个体i属于该轨迹组的可能性π_j。最大似然估计的目的就是得出令观测值发生概率最大的参数值。

轨迹组的函数是观测值关于时间的变化,必须要考虑到不同时间点间的关系,因此不得不提到群组发展模型的另一基本原理——条件独立假设。这一假设认为对于指定轨迹组j的每一个体,任意时间上测量值的分布独立于之前时间点的测量结果。虽然这一假设看似难以置信,当下的行为表现通常与之前的行为相关,但条件独立性假设是假定个体的偏离程度之间互不存在相关。因此指定轨迹组j中观测值的概率分布函数是相互独立的,不包括之前的测量值的影响。基于这两个原理,可以建立两个函数进行估计:使用适宜的概率分布函数描述观测值发生的概率;以时间为自变量建立函数定义观测值与时间的关系,从而将发生概率、观测值、时间和参数联系起来,进行参数估计。

2. 确定轨迹组数和轨迹形状

群组发展模型中每个亚组均具有不同的轨迹趋势,亚组的数量也就是描述发展轨迹的函数数量。因此,组数会影响最大似然估计中的参数数量,每个亚组的具体轨迹形状,以及模型的拟合程度。所以建立群组发展轨迹模型的第一步,也是最具挑战的一步就是确定轨迹组组数 J。

要明确划分亚组的原则。群组发展模型假定轨迹组内同质而组间异质,组间的差异近似于群体差异。因此,划分亚组的目的是发现具有相似发展轨迹的亚群体。模型应该能够以尽可能简洁、有效的方式呈现群体中的差异(Nagin,Odgers,2010)。轨迹组的划分不仅依赖于统计标准,也要基于理论支持和一定的主观分析。

在群组发展模型中,用于评估模型拟合的指标包括贝叶斯信息标准、赤池信息标准等,其中最常用的是贝叶斯信息标准进行轨迹模拟,$BIC=\log L-0.5k\log N$(L 是模型的似然值,N 是样本量,k 是模型中参数的数量),最高的模型最为适宜。利用 BIC 选择最佳拟合模型时,需要不断调整参数量,而参数量受到亚组数 J 和发展轨迹阶数两方面的影响。因此,Nagin(2005)提出选择最佳模型为两步:

第一步,预设方程阶数,估计模型的组数 J。发展轨迹可以是零阶(平坦直线),一阶(有斜率的直线),二阶(曲线)或者三阶等。其中二阶曲线能反映出多样的发展趋势,较为灵活。三阶函数太为复杂,难以抓取特征。因此通常假设发展曲线是二阶的,从而确定组数。

第二步,组数确定的基础上,调整方程阶数使得轨迹拟合更优。例如,第一步发现 4 个二阶函数的轨迹组最优,但其中一个轨迹组模型的标准差较大,或从经验上认为可能存在一个零阶轨迹,则进一步对比两个模型。在组数 J 确定的基础上进行微调,确定最为适宜的发展轨迹阶数。

3. 后验概率及模型检验

群组发展模型建立之后,还需要检验模型的准确性,计算轨迹组分配的后验概率,判断模型是否真实反映了样本数据的情况。

对于已经确定的模型,具有已知观测值的个体在组 j 的可能性即为后验概率。可以通过在组 j 出现观测值的概率计算而得,然后根据最大后验概率分配原则分派个体。

Nagin(2005)总结出 4 种检验模型准确率的具体方法,其中两种方法以最大后验概率分配的准确性为衡量标准,另两种方法则关注估计 π_j 的准确度:

① 轨迹组中个体的后验概率均值大于 0.7;

② 个体正确分配到轨迹组的发生比大于 5;

$$OCC_j=\frac{AvePP_j/1-AvePP_j}{\pi_j/1-\pi_j}$$

③ 分配到轨迹组 j 的人数占比,是否与参数估计值 π_j 相一致;
④ 计算参数 π_j 的98%置信区间,其幅度越小模型的准确度越高。

4. 对轨迹组的概况描述

基于最大后验概率分配原则将个体进行分配,即可获得了每个轨迹组的成员构成。结合样本数据中的个体特征信息,就可以进一步对不同轨迹组进行简单描述。

通常采用交叉列联表的形式,不仅可以清晰呈现每个轨迹组中具有该特征的人员比例,而且可以比较不同轨迹组间的差异(如表14.6所示)。

表14.6 犯罪轨迹发展曲线的概况描述(Nagin,2005)

	无犯罪(%)	仅青春期(%)	持续低水平(%)	持续高水平(%)
低智商	16.3	23.5	34.8	43.5
缺乏父母养育	18.4	29.4	30.4	47.8
有冒险活动	21.2	47.1	37.0	69.5
父母具有犯罪记录	18.0	43.5	33.3	60.9

注:需要注意的是,概况描述是基于后验概率之上的,而不是参数估计。概况描述只是描述性数据,缺乏统计检验,只能说明每个轨迹组的个体更倾向于具有哪些特点,无法证明这些特征会影响轨迹组的分配。在下一部分将会具体介绍如何进行统计检验,发现影响个体进入该轨迹组的因素。

四、干预研究中的应用

假设要研究记忆方法的干预对学生阅读理解能力的影响,如何分析这一方法的学习对学生发展轨迹潜在影响呢?在群组发展模型中,描绘群体中结果变量的分布具有两个核心指标——发展轨迹和人员分配比例 π_j。因此群组发展模型对干预的研究存在两种完全不同的逻辑。

一种研究逻辑是将干预视为预测变量(Predictor),探讨干预是否引起分组比例变化。其前提是认为轨迹稳定,干预只会改变个体所属的轨迹组,影响人员分配比例 π_j。因此关注干预是否能预测分配比例 π_j。这种逻辑的核心在于,干预会引起质的改变(从轨迹组1到组2)。

另一种则认为干预是轨迹的转折点,探讨干预是否改变了发展轨迹。这种思路认为人员分配比例 π_j 是固定的,干预不会改变个体所属的轨迹组,而是直接影响整个轨迹组的发展轨迹。研究者关注干预前后轨迹趋势是否发生变化。因此,该逻辑倾向于认为干预会导致量的变化(轨迹的扭转)。

1. 作为预测变量

正如前文所述,不同轨迹组发展轨迹的描述性数据缺乏统计检验,不足以确定该特征是否能够预测分组。因此,确定预测变量需要进行进一步的参数估计。

发展轨迹是一个观测值的长期发展趋势。如果初始状态时变量X的水平能估计个体未来的发展趋势,那么X则是一个预测变量。因此,如果研究者将干预视为一个预测变量,则干预应当在第一次测量之前。

从统计分析上而言,当个体i在变量X上的水平x_i能有效预测人员分配比例π_j,则变量X为预测变量。因此建立函数关系$\pi_j(x_i)$,用Logit分布函数进行参数估计。对于具有J个轨迹组的模型,需要选择一个固定的对照组,对照组的参数设定为零,对其他$J-1$个轨迹组的参数进行Z检验。要进一步比较$J-1$个轨迹组间的差异,可采用Z分数检验或Wald检验。

2. 作为转折点

当把干预视为发展轨迹的转折点时,干预发生在发展轨迹的时间区间内,基于干预之前的发展趋势进行对比。如果轨迹发生了变化,则说明干预使发展轨迹发生了偏离,干预对观测值存在一定影响。这也是在干预研究中使用群组发展模型的优势之一。

除此之外,此时干预前后的比较是轨迹组内的,均都具有相似的发展历程,个体是同质的。并且群组发展模型有助于发现发展轨迹和干预的交互作用,即干预对不同轨迹组的影响差异。但需注意,在群组发展模型中,是否参与干预往往不是随机分配的,因此不能获得因果结论,难以确定参与干预和结果变量之间的因果关系。

当把干预作为轨迹的转折点,考察事件(或干预)Z对发展轨迹的影响时需要建立事件Z和发展轨迹的关系,即重新建立关于时间的多项函数。

综上所述,根据研究者关注的内容和干预的程度可以采用不同的方法进行分析。如图14.12所示,如果认为干预会引起质的改变,则作为预测变量X,探讨干预对分组的影响;如果只是发生量的变化则将其视为转折事件Z,研究干预如何影响发展轨迹。

图14.12　干预研究总模型

五、未来发展

Nagin和Land(1993)为了研究人群中犯罪行为的异质性提出了一种统计方法,渐渐发展为群组发展轨迹模型,并尝试将其应用于各个领域,对模型不断扩展。为了解决干预研究中非随机分组问题,可以将群组发展模型与倾向分数模型相结合,促进因果推断的获得(Haviland et al.,2007)。另外还提出了双轨迹模型用以分析同时发展的两个结果变量(Nagin,Tremblay,2001),以及多轨迹模型(Nagin,2005)。近年来群组发展模型的应用主要围绕着犯罪领域(Ward et al.,2010),在干预研究中的具体应用还较为缺乏。

目前有两个成熟的插件用于分析群组发展模型：SAS程序的Proc TRAJ模块(Jones,Nagin,2007)和Stata软件的Traj插件(Jones,Nagin,2013),都可以从网址http://www.andrew.cmu.edu/user/bjones上免费获得。

1. 模型优势

(1) 群组发展模型关注个体的异质性,能识别群体中具有相似发展轨迹的个体,发现群体中典型的和非典型的发展历程(Nagin,Odgers,2010)。

(2) 基于统计分析和相关理论划分轨迹组,而不是根据特定的分组标准(如性别、种族)或事后分析,具有一定的统计效度,能区分个体的真实变异和随机变异。

(3) 可以将干预作为预测变量或转折事件进行分析,从不同角度考察干预作用。作为转折事件进行分析时,在轨迹组内进行比较能发现干预前后轨迹的变化,以及干预对不同轨迹组的影响差异。

2. 应用局限

(1) 群组发展模型是对纵向数据的分析,因此对缺失值的处理也是影响群组发展模型一个重要问题。虽然有相关的统计方法和模型有助于解决缺失值问题(Haviland et al.,2011),但缺失值的存在或多或少都会影响模型的可靠性。

(2) 群组发展模型需要足够的被试量。当被试较少时,观察值较少,往往难以发现群体中比例较小的轨迹组。研究发现当样本量超过200之后,轨迹组的划分趋于稳定(Nagin,Piquero,2010)。

(3) 轨迹组的划分和轨迹形状是非固定的,没有最完美的模型。追踪时间长短也会影响轨迹的拟合。

综上所述,群组发展模型可以发现群体中无法确定亚组的、潜在的、具有质性差异的发展轨迹,获得不同轨迹组的分配比例和轨迹形状,更接近生活实际。而且样组发展模型能够获得干预前后轨迹组的变化情况,以及对不同轨迹组的影响差异。因此群组发展模型对干预研究效果的检验具有重要意义,可以有效出识别干预效果最好的群体,进行针对性的干预。

第十四章
社会科学研究方法新进展

第六节 共同方法变异的论争、新知与应对[①]

共同方法变异(Common Method Variance)是社会科学研究中被反复提及的重要方法学问题。任何变量都会带有一些由特定测量方法引起的系统变异即方法变异,如果两个变量用同一方法测量或测量方法有某些共同之处(如数据来自同一受测者),就会共享一部分方法变异,形成共同方法变异(Podsakoff et al.,2003;Spector, Brannick,2010),进而造成构念的信度、效度估计偏差和构念间观测相关系数的估计偏差(MacKenzie, Podsakoff,2012;Podsakoff et al.,2012)。共同方法偏差(Common Method Bias)是由此衍生出的概念,指观测相关系数偏离真实相关系数的程度,多数情况下表现为观测相关系数的膨胀或高估,有时可能引起假阳性结果,导致错误的因果关系推论(Doty, Glick,1998;Fuller et al.,2016;Min et al.,2016)。学界对共同方法变异的担忧源于它为构念间的相关性提供了研究假设之外的替代解释,构念间的关系如果大部分归于共同方法的虚假效应和人为假象,无疑会为逻辑网络的完善和理论的建构带来灾难性后果(Reio,2010)。

在心理学、组织管理等行为科学领域,共同方法变异是一个敏感而微妙的话题。其敏感之处在于,它严重威胁了研究结论的可靠性,更与论文能否发表息息相关;其微妙之处在于,学界对于它究竟是"致命瘟疫"还是"都市传说"[②]的热烈讨论已持续了60年,但至今仍未达成共识(Doty, Glick,1998;Podsakoff et al.,2012;Richardson et al.,2009;Spector,2006),呈两派对立之势:"批判派"坚称,共同方法变异带来了巨大的效度风险,使很多研究结果疑点重重;"辩护派"则主张这些责难实属夸大其词。虽然纷争不止,但大多数期刊和审稿人都将共同方法变异列为影响论文质量的重要因素,管理学期刊的态度尤为严格,有明显共同方法变异顾虑的稿件常被拒审。有学者统计,早在1998~2003年,4份国外权威管理学期刊发表的871篇实证论文中仅有36篇(4.13%)使用了单一来源数据(彭台光等,2006);甚至很多国外期刊编委的稿件也曾因共同方法变异问题被拒绝(Pace,2010)。

国内,自周浩和龙立荣(2004)介绍了共同方法偏差的统计检验和控制方法后,学界开始接触和关注这一问题。随着多变量统计技术的成熟和共同方法变异在论文评审中权重的增加,研究者纷纷采用程序和统计手段加以应对。当前,共同方法偏差检测被认为是问卷数据建模的奠基工程之一(温忠麟 等,2018)。《心理学报》在2018年3月更新的论文自检报告中也强调管理、临床、人格、社会等领域的问卷类研究须详细论述共同方法偏差的检测和控制手段,这部分日益成为规范化内容。然而,在负面态度占据上风的严峻形势

[①] 本节改编自《共同方法变异是"致命瘟疫"吗?:论争、新知与应对》(朱海腾,李川云,2019)一文,已征得通讯作者朱海腾的同意。

[②] 英文为"Urban Legend",指人们耳熟能详并信以为真的言论,但其真实性并不能保证。

下,如临大敌的研究者不得不竭力迎合期刊的高标准严要求,试图以各种"实用"的手段打消审稿人对自己论文的怀疑,但对基本理论却缺乏深究,助长了概念原理上的认识误区、应对实践中的方法误用和学术评价中的价值误判;同时,对共同方法变异威胁的先定假设有意无意地影响着研究者和审稿人对共同方法变异的处理和评论(Richardson et al.,2009),如果不能从正反两面认识这一问题的全貌,只是浅尝辄止或仪式化地做一个哈曼单因素检验,科研实践就可能偏离正轨。由此观之,有必要重新审视这一"讨厌因素",及时检查和纠正偏差。以下将从实证证据切入,厘清共同方法变异和共同方法偏差的关系,梳理对共同方法变异威胁的回应和辩护,在新视角下提出一种共同方法变异的风险评估方法,提出理念和实务上的建议,期望帮助研究者澄清模糊观念、树立无偏态度、改良处置策略。

一、貌合神离:共同方法变异与共同方法偏差之检测与辨析

共同方法变异和共同方法偏差相伴而生,是一个问题的两个方面,它们密不可分又若即若离,不少学者视之为可互换的概念,但它们有着清晰的界限,从不同角度反映了构念测量中的"副产品"——方法效应。那么,它们是否稳定而广泛地存在于研究中?很多学者进行了实证检测。以下先简要回顾这些结果,从中获得的启示将有助于把握两者的深层关系。

从历史发展脉络看,学界对共同方法变异的兴趣自多特质-多方法矩阵(Multitrait-Multimethod Matrix,MTMM)问世以来就没有停止过。在MTMM模型和经典测量理论框架下,构念的总变异被分解为真分数变异、方法变异和随机误差变异(Lindell,Whitney,2001;Williams,Brown,1994);假定方法变异等同于共同方法变异,通过相关特质-相关方法模型估计方法变异占总变异的比例,就成为共同方法变异的最优检测方式(叶日武,林荣春,2014)。Podsakoff等(2012)总结了1987～2010年的5项研究,发现方法变异在总变异中的比例为18%～32%,特质变异的比例则在40%～48%之间,也就是说,方法变异在全部系统变异中的比例超过30%,证明Doty和Glick(1998)的忧虑——共同方法变异已成为研究中无法回避的问题——不无道理。不过,模型无法识别和不适当解的缺陷限制了MTMM分析结果的稳健性(Meade et al.,2007),且新近研究发现方法变异仅占总变异的6.59%～16%(萧佳纯,涂志贤,2012;Schaller et al.,2015),与2000年以前的研究相比明显减少,令人稍感宽慰。

由于人们更关心共同方法变异可观察到的影响,作为其外部表征的共同方法偏差应运而生。与真实相关系数相比,这种"偏差"可以是膨胀或紧缩,但学者对可能导致假阳性结果和I型错误的膨胀效应更加敏感(Fuller et al.,2016)。通过估计共同方法偏差需求可以得到观测相关与真实相关的差值,但由于真实相关不可知,通常的做法是退而求其次,通过类实验设计比较同一对构念在使用相同和不同方法测量时的相关性有何差异,构

念在方法特征上的相似程度决定着共同方法偏差的大小。关键方法特征及其检测结果如下：

1. 数据来源

构念的测量可以来自单一受测者或多种渠道（如多个评定者、客观记录）。一个明显的事实是，对共同方法变异的批评绝大部分指向研究者最常使用的自我报告单一来源式横断调查研究（Brannick et al.，2010；Lai et al.，2013；Spector, Brannick, 2010）。不少学者相信，自我报告数据带有大量同源偏差（Common Source Bias），得到的结果不可信，有些审稿人甚至会不假思索地拒绝这类稿件（Brannick et al.，2010；Spector，2006）。现有证据也表明，单一受测者得到的相关系数的确偏高。同源偏差程度是构念间相关性的调节变量（陈春花 等，2016），Podsakoff 等的两项元分析发现，较之采用不同评定者，单一受测者使相关系数发生了 59.5%～304% 的膨胀（Podsakoff et al.，2013；Podsakoff et al.，2012），个人或组织绩效与解释变量的关系也呈现出相似的趋势（苏中兴，段佳利，2015；Andersen et al.，2016；Meier, O'Toole, 2013）。同源偏差在主观性较强的感知类变量（如组织承诺、工作满意度）中更加严重（Favero, Bullock, 2015；Sharma et al.，2009；Tehseen et al.，2017）。

2. 测量时间

在同一时间测量的构念会带有系统性共变，因为留存在短时记忆中的信息增大了一致性回答的概率，导致相关性的膨胀（Podsakoff et al.，2003）。研究表明，在不同时间点（间隔 1 天到 2 个月）测得的构念间的相关系数明显小于一次完成全部测量时的结果（Johnson et al.，2011）。

3. 问卷设计

主要涉及量表的格式（如李克特量表和语义区分量表）和选项（Anchor）、题项的语义清晰度。采用选项内容（如同意式或频率式）和数量（如五级计分）均相同的李克特量表测量多个构念，得到的相关系数会偏高（Podsakoff et al.，2013；Schwarz et al.，2017）；抽象、表意不清、模棱两可的题项会造成构念的指标负荷、合成信度和路径系数的膨胀（Schwarz et al.，2017，2008）。

上述诸多实证证据有助于我们理解共同方法变异和共同方法偏差的联系和区别。从检测方法来看，两者遵循了不同的技术路线：由变异分解反推共同方法变异，由相关系数偏倚反推共同方法偏差。最终得到的结果不尽一致，且由于早期研究中较高的方法变异比例没有在新近研究中复现，只能说共同方法变异确实存在，但不见得是波及范围极广的"致命瘟疫"。不过，多数研究发现相似的方法特征会造成观测相关的虚高，可见对共同方法偏差的担忧并非空穴来风。

从这两点看似矛盾的结论出发,可以对共同方法变异和共同方法偏差的关系做如下归结:第一,共同方法变异是因,共同方法偏差是果,共同方法变异是共同方法偏差存在的必要条件。相同或相似的测量方法扩大了两个构念共享的系统变异,导致相关系数的高估。第二,两者的因果关系不是必然关系而是或然关系,只能说当存在共同方法变异时,出现共同方法偏差的概率增大,但不具有确定性。例如在Doty和Glick(1998)的研究中,虽然有83%的观测相关系数发生膨胀,但一半以上都落在经方法因子校正后的95%置信区间中。他们由此认为,共同方法变异在组织研究中普遍存在,但共同方法偏差没有预想得那么严重,应重点关注共同方法偏差的大小而不是共同方法变异是否存在;如果共同方法变异不影响构念间实质关系的统计推断,就无需过度担心。无独有偶,Fuller等(2016)的模拟研究也发现,在常规信度水平下,只有共同方法变异占据相当大比例(总变异的60%以上)时,共同方法偏差才会出现,否则观测相关系数与预设值差异不大。这就意味着共同方法变异不是共同方法偏差的充分条件。第三,以共同方法偏差反推共同方法变异庶几可行,但以共同方法变异预测共同方法偏差不一定稳妥,即使检测出了较大的共同方法变异,观测相关系数也不一定"同步"发生偏倚;换言之,尚未发现两者有稳定的强对应关系。一种可能是,有的构念对共同方法变异有较强的容忍度,有的则易受影响,这两类构念分别需要不同量的共同方法变异来"触发"共同方法偏差。

二、辩护陈词:对共同方法变异"脱敏"

由于大量研究一致检测出了显著的共同方法偏差,越来越多的研究者相信它是严重危害研究效度的"大麻烦";自我报告研究更是深陷"信任危机",受到一些挑剔的期刊和审稿人的歧视,成为学界对共同方法变异失衡态度的一个缩影,这对曾极大推动心理学科学化进程的问卷法来说不啻为一种过度的苛责(Kline et al.,2000)。同源偏差的"罪名"一旦"坐实",不但会动摇问卷法在社会科学研究方法体系中的地位,还会对心理和管理领域大量依靠相关性研究建立起来的理论构成极大威胁。在批判浪潮中,一些学者坚守立场,做出了有力的辩护,反对以偏概全、因噎废食的消极态度,告诫研究者不必对共同方法变异过度敏感。

1. 自我报告法不可替代

普遍的偏见和期刊的压力"倒逼"研究者摒弃用一张问卷获取所有数据的简单设计,转而以外部数据、时间分离等变通方法规避批评,虽然有益于研究者下决心改进研究设计,但也不能一概将自我报告拒之门外。

(1)很多构念的测量仅适合自我报告。心理和管理研究中经常遇到与认知、态度、情感、价值观、意愿等有关的自我参照变量,它们更多指向受测者的内心感受而不是客观环境或实际行为,只有借助个人内省和自我报告才能有效测量,其他来源数据的准确性难以保证(叶日武,2015;Edwards,2008;Podsakoff et al.,2013)。例如,抑郁情绪往往是内隐而缺乏公开表露的,只有本人能确切了解自己的情绪状态,故多为自评,相反如果让教师来评定学生的抑郁水平就可能出现较大偏差(George,Pandey,2017)。

(2)自我报告对探索性研究有重要价值。在提出和验证某一理论假说的过程中,研究者往往先编制测量工具将构念操作化,进而在理论指引下开展多变量相关研究,此时采用自我报告法同时测量多个构念并考察其关系是合理的做法(Brannick et al.,2010;Reio,2010),可以高效而经济地识别与焦点构念有密切联系的前因和后果变量,以此充实和完善理论;但如果仅为减小共同方法偏差而盲目采用多来源数据,一旦构念间的相关不显著,理论的建构进程就会遭受挫折,一个颇具现实解释力的新理论可能就此被搁置,得不偿失。

"都市传说"的宣扬者还辩解道,如果自我报告都带有同源偏差,应存在一个确保所有观测相关系数达到统计显著性的基线水平,但实际情况是,即使在大样本研究和具有理论关联的构念间,不显著的相关仍十分常见,这充分说明自我报告远不是获得显著相关性的保证(Spector,2008)。总之,正如"不能把婴儿与洗澡水一起倒掉",不应在未经确证的情况下不加区分地拒绝自我报告研究,更不可将其"妖魔化"。

2. 独立数据来源不是"救命稻草"

独立数据来源指独立于受测者自我报告的外部数据来源,可以分为两类:一是为研究中的不同构念分配不同的评定者,比较典型的是员工-主管配对和儿童-父母配对;二是采用现成的档案记录(如考试成绩、缺勤次数),即二手数据。作为自我报告的替代方法,独立数据的引入从根本上消除了单一数据来源这个最大的困扰,受到学者的普遍欢迎,被认为是最直接、最彻底的解决方案(Chang et al.,2010;Favero,Bullock,2015;Pace,2010;Podsakoff et al.,2013)。然而,独立数据来源真的是治愈"致命瘟疫"的一剂良药吗?也许不尽然,因为来自外部评定者的数据的效度不总是令人满意。其一,评定者如果对评定对象不够了解或掌握的信息较为片面,评定结果可能脱离实际。他人评定和自我报告结果存在很大出入的情况并不鲜见,而且不同主体的评价都带有实质性信息,难以判定哪个更准确(Spector,Brannick,2009)。Spector等(2010)的一项研究很能说明问题,他们得到了一个"反常"的结果:与员工自评相比,当员工的反生产行为和组织公民行为都由主管评定时,其相关性反而更强。他们的解释是,反生产行为通常比较隐秘,主管难以发现,组织公民行为则较为公开而易于识别,两类行为信息准确性的不对等使主管无法像员工本人那样清晰地将两者区分开来,造成相关系数的膨胀。可见,反生产行为这类透明度不高的行为不适合他人评定。其二,他人评定看似消除了同源偏差,但本质上仍是自我报告,无法根除所有方法偏差,特别是题项层面的某些偏差(Edwards,2008;Meier,O'Toole,2013)和同一组织成员的知觉趋同(苏中兴,段佳利,2015)。其三,非同源数据的匹配过程大多伴有样本损耗,还可能引入取样偏差,如员工只有在预期能得到积极的绩效评价或与主管关系良好时,才会把配套问卷交给主管填写(Carter et al.,2014)。此外,模拟研究表明,由于错失了一些实质性变异,多方评定同样会导致结果偏倚,并不比自我报告准确(Kammeyer-Mueller et al.,2010)。

二手数据虽比较客观,不易掺杂自我报告的主观臆断因素,但有些档案数据的采集过程不够公开透明,如同一个"黑箱",缺乏研究者的主动控制;数据也可能因人为操纵(如有选择地记录、删除数据)而失真,无法保证质量,非常欢迎此类数据的审稿人一般也不会详加审查(George,Pandey,2017)。显然,这些都是潜在的"污染源"。

归结起来,独立数据来源虽然可以消除大部分共同方法变异,有其优势,但绝非无懈可击,如果评定者无法做出客观、准确的评定或二手数据失真,同样会造成严重的偏差。独立数据来源无需过度吹捧,也不能完全取代自我报告。

3. 共同方法偏差的检测方法存在缺陷

如前所述,检测共同方法偏差的基本思路是比较具备不同方法特征的两个构念的相关性,设置了使用不同测量方法的多个"实验"组。这种方法表面上比较严谨,得出的结论也有理有据,但若细加思量,又不难发现其中的漏洞。其一,比较法的一个关键假设是,采用多种方法得到的结果不存在共同方法偏差,比单一方法的结果准确。在构念间的真实相关系数无从知晓的情况下,多方法组的相关系数被默认为真值的近似值。然而,这个"标尺"不一定靠得住,因为多方法组的结果可能很不准确,不能作为比较标准(Schaller et al.,2015)。Lance等(2010)证明,在MTMM模型中,方法的相关性会影响构念的相关性,只要方法效应显著(各指标在相应方法因子上的负荷不为0),且方法之间为正相关,观测相关系数就会发生膨胀。不幸的是,元分析恰恰发现,方法之间大多具有正相关,因此用不同方法测量的构念间的观测相关系数一般也带有偏差;严格来说,只有在方法相关为0的前提下,比较单一方法与多方法的结果才能评估共同方法偏差。如此严苛的条件在实际研究中几乎不可能满足,与有偏结果的比较也就没多少意义了。其二,虽然设置了多个"实验"组并操纵了个别方法特征,但过程控制远不如真实验那样严格,存在不少可能污染研究结果的无关变量,比较突出的是测量情境和媒介。例如在Johnson等(2011)的研究中,同一组受测者有的接受纸笔测验,有的填写网络问卷,其实这本身就属于不同的方法,会影响受测者的反应方式(Weijters et al.,2008),研究者却未予控制。其三,由于大多采用方便取样法,难以随机分配被试,且没有通过前测来比较各组在接受"实验处理"前是否处于同一基线水平(实际也不可行),不易保证各组为同质组,也就无法确定各组相关系数的差异有多少是由不同方法特征引起的。

一言以蔽之,比较法的结果往往夸大了共同方法偏差,说服力不高,应慎重对待。

4. 测量误差的抵消作用

虽然题项观测分数的变异包含3种成分,但多数研究者只关心方法变异和特质变异的相对大小,并习惯性地将测量误差当做可有可无的成分而不予分析。其实误差变异在总变异中的比例也相当可观(Lance et al.,2010;Podsakoff et al.,2012),不应"选择性"忽视。测量误差是信度不足(指信度系数低于1的程度)的同义词,与构念间的观测相关系数和共同方法偏差有直接关联(Brannick et al.,2010;Lance et al.,2010)。一般地,假设两个构念X和Y采用了同一测量方法,其相关系数的观测值r_{XY}可表示为特质效应和方法效应之和:

$$r_{XY}=\lambda_{TX}\lambda_{TY}\rho_{TXTY}+\lambda_{MX}\lambda_{MY} \tag{14.7}$$

其中,λ_{TX}和λ_{TY}分别代表X和Y的信度系数,ρ_{TXTY}代表X和Y的真实相关系数,λ_{MX}和λ_{MY}分别代表单一测量方法M对X和Y的效应。从中可以看出,X和Y的观测相关因方法效应项$\lambda_{MX}\lambda_{MY}$发生膨胀,导致共同方法偏差;同时,由于X和Y信度系数乘积$\lambda_{MX}\lambda_{MY}$远小于1(如在0.8的常规信度水平下,该项等于0.64),相关系数会因此发生缩减。两项相加后,观测相关系数的净效应有3种情况:① 高于真值(膨胀大于缩减时);② 低于真值(膨胀小于缩减时);③ 等于真值(膨胀等于缩减时)(Conway,Lance,2010)。这提示,测量误差中的"中和"作用有望使观测相关不过度偏离真值,从而将共同方法偏差控制在较低程度。

Lance等(2010)对18个MTMM矩阵的再分析为此提供了佐证。采用相同方法测量的两个构念的平均观测相关系数为0.340,通过式(14.7)换算得到的相关系数为0.332,两者极为接近;加入方法因子后,特质因子的平均相关系数(真实相关系数ρ_{TXTY}的无偏估计值)为0.371,与前两个值的差异也不太大。他们由此得出结论:

> "共同方法效应使单一方法得到的相关系数膨胀"这一"都市传说"有几分道理,但相关系数大于其真值则是一个谣言,这是由于测量误差具有削减效应。

在另一项模拟研究中,Fuller等(2016)操纵了共同方法变异比例、信度、真实相关系数等参数,发现在信度略低于常规水平(0.77~0.80)时,共同方法变异会导致相关系数的紧缩;相反,在信度极高(0.97~0.99)时,共同方法变异会导致相关系数的膨胀。这很好地支持了Lance等(2010)的观点:共同方法变异虽然存在,但能否引起显著的共同方法偏差部分取决于测量误差的削减作用;在特定情况下(方法的膨胀效应恰好被测量误差的削减效应完全抵消),由单一方法求得的相关系数能准确地反映构念间的真实关系。

这一论点是对"致命瘟疫"说的有力回击,有较扎实的理论和实证依据,但Lance本人也承认,它还没有得到学界的广泛认同。且不论其他问题,这种解释首先与人们的常识相悖:较高的信度本应是研究力图达到的理想状态,却同时削弱了测量误差的抵消作用,助长了相关系数的膨胀;换言之,信度越高,共同方法偏差反而越大,令人困惑。学者还提出了其他异议。Favero和Bullock(2015)认为,Lance等(2010)的解释不适用于构念间的真实相关为0的情况,因为此时观测相关系数不可能再被削减,只会因共同方法变异而膨胀,一旦其绝对值显著大于0,就出现了假阳性结果,这种Ⅰ型错误是研究者极力规避的;至于真实相关和观测相关都显著不为0时,削减效应和膨胀效应的相对大小至多会改变相关系数的估计值,而不太可能影响显著性(使原本显著的相关变为不显著),所以无关紧要。Meier和O'Toole(2013)提醒,即使测量误差有抵消膨胀效应的潜力,也不意味着可以无视共同方法偏差,因为不同学科、不同研究乃至不同构念间的共同方法变异量有很大差异,在共同方法变异风险较高的研究中,抵消效果可能不理想,无法完全排除共同方法偏差。诚如此言,不是所有研究都能得到Lance等(2010)那样完美和巧合的结果,膨胀量和削减量恰好相等也许只是个小概率事件,不太具有普遍性。尽管如此,Lance等(2010)的初步探索使我们领会了信度和测量误差的另一层意蕴,很有启示性。

5. 非共同方法变异与共同方法变异的消长

Conway和Lance(2010)将"他评优于自评"列为审稿人对共同方法偏差的三大误解之一,因为来自不同评定者(推而广之,其他不同方法特征)的评分会产生非共享方法效应或非共享无关变异,造成构念相关性的缩减(Brannick et al.,2010)。"非共享方法效应"的提出隐含了一种视角的转换,即在关注测量方法的共同点或相似性之余,也应留意方法之间的差异性,因为这是共同方法变异的潜在制衡因子。共同方法变异和非共同方法变异互补,共同构成总的方法变异(各种变异成分的关系如图14.13所示),它们相辅相成、密不可分,又相互制约、此消彼长;不论一项研究中的共同方法变异是否显著、量有多大,必然存在一定量的非共同方法变异,因为各构念的测量方法或多或少有一些差异。从另一个角度看,不同方法间的相关性越高,共同方法变异越大;相关性越低,非共同方法变异越大。

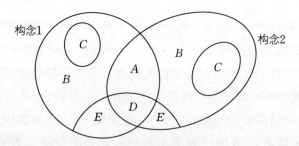

图14.13 构念总变异的分解

注:A代表实质性共变,B代表独特无关变异,C代表测量误差变异,D代表共同方法变异,E代表非共同方法变异;D和E之和为方法变异,A和D之和决定了两个构念的观测相关系数大小。

这样,题项观测分数的变异可分解为

$$V_O = V_C + \sum V_{M_i} + V_E \tag{14.8}$$

其中V_O是总变异,V_C是存粹由构念本身引起的变异,V_{M_i}是各种方法特征M_i引起的方法变异，V_E 是误差变异。$\sum V_{M_i}$ 就等于共同方法变异和非共同方法变异之和。

非共同方法变异属于系统误差，与测量误差和信度不足不是一回事，但有类似的功能。单独来看，它会减弱构念的相关性，降低效果量，扭曲复杂统计技术的估计结果，导致 II 型错误。实际研究中两类方法变异并存，情况会复杂一些。两个构念 X 和 Y 的观测相关系数 r_{XY} 在数量上如下式

$$r_{XY} = Cov_{XY}/\sqrt{Var_X Var_Y} \tag{14.9}$$

先看符号右边的分子。不考虑测量误差，由于 X 和 Y 的系统变异均包含构念变异和方法变异两项，则其协方差等于 4 部分之和

$$Cov_{XY} = Cov_{X_C Y_C} + Cov_{X_C Y_M} + Cov_{X_M Y_C} + Cov_{X_M Y_M} \tag{14.10}$$

其中下标 C 代表构念，下标 M 代表方法。通常默认构念与方法之间无交互效应（加法效应模型）(Doty, Glick, 1998)，即式(14.10)等号右边的第二项和第三项等于 0；第四项表示的就是共同方法变异，在 X 和 Y 采用同一测量方法时显著大于 0，从而总体协方差增大，造成观测相关系数的膨胀；如果测量方法不同，则第四项等于 0[①]，X 和 Y 的协方差不会增大，但非共同方法变异的存在将致使 X 和 Y 自身的系统变异增大，从而使式(14.9)等号右边的分母增大，导致观测相关系数的缩减。可见，方法变异对观测相关系数的净效应取决于两类方法变异的相对大小以及式(14.9)中分子和分母的相对变动程度。

由以上分析可以看出，非共同方法变异有两方面的意义：其一，如果两个构念的测量方法相同，它和测量误差的双重削减作用将抑制共同方法偏差；其二，如果测量方法不同，则非共同方法变异数量较大，使构念间的实质性共变（图 14.13 中的 A 区域）在总变异中的比例减小，造成相关系数的低估。Spector 等(2010)认为，不同的数据来源尤其容易引入非共同方法变异，这就可以解释为何主管评定的团队绩效和员工评定的领导风格的相关系数可能低于真实值，成为"采用多种测量方法得到的相关系数是真实相关系数的无偏估计值"的又一反驳论点。

Spector 等(2010)在共同方法变异之外提出具有对立性质的非共同方法变异，颇有针锋相对的意味。虽然这一学说还是尝试性的，尚缺乏实证证据，但把人们对方法变异的认识推进了一步，有助于厘清方法变异与共同方法变异的关系，突破将两者等同起来的简单化理解。非共同方法变异与 Lance 等(2010)的测量误差抵消说相得益彰，这两种观点都能较好地解释共同方法偏差何时表现为膨胀、何时表现为紧缩，对"自我报告有严重的共同方法偏差"和"多方评定不存在共同方法偏差"的惯常思维发起了挑战，是值得肯定的有益探索。

[①] Spector 等(2010)的这一论断略显轻率，因为 Lance 等(2010)的元分析表明不同方法间大多存在正相关，其协方差一般不为 0。

三、方法不代表一切：以测量为中心的新视角

"批判派"和"辩护派"你来我往的交锋使我们一时难以对共同方法变异的威胁下定论。或许，这样一个普适的定论原本就不存在，只有更加精细地看待共同方法变异，才能找到正确的应对途径。研究者普遍带有这样的迷思：想当然地将共同方法变异与某种测量方法"挂钩"，认为只要几个构念都采用了这种方法，就免不了受到污染；或者说，共同方法变异的唯一诱发因素是方法，与被测构念无关。在此驱动下，面对一篇完全采用自我报告法的论文，人们往往会揪住共同方法变异问题不放，却对其中的变量特征和自我报告的适当性失之详查。

这一观念的偏颇之处在于，只看到方法在共同方法变异形成中的作用，割裂了方法与构念的联系。Spector(2006)强调，认为用某一方法测量的所有构念都自动地带有一些普遍性的共享变异，是一种夸大和过度简单化的理解：

> 我们需要对共同方法变异进行更加细致的思考，作者和审稿人都不应条件反射式地批判共同方法变异或单一方法偏差。应当摒弃共同方法变异这个术语及其衍生物，转而思考特定的偏差和变量关系可能的替代性解释。

"摒弃"不是拒绝承认共同方法变异的存在，而是指不应夸大其在不同构念组合中的普遍性。根据前述实证结果，共同方法变异和共同方法偏差的大小在不同学科和不同构念组合中有很大差异，这充分说明，共同方法变异不能完全归咎于某种方法，而是测量方法和被测构念交互作用的产物，也可以说是方法和构念的函数(Williams et al.,2010)。共同方法变异不是出现在方法水平上，而是出现在构念水平上，构念的性质不同，采用同一方法测量的不同构念组合的共同方法变异风险也不同。例如，自我报告可能会扭曲两个感知类变量的关系，却未必使一个事实类变量(如年龄等人口统计学变量)和一个感知类变量的关系发生偏倚，这是因为事实信息较少因测量方法产生偏差。这就是以测量为中心的视角，它假设对每一构念的操作化(方法与特质的结合)都带有一些独特的偏差，如果多个构念的操作化各自携带的偏差有交叉重叠之处，才有可能产生共同方法偏差(Brannick et al.,2010;Spector,2006)。

以测量为中心的视角对研究者和审稿人的启示是，不宜大而化之地将共同方法变异作为研究中的普遍问题，应具体分析每一对变量的共同方法变异风险及其来源，识别最有可能受到污染的变量组合。遵循这一思路，我们认为，可以将主要的共同方法变异风险源划分为变量和方法两个维度，其中方法维度的关键要素包括是否取自单一来源、是否在同一时间测量、是否使用了相同的量表格式和选项等，变量维度的关键要素包括是否属于感知类变量、抽象性、社会赞许性等。以方法引起的风险为横轴，以变量引起的风险为纵轴，

可形成"共同方法变异风险评估坐标系",如图14.14所示。

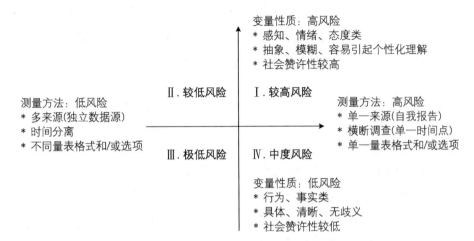

图14.14 共同方法变异风险评估坐标系

对于一项研究中所有具有预测与被预测关系的变量组合,都可以参照该坐标系,通过评估两个变量在方法和变量维度相应各关键要素上的相似性来综合研判共同方法变异风险。为提高评估结果的精确性,可以根据现有研究结果和个人经验,对每一要素分别评分,考虑到各要素的影响力(权重)不同,评分范围也各不相同,详细如表14.7所示,得分越高表示风险越大。分别计算两个维度的总分,确定该点在坐标系中的位置,即可以初步了解该变量组合受共同方法变异的影响程度;以此类推,还可以计算所有焦点变量组合得分的平均分,评估整项研究的共同方法变异风险。

表14.7 共同方法变异风险评估计分规则

风险源	评分范围	说明
方法维度		
数据来源	−4~4	完全自我报告计4分,数据来源不同计−4分
测量时间	−3~3	一次性完成计3分;时间间隔越长,评分越低,如间隔2天可计−1分,间隔1周可计−2分
量表格式和选项	−2~2	两个变量采用完全相同的格式和选项,计2分;差异越大,评分越低
变量维度		
是否属于感知类	−2~2	两个变量均为感知类变量,计2分;至少一个不属于感知类变量,计−2分
抽象性	−2~2	两个变量都非常抽象或模糊,计2分;至少一个比较具体,计−2分
社会赞许性	−2~2	两个变量都有明显的社会赞许性,计2分;至少一个社会赞许性较低,计−2分

该方法为细致评估特定研究中的共同方法变异提供了一种思路,既有助于研究者预判共同方法变异来源并采取针对性的控制手段,也有助于审稿人有理有据地做出评价,而不是泛泛地批评"该研究有严重的共同方法偏差问题"。当然,这套评估体系还非常粗糙,纳入的方法要素、权重等有很多可商榷之处;准确的评分有赖于对共同方法变异的深刻理

解和丰富实践经验，不可避免带有主观性。我们希望学界同仁能以此为起点，通过系统深入的研究提出真知灼见，使其更趋完善、更具可操作性。

四、总结与建议

学界对共同方法变异问题可谓是屡攻不克。作为《Journal of Applied Psychology》自1990年以来发表的影响最为深远的方法学文献之一（Cortina et al.,2017），Podsakoff等（2003）的里程碑式综述①促使众多学者重视共同方法变异并全力探寻解决之策，但"攻""守"双方势均力敌的论战使"致命瘟疫"和"都市传说"之争越发扑朔迷离。时至今日，未解的谜团也许远远多于已解决的问题，更多时候"我们未必真正了解我们认为自己所知道的"（Spector et al.,2010）。虽然在国内，共同方法变异受到"围剿"已成风气，但我们认为，在决定性的、一锤定音的证据出现之前，应采取谨慎和均衡的态度，既不能反应过敏，也不能置之不理。着眼于稳妥处理共同方法变异问题以提高研究质量，我们提出以下粗浅建议，供同行讨论。

（1）以包容和开放的心态面对共同方法变异。其实，方法变异本是构念的固有属性，两个构念的测量方法几乎总有相似的特征，即使采用程序和统计控制手段也很难将共同方法变异完全剔除；况且有些共同方法变异还触及构念的实质成分，不都是有害的（Lance et al.,2009）。因此，可以说共同方法变异的存在是天然合理、不可避免的，不妨以宽容之心接纳它，没必要处心积虑地试图消灭它。我们希望学术共同体特别是审稿人形成一种共识，容许共同方法变异带来的缺憾，结合实际多提有助于改进研究设计的建设性意见，而不是挥舞着共同方法变异这张"王牌"一味挑刺。

（2）纠正对自我报告的偏见。在普遍的"效度焦虑"中，研究者尤其需要实事求是地评估自我报告的短长，须知不同的构念组合具有不同的共同方法变异"易感性"，不能不由分说地把一切责任都推给自我报告，更不应怀着"自我报告一定受到了共同方法变异的污染"这类先入为主的成见而将其全盘否定。当然，在条件许可时，从不同来源获取数据还是值得推荐的（例如员工的工作绩效最好由主管来评定），但这是一剂"猛药"，必须思考特定构念是否适合他评、他人能否做出准确的评定以及低估相关性的可能，在各类风险间做出权衡。在很多情况下，自我报告仍是首选方法，如果构念关联性的理论基础坚实、观测相关系数较大（如大于0.5）、构念含义较为具体或多涉及可观察的行为、数据质量较高（信效度高），则共同方法变异的威胁相对较小（Rindfleisch et al.,2008），至少不太容易出现研究者最担心的假阳性；但如果研究中的自我参照式感知构念较多、相关系数刚刚达到显著水平、题项语义模糊抽象、施测过程中出现干扰因素或受测者不够配合，就面临着较大的共同方法变异风险。需要解释的是，与偏高的相关系数相比，更值得警惕的是绝对值较低或恰好达到 $p<0.05$ 的"门槛"的相关系数，因为如果这是由共同方法变异引起的，就意味着两个原本没有关联的构念具有了伪相关性，会对后续研究产生强烈误导。总而言之，自

---

① 截至2018年11月8日，谷歌学术的检索数据显示该文被引量已超过3.2万次。

我报告仍有很大价值,绝非一无是处;采用多源数据时要评估适合性,还要承担引入其他偏差之风险,两害相权取其轻。

(3) 改进补救策略。为增强研究结果的稳健性,进行适当的控制或补救还是有必要的。最根本的是做好研究设计,预先对变量和拟采用的测量方法进行整体分析,识别共同方法变异来源,从资料收集的分离策略和测量工具的改进两端着手(彭台光 等,2006),制订系统的解决方案,综合运用时间分离、变换量表选项、使用反向计分题、优化题项文字表述、删除不同构念中语义相近的题项、争取受测者的配合等措施,减少一致性、偏差性、敷衍性的回答。需要注意,策略的选用应以排除混淆变量的影响以巩固因果关系为基点,依研究的具体条件而定,不必仅仅为了让审稿人满意而大费周章地将研究设计复杂化。例如,虽然时间分离常被推荐为有效的方法(Craighead et al.,2011;MacKenzie,Podsakoff,2012),但带有中介变量的研究是否需要此类纵向数据,取决于所要研究的问题和变量(温忠麟,2017),以样本流失为代价去控制一个可能"不存在的东西"(Brannick et al.,2010)未必明智。在变量越来越多、模型越来越复杂的趋势下,为所有变量指定不同的评定者或进行彻底的时间分离是不现实的,建议研究者抓住重点,根据我们提出的风险评估方法找出共同方法变异顾虑最大的变量组合(如两个抽象的感知类变量),将预防措施用在这些紧要之处。另一方面,据我们观察,国内研究者大都擅长用统计技术进行事后检测和控制,对研究设计和实施过程中的控制方法却着墨不多,显示出重统计补救、轻事先预防的不良倾向。遗憾的是,多数统计技术不是效力不高就是有明显弊端,没有一种是包治百病的"万灵药",与其说能"亡羊补牢",不如说只是提供了一种心理安慰或"虚假的安全感"(Brannick et al.,2010),应慎用。例如,研究者最熟知、使用也最频繁的哈曼单因素检验法不能对共同方法偏差进行任何控制和校正,至多只能粗略地检测共同方法变异,而且灵敏性极差(刘洋,谢丽,2017;Chang et al.,2007;Tehseen et al.,2017),建议摒弃这种方法;最好直接测量并控制已知的变异来源(如社会赞许性、反应偏向),但这远非万全之策。应谨记"一个周全的研究设计胜过十个精巧的补救措施"(彭台光 等,2006),以改进研究设计为本,减少对统计技术的依赖。

(4) 加强对共同方法变异的基础研究。国内研究的匮乏很大程度上限制了学者对这一问题的理解,而国外的研究成果较为丰富,大量集中在组织和管理领域,建议多加关注。其实目前还有很多悬而未决的谜题,例如:其一,不少量表含有反向计分题,有学者建议在量表验证阶段采用双因子模型分离由正向/反向表述带来的方法变异以提高构念效度(顾红磊,温忠麟,2017;张春雨 等,2015),但反向计分题在施测时常因作答者没能正确理解而效果不佳,如何合理安排反向计分题的数量和位置,使之既能削减共同方法偏差又不损害效度?其二,当前对共同方法变异的研究多限于双变量简单相关,其对涉及中介效应、调节效应的多变量研究(Siemsen et al.,2010)和涉及嵌套数据的多层次研究(Lai et al.,2013)有何影响?这无疑更引人注目。其三,在统计技术上,国外探讨较多的基于验证性因子分析的标签变量法(Williams et al.,2010)和新近提出的混合方法变量模型(Wil-

liams,McGonagle,2016),国内学者基本上还未曾关注,它们的"疗效"是否令人满意?能否开发出更加简便管用的新技术?

共同方法变异可以说是一个游荡在社会科学研究上空的幽灵,就算竭尽所能,也很难将其彻底驱除。但我们大可不必为此而灰心,只需正视它并尽力而为。正如Kammey-er-Mueller等(2010)所言:

> 尽管我们热切期盼能够减小误差的更简便的方法,并对传统的"硬"科学中那些精确的测量工具垂涎不已,但昭示着我们的学科走向成熟的标志是,接纳测量中的缺陷,并采取必要的措施来克服这些障碍。

第七节 多层次研究的数据聚合适当性检验[①]

一、多层次研究概述

多层次组织管理研究经常需要测量处于团体或组织水平的高层次构念。实证研究中最常见的高层次构念是共享单位特性(Shared Unit Property)构念[②](如团队凝聚力、团队效能),在测量这类构念时,通常根据合成模型(Composition Model)的思想,由团体内的若干成员分别做出评定,取成员评分的均值作为高层次构念的代理值,这就是数据聚合(Chan,1998)。为保证聚合后的构念能够代表全体成员的"共享"知觉,需要满足一个统计前提,即团队成员的评分有足够的相似性(林钲棽,彭台光,2006;Cohen et al.,2001;Klein,Kozlowski,2000),评估数据能否达到这一"门槛"的方法称为数据聚合适当性检验。

数据聚合适当性检验有两条独特而又互补的路径(张志学,2010;Kozlowski,Klein,2000;LeBreton,Senter,2008;Shen,2016)。一是组内一致性/共识检验,衡量多个评定者对某一构念的评分的绝对一致性,即评分是否完全相等,常用指标是 r_{WG}[③]。充分的组内一致性既是共享特性构念的构成要素,也是构念效度的证据(Bliese,2000;James,1982;

[①] 本节改编自《多层次研究的数据聚合适当性检验:文献评价与关键问题试解》(朱海腾,2020)一文,已征得通讯作者朱海腾的同意。

[②] 与之相近的一个概念是"情境变量"或"脉络变量"(Contextual Variable),指的也是由个体层次的观测数据聚合而来的高层次构念,但情境变量不仅包括共享单位特性构念,还包括单纯反映群体特征、不要求组内同质性的生成性构念,如将学校中所有学生的社会经济地位取均值形成学校平均社会经济地位,它不需要以所有学生有相近的社会经济地位为前提(方杰 等,2011;于海波 等,2004)。这类构念不在本节讨论范围之内,后述的"高层次构念"亦特指共享单位特性构念。

[③] 平行项目只有1个时记作 $r_{WG(1)}$,有J个平行项目时记作 $r_{WG(J)}$。为行文方便,后文统一使用 r_{WG}。

Klein et al.,2001)。二是组内信度检验,衡量多个评定者评分的相对一致性,即评分的相对等级是否相同,而不是绝对分数是否相等,常用指标包括组内相关系数$ICC(1)$、$ICC(2)$、方差分析的η^2等。这两"族"指标分别触及聚合适当性的不同侧面,往往在研究中结合使用。随着多层次研究成为组织管理研究的主流范式,高层次构念的测量和数据聚合一度成为热门方法学议题,但从当前的研究进展来看,数据聚合适当性检验还面临一些悬而未决的难题,其中最关键的问题有3个,分别与指标选择、指标计算和结果解释有关。

(1) 关于组内一致性和组内信度,何为数据聚合的"黄金标准"。组内一致性和组内信度分别关注组内变异和组间变异,其理论基础、侧重点、计算和解释方法各有不同,究竟哪一指标可以为聚合决策提供更有价值的信息,一直吸引着研究者的兴趣。George和James(1993)曾明确指出,聚合只有两个必要条件,一是在理论上证明某构念应定位于团体层次,二是在统计上证明组内成员的评分有足够的共识。换言之,聚合适当性与组间差异无关,组内一致性才是首要甚至唯一标准(Newman,Sin,2020)。不过,组内一致性的指标r_{WG}有很多局限性,如易受题项数量和组内人数影响、原分布设定不当导致估计偏差等(Brown,Hauenstein,2005;O'Neill,2017),因此多数研究会同时报告组内信度以期弥补这些缺点。还有研究(Woehr et al.,2015)构造了模拟数据,发现r_{WG}辨别"伪一致性"的能力不及$ICC(1)$和$ICC(2)$,建议以组内信度作为聚合的主要标准。虽然组内一致性和组内信度在实际应用中可以并行不悖,但研究者大多只是简单罗列结果,未能对两者功能和角色上的差异进行细致考察。

(2) 关于r_{WG}的计算和使用,主要涉及原分布选择和数据清理问题。r_{WG}是一个标准化度量(Krasikova,LeBreton,2019),通过比较组内成员评分的实际变异与评分完全没有一致性时的期望变异之相对大小,得到误差变异的减少比例以表征组内一致性。这里的"完全没有一致性"最初被界定为"随机反应",即所有成员的评分均匀地分布在所有选项上,由此建立的原分布称为均等分布或矩形分布。然而,评定者常带有反应偏差,使评分向某些选项发生系统性集中,此时的期望变异小于均等分布的期望变异(Bliese,2000;James et al.,1984;Kozlowski,Hattrup,1992),r_{WG}也会相应缩减。由于均等分布未能考虑反应偏差的影响,在很多时候并非刻画无一致性的最佳原分布,且计算出的结果容易高估组内一致性,已有很多学者呼吁摆脱对均等分布的过度依赖(Bliese,2000;Brown,Hauenstein,2005;Klein,Kozlowski,2000),但很难确定原分布的最佳选项。另外,r_{WG}值不够高的个别样本组是否应从后续分析中排除,也引起了一些争议。

(3) 关于各指标的划界值。文献大都建议r_{WG}和$ICC(2)$以0.7为理想水准(Klein,Kozlowski,2000),但越来越多的学者提出了质疑,认为0.7的经验标准过于随意和粗糙,只是一种缺乏理论基础的主观判断,而且将组内一致性的标准与信度的标准混为一谈根本就是错误的(温福星,邱皓政,2015;Cohen et al.,2009;Lance et al.,2006)。$ICC(1)$常用的划界值0.12也有类似弊端。不过到目前为止,合适的划界值尚无定论。

聚合适当性检验可以说是多层次研究的"奠基工程"之一,发挥着"守门"和"预警"的重要作用,直接关系高层次构念是否有合理的存在以及构念间的关系能否得到准确估计。当前,多层次研究在国内蓬勃兴起,但遗憾的是,研究者的关注点多集中于多层次模型的构建、多层次中介和调节效应分析等复杂统计方法的运用,对数据聚合中的"陷阱"和"最佳实践"则鲜有专门研究,基本上只是沿袭前人的惯用做法。本研究力图弥补这一缺憾,帮助国内学者规避概念上的误解和方法上的误用,主要目的有两个:其一,以前述三个关键问题为指引,通过对近年国内文献的系统回顾、评价以及与国外权威期刊的对照,管窥学者在聚合适当性检验中的常规实践,揭示共性问题和疏漏之处;其二,对三个关键问题进行剖析并给出实践建议。在此基础上,本研究提出应当更细致地检视和辨析各聚合指标的功能,将聚合适当性检验严格限定为组内一致性检验,各样本组的组内一致性达标后再使用组内信度指标检验构念的信度、效度,从而在"共享单位特性构念的信效度检验"的框架下将这些指标统合起来。

二、方法

1. 期刊选择

为确保入选的文献具有较高的学术水平和代表性,能全面反映学术界对数据聚合问题的理解,我们优先从国内管理学核心期刊中选取目标期刊,入选标准为:① 有公认的权威性和学术影响力;② 属于国家自然科学基金委员会管理科学部认定的重要学术期刊;③ 发表的组织管理、组织行为方面的论文较多,以有相关专栏为宜。经讨论,最终选择了7种期刊,即《管理世界》《南开管理评论》《管理科学》《管理评论》《科研管理》《管理学报》《管理工程学报》。考虑到心理学期刊也发表组织行为学论文,我们又选取了《心理学报》和《心理科学》2种期刊。

同时,为追踪国外研究现状,与国内研究形成对照,我们还选择了工业与组织心理学领域的国际权威期刊《Journal of Applied Psychology》(以下简称"JAP")。

2. 文献检索

从目标期刊中筛选样本文献,入选标准为:① 研究中包含至少一个共享单位特性构念;② 共享单位特性构念的评分来自组内个体成员评分的聚合;③ 明确报告了共享单位特性构念的聚合适当性检验结果(r_{wG}、$ICC(1)$、$ICC(2)$或方差分析结果);④ 发表时间为2014年1月1日至2019年12月31日。对于中文期刊,以两种方式检索样本文献:一是关键词检索,在中国知网的高级检索系统中输入"聚合""汇聚"" r_{wG} "" ICC "等关键词,并限定发表时间和期刊范围,对检索到的文献逐篇审核,以确定合格文献;二是手工检索,查阅目标期刊自2014年以来在组织行为、人力资源管理、组织管理、工商管理、创新与创业管理等栏目发表的每一篇论文,从中筛选文献。对于JAP,借助PsycInfo数据库逐篇浏览并筛选。作者和助手先独立筛选,然后进行比对、补缺,就入选文献达成一致意见。初步入选的文献有259篇,为避免无效数据的干扰,又依据两条标准排除了8篇文献:① 结果报告笼统,无法识别各变量检验结果的具体数值(6篇);② 对个体层次构念进行了不必要的聚合适当性检验(2篇)。最终入选的文献共有251篇(中文166篇、英文85篇),详见表14.8。

表14.8 样本文献发表情况

期刊	影响因子[a]	发表年度及数量						总计
		2014	2015	2016	2017	2018	2019	
管理世界	7.260	1	1	1	0	1	2	6
南开管理评论	6.953	1	5	7	2	3	1	19
管理科学	5.158	1	1	4	1	4	3	14
管理评论	4.668	4	5	3	7	4	2	25
科研管理	4.280	4	4	2	2	5	5	22
管理学报	3.813	3	6	3	5	4	12	33
管理工程学报	2.968	0	3	5	3	1	1	13
心理学报	3.285	5	5	3	3	3	6	25
心理科学	1.641	1	1	2	1	1	3	9
JAP	5.067	23	21	16	9	11	5	85
合计	—	43	52	46	35	37	40	251

注:[a]中文期刊据中国知网发布的2019版期刊复合影响因子,JAP据JCR 2019版影响因子。

3. 编码

根据预先讨论形成的编码清单,对每一共享单位特性构念都从以下几方面进行编码:① 构念的基本信息,包括名称、性质(自变量/因变量/中介变量/调节变量/控制变量)、题项数、计分点数、组内平均人数;② 使用的聚合适当性检验指标及结果报告情况;③ 各指标的划界值及来源;④ 聚合决策。

文献编码由作者和助手共同完成,具体程序如下:

(1) 从入选的中文文献中随机抽取约10%(15篇)为测试样本,两人进行背靠背的独立编码,编码完毕后逐项比对,发现总编码一致性为93.75%,分歧之处由两人讨论确定解决方案。

(2) 将其余文献分为两半,两人分别负责其中一半的编码工作。

(3) 完成各自的文献编码后,互相从对方负责的文献中随机抽取10%(25篇)进行二次编码和交叉复核,发现这50篇文献的总编码一致性为95.40%。据此认为本研究的文献编码有较高的可信度。

三、结果

1. 概览

166篇中文文献中,共有384个变量接受了聚合适当性检验,包括自变量142个(36.98%)、因变量50个(13.02%)、中介变量88个(22.92%)、调节变量93个(24.22%)、中介+调节变量2个(0.52%)、控制变量9个(2.34%)。有362个变量报告了题项数量,范围在1到42之间,均值为8.27($SD=6.45$),中位数为6,题项数不超过6个的变量占54.97%,不超过15个的占88.12%。有333个变量报告了李克特量表的计分点数,使用5点、6点、7点的变量分别占55.86%,12.01%,30.63%。有354个变量能够识别组内平均人数,在1.68到41.00之间,均值为6.02($SD=4.18$),中位数为5.10,人数不超过5的变量占47.18%,不超过10的占91.24%。使用的聚合适当性指标主要有r_{WG}、$ICC(1)$、$ICC(2)$、方差分析的F检验,有40篇(24.10%)文献报告了4个指标,101篇(60.84%)报告了3个指标,13篇(7.83%)报告了2个指标,12篇(7.23%)报告了1个指标;有156篇(93.98%)报告了r_{WG}值,150篇(90.36%)报告了$ICC(1)$值,146篇(87.95%)报告了$ICC(2)$值,50篇(30.12%)报告了F检验结果;有137篇(82.53%)同时报告了r_{WG}、$ICC(1)$和$ICC(2)$。聚合决策方面,有6个变量因$ICC(1)$、$ICC(2)$过小或F检验不显著而被当做个体层次变量,其余变量均被聚合到高层次。

85篇JAP文献中,共有282个变量接受了聚合适当性检验;题项数量在1到23之间($n=265$),均值为5.68($SD=3.92$),中位数为5;使用5点、6点、7点计分的变量分别占37.59%,11.35%,37.94%($n=247$);组内人数在1.63到218.99之间,均值为11.56($SD=24.49$),中位数为4.76。检验指标方面,有71篇(83.53%)报告了r_{WG}值,78篇(91.76%)报告了$ICC(1)$值,73篇(85.88%)报告了$ICC(2)$值,56篇(65.88%)报告了F检验结果,61篇(71.76%)同时报告了r_{WG}、$ICC(1)$和$ICC(2)$。有4个变量因为检验不达标或出于理论原因未聚合。

2. r_{WG}结果报告情况

r_{WG}以单个样本组为单位计算,有学者建议,如果无法一一报告各组的r_{WG}值,应报告所有样本组的r_{WG}均值、中位数、范围、达到划界值的组数等汇总信息(Burke et al.,2018;Cohen et al.,2009;Klein,Kozlowski,2000)。如表14.9所示,中文样本文献中有近90%报告了r_{WG}的均值,有超过25%报告了中位数,但r_{WG}的范围和达到划界值的组数的报告率很低,只有1篇文献(张勇 等,2014)完整报告了这4项统计量。尤其值得注意的是,只有3篇文献明确报告了计算r_{WG}值依据的原分布,其中2篇(韩志伟,刘丽红,2019;李敏,周恋,2015)同时使用了均等分布和偏态分布,1篇(邓今朝 等,2018)提及使用了均等分布,但都没有给出选择原分布的理由;相比之下,JAP文献中有15篇报告了原分布,其中1篇同时使用了3种(均等分布、偏态分布和三角形分布),6篇同时使用了2种(均等分布和偏态分布),8篇使用了1种(均等分布和偏态分布各4篇),并有5篇给出了理由。

表14.9 样本文献的 r_{WG} 结果报告情况

报告项目	报告数量(按变量计)[a]		报告数量(按文献计)[b]	
	n	%	n	%
均值	313[c]/157	87.43/72.69	138/53	88.46/74.65
中位数	92/76	25.70/35.19	41/29	26.28/40.85
范围	53/13	14.80/6.02	21/6	13.46/8.45
达到划界值的组数或比例	32/4	8.94/1.85	12/3	7.69/4.23
计算依据的原分布	8/31	2.23/14.35	3/15	1.92/21.13

注:表中数据,"/"左侧为中文文献,右侧为JAP文献;[a]$N_{中文}=358$,$N_{英文}=216$;[b]$N_{中文}=156$,$N_{英文}=71$;[c]有3个变量同时报告了均等分布和偏态分布下的 r_{WG} 均值,此处不重复计数。

虽然绝大多数文献没有说明 r_{WG} 值对应的原分布,但由于均等分布是研究者惯常使用的默认选项,参照Woehr等(2015)的做法,将信息缺失者均视为均等分布下的计算结果。对基于均等分布的 r_{WG} 均值和中位数进行描述性统计,结果如表14.10所示。中文文献中的变量的组内一致性总体较高,从 r_{WG} 均值来看,达到0.8的变量超过80%,达到0.9的变量超过40%,平均值为0.871,中位数为0.876,只有2个变量 r_{WG} 均值低于0.7,但依然进行了聚合;从 r_{WG} 中位数来看,达到0.9的变量占70%,平均值为0.908。JAP文献中的 r_{WG} 值的各项统计指标均略低于中文文献。另外,中文文献中使用偏态分布计算的3个变量的 r_{WG} 均值分别为0.84,0.93,0.70,JAP文献中使用偏态分布计算的12个 r_{WG} 均值在0.67到0.97之间。

表14.10 样本文献中基于均等分布的 r_{WG} 值的描述性统计

来源	统计量	n	M	SD	Me	范围	达到相应值的变量数量及比例		
							≥0.7	≥0.8	≥0.9
中文文献	r_{WG}均值	313	0.871	0.071	0.876	0.572~0.990	311 (99.36%)	265 (84.66%)	134 (42.81%)
	r_{WG}中位数	92	0.908	0.067	0.926	0.750~0.980	92 (100%)	84 (91.30%)	65 (70.65%)
JAP文献	r_{WG}均值	148	0.840	0.084	0.840	0.630~0.990	142 (95.95%)	102 (68.92%)	42 (28.38%)
	r_{WG}中位数	74	0.878	0.089	0.895	0.610~0.990	70 (94.59%)	61 (82.43%)	37 (50.00%)

注:Me=中位数。

3. $ICC(1)$结果报告情况

由表14.11可知,中文文献中$ICC(1)$值的均值为0.276,中位数为0.250,90%达到了最常被引用的划界值0.12。有19个变量的$ICC(1)$值低于0.1,其中4个未聚合。另有114个变量报告了方差分析的F检验结果,只有1个变量未达到0.05的显著水平,作者也做出了不聚合的决定。

JAP文献中$ICC(1)$值的均值和中位数分别为0.241和0.210,达到0.12的比例亦低于中文文献;有32个变量的值低于0.1,其中3个未聚合。163个F检验结果中有3个不显著,其中1个未聚合。

表14.11 样本文献中$ICC(1)$值的描述性统计

来源	n	M	SD	Me	范围	达到相应值的数量及比例			
						⩾0.12	⩾0.20	⩾0.30	⩾0.40
中文文献	336[a]	0.276	0.141	0.250	0.011~0.790	304 (90.48%)	231 (68.75%)	127 (37.80%)	61 (18.15%)
JAP文献	247	0.241	0.157	0.210	0.010~0.851	195 (78.95%)	132 (53.44%)	69 (27.94%)	39 (15.79%)

注:Me=中位数,[a]不包括只笼统地报告了$ICC(1)>0.05$的3个变量。

4. $ICC(2)$结果报告情况

由表14.12可知,中文文献中$ICC(2)$值的均值为0.695,中位数为0.714,达到传统划界值0.7的刚刚超过一半;有38个变量的$ICC(2)$值低于0.5,其中5个未聚合。JAP文献中$ICC(2)$的均值和中位数分别为0.596和0.630,达到0.7的仅有三分之一;有70个变量的值低于0.5,其中4个未聚合。

表14.12 样本文献中$ICC(2)$值的描述性统计

来源	n	M	SD	Me	范围	达到相应值的数量及比例			
						⩾0.6	⩾0.7	⩾0.8	⩾0.9
中文文献	322[a]	0.695	0.177	0.714	0.047~0.991	241 (74.84%)	185 (57.45%)	93 (28.88%)	35 (10.87%)
JAP文献	232	0.596	0.204	0.630	0.100~0.980	133 (57.33%)	84 (36.21%)	36 (15.52%)	14 (6.03%)

注:Me=中位数,[a]不包括只笼统地报告了$ICC(2)>0.5$的3个变量。

5. 划界值引用情况

有112篇(67.47%)中文文献给出了至少一个聚合指标的划界值,64篇(38.55%)引用了来源文献;JAP 文献中有 20 篇(23.53%)给出了划界值,44 篇(51.76%)引用了文献,如表 14.13 所示。几乎所有 r_{WG} 值都使用了 0.7 的标准,$ICC(1)$ 的划界值以 0.12 和 0.05 为多,$ICC(2)$ 最常用的为 0.5 和 0.7(英文文献亦有多篇使用 0.6)。中英文文献在划界值的源文献上有较大分歧:在中文文献中,James 的 3 篇经典文献(James,1982;James et al.,1984,1993)的被引次数遥遥领先,一项关于服务氛围和服务质量的实证研究(Schneider et al.,1998)也得到了多次引用[$ICC(2)$ 的一个"划界值"0.47 出自该文];JAP 文献最常引用的则是 Bliese(1998,2000)与 LeBreton 和 Senter(2008),提及 James 等(1982,1984,1993)和 Schneider 等(1998)文献的明显较少,如表 14.13 所示。

表 14.13 样本文献使用的划界值统计

指标	划界值	被引次数	主要源文献
r_{WG}	0.7	96/12	James 等(1982,1984,1993)(41/10)[a]
$ICC(1)$	0.05	28/1	Bliese(1998,2000)(12/28)
	0.1	11/0	LeBreton,Senter(2008)(2/18)
	0.12	32/4	Schneider 等(1998)(10/1)
$ICC(2)$	0.47	10/0	Klein,Kozlowski(2000)(4/3)
	0.5	34/0	Glick(1985)(0/5)
	0.6	7/4	张志学(2010)(3/0)
	0.7	30/7	

注:表中数据,"/"左侧为中文文献,右侧为 JAP 文献;源文献与左侧的划界值无对应关系;[a] 文献后括号里的数字表示被引次数。

四、讨论

对 2014 年以来国内 9 份管理学、心理学期刊的文献分析表明,绝大多数包含共享单位特性构念的多层次研究都将聚合适当性检验视为数据分析的前置程序,广泛使用 r_{WG}、$ICC(1)$、$ICC(2)$ 等指标为聚合提供实证证据。从各指标的汇总结果来看,r_{WG} 和 $ICC(1)$ 值普遍较高,$ICC(2)$ 相对略低。Woehr 等(2015)回顾了 1998～2012 年发表于《Academy of Management Journal》等 4 份权威期刊的 189 篇文献,发现基于均等分布的 r_{WG} 平均值为 0.84($n=486$),约有 90% 的值高于 0.7,近 30% 的值高于 0.9;$ICC(1)$ 均值为 0.21($n=416$),超过 75% 的值高于 0.11;$ICC(2)$ 均值为 0.66($n=372$),只有近一半的值高于 0.7。本研究还汇总了 JAP 的文献,发现 r_{WG}、$ICC(1)$ 和 $ICC(2)$ 的平均水平分别是 0.840,0.241,0.596。总体上,与 JAP 文献相比,国内文献中 r_{WG}、$ICC(1)$ 和 $ICC(2)$ 的平均水平(0.871,0.276,0.695)更高,达到划界值的比例也略胜一筹,这从一个侧面揭示,国内优秀期刊发表的文献的数据质量已达到国际主流水平。

另一方面,国内研究在聚合适当性检验中也存在一些薄弱环节,以前述三大关键问题的分析视角,可以归结为以下3点:

(1) 对组内一致性和组内信度的功能未加区分。大多数研究将r_{wG},$ICC(1)$,$ICC(2)$视为表征聚合适当性的平行指标,只关心计算结果是否达到了"门槛",对其理论意涵和独特用途思考不多,一旦组内一致性和组内信度的结果出现矛盾(如r_{wG}值很高但ICC值较低),在解释结果和做出聚合决策时就会面临两难境地;还有个别研究将组间差异与组内成员的共识程度视为等价,"绕过"组内一致性而仅依据ICC值做出聚合决策,有构念误设(Construct Misspecification)的风险。这一问题在JAP文献中也较普遍。

(2) 计算r_{wG}时未能审慎选择原分布。国内研究者普遍将均等分布视为计算r_{wG}时"缺省"甚至唯一的原分布,甚至认为没有必要赘述这一"不言自明"的常识,结果就是样本文献中仅有3篇明确报告了原分布,仅有2篇使用了均等分布以外的原分布。作为对比,Meyer等(2014)检视了111篇英文文献中的440个r_{wG}值,发现24.1%的值报告了原分布,其中只有69.8%使用的是均等分布;在Woehr等(2015)的文献回顾中,有近10%的r_{wG}值使用了轻度偏态分布;本研究编码的JAP文献中有21.1%(15/71)报告了原分布,其中73.3%(11/15)使用了偏态分布。可见,虽然国外研究也有默认使用均等分布的"通病",但原分布的报告率和替代性原分布的使用率都明显高于国内研究。另一个问题是结果报告不够完整。大部分文献只报告了所有组的r_{wG}均值或中位数,忽略了r_{wG}值的范围和达到划界值的组数。r_{wG}均值和中位数只是对所有样本组的r_{wG}值集中趋势的刻画,不足以体现r_{wG}值在组间的离散和分布情况,因为较高的r_{wG}均值并不代表所有组的r_{wG}值都能达标,完全可能存在个别r_{wG}值很低、达不到聚合基本要求的组。这类无效样本组只能通过逐一检视各组的r_{wG}值来识别。

(3) 划界值选取杂乱,部分引用有误。由于学界对各聚合指标的划界值尚未达成共识,稳妥的做法是根据研究问题和情境预先设定好划界值(Biemann et al.,2012)并准确引用源文献。中文样本文献中虽然有三分之二指出了选用的划界值,但只有约40%引用了源文献,而且如果细加查证,就会发现不少引用是错误的。例如,很多研究在介绍r_{wG},$ICC(1)$和$ICC(2)$的划界值时只引用了James的某一篇文献(如最著名的1984年发表于JAP的论文),实际上除了能在James(1982)中找到一个日后被众多学者"误读"的所谓$ICC(1)$的"标准"(0.12)外,这几篇文献没有推荐或提及任何一个指标的划界值;$ICC(2)$的划界值更是出现了0.47,0.5,0.6,0.7等多个,其中0.47是Schneider等(1998)从自己的研究数据中算得的,0.5的来源则无据可考,也许只是0.47的近似值,把这两个值当成划界值显然不合适。这些疏漏恐怕是由于研究者没有仔细查证原文就照搬前人的做法,导致以讹传讹。相比之下,JAP的源文献引用率更高、引证更准确,使用的也大都是"正统"的经验标准。

五、关键问题试解与实践建议

从国内研究暴露出的普遍性问题来看,引言中提出的三个未解难题已成为正确、规范运用聚合适当性检验的障碍,但这些难题之所以会引起疑惑,不在于统计原理的高深复杂,而在于研究者对基本理论缺乏明察和深究。为此,本部分将从理论和经典文献出发,对这些难题进行逐一剖析,并尝试提出便于应用型研究者掌握的实践建议。

1. 聚合指标的选择

学界的基本共识是,组内一致性和组内信度服务于不同的研究目的,并非相互替代或竞争的关系,而是从不同角度提供了关于共享单位特性构念信效度的信息,在聚合检验中应同时使用。但国内学者往往将两者的地位和功能简单等同起来并不加区别地使用,给结果的解释带来困惑(徐晓锋,刘勇,2007)。以下将从理论和实证两方面进行讨论和澄清。

(1) 如果深入到对共享单位特性构念的理论思考中,就会发现组内一致性和组内信度扮演着不同的角色。共享单位特性构念的理论意义存在于团体层次,从心理测量学的角度看就是只有组水平的真分数(Newman, Sin, 2020),但该分数的源头是团体内个体成员的态度、感知、价值观等,并经由社会化、领导、内部互动等心理过程的影响逐步形成共同的认知(Kozlowski, Klein, 2000);如果不具备这种共同认知,或成员的态度、想法不一致,共享单位特性构念就失去了存在的根基,也就是团体内无法形成一个能有效代表成员共同认知的集合构念(于海波 等,2004;Moritz, Watson, 1998),个体数据的聚合也没有意义(方杰 等,2010)。可见,聚合的首要标准是看团体成员的意见一致性/共享性(Shareness)如何,这只能由组内一致性指标"捕捉"到,即聚合适当性检验的实质是组内一致性检验,组内一致性达标表示组内成员评分的均值是共享单位特性构念的适宜代理值(Cohen et al., 2001; Dunlap et al., 2003; van Mierlo et al., 2009),可以将个体评分聚合到单位层次。

相比之下,组内信度不直接指向组内成员的意见一致性,而是关心组间差异性或区分度(Chan, 1998; Kirkman et al., 2001; Quigley et al., 2007; van Mierlo et al., 2009),其之所以得到极大关注,或许根本原因是它触及研究者的一个重大关切:缺乏组间变异可能导致统计检验力降低、Ⅱ型错误率上升,使该构念对其他构念的预测力被低估(Bliese, 1998; Bliese et al., 2019; George, James, 1993; James, 1982; Moritz, Watson, 1998),削弱研究结果的可信度。从这个角度看,组内信度检验更像是为聚合后的共享单位特性构念加了一道"保险":确保该构念可以与其他构念产生有意义的关联(James, 1982),确保路径系数估计值准确无偏差。

(2) 从实证上看,组内信度只能在一定程度上间接推断组内一致性,且不够准确。考察发展脉络可知,数据聚合问题衍生自对组织气氛(Organizational Climate)的研究,最初用来衡量聚合适当性的指标其实是$ICC(1)$(James,1982),因为$ICC(1)$的计算实质是比较组间变异与组内变异的相对大小,$ICC(1)$较大意味着组间变异较大、组内变异较小,即组内一致性很高、随机性很低(罗胜强,姜嬿,2014;Bartko,1976)。但问题在于,组内变异和组间变异并非此消彼长的关系,两者可以同时都很大,此时就会出现ICC很高但组内一致性很低的矛盾现象(Bliese,2000;Kozlowski,Hattrup,1992)。例如,表14.14呈现了6个4人小组对某一题项的评分,由组均分的差异可以推测组间变异较大,计算结果为$ICC(1)$=0.74,$ICC(2)$=0.92;但也容易观察到第5组和第6组成员的评分有不小的组内分歧,进一步算得这两组的$r_{WG(1)}$值分别只有0.26,0.45。这清楚地揭示出组内信度的严重缺陷,即不能提供各组组内一致性的详细信息,而且对一致性不足的组不敏感。我们在分析中也发现样本文献中的$ICC(1)$,$ICC(2)$与r_{WG}均值的相关均不显著(r=0.08,r=−0.06,ps>0.05),进一步表明组内信度与组内一致性并无实质联系。

由此,组内信度在理论上不直接触及组内一致性,在统计上不能准确估计组内一致性,不适合作为聚合适当性的指标。但也要看到,$ICC(1)$和$ICC(2)$在共享单位特性构念的信度、效度检验上发挥着很大作用。$ICC(1)$反映组间差异性,它不是共享单位特性构念存在的核心证据,而是检测概念之间关系的要素(廖卉,庄瑷嘉,2012),更适合作为共享单位特性构念的效度指标。$ICC(2)$是组内所有成员评分的均值的可靠性,即组均值的信度(Bliese,2000;Dixon,Cunningham,2006),全样本的$ICC(2)$实际上是所有组的组均值信度的平均水平。如果以经典测量理论来解释,$ICC(2)$类似于权重,衡量了样本均值在组真值(未知参数)估计中的贡献度,组间变异越大、组内人数越多,由样本计算的组均值的可靠性越高,越能代表组真值的潜在水平;如果组均值的信度不高,就必须更多地"借力"于总体均值的估计值来推测组真值(温福星,邱皓政,2015;Raudenbush,Bryk,2002)。可见,$ICC(2)$体现的是用组内成员评分的均值作为该组在某构念上的潜在水平的信心程度。由于最常用的信度指标克隆巴赫α系数需要以所有评定者来自独立同质的总体和单层次因子结构为前提,不适用于违反非独立性假设的嵌套数据(温福星,邱皓政,2015;Geldhof et al.,2014),建议以多层次数据的专用指标$ICC(2)$取代单层次克隆巴赫α系数做共享单位特性构念的信度指标(Jiang et al.,2015),注意基于$ICC(2)$的信度表示的是组均值的代表性而不是题项的内部一致性。

综合以上分析,组内一致性和组内信度的新功能定位如下:组内一致性最符合共享单位特性构念的理论规定,是聚合适当性的最重要标准,回答的是"组内成员的意见是否足够一致"或"共享单位特性构念是否有合理的存在"的问题;$ICC(1)$是效度指标,回答的是"构念在组间的差异是否足够"或"构念间的关系能否被准确估计"的问题;$ICC(2)$是信度指标,回答的是"组均值对组真值的代表性是否足够"的问题。组内一致性和组内信度都属于共享单位特性构念之信效度检验的必要程序,但聚合决策应主要依据组内一致性信

息。实践中的理想情形是组内一致性和组内信度都较高,这时做出聚合决策就有充分的信心,但也可能遇到以下两种矛盾情形:

① 各组的r_{WG}值都较高,但全样本的ICC值较低;

② 全样本的ICC值较高,但个别组的r_{WG}值较低。

第一种情形暗示各组均值非常接近(应留意得分是否集中于量表的高分端或低分端),虽然在理论上可以聚合,但要承担统计检验力降低和构念间关系的估计值出现偏误的风险,如果$ICC(1)$和$ICC(2)$都很低,数据分析结果就不可信;在第二种情形下,组内一致性不达标的组的得分不够稳定,会为整体得分引入随机误差,损害构念的效度,建议将其剔除,如表14.14所示。

表14.14 示例数据

	评分者A	评分者B	评分者C	评分者D	组均分	组内变异	$r_{WG(1)}$[a]
小组1	2	4	3	3	3.00	0.67	0.90
小组2	5	7	5	6	5.75	0.92	0.86
小组3	1	3	1	2	1.75	0.92	0.86
小组4	7	9	9	8	8.25	0.92	0.86
小组5	2	4	6	1	3.25	4.92	0.26
小组6	6	8	8	4	6.50	3.67	0.45

注:[a] 基于9点量表和均等分布计算的结果。
资料来源:文献(罗胜强,姜嬿,2014),表中内容有增删。

2. r_{WG}的计算与数据清理

r_{WG}计算中的最大困难是选择合适的原分布,对此尚无完美的解决方案。作为权宜之计,我们建议研究者响应国外学者的呼吁(Biemann et al., 2012; Castro, 2002; James et al., 1984; Kozlowski, Hattrup, 1992; LeBreton, Senter, 2008),不要仅使用最保守、结果最"理想"也可能最不准确的均等分布,而应将均等分布下的计算结果视为组内一致性的近似上界,另参考理论和已有研究选择一种替代性原分布来估计组内一致性的近似下界,这样可大致确定组内一致性真值的范围。在选择替代性原分布时,应仔细考量评定者可能存在的反应偏差。在组织管理情境中一些非随机因素的作用下,成员的反应容易带有社会赞许性、趋中偏差(Central Tendency Bias)、宽大偏差(Leniency Bias)、严苛偏差(Severity Bias)等,它们会导致"随机反应"偏离均等分布,呈现三角形分布或偏态分布(James et al., 1984; Klein et al., 2001; Ng et al., 2011; Smith-Crowe et al., 2014; Smith-Crowe et al., 2013)。另外,组织中的某些社会、心理、政治因素会成为强情境线索,对成员的反应偏差造成普遍的系统性影响(Meyer et al., 2014)。表14.15总结了组织中常见的反应偏差及相应的原分布,研究者可参照选择替代性原分布并在文中给出具体的理由。一般来说,在评价同事、主管和自己的团队时,评定者倾向于给出比实际情况更加积极的评价,因此轻度偏态分布是有广泛适用性的推荐选项(Rego et al.,2018;Schaubroeck et al.,2017)。

r_{WG}计算完成后,研究者可能会发现有一些样本组未能达到合格标准,接下来要决定是否剔除这些组,学界对此立场不一:有的学者较为宽容,主张只要全样本的r_{WG}均值或中位数达标,就可将所有组纳入后续分析,无需剔除不合格的组,否则会导致样本量减少、统计检验力降低、Ⅱ型错误率上升(Carron et al.,2003;LeBreton,Senter,2008);也有学者建议进行敏感性分析,即在剔除和不剔除两种情况下分别分析数据,比较结果是否有显著差异(Biemann et al.,2012;Woehr et al.,2015);还有学者明确指出不合格的组不应保留,否则会导致构念间的效应缺失(Missed)、虚假效应(Misidentified)或错误解释(Misinterpreted)(Castro,2002;van Mierlo et al.,2009)。从实践来看,国外大多数研究都选择保留所有样本组(Burke et al.,2018),我们也发现样本文献中仅有3篇(吕洁,张钢,2015;马君 等,2015;Farmer et al.,2015)明确报告删除了r_{WG}值未达标的组。究竟是否应当排除不合格的组?其实这不是统计问题,而是理论问题,只要回到共享单位特性构念的本质内涵上就不难找到答案。前面已论述过,组内成员的共同认知才是共享单位特性构念存在的根基,组内一致性很低提示团队成员不够团结(Moritz,Watson,1998),甚至已分裂为亚组(Subgroup)或"小帮派"(Castro,2002;LeBreton et al.,2005),根本无法形成共识,强行聚合不但违反了共享单位特性构念的理论假设,而且不可靠的组均值会为构念的测量引入误差。因此,建议研究者坚守严格的标准,将组内一致性不达标的组排除,对剩余样本组再次检验$ICC(1)$和$ICC(2)$以确认构念的信效度,如表14.15所示。

表14.15 组织管理研究中常见的反应偏差及原分布

反应偏差	描述	对应的原分布	部分适用情境
社会赞许性	指评定者倾向于按照他人期望的方式做出评定	偏态分布 (轻/中/重度偏态)	① 测量的是对工作环境的感知和评价(特别是带有负效价的构念),如团队负性情绪氛围、团队冲突、辱虐管理等; ② 无法保证问卷的匿名性(例如在领导—部属配对调查中使用编号、代号等以便识别评定者的身份)
趋中偏差	指评定者倾向于隐藏真实态度,选择中立的选项	三角形分布 正态分布	① 题项含义模糊、表述不清或过于复杂; ② 评定者缺乏专门培训; ③ 评定者缺乏参与动机,不愿表明态度; ④ 做出的回答牵涉到评定者的个人利益且无法保证匿名; ⑤ 集体主义文化中的个体评价自己的绩效和工作表现

续表

反应偏差	描述	对应的原分布	部分适用情境
宽大偏差	指评定者倾向于做出比自己的真实态度更加积极的评定	偏态分布（轻/中/重度偏态）	① 评价主管的积极领导力和其他组织所重视的优良特质时（在进行面对面或非匿名的评价时，或评定者具有高权力距离取向和集体主义价值观时，宽大偏差会加重，导致中度到重度偏态）；② 评价同事和团队的绩效和其他积极特质时；③ 主管为了得到部属的支持或展现自己的领导能力，在评价部属的绩效时会打分偏高

最后还有两点提示：第一，研究者大多希望r_{WG}值越高越好，但单个组过高的r_{WG}值（如高于0.97）也是一个警示信号，暗示成员的评分可能多集中于量尺的端点（最高分或最低分）(Carron et al.,2003)。此时应检查原始数据，如果情况属实，不排除有外力介入（如主管的诱导、指示）或无效施测（如相互传抄或指定某人代填）的可能，特别是r_{WG}值为1的组嫌疑更大，建议将这种呈现"可疑一致性"的组当做异常值剔除。当然，准确鉴别合理的高一致性和可疑一致性有赖于研究者的经验，但更重要的是在量表编制和调查实施阶段做好质量控制。第二，在结果报告时r_{WG}均值和中位数的选择上，建议研究者同时报告这两个值，理想情况下它们应当非常接近，但如果两者相差较大，提示可能存在极端组，有必要逐一检查，寻找组内一致性过低或过高的组。

3. 划界值的选取

组内一致性和组内信度的合格标准是长久以来的争论焦点。r_{WG}和$ICC(2)$最广为接受的划界值之所以是0.7，是因为早期文献将这两个指标都归为信度的范畴，虽然r_{WG}后来被修正为组内一致性的指标，但0.7的划界值却沿用至今；$ICC(1)$最常用的划界值0.12仅源于James(1982)对少量文献的结果汇总。这些武断的经验标准缺乏坚实的理论根基，而且存在简化倾向，未能精细地考虑组内人数、题项数量、计分点数等因素的潜在影响(Cohen et al.,2001;Lance et al.,2006;LeBreton,Senter,2008)，遭到了越来越多的批评。

为摆脱对经验标准的依赖，部分学者寻求对组内一致性进行显著性检验，找到客观且有统计学依据的划界值，"另起炉灶"建立一套统计标准。基本思路是，预先设定若干背景条件（如组内人数、题项数量、计分点数、题项间的平均相关系数、原分布），再使用基于Monte Carlo模拟的近似随机化检验(Approximate Randomization Test)或随机组重取样法(Random Group Resampling)生成海量模拟数据，找出各种条件组合下r_{WG}值的95%百分位数作为临界值(Cohen et al., 2001; Cohen et al., 2009; Dunlap et al., 2003; Smith-Crowe et al.,2014)。从假设检验的角度看，其目的是推断样本来自的总体是仅具有巧合或偶然的组内一致性(Chance Agreement)，还是具有系统的组内一致性(Dunlap et al.,2003;O'Neill,2017)。统计标准克服了经验标准的主观性弊端，但也有两个突出问题:第一,设定的条件只是一些典型值,远无法涵盖实际研究中的所有情况,常常难以找到与研究的具体条件完全契合的精确临界值。第二,达到统计显著性只是拒绝了"不存在组内一致性"的虚无假设,但不能保证组内一致性足够高。表 14.16 展示了部分条件组合下 r_{WG} 达到 0.05 的显著性水平时的临界值,可知组内人数为 5 时临界值较高(为 0.8 左右),而组内人数达到 10 且题项较少时,临界值明显降低,甚至低于 0.7 的经验标准,这样即使在统计上显著,实际意义也不大。受此限制,统计标准不能很好地满足研究需要。

就达到聚合所需的充分的组内一致性而言,经验标准有更高的实用价值(Lüdtke, Robitzsch, 2009; O'Neill, 2017),仍可作为聚合决策的主要依据,但需要进行修正和改进,目前有两条路径:一是将"通过-不通过"的二分式评判细化为类似效应量评价的等级制,如区分为小效应、中效应、大效应;二是以现有研究的平均水平为参照系,如 Woehr 等(2015)对近 200 篇文献的汇总结果。我们力图将这两种策略加以整合,尝试性地提出组内一致性和组内信度的新标准。具体而言,对于均等分布下的 r_{WG},Woehr 等(2015)从文献中汇总的 r_{WG} 均值为 0.84,本研究汇总的结果为 0.87/0.84(中文文献/JAP 文献),而 Brown 和 Hauenstein(2005)、LeBreton 和 Senter(2008)划定的"强一致性"的标准分别是 $r_{WG} \geq 0.8$,$0.71 \leq r_{WG} \leq 0.90$,故建议 r_{WG} 的临界值在均等分布下设为 0.8,在轻度偏态分布下稍微放宽,设为 0.7。对于 $ICC(1)$,LeBreton 和 Senter(2008)提出 0.01、0.1、0.25 可分别对应于小效应、中效应、大效应,本研究和 Woehr 等汇总的平均值分别为 0.276/0.241(中/JAP)和 0.21,我们建议以达到 0.2 为佳,或要求方差分析的 F 检验至少达到 0.01 的显著性水平,确保有较大的效应量。$ICC(2)$ 是 $ICC(1)$ 和组内人数的函数,评分者的增加会使 $ICC(2)$ 随之提高,但组织管理研究的组内人数通常不多。本研究和 Woehr 等(2015)的汇总结果分别为 5.10/4.76(中/JAP,中位数)和 6.93。取得较高的 $ICC(2)$ 相对困难,0.7 的常规标准略显严苛。本研究的中、英文样本文献分别只有一半和三分之一的 $ICC(2)$ 超过了 0.7。考虑到 Glick(1985)曾在讨论组织气氛的测量问题时提出,无论采用哪种计算指标,聚合后的组均值的信度需要达到 0.6(杨建锋,王重鸣,2008),该标准在 JAP 中也多次被引用,我们认为在 $ICC(1)$ 达标的前提下,可以把 0.6 作为 $ICC(2)$ 可接受的下限,建议平均组内人数少于 8 人时放宽标准至 0.6,达到 8 人时取 0.7,如果人数过多(如超过 20)最好进一步提高标准以抑制 $ICC(2)$ 的膨胀效应。

当然,为基本条件千差万别的研究设定统一的划界值并不"公平",因此不宜固守一成不变的标准,而应容许适度的变通空间(Krasikova, LeBreton, 2019)。研究者可以根据实际情况采用稍加严格或宽松的标准,但应有理有据,并在分析数据之前就设定好,不可随意更改。最重要的是,研究者要加强理论思考,克服将经验标准绝对化的不良倾向,避免"把研究的责任交给计算机和这些机械的判定标准",见表 14.16(辛自强,2018)。

表14.16 部分条件组合下 $r_{WG(J)}$ 的临界值

原分布	N	ρ	5点计分			7点计分		
			3题	5题	10题	3题	5题	10题
均等	5	0.4	0.74	0.76	0.83	0.75	0.77	0.84
	5	0.6	0.79	0.81	0.88	0.78	0.82	0.88
	10	0.4	0.57	0.63	0.73	0.57	0.64	0.74
	10	0.6	0.61	0.68	0.78	0.61	0.70	0.80
三角形	5	0.4	0.78	0.81	0.86	0.78	0.81	0.86
	5	0.6	0.82	0.85	0.90	0.82	0.85	0.90
	10	0.4	0.65	0.70	0.78	0.64	0.70	0.79
	10	0.6	0.68	0.75	0.84	0.69	0.76	0.84
轻度偏态	5	0.4	0.80	0.83	0.88	0.81	0.83	0.88
	5	0.6	0.85	0.87	0.91	0.84	0.87	0.92
	10	0.4	0.67	0.73	0.80	0.67	0.72	0.81
	10	0.6	0.71	0.77	0.85	0.71	0.77	0.85

资料来源：根据 Smith-Crowe 等（2014）的模拟研究结果整理而成。

注：N=组内人数；ρ=题项间的平均相关系数；实际计算的 $r_{WG(J)}$ 值大于表中的临界值表示具有统计显著性（$p<0.05$）。

最后，整合上述实践建议，提出一套包含聚合适当性检验在内的共享单位特性构念的信效度检验程序（如表14.17所示），研究者可参照执行。还需说明两点：其一，按照逻辑顺序，应当先检验聚合适当性，再检验效度和信度，因为只有通过了聚合适当性检验，才能确认高层次构念的聚合分数有效，以用于后续分析。其二，在效度检验环节，不少研究会把高层次构念与其他个体层次构念放在一起进行验证性因子分析以检验区分效度，但这种做法忽视了数据的嵌套特性，将高层次构念"降级"为低层次构念，混淆了组内和组间因子结构，是错误的。正确的做法是对高层次构念单独执行多层次验证性因子分析，同时分析组内和组间协方差矩阵，重点考察模型的整体拟合度以及组间结构的因子负荷是否理想（王孟成，毕向阳，2018；Dyer et al.，2005）；还可进一步计算组间的克隆巴赫 α 系数和组合信度（ω 系数、H 系数）等（田雪埌 等，2019；Geldhof et al.，2014），达成心理测量学信度（Psychometric Reliability）与聚合信度[Aggregate Reliability，即 $ICC(2)$]的互补（Jebb et al.，2019）。

表 14.17 共享单位特性构念的信效度检验程序

步骤	推荐做法	不恰当的做法	补充说明
Ⅰ.准备阶段	① 阐明共享单位特性构念所在的层次及理论依据 ② 报告预先设定的各指标的划界值,需简述理由或引用相关文献	① 忽视对构念所在层次的思考和讨论 ② 固守陈旧的、不合理的划界值;无根据地任意选取划界值;不明确报告划界值;文献引用不当	对构念所在层次的阐述应置于理论模型构建部分(先于方法部分)
Ⅱ.聚合适当性检验	① 报告拟使用的原分布(至少2种)及理由 ② 分别报告各原分布下全样本的r_{WG}均值、中位数、范围、达到划界值的组的比例、因不达标而被剔除的组的数量	① 只使用均等分布 ② 无根据地选取原分布 ③ 结果报告不全,如只报告r_{WG}均值 ④ 对r_{WG}值不达标的组不加处理	应检查每个样本组的r_{WG}值,将r_{WG}值不达标和过高的组排除出后续分析;如果不合格的组过多,建议检查施测过程、补充数据
Ⅲ.效度检验	① 报告$ICC(1)$值和方差分析的F检验结果 ② 报告多层次验证性因子分析结果	把高层次构念与个体层次构念放在一起,执行常规的单层次验证性因子分析	① 如果$ICC(1)$较小,构念间的关系可能被低估,应在文中讨论这种局限性; ② 如果组数较少,多层次验证性因子分析容易出现收敛困难或估计偏差
Ⅳ.信度检验	① 报告$ICC(2)$值(聚合信度) ② 如可以实现多层次验证性因子分析,还应计算组间的克隆巴赫α系数或ω系数、H系数(心理测量学信度)	忽视组间结构,以单层次的克隆巴赫α系数作为整体信度指标	当组内人数较多时,$ICC(2)$容易膨胀,需确保$ICC(1)$足够大;当组内人数较少时,如果$ICC(1)$较大,略小的$ICC(2)$亦可接受

六、结语

围绕多层次研究的数据聚合适当性检验中的3个争议问题,对2014年以来国内9种管理学、心理学核心期刊发表的相关文献进行了内容分析和评价,总结了研究中的普遍性问题表现,并提出初步的解决措施和操作程序。我们不以批评和纠错为目的,而是希望研究者能意识到某些习惯性做法的不妥之处并及时补救,力求更可靠、更精确地测量高层次构念。当然,本研究距离彻底解决问题并确立"最佳实践"模式还有很远的距离,很多研究缺口仍有待填补。近期尤其值得关注的是多层次结构方程模型的应用,它将高层次构念按潜变量来建模,对测量误差和抽样误差进行双重校正(毕向阳,2019),可以实现"潜"聚合,比忽略测量误差而简单取均值的"显"聚合有更高的估计精度,有望改变聚合问题的研究走向。

最后要强调的是,研究者不能仅仅将这一系列检验当作数据驱动下的简单决策过程或论文评审所需的"统计仪式",而应熟悉背后的原理,增强对理论的关照和审视。多层次研究的一个基本前提是理论、测量和分析必须处于同一层次,否则就会造成研究层次的混淆和谬误(Mathieu,Chen,2011),而很多高层次构念的数据只能由团体内个体报告的结果汇总而来,为缓和这种矛盾,必须通过系统的聚合适当性检验和信效度检验来证明低层次数据能够有效代表高层次构念的潜在水平。但统计检验不能代替理论分析,数据聚合在本质上应当是由理论驱动的,逻辑起点是对高层次构念理论合理性的论证。研究者必须对高层次构念为何定位于团体或组织层次、高层次构念的测量方法、高层次构念与实际测量的低层次构念间的关系、推动构念由低层次上升到高层次的团体内互动过程等一系列问题形成周密的思考和清晰的阐释(George,James,1993;González-Romá,2019;Morgeson,Hofmann,1999),但这是研究者在实践中比较欠缺的。在文献梳理的过程中可以发现,对理论问题的轻视已经引发了两个不良后果:一是构念所在的层次混乱,例如有的研究将主管的领导风格聚合到团队层次,有的研究却放在个体层次处理;二是抛开理论设定,单纯根据统计检验结果决定构念的分析层次,例如发现某个理论上应处于团体层次的构念的 ICC 值过低,就将其直接作为个体层次构念纳入后续分析,完全不管这样做是否有道理。为避免层面误设,研究者务必先依据理论确定每一构念(包括控制变量)所在的层次并在文中论述缘由,再采用聚合适当性检验、信效度检验或非独立性检验等统计手段去验证这些设定是否得到数据的支持,而不是任由数据来支配理论的建构。

第八节　动态计算模型在组织行为学研究中的应用[①]

一、动态计算模型概述

人类和组织被认为是复杂的、动态交互作用的非线性系统(Weinhardt,Vancouver,2012),因此学者们多主张采用复杂的概念、研究方法和分析策略来解释组织行为现象,造成组织行为学研究中大量理论重叠、实证研究结果与理论框架不一致的情况(Vancouver et al.,2010,2018)。导致这种情况发生的原因有以下两方面:

[①] 本节改编自《动态计算模型在组织行为学研究中的应用》(李精精 等,2020)一文,已征得通讯作者张剑的同意。

（1）理论本身的效度不够。大多数组织行为理论是以自然语言呈现的非形式理论（Informal Theory），由于自然语言容易产生歧义，人类的思维能力又存在局限性，非形式理论很难被理解和检验（Adner et al.，2009；Harrison et al.，2007）。因此，如何整合和精致理论，成为当前组织行为学研究中迫切需要解决的问题。

（2）实证研究方法存在的局限性：

① 无法有效刻画行为随时间动态演变的过程（Weinhardt，Vancouver，2012）。对于组织行为学研究中存在的动态现象实证研究多采用变量间的相关、线性回归等静态方式来描述，更为精细的做法是进行非线性回归的分析、跨层次的分析、纵向研究的设计等，但即使采用纵向研究设计，也只是在时间流中随意切入一个时间点或时间段，研究者无法判断该时间点的结果是否是由上一时间点的变量引起的。因此，纵向研究的内在效度可能并不可信（Hulin，Ilgen，2000），区分同一过程的不同解释的能力也较低。

② 取样困境。几乎所有文献中的研究局限部分都会提到研究样本问题，因为不可能调查到所有情况的样本，所以实证研究提出的假设只能在特定被试、群体中得到验证，被试的代表性依赖于观测数据的概率分布（Simon，Goes，2018），换一批样本，研究结论就可能会发生变化，因此理论的稳定性不够。

③ 研究周期的问题。复杂的、动态的、交互作用的、非线性系统研究往往需要引入时间维度，一个持续20～30年才能取得结果的实证研究耗时长、花费高（Gagnon，1982），显然不能适应社会实践对科学研究的要求，传统研究方法限制了组织行为学研究的发展速度。

基于此研究现状，组织行为学呼唤一种能反映动态现象、评估理论有效性的研究方法（Weinhardt，Vancouver，2012）。幸运的是，动态计算模型（Computational Model）可以将非形式的理论转化为形式的理论来呈现复杂的、动态的组织行为现象（Boden，2008），并可以被模拟仿真（Taber，Timpone，1996），从而允许研究者去检验系统中的变量与环境中的变量怎样随时间发生变化（Hulin，Ilgen，2000；Vancouver et al.，2010）。因此，在组织行为学研究领域引入动态计算模型，能帮助研究者对动态的数据和变量间的关系进行清晰的预测（Boden，2008；Edwards，Berry，2010），同时对关系产生的过程提供合理的解释，从而对现有的理论进行评估，剔除不合理的理论框架，整合已有的理论（Weinhardt，Vancouver，2012）。这样，研究者得以彻底地想清楚理论的含义，看清理论所取得的预期，明确理论的确切命题，提高理论的可证伪性和研究的诊断价值（Weinhardt，Vancouver，2012）。此外，动态计算模型能够帮助研究者增强识别问题、检验假设及评估理论稳健性的能力（Vancouver，Weinhardt，2012）。

但迄今为止，动态计算模型在组织行为学研究中并没有得到推广，主要原因在于很多心理现象无法用简单的数学方程来表达（Vancouver，Weinhardt，2012）。应用动态计算模型来研究微观、中观的组织行为学问题，要求研究者具有扎实的组织行为学知识，并具有建模的能力。而现实中擅长建模的人往往不是从事组织行为学研究的学者，难以用动态计算模型反映组织行为现象；而组织行为学研究者大多数没有接触过专业的数学建模训练，不知道如何建模（Harrison et al.，2007；Weinhardt，Vancouver，2012）。因此，让学者了解在组织行为学研究领域中引入动态计算模型的意义、分析的步骤及应用前景，推动他们去吸纳其他学科的研究范式与方法，跨越学科界限，从而突破研究瓶颈，打开新的研究视野成为一项迫切的工作。

二、动态计算模型的概念及其主要类型

动态计算模型是对过程细节的算法描述（Sun，2008），采用数学的方法来解决推论式研究问题（Harrison et al.，2007），往往作为计算机的程序加以操作（Taber，Timpone，1996）。动态计算模型分析提供了一种更加准确、透明、一致的方法来构建理论（Adner et al.，2009），并能克服实证研究中数据可获得性的困难，尤其对于检验特别复杂的理论假设来说，是一种非常有效的工具。常用的动态计算模型有3种：基于主体的建模（Agent-based Model）、系统动力学模型（System Dynamics Model）和元胞自动机模型（Cellular Automata Model）。

基于主体的建模用来模拟构成系统的自适应行动者们（Adaptive Actors）的行为，反映主体（Agents）通过互动相互影响的过程（Macy，Willer，2002），刻画主体间相互作用而自然涌现的系统现象（Harrison et al.，2007）。如果把组织作为系统，组织中的个体（Individuals）就是主体，如果把行业作为系统，企业就是主体（Cimellaro et al.，2019）。基于主体的建模适用于研究组织中的动态涌现现象，如组织文化的传播（Harrison，Carroll，1991）、组织决策等（Rivkin，Siggelkow，2003）。

系统动力学模型是在系统层面上对导致整个系统随时间变化的过程进行模拟，并不关心系统中的主体行为（Harrison et al.，2007）。系统动力学模型通常用箭头相连的变量图反映变量间的反馈环关系，包括正反馈回路（Positive Feedback Loop）和负反馈回路（Negative Feedback Loop）。正反馈回路是指能产生自身运动的加强过程，在此过程中运动或动作引起的后果将回授，使原来的趋势得到加强（Bala et al.，2017）（如人口增长和人口出生率之间的关系）；负反馈回路具有自我调节的特性，使系统趋于平稳（Bala et al.，2017）（如人口和人口死亡率的关系）。系统动力学模型广泛应用于物理学、生物学领域研究中，近年来被引入到宏观经济管理研究领域，用来探讨社会经济系统的基本运行规律与政策设计等问题（胡倩，李旭，2008），例如采用系统动力学模型评估交通安全政策（Goh，Love，2012），但很少将其用于探讨组织行为中的微观管理问题（Vancouver，Weinhardt，2012）。

元胞自动机模型也是一种动力学模型，它是基于一个$N×N$的网格分析，关注的是在特定的时间段内一个元胞/单元格如何随着周围元胞/单元格的变化而变化。一个元胞现在的状态和它邻居的状态决定了它下一时刻的状态。元胞自动机模型是一类模型的总

称,由一系列的规则构成,反映的是局部的互动影响(Harrison et al.,2007)。该思想框架在社会学、物理学、化学、计算机等领域得到广泛的应用,如高速内存测试硬件(Saha et al.,2017)、自动驾驶等(Caballero-Gil et al.,2016)。

基于主体的建模通常使用方程或规则,或两者结合起来建模,系统动力学模型通常采用微分方程来建模,元胞自动机模型一般以规则为基础建模。但是,没有特定要求规定某一类型的模型必须使用方程或规则来建模,建模的方式取决于需要模拟的过程的本质和研究者的偏好。

三、基于动态计算模型的组织行为研究主题的复杂网络分析

为了刻画动态计算模型在组织行为学研究领域中的应用现状,本研究对截至2018年国际、国内期刊发表的与动态计算模型有关的组织行为学主题文献进行信息挖掘及复杂网络分析。具体实施过程如下:

首先,对以 Web of Science、Ebsco、Wiley Online Library、Springer 为数据库,以"computational model(s)""computational modeling""dynamic computational model(s)""dynamic computational modeling"为关键词的全部文献进行检索。由于组织行为学是一门综合运用心理学、社会学、人类文化学、政治学等学科知识,系统地研究各种组织中人的心理和行为规律的科学(张剑 等,2016),本研究以"management""psychological experimental""psychology""behavioral sciences""psychology multidisciplinary""social sciences""mathematical methods"为筛选条件,对检索结果进行过滤,共得到相关文献76篇。

接下来,对收集到的文献做进一步的人工筛选,通过阅读文章标题和摘要,剔除与组织行为学研究主题无关、没有关键词的文章。最终筛选出1996~2018年在20家期刊上发表的36篇涉及动态计算模型在组织行为学领域应用的文章,发表的主要期刊为《Journal of Management》《Organizational Research Methods》《Journal of Applied Psychology》《Motivation and Emotion》《Psychological Review》《Leadership Quarterly》《Computational & Mathematical Organization Theory》等(详如表14.18所示)。同样的过程在CNKI数据库中以动态计算模型、计算模型为关键词,以心理学、社会科学理论与方法论、管理学、管理组织学、领导学为筛选范围,并以CSSCI收录为条件,对检索结果进行过滤,共得到论文8篇,通过阅读文献内容,发现研究内容与动态计算模型相关的只有2篇,分别发表在《心理科学》《中国临床心理学杂志》。通过对中英文文献的检索,共得到38篇文献,192个关键词,不重复关键词共121个,进一步对得到的38篇文献中的参考文献进行检查,发现4篇相关文献并未在上述搜索过程中出现,对关键词进行补充后,共得到223个关键词,不重复关键词147个。

表14.18　期刊发表情况

期刊名称	发表数量
Journal of Applied Psychology	6
Organizational Behavior & Human Decision Processes	5
Computational & Mathematical Organization Theory	4
Journal of Management	3
Organizational Research Methods	3
Psychological Review	1
Human Resource Management Review	1
Motivation and Emotion	1
Leadership Quarterly	1
Organization Science	1
Behavior Science	1
Dissertations & Theses-Gradworks	1
Journal of Experimental Child Psychology	1
Translational Behavioral Medicine	1
Expert Systems with Applications	1
Annual Review of Organizational Psychology and Organizational Behavior	1
Current Directions in Psychological Science	1
The MIT Press Journals	1
Automation in Construction	1

将关键词转化为网络分析软件Gephi能够识别的数据格式，以每个关键词为节点，以在同一篇文中的共现关系为边，构建出基于动态计算模型研究的关键词网络，该网络中共有147个节点，481条边，通过Gephi软件对网络数据进行可视化处理和分析，得到的结果如图14.15所示。

图14.15中点的大小代表度值的大小，点越大代表与该节点连接的边越多，点越大的主题相关研究成果也越丰富，通过图14.15可以发现，动态计算模型在组织行为学研究中围绕着决策（Decision Making）、控制理论（Control Theory）、社会两难（Social Dilemma）、沟通（Communication）、社会化（Socialization）、自我调节（Self-regulation）、自我效能（Self-efficacy）几个核心点展开。研究者可以根据图14.15中社团的分布直观地了解研究主题之间的关系。此外，在该图中没有出现的但又具有动态性的研究问题，都可以应用动态计算模型开展研究，对于广大的组织行为学研究者是很好的创新机会。

此外，本研究通过对关键词网络的整体结构和节点重要性的相关指标进行分析，以便更准确地描述组织行为学领域中动态计算模型的应用情况。

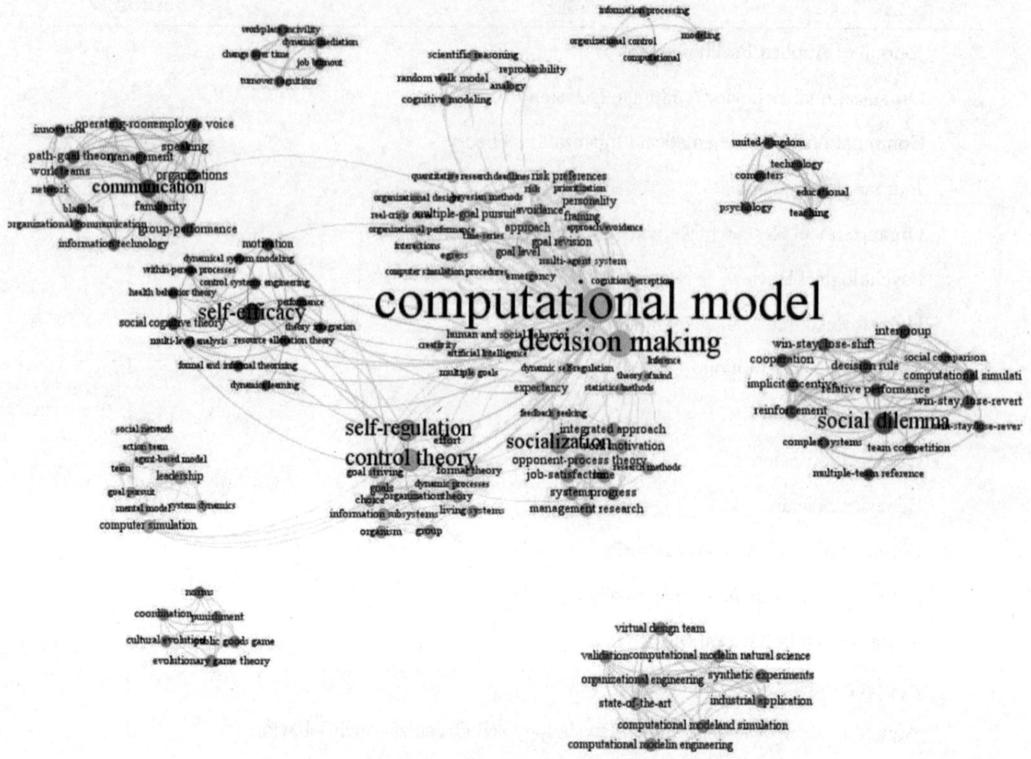

图14.15 应用动态计算模型的组织行为学研究关键词网络

1. 网络整体结构分析

网络密度用于衡量网络内部节点间的连接强度,密度越大,节点间的连接就越紧密。该网络的密度为0.045,说明节点间的联系非常少,即动态计算模型在组织行为学中的研究比较分散,没有形成集中的研究趋势。

平均度是网络中各节点相连的边数的平均值(Costa et al.,2007),平均度越大表示节点之间的联系越密切,该网络的平均度为6.544,一般情况下,一篇文章的关键词在3~5个,也就是说大概1~2篇文章中会出现一个相同主题,各个文章之间的联系不是很紧密。结合网络密度分布情况可知,组织行为学领域的计算模型研究比较松散,研究的主题比较广泛,但主题间的联系较少。

2. 节点度值分析

度值反映了网络中节点的重要性程度,主要指标包括度(Degree)、中介中心度(Betweenness Centrality)、接近中心度(Closeness Centrality),图14.16为关键词的度分布情况。

第十四章
社会科学研究方法新进展

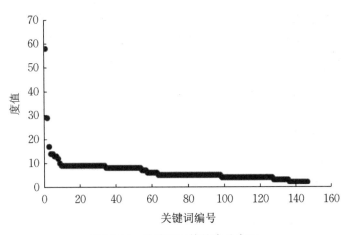

图 14.16 关键词网络的度分布图

度是指网络中通过该节点的边的数量之和(Costa et al.,2007),反映了节点在网络中的重要性和影响力。根据图 14.16 可知,该网络中节点的度分布差异较大,大部分节点的度值低于5,只有少数几个节点度值较大。从大到小分别是动态计算模型(Computational Model)、决策、控制理论、社会两难、社会化、自我效能、自我调节,这些节点的度值都超过10,其他节点的分布比较平缓。表明以上这些主题是目前组织行为学中利用动态计算模型研究较多的选题,其他主题的研究还比较少。度值最小的几个关键词是创造力(Creativity)、人工智能(Artificial Intelligence)、推理(Inference)、心理理论(Theory of Mind)、量化研究(Quantitative Research)、交互(Interactions)、时间序列(Time-series)、计算机模拟(Computer Simulation)、动态学习(Dynamics Learning)、统计/方法(Statistics/Methods)、认知/感知(Cognition/Perception),说明采用动态计算模型进行研究较少的领域为创造力、人工智能、心智理论、认知或感知等。这也为组织行为领域应用动态计算模型开展研究提供了机会。

中介中心度是指网络中通过该节点的最短路径的数量(Costa et al.,2007),反映了节点在网络中作为媒介的能力,中介中心度的值越高,表明网络中的其他节点通过这个节点联系起来的可能性越大。图 14.17 为中介中心度的分布图,中介中心度较高的节点为动态计算模型、组织(Organizations)、计算机模拟、控制理论、决策、沟通(Communication)、自我效能、领导力(Leadership)、社会化、自我调节,说明这些研究主题与其他研究主题结合、开展合作的可能性较大。

接近中心度反映一个节点与网络中其他节点的距离的平均值,接近中心度越大代表该节点与网络中其他节点的平均距离越小,能更快地与其他节点相联系(任晓龙,吕琳媛,2014)。图 14.18 中接近中心度较大且与组织行为学研究相关的节点为目标追求(Goal Pursuit)、团队(Team)、行动团队(Action Team)、系统动力学(System Dynamics)、组织沟通(Organizational Communication)、网络(Network)、创新(Innovation)、信息技术(Information Technology)、绩效(Performance)、资源分配理论(Resource Allocation Theory)、多层次分析(Multi-level Analysis)、个体内部过程(Within-person Processes)。在该关键词网络中,接近中心度较大的节点意味着它与其他主题更容易同时出现在同一研究中,也就是说以上研究主题是可能与其他研究主题结合的点。

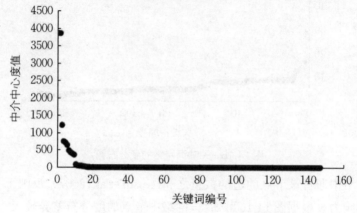

图 14.17 关键词网络的中介中心度分布图

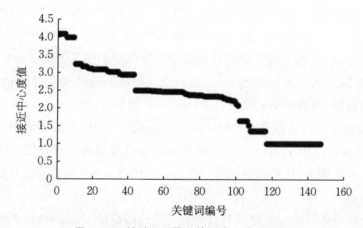

图 14.18 关键词网络的接近中心度分布图

四、研究问题的类型

通过文献阅读发现,动态计算模型在组织行为学研究领域中具有以下两方面应用:

(1) 解释理论与实证研究结果中的矛盾。例如,早期的新员工社会化研究强调组织干预的作用,认为环境因素(如群体或个体的关注,正式或非正式的训练)影响新人的社会化(Maanen, Schein, 1979)。近年来,研究者们认识到了个体以及个体与环境变量的交互在社会化过程中的作用(Reichers, 1987),开始探查学习与寻求信息这些主动的个体行为在社会化过程中的作用(Ashford, 1986),提出新人会通过寻求信息来减少不确定性,从而理解任务要求、任务绩效与社会环境(Miller, Jablin, 1991)。该理论认为新人是渴求知识并受到激发以减少工作中的不确定性(角色清晰),增加任务掌握(Task Mastery),最终促进社会化过程的。也就是说,信息寻求和角色清晰是一种正向关系。但后来的实证研究却发现,角色清晰和任务掌握的缺乏会激发管理者提供信息,员工也会主动去寻求信息。也就是说角色清晰和信息寻求之间是一种负向关系。于是出现了实证研究结果与原有理论不一致的情形(Vancouver et al.,2010)。Vancouver等(2010)认为出现这种不一致的原因可能有两个:一是原有理论本身存在问题,逻辑不合理;二是没有考虑时间因素。纵向研究在任意的时间流中选取一个或几个时点采集数据,所取得的结果并不能有力地解释因果关系。于是,他们基于自我调节理论和社会化相关理论构建出新员工社会化的动态计算模型,并在该模型中加入了他人调节的反馈环,进行模拟仿真。结果不仅证明已有研究发现的信息寻求及角色清晰对新员工社会化的积极影响,同时证明当员工的知识缺乏时会促进知识寻求、信息给予这些传统研究无法给出的逆向关系,由此澄清了分歧的研究结果,使理论进一步精确化。

(2)整合与发展理论。动态计算模型可以通过寻找理论之间相似的数学结构进行理论整合(Vancouver et al.,2018),例如,图14.19展示了自我调节理论(Self-regulation Theory)与控制理论(Control Theory)整合的模型。控制理论的基本构成要素是输入器(Input)、输出器(Output)、比较器(Comparator)(Vancouver et al.,2010)。输入器代表形成某个变量(v)感知的过程(p),它决定了系统将要调节的对象,如房间的温度。比较器把当前的状态(p)和想要达到的状态(p^*)进行比较,产生差异(d),如现在的温度是20 ℃($p=$ 20 ℃),要求的温度是24 ℃($p^*=$24 ℃),则$d=-4$ ℃,当差异产生时会采取行动对系统进行调节,如调高空调的温度,当输出器的温度达到24 ℃时系统达到平衡,调节过程结束,若没有达到预计的24 ℃则会开启新一轮的调节过程,差异驱动负反馈环是控制理论的基本原理。类似的自我调节理论的核心思想是差异驱动行动,行动改变结果。举例而言,对于图14.19中的模型,输入可以是个体当前的绩效水平,p^*为个体想要达到的绩效水平,d为现在的绩效和理想绩效的差异,当差异小于0时,说明个体没有达到预期的绩效水平,

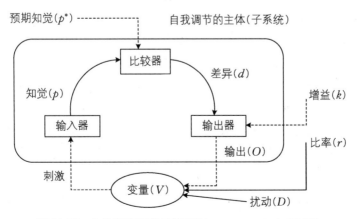

图14.19 主体自我调节反馈环(Vancouver et al.,2010)

此时个体会采取行动,如更加努力地工作(Effort),通过努力的工作会提升个体的绩效水平,当输出的绩效水平达到预期水平时,自我调节过程结束(Vancouver et al.,2010)。因此,控制理论与自我调节理论具有相同的逻辑过程和数学框架,即差异驱动负反馈环的基本思想,由此,Vancouver等(2010)将自我调节理论与控制理论整合到同一个理论框架中。

另一个采用这一框架进行理论整合的研究是有关多目标追求(Mmultiple-goal Pursuit)问题的讨论,这一模型对目标奋斗(Goal Striving)、目标选择(Goal Choice)进行整合,具体而言,目标奋斗理论根植于动态的控制理论(Lord,Levy,1994;Wright et al.,1998),主张目标奋斗的水平由个体现实的状态和希望达到的状态之间的差异决定。随着时间的推移,人的状态不断改变,差异也会随之变化,进而改变个体目标奋斗的状态。虽然目标奋斗是一个动态概念,但控制理论的应用仅局限在单个目标或最近的目标,在很大程度上忽略了个体如何随着时间的推移在几个竞争的目标之间来回分配资源的问题(Neal et al.,2017)。而目标选择理论考虑了多个备选目标之间的抉择问题,目标选择的结果来源于期望效用的概念(Expected Utility),指出个体的目标选择在很大程度上取决于赋予在结果上的主观价值(比如效价Valence)和发生的可能性(Perceived Likelihood of Their Occurrence)的乘积。从表面上看,期望理论似乎非常适合解释跨时间的资源分配,但其关键成分(期望和价值)在整个决策场景中通常被解释为常量,因此在解释资源分配随时间的变化时常常陷入困境(Weinhardt,Vancouver,2012)。目标奋斗理论和目标选择理论通常是分开来研究的(Diefendorff,Lord,2008;Klein et al.,2008),为充分利用两个理论各自的优势、弥补各自的缺陷,Ballard等(2006)提出的时间动机理论(Temporal Motivation Theory)为基础,采用自我调节理论和期望理论来构建多重目标追求的整合模型,发现目标奋斗理论和目标选择理论可以用相同的模型结构去模拟(Ballard et al.,2016),完成了目标奋斗理论和目标选择理论的整合,得到了更加俭省(Parsimonious)的理论模型。此外,Vancouver等(2018)还发现,人类的行动(Action)、思维(Thinking)、情感(Feelings)、学习(Learning)等过程与控制理论的基本机制也是一致的,也可以整合到这一理论框架中。

组织行为学中的很多理论用于描述事物变化的过程,但其中大量的理论从本质上来说是静态的,因为它们不能提供过程变化的速率。将现有的非形式理论转化为形式理论是检验现有的理论,精细、完善和发展现有理论的有效途径(Vancouver et al.,2018)。例如,上述提到的目标奋斗和目标选择理论整合的例子中,时间动机理论整合了目标奋斗和决策理论/目标选择理论,但该理论只是从概念上对理论进行了动态的描述,并未以形式化的方式建模,无法保证理论的准确性和有效性。因此,Vancouver等(2010)在该理论的基础上构建了多重目标追求的计算模型,采用更加俭省的模型刻画了多重目标追求的过程,对时间动机理论进行精致和完善。另一个将非形式理论转化为形式理论的例子是有关工作动机整合模型的研究(Integrative Model of Work Motivation)(Locke,Latham,2004),该模型是一个路径图模型(Path Diagram Model),采用语言描述(Verbal Description)刻画个体特质、需要、价值观、目标选择、自我效能、任务策略、承诺、外部激励、绩效等变量之间的复杂关系。虽然该模型是由实证研究支撑起来加以整合的静态模型,但是该模型中存在可动态化的部分,即自我效能和绩效之间的反馈环。为了实现该模型由静态理论到动态理论的转变,Vancouver等(2018)依据实证研究中变量间的因果关系框架构建了3个可能的计算模型,通过模型模拟和评估,只保留了一个与真实的过程更匹配的、让系统保持平衡的负反馈环模型,实现了动机理论由非形式化到形式化的转变。由于实证研究中截面数据不能很好地解释因果关系,纵向研究的数据也不能反映随时间变化变量间关系的完整形态,对非形式理论进行形式化转变,能帮助研究者模拟变量在不同条件下随时间变化的关系形态,帮助研究者过滤掉不符合实际情况的研究结果,完善和发展理论。

五、动态计算模型的实施

应用动态计算模型的关键在于选择合适的计算框架(Computational Architecture)。事实上,动态计算模型之间不是相互排斥的,它们有可能会被同时应用在一个复杂的组织现象中。本研究以上文提到的采用动态计算模型模拟新员工社会化过程中员工知识获取问题为例,对动态计算模型实施过程中需要注意的5点问题进行说明:

(1) 动态计算模型通常只聚焦于一个问题或现象,在新员工社会化的例子中Vancouver等(2010)聚焦于员工主动的信息寻求行为,通过动态计算模型模拟新员工在进入组织后主动学习、收集信息,减少工作任务中的角色模糊,进而完成由新员工向老员工转化的过程(Bauer,2006)。验证了不确定性减少假设的合理性和可行性,在后续的研究中又加入了组织干预对新员工社会化过程的反馈环。因此,最开始模拟时需要从简单的问题或现象入手,逐步加入新的模型研究更加复杂的问题(Repenning,2003;Vancouver,Weinhardt,2012)。

(2) 动态计算模型有很多计算框架,研究者需要根据研究问题的类型选择合适的框架,确定分析单元、模拟仿真的问题边界、限定条件(如时间边界)及变量。在员工主动寻求信息行为的例子中,研究者选择了系统动力学模型,结合控制理论界定了系统的边界。比如,分析的单元为员工,变量为感知到的知识水平、期望的知识水平、角色不确定性、信息寻求、速率、外部环境干扰等。

(3) 在构建动态计算模型时,选择合适的软件平台后(如C++,Python,Matlab,Vensim等),需要添加变量和箭头进行可视化描述,例如在社会化问题中,Vancouver等(2010)借助自我调节理论提出了一个用控制系统的输入器、比较器及输出器代表一个主体(Agent)活动的动态加工理论,构建了新员工知识获取过程的可视化模型,如图14.20所示。整个过程从底部的知识开始,知识方框表示新人获得新知识、改变知识水平的过程,其他3个方框表示的是控制系统的一般过程。输入器将变量的刺激、线索或状态转换成对该特定控制系统的感知,在本例中就是新员工获得的新知识输入;比较器将知觉到的状态与理想状态进行比较,在一般性的控制理论模型中,正差异被标注为"错误"或"不符",在本例中,当知觉感知到的知识比理想状态少时可能被标为"不确定"或"缺乏清晰度",然后,这种不确定又导致系统通过输出器去寻求额外的信息,通过输出器中抽象表示的过程来增加知识,减小差异(Carver,Scheier,1998)。当被知觉感知到的知识与理想的知识相等或大于理想知识时,系统不会再运转以增加知识。因此,证明了不确定性会驱动个体行动直到不确定性减少、被知觉感知到的知识达到理想的知识状态。

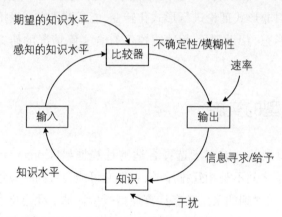

图14.20　社会化过程中知识获取的动态计算模型(Vancouver et al.,2010)

在完成模型可视化工作后,需要添加数学公式来描述变量之间的具体关系。对于外生变量只需要输入表征这些常量的数值即可,对于内生变量则需要根据理论进行赋值。在这一个模型中,用0~1代表知识水平的值,期望的知识水平就是100%,由于有关时间的细节在实证研究中被忽略,因此在这个研究中,Vancouver等(2010)选择了最简单的设置,以1周为时间步长进行模拟,在后续的模拟中,所有的参数都以周为单位;输出函数用比较器的结果乘以一个值,从而放大或缩小比较器的结果,这一乘值(也叫权重)在控制理论中一般被称为增益(Gain),但在心理学中有时称为重要性(Importance)(Vancouver et al.,2010),在此例子中,因为它代表个体在不确定性方面的差异,因此称为"倾向"。内生变量则基于已有实证研究结果及逻辑推理取得的规则进行赋值,例如,知识=integ(新员工信息寻求*0.2,0)。

(4)在模型构建完成后,需要对模型进行评价,先运行动态计算模型并报告结果,使用Vensim软件可以通过图形查看每个变量在模拟时间内如何变化(或不变化),为了更好地处理问题,了解如何评估模型,可以对环境的初始状态进行更改,然后重新运行模型。这种改变参数值、观察结果的过程称为灵敏度分析(Davis et al.,2007),它是评估模型的主要方法。需要注意的是,判断动态计算模型的结果是否合理且有价值,要看理论是否真正有效。

(5)模型评估可以根据数据进行评估,也可以在模型之间相互评估。根据数据进行评估主要是将实际情况与动态计算模型的结果进行匹配,例如,评估动态计算模型在不同参数下的模拟结果与现有研究中发现的变量是否匹配;根据模型进行评估是指不同的模型间进行比较,可以创建多个模型,模拟并重现同一个现象,如果其解释不同,此时研究者需要刻画不同的条件,再分别阐述模拟的结果,比较哪个模型的假设更为合理。

六、讨论及未来展望

通过对动态计算模型概念、类型、关键词网络分析和应用实例的综述发现,动态计算模型不仅可以为组织行为学研究者提供全新的研究方法,而且提供了新的研究视角和研究选题,必将改变组织行为学研究的范式。

1. 动态计算模型对组织行为学研究的积极影响

(1) 动态计算模型帮助研究者实现研究静态现象到动态现象的转变。组织行为学研究最常用的研究方法包括实证研究、理论研究、文献回顾和元分析,在张志学等(2014)的组织行为学研究现状综述中指出,现有研究中实证研究的比重高达70%(英文文献中占比为77%,中文文献中占比为89%),其中采用横截面数据的研究达到60%。但是,横截面数据只能在一定程度上说明变量间静态的相关关系,对因果关系的验证缺乏效度。事实上,组织行为通常是复杂的、动态的,为此,一些研究者试图采用纵向研究设计、变量的变化量之间的关系来说明他们之间的因果关系,虽然纵向数据在一定程度上弥补了横截面数据在解释因果关系上的不足,但纵向数据反映的是任意一段时间段内的情况,无法判断其他时间段的变量变化情况(Ballard et al.,2018),不能将时间上的先后等同于因果关系,所以纵向研究在说明因果关系时也存在局限性。动态计算模型能对组织中的宏观、微观问题进行仿真,模拟变量随时间变化的情况,通过对计算模型中的参数进行设置,能够清晰地反映变量间的因果关系,同时还能对可能发生的情况进行预测。通过引入动态计算模型,能更好地解释复杂的组织现象,将组织行为学的理论由静态描述引入动态刻画的研究层次。

(2) 动态计算模型推动组织行为学对非递归、反馈环关系的研究。组织行为学领域的大多数理论描述的都是反馈环和非递归的关系(Katzell,1994),首先来解释一下递归、非递归的区别。在递归模型中,因果关系是单向的(Paxton et al.,2011),例如,在递归模型中要么x_1影响x_2,要么x_2影响x_1,不可以同时包含两个路径。在非递归模型中,可以包含一个或多个互反关系(Reciprocal Effect)或反馈环(Paxton et al.,2011)。互反关系是指x_1和x_2可以互为因果,例如,有学者研究组织承诺和离职意愿(Chang et al.,2007)、自杀意念和药品使用(Zhang,Wu,2014)、政府制度品质(Institutional Quality)和普遍信任(Generalized Trust)之间互为因果的关系(Robbins,2012),在统计上可以借助非递归结构方程模型实现(Nonrecursive Structural Equation Model)。反馈环是指在因果路径中,一个变量能够追溯到自身(Paxton et al.,2011),如图14.21所示,y_1、y_2和y_3之间存在反馈环,y_1通过y_2和y_3的变化可以追溯到自身,y_2,y_3也是如此。

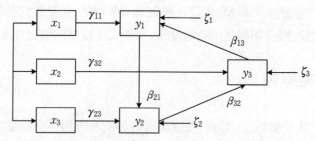

图14.21 非递归模型(Paxton et al.,2011)

组织现象是由多个同时运行的相互依赖的过程构成的,很难区分出哪个是原因,哪个是结果,传统的实证研究方法无法解决这一问题。动态计算模型能帮助研究者构建变量间的反馈环,并通过参数设置模拟在不同水平下的模型运行情况。因此,引入动态计算模型将推动组织行为学者研究非递归的、具有反馈环路特征的现象(如角色清晰与任务掌握的关系),能够呈现更接近事实真相的理论成果,增强理论对解释实际管理现象的贡献。

(3)动态计算模型能提升组织行为学理论的稳健性和有效性。现有理论多为非形式理论(Harrison et al.,2007),采用自然语言对理论进行描述,由于自然语言的多样性和研究者对理论理解的差异,导致理论的模糊性(Gee et al.,2018;Vancouver, Weinhardt, 2012)。此外,有些研究课题可能面临道德伦理问题(如不道德行为、反生产行为等),数据的可获得性和真实性较弱,制约了这些研究课题的进展。动态计算模型的可模拟性能对理论进行精准的数学表达,对可观测变量数据的动态形式或变量间关系提供清晰的预测,同时对导致这种形式与关系的过程给予可信的解释,增加研究的诊断价值,提升理论的解释力度。

2.动态计算模型在组织行为学研究中的应用前景

动态计算模型将从以下几方面推动组织行为学研究的创新和变革:

(1)动态计算模型将改变组织行为学的研究模式。实证研究是组织行为学现阶段的主流研究模式(张志学 等,2014),以提出假设、采集数据、验证假设的模式展开,通常只能涉及几个变量,动态计算模型可以模拟不同的主体、不同层次的变量间的关系,能更加完整地呈现一个现象或过程。此外,动态计算模型还能对理论进行整合,将不同的理论以相同规则、框架的计算模型加以整合,精简相似理论。未来的研究可以通过动态计算模型进行理论研究,发掘不同理论之间的关系,构建更加完善的理论体系,同时对要研究的问题进行仿真模拟,对现有的组织行为学研究是很好的补充。

(2)动态计算模型帮助组织行为学研究者开拓新的研究领域。张志学等(2016)对国内外组织行为学研究现状进行了综述,发现组织行为学研究呈现"扎堆""跟风"的状态。具体而言,大多数研究围绕着领导力、团队、公平、信任、创造力/创新、组织公民行为、工作/生活平衡等几个成熟的概念展开,在国内,热点话题的研究甚至占所有研究的60%,很多有意义的研究问题没有受到足够的关注,不仅会造成组织理论的冗余,还会造成研究资源的浪费。动态计算模型的引入能帮助研究者从研究方法上、研究框架上创新,同时动态计算模型还有助于解释理论和实证结果间的不一致,发现新的研究问题。因此,研究者可以从现有的研究出发,借助动态计算模型找到新的研究出口。

Weihardt 等(2012)对动态计算模型可以应用的研究主题进行了综述,主要包括培训开发、工作与任务分析、工作行为、动机、绩效管理、人事决策与评估、态度及情绪相关行为、团队、领导力和谈判等,其中一些问题已经得到了研究(Vancouver et al.,2016)。这些建议的主题与张志学等(2016)总结的热点主题重合的内容包括领导力、团队、工作行为(如组织公民行为),它们具有丰富的实证研究成果和理论基础,研究者们可以从这些主题入手,利用动态计算模型去解释理论与实证结果的偏差,整合和精致现有的理论。此外,在本研究的第三部分中呈现出的那些已经开始使用动态计算模型开展研究的文献也为尚未开始进行动态计算研究的学者提供了很好的示范。同时,第三部分中与张志学、Weihardt 等提出的主题不重合的部分属于研究热度不高的问题,研究者可以利用动态计算模型检验和完善,这对于广大研究者而言是非常好的研究机会。只要是具有动态属性的组织行为问题都可以尝试应用动态计算模型去形式化、验证和推进,动态计算模型的引入将辅助和推动组织行为学向非线性、非递归、跨层次、形式化、动态化的研究境地发展。

(3)继承和发展已有研究成果。动态计算模型的引入能推动组织行为学研究的变革,那么是否需要完全否定和摒弃现有的研究成果呢?答案是否定的,动态计算模型的应用既可以对现有研究成果进行检验,也可以继承和发展这些成果。具体而言包括3个方面:① 由于直接采用动态计算模型来开发新的理论是非常具有挑战性的研究活动,但是,以现有的研究成果为依据,采用动态计算模型将非形式理论转化为形式理论,是非常好的研究起点(Vancouver et al.,2018)。现有的实证研究成果能为构建动态计算模型提供材料来源,帮助组织行为学研究者快速地转变研究思维,检验和验证现有理论,发现重叠、冲突的理论,进而整合和发展理论。② 现有的研究成果能为动态计算模型中的函数提供参数依据。由于在动态计算模型中存在水平变量(Level/Stock Variable)和常量(Constant Variable),水平变量随着时间等的变化发生变化,现有的动态计算模型大多以负反馈环路实现系统的平衡,水平变量是变量的初始水平加上输入变量的一个积分函数,其中函数的数学表达式及其中的参数、速率等需要以实证研究结果为依据进行设置。因此,现有组织行为学实证研究中的变量关系和参数是构建动态计算模型的基础。③ 为动态计算模型模拟的结果做参考。构建完动态计算模型,我们需要对动态计算模型进行模拟和模型评估,研究者可以构建多个动态计算模型模拟同一现象,通过动态计算模型的模拟结果和实证研究的结果进行对比,能帮助研究者判断动态计算模型的拟合度和有效性,发现动态计算模型与实际情况的差异,通过进一步的实证研究尤其是纵向研究修正和完善动态计算模型。因此,现有的研究成果为动态计算模型的引入提供了丰富的资源和支持,是非常有价值的工作。

(4)动态计算模型推动组织行为研究者构建和完善人类行为的基础理论。已经有学者在认知心理学、宏观组织理论方面广泛采用动态计算模型开展研究,但是在微观、中观组织行为学研究中动态计算模型的应用却处于起步阶段,只有少数学者采用动态计算模型对多重目标追求、团队过程等课题进行了探索。如前所述,人类的行动、思维、情感、学习等过程与控制理论的基本机制也是一致的,都可以采用控制理论的框架开展研究。此外,研究者可以探索更多的数学规范和框架,将人作为一个系统,从小的子系统开始对人的行为进行模拟,逐步开发更高水平系统的框架,最终构建一个能解释人类行为、思维过程的模型,揭开人类行为背后的逻辑。这需要众多组织行为学研究者改变研究的思维,投入建模研究的队伍中,促使研究成果无限接近人类行为的真实状况,真正地推动组织行为科学的进步。

【思考题】
1. 请简述变量间的网络分析。
2. 请简述在JASP中实施贝叶斯分析的步骤。
3. 请简述方差分析效果大小报告的新指标。
4. 请简述解释现象学分析。
5. 请简述群组发展模型。
6. 请简述共同方法变异。
7. 请简述多层次研究的数据聚合适当性检验。
8. 请简述动态计算模型。

第十五章 社会科学研究论文的写作与投稿

第一节 社会科学研究论文的组成部分与写作

一篇完整的社会科学研究论文,一般由主体部分和非主体部分组成。其中,主体部分包括前言(或引言、问题提出、文献综述等)、研究方法、结果、讨论、结论、参考文献、附录等;非主体部分包括中英文文题、中英文作者姓名、中英文作者单位、中英文摘要、中英文关键词、中文分类号(英文论文无分类号)等。需要指出的是,除中文文题、作者姓名、作者单位、摘要以及关键词外,有一些社会科学研究中文期刊不需要作者提供英文文题、作者姓名、作者单位、摘要以及关键词,如《道德与文明》。此外,是否需要在投稿阶段写明分类号也是因不同期刊的要求而异。以下介绍的是社会科学研究期刊通用的组成部分,具体的要求还是要仔细阅读期刊的投稿指南。

一、标题

标题包括文题、一级标题、二级标题和三级标题,文中一般最多不超过三级标题。文题是一篇论文的篇名,即总标题。各级标题通过不同形式的逻辑分层,体现出论文中不同层次内容的深度、上下级的连接关系和并列标题之间的相互对应关系,构成论文的逻辑结构。

1. 中文文题

文题是揭示论文主题和概括论文内容的简短语句,其特点是言简意赅、概念明确、层次分明和直观醒目。

文题应体现论文的中心内容和重要论点,使读者能从文题中了解到该论文所要研究的核心内容和主要观点。实验型论文的文题应包括所研究的重要变量及其相互关系,如王秀娟等(2018)发表的《面孔可信度对助人行为的影响:依恋安全的调节作用》一文,从题目来看重要变量是"面孔可信度""助人行为""依恋安全",面孔可信度影响助人行为并且这种影响会受到依恋安全的调节;理论综述型论文的文题也可以是直接研究的某个理论问题,如陈冬梅等(2020)在回顾战略管理核心理论、讨论数字化环境的主要特点以及梳理现有文献对于数字化和战略管理理论关系的基础上,总结了数字化对现有战略管理理论的挑战、讨论数字化拓展战略管理理论的可能以及展望未来研究的可能方向,为开展基于数字化情境的战略管理研究提供了借鉴,也为数字化背景下企业的管理实践带来了启示。

文题要概括适度,避免使用含义笼统的词语。一般要以具体的科学问题作为文题,避免写成教科书式的笼统论述。诸如"研究""实验研究""管理学研究""伦理分析""人类学探讨""回顾与展望"等词语一般不宜出现在文题中。多数情况下,这些词语在文题中较为冗余,不仅增加了文题的字数,而且无益于读者了解论文所研究的内容核心。

社会科学的门类和研究领域很广,要吸引其他领域读者的关注,文题中就要尽量避免使用缩略词,更不能随意夹带使用英文单词或字母缩写等。

读者一般通过浏览期刊目录,检索他们感兴趣的论文。人的注意力和视野都有限,文题太长则读者不容易把握论文的内容,甚至可能直接忽略这篇论文。一般来说,期刊的投稿指南中都建议作者拟定的文题限制在20个汉字以内。

文题语义未尽,确有必要补充说明其特定内容时,如报告研究课题分阶段所取得的成果,可以采用副标题来区别其特定内容。为方便文献检索,如非必要,尽量不使用副标题。

文题一般使用陈述句,但为了增加论文的吸引力,也可以使用疑问句,如阳镇等(2021)基于2009~2017年中国A股上市公司实证考察了社会信任对企业社会责任的影响效应,并检验了外部正式制度与企业内部高管激励制度在社会信任(非正式制度)与企业社会责任的调节效应,其文题为"社会信任有助于企业履行社会责任吗?"。

当属于某一个专栏时,文题格式和字数可以一致,仅改变研究关注的主体部分。例如,《道德与文明》于2021年第3期推出了"中国共产党百年道德建设专题",其中收录了两篇论文:《中国共产党百年党德建设的经验启示》(李建华,2021)和《中国革命道德的百年发展历程及启示》(汪荣有,2021)。

2. 英文文题

英文文题一般是对中文文题的翻译,其基本要求与中文文题相同。一般来说,在英文论文中,总标题要居中、加粗,非虚词的单词首字母大写(如"and"或"or"为虚词,不必大写);一级标题左对齐、加粗,非虚词的单词首字母大写;二级标题首行缩进、加粗,只有第一个单词的首字母大写,标题结尾加英文句号;三级标题的基本格式同二级标题相同,只是三级标题的单词全部为斜体。

英文文题要求以短语为主要形式,尤以名词短语最常见,即英文文题基本上由一个或几个名词加上其前置和(或)后置定语构成。例如,发表于《Social Science Research》上的《The emergence of conventions in the repeated volunteer's dilemma: The role of social value orientation, payoff asymmetries and focal points》一文,这个标题中主要的名词是"conventions",那么是什么样的"conventions"呢?有两个限定词,一个是"emergence",另一个是

"in the repeated volunteer's dilemma"(Przepiorka et al.,2021)。

短语型文题要先确定好中心词,再进行前后修饰。各个词的顺序很重要,词序不当会导致表达不准。

在能准确反映论文特定内容的前提下,文题的单词数越少越好,文题的长度一般为10~12个单词。特殊情况下可以增加单词的数量,视实际情况而定。中文论文的文题一般要避免"一项关于……的研究"或"一项关于……的实验"的表述,英文论文的文题也要避免"A research of"或"An experiment of"这样的表述。

本专业或相邻专业公知公用的缩略词可以用于文题,如发表于《Personality and Individual Differences》上的《People who consider themselves smart do not consider themselves interpersonally challenged: Convergent validity evidence for subjectively measured IQ and EI》(Gignac,2021)一文,其中有两个缩略词"IQ"和"EI"分别表示"Intelligence Quotient"(智力商数)和"Emotional Intelligence"(情绪智力)。也许"情绪智力"对于大多数读者而言较为陌生,但"智力商数"是大多数人都理解的"智商"。

另外,英文论文的标题中也往往会用副标题,主标题和副标题之间使用冒号隔开。一般来说,使用副标题的必要原因是因为主标题往往比较短,可能存在表意不清的现象,这时副标题可以补充完整相应的内容。例如,发表于《Management Accounting Research》上的《Management control as a system: Integrating and extending theorizing on MC complementarity and institutional logics》(Gerdin,2020)一文,如果仅看主标题"Management control as a system"会引起读者的疑惑——"什么是管理控制""为什么管理控制作为一个系统"。但增加了副标题"Integrating and extending theorizing on MC complementarity and institutional logics"后便丰富了很多信息,读者阅读之后便明白原来这篇论文是要整合和拓展管理控制互补性和制度逻辑的相关理论。

还有种情况,一些比较知名的学者在撰写论文标题时往往引经据典。例如,发表于《Evolution and Human Behavior》上的《Beauty and the beast: Mechanisms of sexual selection in humans》(Puts,2010)一文,作者是美国宾夕法尼亚州立大学著名的进化心理学家David A. Puts,这篇文章的主标题引用了迪士尼经典电影《Beauty and the beast》(《美女与野兽》)。但要注意,引经据典是为了起到锦上添花的作用,前提是文章内容较为饱满。但如果只是一味地为了赢得噱头,就可能导致哗众取宠的后果。

3. 层次标题

层次标题是论文的组织结构,用来表示行文顺序和各段落内容上下衔接以及层次结构中相对完整的程度,以帮助读者掌握论文的概要和各部分的相对重要性。层次标题一般不超过三级,每一层次的标题至少有两个。社会科学研究中实验型论文通常包含4个一级标题,即前言(或引言、问题提出、文献综述)、方法、结果和讨论,部分期刊还要求有第五个一级标题即"结论"。每个一级标题下还可有二级标题,二级标题下有三级标题,但一般最多不超过三级标题。如果因实际需要有四级甚至更多层级的标题,可以采用"(1)""(2)""(3)"或"a.""b.""c."的形式。在一篇论文中,所有同等重要的标题应具有相同的标题等级。例如,一篇论文包括两个实验,则这两个实验中各标题的等级应对应相同,只是序号不同。例如,发表于《Scientific Reports》上的《The language context effect in facial expressions processing and its mandatory characteristic》(Liu,Tan,Han et al.,2019)一文,该文由Experiment1和Experiment2两个实验构成,其下属的标题均为:Participants(被试)、Experimental design(实验设计)、Stimuli(刺激材料)、Procedure(程序)和Data analysis(数据分析)。标题的层次应根据实际需要而定,对于篇幅较短的论文以及综述类论文而言,往往只需要几个一级标题就足够了。

层次标题统一用阿拉伯数字表示,各级号码之间加一个下圆点并空1个字符,但终止层次的号码之后则不加下圆点。层次标题一律居左顶格,编号后空1个字符再接排标题名称。但也有一些期刊在层级标题前不加阿拉伯数字,如《Quality of Life Research》。

二、作者及所属机构

论文的作者应在论文上署名,署名者可以是个人作者、合作作者或团体作者。

1. 署名的意义

署名是拥有著作权的声明,署名权即表明作者在作品上署名的权利。《中华人民共和国著作权法》规定:著作权属于作者,包括发表权、署名权、修改权、保护作品完整权等。署名表明作者的劳动成果及作者本人都得到了社会的承认和尊重,即作者向社会声明,作者对该作品拥有了著作权。

署名是表示文责自负的承诺,署名即表明作者愿意承担责任。所谓文责自负,即论文一经发表,署名者对作品负有政治上、科学上和法律上的责任。如果文章中存在剽窃、抄袭的内容,或有政治性、技术性错误,署名者应负完全的责任。

署名便于读者与作者联系,署名即表明作者有同读者联系的意愿,署名后列出作者的单位全称和通信地址。读者如需向作者询问、质疑或请教,可以直接与作者联系(张林,刘燊,2020)。

2. 署名原则

论文的署名者应具备下列条件:① 本人直接参加课题研究的全部或主要部分的工作,并做出了主要贡献;② 本人应为作品创作者,即论文撰写者;③ 本人对研究数据、概念和结果解释具有答辩能力,是论文的直接责任者。这3个条件,只要符合其中一个便符合署名作者的要求。

有的人虽为课题组成员,参加了部分研究或实验工作,但由于其工作性质是辅助性的,如发放问卷、进行部分访谈、录入数据等,不应列为作者;也有人对研究工作确有贡献,并对成果具有答辩能力,但未直接参与作品的创作工作,也不宜作为论文的作者。不够署名条件但的确对研究成果有所贡献者可以作为致谢部分中的感谢对象。致谢部分一般放置在全文末、参考文献前,与正文末行之间空一行,用不同字体。因此,在进行一个研究项目时最好能尽早确定作者名单以及排名顺序,并有书面协议,以免论文发表时产生署名纠纷。

学位论文改写后在期刊上发表,也同样存在署名问题。因为学位论文及其报告的成果是在导师指导下完成的,所以可以由学生和导师共同署名,一般是学生在前、导师在后,导师作为通讯作者。学位论文改写后作为图书出版,一般是学生作为著者单独署名,有时也有学生和导师共同作为著者署名的情况。

当由多位作者共同完成某一作品进行联合署名时,署名顺序按对该文的贡献大小排列。第一作者既是主要贡献者和直接创作者,又是作品的直接责任者,享有更多的权利,同时承担更多的义务。除有特别声明外,第一作者就是第一权利者、第一责任者和第一义务者。

如果由一个组织机构或数人组成的团体对一篇作品(论文)承担责任,则可以以该团体的名称作为署名。例如,《"爱情"与"友谊"概念表征的差异:基于字词联想的比较》一文的作者署名中就有团体作者"民间文化心理学研究小组"(Folk Psychology Research Team)(李朝旭 等,2009)。

3. 作者人名的汉语拼音拼写规则

2011年10月31日,中华人民共和国国家质量监督检验检疫总局和中国国家标准化管理委员会联合发布《中国人名汉语拼音拼写规则》(GB/T 28039—2011),2012年2月1日该规则正式实施。该规则规定了使用汉语拼音字母拼写中国人名的规则,正式的汉语人名由姓和名两部分组成,姓和名分开写,姓在前,名在后,姓和名之间用空格分开;复姓、双字名或多字名,两字或多字之间无须用空格分开;双姓之间需加连接号,每个姓氏开头字母大写;国际体育比赛等场合,人名可以缩写,可以省略声调符号。

据此,英文期刊和中文期刊中的英文部分,涉及中国人名之处,应当按照以下格式书写:

  单姓单名 甲乙 Jia Yi
  单姓双名 甲乙丙 Jia Yibing
  复姓单名 上官甲 Shangguan Jia
  复姓双名 上官甲乙 Shangguan Jiayi
  双姓双名 甲乙丙丁 Jia-Yi Bingding

以"甲乙丙"为例,正确的拼写方式为 Jia Yibing,而 JIA Yibing, JIA Yi-bing, JIA Yi-Bing, Jia YiBing, Jia Yi-bing, JIA YIBING, JIA YI-BING, YIBING JIA, Yibing Jia 等都

不符合该规范的要求。

对于期刊论文而言,应尽量遵照《中国人名汉语拼音拼写规则》(GB/T 28039—2011)来执行。但由于该标准为推荐标准而非强制标准,中国人姓前名后(而外国人名前姓后),有人单字名,有人双字名,中国人名的拼写并不尽然遵循姓在前名在后的标准,在国际交流、期刊检索、西文数据库收录中,有时很难分清姓和名,也分不清单字名和双字名,特别是在没有可以参照的情况下更容易混淆。如"Liu Li",可能分不清姓刘还是姓李,缩写时也不知道应写成"Liu L."还是"Li L."。再如,"Liu Li"和"Liu Lili"缩写都是"Liu L."。拼法混乱给涉及作者姓名的文献计量分析、图书管理等带来极大麻烦,很有可能导致错误的发生。国内中文期刊对人名汉语拼音拼写的要求也不尽相同。有的期刊为了区分姓和名,把姓氏全部大写。例如,《人类学学报》要求人名汉语拼音拼写的格式为"JIA Yibing"(甲乙丙),而《管理世界》要求的格式则为"*Jia Yibing*"。有的期刊为了区分单字名和双字名,要求双字名之间用连字符。例如,《应用心理学》要求的格式为"JIA Yi-bing",而《全球教育展望》要求的格式则为"JIA Yibing"。综合考虑,比较稳妥的写法是按照所投期刊的规定执行。如果作者有多篇文章发表,为了前后的统一,可以按照一种拼法来写。一个人的职业生涯中,在发表文章时应可能保证姓名拼写的一致性。如果自己的习惯拼法被期刊编辑修改,可以向期刊编辑说明。

英文论文的投稿系统中针对作者信息录入的板块,设置了 First Name 和 Last Name 的输入框,有的杂志的投稿系统还有 Middle Name 的输入框。关于 First Name 和 Last Name 前述已有所介绍,而 Middle Name 的设置可能与 Middle Initial(中间名的缩写)有关。Middle Initial 常见于国外的研究者,国内的研究者较为少见。

当然,还有以下一些特殊情况,需要特殊对待。海外华侨以及外籍华人、华裔的姓名原来有惯用的拉丁字母拼写法,必要时可以附注在括弧中或注释中。少数民族语姓名,按照民族语用汉语拼音字母音译转写,分连次序依民族习惯。例如,《促进西藏乡村振兴的金融支持研究》一文的第一作者西藏大学经济与管理学院的尕藏才旦,其姓名的汉语拼音形式为 Gyesang Tseden(尕藏才旦,焦涛,2021)。

4. 作者单位

作者单位及其通信地址是作者的重要信息之一。一般在作品发表时,应尽可能注明作者的电子邮箱,以便读者联系。除此之外,一些期刊还会注明第一/通讯作者的工作单位、通信地址以及其他信息。

作者单位必须用全称标注,不应使用简称。例如,"安徽农业大学心理学系,合肥 230036"不能简称为"安农大心理系,合肥 230036","中国科学技术大学人文与社会科学学院,合肥 230022"不能简称为"中科大人文学院,合肥 230022"。作者单位的英译应该使用全称,慎用简称。如果用 AAU 指代 Anhui Agricultural University、以 USTC 指代 University of Science and Technology of China,则读者很难迅速、准确地把握其具体全称,除非读者为本校师生或熟悉该校的人士。作者单位的英译一定要采用本单位统一的译法,切不可想当然。例如,"北京航空航天大学"的英译为"Beihang University",不能想当然凭字面意思翻译为"Beijing University of Aeronautics and Astronautics""University of Aeronautics and Astronautics,Beijing""Bei Hang University"等。

作者单位应为作者开展研究工作时所在的单位,一个作者通常只有一个单位。所以,一般学位论文改写投稿后第一单位应该是学位论文所有者获得学位所在的单位。只有当两个单位都为研究提供了经费或实质性支持(如参与论文修改等)时,才列出两个单位。当作者没有所属单位时,可以在作者名下列出作者所在的省和城市,也可以直接写"独立研究人员"。例如,《基于地理信息的停电通知可视化发布系统》一文的第二作者王鲁靖的署名单位便为"独立研究人员"(冯守纯 等,2020)。如果研究工作完成之后工作单位发生变化,则应在作者身份注释中列出作者当前所在单位。

5. 题注

论文的收稿日期、研究所获得的基金资助、通讯作者及其联系方式等一般放在题注中,题注的位置一般位于首页的页脚处。目前大多数中文期刊是双盲评审,因此题注内容一般在投稿阶段不需要写。目前一些英文期刊是单盲评审,题注在投稿阶段往往需要写。对于一些也是双盲评审的英文期刊,题注所需的信息往往写在不参与评审的 Title Page(论文首页)中。

通讯作者应是在较长时间内可以联系到的论文作者,一般联系地址较为稳定。由于导师的工作单位相对比较固定,所以一般将导师列为通讯作者。但如果除了导师以外,还有其他人对论文起到了同样的贡献(如提供基金的支持、参与设计和监控整个研究过程、参与论文撰写与投稿等),一般也列为通讯作者,这时称为"共同通讯作者"。

三、摘要、关键词和分类号

1. 中文摘要

摘要是对论文内容简短而全面的概括,可以让读者迅速总揽论文的内容。与文题一样,摘要撰写质量的高低也会直接影响论文对读者的吸引力。多数人通过数据库检索所需的文献时,显示出来的往往只有摘要部分。在翻阅纸质版学术期刊时,大部分读者也更倾向于阅读论文的摘要,并以此决定是否阅读整篇论文。因此,摘要既要体现高度的信息浓缩性,又要具有可读性,还要结构完整、篇幅简短以及能独立成篇。

一般来说,好的摘要应具备以下特点:第一,准确性。摘要应能准确反映论文的目的和内容,切勿包含论文中不涉及的内容。第二,独立性。摘要应自成一体、独立成篇,要对特殊的术语、所有的缩写(计量单位除外)、省略语进行说明。如果是新术语或尚无合适的中文术语,可以用原文或翻译后加括号注明原文。在引用其他出版物时要包括作者的姓名和出版日期,在论文的参考文献表中要充分说明文献资料的出处。第三,简练而具体。摘要中的每一句话都要能最大限度地提供信息且尽可能地简练,长度一般不应超过200字或250字,但有些期刊也存在最终刊出的摘要字数远超250字的现象。摘要的开头要提出最重要的信息,可以是目的或论题,也可以是结果或结论,一般最多只需包括4~5个最重要的观点、结果,不要重复论文的标题。第四,非评价性。摘要中如果要报告研究结果,仅需客观报告而不应对研究结果进行评价,不要在摘要中对论文内容做诠释和评论,尤其是自我评价。中国科学院于2021年发布的《关于在公众媒体上发布学术成果常见问题或错误的诚信提醒》在总结当前学术成果在公众媒体上发布时的常见问题或错误时便提到不应"在成果发布时随意使用'国内首创''国际领先'等词语"。应予科研成果以客观、准确和专业的表述,实事求是地反映学术同行的评价和意见。反对夸大科研成果的学术价值、社会效益和经济效益。因此,诸如"开创了先河""填补了空白""将对……产生重要影响""首次/第一次"等表述不应出现在摘要中。第五,连贯性和可读性。采用条理清晰、措辞有力的形式写作,尽可能使用第三人称来取代第一人称。避免使用缺乏实质信息的"万金油"语句,如"具有一定的意义"或"对后续的研究有一定的借鉴"等。例如,《主观幸福感代际传递:有调节的中介效应》一文的中文摘要(212字)如下:

采用问卷法考察父母的主观幸福感与子女的主观幸福感的代际传递效应,同时探讨亲子沟通的中介作用和子女情感自主性的调节作用。结果发现:① 父母的主观幸福感显著预测初中生子女的主观幸福感;② 亲子沟通在父母的主观幸福感影响初中生子女的主观幸福感中起部分中介作用;③ 子女的情感自主性可以调节亲子沟通对初中生子女主观幸福感的影响,情感自主性低的子女的主观幸福感更容易受到亲子沟通的影响,而情感自主性高的个体则会减弱亲子沟通的作用(范航 等,2019)。

2. 英文摘要

《科学技术报告、学位论文和学术论文的编写格式》(GB7713—87)规定:为了便于国际交流,科学技术报告、学位论文和学术论文应附有外文(多用英文)摘要。一般来说,英文摘要应是对中文摘要的转译,其基本要求与中文摘要相同,只要简洁、准确地将文义译出即可。

需要特殊考虑的是时态,英文摘要的时态常用的是一般现在时和一般过去时,少用现在完成时和过去完成时,进行时态和其他复合时态几乎不会使用。但需要指出的是,英文论文的正文部分在描述一件已经发生过的事情时,往往使用现在完成时。

英文摘要与中文摘要一样,也要包括问题、方法、结果和讨论4个部分。问题部分往往仅需一句话或最多两句话,简要介绍研究关注的问题或研究的背景;方法部分一般包括被试的选取和研究手段,这部分是摘要的主要部分;结果部分是摘要最主要的部分,仅需介绍本研究最主要的发现,本研究没涉及的结果无须介绍;讨论部分同问题部分一样,通过一至两句话介绍下研究的意义即可。

例如,《Why do you attract me but not others? Retrieval of person knowledge and its generalization bring diverse judgments of facial attractiveness》一文的英文摘要(175个单词)如下:

> Judgments of facial attractiveness play an important role in social interactions. However, it still remains unclear why these judgments are malleable. The present study aimed to understand whether the retrieval of person knowledge leads to different judgments of attractiveness of the same face. Event-related potentials and learning-recognition tasks were used to investigate the effects of person knowledge on facial attractiveness. The results showed that compared with familiar faces that were matched with negative person knowledge, those matched with positive person knowledge were evaluated as more attractive and evoked a larger early posterior negativity (EPN) and late positive complex (LPC). Additionally, positive similar faces had the same behavioral results and evoked large LPC, while unfamiliar faces did not have any significant effects. These results indicate that the effect of person knowledge on facial attractiveness occurs from early to late stage of facial attractiveness processing, and this effect could be generalized based on the similarity of the face structure, which occurred at the late stage. This mechanism may explain why individuals form different judgments of facial attractiveness (Han et al., 2020).

英文摘要的写作也需精练,但也有些期刊为了扩大国际影响,要求作者撰写英文长摘要,如心理学类期刊《心理学报》和《心理科学》要求作者将问题、方法、结果和讨论这4个部分写成4个自然段,字数建议在400~500个单词(如确有必要,超过500个单词也可以),以便让国外读者了解到更详细的文章信息。除此之外还尚未有其他社会科学研究期刊有这类要求,但不排除这可能是未来发展的一个趋势。

例如,《场景对面孔情绪探测的影响:特质性焦虑的调节作用》一文的英文摘要(577个单词)如下:

> Facial expressions are fundamental emotional stimuli. They convey important information in social interaction. Most previous studies focused on the processing of isolated facial expressions. However, in everyday life, faces always appear within complex scenes. The emotional meaning of the scenes plays an important role in judging facial expressions. Additionally, facial expressions change constantly from appearance

to disappearance. Visual scenes may have different effects on the processing of faces with different emotional intensities. Individual personality traits, such as trait anxiety, also affect the processing of facial expressions. For example, individuals with high trait anxiety have processing bias on negative emotional faces. The present study explored whether previously presented visual scenes affected the identification of emotions in morphed facial expressions, and whether the influences of visual scenes on the identification of facial expressions showed differences between individuals with high and low trait anxiety. Using the Spielberger State-Trait Anxiety Inventory (STAI), we placed 29 participants who scored in the top 27% in the high trait anxiety group (9 males and 20 females; mean age 19.76 ± 1.3 years) and 28 participants who scored in the bottom 27% in the low trait anxiety group (11 males and 17 females, mean age 19.71 ± 1.2 years). The images of faces (4 models, half male and half female) used in this study were selected from the NimStim Set of Facial Expressions. The face stimuli showed typical happy, neutral, and fearful expressions. Facial expressions were morphed to create a series of gradually varied images of facial expressions. Specifically, fearful face (100%) versus neutral face (0%) and happy face (100%) versus neutral face (0%) were morphed in 20% increments. In addition, 40 surrounding scene images were used, with 20 positive scenes and 20 negative scenes. In the face-emotion detection task, participants were asked to determine whether the emotion from the faces presented after the scenes were fearful, happy, or neutral. For the repeated measure ANOVA of the accuracy for facial expression detection, the results showed scene effects on the identification of emotions in facial expressions. The scene effects were varied between the different intensity of face emotion: for the emotionally vague faces, the detection of happy and fearful expression showed significant scene effects; for the faces with moderate emotional intensity, only the detection of the fearful faces showed significant scene effects; for the intense emotions on faces, there was a significant effect on happy and neutral faces but not on fearful faces. Trait anxiety as an individual factor was found to play a moderating role in the identification of facial expressions. For the high trait anxiety group, there were no significant differences in the accuracy of emotional detection between congruent and incongruent conditions. This means that the high trait anxiety group did not show significant scene effects. The low trait anxiety group showed a significant difference in the accuracy of identification of emotions in facial expressions between congruent and incongruent conditions, i.e., significant scene effects. In summary, the present study demonstrated that, for facial expressions with low emotional intensity, the identification of happy and fearful faces was more likely to be affected by visual scenes than the identification of neutral faces. Visual scenes were more likely to affect the identification of moderately fearful faces than moderately happy faces. Trait anxiety played a moderating role in the influence of visual scenes on emotional detection of facial expressions. Specifically, individuals with high trait anxiety were less affected by surrounding visual scenes and paid more attention to facial expressions(李婉悦 等,2019).

3. 关键词

关键词是期刊论文的文献检索标志,是表达论文主题概念的自然语言词汇。期刊论文的关键词是从其题名、层次标题和正文中选出来的能反映论文主题概念的词或词组,应避免选用一些外延较广的词作为关键词,如"方法""管理学""作用""研究""分析"等。关键词选用得是否恰当,关系该文被检索的概率和该研究成果的利用率。

《科学技术报告、学位论文和学术论文的编写格式》(GB7713—87)规定:每篇报告、论文选取3~8个词作为关键词,以显著的字符另起一行,排在摘要的左下方,如有可能,尽量用《汉语主题词表》等词表提供的规范词。心理学论文的关键词可以从由心理学名词审定委员会审定的、科学出版社2014年出版的《心理学名词》中选用。未被词表收录的新科技重要名词、术语,也可以作为关键词使用。尤其需要指出的是,中英文关键词应一一对应。

例如,《从香火戏到赞神歌:近代太湖渔民仪式文艺的嬗变》一文的中英文关键词为:太湖流域(Taihu Lake Basin)、渔民(fishermen)、香火戏(Xianghuo Opera)、赞神歌(Hymn to the Gods)(裘兆远,2021)。

4. 分类号

国外期刊一般没有文章分类号,但国内期刊基本都设有分类号。

和关键词一样,分类号也是一种情报信息检索语言,一般排印在"关键词"的下方。《中国图书馆图书分类法》和《中国图书资料分类法》是最经常采用的分类标准。为了明确划分各个学科的各个领域,这两种分类法制定了一套代码系统,各学科的各领域都有相应的代码。分类号代码一般由字母和阿拉伯数字组成。为了便于文献检索、存储和编制索引,发表的论文应尽可能按照《中国图书馆图书分类法》著录分类号。例如,《国内外创新生态系统研究演进对比分析:理论回溯、热点发掘与整合展望》一文的分类号为F113.2(国际经济技术合作)(王高峰 等,2021);《警惕资本与科学的零和博弈》一文的分类号为G301(科学学)(徐飞,2019)。但如果一篇涉及多学科的论文,可以给出几个分类号,分类号之间用分号隔开,其中主分类号排在首位。例如,《体感游戏促进儿童的执行功能:运动强度和认知参与的作用》一文的分类号为"B844.1;G613.7",其中"B844.1"指"儿童心理学","G613.7"指"体育、游戏"(盖笑松 等,2021)。

四、前言

前言部分往往包括提出问题、说明研究背景、阐明研究目的和理论基础三个部分内容。

1. 提出问题

社会科学研究论文的首要部分是前言,即提出问题部分。这部分要引入研究问题,阐释提出研究问题的目的、依据和逻辑,通常包括引子(简单的问题引入)、文献回顾(用于介绍必要的知识背景,包括基本概念、理论基础、必要的方法学铺垫以及以往研究的进展等)、文献述评(旨在通过评论以往研究来阐明自己研究的必要性)和介绍自己的研究(包括研究问题与目的、理念与思路、研究假设)等。

在正文的开始部分用一段文字提出所要研究的具体问题并描述研究策略。在开始着手前言的写作时,要考虑:① 研究的问题是什么? ② 假设和实验设计与研究的问题之间有什么关系? ③ 该研究有什么理论和实践意义? 该研究与所属领域已有的研究有什么关系? ④ 要解决什么理论问题以及如何解决? 好的前言可以用一段或两段文字来回答这些问题,通过总结相关的论据和数据,清楚地告诉读者想要做什么以及为什么要这么做(张林,刘燊,2020)。但要注意:第一,要用通俗的语言简明扼要地介绍本研究所关注的问题是什么,心理学论文虽然是心理学领域的研究者学术交流的载体,但不排除别的领域感兴趣的研究者也阅读。如果问题提出部分的语言描述过于晦涩或专业,则不容易吸引多数读者的关注。第二,不要一开始就堆砌一些理论,虽然这样可能会让读者觉得这个研究有理有据,但也会让读者留下这个研究很枯燥的印象。第三,要善于使用启发式的问题引导读者参与论文的思考和讨论中来。

例如,《愤怒情绪对延迟折扣的影响:确定感和控制感的中介作用》一文的提出问题部分如下:

> 在日常生活中,人们经常需要做出决策。这些决策行为既可以发生于某个特定时间节点,也可以发生于不同的时间节点,后者即为跨期决策(Intertemporal Choice),它是指个体通过对发生于不同时间节点的成本与收益的心理权衡而做出选择的过程(Frederick et al.,2002)。亚当·斯密曾指出,跨期决策不仅影响个人的健康财富和生活幸福感,也决定着一个国家的经济繁荣程度,即无论是个人对其健康、教育、婚姻等重大生活的抉择,还是政府对其社会经济、政治、文化、环境等重大国计民生问题的决策都具有很强的跨期性,追求短期价值还是追求长期价值显然关乎到个人和国家的成长、发展乃至命运。跨期决策的核心内容是延迟折扣,即个体对发生于不同时间节点的成本与收益的心理权衡做出选择时,总是倾向于赋予

将来时间节点的成本与收益更小的权重(Green,Myerson,2004)。目前,已有研究者在气候与环境、经济政策、退休储蓄、投资、健康以及教育等领域对延迟折扣现象展开了系列研究(Chen et al.,2005;Frederick et al.,2002;Laibson,2001;Li et al.,2011;刘雷 等,2014),这有助于人们做出更加理性、更加科学的判断和决策。古希腊哲学家毕达哥拉斯指出:"愤怒以愚蠢开始,以后悔告终。"说明人类早期思想家已认识到愤怒情绪对人类决策行为的影响。当代心理学关于愤怒情绪影响决策的研究主要基于两个视角,其一是由决策事件特性所诱发的愤怒情绪对决策行为的影响,其二是与决策事件并无直接关系的愤怒情绪对决策行为的影响,这也是本研究的研究视角。现有研究者已在风险决策(Druckman,McDermott,2008;Lench et al.,2011;Lerner,Keltner,2000)、道德决策(Small,Lerner,2008)、心理理论(观点采择)(Todd et al.,2015;Wiltermuth,Tiedens,2011)、礼物赠送决策(Hooge,2017)和助人行为(杨昭宁 等,2017)等领域对愤怒情绪如何影响人类决策行为进行了大量研究。跨期决策作为决策领域中一个重要的研究方向,目前少有研究考察愤怒情绪如何影响个体的延迟折扣。因此,本研究试图考察偶然体验到的愤怒情绪对延迟折扣的影响及其内在机制(宋锡妍 等,2021)。

2. 阐明研究目标与研究假设

在提出问题和说明背景情况后,接下来就要说明具体的研究,也就涉及研究目标。很多学者习惯于在引言的最后一段甚至最后一两句话才集中介绍研究目标和研究假设,这就会导致只有阅读完引言的全部内容后才能知道该研究想要做什么。因此,建议在问题提出之后便紧接着介绍研究目标。例如,《社会资本与新生代农民工就业质量研究:基于人情资源和信息资源的视角》一文的阐明研究目标部分如下:

> 作为非正式制度的社会资本在推动新生代农民工实现就业的过程中发挥着不可忽视的作用,是连接新生代农民工与城市社会制度、社会组织的桥梁。社会资本影响新生代农民工就业质量的内在机制如何?对新生代农民工就业质量的影响是否存在群体差异?这是本研究试图解答的问题……基于他们的观点,本文探讨在当前中国社会背景下,主要基于强关系的人情资源和主要基于弱关系的信息资源对新生代农民工的就业质量有怎样的影响(杨政怡,杨进,2021)。

同样,如果在引言的最后一段才提到研究假设是什么,会让读者感觉假设是堆砌出来的而不是推导出来的。因此,建议的做法是论述完一部分就紧接着提出相应的研究假设。一旦在引言部分提出了假设,就需要在结果部分予以落实,结果部分可以说明是支持还是反对了研究假设,相应地还需要在讨论部分提到这些问题。例如,《科技人才激励政策感知、工作价值观与创新投入》一文的研究假设部分如下：

> H_0：科技人才激励政策感知包括资源配置政策感知、评价导向政策感知、经济回报政策感知三个二阶维度……H_1：资源配置感知对创新投入（H_{1a} 创新活力、H_{1b} 创新专注、H_{1c} 创新奉献）具有显著正向影响……H_2：评价导向感知对创新投入（H_{2a} 创新活力、H_{2b} 创新专注、H_{2c} 创新奉献）具有显著正向影响……H_3：经济回报政策感知对创新投入（H_{3a} 创新活力、H_{3b} 创新专注、H_{3c} 创新奉献）具有显著正向影响（倪渊，张健，2021）。

3. 文献述评

文献述评包含综述和评价两部分的内容，这两部分的内容是紧密联系在一起的。新的研究往往是基于已有的研究并有所推进，很少有新的研究不需要以已有的研究为基础。研究者在进行文献述评时要思考如下问题：我关注的问题以往的研究做了哪些工作、获得了哪些发现？我关注的问题是否有相应的理论予以支撑？文献述评是借用已有的研究来发展本研究的问题，并不是只报告他人的工作。这就涉及评价这一问题，要对已有的研究进行自己的思考，要实事求是地进行评价，哪怕是批评不足。例如，《国有资本划拨养老保险与公共政策目标治理》一文的文献述评部分如下：

> 大多数文献主要关注国有资本划拨机制对社会福利的影响，但关于如何解决公共政策目标冲突问题仍缺乏讨论。部分文献虽然直接讨论了国有资本划拨机制如何解决公共政策目标冲突问题，但忽略了其局限性，且模型中对国有资本收入的使用方式较为单一，缺乏一般性。在这些文献的基础上，本文将在一个内生生育率的 OLG 模型中引入国有资本划拨养老保险、公共教育和生育补贴机制，首先探讨国有资本划拨对同时实现经济增长和社会保障两大公共政策目标的作用；其次以公共政策目标治理为视角，分析国有资本划拨机制的有效调控空间，探讨在同时满足两大公共政策目标后能否进一步优化；最后考察公共政策目标不同权衡方案对经济系统的影响（汪玲 等，2021）。

五、研究方法

研究方法部分应详细描述研究是如何进行的，这样的描述能让读者评估所采用的方法是否恰当、研究结果的信效度情况，还能让有兴趣的研究者去重复这个研究。如果论文只是已有研究的继续，而且研究方法在已发表的论文中已详细地介绍过了，则可以告诉读者可以参阅的资料,在方法说明中简要介绍即可。

1. 确定层次标题

将方法这一部分划分为带标题的层次,通常包括对被试、实验材料、实验设计、实验程序以及数据分析的描述。如果实验设计较为复杂或对刺激的描述要求较为详细,可以细分为更小的层次以确保读者能找到具体的信息。至于决定使用何种层次标题,需要作者自己进行判断,应以读者能理解和重复该研究为准。层次标题不够详细会让读者产生疑惑,但过于详尽则会使读者阅读过多无关信息而造成负担。

2. 被试

对被试做恰当的说明非常重要,尤其是在不同的组别之间作比较、评估研究结果、归纳研究发现、比较重复研究、文献综述和分析二手数据时更是如此。应对样本进行充分的说明,并且样本应该具有代表性;如果不具有代表性,则要说明原因。此外,结论和解释不能超出样本所能代表的总体的范围。

对于人类被试,应报告抽样和分组程序、被试的性别和年龄等主要人口统计学特征。尤其是一般的实验室实验,由于选择的被试都是在校大学生,因此上述人口统计学特征足矣。当一个特定的人口统计学特征是一个实验变量或对于解释结果非常重要时,应具体描述这个组的特征,如年级、出生地、教育水平、健康程度、母语等,说明每一组被试的构成有利于读者判断结论的可靠性。例如,《父母婚姻冲突对青少年抑郁情绪的影响:一个有调节的中介模型》一文的被试部分描述如下:

> 初一190人(35.4%),初二154人(28.7%),初三193人(35.9%);城镇户口188人,农村户口349人(范航 等,2018)。

但要注意,一般在被试特征描述部分所提到的变量,后续也应分析和讨论,不然就会造成表述上的冗余。人类被试的选取还存在一类现象,即筛选情况,一些被试可能由于猜中了实验目的、没有完成实验等原因需要进行排除,因此这部分的内容也需要报告。例如,《美在观察者眼中:陌生面孔吸引力评价中的晕轮效应与泛化效应》一文的被试部分描述为:

> 在宁波大学招募大学生46名(男性19名,女性27名),年龄在18~25岁($M=20.74, SD=1.96$)。所有被试视力或矫正视力正常,能熟练操作计算机。实验过程遵循自愿的原则,被试可以随时停止或退出(数据按无效处理)。参与实验的被试可获得一定报酬,如果被试猜中实验目的,则该被试的数据作为无效被试数据剔除。本研究剔除2名女性被试,保留有效被试44名(韩尚锋 等,2018)。

对于发展心理学的一些研究,在被试部分还需报告是否为独生子女。例如,《亲子依恋与初中生人际宽恕的关系:一个有调节的中介模型》一文的被试部分描述如下:

采用整群抽样方法选取被试,根据浙江省各地市人均GDP等综合发展指标,选取经济社会各方面发展比较靠前的(宁波)和相对落后的(象山)地区的初级中学作为本次调查的总体,每个地区各抽一所重点中学和一所普通中学的学生作为样本。共发放520份问卷,回收有效问卷502份,有效回收率为96.54%。被试年龄在12岁至15岁之间,平均年龄为13.75岁($SD=1.01$)。其中男生232名,女生270名;初一194名,初二182名,初三126名;独生子女279名,非独生子女223名;城市学生267名,农村学生235名(苗灵童等,2018)。

对于要进行多次施测的研究,每一次施测时被试的情况都需进行介绍。例如,《中学生休闲活动与心境状态的交叉滞后分析》一文的被试部分描述如下:

本研究选取河南省某中学初一年级的230名学生,先后进行间隔一个半月的两次问卷测查。前测于2013年1月实施,后测于2013年3月实施。第一次测查获有效被试197名,第二次测查获有效被试201名。将两次测查整合后,去除无效被试,共获有效被试190名。在190名追踪样本中,男100人(52.6%),女90人(47.4%);父母无外出打工者142人(74.7%),父母一方外出打工者32人(16.8%),父母双方外出打工者16人(8.4%)(高飞,张林,2014)。

对于动物被试,应该报告它们的种类、编号或其他具体的证明资料,例如提供者的姓名、地址及喂养地,列出动物的数量和动物的性征、年龄、重量及生理状况。另外,也要具体、详细地说明所有重要的情况,包括如何对待和处理它们等,以便他人能成功地重复这项研究。例如,《整合性学习观的动物行为模型探索》一文的被试部分描述如下:

被试为40只1月龄SD大鼠(20只雄性,20只雌性),分为整合雄(Integrative Learning-Male, IL-Male)、整合雌(Integrative Learning-Female, IL-Female)、渐进雄(Progressive Learning-Male, PL-Male)、渐进雌(Progressive Learning-Female, PL-Female)4组,每组10只。所有被试被随机分配到8个饲养笼中,每笼5只,饲养在恒温22.5℃、光照自动化控制(8:00关灯,20:00开灯)、空气净化器24小时运作的清洁级动物房中(尹彬等,2020)。

第十五章
社会科学研究论文的写作与投稿

尤其需要指出的是,目前涉及动物或人的实验一般都要求作者报告是否得到了所在机构伦理审查委员会的许可以及被试的同意。例如,《Why do you attract me but not others? Retrieval of person knowledge and its generalization bring diverse judgments of facial attractiveness》一文在"Participants"部分便说明如下:

> The present study was approved by the Ethics Committee of the local institution, in accordance with the ethical principles of the Declaration of Helsinki. All participants provided written informed consent for the study (Han et al., 2020).

描述被试的总量以及分派到每一个具体实验条件下的被试的具体数量。如果部分被试没有完成实验,应说明没有完成实验的被试数量,并解释他们没有继续实验的原因。同理,如果部分被试的数据没有被用于后续分析,也应说明这类被试的数量以及他们的数据没有被用于后续分析的原因。例如,《自身得失对朋友博弈结果评价的影响:来自ERPs的证据》一文在"被试"部分便说明如下:

> 本实验招募了20名被试……其中3名被试的数据因实验后的采访中不符合要求而排除,最终有17名被试的数据纳入最后的分析(岳童 等,2021)。

在"实验程序"部分补充说明如下:

> 事后发现,有3名女性脑电被试怀疑本实验操作过程的真实性,因担心无法获得有效的数据,在分析时将她们的数据进行了删除(岳童 等,2021)。

目前很多期刊要求作者在投稿论文时报告样本量的测算依据,这时便需要使用Gpower软件。Gpower软件是专门用于统计功效(包括样本量)计算的免费统计软件,在社会科学研究领域有着很高的声誉和认可度。在官网即可下载,下载地址为http://www.gpower.hhu.de/,Windows和Mac版本均可安装。Gpower软件的安装包如图15.1所示。

名称	大小	压缩后大小	类型	修改时间	CRC32
..			文件夹		
vcredist_x86	4,995,416	4,972,575	文件夹	2014/3/28 17:...	
WindowsInstall...	2,585,872	2,526,436	文件夹	2014/3/28 17:...	
GPower Read ...	2,792	1,322	RTF 文件	2007/6/29 18:...	F997E16A
GPowerSetup....	6,138,880	5,752,581	Windows Installe...	2014/3/28 17:...	5966E262
Installation.txt	781	376	TXT 文件	2007/2/15 13:...	01D3A667
setup.exe	415,232	194,158	应用程序	2014/3/28 17:...	F51C8C31

图15.1 Gpower软件的安装包

安装完成后,点击桌面图标,顺利出现主界面,即安装完成,如图15.2所示。

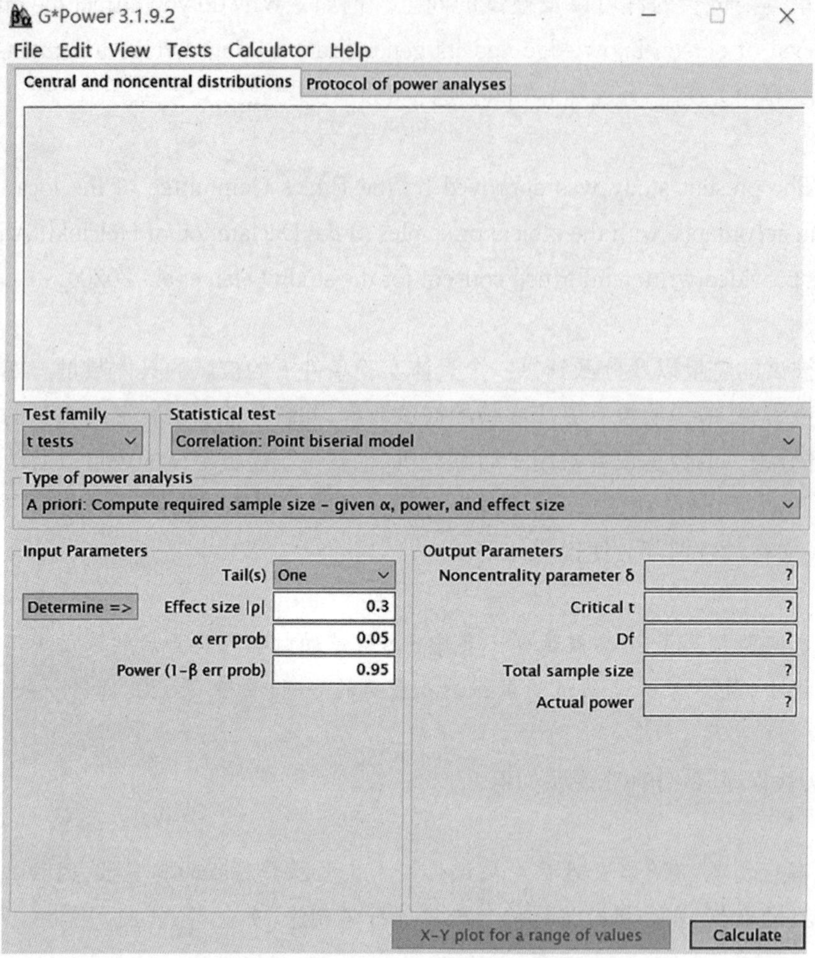

图15.2 Gpower运行界面

以Gpower进行 t 检验的样本量估计为例,第一步需确定选择单尾检验还是双尾检验(示例操作为双尾检验)。第二步是填写效应量。当"Effect size dz"为0.2时,效应量较低。当"Effect size dz"为0.5时,效应量中等。而当"Effect size dz"为0.8时,效应量较高。通常情况下,可以选择0.5。第三步是填写显著性水平。"α err prob"通常为0.05,如果要求严格,也可以改为0.01。第四步是填写统计检验力。"Power(1-β err prob)"可以为0.8,统计检验力在0.8以上是比较的水平。第五步是填写分配比。"Allocation ration N2/N1"为两组之比,通常为1,也可以根据要求修改。第六步点击"Calculate"。在右侧"Output Parameters"栏中,找到"Total sample size","Sample size group 1"和"Sample size group 2"中的数字即为样本量。结果显示,根据效应量(0.5)、显著性水平(0.05)和统计检验力(0.8),基于独立样本 t 检验的实验设计,总样本量应至少为128人,每组样本量至少为64人(如图15.3所示)。

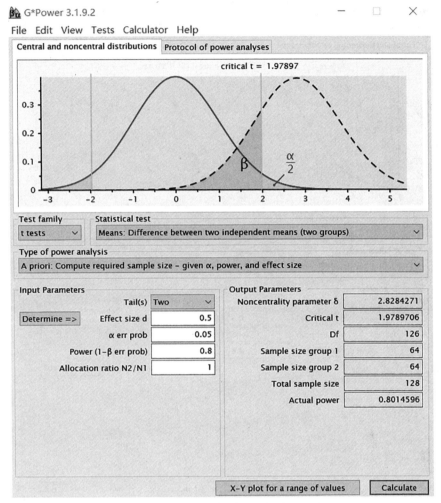

图15.3 Gpower计算 t 检验的样本量示意图

以Gpower进行相关分析的样本量估计为例。第一步需确定选择单尾检验还是双尾检验（示例操作为双尾检验）；第二步是填写效应量。当"Effect size |ρ|"为0.1时，效应量较低；"Effect size |ρ|"为0.3时，效应量中等；"Effect size |ρ|"为0.5时，效应量较高。通常情况下，可以选择0.3。第三步是填写显著性水平。"α err prob"通常为0.05，如果要求严格，也可以改为0.01。第四步是填写统计检验力。"Power(1-β err prob)"可以为0.8，统计检验力在0.8以上是比较的水平。第五步点击"Calculate"。在右侧"Output Parameters"栏中，找到"Total sample size"，"Sample size group 1"和"Sample size group 2"中的数字即为样本量。结果显示，根据效应量(0.3)、显著性水平(0.05)和统计检验力(0.8)，基于相关分析的样本量应至少为82人，并且实际统计检验力大于0.8（如图15.4所示）。

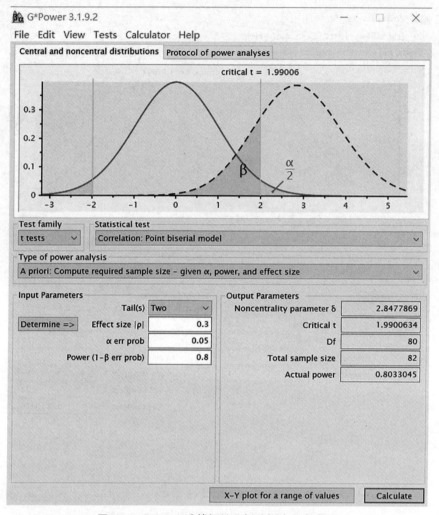

图 15.4　Gpower 计算相关分析的样本量示意图

以 Gpower 进行单因素方差分析的样本量估计为例。第一步是填写效应量。当 "Effect size f" 为 0.1 时，效应量较低；"Effect size f" 为 0.25，效应量中等；"Effect size f" 为 0.4，效应量较高。通常情况下，可以选择 0.25。第二步是填写显著性水平。"α err prob" 通常为 0.05，如果要求严格，也可以改为 0.01。第三步是填写统计检验力。"Power(1-β err prob)" 可以为 0.8，统计检验力在 0.8 以上是比较的水平。第四步是填写组数。"Number of groups" 指实验组数，此处以 3 组为例。第五步点击 "Calculate"。在右侧 "Output Parameters" 栏中，找到 "Total sample size"，"Sample size group 1" 和 "Sample size group 2" 中的数字即为样本量。结果显示，根据效应量（0.25）、显著性水平（0.05）和统计检验力（0.8），基于单因素方差分析的实验设计，总样本量应至少为 159 人，每个水平至少为 53 人，并且实际统计检验力大于 0.8（如图 15.5 所示）。

第十五章
社会科学研究论文的写作与投稿

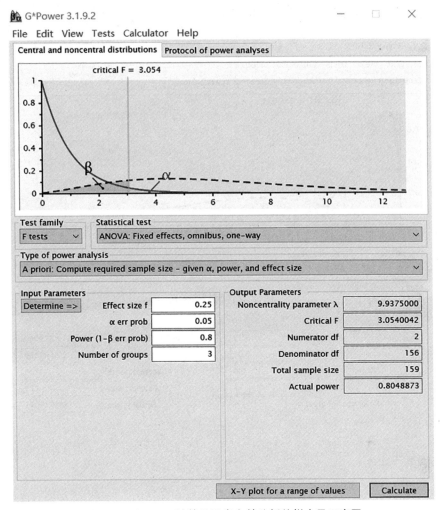

图 15.5　Gpower 计算单因素方差分析的样本量示意图

以 Gpower 进行双因素方差分析的样本量估计为例。第一步是填写效应量。"Effect size f"为 0.1 时,效应量较低;Effect size f 为 0.25,效应量中等;"Effect size f"为 0.4,效应量较高。通常情况下,可以选择 0.25。第二步是填写显著性水平。"α err prob"通常为 0.05,如果要求严格,也可以改为 0.01。第三步是填写统计检验力。"Power(1-β err prob)"可以为 0.8,统计检验力在 0.8 以上是比较的水平。第四步是填写自由度。"Numerator df"为水平数减 1;计算交互作用的检验效能时,"Numerator df"为 (A 水平数 -1)×(B 水平数 -1),此处以 3 为例。第五步是填写组数。"Number of groups"为水平数;计算交互作用的检验效能时,"Number of groups"为 (A 水平数)×(B 水平数),此处以 4 为例。第六步点击"Calculate"。在右侧"Output Parameters"栏中,找到"Total sample size","Sample size group 1"和"Sample size group 2"中的数字即为样本量。结果显示,根据效应量 (0.25)、显著性水平 (0.05) 和统计检验力 (0.8),基于双因素方差分析的实验设计,总样本量为 179 人。如果 A 因素有 4 个水平,B 因素有 3 个水平,总共 12 个水平,179/12=

14.917,则需要样本量15人(如图15.6所示)。

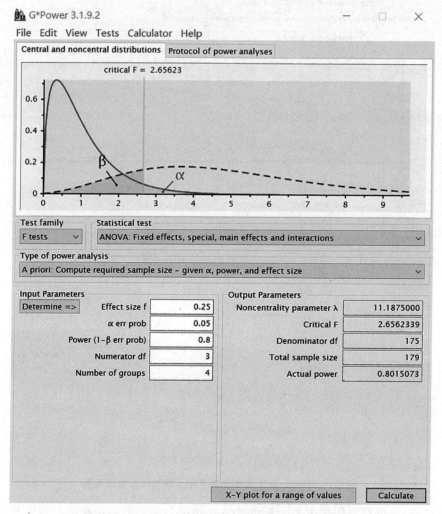

图15.6　Gpower计算双因素方差分析的样本量示意图

以Gpower进行重复测量方差分析的样本量估计为例。第一步是填写效应量。"Effect size f"为0.1时,效应量较低;"Effect size f"为0.25,效应量中等;"Effect size f"为0.4,效应量较高。通常情况下,可以选择0.25。第二步是填写显著性水平。"α err prob"通常为0.05,如果要求严格,也可以改为0.01。第三步是填写统计检验力。"Power(1-β err prob)"可以为0.8,统计检验力在0.8以上是比较的水平。第四步是填写组数。"Number of groups"为组数,此处以1为例。第五步是填写测量次数,"Number of measurements"为重复测量的次数,此处以3为例。第六步是填写水平间的相关系数。"Corr among rep measures"为水平间的相关系数,也就是组内相关系数。通过预实验得到推测值时,计入推测值,此处默认为0.5。第七步是填写球面假设。"Nonsphericity correction ε"为球形检验系数,计算方法为1/(重复测量次数−1),此处默认为1。第八步点击"Calculate",在右侧

"Output Parameters"栏中,找到"Total sample size","Sample size group 1"和"Sample size group 2"中的数字即为样本量。结果显示,根据效应量(0.25)、显著性水平(0.05)和统计检验力(0.8),基于重复测量方差分析的实验设计,总样本量为28人(如图15.7所示)。

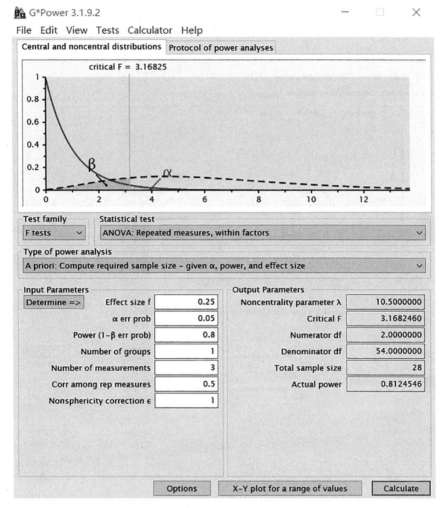

图15.7 Gpower计算重复测量方差分析的样本量示意图

以 Gpower 进行 χ^2 检验的样本量估计为例。第一步是填写效应量。"Effect size f"为0.1时,效应量较低;"Effect size f"为0.25,效应量中等;"Effect size f"为0.4,效应量较高。通常情况下,可以选择0.25。第二步是填写显著性水平。"α err prob"通常为0.05,如果要求严格,也可以改为0.01。第三步是填写统计检验力。"Power(1-β err prob)"可以为0.8,统计检验力在0.8以上是比较的水平。第四步是填写自由度。df 为自由度,此处以1为例。第五步点击"Calculate"。在右侧"Output Parameters"栏中,找到"Total sample size","Sample size group 1"和"Sample size group 2"中的数字即为样本量。结果显示,根据效应量(0.3)、显著性水平(0.05)和统计检验力(0.8),基于 χ^2 检验的实验设计,总样本量为88人(如图15.8所示)。

3. 实验材料

实验型研究重点要介绍下实验材料(有的论文中也称为"实验刺激"),这部分越详细越好,这样有助于进行可重复性研究。例如,《场景对面孔情绪探测的影响:特质性焦虑的调节作用》一文在"实验刺激"部分的内容如下:

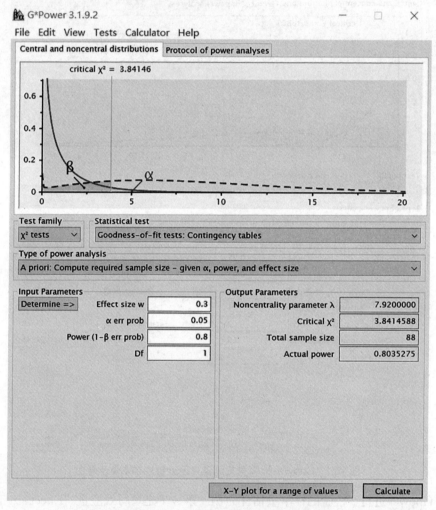

图15.8 Gpower计算χ^2检验的样本量示意图

本研究所使用的面孔图片(4人,男女各半,即在图片库中编号为01,06,28和36的4名模特)选自NimStim面部表情图片库(the NimStim Set of Facial Expressions)(Tottenham et al.,2009),其中,呈现典型快乐、中性以及恐惧表情的面孔图片各4张。去除这些面孔图片的头发和其他饰物,仅保留面孔内部特征,并调整为灰度一致的黑白图片,使用Morph技术进行情绪强度的渐变处理。具体地,将恐惧面部表情(100%)vs 中性面部表情(0%)以及快乐面部表情(100%)vs 中性面部表情(0%)按照20%的增量进行Morph处理,以此构建渐变情绪面孔,为了避免口部特征(特别是牙齿)对恐惧和快乐面部表情识别的不均等影响,所有面孔图片均未露出牙齿(具体如图15.9所示)。所有场景图片的大小、明度和对比度保持一致。为了进一步验证Morph处理之后面孔材料的有效性,招募了未参加过类似实验的38名被试(男19人,女19人),年龄在18~21岁之间($M=19.12, SD=0.84$),对实验材料的情绪强度进行9点评分(1表示非常弱的快乐/恐惧,9表示非常强的快乐/恐惧)。结果表明,对于快乐和恐惧面孔的情绪强度评分,均表现出不同情绪层级上差异显著(快乐面孔:$F_{(5,33)}=76.42, p<0.001$, partial $\eta^2=0.87$;恐惧面孔:$F_{(5,33)}=33.68, p<0.001$, partial $\eta^2=0.78$)。事后通过多重比较发现,除了100%与80%情绪层级以外,其他情绪层级均表现出显著差异,即较高层级情绪强度评分显著高于较低层级($ps<0.05$),这表明被试能够区分不同层级的面部表情强度。另外,本研究所使用场景图片均来自国际情绪图片系统(International Affective Pictures System, IAPS)(Lang et al., 2008),其中与快乐相关的积极场景(如鲜花盛开)图片20张,与恐惧相关的消极场景(如车祸现场)图片20张。积极和消极场景图片的效价(1=非常消极,9=非常积极)存在显著差异(积极$M=7.55, SD=0.41$;消极$M=2.73, SD=0.40$;$t_{(38)}=37.56, p<0.001$),唤醒度(1=非常平静,9=非常紧张)的差异不显著(积极$M=5.58, SD=0.30$;消极$M=5.82, SD=0.59$;$t_{(38)}=-1.65, p=0.107$)。所有场景图片的大小、明度和对比度保持一致(李婉悦 等,2019)。

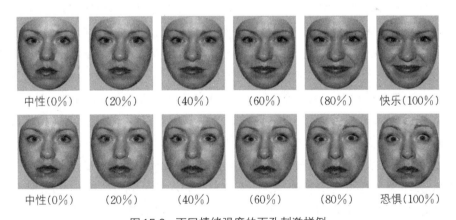

图15.9 不同情绪强度的面孔刺激样例

实验型研究还需要在实验材料部分对所采用的实验设备进行介绍,该部分可以简短描述实验过程中所使用的实验设备或材料及其在实验过程中的作用。一些常用的实验器材,如秒表或屏幕,一般不需要详细描述。但对于需要通过供应商获得的设备,如MAT-Matlab软件包、SPSS软件包等,要说明设备的型号、供应商的名称和地点、版本信息等。复杂或专门定做的设备可能要通过图纸或者照片进行描述,也可以在附录中对复杂设备

进行详细描述。例如,《自我积极表情加工优势效应:来自ERPs的证据》一文在"脑电数据记录与分析"部分便说明如下:

> 使用NeuroScan Synamps[2]脑电记录与分析系统采集和分析脑电(Electroencephalogram, EEG)数据。按国际10-20系统扩展的64导电极帽记录头皮位置的EEG以及水平眼电(HEOG)和垂直眼电(VEOG)。水平眼电记录电极安置在双眼角外侧10 mm处,垂直眼电记录电极安置在左眼上下10 mm处。以鼻尖作为参考电极,前额接地。采样频率为1000 Hz/导,滤波带通为0.01~100 Hz,电极与头皮的阻抗维持在5 kΩ以下(谭群 等,2018)。

4. 实验程序

实验程序旨在说明研究过程中的每一个步骤,包括指导语、被试分组和具体的实验操作,还应对实验设计中的随机化、平衡抵消和其他实验控制特点进行描述。除非指导语是非同寻常的或其本身构成实验操作而需要逐字写出,通常只需对指导语进行简要解释即可。如果收集资料的过程中使用了非汉语的语种,则应具体说明。而当将某种语言的测试工具翻译为另一种语言时,还应描述翻译的具体方法。例如,《美在观察者眼中:陌生面孔吸引力评价中的晕轮效应与泛化效应》一文的"实验程序"部分描述如下:

> 根据前人的研究(Verosky, Todorov, 2010, 2013),本实验有面孔学习和面孔评价两个阶段。在学习阶段,将面孔与特质词配对呈现,每张面孔匹配一个热情词和一个能力词,热情词和能力词的效价一致。要求被试记住每张面孔及对应的特质以形成面孔印象,在被试记住该面孔后可按键进入下一张面孔,面孔和词汇呈现的时间由被试自己控制。学习阶段结束后,所有学习的面孔会重新呈现,要求被试判断该面孔为"积极""中性"还是"消极"。为保证印象形成的效果,被试判断错误需返回学习阶段重新学习,直到完全判断正确方可进入评价阶段。在评价阶段,将学习过的熟悉面孔和相似的陌生面孔随机呈现,要求被试对所有面孔的热情("您认为他/她多大程度上是个热情、友好、真诚可信的人?")、能力("您认为他/她多大程度上是聪明、工作高效、能力强的人?")和吸引力("您认为他/她多大程度上是有吸引力的人?")进行7点评分,1分代表"非常不符合",7分代表"非常符合"。实验流程如图15.10所示(韩尚锋 等,2018)。

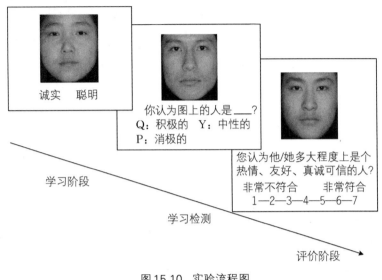

图 15.10　实验流程图

5. 实验设计

实验设计往往仅出现于实验型研究之中,一般包含自变量的种类(被试间变量或被试内变量)和水平、因变量指标等。例如,《场景对面孔情绪探测的影响:特质性焦虑的调节作用》一文的"实验设计"部分的内容如下:

采用2(特质性焦虑:高,低)×2(场景类型:积极,消极)×2(面孔情绪序列:恐惧序列,快乐序列)×6(面孔情绪层级:0%,20%,40%,60%,80%,100%)的混合设计。其中特质性焦虑因素为组间变量,其他因素均为组内变量。因变量为面孔情绪的探测正确率(李婉悦 等,2019)。

六、结果

对研究所获得的数据进行统计分析,并将研究发现报告出来,这是结果部分的任务。在该部分,应先简要说明主要的结果或研究发现,然后尽量详细地报告数据以验证假设是否成立。除非是个案设计或者是单样本研究,一般报告的是整体的结果,而不是单个被试的结果。此外,在这一部分讨论结果的潜在意义往往是不恰当的,除非这部分的标题是"结果与分析"。应选择能清楚而又简洁地报告数据的形式,一般采用表或图来报告数据相较于描述性的文字而言更为直观。需要注意的是,不要多处重复使用同样的数据,能用几句描述性的文字说明的数据就不要用表来表示。图能吸引读者的目光,较好地表现互动关系和整体的比较。但表和图都比文字描述要费时费事,它们主要是用于展现最重要的数据。出于印刷的考虑,一些期刊往往要求作者呈现或提供黑白插图。当使用表格或插图时,要确保每一个表或图的编号在正文中都有所提示,如"如表1.1所示""如图1.1所示""(如图1.1所示)"等,不然读者或审稿人无法对表或图进行索引。表题一般位于表的上方,图题一般位于图的下方。例如,《科技人才激励政策感知、工作价值观与创新投入》一文的"数据分析与实证结果"部分如下:

通过二阶因子分析验证科技人才激励政策感知结构。① 二阶探索性因子分析共抽取3个高阶因子,解释变异量为73.409%,因子载荷情况如表15.1所示。高阶因子1包括两个低阶因子科技经费支持感知与辅助资源配置感知,该高阶因子命名为"资源配置感知"。高阶因子2包括两个低阶因子科技成果转化收益感知、绩效收入分配,该高阶因子命名为"经济回报感知"。高阶因子3包括3个低阶因子职称晋升评价、人才评价以及科技奖励评价,该高阶因子命名为"评价导向感知"。② 二阶验证性因子分析结果如图15.11所示。模型的拟合指数为:$\chi^2/df=2.821<3$;$RMSEA=0.047<0.08$;$GFI=0.915$,$NFI=0.927$,$CFI=0.983$,均大于0.9的最低水平,表明测量模型拟合良好。综上,科技人才激励政策感知包括3个二阶维度,H_0得到支持(倪渊,张健,2021)。

表15.1 科技人才激励政策感知的二阶探索性因子分析

因子	成分		
	1	2	3
科技经费配置感知	0.886	0.002	0.096
辅助资源配置感知	0.730	0.326	0.048
科技成果转化收益感知	0.017	0.762	0.261
收入分配感知	0.124	0.720	0.138
职称晋升评价感知	0.079	0.171	0.790
人才评价感知	0.164	0.090	0.872
科技奖励评价感知	0.081	0.212	0.708

七、讨论

呈现完研究结果后,就应对研究结果进行讨论。在讨论中,可以对研究结果进行评估,并解释研究结果的意义,尤其是与初始假设有关的结果,也可以对结果进行推论。当讨论相对简单,无须进行更深入的理论分析时,可以将这一部分与前面关于结果的那个部分合并在一起,就有了诸如"结果与结论"或"结果与讨论"这样的部分。

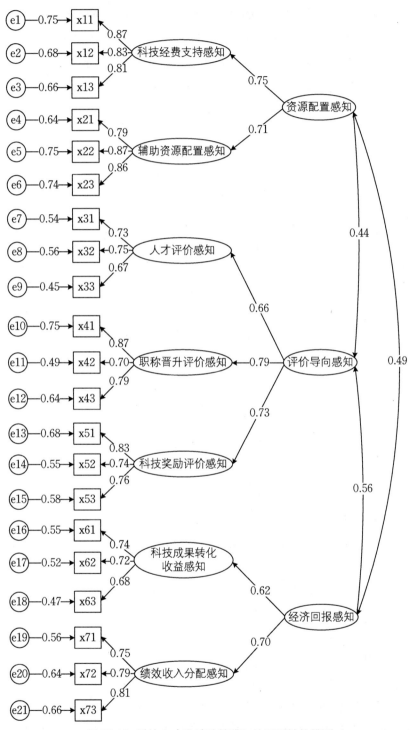

图 15.11 科技人才激励政策感知的测量结构模型

在讨论的开始部分,应清楚地说明是支持还是不支持所提出的初始假设,还应说明研究结果与其他研究的异同,以及它们是如何证明结论的。但不要简单地重新组织说明或重复已经说明过的观点。每一个新的陈述都应有利于说明作者的立场,并有助于读者对问题的理解。可以对研究存在的缺点进行讨论,但不必详细讨论每一个缺点。需要注意的是,应该接受而不是掩饰负面的结果。例如,《预期对路径整合的影响》一文的相关内容如下:

> 本研究通过在实验开始前给予关于路段个数与正确返航距离之间相关性的指导语,操纵了被试对正确返航距离的预期。组内比较的结果表明,被试返回起点的准确性在实际情形违背预期时比符合预期时更低,支持本研究的假设一。组间比较的结果表明,正相关信念组在经过8个路段后比负相关信念组表现出更大的位置误差,部分支持本研究的假设二……如果个体预期经过的路段越多则与距离起点的距离反而越近(即持有负相关信念),则个体在面对包括8个路段的复杂外出路径时没有表现出对于距离的高估倾向,表现出比正相关信念组更好的路径整合成绩;但是这种组间差异在外出路径包含4个路段时并不显著,这样的结果并不支持我们的研究假设三(张为威 等,2019)。

此外,讨论部分最好应该论述研究的意义,包括理论意义和现实意义,这样才能彰显一个研究的价值。例如,《帮忙失败后我会被差评吗?好心帮倒忙中的预测偏差》一文的"讨论"部分中的"理论意义"如下:

> 此外,本研究拓展了行为决策理论。负性偏差(Negativity Bias)是行为决策理论中的重要部分,它是指人们对负性信息比对正性信息更为敏感(Baumeister et al.,2001),损失厌恶(Loss Aversion)是负性偏差的具体表现之一(Kahneman, Tversky,1979)。本研究揭示了相比非冲突事件,人们的预测过程对冲突事件更为敏感,在冲突事件中表现出更大的预测偏差。这一发现将负性偏差理论的适用范围扩展到预测偏差(尚雪松 等,2021)。

而现实意义如下:

> ……本研究对儿童的教育问题也有所启示。在孩子的成长过程中,我们需要保护他们的善良之心,尤其是对于那些心态较为敏感的孩子。如果能使孩子们认识到这种预测偏差,则有助于减少他们帮倒忙后的消极体验,同时也有助于让孩子继续向他人传递自己的善意(尚雪松 等,2021)。

讨论部分还应论述当前研究的局限以及未来/后续研究的展望,一般局限的要点与展望的要点是一一对应的。例如,《认知反应理论视角下领导幽默触发下属积极情绪的跨层研究》一文的"研究局限与展望"部分内容如下:

> 本研究也存在以下局限性:① 由于幽默的表达和欣赏具有文化特性,幽默相关变量量表均来自国外情境下开发的现成问卷,因此,测量的可靠性存在一定局限性。未来研究需要审视中国儒家文化情境下领导幽默的概念内涵,并按照规范化流程编制具有本土特色的领导幽默量表。② 采用截面数据来检验假设,可能无法完全确定变量之间的因果逻辑关系。未来可以采用至少3个时点的方式收集纵向数据,从动态视角揭示从领导幽默到领导触发的下属积极情绪的内在形成机理。③ 将领导幽默设定为一个整体构念进行研究,没有诠释领导幽默类型(如亲和型幽默、攻击型幽默、自我强化型幽默、自我贬低型幽默)对下属积极情绪的影响。未来研究可以进一步细化挖掘不同类型的领导幽默影响下属积极情绪的差异性,以便有效提高管理者运用幽默作为管理工具的有效性(陈建安 等,2021)。

八、结论

结论部分是因杂志风格来定的,不是一个必要的组成部分。例如,《NSC杂志撤销论文引用异常增加现象辨析与治理建议》一文的"结论"部分内容如下:

> 本研究通过对Nature、Science和Cell杂志自创刊以来297篇论文被撤销后被引频次不降反升这一事实进行辨析,从期刊编辑部、作者、数据库等方面分析了出现这一复杂现象的原因,由此提出对撤销论文引用进行初步治理的对策建议。长期以来,各类科研机构的考核评价存在着"唯论文、唯帽子、唯职称、唯学历、唯奖项"的现象,论文的数量成为各类考核评比的重要指标,由此导致的种种学术不端行为屡禁不止,进而引发大量论文被撤销,即使是NSC杂志也难独善其身。随着越来越多撤稿事件的出现,为净化学术环境,加强科研伦理治理,需要科学共同体共同努力。尽管本研究对论文被撤销后被引频次继续增加的现象进行了初步分析,剖析了其中的原因并提出相应治理建议,但是本研究仍存在如下局限需在后续研究中进一步完善:第一,囿于数据集的规模,部分被撤销论文的特征表现尚不明显,也难以精确反映不同层次期刊、不同学科被撤销论文后续引用的全貌;第二,RWD平台也存在诸如收集范围倾向性明显、标识字段准确度不高、部分数据来源不清等局限;第三,本研究仅选取Nature、Science和Cell这3种影响力较大的杂志,后续作者引用这3种杂志的撤销论文,到底是对论文本身价值的认可还是对杂志

声誉的信任,目前尚难界定,有待后续进一步研判。希望本研究能促进学术共同体就被撤销论文学术价值进一步达成共识,对科研人员有效识别被撤销论文质量、相关机构规范被撤销论文的管理等提供新的治理思路。相信随着科学共同体的共同努力,被撤销论文的数量会由多变少,引用被撤销论文的现象也更趋规范(刘燊,徐飞,2022)。

九、参考文献

参考文献指的是为撰写或编辑论著而引用的有关期刊或图书资料,凡是引用前人或他人的观点、数据和材料等,都要对它们在文中出现的地方予以标明,并在文末或书末列出参考文献列表。著录参考文献可以反映作者的科学态度,并使研究工作具有真实、广泛的科学依据,同时也反映了该研究工作的起点和深度。科学研究都有继承性,现有的研究都是在过去研究的基础上进行的,当前的研究成果或研究工作一般都是前人研究成果或研究工作的延续和发展。因此,在论著中涉及研究的背景、理由、目的等的阐述,必然要对过去的工作进行评述,著录参考文献即能表明言之有据。这在一定程度上为论著的审阅者、编者和读者评估论著的价值和水平提供了客观依据。对引用部分加以标注,不仅表明了论著作者对他人劳动的尊重,还避免了抄袭、剽窃他人成果的嫌疑。读者通过著录的参考文献,可方便地检索和查找有关的图书资料,以对该论著中的引文有更详尽的了解。论著中需要表达的某些内容,凡已有文献所载者不必详述,只在恰当的地方注明出处即可。这不仅精练了语言,节省了篇幅,而且避免了一般性表述和资料堆积,使论著容易达到篇幅短、内容精的要求。著录参考文献有助于科技情报人员进行情报研究和文献计量学研究。下面就几种常见的参考文献类型进行示例:

1. 期刊论文

刘燊,徐飞.(2022).NSC杂志撤销论文引用异常增加现象辨析与治理建议.*中国科技期刊研究*,*33*(5),545—553.

Liu, S., & Xu, F. (2022). Analysis of the abnormal increase in cited frequency of retracted papers in NSC and suggestions for governance. *Chinese Journal of Scientific and Technical Periodicals*, *33*(5), 545—553.

上述是常规情况,即作者的人数少于8。只有在英文参考文献中,最后两个作者之间需要用"&"进行连接,中文参考文献不需要。当作者的人数大于等于8时,从第7位开始省略,例如:

甘烨彤,刘燊,汪琛,沈洁,曹斐臻,王秀娟,…张林.(2021).面孔吸引力研究的回顾与展望:基于文献计量学的分析.应用心理学,27(1),20—29.

如果引用的论文已被接受但仍处于印刷中,可以使用如下的形式,例如:

刘燊,洪新伟,陈燕玲,宋明华,张林.(印刷中).中学生受欺凌与抑郁情绪的关系:安全感与自尊的中介作用.应用心理学.

2. 书籍

书籍常常作为参考文献被学者引用,但格式会随着书籍类型的不同而不同。对于著者或编者自己著或编的书,采用如下格式:

张林,刘燊(编).(2020).心理学研究设计与论文写作.北京:北京师范大学出版社.

Zhang, L., & Liu, S. (Eds.). (2020). *Psychological Research Design and Thesis Writing*. Beijing, China: Beijing Normal University Publishing Group.

而对于翻译的书,则采用如下格式:

J.阿卡西奥·德巴罗斯,卡洛斯·蒙特马约尔.(2021).量子心智:联系量子力学与意识的尝试(刘燊译).合肥:中国科学技术大学出版社.

de Barros, J. A., Montemayor, C. (2021). *Quanta and mind: Essays on the connection between quantum mechanics and consciousness* (Liu S. Trans.). Hefei, China: University of Science and Technology of China Press. (Original work published 2019)

3. 书籍中的章节

有的时候,书籍中的章节也会成为参考文献的来源之一,例如:

刘燊,张林.(2016).社会计量器理论.见Todd K. Shackelford, Viviana A. Weekes-Shackelford(编).进化心理科学大百科全书.Cham: Springer.

Liu, S., & Zhang, L. (2016). Sociometer Theory. In T. Shackelford, & V. Weekes-Shackelford（Eds.）, *Encyclopedia of Evolutionary Psychological Science*. Springer, Cham.

4. 学位论文

学位论文有时也会成为参考文献的来源之一,主要是硕士学位论文和博士学位论文,两种论文的引用格式基本一致,区别仅在于英文文献中硕士学位论文为"unpublished master's thesis",而博士学位论文为"unpublished doctoral dissertation"。例如:

周岳.(2022).习近平人与自然生命共同体理念研究(硕士学位论文).中国科学技术大学.

Zhou, Y. (2022). *Research on Xi jinping's Concept of a Community of life for Man and Nature* (Unpublished Master's Thesis). University of Science and Technology of China.

王国英.(2022).习近平新时代中国特色社会主义思想关键概念研究(博士学位论文).华东师范大学.

Wang, G. Y. (2022). *Study on the key Concepts of Xi Jinping Thought on Socialism with Chinese Characteristics for a New Era* (Unpublished Doctoral Dissertation). East China Normal University.

我国国家标准《信息与参考文献著录规则》(GB 7714—2015)规定采用"顺序编码制"和"著者-出版年制"。美国心理学会系列出版物采用APA制,我国心理学期刊近年来也多采用APA制。2019年10月,美国心理学会出版了APA手册第7版。但是,不同的期刊在APA制框架内的具体要求又有所不同。

例如,《心理学报》针对英文文献的格式要求同APA制完全一致,但要求引用中文文献时同时提供该文献的英文形式,举例如下:

Zhang, L., Li, Y., Liu, S., Tan, Q., Xu, Q., & Yang, Y. P. (2016). The impression processing of unfamiliar faces: Based on the facial characteristics. *Journal of Psychological Science, 39*(6), 1373—1378.

[张林,李玥,刘燊,谭群,徐强,杨亚平.(2016).陌生面孔的印象加工:基于面孔特征的视角.*心理科学,39*(6),1373—1378.]

此外,国内文献在遵循APA制时针对参考文献的排序一般是按照首字母的顺序,但《心理发展与教育》要求是英文文献在前、中文文献在后。《心理科学》则相反,要求中文文献在前、英文文献在后。

还有一些期刊不要求参考文献格式遵从APA制,如《Scientific Reports》要求参考文献采用顺序编码制。举例如下:

Facial expressions are fundamental emotion stimuli because they convey important information in social interactions. In daily life, faces are embedded in surrounding contexts. It has been well-documented that faces are better remembered when displayed in the presence of the original learning context. The effect of either consistent or changing context on the ability to recall or recognize acquired information is known as the context effect[1]. As a type of background information, the situation described by language and text, that is, the language context, also has an important infuence on facial expression processing, namely, the language context effect[2]. Thus, it is important to understand how the language context afects facial expression processing.

[1] Vakil, E. & Liberman, H. Perceptual asymmetry during free viewing of words and faces: The effect of context on recognition. *Brain Cognition* **109**, 43—49, https://doi.org/10.1016/j.bandc.2016.09.005 (2006).

[2] Kim, H. et al.. Contextual modulation of amygdala responsivity to surprised faces. *J Cognitive Neurosci* **16**, 1730—1745, https://doi.org/10.1162/0898929042947865 (2004).

十、关于规范论著引用的通知

中国科学院科研道德委员会于2021年11月4日发布了《关于规范论著引用的通知》，内容如下：

近期，有媒体报道，在科研领域存在对"高被引"论文的认识误区，认为高被引代表高水平、高质量。引用量被作为论文质量的唯一评价标尺，成为科研考核、职称评定中的重要参考因素，并由此催生各种不合理引用现象。

上述情形在我院也有不同程度的存在。调查发现，有些院属单位的自引率较高，高于同类科研机构的平均他引水平。为切实维护科研诚信、落实破"四唯"要求，营造负责任的创新氛围，纠正这种"刷指标""加引用"的倾向，院科研道德委员会现就规范论著引用提出如下要求。

一、反对不合理不规范的论著引用情形

科研诚信是科技创新的基石，开展负责任的研究是维护科研诚信的基本前提。在引用他人论著时，应遵从合理引用、规范引用的原则，反对"合作互引""抱大腿蹭引用""审稿拉引用""花钱买引用""先外后内博引用"等情形。在评价学术成果时，应以质量、绩效、贡献为核心，聚焦解决重大科学问题和"卡脖子"问题，强化国

际评估和代表作水平,而不仅仅将论文及其被引情况作为主要指标

二、尊重并正确引用科学共同体的创造性劳动

在科学研究中尊重同行的创造性劳动和知识产权是每一位投身科技创新工作的研究人员的基本态度。科研人员应充分尊重学术同行的创造性劳动,在使用他们的论文、论著和产出成果时,应以恰当的引用或致谢标示其学术贡献。在引用他们未发表的成果、论文时,应征询其意见,获得同意后再进行引用,并通过署名或致谢合理标示其学术贡献。在参加学术会议或听取学术报告期间,对学术同行的学术思想、创意、立意等创造性劳动,在引用时应征得对方同意并进行明确标示。

三、规范并合理引用他人学术论著的工作

科研人员在引用学术同行的成果时,应按照学术规范要求进行引用,并按照我院发布的《关于在学术论文署名中常见问题或错误的诚信提醒》相关要求,合理引用并标示他人工作。不选择对不熟悉的研究领域的成果进行引用,不在不了解研究内容或进展的情况下进行引用,利益相关者之间不进行非必要的引用,不依靠学术地位强行要求他人引用,不为抬高引用量而进行不合理的引用。

四、未能规范引用的行为将认定为科研失信行为

我院将秉持"零容忍"态度,对不合理、不规范的论著引用行为进行调查,并按照《科研诚信案件调查处理规定(试行)》第二条相关规定,认定不规范的论文引用行为是科研失信行为。

院科研道德委员会将适时组织分类培训,将论著合理引用纳入教育培训内容。分院科研道德建设督导委员会和院属单位学术委员会(科研道德委员会)要根据实际需要,开展对科研人员的日常教育和提醒,以营造负责任的科研氛围(中国科学院科研道德委员会,2021a)。

十一、附录

附录是正文的补充部分,必要时才列出。有些论文需要对某些材料进行必要而详细的描述,但这些材料较为复杂或琐碎,放在正文中会割裂正文,分散读者对论文中重点内容的注意力,因此,有必要把这些材料作为附录放在正文的后面。附录有两个作用:一是为读者提供更详细的信息,二是使研究成果的内容更加充实、丰满。只有当附录有助于读者了解、评估或者重复这项研究时,才使用附录。

常见的附录包括数学证明、大型表格、词表、问卷或其他调查工具、计算机程序等。一

篇论文可以有多个附录。如果只有一个附录，只用"附录"即可。如果有多个附录，则需有序号，按正文参考的顺序排序，如附录A、附录B等。每个附录必须有题目。和正文一样，附录一般也应有标题等级。附录中的表、图和公式的编号分别加上附录的序号，如表A.1、表A.2、图A.1、图A.2等，与正文中的表、图、公式相区别。

例如，本书编者发表的《Effects of aggressive traits on cyberbullying: Mediated moderation or moderated mediation?》一文的最后便设置了"Appendix"，列举了该研究所使用的量表如下：

Appendix A. Supplementary data

Supplementary data to this article can be found online at https://doi.org/10.1016/j.chb.2019.03.015.

Aggressive Traits Scale

Instructions: This part is the description of oneself. Please draw "○" or "√" on the corresponding number after each sentence is read according to the degree of consistency with yourself. Among them, 1=not at all, 2=a little, 3=not sure, 4=a little bit, 5=full.

1. My friends say that I'm somewhat argumentative. 1　2　3　4　5

2. If I must resort to violence to protect my rights, I will. 1　2　3　4　5

3. When people are especially nice, I wonder what they want. 1　2　3　4　5

4. I tell my friends openly when I disagree with them. 1　2　3　4　5

5. I have become so mad that I have broken things. 1　2　3　4　5

6. I can't help getting into arguments when people disagree with me. 1　2　3　4　5

7. I wonder why sometimes I feel so bitter about things. 1　2　3　4　5

8. Occasionally, I can't control the urge to strike another person. 1　2　3　4　5

9. I am an even-tempered person. 1　2　3　4　5

10. I am suspicious of overly friendly strangers. 1　2　3　4　5

11. I have threatened people I know. 1　2　3　4　5

12. I flare up quickly but get over it quickly. 1　2　3　4　5

13. There are people who pushed me so far that we came to blows. 1　2　3　4　5

14. When people annoy me, I may tell them what I think of them. 1　2　3　4　5

15. I am sometimes eaten up with jealousy. 1　2　3　4　5

16. I can think of no good reason for ever hitting a person. 1　2　3　4　5

17. At times, I feel I have gotten a raw deal out of life. 1　2　3　4　5

18. I have trouble controlling my temper. 1　2　3　4　5

19. When frustrated, I let my irritation show. 1 2 3 4 5
20. I sometimes feel that people are laughing at me behind my back. 1 2 3 4 5
21. I often find myself disagreeing with people. 1 2 3 4 5
22. If somebody hits me, I hit back. 1 2 3 4 5
23. I sometimes feel like a powder keg ready to explode. 1 2 3 4 5
24. Other people always seem to get the breaks. 1 2 3 4 5
25. Given enough provocation, I may hit another person. 1 2 3 4 5
26. I know that "friends" talk about me behind my back. 1 2 3 4 5
27. Some of my friends think I'm a hothead. 1 2 3 4 5
28. Sometimes, I fly off the handle for no good reason. 1 2 3 4 5
29. I get into fights a little more than the average person does. 1 2 3 4 5

（Song et al.，2020）

第二节　社会科学研究论文的投稿与出版

一、作者信息页

论文投稿的组成部分中不可忽视的是作者信息页，即英文论文要求的"Title Page"（题目页）。事实上，一些中文期刊也要求有单独的题目页（或作者信息页），如《心理与行为研究》。《心理与行为研究》要求作者在网络投稿成功后邮寄作者信息页一份，内容包括：① 论文题目、摘要以及作者姓名、工作单位、邮政编码、电话、E-mail地址等；② 第一作者和通讯作者简介（包括性别、年龄、毕业院校、学历、职称、现从事研究领域等）。

对于英文论文而言，第一页是题目页，独立于正文。双盲审稿的期刊，审稿人看不到题目页；单盲审稿的期刊，审稿人可以看到题目页。题目页的内容大体包括论文题目、作者姓名、工作单位、通讯作者信息、基金资助信息、作者分工、利益冲突说明、声明/致谢、研究亮点等。

1. 论文题目

论文题目在题目页一般位于整个页面的1/3处，居中、加粗，题目中非虚词的单词首字母需要大写。如果题目过长导致一行容纳不下，可将行距设置为2倍。

2. 作者姓名和单位

此部分内容在本书第14章已有论述，故这里不再赘述。

3. 通讯作者信息

在投稿的过程中,一般在投稿系统中指定其中的一位作者担任通讯作者,但如果作者列表中有不止一位的作者对研究工作有比较大的贡献,这时囿于投稿系统只能设一位通讯作者的限制,可以在题目页将多位通讯作者的信息写完整。通讯作者的信息一般包括:姓名、学位/职称、通信地址、邮编、邮箱等,有多位通讯作者时相应的信息项须一致。例如,《Effects of aggressive traits on cyberbullying: Mediated moderation or moderated mediation?》一文的题目页的通讯作者信息如下:

Effects of aggressive traits on cyberbullying: Mediated moderation or moderated mediation?

Minghua Song[a,b,1], Zhuan Zhu[a,1], Shen Liu[c,1,*], Hang Fan[a], Tingting Zhu[a], Lin Zhang[a,*]

[a] Department and Institute of Psychology, Ningbo University, Ningbo, Zhejiang, China

[b] Mental Health Education Guidance Center, Huzhou University, Huzhou, Zhejiang, China

[c] School of Humanities and Social Sciences, University of Science and Technology of China, Hefei, Anhui, China

[1] Minghua Song, Zhuan Zhu and Shen Liu contributed equally to this study and shared the first authorship.

Corresponding author:

Lin Zhang

Department and Institute of Psychology, Ningbo University

No. 616 Fenghua Road, Jiangbei District, Ningbo, Zhejiang, 315211, China

E-mail: zhanglin1@nbu.edu.cn

Shen Liu

School of Humanities and Social Sciences, University of Science and Technology of China

No. 96 Jinzhai Road, Shushan District, Hefei, Anhui, 230022, China

E-mail: liushenpsy@ustc.edu.cn

Author contribution

Conceive and Writing frame design: LZ and SL. Wrote the paper: MS, ZZ and SL. Revise the manuscript: MS, ZZ, SL, HF, TZ and LZ.

Acknowledgments

This research was funded by the National Social Science Foundation of China (12BSH055). Minghua Song, Zhuan Zhu and Shen Liu shared the first authorship.

Declarations of Interest

None(Song et al.,2020)

4. 基金资助信息

基金资助信息(Funding)部分主要是写清楚研究工作得到了哪些基金项目的资助,包括基金项目的名称和项目号。如果得到同一种基金的不同项目的资助,只需要将基金项目的名称写一次、再将项目号罗列在一起即可。例如,《Using transcranial Alternating Current Stimulation (tACS) to improve romantic relationships can be a promising approach》一文的基金资助信息部分如下：

This work was supported by grants from the National Key Basic Research Program （2016YFA0400900 and 2018YFC0831101）, the National Natural Science Foundation of China （31471071, 31771221, 61773360, and 71874170）, and the Fundamental Research Funds for the Central Universities of China(Liu, Ma, Liu et al., 2019).

在有多个通讯作者的情况下,为了体现基金资助来源的不同,往往将不同通讯作者得到的资助情况分开写。例如,《The language context effect in facial expressions processing and its mandatory characteristic》一文的基金资助信息部分如下：

This work was supported by the National Social Science Fund of China (12BSH055) and the K. C. Wong Magna Fund at Ningbo University. Tis work was also supported by grants from the National Key Basic Research Program (2016YFA0400900 and 2018YFC0831101), the National Natural Science Foundation of China (31471071, 31771221, 61773360, and 71874170), and the Fundamental Research Funds for the Central Universities of China. A portion of the numerical calculations in this study were performed with the supercomputing system at the Supercomputing Center of University of Science and Technology of China(Liu, Tan, Han et al., 2019).

5. 作者分工

目前大部分英文杂志都要求作者写清楚分工(Authors Contribution)的情况,这也是避免出现作者利益冲突的一种表现。例如,《The language context effect in facial expressions processing and its mandatory characteristic》一文的作者分工部分如下:

L.Z., X.Z. and Q.X. designed research; S.L. and Q.T. performed research; S.L., Q.T., S.H., W.L., X.W., Y.G., Q.X., X.Z. and L.Z. analyzed data; S.L., Q.T., S.H., W.L., X.W., Y.G., Q.X., X.Z. and L.Z. wrote the paper. All authors reviewed the manuscript and approved the final version of the manuscript for submission (Liu, Tan, Han et al., 2019).

这部分的信息有时不仅仅在投稿阶段需要在作者信息页体现,而且在论文正式出版时也会体现。例如,《Repeated exposure makes attractive faces more attractive: Neural responses in facial attractiveness judgement》一文的作者分工部分如下:

Shangfeng Han: Investigation, Data curation, Formal analysis, Software, Validation, Visualization, Writing — original draft, Writing — review & editing. **Shen Liu:** Formal analysis, Writing — review & editing. **Yetong Gan:** Formal analysis, Writing — review & editing. **Qiang Xu:** Formal analysis, Writing — review & editing. **Pengfei Xu:** Funding acquisition, Methodology, Project administration, Resources, Supervision, Writing — original draft, Writing — review & editing. **Yuejia Luo:** Funding acquisition, Methodology, Project administration, Resources, Supervision, Writing — original draft, Writing — review & editing. **Lin Zhang:** Conceptualization, Data curation, Funding acquisition, Methodology, Project administration, Resources, Supervision, Writing — original draft, Writing — review & editing(Han et al., 2020).

6. 利益冲突说明

利益冲突指的是一个人因为种种关系,无法站在客观立场上处理事情的情况。明显的利益冲突来自潜在的金钱回馈或个人利益,如职业利益和人脉网络。可能引起潜在利益冲突的关系类型包括：① 资金来源，需说明赞助商、赞助额度和赞助商在研究过程的角色。② 财务关系，包括顾问关系、股权所有权雇佣合同、其他津贴，如旅费或演讲津贴，保险基金投资，阐述发生潜在冲突的组织与其财务参与的程度。③ 受资助金额，许多期刊和机构审查委员会要求披露所有确切的项目支援金额。这里的项目支援并不一定是直接投入论文中讨论的研究计划，当赞助商可能从研究成果中获得巨大利益时，所有财务支援都必须揭露。此外，由利益冲突或伦理委员会审查和批准的财务报表声明可以帮助提高财务透明度，并消除财务利益对研究项目的不良影响。④ 非财务关系，包括个人关系，如家人与合作伙伴、政治关系和学术合作关系，阐明这些关系和可能引发的潜在利益冲突。例如，《Effect of parent-child attachment on college students' social anxiety: A moderated mediation model》一文的利益冲突说明（Declaration of competing interest）部分如下：

The author(s) declared no potential conflicts of interest with respect to the research, authorship, and/or publication of this article(Yu et al., 2020).

7. 声明/致谢

声明/致谢（Acknowledgement）部分是为了感谢没有出现在作者列表中，但实际上对研究工作做出贡献的人。例如，《A pilot study to examine the feasibility and acceptability of a coordinated intervention design to address treatment engagement challenges in school mental health services》一文的声明/致谢部分如下：

We wish to acknowledge Eric L. Daleiden, Ph.D., of Practicewise, LLC, and Richard P. Barth, Dean of the University of Maryland School of Social Work, for their leadership and contributions to the foundational work for this review(Becker et al., 2019).

8. 研究亮点

目前，爱思唯尔出版集团旗下的大部分期刊都要求作者在投稿阶段同时上传研究亮点（Highlights），这作为审稿的一部分，如果所投论文被录用刊出后也会出现在网站上。以《Computers in Human Behavior》为例，该刊对于研究亮点的要求为：① 研究亮点需要单独放在一个文件中上传投稿系统，并将文件命名为"Highlights"；② 研究亮点的数量为3~5个，每个亮点的字符数不超过125个。例如，《Building blocks of communication networks in times of crises: Emotion-exchange motifs》一文的研究亮点如下：

Emotion-exchange results in the emergence of characteristic patterns.

Not all negative emotions are exchanged in the same way.

Sadness and disgust are characteristically responded to by other emotions.

Fear-exchange is reciprocal and associated with information seeking.

Exchange of a mixture of emotions leads to more complex communication structures (Kušen, Strembeck, 2021).

二、自检报告

现在国内已有一些心理学期刊(如《心理学报》《心理科学进展》《心理科学》《应用心理学》等)要求作者在投稿时填写"投稿自检报告",但不同的期刊要求不尽相同,《心理学报》的自检报告内容也会实时更新。

1. 综述型论文自检报告

以《应用心理学》最新的自检报告为例,并结合《〈应用心理学〉四十年学术影响力以及我国应用心理学研究热点与发展趋势》一文为例(刘桑,甘烨彤,2021),简单说明综述型论文的自检报告部分应该如何填写。

(1) 与同类研究相比,本研究的创新性贡献是什么?(不要抄写研究结论)

答:第一,随着心理学研究的快速发展,越来越多的心理学研究成果不断呈现在人们眼前,如何系统整理这些成果并挖掘其对后续的研究的启示、预测心理学研究的动向和趋势引起了学者们的关注。然而在过去很长的一段时间内,对于心理学研究热点和趋势的判断往往是基于领域专家的直觉判断。本文采用科学计量学领域的可视化分析方法可以系统全面地分析《应用心理学》的多项指标,以期对该刊创刊至今的发展状况进行客观评价,深入挖掘我国心理学的主题演变以及未来展望。第二,首次对国内知名心理学期刊——《应用心理学》从创刊至今的海量文献进行文献计量分析,发现该刊年发文量总体呈波动上升并趋于稳定的趋势,管理心理、教育心理和心理测量是三大主要的载文领域,不同年龄段的群体尤其大学生群体是该刊主要关注的对象,儿童、人工智能和建言行为是该刊三个主要的发文领域趋势。第三,在对《应用心理学》创刊至今的文献进行分析的基础上对中国心理学的研究热点与发展趋势进行了预测,主要是运用多种研究手段探索行为背后的心理机制以及拓宽多种研究领域深化心理学在实际生活中的应用。

(2) 作者已经投稿或发表的文章中是否采用了与本研究相同的数据或变量?如果是,请您把文章寄至编辑部进行审查(我们不赞成作者用同一数据发表多篇变量相同的文章,或将一系列相关研究拆成多个研究来发表的做法)。

答:否。

(3) 国内和国外期刊是否发表过同类研究？如果是,请您列出(包括作者、文题、刊名、卷期和页码),并说明您的研究有何推进之处,且在正文中应作为参考文献来引用。

答:国内和国外期刊发表过同类研究,本文也将它们作为参考文献进行了引用,具体如下:

贾海波, 梁君英, 杨持光, 沈模卫. (2019). 心理学研究的动向:基于对美国《心理科学》创刊以来文献的计量分析. *应用心理学, 25*(3), 195—204.

李静, 丁亚东. (2017). 2002~2016年《心理学探新》载文的文献计量和知识图谱分析. *心理学探新, 37*(5), 396—400.

伍定国, 熊传林, 龙锦春, 植凤英. (2018). 近年来我国心理学研究热点与前沿的可视化分析:以《心理科学进展》载文为例. *贵州师范大学学报(自然科学版), 36*(1), 118—124.

相较于同类研究,本研究的推进在于:第一,首次对国内知名心理学期刊从创刊至今的海量文献进行文献计量分析;第二,在对《应用心理学》创刊至今的文献进行分析的基础上对中国心理学的研究热点与发展趋势进行了预测。

(4) "问题提出"或前言部分中的文献回顾是否完备?(有关研究的背景部分要较为详细,研究发展的历史脉络要叙述清楚,可参看APA期刊同类文章的写法)

答:是。

(5) 统计检验的效应量(Effect Size)是否给出?(效应量的有关解释,中文可参考: http://118.145.16.229:81/Jweb_xlkxjz/CN/abstract/abstract1151.shtml;英文可参考:http://www.uccs.edu/lbecker/effect-size.html)

答:否,本文不涉及该问题。

(6) 实验研究论文除报告传统假设检验的统计量外,还需报告贝叶斯因子。贝叶斯因子,中文可参考以下文献:吴凡等. (2018). 跳出传统假设检验方法的陷阱:贝叶斯因子在心理学研究领域的应用, *应用心理学, 24*(3), 195—202. 英文可参考以下文献:Etz, A., & Vandekerckhove, J. (2018). Introduction to Bayesian inference for psychology. *Psychonomic Bulletin & Review, 25*(1), 5—34.

答:否,本文不涉及该问题。

(7) 本研究的数据是否存在共同方法偏差(Common Method Bias)? 如果存在,是否进行过共同方法偏差检验? 采取了哪些措施来消除或降低这种偏差?(采用问卷法的研究必须回答,共同方法偏差的有关文献可参见:http://118.145.16.229:81/Jweb_xlkxjz/CN/abstract/abstract882.shtml)

答:否,本文不涉及该问题。

(8) 是否对照过《应用心理学》网站上的"投稿指南"(http://www.appliedpsy.cn/CN/column/column107.shtml)逐项检查论文的各个部分?(请仔细核对后再做回答)

答:是。

(9) 文后参考文献与文中的文献引用是否一一对应?(建议使用EndNote和NoteExpress等软件来管理参考文献)

答:是。

(10) 文后参考文献的书写格式是否符合要求?(先中文,后英文,中文文献不需要翻译为英文文献)(《应用心理学》参考文献采用APA手册第6版格式)

答:是。

(11) 参考文献是否以近5年的文献为主?如果不是,请说明理由。

答:是。

(12) 是否满足中文摘要上限200字,英文摘要上限300字?来稿(包括图表、参考文献)以3000~5000字为宜,研究类论文最长不超过7000字,参考文献条目不超过40条;综述类论文最长不超过12000字,参考文献条目不超过120条。(可参照国外期刊上同类文章的用词和写法,注意不要写成中国式英语,同时还要利用Word文档中的拼写检查功能,检查拼写上的错误,请务必确保满足上述要求,否则编辑部将直接做退稿处理。

答:中文摘要196字,英文摘要110字,论文总字数(包括图表、参考文献)9749字,参考文献35条,最近5年参考文献23条。

(13) 英文摘要写好后是否请英语专业人士把关?

答:是。

(14) 研究用到的实验材料、量表或问卷,是否附在文件的末尾以供审查?

答:否,本文不涉及该问题。

(15) 如果使用了别人的量表或问卷,是否得到了对方的授权许可?许可证明是否挂号寄至编辑部?(如果使用的量表或问卷是公开发表的,则无须对方授权,但需把附有量表或问卷的文章的复印件或电子版寄至编辑部)

答:否,本文不涉及该问题。

(16) 作者信息是否删除?包括Word文档稿件属性中的作者与单位、基金号、英文摘要中的作者信息等(如果不删除,编辑部将做重投或退稿处理)。文章本身透露出来的作者信息,如被试的单位、作为参考文献的作者已被录用但还未出版的文章等,是否做了技术处理?

答:是。

(17) 论文中涉及的图片为是否为jpg格式且图片分辨率至少为300 dpi?

答:是。

(18) 为提高论文的可读性与可理解性,本刊论文网络版接受彩图(请务必在图的说明中加入"彩图见网络版"提示),纸版论文黑白打印。如果有彩图,彩图在黑白打印时是否可以有效传递信息?

答:是。

2. 实验型论文自检报告

以《心理学报》最新的自检报告为例,并以《场景对面孔情绪探测的影响:特质性焦虑的调节作用》(李婉悦 等,2019)一文为例,简要说明实验型论文的自检报告部分应该如何填写。

(1) 与同类研究相比,本研究的创新性贡献是什么?(不要抄写研究结论)

答:本研究的创新性贡献如下:① 以往的研究对面孔表情探测过程中的场景效应进行了探讨,但大多基于单一情绪强度的面部表情,忽视了面部表情的变化过程。本研究对不同情绪强度面部表情探测中的场景效应进行探讨,丰富了场景效应的相关研究,同时更贴近现实生活。② 本研究在场景效应的基础上,更加关注特质性焦虑者的面孔情绪识别,发现特质性焦虑在场景对面孔情绪探测的影响中起调节作用。这是对特质性焦虑与场景效应研究的深化和拓展。③ 本研究结果一方面探讨了场景效应在不同强度面孔情绪探测中的表现,完善面部表情加工的相关研究。另一方面,本研究结论丰富了对特质性焦虑与面孔情绪加工的关系的理解,即高特质焦虑者对场景和面孔情绪信息的整合困难,可能是其长期处于高焦虑水平的原因之一。这一发现对于特质焦虑者的情绪疏解与干预具有现实意义。

(2) 作者已经投稿或发表的文章中是否采用了与本研究相同的数据或变量?如果是,请把文章寄至编辑部进行审查。(注:我们不赞成作者用同一数据发表多篇变量相同的文章,也不赞成将一系列的相关研究拆成多个研究来发表的做法)

答:否。

(3) 国内和国外期刊是否发表过同类研究?如果已发表过,请列出(包括作者、文题、刊名、卷期和页码),需说明对已有研究有何推进,并尽可能地作为参考文献来引用。

答:否。

(4) 前言和讨论部分分别是否超过3500字?参考文献是否超过50条?

答:否。

(5) 统计检验的效应量(Effect Size)是否给出?(差异不显著则没必要给出效应量)(效应量的有关解释,中文可参考:http://118.145.16.229:81/Jweb_xlkxjz/CN/abstract/abstract1151.shtml;英文可参考:http://www.uccs.edu/lbecker/effect-size.html)

答:是。

(6) 本研究的数据是否存在共同方法偏差(Common Method Bias)?如果存在,是否进行过共同方法偏差检验?采取了哪些措施来消除或降低这种偏差?(用问卷法的研究必须回答,共同方法偏差的有关文献可参见:http://118.145.16.229:81/Jweb_xlkxjz/CN/abstract/abstract882.shtml)

答:否。

(7) 文后参考文献与文中的文献引用是否一一对应?(建议使用EndNote和NoteExpress等软件来管理参考文献)

答:是。

(8) 文后参考文献的书写格式是否符合要求?(请认真阅读投稿指南和下载中心有关文献著录的要求)

答:是。

(9) 参考文献是否以近5年的文献为主？如果不是,请说明理由。

答:是。

(10) 英文摘要是否是大摘要(400~500个单词,分4段,注意4段的均衡,问题背景不要写得太多,方法和结果需详细一些)？是否读过编辑部网站右侧下载中心里的"英文摘要写作注意事项"？写好后是否请英语专业人士把关？

答:是。

(11) 研究用到的实验材料、量表或问卷,是否附在文件的末尾以供审查？

答:是。

(12) 如果使用了别人的量表或问卷,是否得到了对方的授权许可？许可证明是否挂号寄至编辑部?(如果使用的量表或问卷是公开发表的,则无须对方授权,但需把附有量表或问卷的文章的复印件或电子版寄至编辑部)

答:本研究所使用的量表或问卷皆已公开发表,文中进行了引用标注。

(13) 是否对照过网站上的"投稿指南"逐项检查论文的各个部分?(不要未仔细看就答"是")

答:是。

(14) 除作者外,是否请过同事(或同学)对论文进行类似审稿般的挑剔性阅读？

答:是。

三、投稿前的内容和格式的检查

尽管一篇研究论文最重要的是质量,但写作规范是否符合拟投期刊的规范也十分重要。一篇符合规范的论文能给编辑和审稿人留下训练有素、严谨的良好印象,从而能提高论文被采用的概率。符合规范的论文一旦被采用,编辑只需进行少量的编辑加工工作,无形中缩短了出版的周期。反之,如果一篇论文由于规范等细节问题反复进行修改,则会耽误论文的发表甚至导致论文被拒。但不同的期刊对论文的具体要求可能有所不同,基本上不存在统一的论文写作指南。因此,在提交论文前,必须要认真对照所投期刊的写作指南对论文进行核查。一般来说,需要认真核查以下方面:

1. 论文的写作规范

第一,论文的各项组成部分应当完整,包括中英文标题、摘要和关键词、引言(或问题提出、前言)、研究方法、结果、讨论、结论(或启示)、参考文献、附录(非必要)等。

第二,论文标题的字数应当控制在25字以内,并恰当地反映论文的主要内容。

第三,摘要的内容应当包括问题提出(或目标)、方法、结果和结论4个方面。摘要的篇幅应符合期刊的要求。

第四,关键词应当涵盖论文的主要内容,关键词的数量应当符合期刊的要求。

第五,论文的标题设置应当限制在三级标题以内。

第六,论文正文中的缩略词应当在第一次出现时便进行明确标明,论文中表或图中出现的缩略词应当在表注或图注中进行说明。

第七,论文中结果的呈现应当符合期刊的要求。

第八,论文中的表应为三线表,应有表题,表题应置于表的上方。

第九,论文中的图应有图题,图题应置于图的下方。

第十,正文中引用的参考文献应当列在论文最后的参考文献列表中,参考文献列表中所有的参考文献都可在正文中被索引,参考文献的排序应符合期刊的规定。

第十一,英文摘要应当符合期刊的规定。

第十二,填写自检报告并置于正文前。

2. 论文的排版

在对照拟投期刊的写作规范对全文进行核查后,接下来就需要检查论文的排版是否符合拟投期刊的要求,主要包括以下5个方面:

第一,页面设置。一般来说,期刊都采用A4纸打印。因此,论文排版的页面大小最好是A4纸的尺寸。

第二,行距、页边距。一般来说,期刊的行距一般为1.5倍或2倍,页边距为2~3 cm。

第三,字体、字号。为方便编辑和审稿人看清文章的结构,文章标题、正文内各级标题、摘要、参考文献等需要采用不同的字体、字号以示区分。正文字体一般用五号宋体,英文字体用Times New Roma;图、表及其内容和参考文献一般用小五号或六号宋体。

第四,页码。页面中需插入页码,页码为连续的阿拉伯数字形式,Times New Roma字体,位于页面底端并居中。

第五,插图要清晰、美观,分辨率要高。例如,《应用心理学》的论文自检报告中便提醒作者"论文中涉及的图片为是否为jpg格式且图片分辨率至少为300 dpi"。

四、论文的投稿

现在多数期刊都采用网络投稿的形式,无须寄送打印稿。常见的与期刊网站有关的问题如下:

1. 确认期刊官网和期刊编辑部的邮箱地址

现在网络上有很多代写论文的非法网站以及冒充编辑部给作者发邮件骗取版面费的事件偶有发生,一些不明真相的作者可能因此遭受损失。例如,《伦理学研究》曾发布"本刊严重声明",内容如下:

近日我刊接到作者反映,有人冒充我刊编辑向作者发送约稿函,就此我刊声明如下:① 我刊从未以电子邮件的形式向作者发出约稿函。② 我刊现用收稿电子信箱是hn_llxyj@126.com,2012年启用在线投稿系统(http://llx.hunnu.edu.dn),编辑部人员其他邮箱均不接受投稿,投给非本刊编辑部人员以及假冒本刊编辑人员的稿件及其产生的任何损失本刊概不负责。如稿件投给私人邮箱,请确认是我刊编辑或本所工作人员,谨防被骗。③ 我刊编辑部位于湖南省长沙市湖南师范大学伦理学研究所内,从未在外设立分部,也从未委托非我编辑部人员代理我刊组稿、处理稿件和编辑等业务。网上不少假冒我刊收稿的信箱和联系人,均与本刊无关。④ 本刊发表的所有论文均在中国知网出版,假冒本刊发表的论文均无法在以上网站查到,请作者甄别。⑤ 本刊一般不给作者发送用稿通知,更不发送电子版用稿通知。特殊情况应作者要求发给纸质用稿通知(盖本刊专用章)。本刊审稿周期一般为3个月,3个月后没有具体的电话或邮件通知,则可改投其他刊物。本刊编辑部电话为0731-88872086,是唯一办公使用电话。欢迎举报假冒我刊的行为,如情况属实,则给予奖励。

此外,由于存在多种原因,一些知名杂志在网上的检索形式多种多样,其中不乏有一些虚假的信息。例如,图15.12所示的是在百度中检索关键词"心理学探新"后出现的结果。尽管有"石油钻探技术"这样容易使人混淆的信息,熟悉该期刊的读者仍然能辨别出第二项才是《心理学探新》期刊真实的官方网址,其他几项都不是官方网址。

2. 熟悉投稿系统的操作

目前国内多数期刊(如《心理学报》《情报学报》《科技与法律》《人类学与民俗研究通讯》等)采用的是北京玛格泰克科技发展有限公司设计开发的稿件处理系统,也有的期刊(如《心理学探新》《清华大学教育研究》《南开经济研究》等)采用西安三才科技实业有限公司开发的系统,这些网站的操作大致相似,一般都有相应的系统操作指南。国内大多数期刊的投稿系统都有"使用帮助",例如"在投稿和查稿时,对我的计算机有什么要求?":① 关于浏览器(New):本系统针对IE9/IE10/IE11,Chrome,Firefox浏览器提供持续支持。使用其他浏览器可能会出现不兼容的情况,可能需要启用相应的兼容模式解决(但不保证能完美兼容)。IE9/IE10/IE11,Chrome,Firefox浏览器也可能存在因版本升级导致的新的兼容性问题,系统将针对问题提供升级版本解决。如果您在使用过程中出现问题或错误,请将投稿网址、杂志名称、您使用的浏览器版本以及出现错误的详细情况(例如点击哪个按钮或页面时出现错误)发送至magtech@163.com,我们会尽快解决问题。② 关于网络:您可以使用任何一种方式上网来投稿和查稿。但是,根据您电脑所连接的网络带宽不同,速度也是不同的。因此,如果您要上传或下载的稿件内容较大,建议您使用较好的网络环境。

图 15.12　百度检索"心理学探新"关键词后出现的结果

3. 作者注册

新投稿的作者需在拟投期刊官网上注册,获得一个用户名和密码,以后稿件修改、再投稿以及审稿都需要输入用户名和密码。这个用户名是唯一的,该用户所投的每篇文章都通过这个用户名与用户对应。如果同一个作者在系统里有多个用户名,系统则会当作不同作者来对待,这会导致作者登录后在系统中查询到的信息不完整。当然,如果重复注册了也可以联系编辑部在后台将多个账号的信息合并。如果作者的信息发生了改变,如工作单位变更、邮箱变更等,要及时在投稿系统中进行更新。作者注册时填写的任何信息只有编辑部和特定权限的人员才可以调阅,对于其他人都是不公开的,一般不会泄露。但有种特殊的情况是,某位作者本身没有在投稿系统中注册,因此没有用户名和密码,另一个有用户名和密码的合作者投了稿,则系统会分配一个由随机的数字和字母组成的用户名,后期可以进行修改完善。

4. 电子邮件

电子邮件是作者与编辑部沟通的主要渠道,所以注册时填写的电子邮件必须是常用且稳定的。需要注意的是,编辑部给作者发送的所有邮件均为HTML格式,因此,在阅读邮件时,应选择以HTML方式进行阅读。如果选择以文本方式阅读,则可能会丢失某些格式信息,如超级链接等。编辑部发送的邮件的编码一般为UTF-8(有些编辑可能会设置成GB2312编码),因此如果邮件阅读程序默认为其他编码,则可能看到乱码。但只要重新选择UTF-8或GB2312,就可以准确阅读了。

5. 通讯作者与联系作者

一般来说,通讯作者是指文章发表后,论文的相关事宜可以联系的人。如果是学生投稿,通讯作者一般是导师,因为导师的单位、地址相对比较稳定。此外还有联系作者,联系作者一般是指稿件处理过程中与编辑部联系的作者。如果投稿全程都是通讯作者操作的,此时通讯作者即为联系作者。如果是学生投稿,论文撰写和修改均由学生独立完成,导师太忙没时间参与投稿或稿件修改,这时如果将导师设置为联系作者就有可能会误事。作者登录投稿系统后,需要完成多个步骤的操作,如粘贴中英文题目、摘要、关键词,填写其他作者及身份,填写稿件类型、基金、推荐或回避的审稿人,上传审阅稿及其附件等。上传的电子版稿件会在编辑、审稿人、编委、(副)主编之间流转,其是否符合期刊要求至关重要。

6. 作者信息的隐去处理

目前基本所有的中文期刊都采用"双盲制"评审,即投稿作者不知道审稿人信息、审稿人也不知道投稿作者信息,则电子版稿件中不能透露与作者身份相关的信息,以免干扰评审。此外,Word文档稿件属性中的作者与单位、基金号、英文摘要中的作者信息等也要删除。文章本身透露出来的作者信息,如被试的单位、作者已被录用但还未出版的文章作为参考文献等,应进行技术处理。目前有一些英文的期刊采用"单盲制"评审,即投稿作者不知道审稿人信息、审稿人知道投稿作者信息,如《Nature Communications》等。这时,作者只需严格按照拟投期刊的要求进行投稿即可。

7. 自检报告

作者在投稿前务必要对照拟投期刊的要求检查是否附上了自检报告,如果没有则可能会被期刊驳回重投。关于自检报告的要求前文已介绍,此处不再赘述。

8. 问卷或量表

如果研究采用了问卷或量表,那就需要把问卷或量表附在论文的最后(或整理成一个独立的文档上传投稿系统),以便审稿人在审查论文时参考。如果没有特别要求将问卷或量表附在论文的最后,一般将问卷或量表作为一个独立的文档上传至投稿系统的"附件"板块。

9. 编辑部初审

待网上投稿完成后,稿件会处于"最新投稿"的状态,此时编辑部还没开始对稿件进行处理,作者仍可以修改稿件甚至删除稿件。一旦编辑部将对所投稿件进行初步审查("初审"),稿件会被分配一个稿件编号。如果没有问题,则"初审"通过进入下一个阶段,一般为"外审"或"编委初审";反之如果有问题,则可能"驳回重投",也有可能是"退稿"(会给出退稿的意见)。作者在投稿时有许多编辑部认为必填的项目没有填写,就会驳回,这就是"驳回重投"。"驳回重投"要求作者将必填项目填写完整后重新提交,并给通讯作者和第一作者发送一封邮件予以告知。此时,被驳回的稿件会出现在"未完成投稿"列表中,作者可以点击"继续投稿",将项目填写完整后再提交。

10. 必要文件的签署与邮寄

待网上完成投稿以及通过初审后,一些期刊还会要求作者签署并邮寄版权转让协议、投稿介绍信等文件,不同的期刊有不同的要求。例如,《心理科学》要求作者在网上投稿后寄送经全部作者签字的"稿件质量保证书"和"版权转让协议",《中国临床心理学杂志》要求作者在网上投稿后寄送经单位负责人签字、盖章的"投稿介绍信"。

11. 稿件投递后的查询

无论论文被拒绝还是被接受,编辑部一般都会通知作者。因为投递论文都需要经过审查,所以投递论文后不可能马上就接到通知。但一般如果3个月没有接到关于论文处理意见的通知,作者应该主动联系编辑部询问。有时可能是编辑部已经给作者发去通知,而作者因为各种原因没有收到。如果审稿人在规定时间内还没有提交审稿意见,系统以及编辑部会给审稿人发催稿通知,作者也可以联系编辑部要求催促审稿人。例如,《管理世界》便提示作者"进入匿名审稿程序的文章,如超过60个工作日可以打电话咨询(010-62112235)"。

12. 对审稿的特殊要求

如果作者对审稿人有特殊要求,可以向编辑部提出,这一般在投稿系统中会有相应的板块供作者填写。作者可以出于学术观点的不同要求回避某个或某些审稿人,也可以向编辑部推荐相关领域的审稿人。当然,作者的意见仅供参考。需要注意的是,作者推荐的审稿人不应和作者有任何利益联系,以免干扰论文的正常审阅。

五、论文评审与修改

（一）论文评审

作者所提交的任何论文稿件都需经过评审，即使是约稿的稿件在多数情况下也会经过评审。目前期刊都实行三审制度，初审，应由具有编辑职称或具备一定条件的助理编辑人员担任（一般为责任编辑），在审读全部稿件的基础上，主要负责从专业的角度对稿件的社会价值和文化学术价值进行审查，把好政治关、知识关、文字关。复审，应由具有正、副编审职称的编辑室主任一级的人员担任。复审应审读全部稿件，并对稿件质量以及初审报告提出复审意见，做出总的评价，并解决初审中提出的问题。终审，应由具有正、副编审职称的社长、总编辑（副社长、副总编辑）或由社长、总编辑指定的具有正、副编审职称的人员担任（非社长、总编辑终审的书稿意见，要经过社长、总编辑审核），根据初、复审意见，主要负责对稿件的内容，包括思想政治倾向、学术质量、社会效果、是否符合党和国家的政策规定等方面做出评价。例如，针对"初审"这个环节，《心理学报》在"编辑部初审"结束后会进入"编委初审"，此后便由一名责任编委全程负责论文的审稿工作。一般责任编委会将稿件送给两至三位专家匿名评审，等意见返回后责任编委会查阅并给出意见，此时"编委初审"和"外审"（第一轮）结束；而《心理发展与教育》在"初审"结束后会进入"外审"阶段；针对"终审"这个环节，《心理学报》在"编委复审"结束后进入"主编终审"，由主编或值班副主编最终决定论文是否可以录用。

编辑部负责对来稿进行初审，如果来稿与期刊宗旨不符或尚未达到期刊的发文要求，就会直接退稿，即"初审退稿"；如果稿件符合送审要求，但还不符合投稿要求（如格式不符合期刊要求、没有附上相关的调查问卷或量表等），编辑部将通知作者补充相关材料或对论文进行修改，即"驳回重投"；如果符合投稿要求，编辑部将把来稿送至编委初审或送至相关领域的专家外审，即"外审"环节。

由相关领域的审稿专家审查是外审环节，审稿专家将根据期刊要求对稿件进行评审。外审由责任编委或编辑部请同行专家审查稿件，每篇稿件至少要送两位同行专家评审。一般来说，审稿专家都会给稿件提出各种各样的修改意见或建议，但也有可能直接建议退稿。如果评审结果不一致，还会继续送多位同行专家审查。如果经过外审后多数审稿人同意发表，则由责任编委和主编做出终审决定。

编委会是由编辑部组织、编委参与、定期召开的稿件讨论会议，组成人员都是主编邀请的各领域的权威专家，他们利用各自的专业优势可以从各自不同的角度对稿件进行认真、充分的讨论。召开编委会既是提高稿件质量必不可少的环节，也是对稿件进行评议的过程。

主编（或值班副主编）终审针对的是已通过初审、外审（有的期刊还有编委会审议）的稿件,数量通常比较多。主编终审需要从更大的范围来考虑稿件,如每一期稿件中各专业稿件的布局,稿件是否有原则性或政治性错误,争议较大的稿件的最终裁决,属于研究热点的论文是否需要优先发表等。

(二)论文修改

经过外审后,除直接被接受(概率一般很低)或被拒绝外,大多数论文都需要进行修改,甚至需要进行多次修改,所以"外审""退修"和"(编委)复审"三个阶段可能反复出现。修改有时是针对文字表述、论文格式上存在的问题,这种修改比较简单,即"小修";有时则需要对论文做大幅度的修改,如对论文结构进行调整、对数据重新分析、重新解释实验结果、补充实验、重做实验等,甚至要求换一个角度重写全文,即"大修"。需要强调的是,作者提交修改稿时,一定要有相应的修改说明,需要针对审稿人的问题逐条回答,还需要在修改稿的具体位置指出修改之处以便审稿专家审阅。

一个标准的修改说明应该包括6个方面:第一,清楚说明作者是如何理解审稿意见的,要让审稿专家知道作者对审稿意见的理解是否到位。不能无原则地全盘接受审稿专家提出的意见或建议直接进行修改,也不能直接"理直气壮"地反对审稿专家提出的意见或建议不进行修改。第二,要针对审稿专家提出的问题进行说明。如果是文章的问题,要交代清楚为什么出现相应的问题,这样的问题在修改稿中是如何修改的,修改的原因是什么。第三,要对无法修改的问题进行解释,阐释自己是如何考虑的,主动跟审稿专家进行交流。第四,经过多次修改的修改稿应保留历次的修改说明。第五,每次修改稿都不要出现作者的相关信息。第六,要告知审稿专家修改稿中的具体修改之处,以便审稿专家审阅。要注意一定不能在修改说明中轻描淡写地回应"已改",这样只有作者知道修改之处在哪,审稿专家却不清楚,一般建议的形式是"修改之处见修改稿第××页第××~××行标蓝处"。

1. 中文论文的修改说明

例如,《场景对面孔情绪探测的影响:特质性焦虑的调节作用》(李婉悦 等,2019)一文的修改说明如下:

第一轮

审稿专家1

意见1:本研究主要关注场景效应对不同情绪强度面部表情探测的影响,同时考察了特质焦虑在场景对面孔情绪探测的影响中的调节作用,研究方法合理,研究结果可靠。但是在关于特质性焦虑与面孔情绪加工的关系的结果的讨论上需要进一步的完善。高特质焦虑者对场景和面孔情绪信息的整合存在困难只能作为作者的推论,实验本身并不能证明这一点,也不能说明这是高特质焦虑的成因,所以建议作者重新思考并调整此部分的逻辑。

回应：非常感谢审稿专家提出的宝贵意见！

通过对高、低特质焦虑者面孔表情识别正确率的分析，我们发现，低特质焦虑组在场景与面孔情绪一致时的正确率显著高于不一致时，即表现出显著的场景效应，而高特质焦虑组在场景与面孔情绪一致、不一致条件下的识别正确率没有显著性差异，即没有表现出显著的场景效应。因此，本研究推测高特质焦虑者在识别面孔情绪过程中较易忽略场景情绪信息的影响，故而可能存在对场景和面孔情绪信息的整合困难。以往有研究采用ERPs或fMRI技术探讨了情绪信息跨通道整合的特点，如来自听觉、嗅觉的背景信息对面孔情绪识别的影响（Groot et al., 2012; Li et al., 2015）。也有研究探讨了同一通道情绪信息整合的加工特点，例如，Zhang等（2010）发现视觉通道呈现的背景影响靶刺激的加工，具体表现为与背景图片情绪效价不一致的靶子词诱发了更大波幅的N400。然而，不同人格特质是否在情绪信息整合过程中发挥作用？本研究通过对正确率的分析发现，对于低特质焦虑组的被试，场景影响面部表情的加工，而对于高特质焦虑组的被试并不存在这种效应，即高、低特质焦虑组存在场景与面孔情绪信息整合的差异，故而推断这种差异可能是高特质焦虑组整合困难的表现之一。

鉴于专家的建议，我们对文中存在的问题进行了修改（详见论文修改稿讨论部分第6段蓝色字体部分），具体修改内容如下：

> Longin等（2013）的研究发现，高特质性焦虑个体更易关注面孔中包含的负性情绪，而当场景在恐惧面孔之后呈现时，则容易夸大场景中的威胁信息。即使在恐惧面孔之后呈现的是并不包含威胁信息的中性场景图片，高特质性焦虑者也更容易将其识别为威胁场景。该研究结果与本研究结论相似：高特质性焦虑者不能有效整合来自面孔和场景的情绪信息，容易夸大面孔的威胁信息，而忽略场景的情绪信息。此外，有研究者认为，高特质性焦虑个体对负性面部表情，如恐惧面部表情，存在加工上的优势；对于积极面部表情，高、低特质性焦虑个体之间不存在显著差异（Walentowska, Wronka, 2012）。然而，本研究所发现的高特质性焦虑者对面部表情的过度关注不仅出现在恐惧面孔上，也出现在快乐面孔上，这也表现出高特质焦虑者可能存在面孔与场景信息的整合困难。以往有研究采用ERPs或fMRI技术探讨了情绪信息跨通道整合的特点，如来自听觉、嗅觉的背景信息对面孔情绪识别的影响（Groot et al., 2012; Li et al., 2015）。也有研究探讨了同一通道情绪信息整合的加工特点，例如，Zhang等（2010）发现视觉通道呈现的背景影响靶刺激的加工，具体表现为：与背景图片情绪效价不一致的靶子词诱发了更大波幅的N400。然而，不同人格特质是否在情绪信息整合过程中发挥作用？本研究通过对正确率的分析发现，对于低特质焦虑组的被试，场景影响面部表情的加工，而对于高特质焦虑组的被试并不存在这种效应，即高、低特质焦虑组存在场景与面孔情绪信息整

合的差异,故而推断这种差异可能是高特质焦虑组情绪信息整合困难的表现之一。

意见 2:一些句子有小的语法问题,如摘要中:"均有一致条件比不一致条件有着更高的情绪探测正确率",第一个"有"建议改为"发现";正文中也有类似的问题,请再仔细检查一遍文章,改正语法错误。

回应:非常感谢审稿专家提出的宝贵意见!我们已将摘要部分的"有"改为"发现"。另外,经过多次通读全文,检查了文章的语句和用词,修改了语法上的细节问题。具体修改之处已在文中标蓝。再次感谢审稿专家的细心审阅。

审稿专家 2
意见 1:作者把20%的情绪层级定义为最模糊的条件,这是否合理?在审稿人看来,20%和80%层级都属于最不模糊的层级。20%快乐的面孔为什么可以界定为快乐面孔?从被试的判断结果也可以看出被试基本上都将其看作中性面孔。

回应:非常感谢审稿专家提出的宝贵意见!
(1)针对本研究中20%情绪层级的定义问题,我们在实验设计和结果分析过程中,参考了渐变面孔和歧义情绪面孔识别的相关文献(Lee et al.,2012;Lim,Pessoa,2008;Maoz et al.,2016;Park et al.,2016;Qiu et al.,2018;Sun et al.,2017),将面孔刺激材料中快乐(或者恐惧)情绪所占的百分比与情绪强度相联系,即快乐(或者恐惧)情绪所占百分比越大时,其情绪强度越高,被试也越容易识别面孔情绪;反之,快乐(或者恐惧)情绪所占百分比较少时,其情绪强度越低,被试也较难识别面孔中所隐含的情绪。中性面孔情绪不明确,强度最低,研究者通常认为其不涉及情绪强度以及情绪意义。

在有关渐变情绪面孔的识别上,前人研究大多采用不同情绪效价面孔:如将情绪意义十分清晰的快乐和恐惧面孔作为两端进行渐变处理,从而将Morph处理中100%快乐成分+0%恐惧成分的面孔定义为情绪意义清晰面孔,70%快乐成分+30%恐惧成分的面孔为情绪意义较为清晰的面孔,由于整合了情绪比例近似的两种情绪面孔,60%快乐成分+40%恐惧成分以及50%快乐成分+50%恐惧成分的面孔则为情绪最模糊的面孔(Sun et al.,2017)。另有研究将快乐与愤怒面孔、愤怒与恐惧面孔进行整合,大多也采用类似的区分方式(Maoz et al.,2016;Qiu et al.,2018)。然而,本研究参照Lee等(2012)的实验材料制作方法,将恐惧(或者快乐)面孔与中性面孔作为两端进行渐变处理,由于研究者普遍认为中性面孔没有明确的情绪意义,故而不适合采用上述方式进行情绪意义方面的界定。因此,参考与本实验类似的,将中性面孔与情绪性面孔进行渐变处理作为实验材料的研究(Lee et al.,2012;Lim,Pessoa,2008),研究者们一般使用面孔情绪强度(Expression Intensity)描述不同比例的渐变面孔。如Wingenbach等(2017)使用低、中、高三种情绪强度的恐惧表情,并发现情绪强度的增加伴随着反应正确率的提高。Lim和Pessoa(2008)使用中性与恐惧面孔合成的渐变面孔,将Morph处理时恐惧情绪占比10%～30%作为低情绪强度,占比40%～60%为中情绪强度,而占比70%～100%为高情绪强度,并发现被试在不同情绪强度条件下,对面孔图片做出"恐惧"判断的平均百分比存在显著差异。因此,我们在论文修改稿中,以面孔情绪强度作为区分不同情绪层级面孔的标准,对原文中有关"20%情绪层级的情绪意义最为模糊"的表述进行了修改(具体见论文修改稿摘要以及讨论部分第3段蓝色字体部分)。

(2)本研究中将20%快乐的面孔界定为快乐面孔,其原因主要在于参考情绪渐变面孔的相关研究(Lee et al., 2012; Lim, Pessoa, 2008; Schönenberg et al., 2013; Wingenbach et al., 2017),本研究中情绪层级作为一种实验操作,通过实验操作合成不同情绪比例的面孔表情,使其具有一定的情绪强度。20%层级面部表情融合了中性与快乐(或恐惧)情绪,虽然由于其情绪强度较低从而导致识别正确率较低,但相比于中性面孔,仍然具有一定的情绪性。

为了进一步说明本研究中情绪层级划分的有效性,我们又进行了面孔情绪强度的补充评定。重新招募了未参加过类似实验的被试38名(关于评定的详细描述见意见2的回应部分),对实验材料的情绪强度进行9点评分(1表示"非常弱的快乐/恐惧",9表示"非常强的快乐/恐惧")。结果发现,在快乐面孔和恐惧面孔情绪序列的情绪强度评分上,均表现出20%情绪层级面孔的情绪强度评定显著高于0%情绪层级的中性面孔(快乐面孔:20%情绪层级$M=3.355, SD=1.361$ vs 0%情绪层级$M=2.755, SD=1.315, p<0.05$;恐惧面孔:20%情绪层级$M=3.088, SD=1.001$ vs 0%情绪层级$M=2.610, SD=1.100, p<0.05$)。因此,虽然20%情绪层级面孔的情绪强度较低,但相比于中性面孔,被试仍倾向认为其蕴含一定的情绪性,并给予其更高的情绪强度评分。综上,本评定结果也表明,将20%情绪层级面孔界定为快乐(或者恐惧)序列中的一个情绪层级的合理性。

此外,实验的目的在于探讨面孔情绪的探测,因此被试能否在不同情绪场景、不同面孔情绪强度条件下探测到面孔蕴含的情绪,是本实验重点关注的问题。在"2.3实验设计"部分,我们将面孔分为快乐序列和恐惧序列,序列中包含了不同层级的一系列情绪面孔,20%快乐/恐惧面孔为该序列中的一个情绪层级,作为整体中的一个部分发挥作用。因此,在实验结果中,我们也发现,不同情绪层级的恐惧、快乐面孔情绪探测的正确率随着面孔情绪强度增加而得到提升的趋势。

意见2: 摘要里面提到中等强度恐惧表情和中等强度快乐表情,作者并未让被试评定这些Morph后的图片,仅仅根据Morph的比例就认为其是中等强度恐惧,是否合理?

回应: 非常感谢审稿专家提出的宝贵意见!针对中等强度恐惧表情和中等强度快乐表情的区分,本研究参考以往渐变面孔情绪识别的相关研究,根据面孔情绪所占百分比以及被试对面孔情绪的识别反应,研究者大多认为情绪面孔占比为40%～60%、中性面孔占比60%～40%的合成面孔为中等情绪强度面孔(Lee et al.,2012;Lim,Pessoa,2008;Wingenbach et al.,2017)。

为进一步检验实验材料划分的合理性,我们又进行了面孔情绪强度的补充评定,具体评定过程如下:招募了未参加过类似实验的被试,对实验材料的情绪强度进行9点评分(1表示"非常弱的快乐/恐惧",9表示"非常强的快乐/恐惧")。被试共38人,男19人,女19人,年龄在18～21岁($M=19.12, SD=0.84$)。评定结果发现,对于快乐面孔的情绪强度评分,在不同情绪层级上差异显著,$F(5,33)=76.420, p<0.001$。事后经过多重比较发现,除了100%与80%情绪层级之间以外($p=0.186$),其他情绪层级之间均表现出显著差异,即较高层级情绪强度评分显著高于较低层级($ps<0.05$),快乐情绪强度评分的中位数为5.425,处于40%情绪层级和60%情绪层级之间。另外,对于恐惧面孔的情绪强度评分,在不同情绪层级上同样差异显著,$F(5,33)=33.677, p<0.001$。事后多重比较发现,除了100%与80%情绪层级之间以外($p=0.078$),其他情绪层级之间均表现出显著差异,即较高层级情绪强度评分显著高于较低层级($ps<0.05$),恐惧情绪强度评分的中位数为4.575,处于40%情绪层级和60%情绪层级之间,这与快乐面孔的情绪强度评分结果是一致的。描述统计结果详如表15.2所示。

表15.2 不同情绪层级的面部表情的情绪强度评分 $M(SD)$

	快乐面孔情绪强度	恐惧面孔情绪强度
0%(中性)	2.775(1.238)	2.775(1.238)
20%	3.355(1.361)	3.088(1.001)
40%	4.781(1.194)	3.736(1.069)
60%	6.089(0.949)	5.020(0.939)
80%	6.827(0.960)	5.817(1.072)
100%	7.173(0.965)	6.241(1.071)

以上结果表明,被试给予情绪层级较高的面孔(Morph处理中快乐或者恐惧面孔所占比例较大的面孔)更高的情绪强度评分。另外,补充评定结果发现,80%和100%情绪层级面孔在情绪强度分数上差异不显著,并显著高于其他情绪层级,这再次验证了该两层级作为情绪面孔所占比例较大的层级,确实具有更大的情绪强度。而40%和60%情绪层级面孔中,情绪面孔与中性面孔所占比例近似,对于其情绪强度的评分也在中位数上下一个标准差内浮动,故而将其划分为中等情绪强度是合理的。最后,对于0%情绪层级的中性面孔和20%情绪层级面孔,对其情绪强度评分显著低于其他情绪层级,因此本研究中将其划分为较低情绪强度。

意见3: 实验流程方面也有很多问题。首先,组内设计为2(场景类型:积极,消极)×2

(面孔情绪序列:恐惧序列,快乐序列)×6(面孔情绪层级:0%,20%,40%,60%,80%,100%),即24种条件,总共440个试次,试次总数除以条件数不能得出一个整数。其次,恐惧序列和快乐序列是随机混合在一起,还是两者有先后顺序?被试要按3个键,怎么按?如果单手按,无名指是否适合作为反应手指?是否考虑平衡?再次,实验结果只有探测率分析而没有反应时的结果,是否合理?文献(Lee et al.,2012)中采用了特殊的计算方法,算出了被试判断偏向的转移。作者在研究中还是需要反应时的数据作为佐证。

回应:非常感谢审稿专家提出的宝贵意见!

(1)关于实验试次的问题。本实验组内设计部分为2(场景类型:积极,消极)×2(面孔情绪序列:恐惧序列,快乐序列)×6(面孔情绪层级:0%,20%,40%,60%,80%,100%),该部分共有24种条件。但是,由于0%层级的快乐和恐惧面孔均为同一中性情绪面孔,为避免中性情绪面孔数量过多而产生的练习效应,在实验过程中实际设置了22种条件,具体实验条件和各条件的试次数如表15.3所示:

表15.3 实验中不同实验条件(试次数)

消极场景(220)		积极场景(220)	
快乐面孔(100)	恐惧面孔(100)	快乐面孔(100)	恐惧面孔(100)
消极场景+100%快乐面孔(20)	消极场景+100%恐惧面孔(20)	积极场景+100%快乐面孔(20)	积极场景+100%恐惧面孔(20)
消极场景+80%快乐面孔(20)	消极场景+80%恐惧面孔(20)	积极场景+80%快乐面孔(20)	积极场景+80%恐惧面孔(20)
消极场景+60%快乐面孔(20)	消极场景+60%恐惧面孔(20)	积极场景+60%快乐面孔(20)	积极场景+60%恐惧面孔(20)
消极场景+40%快乐面孔(20)	消极场景+40%恐惧面孔(20)	积极场景+40%快乐面孔(20)	积极场景+40%恐惧面孔(20)
消极场景+20%快乐面孔(20)	消极场景+20%恐惧面孔(20)	积极场景+20%快乐面孔(20)	积极场景+20%恐惧面孔(20)
消极场景+中性面孔(20)		积极场景+中性面孔(20)	

实际实验共有440个试次,每种条件重复进行20次。在数据处理过程中,将积极场景+中性面孔、消极场景+中性面孔分别按照快乐、恐惧序列条件增加计算一次。我们在论文修改稿增加了这部分实验操作的详细介绍(见"2.4实验程序"第1段蓝色字体部分),具体补充内容如下:

由于0%情绪层级的快乐和恐惧面孔均为同一中性面孔,实验中积极场景+0%恐惧面孔、消极场景+0%恐惧面孔、积极场景+0%快乐面孔、消极场景+0%

快乐面孔4种实验条件实际设置为积极场景＋中性面孔、消极场景＋中性面孔2种实验条件。因此，本实验过程中实际包括22种条件，每种条件重复20次，总共440个试次。

(2) 由于本实验的被试任务为面孔情绪判断(恐惧/中性/快乐)，因此，恐惧序列和快乐序列是完全混合随机呈现的。我们在修改稿中加入了相应实验设置的描述(详见"2.4实验程序"第1段蓝色字体部分)，具体补充内容如下：

因此，本实验过程中实际包括22种条件，每种条件重复20次，总共440个试次。所有实验条件完全混合随机呈现。

(3) 关于被试按键的问题，我们在修改稿中加入了相应实验设置的描述(详见"2.4实验程序"第1段蓝色字体部分)，具体补充内容如下：

实验过程中，被试双手放在键盘上，左手食指放在F键上，右手食指放在J键上，双手大拇指放在空格键上。判断为"快乐"则左手食指按F键，判断为"恐惧"则右手食指按J键，判断为"中性"则双手大拇指按空格键。"快乐"和"恐惧"的按键在被试间进行平衡。

在类似的面孔表情识别的研究中，当有两种以上的情绪选项时，往往要求被试按键盘上方数字键或者方向键进行反应。如白鹭等(2017)要求被试按数字1~5进行恐惧、厌恶、愤怒、悲伤、中性的情绪类别选择，而在魏萍等(2014)的研究中，被试用右手食指、中指和无名指按左、下和右方向键进行正性、中性和负性面孔的情绪判断。本研究中存在快乐、恐惧和中性3种反应类型，故而也仔细斟酌了按键方式。

本研究中，在预实验阶段，我们曾设计并尝试了以下3种按键方式：① 右手三个手指按方向键；② 左手食指按F键，右手食指和中指分别按J键和K键；③ 左右手食指分别按F键和J键，两手大拇指按空格键。在实验结束后与被试的交流中发现，被试认为第三种按键方式更加舒适，且该种按键方式由手指灵活性不同而带来的影响也最小。因此，在正式实验中，采取了左手食指放在F键上，右手食指放在J键上，双手大拇指放在空格键上，F键和J键在不同实验条件下平衡的按键方式。一些与记忆、注意、知觉相关的涉及任务反应时的研究也采取了与本实验相似的按键设置(陈思佚，周仁来，2010；陈栩茜，张积家，2011；王丽 等，2016)。总之，本研究考虑了实验任务设置、可能存在的手指灵活性差异以及被试的按键感受后，选择了上述的按键方式。

(4) 关于反应时问题，我们的考虑如下：首先，在使用多层级渐变情绪面孔作为刺激材料的实验任务中，往往更加重视反应的准确性，而不要求被试进行快速反应。因此反应正确率是该实验范式重要和有效的因变量指标(Lim, Pessoa, 2008; Schönenberg et al., 2013; Wingenbach et al., 2017)。其次, 多层级渐变情绪面孔在识别难度上存在较大差异, 这种差异会明显地表现在反应时数据上, 与本研究类似的面孔情绪探测相关研究也大多分析反应正确率, 而较少关注反应时结果(Lim, Pessoa, 2008; Schönenberg et al., 2013; Wingenbach et al., 2017)。最后, 对本研究的反应时数据分析发现, 面孔情绪与情绪层级均表现出显著的主效应, 渐变情绪面孔在识别难度上确实存在较大差异, 即除了100%与80%情绪层级($p=0.460$)、40%与0%情绪层级($p=0.746$)以外, 其他情绪层级上均表现出较高情绪层级反应时显著快于较低情绪层级($ps<0.01$)。另外, 审稿专家提到Lee等(2012)使用的Naka-Rushton响应函数的分析方法, 更多应用于探讨被试的反应偏向, 其计算指标为被试对靶刺激的判别反应, 而并非正确率。因此, Naka-Rushton响应函数分析方法并不适用于本研究所使用的正确率指标。根据审稿专家的建议, 我们对反应时指标进行了分析, 具体如下:

反应时数据在分析前剔除错误反应以及超出各实验条件平均数$\pm 3SD$的数据。以面孔情绪探反应时指标为因变量, 进行2(特质性焦虑: 高, 低)×2(场景类型: 积极, 消极)×2(面部表情序列: 恐惧序列, 快乐序列)×6(面孔情绪层级: 0%, 20%, 40%, 60%, 80%, 100%)的重复测量方差分析, 其中特质性焦虑因素为组间变量, 其他均为组内变量。

方差分析结果表明, 面部表情序列主效应显著, $F(1,55)=7.640, p<0.001$, partial $\eta^2=0.120$, 面孔情绪层级的主效应显著, $F(5,51)=34.808, p<0.001$, partial $\eta^2=0.398$, 面部表情序列和面孔情绪层级的交互作用显著, $F(5,51)=4.674, p<0.001$, partial $\eta^2=0.310$, 进一步简单效应分析发现, 在100%, 80%和60%情绪层级上, 均表现出快乐面孔反应时显著快于恐惧面孔(100%层级: 快乐面孔$M=776.751, SE=32.491$ vs 恐惧面孔$M=877.934, SE=30.750$; 80%层级: 快乐面孔$M=779.047, SE=27.720$ vs 恐惧面孔$M=891.978, SE=31.854$; 60%层级: 快乐面孔$M=857.267, SE=36.087$ vs 恐惧面孔$M=946.564, SE=41.922, ps<0.05$), 在其他情绪层级上则差异不显著($ps>0.05$), 具体如表15.4所示。

表15.4 不同情绪强度的面部表情的探测反应时 $M(SE)$

	快乐面孔	恐惧面孔
0%(中性)	1010.503(45.884)	1010.503(45.884)
20%	1151.588(45.720)	1132.260(52.177)
40%	977.741(45.170))	1017.101(43.802)
60%	857.267(36.087)	946.564(41.922)
80%	779.047(27.720)	891.978(31.854)
100%	776.751(32.491)	877.934(30.750)

意见 4: 实验设计在作者的研究中,面孔是单独呈现的,但是在作者引用的文献(Lee et al.,2012)中,面孔是呈现在场景之中的。作者引用的 de Gelder 的研究,如其 2006 年发表在《Cerebral Cortex》的论文,面孔也是呈现在场景之中。这种设计上的差异对结果的影响值得作者思考。

回应: 非常感谢专家提出的宝贵意见!如审稿专家所言,本研究在实验范式上与 Lee 等(2012)的研究,以及 Righart 和 de Gelder 的研究(Righart, Gelder, 2006, 2008a, 2008b)存在一些差异。上述研究在实验过程中采用场景和面孔图片刺激同时呈现的方式,即向被试呈现场景和面孔的整合刺激。在该呈现方式中,个体对场景与面孔信息的加工是并行的,在这一过程中场景和面孔的心理表征是同时发生的,因此,场景对面部表情加工的影响体现的是场景与面孔并行加工的结果(Davenport, 2007; Demiral et al., 2012; Xu et al., 2015)。然而,本研究在实验过程中采用场景和面孔图片刺激相继呈现的方式探讨场景对面孔情绪探测的影响。由于场景刺激出现在面孔刺激之前,个体对先前呈现的场景的加工会引发对后续呈现面孔刺激的期待,从而影响面孔情绪的探测。因此,本研究中场景对面孔情绪探测的影响体现的是场景与面孔继时性加工的结果。在一项 ERP 研究中,Hietanen 和 Astikainen(2013)同样使用场景和面孔刺激相继呈现的方式,发现情绪性场景和面部表情的一致性效应,即当场景和面部情绪一致时诱发更大的 N170 波幅。与同时呈现场景与情绪面孔的研究相似,本研究结果发现,在相继呈现场景和面孔的实验条件下同样存在场景对面部表情加工的影响,且不同情绪强度的面孔具有不同表现。我们在论文修改稿中补充了针对该问题的讨论(详见讨论部分第 7 段蓝色字体部分),具体补充内容如下:

> 此外,本研究在实验过程中采用场景和面孔图片刺激相继呈现的方式探讨场景对面孔情绪探测的影响。由于场景刺激出现在面孔刺激之前,个体对先前呈现的场景的加工会引发对后续呈现面孔刺激的期待,从而影响面孔情绪的探测。因此,本研究中场景对面孔情绪探测的影响体现的是场景与面孔继时性加工的结果。在一项 ERP 研究中,Hietanen 和 Astikainen(2013)同样使用场景和面孔刺激相继呈现的方式,发现情绪性场景和面部表情的一致性效应,即当场景和面部情绪一致时诱发更大的 N170 波幅。另外,有研究者在实验过程中采用场景和面孔图片刺激同时呈现的方式,即向被试呈现场景和面孔的整合刺激(Righart, Gelder, 2006, 2008a, 2008b)。在该呈现方式中,个体对场景与面孔信息的加工是并行的,在这一过程中场景和面孔的心理表征是同时发生的,因此,场景对面部表情加工的影响体现的是场景与面孔并行加工的结果(Davenport, 2007; Demiral et al., 2012; Xu et al., 2015)。与同时呈现场景与情绪面孔的研究相似,本研究结果发现,在相继呈现

场景和面孔的实验条件下同样存在场景对面部表情加工的影响,且不同情绪强度的面孔具有不同表现。

第二轮

审稿专家1

作者已对之前提出的意见进行了很好的回答并做出了修改,我没有其他问题了,同意发表。

回应:非常感谢您的肯定!

审稿专家2

意见1: 作者只测量了被试的特质焦虑水平。一般特质焦虑水平较高的被试,在抑郁和压力方面往往也会异于特质焦虑水平较低的被试。所以,国外探讨特质焦虑对其他认知加工影响的研究中,往往也会包含其他相关问卷的测量,以排除或固定其他特质或状态因素的影响,集中探讨特质焦虑的作用。这样得出的结论更有说服力。

回应:非常感谢审稿专家提出的宝贵意见!
本研究借鉴该领域相关研究的测量评估方式并结合本研究的具体情况,通过问卷甄选高、低特质焦虑被试,以对其进行更具针对性的测量。主要依据类似的研究如Dodd等(2017)使用该测量评估方式甄选了高、低特质焦虑被试,探讨特质性焦虑的个体内部因素对注意偏向的影响;同样,Cox等(2017)根据问卷分数甄选高、低特质焦虑被试,发现其对于场景情绪的感知存在差异等。作者在后续的研究中会进一步考虑增加其他相关因素的测量,以更好地控制被试其他个体因素的影响,使实验结果更具有效性和说服力。我们在论文修改稿讨论部分的最后一段加入了进一步完善被试甄选方式的改进方法。再次感谢审稿专家提出的宝贵建议。修改内容可见修改稿讨论部分最后一段倒数第2行,具体内容如下:

> 另外,还可以增加被试抑郁、恐惧等状态的评估,进一步控制其他个体状态性因素的影响,使结果更加完整、更具说服力。

意见2: 文中讨论部分多处都不准确或者无依据。如作者在第24页有以下表述:"中等强度的快乐面部表情的情绪意义更清晰,个体更容易通过面孔结构特征识别面孔情绪,故而场景的影响不显著。"按照作者这个思路,高强度的快乐面部表情的情绪意义会比中等强度的更清晰,为何又有场景的效应呢?由此可见,作者对中等强度的快乐表情没有场景效应的解释是存在问题的。同理,作者对100%强度的恐惧表情缺乏场景效应的解释也完全是基于猜测。另外,同样在第24页,作者有如下表述:"由此本研究推断,在面孔情绪探测过程中,高特质焦虑者存在场景和面孔情绪性信息的整合困难:与面孔情绪一致或不一致的场景信息没有显著影响其对面孔情绪的探测。这种场景与面孔情绪信息整合的困难很可能导致高特质性焦虑的个体不能准确地对面孔所处的外周环境信息进行加工,从而产生较多面部表情识别的错误。"但是,参考文中的实验结果,实际上无论是对于一致的还是不一致的场景信息,高焦虑者的判断比例都高于低焦虑者的判断比例,所以,如何得出高特质焦虑者存在场景和面孔情绪性信息的整合困难呢的结论呢?也许其他研究中的确发现高特质焦虑者存在整合困难,但是本研究的结果无法支持这个说法。

回应:非常感谢审稿专家提出的宝贵意见!

(1)针对讨论部分中,对于不同强度面孔情绪探测的解释问题,答复如下:

参考以往渐变面孔情绪识别的相关研究(Lee et al.,2012;Lim,Pessoa,2008;Wingenbach et al.,2017),并结合被试对不同层级面孔的情绪强度评价,本研究发现在不同层级面孔情绪的识别过程中,场景效应的表现不同。这可能与个体对快乐、恐惧面孔情绪加工的差异相关,故而针对此结果做出推论。结合审稿专家的意见,我们重新思考了本部分的表述,并进行了修改。在对于不同强度面孔场景效应表现的解释上,删除了关于"快乐面孔情绪意义更清晰"的推论,见修改稿讨论部分第4段第1行。具体修改内容如下:

> 另外,个体对快乐和恐惧面孔情绪探测的场景效应表现不同。对于恐惧面部表情,在40%和60%的情绪层级上,面孔与场景情绪一致条件下(消极场景与恐惧面部表情相继呈现)的正确率显著高于不一致条件(积极场景与恐惧面部表情相继呈现)。这说明场景信息影响中等强度恐惧面部表情的识别,即在先前呈现的消极场景启动条件下,个体更容易察觉面孔中的恐惧情绪。Lim和Pessoa(2008)向被试呈现两种颜色的面孔,在呈现其中一种颜色的面孔时对被试进行厌恶性电刺激。将面孔颜色与引起恐惧情绪的电刺激建立联系后,要求被试对从中性到恐惧的渐变面部表情进行情绪探测。结果发现,相比于没有伴随电击的面孔,被试对将伴随电击中等强度水平(40%~60%)的恐惧面孔判断为"恐惧"的频率显著增加。该研究采用情绪学习的方法操控面孔颜色背景的情绪性经验,而本研究采用更为直接和自然的场景图片刺激,同样发现场景促进了个体对中等强度恐惧面部表情的识别。

修改了关于100%层级恐惧面孔场景效应的推论。见修改稿讨论部分第4段第10行,内容如下:

> 另外,80%和100%层级的快乐面孔仍然存在显著的场景效应,100%情绪层

级的恐惧面孔上场景效应不显著。个体对于快乐和恐惧面孔情绪识别存在不同的加工方式,有研究者认为在对面孔进行结构化编码过程中,与恐惧情绪相关的突显刺激会被快速地提取(Adolphs,2002;张丹丹 等,2013)。也有研究者认为快乐面孔的构型更容易被识别,个体对快乐面孔的探测反应时更短(Dodd et al.,2017)。Terasawa 等(2014)的研究同样发现内感受性敏感的个体更容易识别快乐面部表情。本研究中,不同面孔情绪探测中的场景效应存在差异,该结果表明面孔情绪识别的特异性与个体对场景信息的加工相关。

(2) 针对本文讨论部分中特质性焦虑在面孔情绪探测中的作用问题,答复如下:

依据审稿专家的意见,我们修改了"高特质焦虑者可能存在对场景和面孔情绪信息整合困难"的表述。在该部分讨论中,本研究从来自情绪观察者内部人格特质差异性的角度,探讨了高、低特质性焦虑对面孔情绪的识别以及场景效应的表现。修改内容可见修改稿讨论部分第5段第1行,具体内容如下:

> 对高、低特质性焦虑组的面孔情绪探测正确率分析发现,特质性焦虑作为面孔观察者内部个体因素对场景效应起调节作用。具体表现为,低特质性焦虑被试在面孔情绪探测中表现出显著的场景效应,而在高特质性焦虑被试中则并未发现该场景效应。高特质性焦虑者在进行面孔情绪探测过程中较难受到场景信息的影响,而更多关注面孔本身的情绪信息。有研究者认为,高特质性焦虑个体对负性面部表情,如恐惧面部表情,存在加工上的偏向(Walentowska,Wronka,2012)。然而,本研究所发现的高特质性焦虑者对伴随面孔呈现的场景背景信息的忽略不仅表现在恐惧面孔上,也表现在快乐面孔上。以往有研究采用ERPs或fMRI技术探讨了外周信息对面孔情绪识别的影响,如来自听觉、嗅觉、视觉的背景信息对面孔情绪识别的影响(Groot et al.,2012;Li et al.,2015)。并且,Zhang 等(2010)发现,在极短的刺激间隔中,场景情绪与靶子词的情绪一致性效应同样会发生,具体表现为情绪冲突条件下N400更大的波幅。此外,面孔情绪的观察者内部存在的个体差异,如年龄、文化背景、人格特质等,同样会影响面孔情绪识别以及场景效应(Aviezer et al.,2017;Calder et al.,2011;Noh,Isaacowitz,2013)。例如,与年轻人相比,老年人在面孔情绪识别过程中更易受到场景信息的影响,在面孔与场景情绪不一致时表现出更显著的场景效应(Noh,Isaacowitz,2013)。本研究中,低特质性焦虑组的被试存在显著的场景效应,高特质性焦虑组则不显著,同样表明面孔观察者内部个体因素,如特质性焦虑程度,影响了个体对面孔情绪的识别以及场景效应的表现。

该部分修改内容已在文章中用红色字体标注,再次感谢审稿专家的意见。

审稿专家3

作者探讨了场景对不同情绪强度面孔探测的影响,同时考察了特质性焦虑在此影响中的调节作用。作者已较好地回答了两位审稿专家的评审意见,目前还有以下问题需要回答,请作者加以修改或解释说明。

意见1: 摘要中结论的表述需要做进一步的提升,语言表述上要把结论和统计结果的显著/不显著区分开来。如审稿专家1的意见1所述,高特质焦虑者对场景和面孔情绪信息的整合存在困难只能作为作者的推论,实验本身并不能直接支持这一结论。也可能高特质焦虑对面孔情绪的探测较少受或者不受启动场景情绪的影响。建议作者慎重考虑对结论的表述。

回应: 非常感谢审稿专家提出的宝贵意见!

(1) 我们修改了结论中显著/不显著的不恰当的表述。见修改稿摘要部分第8行,具体内容为:

> 该研究结果表明:① 对于情绪强度较低的面部表情,快乐与恐惧面孔情绪探测都更容易受到场景的影响;② 相比于中等强度快乐面孔,场景更容易影响中等强度恐惧面孔情绪的探测;③ 特质性焦虑的个体因素在场景对面孔情绪探测的影响中发挥调节作用,高特质性焦虑者在情绪识别中较少受到场景信息的影响。

(2) 对"高特质焦虑者对场景和面孔情绪信息存在整合困难"的相关推论,作者结合审稿专家的意见进行了审慎的思考,在相关讨论部分进行了修改。本研究从来自情绪观察者内部人格特质差异性的角度,探讨了高、低特质性焦虑对面孔情绪的识别以及场景效应的表现。修改内容可见修改稿讨论部分第5段第1行,具体内容如下:

> 对高、低特质性焦虑组的面孔情绪探测正确率分析发现,特质焦虑作为面孔观察者内部个体因素对场景效应起调节作用。具体表现为低特质性焦虑被试在面孔情绪探测中表现出显著的场景效应,而在高特质性焦虑被试中则并未发现该场景效应。高特质性焦虑者在进行面孔情绪探测过程中较难受到场景信息的影响,而更多关注面孔本身的情绪信息。有研究者认为,高特质性焦虑个体对负性面部表情,如恐惧面部表情,存在加工上的偏向(Walentowska, Wronka, 2012)。然而,本研究所发现的高特质性焦虑者对伴随面孔呈现的场景背景信息的忽略不仅表现在恐惧面孔上,也表现在快乐面孔上。以往有研究采用ERPs或fMRI技术探讨了外周信息对面孔情绪识别的影响,如来自听觉、嗅觉、视觉的背景信息对面孔情绪

识别的影响(Groot et al., 2012; Li et al., 2015)。并且, Zhang等(2010)发现, 在极短的刺激间隔中, 场景情绪与靶子词的情绪一致性效应同样会发生, 具体表现为情绪冲突条件下N400更大的波幅。此外, 面孔情绪的观察者内部存在的个体差异, 如年龄、文化背景、人格特质等, 同样会影响面孔情绪识别以及场景效应(Aviezer et al., 2017; Calder et al, 2011; Noh, Isaacowitz, 2013)。例如, 与年轻人相比, 老年人在面孔情绪识别过程中更易受到场景信息的影响, 在面孔与场景情绪不一致时表现出更显著的场景效应(Noh, Isaacowitz, 2013)。本研究中, 低特质性焦虑组的被试存在显著的场景效应, 高特质性焦虑组则不显著, 同样表明面孔观察者内部个体因素, 如特质性焦虑程度, 影响了个体对面孔情绪的识别以及场景效应的表现。

意见2: 方法部分对实验所用情绪面孔的交代还需要更详细一些, 可以指出用到图片库中情绪面孔的具体编号, 以便读者参考, 因为图中只给出了一个模特的面孔。另外, 原图片库中的面孔图片是彩色的, 而作者使用的面孔图片是黑白的, 应该交代清楚。既然作者又另外招募了38人评定面孔图片及场景图片的合理性, 那就应该在正文中有所体现, 建议作者在正文中补充相关内容。再就是被试的性别并没有做到平衡, 而且男性被试和女性被试数量差异较显著, 诸多研究都表明在情绪探测方面确实存在着性别差异。还有一点就是为什么面孔图片采用的是"恐惧""中性""快乐", 而场景图片却选取了"积极""消极"呢? 请作者加以解释。

回应: 非常感谢审稿专家提出的宝贵意见!
(1) 关于实验材料中编号和图片色彩的问题, 已在修改稿中进行了补充, 具体可见修改稿方法部分"2.2 实验刺激"第1行, 补充内容如下:

> 本研究所使用的面孔图片(4人, 男女各半, 即在图片库中编号为01, 06, 28和36的4名模特)选自NimStim面部表情图片库(the NimStim Set of Facial Expressions)(Tottenham et al., 2009)。其中, 呈现典型快乐、中性以及恐惧表情的面孔图片各4张。去除这些面孔图片的头发和其他饰物, 仅保留面孔内部特征, 并调整为灰度一致的黑白图片, 使用Morph技术进行情绪强度的渐变处理。

(2) 关于图片材料的合理性评定, 依据审稿专家的意见, 我们在正文中补充了材料评定的相关内容, 具体可见修改稿方法部分"2.2 实验刺激"第2段第1行, 补充内容如下:

> 为了进一步验证Morph处理之后面孔材料的有效性, 招募了未参加过类似实验的38名被试(男19人, 女19人), 年龄在18~21岁($M=19.12$, $SD=0.84$), 对实验材料的情绪强度进行9点评分(1表示"非常弱的快乐/恐惧", 9表示"非常强的快

乐/恐惧")。结果表明,对快乐和恐惧面孔的情绪强度评分,均表现出不同情绪层级上差异显著(快乐面孔:$F(5,33)=76.420, p<0.001$, partial $\eta^2=0.874$;恐惧面孔:$F(5,33)=33.677, p<0.001$, partial $\eta^2=0.779$)。事后多重比较发现,除了100%与80%情绪层级以外,其他情绪层级均表现出显著差异,即较高层级情绪强度评分显著高于较低层级($ps<0.05$),这表明被试能够区分不同层级的面部表情强度。

(3) 关于不同性别被试的数量差异较大的问题,答复如下:

在被试的选择中,我们使用Spielberger状态-特质焦虑问卷(State-Trait Anxiety Inventory, STAI)(Spielberger et al., 1983),依据问卷得分高低27%为标准进行被试筛选后,受到分数高低以及被试参与意愿的影响,不同性别被试数量出现了一定的差异。尽管本研究的考察重点在于考察特质性焦虑的个体因素对面孔情绪探测过程中场景效应的调节作用,并不关注面部表情探测的性别差异,但是,诚如审稿专家所言,情绪探测方面存在着性别差异,这也是本研究需要进一步完善的地方。作者在后续的研究中会更加注意平衡男女被试数量,使实验结果更具有效性和说服力。在讨论部分最后一段我们也增加了此方面不足和局限的内容,再次感谢审稿专家提出的建议。具体修改内容见修改稿讨论部分最后一段倒数第4行,内容如下:

本研究中不同性别被试存在一定的数量差异,而性别差异是影响面部表情加工的一个因素,后续的研究会进一步平衡被试的数量以期获得更加稳定的实验结果。

(4) 对于本研究中选取恐惧、中性、快乐面孔图片,积极、消极场景图片的问题,答复如下:

在面孔图片的选择上,本研究主要探讨了快乐、恐惧两种面部表情。在场景图片的选择上,本研究所使用场景图片均来自国际情绪图片系统(International Affective Pictures System, IAPS)(Lang et al, 2008),情绪效价和唤醒度是该图片库中情绪图片评定的重要指标。由于场景图片包含的信息比较复杂,较难按照具体的情绪类型进行分类,因此以往研究大多依据情绪效价选取积极和消极场景图片,如Xu等(2015)选取的与快乐相关的积极场景图片和与恐惧相关的消极场景图片,以及Hietanen和Astikainen(2013)在探讨快乐、悲伤面部表情探测中,同样使用了积极和消极场景图片。因此,结合以往研究,我们选取了与快乐相关的积极场景(如鲜花盛开)图片和与恐惧相关的消极场景(如车祸现场)图片(Lee et al., 2012;杨亚平 等,2015)。考虑到语言描述的准确性,我们对文中实验材料相关内容进行了修改,具体可见修改稿方法部分"2.2 实验刺激"第3段第1行,修改内容如下:

另外,本研究所使用场景图片均来自国际情绪图片系统(International Affective Pictures System, IAPS)(Lang et al, 2008),其中与快乐相关的积极场景(如鲜花盛开)图片20张,与恐惧相关的消极场景(如车祸现场)图片20张。

另外,在论文讨论部分最后一段的研究展望中,补充了与实验材料相关的内容。在具体可见修改稿讨论部分最后一段第5行,补充内容如下:

本研究使用了不同情绪效价(积极和消极)的场景刺激,探讨场景对快乐和恐惧面孔情绪探测的影响,未来的研究有必要使用情绪意义分类更加明确的场景刺激,以及恐惧面孔以外的其他负性面部表情作为实验材料,更加全面地探讨场景情绪性信息对面部表情识别的影响。

意见3:表2和图3的内容是一样的,建议保留其一。表2的格式不够规范,p值可以单独设为一栏,将p值放在快乐面孔和恐惧面孔之下是不合适的。图3需要指出误差线是标准差、标准误还是95%的置信区间。

回应:非常感谢审稿专家提出的宝贵意见!
依据审稿专家的建议,删除内容重复的表2,保留图3,并将表2中涉及的数据内容补充在文中。另外,本文中的误差线表示标准误,已补充在图2、图3的图注中。具体见修改稿结果部分第2段第5行,修改内容如下:

对于快乐面部表情,在100%,80%和20%三个情绪层级上,一致条件(即积极场景与快乐面部表情相继呈现)比不一致条件(消极场景与快乐面部表情相继呈现)有着更高的情绪探测正确率(100%:一致条件$M=0.933,SE=0.019$ vs 不一致条件$M=0.892,SE=0.027,p=0.030$;80%:一致条件$M=0.929,SE=0.016$ vs 不一致条件$M=0.882,SE=0.028,p=0.010$;20%:一致条件$M=0.189,SE=0.023$ vs 不一致条件$M=0.135,SE=0.018,p=0.013$)。另外,对于恐惧面部表情,除了100%和0%两个情绪层级外,在80%,60%,40%和20%四个情绪层级上,均有一致条件(即消极场景与恐惧面部表情相继呈现)比不一致条件(即快乐场景与恐惧面部表情相继呈现)有着更高的情绪探测正确率(80%:一致条件$M=0.683,SE=0.021$ vs 不一致条件$M=0.626,SE=0.027,p=0.008$;60%:一致条件$M=0.604,SE=0.019$ vs 不一致条件$M=0.545,SE=0.024,p=0.008$;40%:一致条件$M=0.471,SE=0.023$ vs 不一致条件$M=0.412,SE=0.025,p=0.014$;20%:一致条件$M=0.349,SE=0.030$ vs 不一致条件$M=0.275,SE=0.026,p=0.001$)的情况,具体见图3。

意见4:审稿人认为如果面孔和场景同时呈现的话,可以只考虑正确率,但在情绪启动范式中,报告反应时还是必要的,因为被试反应较慢时,对面孔情绪的探测可能受场景情绪效价的影响较小。所以正文中建议作者补充反应时的结果。

回应:非常感谢审稿专家提出的宝贵意见!

根据审稿专家的意见,我们在结果部分补充了反应时的结果。具体见修改稿结果部分第4段,补充内容如下:

以面孔情绪探测反应时指标为因变量,剔除错误反应以及超出各实验条件平均数上下3个标准差的数据,进行2(特质性焦虑:高,低)×2(场景类型:积极,消极)×2(面部表情序列:恐惧序列,快乐序列)×6(面孔情绪层级:0%,20%,40%,60%,80%,100%)的重复测量方差分析,其中特质性焦虑因素为组间变量,其他均为组内变量。

方差分析结果表明,面部表情序列主效应显著,$F(1,55)=7.640$,$p<0.001$,partial $\eta^2=0.120$,面孔情绪层级的主效应显著,$F(5,51)=34.808$,$p<0.001$,partial $\eta^2=0.398$,面部表情序列和面孔情绪层级的交互作用显著,$F(5,51)=4.674$,$p<0.001$,partial $\eta^2=0.310$,进一步简单效应分析发现,在100%、80%和60%情绪层级上,均表现出快乐面孔反应时显著快于恐惧面孔(100% 层级:快乐面孔$M=776.75$ms,$SE=32.491$ vs 恐惧面孔$M=877.93$ms,$SE=30.750$;80% 层级:快乐面孔$M=779.05$ms,$SE=27.720$ vs 恐惧面孔$M=891.98$ms,$SE=31.854$;60% 层级:快乐面孔$M=857.27$ms,$SE=36.087$ vs 恐惧面孔$M=946.56$ms,$SE=41.922$,$ps<0.05$),在其他情绪层级上则差异不显著($ps>0.05$)。

意见 5:细节方面,参考文献有错误,比如 Zhang,Li,Gold 和 Yang(2010)应该是 Zhang,Li,Gold 和 Jiang(2010)。

回应:非常感谢审稿专家提出的宝贵意见!我们已在论文的相应位置进行了修改。

第三轮

审稿专家1

意见:作者对上一次的评审意见进行了较好的回答、修改和说明。同意发表。

回应:非常感谢您的肯定!

审稿专家2

意见1:每个被试需进行440个试次的实验,是否会产生疲劳效应?是否需要中间休息?关于这个部分,作者在实验程序部分没有做相应的说明。

回应:非常感谢审稿专家提出的宝贵意见!在正式实验中,每40个试次后被试休息一次,休息完毕后按空格键继续实验,以减轻疲劳效应。该部分内容已补充在"2.4 实验程序"的第1段末尾,具体如下:

> 正式实验中,每40个试次后被试休息一次,休息完毕后按空格键继续实验。实验总时长约30分钟。

意见2:已有研究表明,性别差异是影响面部表情加工的一个因素,因此性别因素是需要控制的额外变量,而本文中的被试性别差异显著,被试样本代表性不够,所得出来的实验结果可能不够稳定。

回应:非常感谢审稿专家提出的宝贵意见!对于本研究中被试性别差异显著的问题,答复如下:

我们使用了中文的Spielberger状态-特质焦虑问卷(State-Trait Anxiety Inventory,STAI)(Spielberger et al.,1983),对随机选取的436名大学生被试进行特质性焦虑的评定,并根据问卷得分高低27%为标准选取高、低特质性焦虑被试。由于受到问卷分数高低以及被试参与意愿的影响,不同性别被试的数量出现了一定的差异。尽管本研究的考察重点在于特质性焦虑的个体因素对面孔情绪探测过程中场景效应的调节作用,并不关注面部表情探测的性别差异,但是,诚如审稿专家所言,性别差异是影响面部表情加工的一个因素,这也是本研究需要进一步完善的地方。我们在后续的研究中会更加注意平衡不同性别被试数量,使实验结果更具有效性和说服力。在讨论部分最后一段我们也补充了此方面不足和局限的内容,再次感谢审稿专家提出的建议。修改内容见讨论部分最后一段倒数第4行,具体如下:

> 本研究中选取的高、低特质性焦虑被试在性别上存在一定的数量差异,而性别差异是影响面部表情加工的因素之一,后续的研究需要进一步平衡被试性别以期获得更加稳定的实验结果。

2. 英文论文的修改说明

例如,2020年9月19日在线发表于《Current Psychology》的《Parents' personality traits and children's subjective well-being: A chain mediating model》(Fan et al.,2020)一文的修改说明如下:

The First Round

Associate Editor:

Your revision may be a good fit for the special Issue "Parents and Children." When you submit your revision, you may opt for your manuscript to be included in the special issue if you desire.

Response: We agree to the suggestion and choose this special issue.

Reviewer #1:

The goals of the study were to examine the effects of extroversion, neuroticism and wellbeing of parents on their children's subjective well-being and personality traits. The relations between parental characteristics and children's characteristics are an important issue in developmental research, and many studies explored this topic. The authors are commended for providing research on this unique and large sample. However, there are several important comments that the authors have to attend to.

1. There is a need to provide separate information for fathers and mothers. When the authors wrote that the sample has been consisted of 602 parents, it means 301 fathers and 301 mothers. I highly recommend performing the models separately for fathers & children and separately for mothers & their children. If the authors preferred to use combined average measures — they have first to provide mean scores and *SD* separately for fathers and for mothers, to provide the correlations and differences between genders in order to justify why they decided to provide single parenting scores for each family. In addition, the separate measures for fathers and mothers have to appear at the sample description, and the preliminary results section. In the introduction they have to provide research on the different gender characteristics of fathers and mothers and to justify why they decided to ignore them.

Response: Thanks for your suggestion. For the issue of parents using total scores instead of calculating them separately, our initial idea was to add the scores of fathers and mothers as a whole dimension, namely, parental personality traits. In the process of discussing the influence of parents' personality traits on their children's subjective well-being, we did not discuss the difference between the roles of father and mother separately. According to your suggestion, we reorganized the data and discuss separately. At the same time, we supplemented relevant studies on gender differences between parents and their respective sample data. The results showed that there were significant differences between fathers and mothers, which made our original conclusion more specific and in-depth and increased the theoretical value of this paper. We appreciated your advice and help very much. Revisions can be seen on Page 6 at Lines 155—161, "3 Results" all, "2 Methods" and Page 14 at 360—376 Lines in blue font in the revised manuscript.

2. There is a need to update the research survey with special attention to updated research in intergenerational transmission research, as well as in epigenetic research.

2.1. The authors wrote "… but only a few studies have focused on the intergenerational transmission of subjective well-being（p. 3l—38）. In fact there is a vast amount of recent international research on the intergeneration of wellbeing, and such as the following three studies, and there are many more. The authors have to revise their literature survey and to include updated studies from international scientific journals that propose the process in different cultures. It is also important to add research on Chinese parenting for a single child in the family, and to include it in the discussion section.

Response: Thanks for your suggestion. In the previous writing process, we missed some latest studies. In addition to the three references you provided, we retrieved some studies on the intergeneration of well-being and supplemented and modified them in the article. We found that most studies have discussed the relationship between parents' and children's subjective well-being, but how does this intergenerational transmission effect occur and what is the transmission mechanism still lack of in-depth research. At present, there are few researches on the transmission mechanism. Some scholars have studied the intergenerational transmission effect of subjective well-being from the perspective of parent-child relationship, empathic reactions, parenting style and parent-child interaction (Fan et al., 2019; Powdthavee & Vignoles, 2008; Zhang et al., 2015), but it is still not comprehensive to consider from the perspective of genes, such as the influence of personality traits. So this study aimed to explore the specific process by which parental personality traits affect their children's subjective well-being in the context of Chinese culture. Revisions can be seen on Page 2—3 at Lines 40—47, 50—62 and Page 6 at Lines 152—155 in blue font in the revised manuscript.

2.2 The debates about the interrelations between genetic and environmental impacts on the intergeneration relations in the introduction and in the discussion are indeed a very important aspect of this study. However, the authors have to provide recent discussions and updated models of explanation such as epigenetics. Please see for example.

Avinun, R. (2020). The E Is in the G: Gene-Environment-Trait Correlations and Findings From Genome-Wide Association Studies. *Perspectives on Psychological Science, 15*(1), 81—89. doi: 10.1177/1745691619867107.

Ayoub, M., Briley, D. A., Grotzinger, A., Patterson, M. W., Engelhardt, L. E., Tackett, J. L., ⋯ Tucker-Drob, E. M. (2019). Genetic and Environmental Associations between Child Personality and Parenting. *Social Psychological and Personality Science, 10*(6), 711—721. doi: 10.1177/1948550618784890.

Response: Thanks for your suggestion. The purpose of this research is to explore how subjective well-being is transmitted to children through the parents' personality traits, and what kind of internal transmission process is in it. A previous research found that the intergenerational transmission effect of subjective well-being would be affected by environmental factors. For example, parent-child communication in the family could promote the transmission of subjective well-being between two generations (Fan, Li, Liu, Fang, & Zhang, 2019). Just as you provided our literature, researchers have recently paid attention to the influence of genetic genes on parenting and children's personality traits, and it may have an equally important impact on the subjective well-being of the two generations. Therefore, we have supplemented and updated our article based on your suggestions and considered the relationship between genes and environmental factors, making the theory of the article more in-depth. Thank you again for your suggestions. Revisions can be seen on Page 15 at Lines 377—381, Page 13 at Lines 317—323 and Page 16 at Lines 397—405 in blue font in the revised manuscript.

3. The authors have to explain and justify why the wellbeing measure is "the total score of which was the sum of the difference between the standardized score of life satisfaction and those for positive and negative emotions." Do they have research to validate it? I am not sure why it is better than the usage of the Diener life satisfaction scores. Please also note a recent important Diener manuscript:

Diener, E., Oishi, S., & Tay, L. (2018). Advances in subjective well-being research. *Nature Human Behaviour*, 2(4), 253—260. doi: 10.1038/s41562-018-0307-6.

Response: Thanks for your suggestion. Regarding the measurement of subjective well-being, we have a thorough consideration in the research process. For the definition of SWB, we refer to the concept of Diner et al., who believe that subjective well-being includes positive emotions, negative emotions and life satisfaction (Diener, Emmons, Larsen, & Griffin, 1985). As for using the Diener Life Satisfaction Scores (1985) and the Affect Balance Scale compiled by Bradburn (1969), we have referred to the research methods of many scholars at home and abroad, they all used "The total score of which was the sum of the difference between the standardized score of life satisfaction and those for positive and negative emotions" to represent the score for SWB (Govindji & Linley, 2007; Linley et al., 2010; Sheldon & Elliot, 1999). Therefore, the life Satisfaction scores were not used as a single indicator of SWB in this study.

4. Happiness is a different concept from well-being. Thus several sentences about happiness seems unrelated to this manuscript. Such as p.1 line 42 (first sentence off this manuscript) "Happiness has always been a popular topic of consideration and is subsequently an often-pursued state of being for many people" and In the discussion p. 11 line 47—48 "the role of personality traits in the intergenerational transmission of happiness."

Response: Thanks for your correction. The main object of this study is well-being, so we have adjusted the relevant expression accordingly.

5. A discussion in a recent study has provided a unique perspective to the results

of this study pinpointing attention to the nature of the association between wellbeing and Extraversion. Please see: Margolis, S., Stapley, A. L., Lyubomirsky, S. (2020) The association between Extraversion and well-being is limited to one facet. *Journal of Personality, 88*: 478—484. https://doi.org/10.1111/jopy.12504.

Response: Thanks for your recommend. We have read the literature carefully and added the helpful content to the manuscript. Revisions can be seen on Page 13 at Lines 328—333 in blue font in the revised manuscript.

Reviewer #2:
I have reviewed the manuscript number CUPS-D-20-00912, titled "Parents' Personality Traits and Children's Subjective Well-being: A Chain Mediating Model." The study examined the contributions of extroversion and Neuroticism of parents on their children's subjective well-being, as well as the mediating roles of parents' subjective well-being and their children's personality traits on the association between personality of parents and children's subjective well-being. Most of the findings were as expected. Although the cross-sectional design precludes causal explanations of the findings, strengths of the study include the within family or intergenerational approach and the adoption of a serial mediation analyses. I have made some observations that will enhance the understanding of the manuscript.

Abstract

Page 1, Line 24: Author(s) referred to partial mediation. I suggest the adjective "partial" should be removed. It is enough to say that there is a mediation. Such descriptors like "partial" or full mediation are no longer in consonance with modern thinking on mediation analyses. I have checked the data analysis section and found that the significance was based on when confidence interval did not include 0. There are other places in the manuscript where authors mentioned partial mediation (Pages 9—14). Let this description be changed. Please see Andrew Hayes website (http://processmacro.org/faq.html) or read this book for more information.

Hayes, A. F. (2018). Introduction to mediation, moderation and conditional process analysis: A regression-based approach. New York: Guilford.

Keywords: It is more convenient to arrange them in alphabetical order.

Introduction

Page 4, Line 23—30: Please provide citation(s) for the statements.

Page 5, Line 5: Do you mean "outrightly"?

Response: Thanks for your suggestions and comments. Regarding adjective "partial", we re-checked the full text about "partial mediation" and corrected it to "mediation". For keywords, we have arranged them in alphabetical order. For the statements on Page 4, we have made corresponding citations supplement. For the "They reduced or even outright avoided emotional exchanges with their children," we find that the statement is absoluteness and does not accord with reality. So we changed the original sentence to "They sometimes reduce or even avoid emotional exchanges with their children". In the end, thank for your correction! Revisions can be seen on Page 1 at Lines 18 and Page 3 at Lines 66—71 in blue font in the revised manuscript.

The Second Round

Reviewer #2:
I have reviewed the revised manuscript number CUPS-D-20-00912R1, Parents' Personality Traits and Children's Subjective Well-being: A Chain Mediating Model. The manuscript has improved tremendously, and I commend the author(s) for adopting the suggestions. There are some minor issues that need attention.

Abstract

Page 1, Line 6—7: Authors wrote "This study recruited 301 families, including both parents and children, used questionnaires to achieve its objectives". I would recast the sentence in this way — This study recruited 301 families, including both parents and children, and questionnaires were used to obtain the data.

Response: Thanks for your kind suggestion. We have changed the original sentence as you suggested. Please see Lines 6—7 in blue font in the revised manuscript.

Page 1, Line 7—10: I would recast the section in this way — The results indicated that: (1) parents' high level of extroversion personality trait predicted their children's increase in subjective well-being, while parents' higher scores on neuroticism predicted their children's reduced subjective well-being.

Response: Thanks for your kind suggestion. We have changed the original sentence as you suggested. Please see Lines 8—10 in blue font in the revised manuscript.

Page 1, Line 10—13: Authors wrote "(2) Both parents' subjective well-being and their children's personality traits (extroversion and neuroticism) played a mediating roles in the association between the parents' personality traits and their influence on their children's subjective well-being."

Response: Thanks for your kind suggestion. We have changed the original sentence as you suggested. Please see Lines 10—12 in blue font in the revised manuscript.

It is preferable to explain what the mediation results showed. A simple statement that there was a mediation does not convey much meaning to the reader on the nature of the findings.

Response: Thanks for your suggestion. We have added one sentence related to the mediation effect in the revised manuscript. Please see Lines 12—16 in blue font in the revised manuscript.

Page 1, Line 13—15: Authors wrote "From this, a chain mediating model was built between these four 14 variables (parents' personality traits, parents' subjective well-being, children's personality traits, and 15 children's subjective well-being)." This sentence does not add much value to the abstract. Consider revising it or delete it.

Response: Thanks for your kind suggestion. We have deleted the original sentence as you suggested.

There are still some typos and grammatical errors (e.g., punctuations) in the

manuscript. For instance, page 3, Line 63 has individual's. These grammatical issues should be addressed. I suggest a language editing for the manuscript.

Response: Thanks for your comment. We have corrected this error and carefully edited the whole manuscript.

Results

The rows in Tables 1 and 2 showing the correlation of a variable with itself as indicated by the integer "1", can be changed to "-". Just a dash or hyphen is enough and neater.

Response: Thanks for your suggestion. We have changed "1" in the original manuscript into "-" in the revised manuscript in Table 1 & 2 as you suggested. Please see Lines 232 and 238 in blue font in the revised manuscript.

The Third Round

Editor:

There are a few remaining typos that should be corrected.

Page 2 Surveyin should be Survey in.

Discussion, first paragraph — genetic should be genetics.

Also there may be places were there are extra spaces between words or after periods.

Please re-proofread the manuscript carefully and resubmit.

Reponses: Thanks for your kind comments. We have corrected all these typos as you mentioned. In addition, we have re-proofread the manuscript carefully.

3. 社会科学类部分期刊索引

作者获得了修改的机会只能说明审稿专家愿意就某些问题或某一具体问题与作者进

行探讨,并非意味论文已经可以被接受。一般来说,提交的修改稿还要再送原审稿人复审。待复审结束后,还要送责任编委审查外审专家意见。最后,编委会和主编(或值班副主编)对文稿进行终审并决定文稿最终能否被接受。只有通过主编终审或经编委会讨论通过的文稿,编辑部才会给作者发送录用通知以及进行后续的工作。

为了方便广大研究者有针对性地投稿,按照中文社会科学引文索引(Chinese Social Sciences Citation Index,CSSCI)来源期刊目录(2021~2022),本书整理了涉及社会科学类部分期刊,如表15.5所示。

表15.5 中文社会科学引文索引(CSSCI)来源期刊目录(2021~2022)中的部分社会科学类期刊

学科	期刊名称	(2020)复合影响因子	(2020)综合影响因子
经济学	保险研究	2.896	1.464
	北京工商大学学报(社会科学版)	3.299	1.748
	财经科学	3.124	1.827
	财经理论与实践	3.138	1.393
	财经论丛	2.604	1.204
	财经问题研究	2.686	1.370
	财经研究	5.412	3.333
	财贸经济	0.339	0.086
	财贸研究	3.169	1.662
	财政研究	4.778	2.902
	产业经济研究	6.275	3.667
	当代财经	4.113	2.089
	当代经济科学	3.053	1.607
	改革	5.202	3.724
	广东财经大学学报	3.957	2.085
	贵州财经大学学报	2.617	1.414
	国际金融研究	5.721	3.126
	国际经济评论	4.050	2.378
	国际经贸探索	3.301	1.941
	国际贸易	2.560	1.571
	国际贸易问题	4.664	2.644
	国际商务(对外经济贸易大学学报)	3.057	1.357
	宏观经济研究	3.245	1.660
	江西财经大学学报	2.864	1.679
	金融经济学研究	3.586	1.556

续表

学科	期刊名称	(2020)复合影响因子	(2020)综合影响因子
经济学	金融论坛	4.708	2.448
	金融评论	2.614	1.158
	金融研究	10.043	5.705
	经济经纬	3.183	1.730
	经济科学	3.844	2.303
	经济理论与经济管理	3.623	2.000
	经济评论	5.541	3.148
	经济社会体制比较	2.631	1.622
	经济问题	3.538	1.732
	经济问题探索	3.277	1.798
	经济学(季刊)	8.604	5.799
	经济学报	1.516	0.844
	经济学动态	3.685	2.540
	经济学家	5.130	3.188
	经济研究	15.063	10.699
	经济与管理研究	4.097	2.016
	经济纵横	3.307	1.934
	劳动经济研究	2.237	1.688
	南方经济	3.518	2.083
	南开经济研究	3.536	2.196
	农村经济	3.518	2.219
	农业技术经济	4.829	3.213
	农业经济问题	6.021	4.351
	山西财经大学学报	4.921	2.069
	商业经济与管理	2.877	1.304
	商业研究	2.313	1.039
	上海财经大学学报	3.821	2.008
	上海经济研究	3.322	1.814
	世界经济	8.927	5.891
	世界经济文汇	2.416	1.649
	世界经济研究	4.548	2.426
	世界经济与政治论坛	2.195	1.416
	数量经济技术经济研究	6.793	4.364

续表

学科	期刊名称	(2020)复合影响因子	(2020)综合影响因子
经济学	税务研究	3.206	1.435
	现代财经(天津财经大学学报)	3.139	1.306
	现代经济探讨	2.554	1.424
	现代日本经济	2.642	1.474
	亚太经济	2.167	1.118
	证券市场导报	3.888	1.451
	政治经济学评论	2.113	1.730
	中国工业经济	15.314	10.787
	中国经济问题	3.231	1.685
	中国农村观察	6.212	4.686
	中国农村经济	9.868	7.503
	中南财经政法大学学报	3.553	1.609
	中央财经大学学报	3.880	1.658
政治学	北京行政学院学报	1.668	0.953
	当代世界	1.161	0.639
	当代亚太	4.111	2.619
	德国研究	1.672	0.910
	东北亚论坛	3.427	1.940
	东南亚研究	2.094	1.274
	甘肃行政学院学报	2.301	1.353
	公共行政评论	3.398	2.283
	国际安全研究	2.353	1.471
	国际观察	1.653	0.959
	国际论坛	1.694	0.896
	国际问题研究	4.439	2.664
	国际展望	2.417	1.448
	国际政治科学	1.667	1.229
	国际政治研究	2.013	1.244
	和平与发展	1.692	0.933
	江苏行政学院学报	1.805	1.005
	理论探索	2.745	1.506
	理论探讨	2.281	1.155
	理论学刊	1.881	0.952

续表

学科	期刊名称	(2020)复合影响因子	(2020)综合影响因子
政治学	理论与改革	2.796	1.438
	美国研究	2.204	1.419
	南亚研究	2.206	1.333
	南洋问题研究	2.286	1.222
	欧洲研究	2.053	1.404
	求实	3.555	1.626
	人权	0.523	0.275
	日本学刊	1.967	1.022
	上海行政学院学报	2.862	1.529
	世界经济与政治	4.731	3.583
	台湾研究	0.714	0.516
	太平洋学报	2.373	1.567
	探索	3.340	1.707
	外交评论	5.135	3.446
	西亚非洲	1.534	0.920
	现代国际关系	2.500	1.601
	行政论坛	3.536	1.916
	政治学研究	5.287	3.757
	中共中央党校学报	3.051	1.727
法学	比较法研究	6.710	3.948
	当代法学	6.133	3.468
	东方法学	10.623	4.602
	法律科学(西北政法大学学报)	8.724	5.167
	法商研究	5.032	2.859
	法学	6.283	3.283
	法学家	6.569	3.889
	法学论坛	5.152	2.441
	法学评论	7.849	4.226
	法学研究	12.190	8.036
	法制与社会发展	3.620	2.573
	国家检察官学院学报	6.917	3.258
	华东政法大学学报	5.000	3.031
	环球法律评论	6.691	3.784

续表

学科	期刊名称	（2020）复合影响因子	（2020）综合影响因子
法学	清华法学	6.770	4.295
	现代法学	5.058	2.595
	行政法学研究	5.741	2.905
	政法论丛	3.105	1.700
	政法论坛	5.278	2.949
	政治与法律	5.872	3.259
	中国法律评论	4.420	2.576
	中国法学	12.614	7.443
	中国刑事法杂志	6.685	4.259
	中外法学	5.975	3.677
历史学	安徽史学	0.483	0.370
	当代中国史研究	0.738	0.448
	东南文化	1.037	0.534
	古代文明	0.545	0.273
	华侨华人历史研究	0.679	0.548
	近代史研究	1.532	1.266
	经济社会史评论	0.463	0.263
	抗日战争研究	0.726	0.607
	历史档案	0.524	0.437
	历史研究	1.279	0.943
	民国档案	0.190	0.171
	清史研究	1.076	0.935
	史林	0.446	0.358
	史学集刊	0.645	0.414
	史学理论研究	0.561	0.390
	史学史研究	0.454	0.333
	史学月刊	0.650	0.464
	世界历史	0.724	0.545
	文史	0.480	0.270
	文献	0.234	0.167
	西域研究	0.842	0.684
	中国经济史研究	0.915	0.710
	中国农史	0.844	0.607

续表

学科	期刊名称	(2020)复合影响因子	(2020)综合影响因子
历史学	中国社会经济史研究	0.376	0.318
	中国史研究	0.873	0.551
	中国史研究动态	0.423	0.260
	中华文史论丛	0.422	0.314
	自然科学史研究	0.468	0.342
社会学	妇女研究论丛	1.870	1.151
	青年研究	2.054	1.297
	人口学刊	4.491	2.733
	人口研究	6.280	3.944
	人口与发展	3.135	1.966
	人口与经济	4.217	2.362
	社会发展研究	2.176	1.510
	社会学评论	1.828	1.247
	社会学研究	8.537	6.545
	中国青年研究	2.702	1.551
	中国人口科学	4.887	3.621
心理学	心理发展与教育	3.960	1.830
	心理科学	1.872	0.865
	心理科学进展	2.498	1.306
	心理学报	3.758	1.762
	心理与行为研究	2.220	1.000
	应用心理学	1.711	0.908
	中国临床心理学杂志	2.696	1.542
教育学	北京大学教育评论	2.310	1.621
	比较教育研究	1.791	0.934
	大学教育科学	1.692	1.234
	电化教育研究	5.806	3.335
	复旦教育论坛	2.145	1.500
	高等工程教育研究	5.333	4.364
	高等教育研究	2.739	2.015
	高校教育管理	3.325	2.198
	国家教育行政学院学报	2.060	1.315
	湖南师范大学教育科学学报	1.748	0.942

续表

学科	期刊名称	（2020）复合影响因子	（2020）综合影响因子
教育学	华东师范大学学报（教育科学版）	5.853	3.079
	江苏高教	1.784	1.163
	教师教育研究	2.960	1.280
	教育发展研究	2.527	1.566
	教育科学	1.497	0.886
	教育学报	2.448	1.305
	教育研究	4.656	2.957
	教育研究与实验	2.000	0.935
	教育与经济	2.736	1.785
	开放教育研究	5.372	3.448
	课程·教材·教法	3.829	1.354
	清华大学教育研究	3.399	2.580
	全球教育展望	3.408	1.329
	外国教育研究	1.863	0.944
	现代大学教育	1.526	1.097
	现代教育技术	3.790	2.187
	现代远程教育研究	4.831	2.865
	现代远距离教育	3.309	1.724
	学前教育研究	2.654	1.290
	学位与研究生教育	1.795	1.327
	研究生教育研究	1.694	1.189
	远程教育杂志	8.667	5.370
	中国电化教育	5.412	2.939
	中国高等教育	1.795	1.241
	中国高教研究	4.249	3.140
	中国教育学刊	3.092	1.511
	中国远程教育	3.462	2.188
管理学	电子政务	3.863	1.954
	公共管理学报	7.410	4.870
	公共管理与政策评论	2.081	1.244
	管理工程学报	3.009	1.360
	管理科学	5.741	2.832
	管理科学学报	4.346	2.687

续表

学科	期刊名称	(2020)复合影响因子	(2020)综合影响因子
管理学	管理评论	5.583	2.686
	管理世界	7.597	5.067
	管理学报(湖北)	4.106	2.131
	管理学刊	2.603	1.529
	宏观质量研究	2.329	1.456
	会计研究	9.765	4.460
	会计与经济研究	3.573	1.604
	经济管理	5.371	2.679
	经济体制改革	2.645	1.431
	科技进步与对策	2.722	1.455
	科学管理研究	1.724	1.014
	科学决策	3.036	1.500
	科学学研究	4.238	2.618
	科学学与科学技术管理	4.311	2.169
	科研管理	4.711	2.462
	南开管理评论	8.797	4.726
	软科学	3.100	1.529
	社会保障评论	3.816	2.851
	审计研究	6.738	3.251
	审计与经济研究	7.296	2.366
	外国经济与管理	3.967	1.988
	系统工程理论与实践	2.337	1.526
	研究与发展管理	4.506	2.407
	预测	2.556	1.239
	治理研究	2.820	1.503
	中国管理科学	4.082	2.208
	中国科技论坛	2.409	1.347
	中国科学院院刊	3.509	2.484
	中国软科学	5.418	3.337
	中国行政管理	4.137	2.353
新闻学	编辑学报	2.264	1.957
	编辑之友	1.821	0.932
	出版发行研究	1.038	0.664

续表

学科	期刊名称	（2020）复合影响因子	（2020）综合影响因子
新闻学	出版科学	1.234	0.818
	当代传播	1.833	0.845
	国际新闻界	3.272	1.975
	科技与出版	1.240	0.890
	现代出版	0.786	0.502
	现代传播（中国传媒大学学报）	1.907	0.926
	新闻大学	2.537	1.172
	新闻记者	3.096	1.674
	新闻界	2.270	1.066
	新闻与传播研究	3.535	2.151
	新闻与写作	1.976	0.874
	中国编辑	0.944	0.630
	中国出版	1.201	0.647
	中国科技期刊研究	2.430	2.172

2021年12月20日，《2021年中国科学院文献情报中心期刊分区表》正式发布。2021基础版分区表继续突出支持本土品牌期刊国际化的导向，形成了"中国SCI期刊评价方案"：主要措施包括调整提升中国期刊入选高区位的比例、扩大中国期刊入选基数（吸纳中国ESCI期刊进入分区表评价范围）和提升弱势学科期刊分区结果等。对于综合性期刊，2021年基础版分区表采用2020年的工作方案：先将综合性期刊的每篇论文划分到一级学科，然后计算每篇论文在相应学科的影响力，最后汇总整本期刊的影响力水平。本书整理了社会科学部分小类及其涉及的期刊，如表15.6~表15.11所示。

表15.6 BEHAVIORAL SCIENCES（行为科学）小类期刊

序号	期刊名称	分区	三年平均影响因子
1	Trends in Cognitive Sciences	Q1	17.207
2	Behavioral and Brain Sciences	Q1	15.702
3	Neuroscience and Biobehavioral Reviews	Q1	8.440
4	Autism Research	Q1	4.213
5	Cortex	Q1	4.104
6	Advances in the Study of Behavior	Q2	4.096
7	Current Opinion in Behavioral Sciences	Q2	3.957
8	Hormones and Behavior	Q2	3.740
9	Appetite	Q2	3.659

第十五章
社会科学研究论文的写作与投稿

续表

序号	期刊名称	分区	三年平均影响因子
10	Evolution and Human Behavior	Q2	3.402
11	Genes Brain and Behavior	Q2	3.334
12	Behavioural Brain Research	Q2	3.026
13	Pharmacology Biochemistry and Behavior	Q2	2.942
14	Stress: The International Journal on the Biology of Stress	Q2	2.921
15	Physiology & Behavior	Q2	2.901
16	Human Factors	Q2	2.901
17	Frontiers in Behavioral Neuroscience	Q2	2.897
18	Neuropsychologia	Q2	2.888
19	Neurobiology of Learning and Memory	Q3	2.885
20	Biological Psychology	Q3	2.880
21	Animal Cognition	Q3	2.811
22	Journal of ECT	Q3	2.790
23	Behavioral and Brain Functions	Q3	2.780
24	Animal Behaviour	Q3	2.736
25	Cognitive Affective & Behavioral Neuroscience	Q3	2.716
26	Behavioral Ecology	Q3	2.709
27	Epilepsy & Behavior	Q3	2.608
28	Chemical Senses	Q3	2.586
29	Frontiers in Integrative Neuroscience	Q3	2.575
30	Aggressive Behavior	Q3	2.561
31	Behavioral Ecology and Sociobiology	Q3	2.453
32	Behavior Genetics	Q3	2.449
33	Behavioral Medicine	Q4	2.390
34	Brain and Behavior	Q4	2.290
35	Language Cognition and Neuroscience	Q4	2.233
36	Journal of Developmental and Behavioral Pediatrics	Q4	2.179
37	Applied Animal Behaviour Science	Q4	2.151
38	Journal of Experimental Psychology: Animal Learning and Cognition	Q4	2.095
39	Journal of the Experimental Analysis of Behavior	Q4	2.077
40	Behavioral Pharmacology	Q4	1.941
41	Behavioral Neuroscience	Q4	1.909
42	Behavioral Processes	Q4	1.877

续表

序号	期刊名称	分区	三年平均影响因子
43	Journal of Veterinary Behavior: Clinical Applications and Research	Q4	1.834
44	Journal of Comparative Physiology A: Neuroethology Sensory Neural and Behavioral Physiology	Q4	1.744
45	Brain Behavior and Evolution	Q4	1.742
46	Journal of Comparative Psychology	Q4	1.714
47	Learning & Behavior	Q4	1.674
48	Ethology	Q4	1.630
49	Behaviour	Q4	1.471
50	Journal of Ethology	Q4	1.364
51	Cognitive and Behavioral Neurology	Q4	1.249
52	Ethology Ecology & Evolution	Q4	1.127
53	Acta Ethologica	Q4	1.065

表15.7　EDUCATION, SCIENTIFIC DISCIPLINES（学科教育）小类期刊

序号	期刊名称	分区	三年平均影响因子
1	Academic Medicine	Q1	5.728
2	Medical Education	Q1	5.147
3	Anatomical Sciences Education	Q1	4.581
4	Studies in Science Education	Q2	3.456
5	International Journal of STEM Education	Q2	3.431
6	Advances in Health Sciences Education	Q2	3.031
7	Journal of Engineering Education	Q2	3.010
8	Medical Teacher	Q2	3.003
9	Perspectives on Medical Education	Q2	2.947
10	Hematology: American Society of Hematology Education Program	Q2	2.853
11	Journal of Nutrition Education and Behavior	Q2	2.805
12	Nurse Education Today	Q2	2.792
13	CBE: Life Sciences Education	Q3	2.648
14	Journal of Surgical Education	Q3	2.440
15	Chemistry Education Research and Practice	Q3	2.382
16	Education for Chemical Engineers	Q3	2.333
17	Teaching and Learning in Medicine	Q3	2.159
18	Physical Review Physics Education Research	Q3	2.062

续表

序号	期刊名称	分区	三年平均影响因子
19	IEEE Transactions on Education	Q3	2.062
20	American Journal of Pharmaceutical Education	Q3	2.061
21	BMC Medical Education	Q3	2.055
22	Journal of Chemical Education	Q3	2.042
23	Advances in Physiology Education	Q3	2.036
24	Journal of Science Education and Technology	Q4	1.914
25	International Journal of Electrical Engineering Education	Q4	1.894
26	Journal of School Health	Q4	1.771
27	Journal of Ccancer Education	Q4	1.768
28	European Journal of Dental Education	Q4	1.645
29	International Journal of Technology and Design Education	Q4	1.607
30	ACM Transactions on Computing Education	Q4	1.534
31	Journal of Continuing Education in the Health Professions	Q4	1.353
32	Computer Applications in Engineering Education	Q4	1.274
33	Journal of Civil Engineering Education	Q4	1.181
34	American Journal of Physics	Q4	1.030
35	Engineering Studies	Q4	1.021
36	Biochemistry and Molecular Biology Education	Q4	1.010
37	Journal of Veterinary Medical Education	Q4	0.984
38	Journal of Biological Education	Q4	0.957
39	European Journal of Physics	Q4	0.800
40	International Journal of Engineering Education	Q4	0.744
41	Physics Teacher	Q4	0.662
42	Indian Journal of Pharmaceutical Education and Research	Q4	0.537
43	Journal of Materials Education	Q4	0.394
44	American Biology Teacher	Q4	0.300

表15.8 HISTORY & PHILOSOPHY OF SCIENCE(科学史与科学哲学)小类期刊

序号	期刊名称	分区	三年平均影响因子
1	Social Studies of Science	Q1	3.450
2	Agriculture and Human Values	Q1	2.955
3	Science and Engineering Ethics	Q1	2.862
4	British Journal for the Philosophy of Science	Q1	2.784

续表

序号	期刊名称	分区	三年平均影响因子
5	Synthese	Q2	1.869
6	Philosophy Ethics and Humanities in Medicine	Q2	1.788
7	Science & Education	Q2	1.530
8	Journal of Agricultural & Environmental Ethics	Q2	1.530
9	NanoEthics	Q2	1.425
10	Biology & Philosophy	Q2	1.393
11	Philosophy of Science	Q2	1.277
12	Medical History	Q2	1.275
13	Studies in History and Philosophy of Science	Q2	1.275
14	Studies in History and Philosophy of Modern Physics	Q3	1.224
15	Journal of the History of Medicine and Allied Sciences	Q3	1.212
16	European Physical Journal H	Q3	1.103
17	European Journal for Philosophy of Science	Q3	1.080
18	Engineering Studies	Q3	1.021
19	Foundations of Science	Q3	0.991
20	Biosemiotics	Q3	0.967
21	Journal of the History of Biology	Q3	0.962
22	Osiris	Q3	0.951
23	History and Philosophy of the Life Sciences	Q3	0.943
24	Foundations of Chemistry	Q3	0.923
25	Perspectives in Biology and Medicine	Q3	0.893
26	History of Science	Q3	0.878
27	Philosophia Mathematica	Q3	0.810
28	Bulletin of the History of Medicine	Q3	0.800
29	Social History of Medicine	Q3	0.777
30	Technology and Culture	Q3	0.768
31	History of the Human Sciences	Q4	0.737
32	Studies in History and Philosophy of Science Part C: Studies in History and Philosophy of Biological and Biomedical Sciences	Q4	0.720
33	ISIS	Q4	0.697
34	Historical Studies in the Natural Sciences	Q4	0.681
35	Archive for History of Exact Sciences	Q4	0.619
36	ENDEAVOUR	Q4	0.605

续表

序号	期刊名称	分区	三年平均影响因子
37	Notes and Records: The Royal Society Journal of the History of Science	Q4	0.601
38	Theology and Science	Q4	0.599
39	Cryptologia	Q4	0.594
40	Ambix	Q4	0.575
41	Historical Records of Australian Science	Q4	0.568
42	Early Science and Medicine	Q4	0.560
43	IEEE Annals of the History of Computing	Q4	0.541
44	Science in Context	Q4	0.500
45	Herald of the Russian Academy of Sciences	Q4	0.499
46	Dynamis	Q4	0.481
47	History and Philosophy of Logic	Q4	0.481
48	Historia Mathematica	Q4	0.475
49	Journal for the History of Astronomy	Q4	0.466
50	Annals of Science	Q4	0.461
51	Hyle	Q4	0.402
52	Physics in Perspective	Q4	0.395
53	History of Geo- and Space Sciences	Q4	0.389
54	Agricultural History	Q4	0.380
55	Journal of the History of the Neurosciences	Q4	0.374
56	Revued' Histoire des Mathématiques	Q4	0.369
57	Nexus Network Journal	Q4	0.367
58	Berichte zur Wissenschaftsgeschichte	Q4	0.234
59	Earth Sciences History	Q4	0.228
60	Nuncius: Journal of the History of Science	Q4	0.224
61	Archives of Natural History	Q4	0.213
62	Centaurus	Q4	0.198
63	Bollettino di Storia delle Scienze Matematiche	Q4	0.195

表 15.9　OPERATIONS RESEARCH & MANAGEMENT SCIENCE（运筹学与管理科学）小类期刊

序号	期刊名称	分区	三年平均影响因子
1	Journal of Operations Management	Q1	6.743
2	International Journal of Production Economics	Q1	6.006
3	Omega: International Journal of Management Science	Q1	5.916

续表

序号	期刊名称	分区	三年平均影响因子
4	Technovation	Q1	5.862
5	Journal of Manufacturing Systems	Q1	5.793
6	Expert Systems with Applications	Q2	5.566
7	International Journal of Production Research	Q2	5.448
8	Transportation Research Part E: Logistics and Transportation Review	Q2	5.273
9	Reliability Engineering & System Safety	Q2	5.089
10	Transportation Research Part B: Methodological	Q2	4.989
11	Manufacturing & Service Operations Management (M&SOM)	Q2	4.849
12	Decision Support Systems	Q2	4.788
13	Production Planning & Control	Q2	4.663
14	European Journal of Operational Research	Q2	4.451
15	Management Ssience	Q2	4.344
16	Safety Science	Q2	4.200
17	Fuzzy Optimization and Decision Making	Q2	4.191
18	Memetic Computing	Q3	4.145
19	IEEE Systems Journal	Q3	4.127
20	Socio-Economic Planning Sciences	Q3	3.756
21	Transportation Science	Q3	3.604
22	Mathematical Programming	Q3	3.535
23	Computers & Operations Research	Q3	3.478
24	Production and Operations Management	Q3	3.242
25	Annals of Operations Research	Q3	3.240
26	International Transactions in Operational Research	Q3	3.174
27	Networks	Q3	2.963
28	Operations Research	Q3	2.781
29	Systems & Control Letters	Q3	2.730
30	International Journal of Computer Integrated Manufacturing	Q3	2.719
31	Journal of Quality Technology	Q3	2.573
32	Flexible Services and Manufacturing Journal	Q3	2.497
33	International Journal of Industrial Engineering Computations	Q3	2.455
34	Engineering Optimization	Q3	2.401
35	Networks & Spatial Economics	Q3	2.334
36	International Journal of Information Technology & Decision Making	Q3	2.326

续表

序号	期刊名称	分区	三年平均影响因子
37	International Journal of Systems Science	Q3	2.300
38	Journal of the Operational Research Society	Q3	2.263
39	IISE Transactions	Q3	2.140
40	Optimization and Engineering	Q4	2.138
41	Quality Technology and Quantitative Management	Q4	2.104
42	Quality and Reliability Engineering International	Q4	2.004
43	Computational Optimization and Applications	Q4	1.938
44	Informs Journal on Computing	Q4	1.889
45	Operational Research	Q4	1.885
46	Journal of Global Optimization	Q4	1.881
47	Central European Journal of Operations Research	Q4	1.869
48	Mathematics of Operations Research	Q4	1.795
49	Journal of Optimization Theory and Applications	Q4	1.745
50	Optimal Control Applications & Methods	Q4	1.745
51	Journal of Scheduling	Q4	1.722
52	Studies in Informatics and Control	Q4	1.699
53	Optimization	Q4	1.695
54	Journal of Simulation	Q4	1.651
55	Optimization Methods & Software	Q4	1.640
56	Proceedings of the Institution of Mechanical Engineers Part O: Journal of Risk and Reliability	Q4	1.602
57	OR Spectrum (ORSP)	Q4	1.599
58	4OR-A Quarterly Journal of Operations Research	Q4	1.581
59	Optimization Letters	Q4	1.557
60	Top	Q4	1.528
61	Journal of Industrial and Management Optimization	Q4	1.397
62	International Journal of Technology Management	Q4	1.391
63	IMA Journal of Management Mathematics	Q4	1.280
64	European Journal of Industrial Engineering	Q4	1.242
65	Applied Stochastic Models in Business and Industry	Q4	1.212
66	Journal of Systems Science and Systems Engineering	Q4	1.175
67	Mathematical Methods of Operations Research	Q4	1.122
68	Systems Engineering	Q4	1.099

续表

序号	期刊名称	分区	三年平均影响因子
69	INFOR	Q4	1.053
70	Queueing Systems	Q4	1.048
71	Statistics and Operations Research Transactions (SORT)	Q4	1.029
72	Naval Research Logistics	Q4	1.026
73	Rairo: Operations Research	Q4	1.019
74	Discrete Event Dynamic Systems: Theory and Applications	Q4	1.012
75	Concurrent Engineering-Research and Applications	Q4	1.005
76	Engineering Economist	Q4	0.983
77	Interfaces	Q4	0.979
78	Probability in the Engineering and Informational Sciences	Q4	0.975
79	Discrete Optimization	Q4	0.954
80	Journal of Systems Engineering and Electronics	Q4	0.938
81	Operations Research Letters	Q4	0.891
82	Asia-Pacific Journal of Operational Research	Q4	0.809
83	Pacific Journal of Optimization	Q4	0.629
84	Military Operations Research	Q4	0.201
85	Journal of the Operations Research Society of China	Q4	0.000

表15.10　PSYCHOLOGY（心理学）小类期刊

序号	期刊名称	分区	三年平均影响因子
1	Annual Review of Psychology	Q1	20.668
2	Psychological Bulletin	Q1	18.326
3	Annual Review of Clinical Psychology	Q1	15.450
4	Psychotherapy and Psychosomatics	Q1	15.422
5	Journal of Child Psychology and Pschiatry	Q1	7.382
6	Psychological Review	Q1	7.348
7	Psychological Medicine	Q2	6.391
8	Depression and Anxiety	Q2	5.380
9	International Journal of Eating Disorders	Q2	4.017
10	Psychosomatic Medicine	Q2	3.984
11	Psychophysiology	Q2	3.695
12	Journals of Gerontology Series B: Psychological Sciences and Social Sciences	Q2	3.665

续表

序号	期刊名称	分区	三年平均影响因子
13	Health Psychology	Q2	3.616
14	Journal of Memory and Language	Q2	3.603
15	Social Cognitive and Affective Neuroscience	Q2	3.556
16	Psycho-Oncology	Q2	3.443
17	Psychology of Sport and Exercise	Q2	3.438
18	Cognitive Psychology	Q2	3.415
19	International Psychogeriatrics	Q2	3.099
20	Psychology and Psychotherapy: Theory Research and Practice	Q3	2.935
21	Journal of Experimental Psychology: Human Perception and Performance	Q3	2.907
22	Frontiers in Human Neuroscience	Q3	2.904
23	Human Factors	Q3	2.901
24	Neurobiology of Learning and Memory	Q3	2.885
25	Biological Psychology	Q3	2.880
26	Journal of the International Neuropsychological Society	Q3	2.855
27	Journal of Experimental Psychology: Learning Memory and Cognition	Q3	2.851
28	Neuropsychology	Q3	2.759
29	Neuropsychological Rehabilitation	Q3	2.697
30	International Journal of Psychophysiology	Q3	2.678
31	Journal of Applied Sport Psychology	Q3	2.646
32	Clinical Neuropsychologist	Q3	2.591
33	Stress and Health	Q3	2.579
34	Journal of Sport & Exercise Psychology	Q3	2.563
35	Journal of Neuropsychology	Q3	2.555
36	Journal of Studies on Alcohol and Drugs	Q3	2.538
37	Archives of Clinical Neuropsychology	Q3	2.398
38	Ergonomics	Q3	2.383
39	Cognitive Neuropsychology	Q3	2.330
40	Developmental Psychobiology	Q3	2.305
41	Quarterly Journal of Experimental Psychology	Q4	2.236
42	Vision Research	Q4	2.225
43	Eating Disorders	Q4	2.194
44	Social Neuroscience	Q4	2.162
45	Journal of Clinical and Experimental Neuropsychology	Q4	2.142

续表

序号	期刊名称	分区	三年平均影响因子
46	Research Quarterly for Exercise and Sport	Q4	2.138
47	Journal of Experimental Psychology: Animal Learning and Cognition	Q4	2.095
48	Human Movement Science	Q4	2.062
49	Human Psychopharmacology: Clinical and Experimental	Q4	2.017
50	Psychosomatics	Q4	1.976
51	Attention Perception & Psychophysics	Q4	1.962
52	Neuropsychobiology	Q4	1.899
53	Multisensory Research	Q4	1.889
54	Clinical Child Psychology and Psychiatry	Q4	1.850
55	Clinical EEG and Neuroscience	Q4	1.810
56	Applied Neuropsychology: Adult	Q4	1.761
57	Journal of Comparative Psychology	Q4	1.714
58	Developmental Neuropsychology	Q4	1.691
59	Substance Use & Misuse	Q4	1.681
60	Sport Psychologist	Q4	1.489
61	Applied Neuropsychology: Child	Q4	1.438
62	Anales de Psicologia	Q4	1.432
63	Perception	Q4	1.403
64	Clinical Psychologist	Q4	1.378
65	Experimental Aging Research	Q4	1.343
66	Journal of Motor Behavior	Q4	1.307
67	Journal of Genetic Psychology	Q4	1.085
68	Spanish Journal of Psychology	Q4	0.995
69	Neurocase	Q4	0.940
70	Zeitschrift für Psychosomatische Medizin Und Psychotherapie	Q4	0.828
71	International Journal of Sport Psychology	Q4	0.680
72	Le Travail Humain	Q4	0.635
73	Gériatrie et Psychologie Neuropsychiatrie du Vieillissement	Q4	0.627
74	Zeitschrift für Neuropsychologie	Q4	0.300
75	Annales Médico-Psychologiques	Q4	0.289
76	Pratiques Psychologiques	Q4	0.283
77	Psycho-Oncology	Q4	0.102

表15.11 SPORT SCIENCES（运动科学）小类期刊

序号	期刊名称	分区	三年平均影响因子
1	British Journal of Sports Medicine	Q1	12.708
2	Sports Medicine	Q1	9.091
3	Qualitative Research in Sport Exercise and Health	Q1	6.736
4	American Journal of Sports Medicine	Q1	6.035
5	Exercise Immunology Review	Q1	6.021
6	Journal of Sport and Health Science	Q1	5.341
7	Sports Medicine-Open	Q1	4.830
8	Exercise and Sport Sciences Reviews	Q2	5.300
9	Journal of the International Society of Sports Nutrition	Q2	4.689
10	Medicine and Science in Sports and Exercise	Q2	4.639
11	Arthroscopy: The Journal of Arthroscopic and Related Surgery	Q2	4.510
12	Journal of Orthopaedic & Sports Physical Therapy	Q2	3.883
13	Journal of Science and Medicine in Sport	Q2	3.850
14	International Journal of Sports Physiology and Performance	Q2	3.839
15	Scandinavian Journal of Medicine & Science in Sports	Q2	3.702
16	International Journal of Sport Nutrition and Exercise Metabolism	Q2	3.567
17	Knee Surgery Sports Traumatology Arthroscopy	Q2	3.552
18	Psychology of Sport and Exercise	Q2	3.438
19	Research in Sports Medicine	Q2	3.259
20	Journal of Strength and Conditioning Research	Q2	3.257
21	Archives of Physical Medicine and Rehabilitation	Q2	3.254
22	Journal of Applied Physiology	Q2	3.239
23	Clinical Journal of Sport Medicine	Q2	3.168
24	Journal of Exercise Science & Fitness	Q2	1.717
25	Sports Health: A Multidisciplinary Approach	Q3	3.119
26	European Journal of Sport Science	Q3	3.069
27	Journal of Sports Sciences	Q3	2.915
28	Sport Education and Society	Q3	2.910
29	European Journal of Applied Physiology	Q3	2.904
30	Journal of Shoulder and Elbow Surgery	Q3	2.900
31	Applied Physiology Nutrition and Metabolism	Q3	2.881
32	Science and Medicine in Football	Q3	2.815
33	Journal of Sport Management	Q3	2.739

续表

序号	期刊名称	分区	三年平均影响因子
34	Journal of Applied Sport Psychology	Q3	2.646
35	Orthopaedic Journal of Sports Medicine	Q3	2.603
36	International Journal of Sports Medicine	Q3	2.602
37	Journal of Teaching in Physical Education	Q3	2.592
38	Journal of Sport & Exercise Psychology	Q3	2.563
39	Gait & Posture	Q3	2.535
40	Quest	Q3	2.525
41	Journal of Athletic Training	Q3	2.510
42	Biology of Sport	Q3	2.336
43	Journal of Rehabilitation Medicine	Q3	2.288
44	Clinics in Sports Medicine	Q3	2.196
45	Journal of Sports Science and Medicine	Q3	2.190
46	Sports Biomechanics	Q3	2.190
47	Research Quarterly for Exercise and Sport	Q3	2.138
48	Physical Therapy in Sport	Q4	2.097
49	Journal of Orthopaedic Trauma	Q4	2.078
50	Sociology of Sport Journal	Q4	2.062
51	Human Movement Science	Q4	2.062
52	Measurement in Physical Education and Exercise Science	Q4	2.027
53	PM&R	Q4	2.007
54	American Journal of Physical Medicine & Rehabilitation	Q4	1.969
55	Knee	Q4	1.958
56	BMC Sports Science Medicine and Rehabilitation	Q4	1.957
57	Journal of Electromyography and Kinesiology	Q4	1.954
58	Physician and Sportsmedicine	Q4	1.925
59	Clinical Biomechanics	Q4	1.888
60	Pediatric Exercise Science	Q4	1.843
61	Journal of Aging and Physical Activity	Q4	1.840
62	Adapted Physical Activity Quarterly	Q4	1.833
63	Journal of Human Kinetics	Q4	1.757
64	Journal of Sport Rehabilitation	Q4	1.694
65	High Altitude Medicine & Biology	Q4	1.656
66	Journal of Applied Biomechanics	Q4	1.614

续表

序号	期刊名称	分区	三年平均影响因子
67	International Journal of Performance Analysis in Sport	Q4	1.598
68	Strength and Conditioning Journal	Q4	1.528
69	Sports Medicine and Arthroscopy Review	Q4	1.506
70	Sport Psychologist	Q4	1.489
71	Wilderness & Environmental Medicine	Q4	1.465
72	Current Sports Medicine Reports	Q4	1.460
73	Journal of Sports Medicine and Physical Fitness	Q4	1.457
74	Kinesiology	Q4	1.354
75	Journal of Motor Behavior	Q4	1.307
76	Revista Internacional de Medicina y Ciencias de la Actividad Fisica y del Deporte	Q4	1.285
77	Motor Control	Q4	1.247
78	Archives of Budo	Q4	1.226
79	ACSM's Health & Fitness Journal	Q4	1.179
80	Proceedings of the Institution of Mechanical Engineers, Part P: Journal of Sports Engineering and Technology	Q4	0.995
81	Sportverletzung-Sportschaden	Q4	0.883
82	Science & Sports	Q4	0.717
83	International Journal of Sport Psychology	Q4	0.680
84	Physikalische Medizin Rehabilitationsmedizin Kurortmedizin	Q4	0.541
85	Medicina Dello Sport	Q4	0.507
86	Isokinetics and Exercise Science	Q4	0.482
87	Revista Brasileira de Medicina do Esporte	Q4	0.378
88	Operative Techniques in Sports Medicine	Q4	0.353

此外，2021年6月23日，中共中央宣传部、教育部、科技部印发《关于推动学术期刊繁荣发展的意见》的通知，具体内容如下：

  学术期刊是开展学术研究交流的重要平台，是传播思想文化的重要阵地，是促进理论创新和科技进步的重要力量。加强学术期刊建设，对于提升国家科技竞争力和文化软实力，构筑中国精神、中国价值、中国力量具有重要作用。为做好学术期刊出版工作，推动学术期刊繁荣发展，提出如下意见。

一、总体要求

以习近平新时代中国特色社会主义思想为指导，紧紧围绕党和国家重大决策部署和宣传思想工作根本任务，坚持为人民服务、为社会主义服务，坚持百花齐放、百家争鸣，坚持正确政治方向、出版导向、价值取向，加快提升学术期刊内容质量和传播力影响力，不断完善把社会效益放在首位、社会效益和经济效益相统一的体制机制，为建设世界科技强国和社会主义文化强国作出更大贡献。

——坚持高举旗帜、服务大局。坚持马克思主义在意识形态领域的指导地位，深入学习宣传贯彻习近平新时代中国特色社会主义思想，增强"四个意识"，坚定"四个自信"，做到"两个维护"，充分发挥学术期刊独特作用，提高学术期刊围绕中心、服务大局能力，为社会主义现代化建设提供强大精神动力和智力支持。

——坚持追求卓越、创新发展。加强优质内容出版传播能力建设，创新内容载体、方法手段、业态形式、体制机制，实现学术组织力、人才凝聚力、创新引领力、品牌影响力明显提升，推动学术期刊加快向高质量发展阶段迈进，努力打造一批世界一流、代表国家学术水平的知名期刊。

——坚持优化布局、分类施策。加强顶层设计和系统谋划，推动资源有效配置，健全期刊准入退出机制，明确各类学术期刊功能定位，统筹推进传统出版和新兴出版融合发展，形成总量适度、动态调整、重点突出、结构合理的学术期刊出版格局。

——坚持建管并举、规范发展。坚持一手抓繁荣发展，一手抓引导管理，完善扶持措施，优化发展环境，改进评价体系，规范出版秩序，深化改革创新，推动学术期刊出版良性健康发展。

二、加强出版能力建设

（一）提升学术引领能力。引导学术研究立足中国实际，回应现实关切，把论文写在祖国的大地上，紧密服务党和国家中心工作和战略任务。哲学社会科学期刊要把深入研究、宣传、阐释习近平新时代中国特色社会主义思想，建设有中国特色、中国风格、中国气派的学科体系、学术体系和话语体系作为重大任务，加强理论武装与理论创新，围绕党和国家重大理论和实践问题，围绕群众关注的历史和现实问题，及时开展研究解读和引导辨析，为加快构建中国特色哲学社会科学贡献力量。科技期刊要围绕创新型国家和科技强国建设任务，聚焦国家重大战略需求，服务经济社会发展主战场。坚持问题导向，聚焦前沿领域，活跃学术空气，善于发现创新、鼓励创新、引领创新，对重大问题坚持长期跟踪。加强学术期刊作风学风建设，弘扬科学家精神，有效发挥学术期刊在学术质量、学术规范、学术伦理和科研诚信建设方面的引导把关作用，力戒功利浮躁，杜绝"关系稿""人情稿"，坚决抵制和纠正学术不端行为。

（二）提升编辑策划与把关能力。坚持以创新水平和科学价值作为选稿用稿标准，加强编辑策划，围绕重大主题打造重点专栏、组织专题专刊。不断丰富内容形式，创新学科资讯、学术综述、学术评论等栏目设计。善于区分政治原则问题、思想认识问题、学术观点问题，切实把好政治导向关、学术质量关和价值取向关。加强编委会建设，完善同行评议机制，严格执行"三审三校"等内容把关制度，做到审稿记录长期可追溯、可核查，加强校对工作，切实提高编校质量。

（三）提升出版服务能力。优化出版流程，提高投审稿和出版的时效性，为有重大创新观点的高质量论文设立快速审稿发稿通道，注重为作者提供高水准的专业审稿意见。通过编辑评论、会议推介、新媒体推送等手段提升优秀文章传播效果。密切与学者和学术组织的联系互动，充分发挥学术期刊在学术交流中的桥梁纽带作用。注重培养青年作者，扩大作者的单位和地区覆盖面。

三、优化布局结构

（四）优化刊号资源配置。加强马克思主义学科期刊建设，加快完善基础学科、优势重点学科、新兴学科和交叉学科期刊布局，重视发展工程技术、科学普及、通俗理论、具有重要文化价值和传承意义的"绝学"和冷门学科等类别期刊。支持根据学科发展和建设需要创办新刊。原则上不再新批多学科综合性学报。着力解决内容同质化问题，支持现有学术期刊合理调整办刊定位，鼓励多学科综合性学报向专业化期刊转型，突出优势领域，做精专业内容，办好特色专栏，向"专、精、特、新"方向发展。

（五）推进集群化集团化建设。开展学术期刊集群化发展试点，以优质学术期刊为龙头重组整合资源，建设一批导向正确、品质一流、资源集约、具备核心竞争力的学术期刊集群。鼓励符合条件的学术期刊出版单位转企改制、做强做大。支持规模性出版企业探索协作办刊等模式，跨地域、跨部门、跨学科整合期刊出版资源，打通产业链，重构价值链，形成创新链，打造若干具备较强传播力影响力的学术期刊出版集团。

四、加快融合发展

（六）推动数字化转型。顺应媒体融合发展趋势，坚持一体化发展，通过流程优化、平台再造，实现选题策划、论文采集、编辑加工、出版传播的全链条数字化转型升级，探索网络优先出版、数据出版、增强出版、全媒体出版等新型出版模式。引导学术期刊适应移动化、智能化发展方向，进行内容精准加工和快速分发，推动学术成果大众普及和应用转化。推动学术期刊加强新媒体编辑力量和技术力量，完善相关内容审核把关机制。

（七）推进融合发展平台建设。支持大型学术期刊出版单位开发全流程数字出版平台、综合性学科资讯平台、知识服务平台，运营服务学者的虚拟学术社区。支持高校学报等综合性期刊建立协同出版机制，以专题形式编辑整合内容资源进行网上传播。支持办刊规模较大、技术基础较好的出版企业、期刊集群等聚合出版资源，打造专业化数字出版平台。加强学术期刊论文大数据中心建设，打造世界科技论文引文库。加强国家哲学社会科学文献中心、国家哲学社会科学学术期刊数据库建设，构建方便快捷、资源共享的哲学社会科学研究信息化平台。

五、提升国际传播能力

（八）提升开放办刊水平。支持学术期刊深化与国际同行交流合作，扩大作者群和读者群，积极参与全球学术治理。支持学术期刊根据发展需要选聘海外共同主编，适度增加编委会国际编委比例，充分发挥海外共同主编和国际编委在组稿、审稿、推介等方面的支持作用。鼓励中文学术期刊提供论文英文长摘要、外文学术期刊提供论文中文长摘要，加强期刊外文或双语学术网站建设。支持学术期刊根据学科发展和学术交流需要创办外文或双语学术期刊。

（九）积极开拓国际市场。支持大型学术期刊出版机构、学术期刊数据库提高国际化运作程度，扩大海外用户数量，提高市场开拓和竞争能力，成为我国学术"走出去"的重要平台。鼓励支持有条件的期刊出版企业设立海外分支机构，开展本土化运营。引导学术期刊出版单位增强版权保护和数据安全意识，与境外出版发行企业互利互惠开展合作。

六、优化发展环境

（十）规范学术期刊出版秩序。严格学术期刊出版资质，加强质量检查，严厉打击买卖刊号、承包经营等严重违规行为，加强对滥发质量低劣论文期刊的清理规范，完善退出机制建设。对"三审三校"等制度执行情况、期刊负责人任职资格等加强检查，强化期刊主编终审职责，有效解决编辑出版制度执行不到位、主编"挂名""缺位"等问题。严厉打击假冒学术期刊、假冒学术期刊网站等非法活动。推动学术期刊出版单位积极应用学术出版规范相关国家标准和行业标准，加强防范惩处学术不端行为的机制建设和技术应用，鼓励期刊和行业协会制定发布关于出版伦理、行业规范的声明。推动期刊数据收录机构严格落实把关责任，健全学术期刊收录的前置审核和入库内容日常审核机制。

（十一）完善学术期刊相关评价体系。改进完善学术期刊评价体系，以内容质量评价为中心，坚持分类评价和多元评价，完善同行评价、定性评价，防止过度使用基于"影响因子"等指标的定量评价方法评价学术期刊特别是哲学社会科学期刊。探索建立哲学社会科学期刊评价的行业标准，加强对"核心期刊""来源期刊"等涉哲学社会科学期刊评价的引导规范。引导相关单位在学术评价、人才评价中准确把握学术期刊的评价功能，防止简单"以刊评文"、以"核心期刊""来源期刊"等评价学术期刊及论文质量，反对"唯论文"和论文"SCI至上"等不良倾向，避免SSCI、CSSCI等引文数据使用中的绝对化，鼓励实行论文代表作制度。本科生、研究生申请学位和毕业考核不与在学术期刊上发表论文情况简单挂钩。支持相关科研教育机构针对罔顾学术质量、商业利益至上的期刊建立预警名单。在科研课题申报、学术人才遴选中，应明确学术成果在我国期刊首发的比例，引导重大原创性科研成果更多在我国期刊发表。

（十二）加强人才队伍建设。深入开展增强脚力、眼力、脑力、笔力教育实践，努力造就一支政治强、业务精、作风正的高水平办刊队伍。完善学术期刊负责人岗位培训和从业人员继续教育培训体系，支持学术期刊开展多种形式的国际学术交流和赴外业务研修，适度增加中长期业务交流培训比重。在文化名家暨"四个一批"人才、宣传思想文化青年英才等人才培养项目中，加大对学术期刊从业人员培养力度。支持办刊单位出台政策措施，探索编研结合模式，将优秀学者和科研人员引入办刊队伍，支持教育科研单位教学科研人员与办刊人员双向流动。

七、加强指导扶持

（十三）加强指导管理。相关管理部门、各主管主办单位要把办好学术期刊作为加强党对出版工作全面领导的重要方面，强化重大问题的分析研判和重点任务的部署落实。主管主办单位和属地管理部门要切实落实意识形态工作责任制要求，履行主管主办和属地管理职责，及时出台相关引导措施，加强对学术期刊工作的经常性指导。教育科研单位要将所属学术期刊出版工作纳入本单位科研创新工作予以统筹考虑。学术期刊编辑人员职称评定应重点考核办刊业绩和出版专业技能。

（十四）加大扶持力度。充分发挥马克思主义理论研究和建设工程的指导引领作用，持续推进"中国科技期刊卓越行动计划"、国家社科基金"哲学社会科学精品期刊资助计划"等重大项目，对重点学术期刊予以支持资助，对我国优秀学术期刊及其刊发的重大创新成果加强宣传推介。学术期刊出版单位符合条件转制为企业的，可按规定享受相关税收优惠政策。支持符合条件的学术期刊出版企业上市融资。各地区各有关单位要结合实际，对优秀学术期刊予以积极支持。（中共中央宣传部 等,2021）

【思考题】

1. 请论述社会科学研究论文的组成部分及其写作要点。
2. 请介绍你所学专业的核心期刊及其投稿要求。

第十六章　社会科学研究中的伦理和规范

第一节　社会科学研究中的基本伦理

社会科学研究中的伦理问题源自对开展的研究所采用的方法的关切、两难与冲突,伦理界定了什么是正当的、什么是不正当的,或什么是合乎道德的、什么是不合乎道德的研究程序。然而,绝对的伦理规范并不多,大部分的伦理问题涉及如何在相互竞争的价值之间取得平衡,而且抉择取舍要视不同的情形而定。美国著名社会学家艾尔·巴比(Earl Babble)认为,由于很难定义所谓绝对的道德标准,人们往往将某一群体的约定作为日常生活中的道德和伦理,不同的群体有着不同的道德标准。如果准备在某个特殊的社会环境里生活或在某个特定的社区开展研究,那么了解这里的道德标准将是十分有用且非常必要的。

在实际的社会科学研究中,研究者往往会面对许多伦理上的两难问题,必须决定该如何抉择,而且大多数问题涉及两种价值——追求科学知识与保障被研究者或社会上其他人士的权利问题——之间的平衡。伦理守则和其他的研究者的经验可以提供一些必要的指导,但信守并实施合乎伦理的行为还是由个别研究者具体实施。专业的社会科学研究需要研究者既要有关于研究技术的正确知识(如抽样方法),又要有对研究所涉及的伦理层面问题的敏感性。如果准备进行社会科学研究,应当首先了解研究者一般公认的关于适应研究手段的道德规范(林聚任,2017)。

一、自愿与知情

人们有时会在没有任何准备的情况下接到访谈电话(如宽带客服询问网络使用情况),或收到一份某高等教育研究中心关于高等教育改革情况的问卷调查,或遇到上门推销洗手液的推销员等。社会科学研究往往会打扰人们的日常起居和正常活动,并使人们耗费一定的时间和精力,甚至被要求提供某些本人不愿传递给陌生人的私人信息。因此社会科学研究者要充分尊重被研究者是否愿意参与的意见,坚持自愿参与原则,开展研究前应征得被研究者本人或其监护人的同意。

第十六章
社会科学研究中的伦理和规范

1. 自愿参与

在社会科学研究中,一个主要的伦理原则是参加研究必须是自愿的,不能使任何人在非自愿的情况下参与研究。被研究者同意参加研究(如参与某个实验担任被试),而且可以选择在任何时间退出研究。研究者依赖被研究者的自愿合作,所以研究者需要精心设计并提出问题,充分尊重被研究者。这个原则看似容易,做起来却很困难。例如,菲利普·乔治·津巴多(Philip George Zimbardo)等在20世纪70年代曾经做了一项模拟监狱的研究,史称"斯坦福监狱实验"(Stanford Prison Experiment,SPE)。研究者在斯坦福大学心理学楼地下室设立了一间模拟监狱,邀请24名大学生参与研究,其中18人扮演囚犯,6人扮演看守者。原本计划持续2周的实验在6天半后被迫中止,因为被试的心理和行为发生了巨大变化,扮演看守者的被试日益从侮辱、恐吓以及非人道地处置"囚犯"中获得乐趣;而扮演囚犯的被试则变得被动、抑郁、无能为力、极度沮丧和愤怒,其中有一半的"囚犯"要求被释放,而且精神几乎达到崩溃的边缘。可见,这项研究对被试造成了极大的心理伤害,以被试的身体健康为代价的研究是被绝对严令禁止的。而一些以动物为被试的研究也因可能出现对动物造成较大伤害的操作而有违伦理,例如,爱德华·陶伯(Edward Taub)相信动物的行为是可塑的,可以训练动物完成几乎所有事情。但他对神经可塑性心存质疑,于是他萌发了一个极具开创性的大胆猜想:切断猕猴的感觉神经后失去知觉的肢体在存亡的威胁下还是可以使用的。也就是说,猕猴的肢体虽然无法获得感受,但在强力逼迫下仍能正常使用。这是一个颠覆传统神经学的猜想,敏锐的陶伯很快联想到脑卒中病症。如果实验证明了猜想的正确性,那么脑卒中瘫痪的病人失去知觉的肢体将可以重新恢复使用,脑卒中的治疗也将迎来曙光。陶伯立即根据构想开展实验。1981年5月,陶伯在美国马里兰州银泉开始了他的猕猴实验。研究者将猕猴一只上肢的传入神经切断,而观察其在极度饥饿的状态下是否会啃咬自己感受不到的上肢。研究者为了迫使猕猴使用已无知觉的上肢,采取束缚、电击、克扣食物和水等残忍方式,以至于有猕猴的上肢露出了嶙嶙白骨。实验一开始是切断猕猴的一只上肢的传入神经,随后进一步通过将被试的整个脊髓打开来切断所有感觉神经,为了阻碍感官冲动传递到大脑,之后甚至将猕猴胎儿取出并切除感觉神经。这项实验被曝光后遭到大众和动物保护组织的大力谴责,该事件触发了1985年美国《动物福利法》的修正,成为第一个上诉到美国最高法院的动物实验案例。由于猕猴伤势严重难以存活,不得不对其实施安乐死(张林,刘燊,2020)。

当然,自愿参与这一原则有时可能会直接与社会科学研究的要求或多或少存在冲突。假如被研究者(如填写问卷的人、接受电话采访的人)都是自愿参加的,那么其代表性可能会受到质疑,因为自愿参加某项研究这一行为本身可能是某种特殊个性的反映,而研究结果就难以体现各种类型群体,尤其是非自愿参加研究的群体的真实情况。在一个描述性调查中,只有用科学方法抽取的样本中的大多数对象都参加研究,无论是否自愿,研究者才能将样本的调查结果推论到总体,得出较为准确的科学结论。

2. 知情同意

正由于社会科学研究必须遵守绝不强迫任何人参与研究,且不给参与者带来任何伤害的基本伦理原则,因此,社会科学研究必须遵守知情同意的原则,即研究者要让被研究者了解他们将要参与的是什么形式的活动、活动的性质是什么、研究的程序有哪些、研究的风险有多大、是否有什么收益或可能受到什么伤害等,这些都是知情同意书的基本内容。被研究者看完并理解知情同意书中的各项陈述后,可以签名表示他们已了解这些风险,并且是在没有受到任何强迫的情形下完全自愿地参与研究的。当然,某些研究如隐藏身份的田野研究,经机构审查委员会(Institutional Review Board, IRB)审查可以不必签知情同意书,大规模样本受访者的匿名调查也不必签知情同意书。

知情同意书作为一份书面的同意参与的协议书,通常需要包括如下内容:

第一,关于研究的目的与程序的简要描述,包括期望的研究执行期限。

第二,说明参与研究可能涉及的风险与可能带来的不适。

第三,对记录的匿名保密与绝不外泄做出保证。

第四,关于研究者的身份以及何处可以取得关于被研究者权利或是关于该研究问题的资讯。

第五,关于参与完全是出于自愿,并且随时可以中止、无须接受处罚的陈述。

第六,可能使用替代程序的陈述。

第七,关于支付给被研究者报酬以及被研究者人数的陈述。

第八,提供研究发现摘要报告的陈述。

宁波大学心理学系暨研究所的知情同意书模板如下:

知情同意书(模板)

同学:

您好!

欢迎参加_____研究!本研究的研究目的与内容如下:

……(对拟开展的研究进行简要介绍)

本实验属于科学研究,目的在于研究人类心理与行为的普遍规律,您在实验中的所有反应和回答没有好坏之分。为保证您在实验中的权益,请仔细阅读以下条款:

(1)实验收集的所有信息都将被匿名保密,您的个人隐私会受到保护。您的名字或者其他身份信息不会在任何发表物或教学材料中出现,除非得到您的书面授权。

(2)本实验本着自愿参与的原则,当您感到不适产生放弃参与实验的想法时,您可随时要求退出实验。

(3)如果您有不适于参加该实验的情况(如参与过该实验、色盲等),请告知主试。

(4)本研究所收集到的一切信息,仅用于科学研究,不做其他任何用途。

(5) 如果您对本实验的研究感兴趣,可给主试留下联系方式。本项研究结束时,主试会在伦理与实验要求允许的范围内向您告知主要的结果。

(6) 您已知晓实验内容与目的、可能的风险与不适,以及潜在的益处,且被告知研究带来的可能风险与不适,实验操作人员将采用科学方法予以处理。

(7) 实验中您将按照要求完成特定任务,该过程中您的行为或生理数据将被记录。同时,本实验也将收集一些您的基本信息,例如年龄、性别、利手状况等(根据研究拟收集的数据,可能适当调整)。

(8) 您需承诺对在本次实验中获得的任何信息予以保密。

主试声明:

我确认已经告知被试本研究的内容、目的、可能涉及的风险与可能带来的不适,以及潜在的益处,且将按知情同意书的规定保护被试权益。

主试签名:_____ 日期:_____

被试声明:

我确认已经被告知本实验的内容、目的、可能涉及的风险与可能带来的不适,以及潜在的益处,且关心的所有问题均已得到满意的回答。我已经详细阅读了知情同意书,同意参与本实验。

被试签名:_____ 日期:_____

再次感谢您,愿我们合作愉快。

看待知情同意这项伦理原则的另一种方法,就是修正传统意义上研究者与被研究者之间的关系。研究者与被研究者之间的关系是平等的,而非传统意义上研究者掌握着高于被研究者的权力与威望。一旦确立双方的平等关系,知情同意这项伦理原则就不存在了。相反,研究者让被研究者了解研究技巧,被研究者则成为研究的积极贡献者,双方互惠互利。使用某些抽样方法可以创造研究者与被研究者之间的平等关系,如知情人抽样法、焦点团体法、社区论坛法等,使被研究者都有机会成为研究的参与者与贡献者。

打破研究者与被研究者之间传统的对立关系,树立研究者与被研究者之间新型的平等关系,除了有助于解决知情同意外,还有助于解除研究者并不太理会、考虑、回应被研究对象的需求这样的疑虑,促使研究者与被研究者之间建立伙伴关系,使社会科学研究更具有回应性。

3. 避免强迫特殊群体参与的原则

在社会科学研究中,某些被研究者群体没有能力给予真正的自愿知情同意,他们可能缺乏必要的能力,或可能间接受到强迫。例如,学生、监狱犯人、无家可归者、领取福利津贴者、未成年人或精神心理障碍者,都可能同意参与研究,但他们可能并没有充分的能力来做决定,或他们同意参与只是出于想要得到的某种利益(如比较好的成绩、提早假释、获得更多福利或是额外的服务等)。当研究涉及无行为能力者(如未成年人、精神障碍者等)时,除非满足两个条件才能被认为是合乎伦理的:一是法律监护人授予书面同意,二是研究者遵守所有的不伤害被研究者的伦理原则。例如,研究者想要对中学生校园欺凌现状进行调查,如果这项调查是在校内开展的,则必须征得校方的同意,而且对任何法律上未成年的被研究者开展研究均需要获得家长的同意书,最好也同时争取学生本人的同意。

强迫他人参与研究是不合乎伦理的,这包括给予他们其他方法无法取得的特殊利益。例如,上司命令下属去参与某项洗衣液试用的研究,老师规定学生必须要担任过某项实验的被试才能通过期末考核,或雇主提出受雇者必须完成某项调查才能继续被雇用等,这些都是不合乎伦理的做法。即使是告知后的同意,也会变成扭曲式的同意(林聚任,2017)。

二、不伤害参与者

无论参与者是否自愿,社会科学研究都绝不允许伤害研究对象。研究者必须熟知所有可能出现的伤害类型,竭尽所能地将这些伤害降至最低。通常情况下,社会科学研究可能会对研究对象造成的伤害有如下几种:生理伤害、心理伤害、法律伤害以及对个人收入、工作、前程或生活所造成的其他伤害。

1. 生理伤害

社会科学研究中最基本的伦理原则是研究者不应该对研究对象造成任何生理伤害。研究者应该在开展研究之前便预先设想所有可能会涉及的风险,包括基本的安全事项(如实验环境的安全、实验仪器等)。如果研究的内容涉及压力,评估研究对象可能会受伤害或有遭受攻击的危险时,就应该而且必须立即排除有可能遭受危险的研究对象(如心脏病患者、精神障碍患者或患有疾病者)。研究者对研究对象因参与研究而造成的伤害负有不可推卸的道德与法律上的责任。当研究者不再能保证研究对象的人身安全时,就应该立即终止自己的研究计划。

2. 心理伤害

社会科学研究中较少会出现对研究对象造成生理伤害的风险的情况,但社会科学研究者可能会使人们处于充满压力、尴尬、焦虑或不愉快的情境当中。例如,有些研究可能会要求研究对象透露他们不愿意被人发觉的情况,如是否为低保户、是否领取社会救济金等,透露这些信息会让研究对象感到不舒服。社会科学研究也可能迫使研究对象面对平时不太可能会考虑的问题,即使这类信息并不会直接透露给研究者,但类似的问题也还是会发生。当研究对象回顾过去时,某些可能非正义、不道德的经历会浮现在眼前,如此一来,研究本身就可能成为研究对象无休止的痛苦的根源。例如,耶鲁大学心理学家史坦利·米尔格伦(Stanley Milgram)最早于1963年在《Journal of Abnormal and Social

Psychology》上发表了《服从的行为研究》(《Behavioral Study of Obedience》)一文,提出了"米尔格伦实验"(Milgram Experiment)最初的构想(Milgram,1963)。米尔格伦实验旨在为了测试被试,在遭遇权威者下达违背良心的命令时,人性所能发挥的拒绝力量到底有多少。该实验开始于纳粹德国党卫军中校阿道夫·艾希曼(Adolf Eichmann)于1961年被抓回耶路撒冷审判、于1962年被判死刑后的第一年(即1963年)。米尔格伦设计了这个实验,为了测试"艾希曼以及其他千百万名参与了犹太人大屠杀的纳粹追随者,有没有可能只是单纯地服从了上级的命令呢?我们能称他们为'大屠杀的凶手'吗?"(Milgram,1974)。1963年,实验小组招募了一些被试前往耶鲁大学协助实验。实验地点选在耶鲁大学的老旧校区中的一间地下室,地下室有两个以墙壁隔开的房间。参与者被告知这是一项关于"体罚对于学习行为的效用"的实验,并被告知将扮演"老师"的角色,以教导隔壁房间的另一位参与者——"学生",然而学生事实上是由实验人员所扮演的。被试将被告知,其被随机挑选扮演"老师",并获得了一张"答案卷"。实验小组并向其说明隔壁扮演"学生"的被试也拿到了一张"题目卷"。但事实上两张纸都是"答案卷",而所有真正的被试都是"老师"。"老师"和"学生"待在不同的房间,他们无法看到对方,但能隔着墙壁以声音互相沟通。有一位被试甚至被事先告知隔壁被试患有心脏疾病。"老师"被给予一台据称从45 V起跳的电击控制器,控制器连结至一台发电机,并被告知这台控制器能使隔壁的"学生"受到电击。"老师"所取得的答案卷上列出了一些搭配好的单字,而"老师"的任务便是教导隔壁的"学生"。"老师"会逐一朗读这些单字配对给"学生"听,朗读完毕后"老师"会开始考试,每个单字配对会念出4个单字选项让"学生"作答,"学生"会按下按钮以指出正确答案。如果"学生"答对了,"老师"会继续测验其他单字。如果"学生"答错了,"老师"会对"学生"施以电击,每逢作答错误,电击的电压也会随之提升。被试将相信,"学生"每次作答错误会真的遭到电击,但事实上并没有电击产生。在隔壁房间里,由实验人员所扮演的"学生"随着发电机的动作而播放预先录制的尖叫声,随着电击电压的提升也会有更加尖锐的尖叫声。当电压提升到一定程度后,"学生"会开始敲打墙壁,而在敲打墙壁数次后则会开始抱怨自己患有心脏疾病。接下来当电压继续提升一定程度后,"学生"将会突然保持沉默,停止作答并停止尖叫和其他反应。结果显示,在米尔格伦的第一次实验中,65%的被试都被施以电压最高的450 V惩罚,尽管他们都表现出不太舒服;每个人都在电压到达某种程度时暂停并质疑这项实验,一些人甚至说他们想退回实验的报酬。没有被试在到达300 V之前坚持停止。后来米尔格伦自己以及许多全世界的心理学家也做了类似或有所差异的实验,但都得到了类似的结果。为了证实这项实验的发现,也有许多更改了架构的实验产生。实验本身受到了有关科学实验上的伦理质疑,因为这项实验对被试施加了极度强烈的情感压力(虽然这种压力可以说是由他们本身自由操作所造成的),尽管这项实验带来了对人类心理学研究的宝贵发现,现在许多科学家会将这类实验视为违反实验伦理。研究者在执行了对被试造成心理伤害的实验之后,应该向其表达歉意。因此,研究者绝对不应该制造不必要的、超过产生预想结果所需要的最低限度的压力,或对研究目的没有直接和正当作用的压力。如果研究的压力程度产生长时间的作用,研究者应该持续追踪,并向被试提供免费的心理咨询或其他可能的一切帮助。经验丰富的研究者如果考虑从事会导致强烈压力或焦虑的研究,一定会对引起焦虑或不舒适的情境事先做好预防措施。例如,在研究计划阶段,可以向曾经做过类似研究的学者与心理学家请教,筛除高危险性的群体(如情绪有问题或患有心脏疾病的人),并且在发生危险状况时对研究采取紧急干预或终止的措施。研究者应该在研究前就取得被试的知情同意,而且研究结束后立即向他们做实验的执行报告。

3. 其他伤害

社会科学研究还可能会对研究对象的个人收入、工作、前程或生活造成负面影响。例如,研究者开展一项受雇者的调查研究,得到的结论是督导员的表现欠佳,结果使督导员失去了工作。又如某位研究者研究福利金的领取者,结果发现这些领取福利金者丧失了他们的健康保险,使得他们的生活质量降低。当发生这类伤害时,遵守伦理的研究者会异常敏锐,应个别评估每个个案,权衡潜在利弊得失,思考可能采取的预防及补救措施(林聚任,2017)。

三、匿名和保密

在社会科学研究中,研究者为了研究某些社会心理行为可能会触及研究对象的个人隐私。例如,调查研究者利用问卷收集到人们的意见、看法、观念及信仰等背景资料,在人口学信息部分要求被调查者填写姓名;实验研究者使用双面镜或隐藏式麦克风对被试"监看"或"监听";实地研究者可能观察非常私人层面的行为或偷听人们的谈话,使被研究者的隐私处于完全没有预警之下而遭到侵犯或破坏。无论研究者采取哪种研究方式,都必须注意尊重研究对象的隐私权,通常以完成收集资料后不暴露研究对象的身份来保护其隐私权。一般可以采取匿名和保密这两种形式,这两种形式都要求将个人身份与作答信息分开处理。

1. 匿名

当研究者无法辨识某个回答的研究对象时,这个研究对象便是匿名的。当运用访谈法时,由于访谈者是从一个可以辨别的研究对象那里收集到相关资料的,因此访谈法是无法匿名开展的。当运用问卷法时,如果问卷写上标识码以便追踪和提升回收率时,匿名性就无法得到保证。确保匿名不但使被调查者感到安心,同时也能提升回答的客观性。例如,当询问有关偏差行为的问题(如吸毒、非法同居等),如果能做到匿名,被调查者才可能提供真实的回答。即使有少数研究对象自愿透露自己的姓名,研究者也应当见到后立即将它抹掉。

2. 保密

保密是指研究者知道研究对象的身份及其回答，但保证不会透露这些信息。显然，由于访谈法的开展无法确保匿名，因此保密就显得格外重要。在研究开始之前，无论是在口头上还是在问卷的指导语上，研究者都应该先向研究对象解释并允诺保密原则，告诉对方自己在任何情况下都不会暴露他们的个人信息，一切与他们有关的姓名、地名和单位名都将被匿名处理。社会科学研究中大多数有关保密的内容似乎都是些琐碎细小的事，但在研究开展的过程中是绝对不能被忽视的。研究者可能由于粗心大意，将一些敏感性的资料放在无关人员可能会看到的地方，研究者还有可能在与他人的闲聊中不经意地谈到他们的研究对象，这些都是极不应该的。尤其是当研究对象不止一个人，而他们在研究的过程中又彼此认识的情况下，研究者应该特别注意不要在他们中间传播彼此的情况，并且告诫他们不要将彼此的情况告诉其他人（林聚任，2017）。

四、研究中的欺骗和补偿问题

1. 研究中能否运用欺骗形式

社会科学研究中的伦理守则有时也会导致一种两难的选择：如果我们将研究计划告知被试，就有可能会影响研究结果。例如，当采用观察法来收集某种行为的资料且研究对象知道自己正在被观察时，他们的行为可能会不同于以往并会有较为明显的改变。如果告诉被试可以自由选择是否参加研究，便会面临另一个令人困扰的问题：有一部分人选择参与，但研究者无法知晓如果研究对象是那些拒绝参与的被试，那么研究结果是否会有所差别甚至截然不同。由于大部分定性研究的资料源自观察和访谈，研究者在与研究对象互动的过程中可能采取某些欺骗的方式：研究可能是在研究对象不知情的情况下暗中进行的，研究者可能用假的名字或身份，或在某些方面对研究对象有所误导。当然，即使研究开展的过程中选择欺骗了被试，在研究结束后也要及时向被试解释，研究结果也应该在允许的情况下向被试公开。

2. 对研究对象适当的补偿问题

有一种观点认为，相较于研究对象的付出而言，任何补偿都是无济于事的，尤其是当他们被"利用"和"蒙蔽"时；但另一种观点则认为，为研究对象提供一些适当的金钱或精美的礼品，不但能表达研究者的歉疚与谢意，还能从物质上补偿研究对象所付出的时间和精力，可以在一定程度上激励研究对象更好地参与研究，提供更为真实、全面的信息，从而有助于研究正常有效地进行。例如，在街头巷尾发放问卷调查当代居民的消费观时，如果能在调查完成后给参与者一支签字笔、一本笔记本或一个钥匙扣，则可能会吸引更多的人参与调查。当然,是否应该给研究对象支付一定的费用进行补偿、支付多少钱或者采取什么方式进行补偿是一个伦理问题。如果给的费用太少,则吸引力会大为降低;但如果给得太多,则有可能会造成强迫式的"购买型"合作关系。有的研究对象认为参与研究是自身价值的体现或者是一次情感的宣泄,物质补偿反而可能成为一种人格上的侮辱。所以,没有经验的研究者在进行研究工作之前,最好请教一下有经验的研究者,问清楚较为合适的补偿是多少、什么样的人群适合采取这种补偿方式等。这种激励式的补偿究竟要给多少,在不同的情况下会有不同的数目,但通常会根据研究对象被打扰的时间长短,以及给研究对象造成多大的不方便而定(林聚任,2017)。

第二节　社会科学研究中的学术道德与学术写作规范

作为社会科学研究者,需要切实保障研究对象的基本权益,同时也需要遵守对同行和读者的伦理规范。2004年8月26日,中华人民共和国教育部发布了《教育部关于印发教育部社会科学委员会〈高等学校哲学社会科学研究学术规范(试行)〉的通知》(教社政函〔2004〕34号),对高校哲学社会科学研究的基本规范、学术引文规范、学术成果规范、学术评价规范和学术批评规范都做了明确的规定,具体内容如下:

一、总　则

(一)为规范高等学校(以下简称高校)哲学社会科学研究工作,加强学风建设和职业道德修养,保障学术自由,促进学术交流、学术积累与学术创新,进一步发展和繁荣高校哲学社会科学研究事业,特制订《高等学校哲学社会科学研究学术规范(试行)》(以下简称本规范)。

(二)本规范由广大专家学者广泛讨论、共同参与制订,是高校师生及相关人员在学术活动中自律的准则。

二、基本规范

(三)高校哲学社会科学研究应以马克思列宁主义、毛泽东思想、邓小平理论和"三个代表"重要思想为指导,遵循解放思想、实事求是、与时俱进的思想路线,贯彻"百花齐放、百家争鸣"的方针,不断推动学术进步。

(四)高校哲学社会科学研究工作者应以推动社会主义物质文明、政治文明和精神文明建设为己任,具有强烈的历史使命感和社会责任感,勇于学术创新,努力创造先进文化,积极弘扬科学精神、人文精神与民族精神。

(五)高校哲学社会科学研究工作者应遵守《中华人民共和国著作权法》《中华

人民共和国专利法》《中华人民共和国国家通用语言文字法》等相关法律、法规。

（六）高校哲学社会科学研究工作者应模范遵守学术道德。

三、学术引文规范

（七）引文应以原始文献和第一手资料为原则。凡引用他人观点、方案、资料、数据等，无论曾否发表，无论是纸质或电子版，均应详加注释。凡转引文献资料，应如实说明。

（八）学术论著应合理使用引文。对已有学术成果的介绍、评论、引用和注释，应力求客观、公允、准确。

伪注，伪造、篡改文献和数据等，均属学术不端行为。

四、学术成果规范

（九）不得以任何方式抄袭、剽窃或侵吞他人学术成果。

（十）应注重学术质量，反对粗制滥造和低水平重复，避免片面追求数量的倾向。

（十一）应充分尊重和借鉴已有的学术成果，注重调查研究，在全面掌握相关研究资料和学术信息的基础上，精心设计研究方案，讲究科学方法。力求论证缜密，表达准确。

（十二）学术成果文本应规范使用中国语言文字、标点符号、数字及外国语言文字。

（十三）学术成果不应重复发表。另有约定再次发表时，应注明出处。

（十四）学术成果的署名应实事求是。署名者应对该项成果承担相应的学术责任、道义责任和法律责任。

（十五）凡接受合法资助的研究项目，其最终成果应与资助申请和立项通知相一致；若需修改，应事先与资助方协商，并征得其同意。

（十六）研究成果发表时，应以适当方式向提供过指导、建议、帮助或资助的个人或机构致谢。

五、学术评价规范

（十七）学术评价应坚持客观、公正、公开的原则。

（十八）学术评价应以学术价值或社会效益为基本标准。对基础研究成果的评价，应以学术积累和学术创新为主要尺度；对应用研究成果的评价，应注重其社会效益或经济效益。

（十九）学术评价机构应坚持程序公正、标准合理，采用同行专家评审制，实行回避制度、民主表决制度，建立结果公示和意见反馈机制。

评审意见应措辞严谨、准确,慎用"原创""首创""首次""国内领先""国际领先""世界水平""填补重大空白""重大突破"等词语。

评价机构和评审专家应对其评价意见负责,并对评议过程保密,对不当评价、虚假评价、泄密、披露不实信息或恶意中伤等造成的后果承担相应责任。

(二十)被评价者不得干扰评价过程。否则,应对其不正当行为引发的一切后果负责。

六、学术批评规范

(二十一)应大力倡导学术批评,积极推进不同学术观点之间的自由讨论、相互交流与学术争鸣。

(二十二)学术批评应该以学术为中心,以文本为依据,以理服人。批评者应正当行使学术批评的权利,并承担相应的责任。被批评者有反批评的权利,但不得对批评者压制或报复。

七、附　　则

(二十三)本规范将根据哲学社会科学研究事业发展的需要不断修订和完善。

(二十四)各高校可根据本规范,结合具体情况,制订相应的学术规范及其实施办法,并对侵犯知识产权或违反学术道德的学术不端行为加以监督和惩处。

(二十五)本规范的解释权归教育部社会科学委员会(中华人民共和国教育部,2004)。

一、在选题阶段应在创新中坚持学术规范

(1)研究者在选题阶段必须充分查阅与自己选题相关的研究,了解已有研究的理论框架和背景、研究方法(包括研究对象、研究方式、抽样设计、样本特征、资料分析方法等)、主要结论等。在系统查阅的基础上,研究者还应对已有的研究进行全面的梳理,总结在该问题的研究上,他人已经取得了哪些成果、还存在哪些不足,然后提出自己的研究问题。如果不做系统全面的文献梳理,有时花费巨大精力而取得的成果可能仅仅是对已有成果的重复,必定会造成很大的浪费;或轻率地认为自己的研究填补了空白。这些都是不规范的。

(2)研究者必须客观地评价他人的研究成果。一个真正的研究者,在任何时候都应该站在客观的立场,坚决彻底地抛开任何学术研究以外的因素,能始终用实事求是的精神评价他人的研究成果、评述自己的研究课题,不偏不倚、恰如其分地做出中肯的结论。坚持就事论事,只看成果本身有无创新、观点是否正确、结论在多大范围内适用、还存在哪些

相对薄弱的环节、研究发现能体现多少专业理论素养和水平、有没有深入研究的价值和理论借鉴意义、对专业领域和社会的贡献究竟有多大等。除此之外,不应过多考虑研究者是否是专业领域的权威、是否有很高的社会地位、是否出身"学术名门"、是否提供了项目支持与援助、个人品德及与自己的关系如何等因素。另外,评述时不能带有任何感情色彩,尽量使用中性规范的学术语言。

(3) 研究者必须说明自己的成果与已有成果之间的关系,实事求是地对自己的研究成果进行学术定位。做这样的说明是对他人研究的尊重,因为他人的研究可能为自己的研究提供了某些启示(或思路、方法、概念等),同时也是对同行和读者负责,因为更多的人可以通过我们的研究直接了解最新的学术进展和进一步发展的可能性。作为一个严谨的研究者,应该清楚学术活动是一项有着很强继承性的特殊活动。对于大多数选题涉及的领域和内容,前人或同时代的其他人应该涉足并研究过,想要找到所谓的"空白"并不容易。

(4) 研究者还要对于所从事的研究进行学术价值和社会价值上的评估。对于学术价值的评估,要看该选题是否针对以前尚未解决的问题、是否可能在前人研究的基础上推进理论的发展;而对于社会价值的评估,要看该选题是否有助于解决社会实践中面临的实际问题或做出前瞻性的预测等。作为研究者,有必要在论著的开始便说明自己的选题理由,阐明自己的价值判断。这样做既有利于研究领域的开拓,也有利于新的学术观点和学术思想的传播。

近些年来,有些研究者不尊重他人的研究成果,采取回避或视而不见的方式,在自己所著的论文或著作中,对前人或他人已有的研究不做出任何说明以及评述,以显示自己研究成果的创新性和独创性。如果任由这种创新型"研究"继续发展下去,学术研究领域必然会出现大量的低水平的重复研究成果,学术的积累和发展进步也就更无从谈起。2020年3月20日,中国科学院发布《中国科学院关于转发〈科研诚信案件调查处理规则(试行)〉的通知》(科发函字〔2020〕71号),具体内容如下:

第一章 总 则

第一条 为规范科研诚信案件调查处理工作,根据《中华人民共和国科学技术进步法》《中华人民共和国高等教育法》《关于进一步加强科研诚信建设的若干意见》等规定,制定本规则。

第二条 本规则所称的科研诚信案件,是指根据举报或其他相关线索,对涉嫌违背科研诚信要求的行为开展调查并作出处理的案件。

前款所称违背科研诚信要求的行为(以下简称科研失信行为),是指在科学研究及相关活动中发生的违反科学研究行为准则与规范的行为,包括:

(一) 抄袭、剽窃、侵占他人研究成果或项目申请书;

(二) 编造研究过程,伪造、篡改研究数据、图表、结论、检测报告或用户使用报告；

（三）买卖、代写论文或项目申请书，虚构同行评议专家及评议意见；

（四）以故意提供虚假信息等弄虚作假的方式或采取贿赂、利益交换等不正当手段获得科研活动审批，获取科技计划项目（专项、基金等）、科研经费、奖励、荣誉、职务职称等；

（五）违反科研伦理规范；

（六）违反奖励、专利等研究成果署名及论文发表规范；

（七）其他科研失信行为。

第三条 任何单位和个人不得阻挠、干扰科研诚信案件的调查处理，不得推诿包庇。

第四条 科研诚信案件被调查人和证人等应积极配合调查，如实说明问题，提供相关证据，不得隐匿、销毁证据材料。

第二章 职责分工

第五条 科技部和社科院分别负责统筹自然科学和哲学社会科学领域科研诚信案件的调查处理工作。应加强对科研诚信案件调查处理工作的指导和监督，对引起社会普遍关注，或涉及多个部门（单位）的重大科研诚信案件，可组织开展联合调查，或协调不同部门（单位）分别开展调查。

主管部门负责指导和监督本系统科研诚信案件调查处理工作，建立健全重大科研诚信案件信息报送机制，并可对本系统重大科研诚信案件独立组织开展调查。

第六条 科研诚信案件被调查人是自然人的，由其被调查时所在单位负责调查。调查涉及被调查人在其他曾任职或求学单位实施的科研失信行为的，所涉单位应积极配合开展调查处理并将调查处理情况及时送被调查人所在单位。

被调查人担任单位主要负责人或被调查人是法人单位的，由其上级主管部门负责调查。没有上级主管部门的，由其所在地的省级科技行政管理部门或哲学社会科学科研诚信建设责任单位负责组织调查。

第七条 财政资金资助的科研项目、基金等的申请、评审、实施、结题等活动中的科研失信行为，由项目、基金管理部门（单位）负责组织调查处理。项目申报推荐单位、项目承担单位、项目参与单位等应按照项目、基金管理部门（单位）的要求，主动开展并积极配合调查，依据职责权限对违规责任人作出处理。

第八条 科技奖励、科技人才申报中的科研失信行为，由科技奖励、科技人才管理部门（单位）负责组织调查，并分别依据管理职责权限作出相应处理。科技奖励、科技人才推荐（提名）单位和申报单位应积极配合并主动开展调查处理。

第九条 论文发表中的科研失信行为，由第一通讯作者或第一作者的第一署名单位负责牵头调查处理，论文其他作者所在单位应积极配合做好对本单位作者的调查处理并及时将调查处理情况报送牵头单位。学位论文涉嫌科研失信行为的,学位授予单位负责调查处理。

发表论文的期刊编辑部或出版社有义务配合开展调查,应当主动对论文内容是否违背科研诚信要求开展调查,并应及时将相关线索和调查结论、处理决定等告知作者所在单位。

第十条 负有科研诚信案件调查处理职责的相关单位,应明确本单位承担调查处理职责的机构,负责科研诚信案件的登记、受理、调查、处理、复查等。

第三章 调 查

第一节 举报和受理

第十一条 科研诚信案件举报可通过下列途径进行:

(一)向被举报人所在单位举报;

(二)向被举报人单位的上级主管部门或相关管理部门举报;

(三)向科研项目、科技奖励、科技人才计划等的管理部门(单位)、监督主管部门举报;

(四)向发表论文的期刊编辑部或出版机构举报;

(五)其他方式。

第十二条 科研诚信案件的举报应同时满足下列条件:

(一)有明确的举报对象;

(二)有明确的违规事实;

(三)有客观、明确的证据材料或查证线索。

鼓励实名举报,不得恶意举报、诬陷举报。

第十三条 下列举报,不予受理:

(一)举报内容不属于科研失信行为的;

(二)没有明确的证据和可查线索的;

(三)对同一对象重复举报且无新的证据、线索的;

(四)已经做出生效处理决定且无新的证据、线索的。

第十四条 接到举报的单位应在15个工作日内进行初核。初核应由2名工作人员进行。

初核符合受理条件的,应予以受理。其中,属于本单位职责范围的,由本单位调查;不属于本单位职责范围的,可转送相关责任单位或告知举报人向相关责任单位举报。

举报受理情况应在完成初核后5个工作日内通知实名举报人,不予受理的应说明情况。举报人可以对不予受理提出异议并说明理由,符合受理条件的,应当受理;异议不成立的,不予受理。

第十五条 下列科研诚信案件线索，符合受理条件的，有关单位应主动受理，主管部门应加强督查。

（一）上级机关或有关部门移送的线索；

（二）在日常科研管理活动中或科技计划、科技奖励、科技人才管理等工作中发现的问题和线索；

（三）媒体披露的科研失信行为线索。

第二节 调　查

第十六条 调查应制订调查方案，明确调查内容、人员、方式、进度安排、保障措施等，经单位相关负责人批准后实施。

第十七条 调查应包括行政调查和学术评议。行政调查由单位组织对案件的事实情况进行调查，包括对相关原始数据、协议、发票等证明材料和研究过程、获利情况等进行核对验证。学术评议由单位委托本单位学术（学位、职称）委员会或根据需要组成专家组，对案件涉及的学术问题进行评议。专家组应不少于5人，根据需要由案件涉及领域的同行科技专家、管理专家、科研伦理专家等组成。

第十八条 调查需要与被调查人、证人等谈话的，参与谈话的调查人员不得少于2人，谈话内容应书面记录，并经谈话人和谈话对象签字确认，在履行告知程序后可录音、录像。

第十九条 调查人员可按规定和程序调阅、摘抄、复印、封存相关资料、设备。调阅、封存的相关资料、设备应书面记录，并由调查人员和资料、设备管理人签字确认。

第二十条 调查中应当听取被调查人的陈述和申辩，对有关事实、理由和证据进行核实。可根据需要要求举报人补充提供材料，必要时经举报人同意可组织举报人与被调查人当面质证。严禁以威胁、引诱、欺骗以及其他非法手段收集证据。

第二十一条 调查中发现被调查人的行为可能影响公众健康与安全或导致其他严重后果的，调查人员应立即报告，或按程序移送有关部门处理。

第二十二条 调查中发现关键信息不充分，或暂不具备调查条件的，或被调查人在调查期间死亡的，可经单位负责人批准中止或终止调查。条件具备时，应及时启动已中止的调查，中止的时间不计入调查时限。对死亡的被调查人中止或终止调查不影响对案件涉及的其他被调查人的调查。

第二十三条 调查结束应形成调查报告。调查报告应包括举报内容的说明、调查过程、查实的基本情况、违规事实认定与依据、调查结论、有关人员的责任、被调查人的确认情况以及处理意见或建议等。调查报告须由全体调查人员签字。

如需补充调查，应确定调查方向和主要问题，由原调查人员进行，并根据补充调查情况重新形成调查报告。

第二十四条 科研诚信案件应自决定受理之日起6个月内完成调查。

特别重大复杂的案件,在前款规定期限内仍不能完成调查的,经单位主要负责人批准后可延长调查期限,延长时间最长不得超过一年。上级机关和有关部门移交的案件,调查延期情况应向移交机关或部门报备。

第四章 处 理

第二十五条 被调查人科研失信行为的事实、性质、情节等最终认定后,由调查单位按职责对被调查人作出处理决定,或向有关单位或部门提出处理建议,并制作处理决定书或处理建议书。

第二十六条 处理决定书或处理建议书应载明以下内容:

(一)责任人的基本情况(包括身份证件号码、社会信用代码等);

(二)违规事实情况;

(三)处理决定和依据;

(四)救济途径和期限;

(五)其他应载明的内容。

做出处理决定的单位负责向被调查人送达书面处理决定书,并告知实名举报人。

第二十七条 作出处理决定前,应书面告知被处理人拟作出处理决定的事实、理由及依据,并告知其依法享有陈述与申辩的权利。被调查人没有进行陈述或申辩的,视为放弃陈述与申辩的权利。被调查人作出陈述或申辩的,应充分听取其意见。

第二十八条 处理包括以下措施:

(一)科研诚信诫勉谈话;

(二)一定范围内或公开通报批评;

(三)暂停财政资助科研项目和科研活动,限期整改;

(四)终止或撤销财政资助的相关科研项目,按原渠道收回已拨付的资助经费、结余经费,撤销利用科研失信行为获得的相关学术奖励、荣誉称号、职务职称等,并收回奖金;

(五)一定期限直至永久取消申请或申报科技计划项目(专项、基金等)、科技奖励、科技人才称号和专业技术职务晋升等资格;

(六)取消已获得的院士等高层次专家称号,学会、协会、研究会等学术团体以及学术、学位委员会等学术工作机构的委员或成员资格;

(七)一定期限直至永久取消作为提名或推荐人、被提名或推荐人、评审专家等资格;

(八)一定期限减招、暂停招收研究生直至取消研究生导师资格;

(九)暂缓授予学位、不授予学位或撤销学位;

（十）其他处理。

上述处理措施可合并使用。科研失信行为责任人是党员或公职人员的，还应根据《中国共产党纪律处分条例》等规定，给予责任人党纪和政务处分。责任人是事业单位工作人员的，应按照干部人事管理权限，根据《事业单位工作人员处分暂行规定》给予处分。涉嫌违法犯罪的，应移送有关国家机关依法处理。

第二十九条 有关机构或单位有组织实施科研失信行为的，或在调查处理中推诿塞责、隐瞒包庇、打击报复举报人的，主管部门应撤销该机构或单位因此获得的相关利益、荣誉，给予单位警告、重点监管、通报批评、暂停拨付或追回资助经费、核减间接费用、取消一定期限内申请和承担项目资格等处理，并按照有关规定追究其主要负责人、直接负责人的责任。

第三十条 被调查人有下列情形之一的，认定为情节较轻，可从轻或减轻处理：

（一）有证据显示属于过失行为且未造成重大影响的；

（二）过错程度较轻且能积极配合调查的；

（三）在调查处理前主动纠正错误，挽回损失或有效阻止危害结果发生的；

（四）在调查中主动承认错误，并公开承诺严格遵守科研诚信要求、不再实施科研失信行为的。

第三十一条 被调查人有下列情形之一的，认定为情节较重或严重，应从重或加重处理：

（一）伪造、销毁、藏匿证据的；

（二）阻止他人提供证据，或干扰、妨碍调查核实的；

（三）打击、报复举报人的；

（四）存在利益输送或利益交换的；

（五）有组织地实施科研失信行为的；

（六）多次实施科研失信行为或同时存在多种科研失信行为的；

（七）态度恶劣，证据确凿、事实清楚而拒不承认错误的；

（八）其他情形。

有前款情形且造成严重后果或恶劣影响的属情节特别严重，应加重处理。

第三十二条 对科研失信行为情节轻重的判定应考虑以下因素：

（一）行为偏离科学界公认行为准则的程度；

（二）是否有故意造假、欺骗或销毁、藏匿证据行为，或者存在阻止他人提供证据，干扰、妨碍调查，或打击、报复举报人的行为；

（三）行为造成社会不良影响的程度；

（四）行为是首次发生还是屡次发生；

（五）行为人对调查处理的态度；

（六）其他需要考虑的因素。

第三十三条 经调查认定存在科研失信行为的，应视情节轻重给予以下处理：

（一）情节较轻的，警告、科研诚信诫勉谈话或暂停财政资助科研项目和科研活动，限期整改，暂缓授予学位；

（二）情节较重的，取消3年以内承担财政资金支持项目资格及本规则规定的其他资格，减招、暂停招收研究生，不授予学位或撤销学位；

（三）情节严重的，所在单位依法依规给予降低岗位等级或者撤职处理，取消3~5年承担财政资金支持项目资格及本规则规定的其他资格；

（四）情节特别严重的，所在单位依法依规给予取消5年以上直至永久取消其晋升职务职称、申报财政资金支持项目等资格及本规则规定的其他资格，并向社会公布。

存在本规则第二条（一）（二）（三）（四）情形之一的，处理不应低于前款（二）规定的尺度。

第三十四条 被给予本规则第三十三条（二）（三）（四）规定处理的责任人正在申报财政资金资助项目或被推荐为相关候选人、被提名人、被推荐人等的，终止其申报资格或被提名、推荐资格。

利用科研失信行为获得的资助项目、科研经费以及科技人才称号、科技奖励、荣誉、职务职称、学历学位等的，撤销获得的资助项目和人才、奖励、荣誉等称号及职务职称、学历学位，追回项目经费、奖金。

第三十五条 根据本规则规定给予被调查人一定期限取消相关资格处理和取消已获得的相关称号、资格处理的，均应对责任人在单位内部或系统通报批评，并记入科研诚信严重失信行为数据库，按照国家有关规定纳入信用信息系统，并提供相关部门和地方依法依规对有关责任主体实施失信联合惩戒。

根据前款规定记入科研诚信严重失信行为数据库的，应在处理决定书中载明。

第三十六条 根据本规则给予被调查人一定期限取消相关资格处理和取消已获得的相关称号、资格处理的，处理决定由省级及以下地方相关单位作出的，决定作出单位应在决定生效后1个月内将处理决定书和调查报告报送所在地省级科技行政管理部门或哲学社会科学科研诚信建设责任单位和上级主管部门。省级科技行政管理部门应在收到后10个工作日内通过科研诚信信息系统提交至科技部。

处理决定由国务院部门及其所属单位作出的，由该部门在处理决定生效后1个月内将处理决定书和调查报告提交至科技部。

第三十七条 被调查人科研失信行为涉及科技计划（专项、基金等）、科技奖励、科技人才等的，调查处理单位应将调查处理决定或处理建议书同时报送科技计划（专项、基金等）、科技奖励和科技人才管理部门（单位）。科技计划（专项、基金等）、科技奖励、科技人才管理部门（单位）在接到调查报告和处理决定书或处理建议书后,应依据经查实的科研失信行为,在职责范围内对被调查人同步做出处理,并制作处理决定书,送达被处理人及其所在单位。

第三十八条　对经调查未发现存在科研失信行为的,调查单位应及时以公开等适当方式澄清。

对举报人捏造事实、恶意举报的,举报人所在单位应依据相关规定对举报人严肃处理。

第三十九条　处理决定生效后,被处理人如果通过全国性媒体公开作出严格遵守科研诚信要求、不再实施科研失信行为承诺,或对国家和社会做出重大贡献的,做出处理决定的单位可根据被处理人申请对其减轻处理。

第五章　申诉复查

第四十条　当事人对处理决定不服的,可在收到处理决定书之日起15日内,按照处理决定书载明的救济途径向做出调查处理决定的单位或部门书面提出复查申请,写明理由并提供相关证据或线索。

调查处理单位(部门)应在收到复查申请之日起15个工作日内作出是否受理决定。决定受理的,另行组织调查组或委托第三方机构,按照本规则的调查程序开展调查,作出复查报告,向被举报人反馈复查决定。

第四十一条　当事人对复查结果不服的,可向调查处理单位的上级主管部门或科研诚信管理部门提出书面申诉,申诉必须明确理由并提供充分证据。

相关单位或部门应在收到申诉之日起15个工作日内作出是否受理决定。仅以对调查处理结果和复查结果不服为由,不能说明其他理由并提供充分证据,或以同一事实和理由提出申诉的,不予受理。决定受理的,应再次组织复查,复查结果为最终结果。

第四十二条　复查应制作复查决定书,复查决定书应针对当事人提出的理由一一给予明确回复。复查原则上应自受理之日起90个工作日内完成。

第六章　保障与监督

第四十三条　参与调查处理工作的人员应遵守工作纪律,签署保密协议,不得私自留存、隐匿、摘抄、复制或泄露问题线索和涉案资料,未经允许不得透露或公开调查处理工作情况。

委托第三方机构开展调查、测试、评估或评价时,应履行保密程序。

第四十四条　调查处理应严格执行回避制度。参与科研诚信案件调查处理工作的专家和调查人员应签署回避声明。被调查人或举报人近亲属、本案证人、利害关系人、有研究合作或师生关系或其他可能影响公正调查处理情形的,不得参与调查处理工作,应当主动申请回避。

被调查人、举报人以及其他有关人员有权要求其回避。

第四十五条 调查处理应保护举报人、被举报人、证人等的合法权益,不得泄露相关信息,不得将举报材料转给被举报人或被举报单位等利益涉及方。对于调查处理过程中索贿受贿、违反保密和回避原则、泄露信息的,依法依规严肃处理。

第四十六条 高等学校、科研机构、医疗卫生机构、企业、社会组织等单位应建立健全调查处理工作相关的配套制度,细化受理举报、科研失信行为认定标准、调查处理程序和操作规程等,明确单位科研诚信负责人和内部机构职责分工,加强工作经费保障和对相关人员的培训指导,抓早抓小,并发挥聘用合同(劳动合同)、科研诚信承诺书和研究数据管理政策等在保障调查程序正当性方面的作用。

第四十七条 主管部门应加强对本系统科研诚信案件调查处理的指导和监督。

第四十八条 科技部和社科院对自然科学和哲学社会科学领域重大科研诚信案件应加强信息通报与公开。

科研诚信建设联席会议各成员单位和各地方应加强科研诚信案件调查处理的协调配合、结果互认和信息共享等工作。

第七章 附 则

第四十九条 从轻处理,是指在本规则规定的科研失信行为应受到的处理幅度以内,给予较轻的处理。

从重处理,是指在本规则规定的科研失信行为应受到的处理幅度以内,给予较重的处理。

减轻处理,是指在本规则规定的科研失信行为应受到的处理幅度以外,减轻一档给予处理。

加重处理,是指在本规则规定的科研失信行为应受到的处理幅度以外,加重一档给予处理。

第五十条 各有关部门和单位应依据本规则结合实际情况制定具体细则。

第五十一条 科研诚信案件涉事人员或单位属于军队管理的,由军队按照其有关规定进行调查处理。

相关主管部门已制定本行业、本领域、本系统科研诚信案件调查处理规则且处理尺度不低于本规则的,可按照已有规则开展调查处理。

第五十二条 本规则自发布之日起实施,由科技部和社科院负责解释(中国科学院,2000)。

二、论证过程严密

研究者无论开展什么研究,最终目的都是为了分析问题和解决问题。无论研究者提出什么样的理论或假说,都应该进行严谨的证明。无论是对所提出的假设的证实还是对已有知识的证伪,研究者都必须做到如下3点:

1. 概念必须界定准确

如果研究中涉及既定概念的使用,必须充分尊重概念的原本含义,尽量做到将其内涵真实地呈现出来。如果原有的概念只是在特定情境下对研究对象的不完全表述,还存在着不确定性和不完整性,则应该对这一概念进行修订甚至重新定义。一旦要提出新的概念,则必须对新概念进行科学界定、准确定位和规范表述。

2. 立论必须有据

科学研究活动要求每一项研究都充分建立在事实的基础上,社会科学研究的材料主要来自人们对社会的观察(包括历史上人们对社会的观察或记录)。社会科学工作者获取研究材料是一项严肃的工作,各学科依据本门学科的性质,对于获得资料的方法与途径都有严格的规定。获取材料方法的失误可能导致全部研究的失败,因此研究者在研究过程中要审慎选取资料。对研究资料进行甄别是研究者的重要责任,研究者不应对所有资料都不加区分地予以运用,或只选取那些能佐证自己观点的资料,而有意忽视那些不利于证明自己观点的资料。在资料选取过程中,研究者还应分清原创的与模仿的、完整的与残缺的、深刻的与浅薄的材料,辨明历史资料与现实数据的真伪。在甄别资料时,研究者还应当判断哪些资料可以作为研究的主要依据、哪些资料需要进一步更细致的阅读、哪些资料需要进行重新验证等。从本质上说,任何一项科学研究都应该是可以重复的。要使自己的研究获得学界的承认,就必须使得这项研究具有可重复性,即这项研究是经得起检验的:依据研究者的方法,他人亦可获得同样的资料;依据研究者提供的文献,他人也可以获得同样的资料。因此,对研究中的资料来源做真实、详尽的说明是每一个研究者对学术负有的责任和义务。

3. 论证必须严密

逻辑严谨是任何一门学科的基本要求。对于研究者而言,在做出每一个判断性的结论时,既要考虑所依据的材料是否合适和充足,也要考虑所进行的逻辑推理是否严密。论述观点要注意形式逻辑的矛盾律,不要前后矛盾,不能武断臆测。任何学科的研究都要求证明过程必须做到逻辑严密,不能犯自相矛盾的错误。结论必须是一步一步推导出来的,至少要符合形式逻辑中"三段论"的要求。做任何一项研究,研究者的思想都要有确定性,研究思路要保持前后一致,不仅要考虑支撑材料是否恰当和充实,同时要考虑所进行的逻辑推理是否严密和无懈可击。

三、分析和报告中的研究规范和伦理问题

在规范的结果报告中,对于方法的介绍是一个不可或缺的部分。研究者要清楚、明白地介绍自己的研究方法和研究过程中各种操作的关键细节(尤其是运用调查研究法时)。研究者也有义务详细陈述研究设计的缺失以及限制,使得读者和同行切实了解其研究的可信程度和研究结论的适用性。尽管承认一些技术上的缺陷可能会使人感觉有失体面,但是在科学研究的规范性面前,严谨和诚实的科学态度是更为重要的。在结果分析方面,研究者应牢记确保数据的精确性也是社会科学研究中的一条主要的准则。研究者应客观地对所有收集到的资料采用最适当的分析方法,依据研究设计进行客观、正确的分析,使读者能完整掌握研究的结果,不能刻意选择或遗漏实际的资料、不能故意排除负面的以及非预期的研究资料、更不得制造假资料或为了支持预期的假设而修改资料。待分析之后,客观诠释资料所代表的意义,并翔实报告分析的结果。2019年4月30日,中国科学院科研道德委员会发布《关于在生物医学研究中恪守科研伦理的"提醒"》,具体内容如下:

> 科研诚信是科技创新的基石,遵守科研道德是科技工作者的基本行为准则,恪守科研伦理是科学家的重要社会责任。中国科学院科研道德委员会归纳了伦理审查工作中存在的错误做法,以及在生物医学研究中有悖于伦理规范的常见问题,制订如下"伦理提醒",倡导在科研实践中恪守各类伦理要求,努力营造风清气正的科研生态。
>
> 提醒一:恪守科研伦理是科研机构的基本社会责任。院属各有关单位是科研伦理工作的第一责任主体,应切实提高遵守国家有关科研伦理的各项法律、法规和规章的思想意识。各单位法定代表人应履行相应的法律责任,重视和加强科研伦理工作,加强对伦理委员会的支持。
>
> 提醒二:从事生物医学研究的院属各单位应设立伦理委员会,并采取有效措施保障伦理委员会独立开展伦理审查工作。伦理委员会要切实履行伦理审查职责,未经委员会集体研究同意,任何个人均不得代表委员会在各类审查文书上签字。伦理委员会应定期向研究所所务会汇报工作,针对不同层面的科技工作者开展伦理教育。
>
> 提醒三:应重视伦理委员会成员组成的代表性和多样性。注意吸纳不同领域专家如:社会学、管理学、哲学、伦理、医务工作者、法律工作者等和外部专家参加伦理委员会。
>
> 提醒四:从事生物医学研究的科研人员,应了解国际生物医学伦理的基本准

则,了解国家相关的法律法规和部门规章并予以遵守。应了解《赫尔辛基宣言》《人胚胎干细胞研究伦理指导原则》《中华人民共和国药品管理法》《生物医学新技术临床应用管理条例》等准则和法规。

提醒五:按照规定需进行伦理审查的生物医学研究项目,项目负责人应主动在项目实施前提交伦理审查,未经伦理委员会同意或许可,不得进行该项研究;根据研究进展需要更改实验方案、扩大研究范围的,超出原有伦理审查意见范围的,应重新进行伦理审查。

提醒六:伦理委员会不应受理正在执行和已经结束的科研项目伦理审查申请。也不应在形成研究成果时,如论文投稿、申报奖项等"补充"伦理审查、签署伦理审查意见。

提醒七:从事生物医学研究的科研人员在公开发布其科研内容和成果时,相关内容和成果应经过伦理审查和科学共同体认可。应本着实事求是的原则和严谨负责的态度,客观准确地进行科学传播。

提醒八:从事生物医学研究的机构和科研人员应将研究中涉及人的各类信息及数据妥为保管,建立严格的信息安全制度,切实尊重和保障受试者的基本权益和个人隐私。

提醒九:在各类国内外、境内外科技合作研究中,研究项目已经经过所在国家、地区和机构的伦理委员会审查的,还应当向本单位伦理委员会申请审核(中国科学院科研道德委员会,2019)。

2020年5月12日,中国科学院科研道德委员会发布《关于科研活动原始记录中常见问题或错误的诚信提醒》,具体内容如下:

恪守科研道德是从事科技工作的基本准则,是履行党和人民所赋予的科技创新使命的基本要求。中国科学院科研道德委员会办公室根据日常科研不端行为举报中发现的突出问题,总结当前科研活动中原始记录环节的常见问题或错误,予我院科研机构和科技人员以提醒,倡导在科研实践中的诚实守信行为,努力营造良好的科研生态。

提醒一:研究机构未提供统一编号的原始记录介质。应建立完整的科研活动原始记录的生成和管理制度,建立相应的审核监督机制;应配发统一、连续编号的原始记录介质,并逐一收回,确保原始记录的完整性。

提醒二:未按相关要求和规范进行全要素记录。包括但不限于以下要素,均应详细记录:实验日期时间及相关环境、物料或样品及其来源、仪器设备详细信息、实验方法、操作步骤、实验过程、观察到的现象、测定的数据等,确保有足够的要素记录追溯和重现实验过程。

提醒三：将人为处理后的记录作为原始记录保存。原始记录应为实验产生的第一手资料,而非人为计算和处理的数据,确保原始记录忠实反映科学实验的即时状态。

提醒四：以实验完成后补记的方式生成"原始"记录。应在数据产生的第一时间进行记录,确保原始记录不因记录延迟而导致丢失细节、形成误差。

提醒五：人为取舍实验数据生成"原始"记录。应对实验产生的所有数据进行记录。通过完整记录科学实验的成功与失败、正常与异常,确保原始记录反映科学实验的探索过程。

提醒六：随意更正原始记录。更正原始记录应提出明晰具体、可接受的理由,且只能由原始记录者更正,更正后标注并签字。文字等更正只能用单线划去,不得遮盖更正内容,确保原始记录不因更正而失去其原始性。

提醒七：使用荧光笔、热敏纸等不易长时间保存的工具和介质进行原始记录。应使用黑色钢笔或签字笔等工具和便于长期保存的介质,确保原始记录的保存期限符合科学研究的需要。

提醒八：未备份重要科研项目产生的原始数据。应实时或定期备份原始数据,遵守数据备份的相关规定,确保重要的科学数据的安全。

提醒九：人事变动时未进行原始记录交接。研究人员调离工作或学生毕业等,应将实验记录资料、归档资料、文献卡片等全部妥善移交,确保原始记录不丢失或不当转移。

提醒十：使用未按规定及时标定的实验设备生成原始记录。应按照相关要求及时核查、标定仪器设备的精度和相关参数,确保生成的数据准确可靠(中国科学院科研道德委员会,2020)。

中国科学院科研道德委员会于2021年4月26日发布《关于在公众媒体上发布学术成果常见问题或错误的诚信提醒》,内容如下:

为公开、透明和负责任地发布学术成果,确保发布学术成果的准确性、权威性,避免公众误读、误解,中国科学院科研道德委员会办公室依据国家相关法规、政策,结合工作实践,总结当前学术成果在公众媒体上发布时的常见问题或错误,予我院科研机构和科技人员以提醒。提醒文本采用先提出常见问题或错误,再给出指导规范的表述方式,并以此倡导在学术成果发布中的诚实守信行为。

提醒一：未严格按照审批程序召开"新闻发布会"公布学术成果。应严格新闻发布会的审批程序,倡导专注内敛、实事求是的学术风气,营造在学术共同体内分享学术荣誉的良好氛围。反对单纯将论文发表作为新闻发布会的主要内容。

提醒二：在成果发布时随意使用"国内首创""国际领先"等词语。应予科研成果以客观、准确和专业的表述，实事求是地反映学术同行的评价和意见。反对夸大科研成果的学术价值、社会效益和经济效益。

提醒三：未对学术成果的适用条件作出必要说明。应在确保准确性、客观性的基础上，负责任地向公众传播学术成果的价值，并以通俗易懂的方式对学术成果的适用条件作出充分完整的解释。反对偷换概念或误导性描述造成公众误解。

提醒四：删减学术成果的相关重要信息和隐瞒利益冲突。应全面、完整描述学术成果的所有重要信息，客观披露学术成果的利益相关方。反对在学术成果发布时暗箱操作、炒作成果经济价值、干扰金融市场，为关联方谋取不当利益。

提醒五：未经审核随意更改已审定的新闻稿。应对发布的学术成果严格把关，对新闻稿中的文字表述进行认真审核，确保新闻稿客观公正、实事求是。反对随意替换或应合作单位要求更改已审定的新闻稿，造成虚假宣传的事实。

提醒六：违反与出版商、合作单位的约定先行发布学术成果。应遵守出版伦理与合作约定、获得相关方同意后发布学术成果，合理分配荣誉和共担风险。反对为谋取个人或单位利益抢先发布学术成果。

提醒七：未及时回应公众重大关切和质疑、纠正失实报道。应主动回应公众的重大关切或学术同行广泛公开的质疑，澄清科学事实，纠正失实报道。反对听之任之、对失实报道不负责任（中国科学院科研道德委员会，2021b）。

四、学术引注规范

社会科学研究活动是一项专业性很强的活动。每个人的精力都有限，绝大多数学者穷毕生精力，也只能在一个或几个相关的领域内有所突破、有所贡献。社会科学又是综合性很强的科学，对一个问题的解释，往往需要借助于其他相关专业的知识，需要引述其他学者的研究作为佐证。严肃的研究者会注意合理使用引文，对已有学术成果的介绍、评论、引用和注释，应力求客观、公允、准确。在学术性研究报告中引用他人的研究成果时，需详细注明所引用的作者姓名、书名、版权和页码，作为对其他学者的尊重。对于给自己的研究提供了实质性的帮助或重大启发的人，在文章中应该表示感谢。在研究中能时刻做到尊重已有的研究成果，实质上是尊重那些成果背后严谨治学、求真求实的研究者。能否恪守学术道德、遵守学术规范、坚持务实创新，是每一个研究者现在和将来都必须面对和回答的首要问题。2016年6月16日，中华人民共和国教育部发布《高等学校预防与处理学术不端行为办法》（中华人民共和国教育部令第40号），具体内容如下：

第一章 总　　则

第一条　为有效预防和严肃查处高等学校发生的学术不端行为,维护学术诚信,促进学术创新和发展,根据《中华人民共和国高等教育法》《中华人民共和国科学技术进步法》《中华人民共和国学位条例》等法律法规,制定本办法。

第二条　本办法所称学术不端行为是指高等学校及其教学科研人员、管理人员和学生,在科学研究及相关活动中发生的违反公认的学术准则、违背学术诚信的行为。

第三条　高等学校预防与处理学术不端行为应坚持预防为主、教育与惩戒结合的原则。

第四条　教育部、国务院有关部门和省级教育部门负责制定高等学校学风建设的宏观政策,指导和监督高等学校学风建设工作,建立健全对所主管高等学校重大学术不端行为的处理机制,建立高校学术不端行为的通报与相关信息公开制度。

第五条　高等学校是学术不端行为预防与处理的主体。高等学校应当建设集教育、预防、监督、惩治于一体的学术诚信体系,建立由主要负责人领导的学风建设工作机制,明确职责分工;依据本办法完善本校学术不端行为预防与处理的规则与程序。

高等学校应当充分发挥学术委员会在学风建设方面的作用,支持和保障学术委员会依法履行职责,调查、认定学术不端行为。

第二章　教育与预防

第六条　高等学校应当完善学术治理体系,建立科学公正的学术评价和学术发展制度,营造鼓励创新、宽容失败、不骄不躁、风清气正的学术环境。

高等学校教学科研人员、管理人员、学生在科研活动中应当遵循实事求是的科学精神和严谨认真的治学态度,恪守学术诚信,遵循学术准则,尊重和保护他人知识产权等合法权益。

第七条　高等学校应当将学术规范和学术诚信教育,作为教师培训和学生教育的必要内容,以多种形式开展教育、培训。

教师对其指导的学生应当进行学术规范、学术诚信教育和指导,对学生公开发表论文、研究和撰写学位论文是否符合学术规范、学术诚信要求,进行必要的检查与审核。

第八条　高等学校应当利用信息技术等手段,建立对学术成果、学位论文所涉及内容的知识产权查询制度,健全学术规范监督机制。

第九条　高等学校应当建立健全科研管理制度,在合理期限内保存研究的原始数据和资料,保证科研档案和数据的真实性、完整性。

高等学校应当完善科研项目评审、学术成果鉴定程序，结合学科特点，对非涉密的科研项目申报材料、学术成果的基本信息以适当方式进行公开。

第十条　高等学校应当遵循学术研究规律，建立科学的学术水平考核评价标准、办法，引导教学科研人员和学生潜心研究，形成具有创新性、独创性的研究成果。

第十一条　高等学校应当建立教学科研人员学术诚信记录，在年度考核、职称评定、岗位聘用、课题立项、人才计划、评优奖励中强化学术诚信考核。

第三章　受理与调查

第十二条　高等学校应当明确具体部门，负责受理社会组织、个人对本校教学科研人员、管理人员及学生学术不端行为的举报；有条件的，可以设立专门岗位或者指定专人，负责学术诚信和不端行为举报相关事宜的咨询、受理、调查等工作。

第十三条　对学术不端行为的举报，一般应当以书面方式实名提出，并符合下列条件：

（一）有明确的举报对象；

（二）有实施学术不端行为的事实；

（三）有客观的证据材料或者查证线索。

以匿名方式举报，但事实清楚、证据充分或者线索明确的，高等学校应当视情况予以受理。

第十四条　高等学校对媒体公开报道、其他学术机构或者社会组织主动披露的涉及本校人员的学术不端行为，应当依据职权，主动进行调查处理。

第十五条　高等学校受理机构认为举报材料符合条件的，应当及时作出受理决定，并通知举报人。不予受理的，应当书面说明理由。

第十六条　学术不端行为举报受理后，应当交由学校学术委员会按照相关程序组织开展调查。

学术委员会可委托有关专家就举报内容的合理性、调查的可能性等进行初步审查，并作出是否进入正式调查的决定。

决定不进入正式调查的，应当告知举报人。举报人如有新的证据，可以提出异议。异议成立的，应当进入正式调查。

第十七条　高等学校学术委员会决定进入正式调查的，应当通知被举报人。

被调查行为涉及资助项目的，可以同时通知项目资助方。

第十八条　高等学校学术委员会应当组成调查组，负责对被举报行为进行调查；但对事实清楚、证据确凿、情节简单的被举报行为，也可以采用简易调查程序，具体办法由学术委员会确定。

调查组应当不少于3人，必要时应当包括学校纪检、监察机构指派的工作人员,可以邀请同行专家参与调查或者以咨询等方式提供学术判断。

被调查行为涉及资助项目的,可以邀请项目资助方委派相关专业人员参与调查组。

第十九条　调查组的组成人员与举报人或者被举报人有合作研究、亲属或者导师学生等直接利害关系的,应当回避。

第二十条　调查可通过查询资料、现场查看、实验检验、询问证人、询问举报人和被举报人等方式进行。调查组认为有必要的,可以委托无利害关系的专家或者第三方专业机构就有关事项进行独立调查或者验证。

第二十一条　调查组在调查过程中,应当认真听取被举报人的陈述、申辩,对有关事实、理由和证据进行核实;认为必要的,可以采取听证方式。

第二十二条　有关单位和个人应当为调查组开展工作提供必要的便利和协助。

举报人、被举报人、证人及其他有关人员应当如实回答询问,配合调查,提供相关证据材料,不得隐瞒或者提供虚假信息。

第二十三条　调查过程中,出现知识产权等争议引发的法律纠纷的,且该争议可能影响行为定性的,应当中止调查,待争议解决后重启调查。

第二十四条　调查组应当在查清事实的基础上形成调查报告。调查报告应当包括学术不端行为责任人的确认、调查过程、事实认定及理由、调查结论等。

学术不端行为由多人集体做出的,调查报告中应当区别各责任人在行为中所发挥的作用。

第二十五条　接触举报材料和参与调查处理的人员,不得向无关人员透露举报人、被举报人个人信息及调查情况。

第四章　认　　定

第二十六条　高等学校学术委员会应当对调查组提交的调查报告进行审查;必要的,应当听取调查组的汇报。

学术委员会可以召开全体会议或者授权专门委员会对被调查行为是否构成学术不端行为以及行为的性质、情节等作出认定结论,并依职权作出处理或建议学校作出相应处理。

第二十七条　经调查,确认被举报人在科学研究及相关活动中有下列行为之一的,应当认定为构成学术不端行为:

(一) 剽窃、抄袭、侵占他人学术成果;

(二) 篡改他人研究成果;

(三) 伪造科研数据、资料、文献、注释,或者捏造事实、编造虚假研究成果;

(四) 未参加研究或创作而在研究成果、学术论文上署名,未经他人许可而不当使用他人署名，虚构合作者共同署名，或者多人共同完成研究而在成果中未注明他人工作、贡献；

（五）在申报课题、成果、奖励和职务评审评定、申请学位等过程中提供虚假学术信息；

（六）买卖论文、由他人代写或者为他人代写论文；

（七）其他根据高等学校或者有关学术组织、相关科研管理机构制定的规则，属于学术不端的行为。

第二十八条　有学术不端行为且有下列情形之一的，应当认定为情节严重：

（一）造成恶劣影响的；

（二）存在利益输送或者利益交换的；

（三）对举报人进行打击报复的；

（四）有组织实施学术不端行为的；

（五）多次实施学术不端行为的；

（六）其他造成严重后果或者恶劣影响的。

第五章　处　　理

第二十九条　高等学校应当根据学术委员会的认定结论和处理建议，结合行为性质和情节轻重，依职权和规定程序对学术不端行为责任人作出如下处理：

（一）通报批评；

（二）终止或者撤销相关的科研项目，并在一定期限内取消申请资格；

（三）撤销学术奖励或者荣誉称号；

（四）辞退或解聘；

（五）法律、法规及规章规定的其他处理措施。

同时，可以依照有关规定，给予警告、记过、降低岗位等级或者撤职、开除等处分。

学术不端行为责任人获得有关部门、机构设立的科研项目、学术奖励或者荣誉称号等利益的，学校应当同时向有关主管部门提出处理建议。

学生有学术不端行为的，还应当按照学生管理的相关规定，给予相应的学籍处分。

学术不端行为与获得学位有直接关联的，由学位授予单位作暂缓授予学位、不授予学位或者依法撤销学位等处理。

第三十条　高等学校对学术不端行为作出处理决定，应当制作处理决定书，载明以下内容：

（一）责任人的基本情况；

（二）经查证的学术不端行为事实；

（三）处理意见和依据；

（四）救济途径和期限；

（五）其他必要内容。

第三十一条　经调查认定，不构成学术不端行为的，根据被举报人申请，高等学校应当通过一定方式为其消除影响、恢复名誉等。

调查处理过程中，发现举报人存在捏造事实、诬告陷害等行为的，应当认定为举报不实或者虚假举报，举报人应当承担相应责任。属于本单位人员的，高等学校应当按照有关规定给予处理；不属于本单位人员的，应通报其所在单位，并提出处理建议。

第三十二条　参与举报受理、调查和处理的人员违反保密等规定，造成不良影响的，按照有关规定给予处分或其他处理。

第六章　复　　核

第三十三条　举报人或者学术不端行为责任人对处理决定不服的，可以在收到处理决定之日起30日内，以书面形式向高等学校提出异议或者复核申请。

异议和复核不影响处理决定的执行。

第三十四条　高等学校收到异议或者复核申请后，应当交由学术委员会组织讨论，并于15日内作出是否受理的决定。

决定受理的，学校或者学术委员会可以另行组织调查组或者委托第三方机构进行调查；决定不予受理的，应当书面通知当事人。

第三十五条　当事人对复核决定不服，仍以同一事实和理由提出异议或者申请复核的，不予受理；向有关主管部门提出申诉的，按照相关规定执行。

第七章　监　　督

第三十六条　高等学校应当按年度发布学风建设工作报告，并向社会公开，接受社会监督。

第三十七条　高等学校处理学术不端行为推诿塞责、隐瞒包庇、查处不力的，主管部门可以直接组织或者委托相关机构查处。

第三十八条　高等学校对本校发生的学术不端行为，未能及时查处并做出公正结论，造成恶劣影响的，主管部门应当追究相关领导的责任，并进行通报。

高等学校为获得相关利益，有组织实施学术不端行为的，主管部门调查确认后，应当撤销高等学校由此获得的相关权利、项目以及其他利益，并追究学校主要负责人、直接负责人的责任。

第八章 附 则

第三十九条 高等学校应当根据本办法,结合学校实际和学科特点,制定本校学术不端行为查处规则及处理办法,明确各类学术不端行为的惩处标准。有关规则应当经学校学术委员会和教职工代表大会讨论通过。

第四十条 高等学校主管部门对直接受理的学术不端案件,可自行组织调查组或者指定、委托高等学校、有关机构组织调查、认定。对学术不端行为责任人的处理,根据本办法及国家有关规定执行。

教育系统所属科研机构及其他单位有关人员学术不端行为的调查与处理,可参照本办法执行。

第四十一条 本办法自2016年9月1日起施行。

教育部此前发布的有关规章、文件中的相关规定与本办法不一致的,以本办法为准(中华人民共和国教育部,2016)。

2018年5月30日,中共中央办公厅、国务院办公厅印发了《关于进一步加强科研诚信建设的若干意见》,具体内容如下:

科研诚信是科技创新的基石。近年来,我国科研诚信建设在工作机制、制度规范、教育引导、监督惩戒等方面取得了显著成效,但整体上仍存在短板和薄弱环节,违背科研诚信要求的行为时有发生。为全面贯彻党的十九大精神,培育和践行社会主义核心价值观,弘扬科学精神,倡导创新文化,加快建设创新型国家,现就进一步加强科研诚信建设、营造诚实守信的良好科研环境提出以下意见。

一、总体要求

(一)指导思想。全面贯彻党的十九大和十九届二中、三中全会精神,以习近平新时代中国特色社会主义思想为指导,落实党中央、国务院关于社会信用体系建设的总体要求,以优化科技创新环境为目标,以推进科研诚信建设制度化为重点,以健全完善科研诚信工作机制为保障,坚持预防与惩治并举,坚持自律与监督并重,坚持无禁区、全覆盖、零容忍,严肃查处违背科研诚信要求的行为,着力打造共建共享共治的科研诚信建设新格局,营造诚实守信、追求真理、崇尚创新、鼓励探索、勇攀高峰的良好氛围,为建设世界科技强国奠定坚实的社会文化基础。

(二)基本原则。

——明确责任,协调有序。加强顶层设计、统筹协调,明确科研诚信建设各主体职责,加强部门沟通、协同、联动,形成全社会推进科研诚信建设合力。

——系统推进,重点突破。构建符合科研规律、适应建设世界科技强国要求的科研诚信体系。坚持问题导向,重点在实践养成、调查处理等方面实现突破,在提高诚信意识、优化科研环境等方面取得实效。

——激励创新,宽容失败。充分尊重科学研究灵感瞬间性、方式多样性、路径不确定性的特点,重视科研试错探索的价值,建立鼓励创新、宽容失败的容错纠错机制,形成敢为人先、勇于探索的科研氛围。

——坚守底线,终身追责。综合采取教育引导、合同约定、社会监督等多种方式,营造坚守底线、严格自律的制度环境和社会氛围,让守信者一路绿灯,失信者处处受限。坚持零容忍,强化责任追究,对严重违背科研诚信要求的行为依法依规终身追责。

(三)主要目标。在各方共同努力下,科学规范、激励有效、惩处有力的科研诚信制度规则健全完备,职责清晰、协调有序、监管到位的科研诚信工作机制有效运行,覆盖全面、共享联动、动态管理的科研诚信信息系统建立完善,广大科研人员的诚信意识显著增强,弘扬科学精神、恪守诚信规范成为科技界的共同理念和自觉行动,全社会的诚信基础和创新生态持续巩固发展,为建设创新型国家和世界科技强国奠定坚实基础,为把我国建成富强民主文明和谐美丽的社会主义现代化强国提供重要支撑。

二、完善科研诚信管理工作机制和责任体系

(四)建立健全职责明确、高效协同的科研诚信管理体系。科技部、中国社科院分别负责自然科学领域和哲学社会科学领域科研诚信工作的统筹协调和宏观指导。地方各级政府和相关行业主管部门要积极采取措施加强本地区本系统的科研诚信建设,充实工作力量,强化工作保障。科技计划管理部门要加强科技计划的科研诚信管理,建立健全以诚信为基础的科技计划监管机制,将科研诚信要求融入科技计划管理全过程。教育、卫生健康、新闻出版等部门要明确要求教育、医疗、学术期刊出版等单位完善内控制度,加强科研诚信建设。中国科学院、中国工程院、中国科协要强化对院士的科研诚信要求和监督管理,加强院士推荐(提名)的诚信审核。

(五)从事科研活动及参与科技管理服务的各类机构要切实履行科研诚信建设的主体责任。从事科研活动的各类企业、事业单位、社会组织等是科研诚信建设第一责任主体,要对加强科研诚信建设作出具体安排,将科研诚信工作纳入常态化管理。通过单位章程、员工行为规范、岗位说明书等内部规章制度及聘用合同,对本单位员工遵守科研诚信要求及责任追究作出明确规定或约定。

科研机构、高等学校要通过单位章程或制定学术委员会章程,对学术委员会科研诚信工作任务、职责权限作出明确规定,并在工作经费、办事机构、专职人员等方面提供必要保障。学术委员会要认真履行科研诚信建设职责,切实发挥审议、评

定、受理、调查、监督、咨询等作用,对违背科研诚信要求的行为,发现一起,查处一起。学术委员会要组织开展或委托基层学术组织、第三方机构对本单位科研人员的重要学术论文等科研成果进行全覆盖核查,核查工作应以3~5年为周期持续开展。

科技计划(专项、基金等)项目管理专业机构要严格按照科研诚信要求,加强立项评审、项目管理、验收评估等科技计划全过程和项目承担单位、评审专家等科技计划各类主体的科研诚信管理,对违背科研诚信要求的行为要严肃查处。

从事科技评估、科技咨询、科技成果转化、科技企业孵化和科研经费审计等的科技中介服务机构要严格遵守行业规范,强化诚信管理,自觉接受监督。

(六)学会、协会、研究会等社会团体要发挥自律自净功能。学会、协会、研究会等社会团体要主动发挥作用,在各自领域积极开展科研活动行为规范制定、诚信教育引导、诚信案件调查认定、科研诚信理论研究等工作,实现自我规范、自我管理、自我净化。

(七)从事科研活动和参与科技管理服务的各类人员要坚守底线、严格自律。科研人员要恪守科学道德准则,遵守科研活动规范,践行科研诚信要求,不得抄袭、剽窃他人科研成果或者伪造、篡改研究数据、研究结论;不得购买、代写、代投论文,虚构同行评议专家及评议意见;不得违反论文署名规范,擅自标注或虚假标注获得科技计划(专项、基金等)等资助;不得弄虚作假,骗取科技计划(专项、基金等)项目、科研经费以及奖励、荣誉等;不得有其他违背科研诚信要求的行为。

项目(课题)负责人、研究生导师等要充分发挥言传身教作用,加强对项目(课题)成员、学生的科研诚信管理,对重要论文等科研成果的署名、研究数据真实性、实验可重复性等进行诚信审核和学术把关。院士等杰出高级专家要在科研诚信建设中发挥示范带动作用,做遵守科研道德的模范和表率。

评审专家、咨询专家、评估人员、经费审计人员等要忠于职守,严格遵守科研诚信要求和职业道德,按照有关规定、程序和办法,实事求是,独立、客观、公正开展工作,为科技管理决策提供负责任、高质量的咨询评审意见。科技管理人员要正确履行管理、指导、监督职责,全面落实科研诚信要求。

三、加强科研活动全流程诚信管理

(八)加强科技计划全过程的科研诚信管理。科技计划管理部门要修改完善各级各类科技计划项目管理制度,将科研诚信建设要求落实到项目指南、立项评审、过程管理、结题验收和监督评估等科技计划管理全过程。要在各类科研合同(任务书、协议等)中约定科研诚信义务和违约责任追究条款,加强科研诚信合同管理。完善科技计划监督检查机制,加强对相关责任主体科研诚信履责情况的经常性检查。

（九）全面实施科研诚信承诺制。相关行业主管部门、项目管理专业机构等要在科技计划项目、创新基地、院士增选、科技奖励、重大人才工程等工作中实施科研诚信承诺制度，要求从事推荐(提名)、申报、评审、评估等工作的相关人员签署科研诚信承诺书，明确承诺事项和违背承诺的处理要求。

（十）强化科研诚信审核。科技计划管理部门、项目管理专业机构要对科技计划项目申请人开展科研诚信审核，将具备良好的科研诚信状况作为参与各类科技计划的必备条件。对严重违背科研诚信要求的责任者，实行"一票否决"。相关行业主管部门要将科研诚信审核作为院士增选、科技奖励、职称评定、学位授予等工作的必经程序。

（十一）建立健全学术论文等科研成果管理制度。科技计划管理部门、项目管理专业机构要加强对科技计划成果质量、效益、影响的评估。从事科学研究活动的企业、事业单位、社会组织等应加强科研成果管理，建立学术论文发表诚信承诺制度、科研过程可追溯制度、科研成果检查和报告制度等成果管理制度。学术论文等科研成果存在违背科研诚信要求情形的，应对相应责任人严肃处理并要求其采取撤回论文等措施，消除不良影响。

（十二）着力深化科研评价制度改革。推进项目评审、人才评价、机构评估改革，建立以科技创新质量、贡献、绩效为导向的分类评价制度，将科研诚信状况作为各类评价的重要指标，提倡严谨治学，反对急功近利。坚持分类评价，突出品德、能力、业绩导向，注重标志性成果质量、贡献、影响，推行代表作评价制度，不把论文、专利、荣誉性头衔、承担项目、获奖等情况作为限制性条件，防止简单量化、重数量轻质量、"一刀切"等倾向。尊重科学研究规律，合理设定评价周期，建立重大科学研究长周期考核机制。开展临床医学研究人员评价改革试点，建立设置合理、评价科学、管理规范、运转协调、服务全面的临床医学研究人员考核评价体系。

四、进一步推进科研诚信制度化建设

（十三）完善科研诚信管理制度。科技部、中国社科院要会同相关单位加强科研诚信制度建设，完善教育宣传、诚信案件调查处理、信息采集、分类评价等管理制度。从事科学研究的企业、事业单位、社会组织等应建立健全本单位教育预防、科研活动记录、科研档案保存等各项制度，明晰责任主体，完善内部监督约束机制。

（十四）完善违背科研诚信要求行为的调查处理规则。科技部、中国社科院要会同教育部、国家卫生健康委、中国科学院、中国科协等部门和单位依法依规研究制定统一的调查处理规则，对举报受理、调查程序、职责分工、处理尺度、申诉、实名举报人及被举报人保护等作出明确规定。从事科学研究的企业、事业单位、社会组织等应制定本单位的调查处理办法,明确调查程序、处理规则、处理措施等具体要求。

(十五)建立健全学术期刊管理和预警制度。新闻出版等部门要完善期刊管理制度,采取有效措施,加强高水平学术期刊建设,强化学术水平和社会效益优先要求,提升我国学术期刊影响力,提高学术期刊国际话语权。学术期刊应充分发挥在科研诚信建设中的作用,切实提高审稿质量,加强对学术论文的审核把关。

科技部要建立学术期刊预警机制,支持相关机构发布国内和国际学术期刊预警名单,并实行动态跟踪、及时调整。将罔顾学术质量、管理混乱、商业利益至上,造成恶劣影响的学术期刊,列入黑名单。论文作者所在单位应加强对本单位科研人员发表论文的管理,对在列入预警名单的学术期刊上发表论文的科研人员,要及时警示提醒;对在列入黑名单的学术期刊上发表的论文,在各类评审评价中不予认可,不得报销论文发表的相关费用。

五、切实加强科研诚信的教育和宣传

(十六)加强科研诚信教育。从事科学研究的企业、事业单位、社会组织应将科研诚信工作纳入日常管理,加强对科研人员、教师、青年学生等的科研诚信教育,在入学入职、职称晋升、参与科技计划项目等重要节点必须开展科研诚信教育。对在科研诚信方面存在倾向性、苗头性问题的人员,所在单位应当及时开展科研诚信诫勉谈话,加强教育。

科技计划管理部门、项目管理专业机构以及项目承担单位,应当结合科技计划组织实施的特点,对承担或参与科技计划项目的科研人员有效开展科研诚信教育。

(十七)充分发挥学会、协会、研究会等社会团体的教育培训作用。学会、协会、研究会等社会团体要主动加强科研诚信教育培训工作,帮助科研人员熟悉和掌握科研诚信具体要求,引导科研人员自觉抵制弄虚作假、欺诈剽窃等行为,开展负责任的科学研究。

(十八)加强科研诚信宣传。创新手段,拓宽渠道,充分利用广播电视、报纸杂志等传统媒体及微博、微信、手机客户端等新媒体,加强科研诚信宣传教育。大力宣传科研诚信典范榜样,发挥典型人物示范作用。及时曝光违背科研诚信要求的典型案例,开展警示教育。

六、严肃查处严重违背科研诚信要求的行为

(十九)切实履行调查处理责任。自然科学论文造假监管由科技部负责,哲学社会科学论文造假监管由中国社科院负责。科技部、中国社科院要明确相关机构负责科研诚信工作,做好受理举报、核查事实、日常监管等工作,建立跨部门联合调

第十六章
社会科学研究中的伦理和规范

查机制,组织开展对科研诚信重大案件联合调查。违背科研诚信要求行为人所在单位是调查处理第一责任主体,应当明确本单位科研诚信机构和监察审计机构等调查处理职责分工,积极主动、公正公平开展调查处理。相关行业主管部门应按照职责权限和隶属关系,加强指导和及时督促,坚持学术、行政两条线,注重发挥学会、协会、研究会等社会团体作用。对从事学术论文买卖、代写代投以及伪造、虚构、篡改研究数据等违法违规活动的中介服务机构,市场监督管理、公安等部门应主动开展调查,严肃惩处。保障相关责任主体申诉权等合法权利,事实认定和处理决定应履行对当事人的告知义务,依法依规及时公布处理结果。科研人员应当积极配合调查,及时提供完整有效的科学研究记录,对拒不配合调查、隐匿销毁研究记录的,要从重处理。对捏造事实、诬告陷害的,要依据有关规定严肃处理;对举报不实、给被举报单位和个人造成严重影响的,要及时澄清、消除影响。

(二十)严厉打击严重违背科研诚信要求的行为。坚持零容忍,保持对严重违背科研诚信要求行为严厉打击的高压态势,严肃责任追究。建立终身追究制度,依法依规对严重违背科研诚信要求行为实行终身追究,一经发现,随时调查处理。积极开展对严重违背科研诚信要求行为的刑事规制理论研究,推动立法、司法部门适时出台相应刑事制裁措施。

相关行业主管部门或严重违背科研诚信要求责任人所在单位要区分不同情况,对责任人给予科研诚信诫勉谈话;取消项目立项资格,撤销已获资助项目或终止项目合同,追回科研项目经费;撤销获得的奖励、荣誉称号,追回奖金;依法开除学籍,撤销学位、教师资格,收回医师执业证书等;一定期限直至终身取消晋升职务职称、申报科技计划项目、担任评审评估专家、被提名为院士候选人等资格;依法依规解除劳动合同、聘用合同;终身禁止在政府举办的学校、医院、科研机构等从事教学、科研工作等处罚,以及记入科研诚信严重失信行为数据库或列入观察名单等其他处理。严重违背科研诚信要求责任人属于公职人员的,依法依规给予处分;属于党员的,依纪依规给予党纪处分。涉嫌存在诈骗、贪污科研经费等违法犯罪行为的,依法移交监察、司法机关处理。

对包庇、纵容甚至骗取各类财政资助项目或奖励的单位,有关主管部门要给予约谈主要负责人、停拨或核减经费、记入科研诚信严重失信行为数据库、移送司法机关等处理。

(二十一)开展联合惩戒。加强科研诚信信息跨部门跨区域共享共用,依法依规对严重违背科研诚信要求责任人采取联合惩戒措施。推动各级各类科技计划统一处理规则,对相关处理结果互认。将科研诚信状况与学籍管理、学历学位授予、科研项目立项、专业技术职务评聘、岗位聘用、评选表彰、院士增选、人才基地评审等挂钩。推动在行政许可、公共采购、评先创优、金融支持、资质等级评定、纳税信用评价等工作中将科研诚信状况作为重要参考。

七、加快推进科研诚信信息化建设

（二十二）建立完善科研诚信信息系统。科技部会同中国社科院建立完善覆盖全国的自然科学和哲学社会科学科研诚信信息系统,对科研人员、相关机构、组织等的科研诚信状况进行记录。研究拟订科学合理、适用不同类型科研活动和对象特点的科研诚信评价指标、方法模型,明确评价方式、周期、程序等内容。重点对参与科技计划(项目)组织管理或实施、科技统计等科技活动的项目承担人员、咨询评审专家,以及项目管理专业机构、项目承担单位、中介服务机构等相关责任主体开展诚信评价。

（二十三）规范科研诚信信息管理。建立健全科研诚信信息采集、记录、评价、应用等管理制度,明确实施主体、程序、要求。根据不同责任主体的特点,制定面向不同类型科技活动的科研诚信信息目录,明确信息类别和管理流程,规范信息采集的范围、内容、方式和信息应用等。

（二十四）加强科研诚信信息共享应用。逐步推动科研诚信信息系统与全国信用信息共享平台、地方科研诚信信息系统互联互通,分阶段分权限实现信息共享,为实现跨部门跨地区联合惩戒提供支撑。

八、保障措施

（二十五）加强党对科研诚信建设工作的领导。各级党委(党组)要高度重视科研诚信建设,切实加强领导,明确任务,细化分工,扎实推进。有关部门、地方应整合现有科研保障措施,建立科研诚信建设目标责任制,明确任务分工,细化目标责任,明确完成时间。科技部要建立科研诚信建设情况督查和通报制度,对工作取得明显成效的地方、部门和机构进行表彰;对措施不得力、工作不落实的,予以通报批评,督促整改。

（二十六）发挥社会监督和舆论引导作用。充分发挥社会公众、新闻媒体等对科研诚信建设的监督作用。畅通举报渠道,鼓励对违背科研诚信要求的行为进行负责任实名举报。新闻媒体要加强对科研诚信正面引导。对社会舆论广泛关注的科研诚信事件,当事人所在单位和行业主管部门要及时采取措施调查处理,及时公布调查处理结果。

（二十七）加强监测评估。开展科研诚信建设情况动态监测和第三方评估,监测和评估结果作为改进完善相关工作的重要基础以及科研事业单位绩效评价、企业享受政府资助等的重要依据。对重大科研诚信事件及时开展跟踪监测和分析。定期发布中国科研诚信状况报告。

（二十八）积极开展国际交流合作。积极开展与相关国家、国际组织等的交流合作,加强对科技发展带来的科研诚信建设新情况新问题研究,共同完善国际科研规范,有效应对跨国跨地区科研诚信案件(中共中央办公厅 等,2018)。

2019年6月11日,中共中央办公厅、国务院办公厅印发了《关于进一步弘扬科学家精神加强作风和学风建设的意见》,具体内容如下:

为激励和引导广大科技工作者追求真理、勇攀高峰,树立科技界广泛认可、共同遵循的价值理念,加快培育促进科技事业健康发展的强大精神动力,在全社会营造尊重科学、尊重人才的良好氛围,现提出如下意见。

一、总体要求

(一)指导思想。以习近平新时代中国特色社会主义思想为指导,全面贯彻党的十九大和十九届二中、三中全会精神,以塑形铸魂科学家精神为抓手,切实加强作风和学风建设,积极营造良好科研生态和舆论氛围,引导广大科技工作者紧密团结在以习近平同志为核心的党中央周围,增强"四个意识",坚定"四个自信",做到"两个维护",在践行社会主义核心价值观中走在前列,争做重大科研成果的创造者、建设科技强国的奉献者、崇高思想品格的践行者、良好社会风尚的引领者,为实现"两个一百年"奋斗目标、实现中华民族伟大复兴的中国梦作出更大贡献。

(二)基本原则。坚持党的领导,提高政治站位,强化政治引领,把党的领导贯穿到科技工作全过程,筑牢科技界共同思想基础。坚持价值引领,把握主基调,唱响主旋律,弘扬家国情怀、担当作风、奉献精神,发挥示范带动作用。坚持改革创新,大胆突破不符合科技创新规律和人才成长规律的制度藩篱,营造良好学术生态,激发全社会创新创造活力。坚持久久为功,汇聚党政部门、群团组织、高校院所、企业和媒体等各方力量,推动作风和学风建设常态化、制度化,为科技工作者潜心科研、拼搏创新提供良好政策保障和舆论环境。

(三)主要目标。力争1年内转变作风改进学风的各项治理措施得到全面实施,3年内取得作风学风实质性改观,科技创新生态不断优化,学术道德建设得到显著加强,新时代科学家精神得到大力弘扬,在全社会形成尊重知识、崇尚创新、尊重人才、热爱科学、献身科学的浓厚氛围,为建设世界科技强国汇聚磅礴力量。

二、自觉践行、大力弘扬新时代科学家精神

(四)大力弘扬胸怀祖国、服务人民的爱国精神。继承和发扬老一代科学家艰苦奋斗、科学报国的优秀品质,弘扬"两弹一星"精神,坚持国家利益和人民利益至上,以支撑服务社会主义现代化强国建设为己任,着力攻克事关国家安全、经济发

展、生态保护、民生改善的基础前沿难题和核心关键技术。

（五）大力弘扬勇攀高峰、敢为人先的创新精神。坚定敢为天下先的自信和勇气，面向世界科技前沿，面向国民经济主战场，面向国家重大战略需求，抢占科技竞争和未来发展制高点。敢于提出新理论、开辟新领域、探寻新路径，不畏挫折、敢于试错，在独创独有上下功夫，在解决受制于人的重大瓶颈问题上强化担当作为。

（六）大力弘扬追求真理、严谨治学的求实精神。把热爱科学、探求真理作为毕生追求，始终保持对科学的好奇心。坚持解放思想、独立思辨、理性质疑，大胆假设、认真求证，不迷信学术权威。坚持立德为先、诚信为本，在践行社会主义核心价值观、引领社会良好风尚中率先垂范。

（七）大力弘扬淡泊名利、潜心研究的奉献精神。静心笃志、心无旁骛、力戒浮躁，甘坐"冷板凳"，肯下"数十年磨一剑"的苦功夫。反对盲目追逐热点，不随意变换研究方向，坚决摒弃拜金主义。从事基础研究，要瞄准世界一流，敢于在世界舞台上与同行对话；从事应用研究，要突出解决实际问题，力争实现关键核心技术自主可控。

（八）大力弘扬集智攻关、团结协作的协同精神。强化跨界融合思维，倡导团队精神，建立协同攻关、跨界协作机制。坚持全球视野，加强国际合作，秉持互利共赢理念，为推动科技进步、构建人类命运共同体贡献中国智慧。

（九）大力弘扬甘为人梯、奖掖后学的育人精神。坚决破除论资排辈的陈旧观念，打破各种利益纽带和裙带关系，善于发现培养青年科技人才，敢于放手、支持其在重大科研任务中"挑大梁"，甘做致力提携后学的"铺路石"和领路人。

三、加强作风和学风建设，营造风清气正的科研环境

（十）崇尚学术民主。鼓励不同学术观点交流碰撞，倡导严肃认真的学术讨论和评论，排除地位影响和利益干扰。开展学术批评要开诚布公，多提建设性意见，反对人身攻击。尊重他人学术话语权，反对门户偏见和"学阀"作风，不得利用行政职务或学术地位压制不同学术观点。鼓励年轻人大胆提出自己的学术观点，积极与学术权威交流对话。

（十一）坚守诚信底线。科研诚信是科技工作者的生命。高等学校、科研机构和企业等要把教育引导和制度约束结合起来，主动发现、严肃查处违背科研诚信要求的行为，并视情节追回责任人所获利益，按程序记入科研诚信严重失信行为数据库，实行"零容忍"，在晋升使用、表彰奖励、参与项目等方面"一票否决"。科研项目承担者要树立"红线"意识，严格履行科研合同义务，严禁违规将科研任务转包、分包他人，严禁随意降低目标任务和约定要求，严禁以项目实施周期外或不相关成果充抵交差。严守科研伦理规范，守住学术道德底线，按照对科研成果的创造性贡献

大小据实署名和排序,反对无实质学术贡献者"挂名",导师、科研项目负责人不得在成果署名、知识产权归属等方面侵占学生、团队成员的合法权益。对已发布的研究成果中确实存在错误和失误的,责任方要以适当方式予以公开和承认。不参加自己不熟悉领域的咨询评审活动,不在情况不掌握、内容不了解的意见建议上署名签字。压紧压实监督管理责任,有关主管部门和高等学校、科研机构、企业等单位要建立健全科研诚信审核、科研伦理审查等有关制度和信息公开、举报投诉、通报曝光等工作机制。对违反项目申报实施、经费使用、评审评价等规定,违背科研诚信、科研伦理要求的,要敢于揭短亮丑,不迁就、不包庇,严肃查处、公开曝光。

(十二)反对浮夸浮躁、投机取巧。深入科研一线,掌握一手资料,不人为夸大研究基础和学术价值,未经科学验证的现象和观点,不得向公众传播。论文等科研成果发表后1个月内,要将所涉及的实验记录、实验数据等原始数据资料交所在单位统一管理、留存备查。参与国家科技计划(专项、基金等)项目的科研人员要保证有足够时间投入研究工作,承担国家关键领域核心技术攻关任务的团队负责人要全时全职投入攻关任务。科研人员同期主持和主要参与的国家科技计划(专项、基金等)项目(课题)数原则上不得超过2项,高等学校、科研机构领导人员和企业负责人作为项目(课题)负责人同期主持的不得超过1项。每名未退休院士受聘的院士工作站不超过1个、退休院士不超过3个,院士在每个工作站全职工作时间每年不少于3个月。国家人才计划入选者、重大科研项目负责人在聘期内或项目执行期内擅自变更工作单位,造成重大损失、恶劣影响的要按规定承担相应责任。兼职要与本人研究专业相关,杜绝无实质性工作内容的各种兼职和挂名。高等学校、科研机构和企业要加强对本单位科研人员的学术管理,对短期内发表多篇论文、取得多项专利等成果的,要开展实证核验,加强核实核查。科研人员公布突破性科技成果和重大科研进展应当经所在单位同意,推广转化科技成果不得故意夸大技术价值和经济社会效益,不得隐瞒技术风险,要经得起同行评、用户用、市场认。

(十三)反对科研领域"圈子"文化。要以"功成不必在我"的胸襟,打破相互封锁、彼此封闭的门户倾向,防止和反对科研领域的"圈子"文化,破除各种利益纽带和人身依附关系。抵制各种人情评审,在科技项目、奖励、人才计划和院士增选等各种评审活动中不得"打招呼""走关系",不得投感情票、单位票、利益票,一经发现这类行为,立即取消参评、评审等资格。院士等高层次专家要带头打破壁垒,树立跨界融合思维,在科研实践中多做传帮带,善于发现、培养青年科研人员,在引领社会风气上发挥表率作用。要身体力行、言传身教,积极履行社会责任,主动走近大中小学生,传播爱国奉献的价值理念,开展科普活动,引领更多青少年投身科技事业。

四、加快转变政府职能,构建良好科研生态

(十四)深化科技管理体制机制改革。政府部门要抓战略、抓规划、抓政策、抓服务,树立宏观思维,倡导专业精神,减少对科研活动的微观管理和直接干预,切实把工作重点转到制定政策、创造环境、为科研人员和企业提供优质高效服务上。坚持刀刃向内,深化科研领域政府职能转变和"放管服"改革,建立信任为前提、诚信为底线的科研管理机制,赋予科技领军人才更大的技术路线决策权、经费支配权、资源调动权。优化项目形成和资源配置方式,根据不同科学研究活动的特点建立稳定支持、竞争申报、定向委托等资源配置方式,合理控制项目数量和规模,避免"打包"、"拼盘"、任务发散等问题。建立健全重大科研项目科学决策、民主决策机制,确定重大创新方向要围绕国家战略和重大需求,广泛征求科技界、产业界等意见。对涉及国家安全、重大公共利益或社会公众切身利益的,应充分开展前期论证评估。建立完善分层分级责任担当机制,政府部门要敢于为科研人员的探索失败担当责任。

(十五)正确发挥评价引导作用。改革科技项目申请制度,优化科研项目评审管理机制,让最合适的单位和人员承担科研任务。实行科研机构中长期绩效评价制度,加大对优秀科技工作者和创新团队稳定支持力度,反对盲目追求机构和学科排名。大幅减少评比、评审、评奖,破除唯论文、唯职称、唯学历、唯奖项倾向,不得简单以头衔高低、项目多少、奖励层次等作为前置条件和评价依据,不得以单位名义包装申报项目、奖励、人才"帽子"等。优化整合人才计划,避免相同层次的人才计划对同一人员的重复支持,防止"帽子"满天飞。支持中西部地区稳定人才队伍,发达地区不得片面通过高薪酬高待遇竞价抢挖人才,特别是从中西部地区、东北地区挖人才。

(十六)大力减轻科研人员负担。加快国家科技管理信息系统建设,实现在线申报、信息共享。大力解决表格多、报销繁、牌子乱、"帽子"重复、检查频繁等突出问题。原则上1个年度内对1个项目的现场检查不超过1次。项目管理专业机构要强化合同管理,按照材料只报1次的要求,严格控制报送材料数量、种类、频次,对照合同从实从严开展项目成果考核验收。专业机构和项目专员严禁向评审专家施加倾向性影响,坚决抵制各种形式的"围猎"。高等学校、科研机构和企业等创新主体要切实履行法人主体责任,改进内部科研管理,减少繁文缛节,不层层加码。高等学校、科研机构领导人员和企业负责人在履行勤勉尽责义务、没有牟取非法利益前提下,免除追究其技术创新决策失误责任,对已履行勤勉尽责义务但因技术路线选择失误等导致难以完成预定目标的项目单位和科研人员予以减责或免责。

五、加强宣传，营造尊重人才、尊崇创新的舆论氛围

（十七）大力宣传科学家精神。高度重视"人民科学家"等功勋荣誉表彰奖励获得者的精神宣传，大力表彰科技界的民族英雄和国家脊梁。推动科学家精神进校园、进课堂、进头脑。系统采集、妥善保存科学家学术成长资料，深入挖掘所蕴含的学术思想、人生积累和精神财富。建设科学家博物馆，探索在国家和地方博物馆中增加反映科技进步的相关展项，依托科技馆、国家重点实验室、重大科技工程纪念馆（遗迹）等设施建设一批科学家精神教育基地。

（十八）创新宣传方式。建立科技界与文艺界定期座谈交流、调研采风机制，引导支持文艺工作者运用影视剧、微视频、小说、诗歌、戏剧、漫画等多种艺术形式，讲好科技工作者科学报国故事。以"时代楷模""最美科技工作者""大国工匠"等宣传项目为抓手，积极选树、广泛宣传基层一线科技工作者和创新团队典型。支持有条件的高等学校和中学编排创作演出反映科学家精神的文艺作品，创新青少年思想政治教育手段。

（十九）加强宣传阵地建设。主流媒体要在黄金时段和版面设立专栏专题，打造科技精品栏目。加强科技宣传队伍建设，开展系统培训，切实提高相关从业人员的科学素养和业务能力。加强网络和新媒体宣传平台建设，创新宣传方式和手段，增强宣传效果、扩大传播范围。

六、保障措施

（二十）强化组织保障。各级党委和政府要切实加强对科技工作的领导，对科技工作者政治上关怀、工作上支持、生活上关心，把弘扬科学家精神、加强作风和学风建设作为践行社会主义核心价值观的重要工作摆上议事日程。各有关部门要转变职能，创新工作模式和方法，加强沟通、密切配合、齐抓共管，细化政策措施，推动落实落地，切实落实好党中央关于为基层减负的部署。科技类社会团体要制定完善本领域科研活动自律公约和职业道德准则，经常性开展职业道德和学风教育，发挥自律自净作用。各类新闻媒体要提高科学素养，宣传报道科研进展和科技成就要向相关机构和人员进行核实，听取专家意见，杜绝盲目夸大或者恶意贬低，反对"标题党"。对宣传报道不实、造成恶劣影响的，相关媒体、涉事单位及责任人员应及时澄清，有关部门应依规依法处理。

中央宣传部、科技部、中国科协、教育部、中国科学院、中国工程院等要会同有关方面分解工作任务，对落实情况加强跟踪督办和总结评估，确保各项举措落到实处。军队可根据本意见，结合实际建立健全相应工作机制（中共中央办公厅，2019）。

2020年12月25日，国家自然科学基金委员会发布《关于印发〈国家自然科学基金项目科研不端行为调查处理办法〉的通知》，全文如下：

第一章 总 则

第一条 为了规范国家自然科学基金委员会（以下简称自然科学基金委）对科研不端行为的调查处理，维护科学基金的公正性和科技工作者的权益，推动科研诚信、学术规范和科研伦理建设，促进科学基金事业的健康发展，根据《中华人民共和国科学技术进步法》《国家自然科学基金条例》《关于进一步加强科研诚信建设的若干意见》《科学技术活动违规行为处理暂行规定》和《科研诚信案件调查处理规则（试行）》等规定，制定本办法。

第二条 本办法适用于在国家自然科学基金项目（以下简称科学基金项目）的申请、评审、实施、结题和成果发表与应用等活动中发生的科研不端行为的调查处理。

第三条 本办法所称科研不端行为，是指发生在科学基金项目申请、评审、实施、结题和成果发表与应用等活动中，偏离科学共同体行为规范，违背科研诚信和科研伦理行为准则的行为。具体包括：

（一）抄袭、剽窃、侵占；

（二）伪造、篡改；

（三）买卖、代写；

（四）提供虚假信息、隐瞒相关信息以及提供信息不准确；

（五）通过贿赂或者利益交换等不正当方式获取科学基金项目；

（六）违反科研成果的发表规范、署名规范、引用规范；

（七）违反评审行为规范；

（八）违反科研伦理规范；

（九）其他科研不端行为。

第四条 自然科学基金委监督委员会依照《国家自然科学基金委员会章程》和《国家自然科学基金委员会监督委员会章程》的规定，具体负责受理对科研不端行为的投诉举报，组织开展调查，提出处理建议并且监督处理决定的执行。

第五条 自然科学基金委对监督委员会提出的处理建议进行审查，并作出处理决定。

第六条 科研人员应当遵守学术规范，恪守职业道德，诚实守信，不得在科学技术活动中弄虚作假。

涉嫌科研不端行为接受调查时，应当如实说明有关情况并且提供相关证明材料。

第七条 项目评审专家应当认真履行评审职责,对与科学基金项目相关的通信评审、会议评审、中期检查、结题审查以及其他评审事项进行公正评审,不得违反相关回避、保密规定或者利用工作便利谋取不正当利益。

第八条 项目依托单位及科研人员所在单位作为本单位科研诚信建设主体责任单位,应建立健全处理科研不端行为的相关工作制度和组织机构,在科研不端行为的预防与调查处理中具体履行以下职责:

(一)宣讲科研不端行为调查处理相关政策与规定;

(二)对本单位人员的科研不端行为,积极主动开展调查;

(三)对自然科学基金委交办的问题线索组织开展相关调查;

(四)依据职责权限对科研不端行为责任人作出处理;

(五)向自然科学基金委报告本单位与科学基金项目相关的科研不端行为及其查处情况;

(六)执行自然科学基金委作出的处理决定;

(七)监督处理决定的执行;

(八)其他与科研诚信相关的职责。

第九条 自然科学基金委在调查处理科研不端行为时应当坚持事实清楚、证据确凿、定性准确、处理恰当、程序合法、手续完备的原则。

第十条 自然科学基金委对科研人员、项目评审专家和项目依托单位实行信用管理,用于相关的评审、实施和管理活动。

第十一条 项目申请人、负责人、参与者、评审专家和依托单位等应积极履行与自然科学基金委签订的相关合同或者承诺,如违反相应义务,自然科学基金委可以依据合同或者承诺对其作出相应处理。

第二章 调查处理程序

第一节 投诉举报与受理

第十二条 任何公民、法人或者其他组织均可以向自然科学基金委以书面形式投诉举报科研不端行为,投诉举报应当符合下列要求:

(一)有明确的投诉举报对象;

(二)有可查证的线索或者证据材料;

(三)与科学基金工作相关;

(四)涉及本办法适用的科研不端行为。

第十三条 自然科学基金委鼓励实名投诉举报,并对投诉举报人、被举报人、证人等相关人员的信息予以严格保密,充分保护相关人员的合法权益。

第十四条 自然科学基金委应当在十五个工作日内对投诉举报材料进行初核,初核由两名工作人员进行。经初核认为投诉举报材料符合本办法第十二条的要求的,应当作出受理的决定,并在五个工作日内告知实名投诉举报人。不符合受理条件的,应当作出不予受理的决定,并在五个工作日内告知实名投诉举报人。

上述决定涉及不予公开或者保密内容的,投诉举报人应予以保密。泄露、扩散或者不当使用相关信息的,应承担相应责任。

第十五条 调查处理过程中,发现投诉举报人有捏造事实、诬告陷害等行为的,自然科学基金委将向其所在单位通报。

第十六条 投诉举报事项属于下列情形的,不予受理:

(一)投诉举报已经依法处理,投诉举报人在无新线索的情况下以同一事实或者理由重复投诉举报的;

(二)已由公安机关、监察机关立案调查或者进入司法程序的;

(三)其他依法不应当受理的情形。

投诉举报中同时含有应当受理和不应当受理的内容,能够作区分处理的,对不应当受理的内容不予受理。

第二节 调 查

第十七条 对于受理的科研不端行为案件,自然科学基金委应当组织、会同、直接移交或者委托相关部门开展调查。对直接移交或者委托依托单位或者科研不端行为人所在单位调查的,自然科学基金委保留自行调查的权力。

被调查人担任单位主要负责人或者被调查人是法人单位的,自然科学基金委可以直接移交或者委托其上级主管部门开展调查。没有上级主管部门的,自然科学基金委可以直接移交或者委托其所在地的省级科技行政管理部门科研诚信建设责任单位负责组织调查。

涉及项目资金使用的举报,自然科学基金委可以聘请第三方机构对相关资助资金使用情况进行监督和检查,根据监督和检查结论依照本办法处理。

第十八条 对涉嫌科研不端行为的调查,可以采取谈话函询、书面调查、现场调查、依托单位或者科研不端行为人所在单位调查等方式开展。必要时也可以采取邀请专家参与调查、邀请专家或者第三方机构鉴定以及召开听证会等方式开展。

第十九条 自然科学基金委对于依职权发现的涉嫌科研不端行为,应当及时审查并依照相关规定处理。

第二十条 进行书面调查的,应当对投诉举报材料、当事人陈述材料、有关证明材料等进行审查,形成书面调查报告。

第二十一条 进行现场调查的,调查人员不得少于两人,并且应当向当事人或者有关人员出示工作证件或者公函。

当事人或者有关人员应当如实回答询问并协助调查,向调查人员出示原始记录、观察笔记、图像照片或者实验样品等证明材料,不得隐瞒信息或者提供虚假信息。询问或者检查应当制作笔录,当事人和相关人员应当在笔录上签字。

第二十二条 依托单位或者当事人所在单位负责调查的,应当认真开展调查,形成完整的调查报告并加盖单位公章,按时向自然科学基金委报告有关情况。

调查过程中,调查单位应当与当事人面谈,并向自然科学基金委提供以下材料:

(一)调查结果和处理意见;
(二)相关证明材料;
(三)当事人的陈述材料;
(四)当事人与调查人员双方签字的谈话笔录;
(五)其他相关材料。

第二十三条 调查过程中,调查人员应当充分听取当事人的陈述或者申辩,对当事人提出的事实、理由和证据进行核实。当事人提出的事实、理由或者证据成立的,应当采纳。任何个人和组织不得以不正当手段影响调查工作的进行。

调查中发现当事人的行为可能影响公众健康与安全或者导致其他严重后果的,调查人员应立即报告,或者按程序移送有关部门处理。

第二十四条 科研不端行为案件应自受理之日起六个月内完成调查。

对于在前款规定期限内不能完成调查的重大复杂案件,经自然科学基金委监督委员会主要负责人或者自然科学基金委负责人批准后可以延长调查期限,延长时间最长不得超过一年。对于上级机关和有关部门移交的案件,调查延期情况应向移交机关或者部门报备。

调查中发现关键信息不充分、暂不具备调查条件或者被调查人在调查期间死亡的,经自然科学基金委监督委员会主要负责人或者自然科学基金委负责人批准后可以中止或者终止调查。

条件具备时,应及时启动已中止的调查,中止的时间不计入调查时限。对死亡的被调查人中止或终止调查不影响对案件涉及的其他被调查人的调查。

第三章 处 理

第二十五条 调查终结后,应当形成调查报告,调查报告应当载明以下事项:

(一)调查的对象和内容;
(二)主要事实、理由和依据;
(三)调查结论和处理建议;
(四)其他需要说明的内容。

第二十六条 自然科学基金委作出处理决定前,应当书面告知当事人拟作出处理决定的事实、理由及依据,并告知当事人依法享有陈述与申辩的权利。

当事人没有进行陈述或者申辩的,视为放弃陈述与申辩的权利。当事人作出陈述或者申辩的,应当充分听取其意见。

第二十七条 调查终结后,自然科学基金委应当对调查结果进行审查,根据不同情况,分别作出以下决定:

(一)确有科研不端行为的,根据事实及情节轻重,作出处理决定;

(二)未发现存在科研不端行为的,予以结案;

(三)涉嫌违纪违法的,移送相关机关处理。

第二十八条 自然科学基金委作出处理决定时应当制作处理决定书。处理决定书应当载明以下事项:

(一)当事人基本情况;

(二)实施科研不端行为的事实和证据;

(三)处理依据和措施;

(四)救济途径和期限;

(五)作出处理决定的单位名称和日期;

(六)其他应当载明的内容。

第二十九条 自然科学基金委作出处理决定后,应及时将处理决定书送达当事人,并将处理结果告知实名投诉举报人。

处理结果涉及不予公开或者保密内容的,投诉举报人应予以保密。泄露、扩散或者不当使用相关信息的,应承担相应责任。

第三十条 对实施科研不端行为的科研人员的处理措施包括:

(一)警告;

(二)责令改正;

(三)通报批评;

(四)暂缓拨付项目资金;

(五)科学基金项目处于申请或者评审过程的,撤销项目申请;

(六)科学基金项目正在实施的,终止原资助项目并追回结余资金;

(七)科学基金项目正在实施或者已经结题的,撤销原资助决定并追回已拨付资金;

(八)取消一定期限内申请或者参与申请科学基金项目资格。

第三十一条 对实施科研不端行为的评审专家的处理措施包括:

(一)警告;

(二)责令改正;

(三)通报批评;

(四)一定期限内直至终身取消评审专家资格。

第三十二条 对实施科研不端行为的依托单位的处理措施包括:

(一)警告;

(二)责令改正;

(三)通报批评;

(四)取消一定期限内依托单位资格。

第三十三条 对科研不端行为的处理应当考虑以下因素:

(一)科研不端行为的性质与情节;

(二)科研不端行为的结果与影响程度;

(三)实施科研不端行为的主观恶性程度;

(四)实施科研不端行为的次数;

(五)承认错误与配合调查的态度;

(六)应承担的责任大小;

(七)其他需要考虑的因素。

第三十四条 科研不端行为情节轻微并及时纠正,危害后果较轻的,可以给予谈话提醒、批评教育。

第三十五条 有下列情形之一的,从轻或者减轻处理:

(一)主动消除或者减轻科研不端行为危害后果的;

(二)受他人胁迫实施科研不端行为的;

(三)积极配合调查并且主动承担责任的;

(四)其他从轻或者减轻处理的情形。

第三十六条 有下列情形之一的,从重处理:

(一)伪造、销毁或者藏匿证据的;

(二)阻止他人投诉举报或者提供证据的;

(三)干扰、妨碍调查核实的;

(四)打击、报复投诉举报人的;

(五)多次实施或者同时实施数种科研不端行为的;

(六)造成严重后果或者恶劣影响的;

(七)其他从重处理的情形。

第三十七条 同时涉及数种科研不端行为的,应当合并处理。合并处理的幅度不超过《国家自然科学基金条例》规定的上限。

第三十八条 二人以上共同实施科研不端行为的,按照各自所起的作用、造成的后果以及应负的责任,分清主要责任、次要责任和同等责任,分别进行处理。无法分清主要责任与次要责任的,视为同等责任一并处理。

第三十九条 负责受理、调查和处理的工作人员应当严格遵守相关回避与保密规定。当事人认为前述人员与案件处理有直接利害关系的,有权申请回避。

上述人员与当事人有近亲属关系、同一法人单位关系、师生关系或者合作关系等可能影响公正处理的,应当主动申请回避。自然科学基金委也可以直接作出回避决定。

上述人员未经允许不得披露未公开的有关证明材料、调查处理的过程或者结果等与科研不端行为处理相关的信息，违反保密规定的，依照有关规定处理。

依托单位或者当事人所在单位调查人员可以不受本条第二款中同一法人单位规定的限制。

第四章 处 理 细 则

第四十条 项目申请人、参与者在项目申请书或者列入项目申请书的论文等科研成果中有抄袭、剽窃、伪造、篡改等行为之一的，根据项目所处状态，撤销项目申请、终止原资助项目并追回结余资金或者撤销原资助决定并追回已拨付资金。除上述处理措施外，情节较轻的，取消项目申请或者参与申请资格一至三年，给予警告或者通报批评；情节较重的，取消项目申请或者参与申请资格三至五年，给予通报批评；情节严重的，取消项目申请或者参与申请资格五至七年，给予通报批评。

第四十一条 项目申请人、参与者在项目申请过程中有下列行为之一的，科学基金项目处于申请或者评审过程的，撤销项目申请。除上述处理措施外，情节较轻的，给予谈话提醒、批评教育或者警告；情节较重的，终止原资助项目并追回结余资金或者撤销原资助决定并追回已拨付资金，取消项目申请或者参与申请资格一至三年，给予警告或者通报批评；情节严重的，终止原资助项目并追回结余资金或者撤销原资助决定并追回已拨付资金，取消项目申请或者参与申请资格三至五年，给予通报批评：

（一）代写、委托代写或者买卖项目申请书的；

（二）委托第三方机构修改项目申请书的；

（三）提供虚假信息、隐瞒相关信息以及提供信息不准确的；

（四）冒充他人签名或者伪造参与者姓名的；

（五）擅自将他人列为项目参与人员的；

（六）违规重复申请的；

（七）其他违反项目申请规范的行为。

第四十二条 项目申请人、参与者在列入项目申请书的论文等科研成果中有下列行为之一的，科学基金项目处于申请或者评审过程的，撤销项目申请。除上述处理措施外，情节较轻的，给予谈话提醒、批评教育或者警告；情节较重的，终止原资助项目并追回结余资金或者撤销原资助决定并追回已拨付资金，取消项目申请或者参与申请资格一至三年，给予警告或者通报批评；情节严重的，终止原资助项目并追回结余资金或者撤销原资助决定并追回已拨付资金，取消项目申请或者参与申请资格三至五年，给予通报批评：

（一）一稿多发或者重复发表的；

(二) 买卖或者代写的;

(三) 委托第三方机构投稿的;

(四) 虚构同行评议专家及评议意见的;

(五) 其他违反论文发表规范、引用规范的行为。

第四十三条 项目申请人、参与者在列入项目申请书的论文等科研成果中有下列行为之一的,科学基金项目处于申请或者评审过程的,撤销项目申请。除上述处理措施外,情节较轻的,给予谈话提醒、批评教育或者警告;情节较重的,终止原资助项目并追回结余资金或者撤销原资助决定并追回已拨付资金,取消项目申请或者参与申请资格一至三年,给予警告或者通报批评;情节严重的,终止原资助项目并追回结余资金或者撤销原资助决定并追回已拨付资金,取消项目申请或者参与申请资格三至五年,给予通报批评:

(一) 未经同意使用他人署名的;

(二) 虚构其他署名作者的;

(三) 篡改作者排序和贡献的;

(四) 未做出实质性贡献而署名的;

(五) 将做出实质性贡献的作者或者单位排除在外的;

(六) 擅自标注他人科学基金项目的;

(七) 标注虚构的科学基金项目的;

(八) 在与科学基金项目无关的科研成果中标注基金项目的;

(九) 其他不当署名或者不当标注的行为。

第四十四条 项目申请人、参与者在与项目相关的评审中有下列行为之一的,科学基金项目处于申请或者评审过程的,撤销项目申请。除上述处理措施外,情节较轻的,给予谈话提醒、批评教育或者警告;情节较重的,终止原资助项目并追回结余资金或者撤销原资助决定并追回已拨付资金,取消项目申请或者参与申请资格一至三年,给予警告或者通报批评;情节严重的,终止原资助项目并追回结余资金或者撤销原资助决定并追回已拨付资金,取消项目申请或者参与申请资格三至五年,给予通报批评:

(一) 请托、游说或者打招呼的;

(二) 违规获取相关评审信息的;

(三) 贿赂评审专家或者自然科学基金委工作人员的;

(四) 其他对评审工作的独立、客观、公正造成影响的行为。

第四十五条 项目负责人、参与者在项目实施过程中有下列行为之一的,给予警告,暂缓拨付资金并责令改正;逾期不改正的,终止原资助项目并追回结余资金或者撤销原资助决定并追回已拨付资金;情节较重的,终止原资助项目并追回结余资金或者撤销原资助决定并追回已拨付资金,取消项目申请或者参与申请资格三至五年,给予通报批评;情节严重的,终止原资助项目并追回结余资金或者撤销原资助决定并追回已拨付资金,取消项目申请或者参与申请资格五至七年,给予通报批评:

(一)擅自变更研究方向或者降低申报指标的;
(二)不按照规定提交项目结题报告或者研究成果报告等材料的;
(三)提交弄虚作假的报告或者原始记录等材料的;
(四)挪用、滥用或者侵占项目资金的;
(五)违反国家有关科研伦理的规定的;
(六)其他不按照规定履行研究职责的行为。

第四十六条 项目负责人、参与者在项目结题报告等材料中有本办法第四十条、第四十一条、第四十二条或者第四十三条规定的行为之一的,分别依照第四十条、第四十一条、第四十二条或者第四十三条的规定进行处理。

第四十七条 项目负责人、参与者在标注基金资助的论文等科研成果中有本办法第四十条、第四十二条或者第四十三条规定的行为之一的,分别依照第四十条、第四十二条或者第四十三条的规定进行处理。

第四十八条 科研人员在其他科学技术活动中有抄袭、剽窃他人研究成果或者弄虚作假等行为的,自然科学基金委可以依照本办法相关条款的规定,依据情节轻重,禁止其在一定期限内申请科学基金项目。

第四十九条 项目申请人、负责人或者参与者因实施本办法规定的科研不端行为而导致负责或者参与的科学基金项目被撤销的,自然科学基金委可以建议行为人所在单位撤销其因为负责或者参与该科学基金项目而获得的相应荣誉以及利益。

第五十条 评审专家在项目评审过程中有下列行为之一的,取消评审专家资格二至五年,给予警告并责令改正;情节较重的,取消评审专家资格五至七年,给予警告或者通报批评并责令改正;情节严重的,不再聘请为评审专家,给予通报批评:

(一)违反保密或者回避规定的;
(二)打击报复、诬陷或者故意损毁申请者名誉的;
(三)由他人代为评审的;
(四)因接受请托等原因而进行不公正评审的;
(五)利用工作便利谋取不正当利益的;
(六)其他违反评审行为规范的行为。

在科学技术活动中存在本办法第四十条至第四十七条规定不端行为的,自然科学基金委可以取消其一定年限评审专家资格,且取消的评审专家资格年限不低于取消的申请资格年限,直至不再聘请为评审专家。

第五十一条　项目申请人、负责人、参与者或者评审专家因实施本办法规定的科研不端行为受到相应处理的,自然科学基金委可以依据科研不端行为的情节、后果等情形,建议行为人所在单位给予其相应的党纪政务处分。

第五十二条　对于不在自然科学基金委职责管辖范围内的科研不端案件同案违规人员,自然科学基金委可以责成相关依托单位进行处理。

第五十三条　依托单位有下列行为之一的,给予警告并责令改正;逾期不改正的,取消依托单位资格一至三年,给予警告或者通报批评;情节严重的,取消依托单位资格三至五年,给予通报批评:

（一）对项目申请人、负责人或者参与者发生的科研不端行为负有疏于管理责任的;

（二）纵容、包庇或者协助有关人员实施科研不端行为的;

（三）擅自变更项目负责人的;

（四）组织、纵容工作人员参与请托游说、打招呼或者违规获取相关评审信息等行为的;

（五）违规挪用、克扣、截留项目资金的;

（六）不履行科学基金项目研究条件保障职责的;

（七）不履行科研伦理或者科技安全的审查职责的;

（八）不配合监督、检查科学基金项目实施的;

（九）不履行科研不端行为的调查处理职责的;

（十）其他不履行科学基金资助管理工作职责的行为。

依托单位实施前款规定的科研不端行为的,由自然科学基金委记入信用档案。

第五十四条　对依托单位的相关处理措施,由自然科学基金委执行;对项目申请人、负责人、参与者或者评审专家等给予的谈话提醒、批评教育等处理措施,由行为人所在单位执行。

第五十五条　自然科学基金委根据有关规定适用终止原资助项目并追回结余资金或者撤销原资助决定并追回已拨付资金的处理措施。

第五十六条　自然科学基金委建立问题线索移送机制,对于不在自然科学基金委职责管辖范围的问题线索,移送相关部门或者机构处理。

项目申请人、负责人、参与者、评审专家或者自然科学基金委工作人员（含兼职、兼聘人员和流动编制工作人员）等实施的科研不端行为涉嫌违纪违法的,移送相关纪检监察组织处理。

第五章　申诉与复查

第五十七条　当事人对处理决定不服的,可以在收到处理决定书后十五日内,向自然科学基金委提出书面复查申请。

自然科学基金委应在收到复查申请之日起十五个工作日内作出是否受理的决定。决定不予复查的,应当通知申请人,并告知不予复查的理由;决定复查的,应当自受理之日起九十个工作日内作出复查决定。复查依照本办法规定的调查处理程序进行,复查不影响处理决定的执行。

第五十八条 当事人对复查结果不服的,可以向自然科学基金委的上级主管部门提出书面申诉。

第六章 附 则

第五十九条 科研不端行为案件中的当事人或者单位属于军队管理的,自然科学基金委可以将案件移交军队相关部门,由军队按照其规定进行调查处理。

第六十条 本办法由自然科学基金委负责解释。

第六十一条 本办法自2021年1月1日起实施。2005年3月16日发布的《国家自然科学基金委员会监督委员会对科学基金资助工作中不端行为的处理办法(试行)》同时废止(国家自然科学基金委员会,2020)。

关于规范学术论著署名问题负面行为清单的通知

科研诚信是科技创新的基石。维护科研诚信、开展负责任创新,既是全院科研人员从事科学研究、推进科技创新的基本原则,也是我院作为国家战略科技力量主力军定位的基本要求。我国《著作权法》规定"著作权属于作者",明确了署名的法律责任和义务。我院2018年发布《关于在学术论文署名中常见问题或错误的诚信提醒》,旨在倡导在科研实践中的诚实守信行为,进一步重申了学术论文署名中的基本规范。

学术论著署名规范一般由学术界长期形成的惯例自行确定,根据学科、领域甚至不同的科技期刊均可能有不同的规范要求。制定出适用于不同场景的统一署名规范较为困难。经研究,现提出我院学术论著署名问题的负面行为清单如下:

一、禁止冒用作者署名、虚构作者署名。

二、禁止无实质性贡献的人员参与署名。禁止荣誉性、馈赠性、利益交换性署名或夹带署名。

三、禁止未经所有作者一致同意就确定署名顺序(学科和期刊另有规定的除外)。论著被期刊编辑部通知接收后,所有作者不得再任意修改署名顺序。

四、不得违反署名第一作者或通讯作者时的必要性原则而罗列过多的第一作者或通讯作者,也不得因为有多个第一作者或通讯作者而拒绝承担对整篇论文的责任。

五、不得因作者所属机构变化而随意变更论著工作主要完成机构。不得虚构、伪造作者所属机构,不得把论著非完成机构作为署名单位。

六、不得使用非正式联系方式作为论著作者的联系方式,例如使用公众邮箱等社会通信方式作为联系方式。

七、不得故意排斥有重要贡献的科研工作者参与署名。不得侵害直接实施科学实验的研究生的基本署名权。不得为均衡其他非学术利益而随意调整学生的署名及其署名位置。

为落实"零容忍"要求,凡我院科研人员出现上述清单所列行为时,将由相应第一责任单位按照科发函字[2020]71号文的相关规定开展调查,并根据具体事实和相关情节予以认定和处理,对严重违背科研诚信要求的行为终身追责(中国科学院科研道德委员会,2022)。

中共中央办公厅 国务院办公厅印发 《关于加强科技伦理治理的意见》

近日,中共中央办公厅、国务院办公厅印发了《关于加强科技伦理治理的意见》,并发出通知,要求各地区各部门结合实际认真贯彻落实。

《关于加强科技伦理治理的意见》全文如下:

科技伦理是开展科学研究、技术开发等科技活动需要遵循的价值理念和行为规范,是促进科技事业健康发展的重要保障。当前,我国科技创新快速发展,面临的科技伦理挑战日益增多,但科技伦理治理仍存在体制机制不健全、制度不完善、领域发展不均衡等问题,已难以适应科技创新发展的现实需要。为进一步完善科技伦理体系,提升科技伦理治理能力,有效防控科技伦理风险,不断推动科技向善、造福人类,实现高水平科技自立自强,现就加强科技伦理治理提出如下意见。

一、总体要求

(一)指导思想。以习近平新时代中国特色社会主义思想为指导,深入贯彻党的十九大和十九届历次全会精神,坚持和加强党中央对科技工作的集中统一领导,加快构建中国特色科技伦理体系,健全多方参与、协同共治的科技伦理治理体制机制,坚持促进创新与防范风险相统一、制度规范与自我约束相结合,强化底线思维和风险意识,建立完善符合我国国情、与国际接轨的科技伦理制度,塑造科技向善的文化理念和保障机制,努力实现科技创新高质量发展与高水平安全良性互动,促进我国科技事业健康发展,为增进人类福祉、推动构建人类命运共同体提供有力科技支撑。

（二）治理要求

——伦理先行。加强源头治理，注重预防，将科技伦理要求贯穿科学研究、技术开发等科技活动全过程，促进科技活动与科技伦理协调发展、良性互动，实现负责任的创新。

——依法依规。坚持依法依规开展科技伦理治理工作，加快推进科技伦理治理法律制度建设。

——敏捷治理。加强科技伦理风险预警与跟踪研判，及时动态调整治理方式和伦理规范，快速、灵活应对科技创新带来的伦理挑战。

——立足国情。立足我国科技发展的历史阶段及社会文化特点，遵循科技创新规律，建立健全符合我国国情的科技伦理体系。

——开放合作。坚持开放发展理念，加强对外交流，建立多方协同合作机制，凝聚共识，形成合力。积极推进全球科技伦理治理，贡献中国智慧和中国方案。

二、明确科技伦理原则

（一）增进人类福祉。科技活动应坚持以人民为中心的发展思想，有利于促进经济发展、社会进步、民生改善和生态环境保护，不断增强人民获得感、幸福感、安全感，促进人类社会和平发展和可持续发展。

（二）尊重生命权利。科技活动应最大限度避免对人的生命安全、身体健康、精神和心理健康造成伤害或潜在威胁，尊重人格尊严和个人隐私，保障科技活动参与者的知情权和选择权。使用实验动物应符合"减少、替代、优化"等要求。

（三）坚持公平公正。科技活动应尊重宗教信仰、文化传统等方面的差异，公平、公正、包容地对待不同社会群体，防止歧视和偏见。

（四）合理控制风险。科技活动应客观评估和审慎对待不确定性和技术应用的风险，力求规避、防范可能引发的风险，防止科技成果误用、滥用，避免危及社会安全、公共安全、生物安全和生态安全。

（五）保持公开透明。科技活动应鼓励利益相关方和社会公众合理参与，建立涉及重大、敏感伦理问题的科技活动披露机制。公布科技活动相关信息时应提高透明度，做到客观真实。

三、健全科技伦理治理体制

（一）完善政府科技伦理管理体制。国家科技伦理委员会负责指导和统筹协调推进全国科技伦理治理体系建设工作。科技部承担国家科技伦理委员会秘书处日常工作，国家科技伦理委员会各成员单位按照职责分工负责科技伦理规范制定、审查监管、宣传教育等相关工作。各地方、相关行业主管部门按照职责权限和隶属关系具体负责本地方、本系统科技伦理治理工作。

（二）压实创新主体科技伦理管理主体责任。高等学校、科研机构、医疗卫生机构、企业等单位要履行科技伦理管理主体责任，建立常态化工作机制，加强科技伦理日常管理，主动研判、及时化解本单位科技活动中存在的伦理风险；根据实际情况设立本单位的科技伦理（审查）委员会，并为其独立开展工作提供必要条件。从事生命科学、医学、人工智能等科技活动的单位，研究内容涉及科技伦理敏感领域的，应设立科技伦理（审查）委员会。

（三）发挥科技类社会团体的作用。推动设立中国科技伦理学会，健全科技伦理治理社会组织体系，强化学术研究支撑。相关学会、协会、研究会等科技类社会团体要组织动员科技人员主动参与科技伦理治理，促进行业自律，加强与高等学校、科研机构、医疗卫生机构、企业等的合作，开展科技伦理知识宣传普及，提高社会公众科技伦理意识。

（四）引导科技人员自觉遵守科技伦理要求。科技人员要主动学习科技伦理知识，增强科技伦理意识，自觉践行科技伦理原则，坚守科技伦理底线，发现违背科技伦理要求的行为，要主动报告、坚决抵制。科技项目（课题）负责人要严格按照科技伦理审查批准的范围开展研究，加强对团队成员和项目（课题）研究实施全过程的伦理管理，发布、传播和应用涉及科技伦理敏感问题的研究成果应当遵守有关规定、严谨审慎。

四、加强科技伦理治理制度保障

（一）制定完善科技伦理规范和标准。制定生命科学、医学、人工智能等重点领域的科技伦理规范、指南等，完善科技伦理相关标准，明确科技伦理要求，引导科技机构和科技人员合规开展科技活动。

（二）建立科技伦理审查和监管制度。明晰科技伦理审查和监管职责，完善科技伦理审查、风险处置、违规处理等规则流程。建立健全科技伦理（审查）委员会的设立标准、运行机制、登记制度、监管制度等，探索科技伦理（审查）委员会认证机制。

（三）提高科技伦理治理法治化水平。推动在科技创新的基础性立法中对科技伦理监管、违规查处等治理工作作出明确规定，在其他相关立法中落实科技伦理要求。"十四五"期间，重点加强生命科学、医学、人工智能等领域的科技伦理立法研究，及时推动将重要的科技伦理规范上升为国家法律法规。对法律已有明确规定的，要坚持严格执法、违法必究。

（四）加强科技伦理理论研究。支持相关机构、智库、社会团体、科技人员等开展科技伦理理论探索，加强对科技创新中伦理问题的前瞻研究，积极推动、参与国际科技伦理重大议题研讨和规则制定。

五、强化科技伦理审查和监管

（一）严格科技伦理审查。开展科技活动应进行科技伦理风险评估或审查。涉及人、实验动物的科技活动，应当按规定由本单位科技伦理（审查）委员会审查批准，不具备设立科技伦理（审查）委员会条件的单位，应委托其他单位科技伦理（审查）委员会开展审查。科技伦理（审查）委员会要坚持科学、独立、公正、透明原则，开展对科技活动的科技伦理审查、监督与指导，切实把好科技伦理关。探索建立专业性、区域性科技伦理审查中心。逐步建立科技伦理审查结果互认机制。

建立健全突发公共卫生事件等紧急状态下的科技伦理应急审查机制，完善应急审查的程序、规则等，做到快速响应。

（二）加强科技伦理监管。各地方、相关行业主管部门要细化完善本地方、本系统科技伦理监管框架和制度规范，加强对各单位科技伦理（审查）委员会和科技伦理高风险科技活动的监督管理，建立科技伦理高风险科技活动伦理审查结果专家复核机制，组织开展对重大科技伦理案件的调查处理，并利用典型案例加强警示教育。从事科技活动的单位要建立健全科技活动全流程科技伦理监管机制和审查质量控制、监督评价机制，加强对科技伦理高风险科技活动的动态跟踪、风险评估和伦理事件应急处置。国家科技伦理委员会研究制定科技伦理高风险科技活动清单。开展科技伦理高风险科技活动应按规定进行登记。

财政资金设立的科技计划（专项、基金等）应加强科技伦理监管，监管全面覆盖指南编制、审批立项、过程管理、结题验收、监督评估等各个环节。

加强对国际合作研究活动的科技伦理审查和监管。国际合作研究活动应符合合作各方所在国家的科技伦理管理要求，并通过合作各方所在国家的科技伦理审查。对存在科技伦理高风险的国际合作研究活动，由地方和相关行业主管部门组织专家对科技伦理审查结果开展复核。

（三）监测预警科技伦理风险。相关部门要推动高等学校、科研机构、医疗卫生机构、社会团体、企业等完善科技伦理风险监测预警机制，跟踪新兴科技发展前沿动态，对科技创新可能带来的规则冲突、社会风险、伦理挑战加强研判、提出对策。

（四）严肃查处科技伦理违法违规行为。高等学校、科研机构、医疗卫生机构、企业等是科技伦理违规行为单位内部调查处理的第一责任主体，应制定完善本单位调查处理相关规定，及时主动调查科技伦理违规行为，对情节严重的依法依规严肃追责问责；对单位及其负责人涉嫌科技伦理违规行为的，由上级主管部门调查处理。各地方、相关行业主管部门按照职责权限和隶属关系，加强对本地方、本系统科技伦理违规行为调查处理的指导和监督。

任何单位、组织和个人开展科技活动不得危害社会安全、公共安全、生物安全和生态安全，不得侵害人的生命安全、身心健康、人格尊严，不得侵犯科技活动参与者的知情权和选择权，不得资助违背科技伦理要求的科技活动。相关行业主管部门、资助机构或责任人所在单位要区分不同情况，依法依规对科技伦理违规行为责任人给予责令改正，停止相关科技活动，追回资助资金，撤销获得的奖励、荣誉，取消相关从业资格，禁止一定期限内承担或参与财政性资金支持的科技活动等处理。科技伦理违规行为责任人属于公职人员的依法依规给予处分，属于党员的依规依纪给予党纪处分；涉嫌犯罪的依法予以惩处。

六、深入开展科技伦理教育和宣传

（一）重视科技伦理教育。将科技伦理教育作为相关专业学科本专科生、研究生教育的重要内容，鼓励高等学校开设科技伦理教育相关课程，教育青年学生树立正确的科技伦理意识，遵守科技伦理要求。完善科技伦理人才培养机制，加快培养高素质、专业化的科技伦理人才队伍。

（二）推动科技伦理培训机制化。将科技伦理培训纳入科技人员入职培训、承担科研任务、学术交流研讨等活动，引导科技人员自觉遵守科技伦理要求，开展负责任的研究与创新。行业主管部门、各地方和相关单位应定期对科技伦理（审查）委员会成员开展培训，增强其履职能力，提升科技伦理审查质量和效率。

（三）抓好科技伦理宣传。开展面向社会公众的科技伦理宣传，推动公众提升科技伦理意识，理性对待科技伦理问题。鼓励科技人员就科技创新中的伦理问题与公众交流。对存在公众认知差异、可能带来科技伦理挑战的科技活动，相关单位及科技人员等应加强科学普及，引导公众科学对待。新闻媒体应自觉提高科技伦理素养，科学、客观、准确地报道科技伦理问题，同时要避免把科技伦理问题泛化。鼓励各类学会、协会、研究会等搭建科技伦理宣传交流平台，传播科技伦理知识。

各地区各有关部门要高度重视科技伦理治理，细化落实党中央、国务院关于健全科技伦理体系，加强科技伦理治理的各项部署，完善组织领导机制，明确分工，加强协作，扎实推进实施，有效防范科技伦理风险。相关行业主管部门和各地方要定期向国家科技伦理委员会报告履行科技伦理监管职责工作情况并接受监督（中共中央办公厅，国务院办公厅，2022）。

5月11日，中国科学院召开2022年度科研诚信建设工作视频会。中科院副院长、党组成员、院科研道德委员会主任张亚平出席会议并讲话。会议部署了今年中科院科研诚

信建设重点工作,发布了《关于在科技奖励推荐过程中常见问题的诚信提醒》,具体内容如下:

关于在科技奖励推荐过程中常见问题的诚信提醒

为确保科技奖励推荐、申报过程的规范性和真实性,提高奖励推荐单位及推荐人的责任意识,中国科学院科研道德委员会办公室依据科研活动全流程诚信管理要求,结合当前科技奖励申报过程中出现的各种问题,予全院科研机构和科技人员以提醒,倡导在科技奖励申报过程中的诚实守信行为。

提醒一:申报奖项的有关材料存在失实情形。推荐单位及推荐人应认真审核报奖材料,并对材料的真实性、准确性负责,确保申报奖项的各类材料完整、详实,包括支撑奖项的原始数据、专利和技术指标、已发表的学术论著、奖项完成人的信息、所作贡献以及其他证明材料。反对任何弄虚作假行为。

提醒二:申报项目署名及完成人排序与实际情况不符。应按照学术惯例、综合考虑完成人的实际贡献确定完成人排序,推荐人应充分征求所有完成人意见,在协商一致的基础上形成排名顺序,完成人属于不同单位的应由各单位充分协商后确定。反对不经民主协商、简单按照奖项个别完成人的意愿确定完成人及排名顺序的行为。

提醒三:推荐单位未按规范程序申报相关奖励。推荐单位应遵守所属部门和授奖部门的相关规定和流程,对用以申报的科研成果的科学价值、支撑材料、完成人信息等进行真实性、准确性和客观性审核或评议。反对推荐单位不履行审核把关职责、仅委托完成人撰写材料并将材料直接转呈授奖部门。

提醒四:未经协商一致单独申报多机构合作的成果。多机构合作的研究成果申报奖项时应及时通报合作方,共同协商申报材料。个人被合作单位通知参与奖项申报时应主动向本单位报告,确保合作双方及时沟通协商,避免发生成果归属纠纷。反对绕过合作方或未经各方达成一致申报奖项。

提醒五:为申报奖励临时补充伦理审查材料。提交伦理审查材料时应提供原始的伦理审查结果。伦理审查作为相关科学研究的前置性条件,应在科研项目立项之前开展,并在研究过程中进行必要的跟踪审查及补充审查。反对为申报奖项而临时补做伦理审查。

提醒六:夸大研究成果的学术价值、示范效果和经济效益。推荐单位及推荐人应提供客观、真实的材料,包括技术检测报告、验收意见、鉴定结论和公开发表的学术性评价意见等,准确体现研究成果的学术价值、示范效果和经济效益,并客观表述项目成果的适用情形。反对夸大研究成果的实际价值。

提醒七:推荐单位、推荐人及完成人干预评审过程。推荐单位、推荐人及完成人应提高自律意识,不主动打听、不私下联系评审专家,不与授奖单位相关工作人员联系以施加影响,不通过请托第三方干扰评审过程。反对学术权威利用职务便利、学术声望或人际关系等干预评审过程(陈欢欢,2022)。

【思考题】

1. 请简述社会科学研究中的基本伦理。
2. 请简述社会科学研究中的学术道德与学术规范。

参 考 文 献

白露,马慧,黄宇霞,等,2005.中国情绪图片系统的编制:在46名中国大学生中的试用[J].中国心理卫生杂志,19(11): 4-7.

白鹭,毛伟宾,王蕊,等,2017.自然场景与身体动作对面孔表情识别的影响[J].心理学报,49(9): 1172-1183.

卑力添,蒋柯,李先春,等,2019.博弈论视角下的超扫描多人互动任务新模型[J].心理科学进展,27(7): 1284-1296.

毕向阳,2019.基于多水平验证性因子分析的城市社区社会资本测量:实例研究及相关方法综述[J].社会学研究,34(6): 213-237.

卜钰,陈丽华,郭海英,等,2017.情感虐待与儿童社交焦虑:基本心理需要和自尊的多重中介作用[J].中国临床心理学杂志,25(2): 203-207.

蔡华俭,2003.内隐自尊效应及内隐自尊与外显自尊的关系[J].心理学报,35(6): 796-801.

蔡佳烨,郑燕,葛列众,等,2018.自我面孔吸引力的评价偏向[J].中国临床心理学杂志,26(2): 215-219,276.

蔡宁伟,于慧萍,张丽华,2015.参与式观察与非参与式观察在案例研究中的应用[J].管理学刊,28(4): 66-69.

蔡玉清,董书阳,袁帅,等,2020.变量间的网络分析模型及其应用[J].心理科学进展,28(1):178-195.

曹德品,2011.浅谈历史比较法及其意义[J].科教导刊(中旬刊),12(22): 28-29.

曹建勋,韩琳,李德霞,等,2013.某三级甲等医院护士给药过程的结构式观察研究[J].护理学报,20(14): 9-12.

曹衍淼,林小楠,纪林芹,等,2017.COMT基因Val158Met多态性与同伴关系对青少年抑郁的影响[J].心理发展与教育,33(2): 216-227.

柴唤友,陈春宇,段长英,等,2019.网络亲子沟通与青少年抑郁的关系:线上社会资本的中介作用及其年龄差异[J].心理发展与教育,35(1): 112-120.

车文博,2001.心理咨询大百科全书[M].杭州:浙江科学技术出版社.

车晓玮,徐慧云,王凯旋,等,2021.工作记忆表征精度加工需求对注意引导的影响[J].心理学报,53(7): 694-713.

陈春花,苏涛,王杏珊,2016.中国情境下变革型领导与绩效关系的Meta分析[J].管理学报,13(8): 1174-1183.

陈冬梅,王俐珍,陈安霓,2020.数字化与战略管理理论:回顾、挑战与展望[J].管理世界,36(5): 220-236,20.

陈桄,朱丽,2006.婴儿面孔偏好理论模型述评[J].心理科学进展,14(4): 625-630.

陈欢欢,2022.中科院召开2022年度科研诚信建设工作视频会[N].中国科学报,2022-05-12(1).

陈佳薇,2014.大学生自尊、拒绝敏感性、迷思与社交焦虑的关系[J].长春工业大学学报(高教研究版),35(3):135-138.

陈建安,黄敏,邓海生,2021.认知反应理论视角下领导幽默触发下属积极情绪的跨层研究[J].管理学报,18(1):60-68.

陈建明,2012.古典社会学的历史学因子及其后续:以涂尔干与韦伯为例[J].山西师大学报(社会科学版),39(6):30-33.

陈杰,伍可,史宇鹏,等,2021.特质性自我构念与内外群体疼痛共情的关系:来自事件相关电位的证据[J].心理学报,53(6):629-638.

陈洁,2010.大学生社交焦虑、自尊与归因方式的关系研究[J].学理论,17(35):251-252.

陈凌,孙绍丹,2018.国外政府危机信息管理研究进展:基于Web of Science 2007~2017年数据[J].现代情报,38(1),154-161.

陈默,梁建,2017.高绩效要求与亲组织不道德行为:基于社会认知理论的视角[J].心理学报,49(1):94-105.

陈思静,马剑虹,2011.第三方惩罚与社会规范激活:社会责任感与情绪的作用[J].心理科学,34(3):670-675.

陈思佚,周仁来,2010.前瞻记忆的年老化效应:前瞻成分和回溯成分的调节作用[J].心理学报,42(6):640-650.

陈斯颖,2014.大学生自我构念、自尊与社交焦虑的关系研究[D].西安:西北大学.

陈巍,王勇,郭本禹,2021.未完结的本能:郭任远与中国本能论战[J].心理学报,53(4):431-450.

陈卫旗,1998.中学教师工作满意感的结构及其与离职倾向、工作积极性的关系[J].心理发展与教育,14(1):38-44.

陈栩茜,张积家,2011.时间隐喻在汉语时间量词语义加工中的作用[J].心理学报,43(8):863-877.

陈英敏,张文献,陶婧,等,2017.初中生羞怯对学校适应的影响:多重中介模型的检验[J].中国特殊教育,24(8):74-79.

陈悦,陈超美,胡志刚,等,2014.引文空间分析原理及应用[M].北京:科学出版社.

陈悦,陈超美,刘则渊,等,2015.CiteSpace知识图谱的方法论功能[J].科学学研究,33(2):242-253.

成晓君,刘美焕,潘亚峰,等,2021.教与学的大脑:人际神经科学助推教育研究[J].心理科学进展,29(11):1993-2001.

程开明,2006.结构方程模型的特点及应用[J].统计与决策,22(10):22-25.

程亚华,周婷婷,赵英,等,2019.小学低年级儿童阅读流畅性的发展轨迹及其对阅读理解的预测作用[J].心理发展与教育,35(6):686-696.

池丽萍,辛自强,2006.大学生学习动机的测量及其与自我效能感的关系[J].心理发展与教育,22(2):64-70.

迟铭,毕新华,徐永顺,2021.移动学术虚拟社区治理机制对知识共享行为影响研究:以信任为中变量[J].管理评论,33(2):164-175.

褚晓伟,范翠英,柴唤友,等,2016.初中生受欺负与社交焦虑:社会自我效能感的中介作用[J].中国临床心理学杂志,24(6):1051-1054.

崔勋,张义明,瞿皎娇,2012.劳动关系氛围和员工工作满意度:组织承诺的调节作用[J].南开管理评论,15

(2): 19-30.

戴海琦,张锋,2018.心理与教育测量[M].4版.广州:暨南大学出版社.

戴毅,张俊吉,郎景和,等,2020.2018年子宫内膜异位症诊治现状方便抽样调查报告[J].中华妇产科杂志,55(6): 402-407.

邓今朝,喻梦琴,丁栩平,2018.员工建言行为对团队创造力的作用机制[J].科研管理,39(12): 171-178.

丁凤琴,纳雯,2015.真实急病情境下共情对大学生慈善捐助的影响:有调节的中介效应[J].心理发展与教育,31(6): 694-702.

丁凤琴,王喜梅,刘钊,2017.道德概念净脏隐喻及其对道德判断的影响[J].心理发展与教育,33(6): 666-674.

丁凤琴,赵虎英,2018.感恩的个体主观幸福感更强:一项元分析[J].心理科学进展,26(10): 1749-1764.

丁子恩,王笑涵,刘勤学,2018.大学生自尊与网络过激行为的关系:社交焦虑和双自我意识的作用[J].心理发展与教育,34(2): 171-180.

董宝林,毛丽娟,2021.学校自然环境、人际环境和青少年体育锻炼的关系[J].体育学刊,28(2): 111-117.

董奇,2019.心理与教育研究方法[M].2版.北京:北京师范大学出版社.

董圣鸿,胡小燕,余琳燕,等,2016.幼儿教师胜任力研究:基于BEI技术的模型构建[J].心理学探新,36(5): 451-457.

段德敏,2014.托克维尔论现代社会的自由与宗教[J].复旦学报(社会科学版),56(4): 108-115.

段文杰,2014.正念研究的分歧:概念与测量[J].心理科学进展,22(10): 1616-1627.

段文婷,江光荣,2008.计划行为理论述评[J].心理科学进展,16(2): 315-320.

范航,李丹丹,刘燊,等,2019.主观幸福感代际传递:有调节的中介效应[J].心理科学,42(4): 841-847.

范航,朱转,苗灵童,等,2018.父母婚姻冲突对青少年抑郁情绪的影响:一个有调节的中介模型[J].心理发展与教育,34(4): 481-488.

方杰,邱皓政,张敏强,2011.基于多层结构方程模型的情境效应分析:兼与多层线性模型比较[J].心理科学进展,19(2): 284-292.

方杰,温忠麟,张敏强,等,2014.基于结构方程模型的多层中介效应分析[J].心理科学,37(3): 735-741.

方杰,张敏强,邱皓政,2010.基于阶层线性理论的多层级中介效应[J].心理科学进展,18(8): 1329-1338.

方平,马焱,朱文龙,等,2016.自尊研究的现状与问题[J].心理科学进展,24(9): 1427-1434.

房蕊,2013.青少年自主健身行为概念模型的质性研究[J].北京体育大学学报,36(7): 41-46.

风笑天,2009.论参与观察者的角色[J].华中师范大学学报(人文社会科学版),48(3): 39-44.

风笑天,2022.社会研究方法[M].6版.北京:中国人民大学出版社.

冯爱芬,王琰,胡启帆,等,2021.机场出租车最优决策:以四川成都双流机场为例[J].四川文理学院学报,31(2): 99-103.

冯守纯,王鲁靖,王鲁杨,2020.基于地理信息的停电通知可视化发布系统[J].上海电力大学学报,36(2): 131-135,146.

傅纳,舒美玲,2018.教师复原力对内隐面孔刻板印象的影响机制[J].教师教育研究,30(6): 44-51.

尕藏才旦,焦涛,2021.促进西藏乡村振兴的金融支持研究[J].西藏大学学报(社会科学版),36(1): 141-147.

盖笑松,许洁,闫艳,等,2021.体感游戏促进儿童的执行功能:运动强度和认知参与的作用[J].心理学报,53(5): 505-514.

甘烨彤,刘燊,汪琛,等,2021.面孔吸引力研究的回顾与展望:基于文献计量学的分析[J].应用心理学,27(1): 20-29.

高飞,张林,2014.中学生休闲活动与心境状态的交叉滞后分析[J].心理研究,7(6): 75-79.

高蕾,2008.大学生外显自尊、内隐自尊与社交焦虑的关系研究[D].苏州:苏州大学.

高山行,谭静,2021.创新生态系统持续演进机制:基于政府和企业视角[J].科学学研究,39(5): 900-908.

高爽,张向葵,徐晓林,2015.大学生自尊与心理健康的元分析:以中国大学生为样本[J].心理科学进展,23(9): 1499-1507.

高文凤,丛中,2000.社交焦虑与大学生自尊、自我接纳的关系[J].健康心理学杂志,8(3): 276-279.

葛春,2011.论新课程实施中农村教师的日常反抗及其基本策略:基于皖中L县的实地观察[J].教师教育研究,23(2): 27-31.

耿晓伟,张峰,王艳净,等,2018.健康目标启动降低高热量食物消费[J].心理学报,50(8): 840-847.

顾红磊,温忠麟,2017.多维测验分数的报告与解释:基于双因子模型的视角[J].心理发展与教育,33(4): 504-512.

郭文斌,范晓壮,方俊明,2013.心理学研究的热点及变化:基于2002~2013年《心理科学进展》刊文的分析[J].心理研究,6(5): 42-50.

郭晓薇,李成彦,2015.中国人的上下级关系:整合构念的建立与初步检验[J].管理学报,12(2): 167-177.

郭艺璇,王权红,王彤彤,2021.汉字刺激质量与语义启动间的交互作用[J].心理科学,44(2): 282-289.

国家自然科学基金委员会,2020.国家自然科学基金项目科研不端行为调查处理办法[EB/OL]. (2020-12-29)[2021-10-14].https://www.nsfc.gov.cn/publish/portal0/tab442/info79519.htm.

国务院学位委员会,教育部,2020.国务院学位委员会 教育部关于设置"交叉学科"门类、"集成电路科学与工程"和"国家安全学"一级学科的通知:学位[2020]30号[A/OL].(2020-12-30)[2021-10-14].http://www.moe.gov.cn/srcsite/A22/yjss_xwgl/xwgl_xwsy/202101/t20210113_509633.html.

韩磊,许玉晴,孙月,等,2019.亲子冲突对青少年社交回避与苦恼的影响:情绪管理和安全感的链式中介作用[J].中国特殊教育,26(7): 40-46.

韩尚锋,李玥,刘燊,等,2018.美在观察者眼中:陌生面孔吸引力评价中的晕轮效应与泛化效应[J].心理学报,50(4): 363-376.

韩思竹,孙炳海,2015.自尊对大学生社交焦虑的影响:有调节的中介模型[J].中国健康心理学杂志,23(4): 627-631.

韩志伟,刘丽红,2019.团队领导组织公民行为的有效性:以双维认同为中介的多层次模型检验[J].心理科学,42(1): 137-143.

何嘉,熊莉娟,金环,2019.基于半结构访谈法的年轻护士圆桌对话实践[J].全科护理,17(13): 1597-1599.

何丽,唐信峰,王建平,2017.生死相连:失独父母持续性联结的质性研究[J].中国临床心理学杂志,25(4): 697-703.

何丽,王建平,2017.失独者宗教应对的质性研究[J].中国临床心理学杂志,25(5): 970-975.

何霞红,2013.对高职生自尊、拒绝敏感性、人际信任与社交焦虑关系的调查[J].职教论坛,20(8): 94-96.

何郁冰,2012.产学研协同创新的理论模式[J].科学学研究,30(2):165-174.

何远长,2019.从理想类型到对比研究:韦伯的得与失[J].江苏科技大学学报(社会科学版),19(4): 17-22,73.

衡书鹏,周宗奎,孙丽君,等,2018.游戏暴力合理性对攻击性的影响:一个有中介的调节模型[J].心理发展与教育,34(1): 49-57.

侯杰泰,温忠麟,成子娟,2004.结构方程模型及其应用[M].北京:教育科学出版社.

侯珂,张云运,向小平,等,2018.青少年早期学业成就的同伴团体社会化:感知学校氛围的调节作用[J].心理发展与教育,34(3): 294-303.

侯力琪,唐信峰,何丽,等,2019.解释现象学分析在中国的运用:系统评价及指南[J].心理科学进展,27(11): 1826-1841.

胡传鹏,孔祥祯,Wagenmakers E J,等,2018.贝叶斯因子及其在JASP中的实现[J].心理科学进展,26(6): 951-965.

胡传鹏,王非,过继成思,等,2016.心理学研究中的可重复性问题:从危机到契机[J].心理科学进展,24(9): 1504-1518.

胡琪,2016.谈网络舆论非理性表达的正确引导[J].新闻研究导刊,7(11): 46.

胡倩,李旭,2008.现代信息技术对"牛鞭效应"影响的系统动力学研究[J].物流技术,27(12): 78-81.

胡琼晶,魏俊杰,王露,等,2021.犯错者地位如何影响同事容错:任务目标偏离度和团队互依性的作用[J].管理世界,37(6): 113-127,7.

胡秀,王疆娜,宋祺鹏,等,2021.老年女性双任务范式楼梯行走下肢运动学与动力学参数重测信度研究[J].天津体育学院学报,36(1): 84-88,124.

胡竹菁,戴海琦,2011.方差分析的统计检验力和效果大小的常用方法比较[J].心理学探新,31(3): 254-259.

黄杰,程中培,2021.家庭背景、精英类型与青年企业家地位感知:基于全国私营企业调查的分析[J].中国青年研究,22(6): 77-83.

黄玮,项国鹏,杜运周,等,2017.越轨创新与个体创新绩效的关系研究:地位和创造力的联合调节作用[J].南开管理评论,20(1): 143-154.

黄希庭,余华,2002.青少年自我价值感量表构念效度的验证性因素分析[J].心理学报,34(5):511-516.

黄仪,王琪,麻彦坤,2017.自恋人格对关联绩效的作用机制:一个多元多重中介模型[J].赣南师范大学学报,38(1): 116-124.

黄宇霞,罗跃嘉,2004.国际情绪图片系统在中国的试用研究[J].中国心理卫生杂志,18(9): 631-634.

霍雨佳,2020.前景理论视角下的诺布效应[J].自然辩证法通讯,42(7): 41-46.

纪林芹,张文新,2011.发展心理学研究中个体定向的理论与方法[J].心理科学进展,19(11): 1563-1571.

贾海波,梁君英,杨持光,等,2019.心理学研究的动向:基于对美国《心理科学》创刊以来文献的计量分析[J].应用心理学,25(3): 195-204.

贾宁,陈换娟,鲁忠义,2018.句子启动范式下的道德概念空间隐喻:匹配抑制还是匹配易化?[J].心理发展与教育,34(5): 541-547.

蒋奖,鲁峥嵘,蒋苾菁,等,2010.简式父母教养方式问卷中文版的初步修订[J].心理发展与教育,26(1): 94-99.

蒋丽,李永娟,田晓明,2012.气氛强度:理论基础及其研究框架[J].心理科学,35(6): 1466-1473.

蒋万胜,刘晓荣,2011.网络舆论形成中的非理性表达问题探析[J].东南传播,8(6): 41-43.

蒋万胜,张芝龙,刘晓荣,等,2013.网络舆论中的双重表达及其博弈[J].西南交通大学学报(社会科学版),14(5): 1-7.

蒋重清,郭姗姗,刘丽莎,等,2016.面孔的表情信息优先于性别信息加工:来自直接比较的证据[J].心理科学,39(5): 1045-1050.

解海霞,王艳波,2015.脊髓损伤后患者成长历程的质性研究[J].中国康复理论与实践,21(12): 1451-1456.

金童林,陆桂芝,张璐,等,2018.暴力环境接触对大学生网络攻击行为的影响:反刍思维与网络道德的作用[J].心理学报,50(9): 1051-1060.

金晓雨,肖晶,崔丽霞,2013.大学生情绪调节的认知策略、外显自尊、人格特质与社交焦虑的关系[J].中国健康心理学杂志,21(4): 609-612.

寇慧,苏艳华,张妍,等,2013.面孔吸引力的影响因素:观察者假设[J].心理科学进展,21(12): 2144-2153.

况志华,2012.基于日常经验取向的责任心理结构研究[J].心理科学,35(2): 430-435.

赖晓璐,江永强,刘学兰,等,2019.父母成人依恋、怜悯与亲子关系质量:主客体互倚分析[J].心理发展与教育,35(4): 411-420.

黎燕斌,侯香凝,蔺秀云,等,2016.父母情绪调节困难对流动儿童对立违抗症状的影响:亲子冲突解决方式和儿童情绪调节的作用[J].心理发展与教育,32(2): 214-225.

李朝旭,姜璐璐,刘佳,等,2009."爱情"与"友谊"概念表征的差异:基于字词联想的比较[J].心理科学,32(3): 672-675.

李董平,周月月,赵力燕,等,2016.累积生态风险与青少年网络成瘾:心理需要满足和积极结果预期的中介作用[J].心理学报,48(12): 1519-1537.

李海红,张建卫,邓剑伟,等,2020.领导-成员心智模式一致性与研发人员创造力[J].科学学研究,38(10): 1743-1753.

李何慧,陶伍海,彭聘龄,等,2017.发展性阅读障碍与脑异常的因果关系:研究范式及发现[J].心理发展与教育,33(5): 631-640.

李宏利,雷雳,2004.青少年的时间透视、应对方式与互联网使用的关系[J].心理发展与教育,20(2): 29-33.

李建华,2021.中国共产党百年党德建设的经验启示[J].道德与文明,40(3): 5-13.

李杰,2018.科学知识图谱原理及应用:VOSviewer和CitNetExplorer初学者指南[M].北京:高等教育出版社.

李杰,陈超美,2022.Citespace科技文本挖掘及可视化[M].北京:首都经济贸易大学出版社.

李杰,李生才,冯长根,2019.《安全与环境学报》2007~2017年文献计量分析[J].安全与环境学报,19(3), 1092-1100.

李精精,张剑,田慧荣,等,2020.动态计算模型在组织行为学研究中的应用[J].心理科学进展,28(2): 368-380.

李静,丁亚东,2017.2002~2016年《心理学探新》载文的文献计量和知识图谱分析[J].心理学探新,37(5): 396-400.

李静,魏晓宇,黄娅,等,2015.大学生寝室人际信任自尊与社交焦虑关系分析[J].中国学校卫生,36(8): 1173-1176.

李丽霞,郜艳晖,张敏,等,2012.潜变量增长曲线模型及其应用[J].中国卫生统计,29(5): 713-716.

李梅,李洁,时勘,2017.中国丧亲个体社会支持体验的质性研究[J].心理科学,40(4): 961-966.

李敏,周恋,2015.基于工会直选调节作用的劳动关系氛围、心理契约破裂感知和工会承诺的关系研究[J].管理学报,12(3): 364-371.

李明军,王振宏,刘亚,2015.中小学教师工作家庭冲突与职业倦怠的关系:自我决定动机的中介作用[J].心理发展与教育,31(3):368-376.

李鸥,陈红,2010.面孔吸引力的回顾与前瞻[J].心理科学进展,18(3):472-479.

李庆功,张雯雨,孙捷元,等,2020.8~12岁儿童同伴信任的发展:特质可信度和面孔可信度的预测作用[J].心理发展与教育,36(1):38-44.

李锐,凌文辁,柳士顺,2009.上司不当督导对下属建言行为的影响及其作用机制[J].心理学报,41(12):1189-1202.

李同归,加藤和生,2006.成人依恋的测量:亲密关系经历量表(ECR)中文版[J].心理学报,38(3):399-406.

李婉悦,韩尚锋,刘燊,等,2019.场景对面孔情绪探测的影响:特质性焦虑的调节作用[J].心理学报,51(8):869-878.

李先春,卑力添,袁涤,等,2018.超扫描视角下的社会互动脑机制[J].心理科学,41(6),1484-1491.

李小保,毛忆晨,吕厚超,等,2021.中文版时间态度量表的信效度检验[J].中国临床心理学杂志,28(2):375-379.

李秀,杜文东,2017.丧失子女个体哀伤调适历程的质性研究[J].中国临床心理学杂志,25(5):976-981.

李彦章,匡娅,2017.四川城乡老年人抑郁比较[J].中国老年学杂志,37(4):979-980.

李园园,步社民,李支其,2019.幼儿园教师伦理敏感性问卷编制及其发展现状[J].学前教育研究,26(1):45-61.

李越,张澜,马智群,2018.少年儿童领悟社会支持与社交焦虑的关系:自尊的中介作用[J].兵团教育学院学报,28(2):32-36.

李志,潘丽霞,2012.社会科学研究方法导论[M].重庆:重庆大学出版社.

李志勇,2014.大学生自尊对社交焦虑的作用机制研究[J].淮南师范学院学报,16(6):33-37.

李志勇,吴明证,2013.大学生自尊与社交焦虑的关系:无法忍受不确定性的中介作用[J].中国特殊教育,20(5):72-76.

李志勇,吴明证,张爱群,2011.心理资本与工作满意度、生活满意度的关系:工作家庭促进的中介作用[J].中国临床心理学杂志,19(6):818-820.

李忠旭,庄健,2021.土地托管对农户家庭经济福利的影响:基于非农就业与农业产出的中介效应[J].农业技术经济,40(1):20-31.

李宗波,王婷婷,梁音,等,2017.大学生手机依赖与主观幸福感:社交焦虑的中介作用[J].心理与行为研究,15(4):562-568.

连坤予,马杰,魏玲,等,2021.汉语朗读中词素位置概率线索作用的发展研究[J].心理与行为研究,19(2):179-185.

梁九清,张萌,刘思雨,等,2021.主角大小和主线索颜色对3~6岁自闭症儿童绘本阅读视觉偏好的影响[J].中国特殊教育,28(4):51-57.

梁兴丽,何津,周佶俊,等,2020.认知能力对学业成绩的影响:有中介的调节模型[J].心理发展与教育,36(4):449-461.

廖卉,庄瑷嘉,2012.多层次理论模型的建立及研究方法.见 陈晓萍,徐淑英,樊景立(编),组织与管理研究的实证方法[M].2版.北京:北京大学出版社,442-476.

林崇德,杨治良,黄希庭,2003.心理学大辞典[M].上海:上海教育出版社.

林崇德,张文新,1996.认知发展与社会认知发展[J].心理发展与教育,12(1):50-55.

林聚任,2017.社会科学研究方法[M].3版.济南:山东人民出版社.

林文莺,侯杰泰,1995.结构方程分析:模式之等同及修正[J].教育学报,23(1):147-162.

林无忌,林静远,李晓梦,等,2019.认知疲劳效应对内隐记忆与外显记忆的影响[J].心理科学,42(6):1282-1288.

林颐宣,2020.主动性人格对小学教师工作满意度的影响:一个有调节的中介模型[J].心理发展与教育,36(1):103-112.

林毅夫,2007.潮涌现象与发展中国家宏观经济理论的重新构建[J].经济研究,42(1):126-131.

林钲棽,彭台光,2006.多层次管理研究:分析层次的概念、理论和方法[J].管理学报,23(6):649-675.

刘冬,唐魁玉,2014.在婚同妻的婚姻生活经历:一项解释现象学分析[J].哈尔滨工业大学学报(社会科学版),16(6):32-38.

刘冬,唐魁玉,2016.网络互动对抗逆力的影响:以同妻的虚拟日常生活实践为中心[J].哈尔滨工业大学学报(社会科学版),18(1):16-21.

刘翻,2013.大学生自尊与社交焦虑的关系及其中介变量的研究[D].宁波:宁波大学.

刘广增,潘彦谷,李卫卫,等,2017.自尊对青少年社交焦虑的影响:自我概念清晰性的中介作用[J].中国临床心理学杂志,25(1):151-154.

刘海中,2014.群体事件中网络非理性舆论及其心理机制探讨[J].政法学刊,31(6):81-85.

刘红云,2007.如何描述发展趋势的差异:潜变量混合增长模型[J].心理科学进展,15(3):539-544.

刘红云,张雷,2005.追踪数据分析方法及其应用[M].北京:教育科学出版社.

刘雷,苏缇,彭娟,等,2014.延迟折扣的认知与神经机制:特质性与状态性研究取向[J].心理科学进展,22(7):1047-1061.

刘琳娟,2012.弗洛伊德理论的自我矛盾及其影响下的文学创作:以法国作家埃莱娜·西苏及安德烈·布勒东为例[D].上海:复旦大学.

刘灵,2012.小学高年级儿童幽默感、自尊和社交焦虑的关系研究[D].福州:福建师范大学.

刘冉,2012.大学生自尊与社交焦虑、人际信任的关系研究[J].淄博师专学报,8(2):20-23.

刘润忠,2005.试析结构功能主义及其社会理论[J].天津社会科学,25(5):52-56.

刘桑,甘烨彤,2021.《应用心理学》四十年学术影响力以及我国应用心理学研究热点与发展趋势[J].应用心理学,27(3):223-233.

刘桑,韩尚锋,王秀娟,等,2020.面孔社会知觉模型发展的回顾与展望:英文[J].心理科学,43(1):132-143.

刘桑,徐飞,2022.NSC杂志撤销论文引用异常增加现象辨析与治理建议[J].中国科技期刊研究,33(5):545-553.

刘舒杨,王浦劬,2018.不同的民主观:托克维尔民主思想研究[J].政治思想史,9(1):135-154,199.

刘姝颖,计国平,王莉,等,2021.安徽省农村40~60岁在婚妇女性生活状况调查[J].中国妇幼保健,36(13):3070-3073.

刘涛,刘星辰,2017.fNIRS在自闭症脑功能研究中的应用与展望[J].心理科学,40(4):1005-1010.

刘铁川,王闪闪,桂雅立,2019.方差分析效果大小报告的新指标[J].心理学探新,39(3):238-243.

刘廷元,1994.文献计量学、科学计量学和信息计量学的联系与区别[J].图书与情报,13(1):19-24.

刘伟方,张佳佳,胡冬梅,等,2019.元认知监测与算术知识制约小学儿童心算策略运用能力的发展:一年纵向考察[J].心理发展与教育,35(4):439-446.

刘蔚华,陈远,1991.方法大辞典[M].济南:山东人民出版社.

刘文文,江琦,任晶晶,等,2015.特质愤怒对攻击行为的影响:敌意认知和冲动性水平有调节的中介作用[J].心理发展与教育,31(4):485-493.

刘小珍,史梦华,肖彦,等,2017.大学生依恋关系对社交焦虑的影响:自尊的中介作用[J].赣南医学院学报,37(5):692-697.

刘亚鹏,邓慧华,张明浩,等,2019.5-HTTLPR基因多态性和早期养育压力对学前儿童问题行为的影响[J].心理发展与教育,35(1):85-94.

刘艳虹,任媛,胡晓毅,2021.孤独症儿童假装游戏技能的干预研究:以玩偶为中介的虚构客体游戏为例[J].中国特殊教育,28(3):33-38,45.

刘洋,谢丽,2017.中国管理研究中问卷调查法的取样与测量合适性:评估与建议[J].电子科技大学学报(社科版),19(2):24-31.

刘盈君,蔡育伦,蒋欣欣,2017.生命中可承受之重:探究临终照护护理人员的伦理自我[J].护理杂志,64(2):34-43.

刘盈君,蒋欣欣,2014.临终照护中的实践智慧[J].护理杂志,61(5):33-42.

刘有贵,蒋年云,2006.委托代理理论述评[J].学术界,21(1):69-78.

刘宇,陈树铨,樊富珉,等,2020.心理学研究的元分析报告标准:现状与建议[J].心理科学进展,29(2):296-310.

刘则渊,陈超美,侯海燕,等,2009.迈向科学学大变革的时代[J].科学学与科学技术管理,30(7):5-12.

刘志方,仝文,张骏,2019.中文阅读中词汇加工的年老化:眼动证据[J].心理发展与教育,35(6):665-677.

龙泉,2021.双一流高校数字人文研究现状与知识图谱构建[J].图书馆学刊,43(5):79-89.

龙晓丹,2014.网络群体心理对网络舆论的影响[J].今传媒,23(7):31-32.

卢长娥,罗生全,2021.幼儿园教师工作家庭促进与工作满意度的关系:心理资本和工作投入的多重中介效应[J].学前教育研究,28(5):59-74.

逯嘉,刘琴,李恒径,等,2014.中国大学生心理弹性现状及其特征的meta分析[J].吉林大学学报(医学版),40(2):328-337.

陆润豪,吴茜,彭晓雪,等,2018.小学高年级学生自尊与自杀意念的关系:社交焦虑与学习价值怀疑感的中介作用[J].心理技术与应用,6(7):406-414.

罗秋铃,侯庆辉,陆春雷,等,2018.道德信息对面孔吸引力判断的无意识调节[J].心理学探新,38(4):345-349.

罗胜强,姜嬿,2014.管理学问卷调查研究方法[M].重庆:重庆大学出版社.

罗永义,仇军,2019.比较视域中我国社会体育与竞技体育价值的社会评价:基于特定人群的立意抽样调查[J].山东体育学院学报,35(3):1-8.

吕洁,张钢,2015.知识异质性对知识型团队创造力的影响机制:基于互动认知的视角[J].心理学报,47(4):533-544.

吕微,2021.马克思主义社会科学方法论及其当代价值[J].科技资讯,19(5):191-193.

吕渑尘,赵然,2018.群组发展模型:干预研究的新方法[J].心理学探新,38(1):91-96.

马华维,俞琴燕,陈浩,2007.面孔吸引力研究方法综述[J].心理科学,30(4):906-908.

马军朋,叶卓尔,林依,等,2016.认知风格影响归类过程中的神经活动:来自fMRI研究的证据[J].心理发展与教育,32(2): 139-148.

马君,张昊民,杨涛,2015.绩效评价、成就目标导向对团队成员工作创新行为的跨层次影响[J].管理工程学报,29(3): 62-71.

毛晓光,2001.20世纪符号互动论的新视野探析[J].国外社会科学,24(3): 13-18.

苗灵童,赵凯莉,杨梦圆,等,2018.亲子依恋与初中生人际宽恕的关系:一个有调节的中介模型[J].心理发展与教育,34(3): 264-272.

莫家琪,2017.大学生欺负行为、自尊与社交焦虑的现状及其关系研究[D].南宁:广西师范大学.

牟智佳,2017.MOOCs学习参与度影响因素的结构关系与效应研究:自我决定理论的视角[J].电化教育研究,38(10): 37-43.

倪渊,张健,2021.科技人才激励政策感知、工作价值观与创新投入[J].科学学研究,39(4): 632-643.

聂丹丹,王浩,罗蓉,2016.可重复性:心理学研究不可忽视的实践[J].中国临床心理学杂志,24(4): 618-622.

宁雅童,2013.森田神经质性格、自尊在完美主义与社交焦虑间的中介作用[D].西安:第四军医大学.

潘朝霞,张大均,潘彦谷,等,2018.中学生自尊和评价恐惧在心理素质与社交焦虑中的中介作用[J].中国心理卫生杂志,32(8): 676-681.

潘建雷,李海荣,2013.深度分工条件下的社会团结如何实现:论涂尔干《社会分工论》的主旨[J].北京行政学院学报,15(3): 103-107.

潘黎,侯剑华,2012.国际高等教育研究的热点主题和研究前沿:基于8种SSCI高等教育学期刊2000～2011年文献共被引网络图谱的分析[J].教育研究,19(6): 136-143.

潘文慧,赵捧未,丁献峰,2021.科研项目负责人网络位置对项目创新的影响[J].科研管理,42(5): 207-217.

彭聃龄,2018.普通心理学[D].5版.北京:北京师范大学出版社.

彭台光,高月慈,林钲棽,2006.管理研究中的共同方法变异:问题本质、影响、测试和补救[J].管理学报,23(1): 77-98.

彭艳琼,唐玮,甘秀妮,2016.终末期肾病患者信息实践动机的质性研究[J].解放军护理杂志,33(16): 23-26.

彭迎春,苏宁,何永洁,2012.社区卫生服务机构岗位工作内容的非参与观察研究[J].中国全科医学,15(7): 726-728.

彭自芳,傅纳,张新杰,2020.父母冲突与中学生应对方式的关系:教养方式和情绪安全感的链式中介作用[J].心理发展与教育,36(6): 668-676.

祁亚鹏,王怡萱,朱桦,等,2021.长期高策略性技能训练对运动员大脑白质结构的影响:一项DTI研究[J].心理学报,53(7): 798-806.

乔新虹,杨文伟,李先春,等,2018.超扫描技术在社会性学习中的应用[J].现代教育技术,28(9),12-18.

乔志宏,王爽,谢冰清,等,2011.大学生就业能力的结构及其对就业结果的影响[J].心理发展与教育,27(3): 274-281.

裘兆远,2021.从香火戏到赞神歌:近代太湖渔民仪式文艺的嬗变[J].民俗研究,26(2): 131-137,160.

权朝鲁,2003.效果量的意义及测定方法[J].心理学探新,23(2): 39-44.

任利强,郭强,王海鹏,等,2018.基于CiteSpace的人工智能文献大数据可视化分析[J].计算机系统应用,27(6): 18-26.

任晓龙,吕琳媛,2014.网络重要节点排序方法综述[J].科学通报,59(13):1175-1197.

汝涛涛,范若琳,陈庆伟,等,2017.女性面孔吸引力的加工及其对男性诚实道德行为的影响:一项ERP研究[J].心理科学,40(6):1428-1434.

尚雪松,陈卓,陆静怡,2021.帮忙失败后我会被差评吗?好心帮倒忙中的预测偏差[J].心理学报,53(3):291-305.

尚玉钒,李磊,2015.领导调节聚焦行为:构念的开发与验证[J].管理评论,27(8):102-116.

邵建平,单文婷,司侠青,2017.企业员工加薪价值观量表开发研究[J].管理学报,14(9):42-49.

申珍珍,2018.费孝通类型比较法的形成与发展[J].泉州师范学院学报,36(5):104-108,81.

沈晨,周玲,孔明,2010.高校女生的体型及体型认知与社交回避、社交苦恼、自尊及外向性的关系[J].中国心理卫生杂志,24(11):864-867.

沈贵兰,2017.城市小学儿童自尊异质性背景下的社交焦虑在自尊和同伴关系间的中介作用[D].成都:四川师范大学.

施国春,张丽华,范会勇,2017.攻击性和自尊关系的元分析[J].心理科学进展,25(8):1274-1288.

是丽娜,王国聘,2012.我国大学生旅游者环境意识与行为特征研究[J].环境科学与技术,35(9):193-196,204.

舒华,2016.心理与教育研究中的多因素实验设计[M].2版.北京:北京师范大学出版社.

司徒巧敏,黎建斌,2007.大学新生自尊与社交焦虑的关系[J].中国健康心理学杂志,15(11):1005-1007.

宋广文,魏淑华,2006.影响教师职业认同的相关因素分析[J].心理发展与教育,22(1):80-86.

宋明华,陈晨,刘燊,等,2017.父母教养方式对初中生攻击行为的影响:越轨同伴交往和自我控制的作用[J].心理发展与教育,33(6):675-682.

宋明华,刘燊,朱转,等,2018.相对剥夺感影响网络集群攻击行为:一个有调节的双路径模型[J].心理科学,41(6):1436-1442.

宋锡妍,程亚华,谢周秀甜,等,2021.愤怒情绪对延迟折扣的影响:确定感和控制感的中介作用[J].心理学报,53(5):456-468.

苏斌原,张卫,苏勤,等,2016.父母网络监管对青少年网络游戏成瘾为何事与愿违:一个有调节的中介效应模型[J].心理发展与教育,32(5):604-611.

苏纯惠,张持晨,郑建中,等,2015.《中国临床心理学杂志》文献信息可视化分析[J].中国临床心理学杂志,23(5):870-877.

苏倩怡,曾伟楠,2015.大学生社交焦虑与自尊孤独感的关系[J].校园心理,13(4):222-225.

苏中兴,段佳利,2015.同源主观数据是否膨胀了变量间的相关性:以战略人力资源管理研究为例[J].武汉大学学报(哲学社会科学版),68(6):83-92.

孙传英,2013.大学生社交焦虑、自尊、网络自我表露的关系研究[D].哈尔滨:哈尔滨师范大学.

孙建敏,焦海涛,赵简,2014.2007~2009年心理学核心期刊载文的文献计量分析[J].心理与行为研究,12(3):423-432.

孙配贞,江红艳,赵辉,2008.初一新生内隐、外显自尊与社交焦虑的关系研究[J].中国健康心理学杂志,16(1):116-118.

孙荣光,2008.大学生生活事件、自尊与社交焦虑的关系[D].济南:山东师范大学.

孙晓军,赵竞,周宗奎,等,2015.大学生网络社会支持与网络人际信任的关系:一个有调节的中介模型[J].心理发展与教育,31(2):129-136.

孙晓玲,吴明证,2011.大学生自尊、拒绝敏感性、人际信任与社会焦虑的关系[J].中国临床心理学杂志,19(4): 537-539.

孙易卓,2015.高中生社会地位、自尊、负面评价恐惧和社交焦虑的关系研究[D].重庆:西南大学.

谭群,尹月阳,刘燊,等,2018.自我积极表情加工优势效应:来自ERPs的证据[J].心理学报,50(10): 1120-1130.

谭宇军,2014.成人依恋风格对大学生社交焦虑的影响[D].北京:首都师范大学.

唐权,2020.人文社会科学研究过程中研究伦理的风险防控[J].重庆大学学报(社会科学版),26(5): 121-129.

唐文清,方杰,蒋香梅,等,2014.追踪研究方法在国内心理研究中的应用述评[J].心理发展与教育,30(2): 216-224.

田国素,2013.晚期肝脏恶性肿瘤患者家庭照顾者负担体验的质性研究[J].临床合理用药杂志,6(35): 128-129.

田录梅,夏大勇,李永梅,等,2016.积极同伴压力、自尊对青少年不同冒险行为的影响[J].心理发展与教育,32(3): 349-357.

田雪垠,郑蝉金,郭少阳,等,2019.基于多层验证性因素分析的各种信度系数方法[J].心理学探新,39(5): 461-467.

万鹏宇,林忠永,冯志远,等,2017.情感平衡对初中留守儿童问题行为的影响:心理韧性的中介作用和性别的调节作用[J].中国特殊教育,24(12): 68-74.

汪昌华,Gretchen G,2017.基于IPA的师生冲突比较研究:以流动儿童与城市儿童为例[J].安徽师范大学学报(人文社科版),45(6): 785-791.

汪昌华,晋玉,Gretchen G,2017.高校师生关系现状与教师非言语亲切性研究[J].国家教育行政学院学报,24(2): 63-70.

汪琛,刘燊,王高峰,等,2020.《统计与决策》文献计量研究:发展趋势与热点主题[J].统计与决策,36(12): 90-95.

汪际慧,金递,2015.运用系统观察法评价有效体育教学的研究[J].北京体育大学学报,38(3): 105-110.

汪玲,邱桓沛,申曙光,2021.国有资本划拨养老保险与公共政策目标治理[J].财贸经济,42(4): 53-66.

汪倩倩,范翠英,褚晓伟,2020.青少年网络受欺负与网络欺负的关系:一个有调节的中介模型[J].心理发展与教育,36(2): 216-227.

汪荣有,2021.中国革命道德的百年发展历程及启示[J].道德与文明,40(3): 14-26.

汪太贤,2004.从神谕到自然的启示:古希腊自然法的源起与生成[J].现代法学,26(6): 16-25.

汪向东,王希林,马弘,1999.心理卫生评定量表手册:增订版[M].北京:中国心理卫生杂志社.

王冰,石岩,2016.中学生体育竞赛愤怒的个案研究:基于解释现象学分析[J].体育与科学,37(4): 88-96.

王道阳,殷欣,曹果果,2016.近30年发展心理学研究取向的文献计量学分析[J].宁波大学学报(教育科学版),38(4): 1-7.

王馥芸,李志强,秦启文,2020.中国成年人自省问卷编制[J].中国临床心理学杂志,28(3): 465-470.

王刚,2017.非理性网络舆论对大学生的影响及应对策略[J].内江科技,38(9): 48-49.

王钢,苏志强,张大均,2017.幼儿教师胜任力和职业压力对职业幸福感的影响:职业认同和职业倦怠的作用[J].心理发展与教育,33(5): 622-630.

王高峰,孔青青,徐飞,2020.中外杰出科学家行政任职状况比较研究[J].中国科技论坛,36(11): 129-136.

王高峰,杨浩东,汪琛,2021.国内外创新生态系统研究演进对比分析:理论回溯、热点发掘与整合展望[J].科技进步与对策,38(4):151-160.

王国香,刘长江,伍新春,2003.教师职业倦怠量表的修编[J].心理发展与教育,19(3):82-86.

王建平,马林芳,2002.男女大学生自尊获得方式及其受损后应对方式的比较研究[J].韩山师范学院学报,23(1):64-71.

王菁华,茅宁,2021.风险视角下的经济政策不确定性与企业成本黏性研究[J].管理科学,34(1):82-96.

王晶,2013.硕士研究生自尊、人际关系与社交焦虑的关系研究[D].长春:东北师范大学.

王军,李燕萍,2020.创客资本的结构与测量[J].科学学研究,38(10):1899-1910.

王俊秀,2014.社会心态:转型社会的社会心理研究[J].社会学研究,29(1):104-124.

王珺,宋琼雅,许岳培,等,2021.解读不显著结果:基于500个实证研究的量化分析[J].心理科学进展,29(3):381-393.

王凯荣,辛涛,李琼,1999.中学生自我效能感、归因与学习成绩关系的研究[J].心理发展与教育,15(4):22-25.

王克林,岳跃民,陈洪松,等,2020.科技扶贫与生态系统服务提升融合的机制与实现途径[J].中国科学院院刊,35(10):1264-1272.

王磊,宋一锐,2021.学校松-紧文化对中学生欺凌的影响:集体道德推脱与集体效能感的中介作用[J].教育研究与实验:40(1),93-96.

王丽,李寿欣,张倩,2016.加工焦点性和任务负荷对不同认知方式大学生前瞻记忆的影响[J].心理发展与教育,32(2):149-157.

王俪嘉,朱德全,2009.中小学教师对待公开课态度的调查研究[J].上海教育科研,28(8):28-31.

王孟成,毕向阳,2018.潜变量建模与Mplus应用:进阶篇[M].重庆:重庆大学出版社.

王孟成,毕向阳,叶浩生,2014.增长混合模型:分析不同类别个体发展趋势.社会学研究,29(4):220-241.

王明忠,王静,王保英,等,2020.粗暴养育与青少年学业成绩:有调节的中介分析[J].心理发展与教育,36(1):67-76.

王荣德,2001.思想实验及其在科学发展中的作用[J].科学学研究,19(1):14-21.

王苏,盖笑松,2020.3～4岁幼儿冷热自我调节的发展趋势及性别差异:一项纵向研究[J].心理发展与教育,36(6):641-648.

王微,江洪,李灵慧,等,2015.中国图书情报学领域机构合作网络研究:基于横向纵向比较研究的视角[J].图书馆理论与实践,37(6):58-62.

王文娟,叶培结,王立金,2008.医学新生社交焦虑与其自尊及父母教养方式的相关研究[J].蚌埠医学院学报,33(4):465-467.

王兴超,杨继平,刘丽,等,2012.道德推脱对大学生攻击行为的影响:道德认同的调节作用[J].心理发展与教育,28(5):532-538.

王秀娟,王梦婷,韩尚锋,等,2019.风险决策框架下的求助意愿:依恋的调节作用[J].心理与行为研究,17(6):840-845.

王秀娟,王娜,韩尚锋,等,2018.面孔可信度对助人行为的影响:依恋安全的调节作用[J].心理学报,50(11):1292-1302.

王艳波,范素云,贾彦彦,等,2017.甲状腺癌患者对诊断及术后放射性碘治疗心理体验的质性研究[J].中国实用护理杂志,33(2):126-130.

王艳波,汪际,戴敏辉,等,2011.工伤致脊髓损伤患者的创伤后成长体验[J].中华护理杂志,46(6): 608-610.

王艳波,张萌萌,赵旭东,2017.某综合性大学医学生转专业决策历程的质性研究[J].中华医学教育探索杂志,16(5): 531-536.

王艳辉,李董平,孙文强,等,2017.亲子依恋与初中生亲社会行为:有调节的中介效应[J].心理学报,49(5): 663-679.

王宇,张荣娟,2016.消极完美主义对社交焦虑的影响:无法忍受不确定性与自尊的中介作用[J].心理技术与应用,4(7): 404-409.

王雨晴,姚鹏飞,周国梅,2015.面孔吸引力、人格标签对于男女择偶偏好的影响[J].心理学报,47(1): 108-118.

王媛丽,谢志杰,汪玉兰,等,2015.大学生内隐自尊、外显自尊与社交焦虑的关系[J].中国健康心理学杂志,23(7): 1025-1027.

王卓玉,谢双雪,程明,2021.基于文献计量学的国内外STEAM教育研究比较分析[J].现代远程教育,38(2): 81-88.

韦耀阳,2015.大学生自我和谐、自尊及其社交焦虑的关系研究[J].池州学院学报,29(3): 93-95.

魏萍,康冠兰,丁锦红,等,2014.奖赏预期对面孔情绪加工的影响:一项事件相关电位研究[J].心理学报,46(4): 437-449.

魏淑华,宋广文,2012.教师职业认同与离职意向:工作满意度的中介作用[J].心理学探新,32(6): 564-569.

魏淑华,宋广文,张大均,2013.我国中小学教师职业认同的机构与量表[J].教师教育研究,25(1): 55-60,75.

卫旭华,张亮花,2019.单题项测量:质疑、回应及建议[J].心理科学进展,27(7): 1194-1204.

温芳芳,佐斌,2012.男性化与女性化对面孔偏好的影响:基于图像处理技术和眼动的检验[J].心理学报,44(1): 14-29.

温福星,邱皓政,2015.多层次模式方法论:阶层线性模式的关键问题与试解[M].北京:经济管理出版社.

温忠麟,2017.实证研究中的因果推理与分析[J].心理科学,40(1): 200-208.

温忠麟,侯杰泰,马什赫伯特,2004a.结构方程模型检验:拟合指数与卡方准则[J].心理学报,36(2): 186-194.

温忠麟,侯杰泰,张雷,2005.调节效应与中介效应的比较和应用[J].心理学报,37(2): 268-274.

温忠麟,黄彬彬,汤丹丹,2018.问卷数据建模前传[J].心理科学,41(1): 204-210.

温忠麟,刘红云,2020.中介效应和调节效应方法及应用[M].北京:教育科学出版社.

温忠麟,刘红云,侯杰泰,2012.调节效应和中介效应分析[M].北京:教育科学出版社.

温忠麟,叶宝娟,2014a.有调节的中介模型检验方法:竞争还是替补?[J].心理学报,46(5): 714-726.

温忠麟,叶宝娟,2014b.中介效应分析:方法和模型发展[J].心理科学进展,22(5): 731-745.

温忠麟,张雷,侯杰泰,2006.有中介的调节变量和有调节的中介变量[J].心理学报,38(3): 448-452.

温忠麟,张雷,侯杰泰,等,2004b.中介效应检验程序及其应用[J].心理学报,36(5): 614-620.

翁清雄,胡啸天,陈银龄,2018.职业妥协研究:量表开发及对职业承诺与工作倦怠的预测作用[J].管理世界,34(4): 113-126,175,188.

沃建中,林崇德,马红中,等,2001.中学生人际关系发展特点的研究[J].心理发展与教育,17(3): 9-15.

巫锡炜,2009.中国高龄老人残障发展轨迹的类型:群组发展建模的一个应用[J].人口研究,33(4):54-67.

吴贤荣,李晓玲,左巧丽,2020.社会网络对农户农机节能减排技术采纳意愿的影响:基于价值认知的中介效应[J].世界农业,42(11):54-64.

吴雪峰,肖立梅,2021.地方高校学报稿源状况的抽样调查研究:以《肇庆学院学报》为例[J].肇庆学院学报,42(3):77-82.

吴艳,温忠麟,2011.结构方程建模中的题目打包策略[J].心理科学进展,19(12):1859-1867.

吴志民,2019.一种面孔吸引力评价法及其应用实例[J].中国医疗美容,9(4):94-98.

伍定国,熊传林,龙锦春,等,2018.近年来我国心理学研究热点与前沿的可视化分析:以《心理科学进展》载文为例[J].贵州师范大学学报(自然科学版),36(1):118-124.

肖崇好,黄希庭,2011.社交焦虑个体外显与内隐自尊的研究[J].心理科学,34(2):289-292.

萧佳纯,涂志贤,2012.教师创意教学衡量中共同方法变异问题之探讨[J].测验学刊(台),59(4):609-639.

肖飞,2012.民族院校大学生社交焦虑与自尊研究[D].武汉:中南民族大学.

肖静华,吴小龙,谢康,等,2021.信息技术驱动中国制造转型升级:美的智能制造跨越式战略变革纵向案例研究[J].管理世界,37(3):161-179,225,11.

谢其利,宛蓉,张睿,等,2016.歧视知觉与农村贫困大学生孤独感:核心自我评价、朋友支持的中介作用[J].心理发展与教育,32(5):614-622.

辛自强,2017.心理学研究方法[M].2版.北京:北京师范大学出版社.

辛自强,2018.心理学研究方法新进展[M].北京:北京师范大学出版社.

辛自强,郭素然,池丽萍,2007.青少年自尊与攻击的关系:中介变量和调节变量的作用[J].心理学报,39(5):845-851.

邢旭东,2015.网络非理性舆论产生的社会心理根源[J].青年记者,75(35):10-11.

熊承清,许佳颖,马丹阳,等,2021.囚徒困境博弈中对手面部表情对合作行为的影响及其作用机制[J].心理学报,53(8):919-932.

熊晓美,左红霞,冯晓敏,等,2011.本科护生的交往焦虑及其与自尊和人际归因的相关性[J].护理学杂志,26(15):69-71.

徐飞,2019.警惕资本与科学的零和博弈[J].科学学研究,9(1):41-49,71.

徐爽,2014.情景面试构思效度的分析[J].人力资源管理,7(11):50-51.

徐献军,2007.身体现象学对认知科学的批判[J].科学技术与辩证法,24(6),55-59,111.

徐晓锋,刘勇,2007.评分者内部一致性的研究和应用[J].心理科学,30(5):1175-1178.

徐云,刘堂荣,2015.4~6年级小学生自尊、社交焦虑与孤独感的关系[J].中国健康心理学杂志,23(10):1597-1600.

许洪梅,丁炜光,穆纯,等,2016.2型糖尿病患者低血糖恐惧行为的质性研究[J].中国实用护理杂志,32(31):2429-2432.

薛凤,陈光宇,钱茜,等,2021.不完全信息静态博弈视角下的三度价格歧视分析研究[J].技术经济,40(4):65-76.

严标宾,郑雪,2006.大学生社会支持、自尊和主观幸福感的关系研究[J].心理发展与教育,22(3):60-64.

闫晓钒,2015.社交焦虑研究生的自尊与团体沙盘辅导研究[D].郑州:郑州大学.

闫秀峰,冯淑丹,李艳霞,等,2012.青少年自我效能、自尊与社交焦虑的关系研究[J].教育测量与评价,5(7):41-44.

阎书昌,高志鹏,2017.信札中的微观心理学历史:黄翼形重错觉研究报告的曲折境遇[J].心理学报,49(4):554-568.

颜志强,苏彦捷,2017.共情研究主题的变化:来自文献计量学的证据[J].心理科学,40(3):699-707.

颜志强,王笑楠,苏彦捷,2019.心理理论研究的进展及展望:来自文献计量学的证据[J].心理学探新,39(4):291-299.

晏碧华,兰继军,邹泓,2008.大学生撒谎行为及其与自尊水平、社交焦虑的关系[J].中国特殊教育,15(7):82-87.

杨超,陈红,胡小勇,等,2019.中国居民社区责任感问卷的编制及信效度检验[J].中国临床心理学杂志,27(2):242-245.

杨发庭,宋洋,2021.基于AMI理论的生态文明智库评价研究[J].自然辩证法通讯,43(5):111-118.

杨桂刚,2016.现代统计学抽样法的特点和作用[J].山西农经,23(3):116-117.

杨建锋,王重鸣,2008.类内相关系数的原理及其应用[J].心理科学,31(2):434-437.

杨菊兰,杨俊青,2015.员工整体薪酬感知结构化及其对组织认同的影响:来自双因素理论的解释[J].经济管理,37(11):63-73.

杨茂林,2014.问卷调查中敏感性问题处理方法的研究[J].市场研究,21(5):46-48.

杨青青,胡娜,陈旭,等,2018.恋人亲密情景下的回避型与安全型依恋个体情绪调节电生理差异[J].心理学报,50(3):306-316.

杨雪,姚小强,王益文,2021.脑-脑耦合技术应用于经济管理决策领域[J].张江科技评论,3(2):28.

杨亚平,徐强,张林,等,2015.场景的不同空间频率信息对面部表情加工的影响:来自ERP的证据[J].心理学报,47(12):1433-1444.

杨昭宁,顾子贝,王杜娟,等,2017.愤怒和悲伤情绪对助人决策的影响:人际责任归因的作用[J].心理学报,49(3):393-403.

阳镇,凌鸿程,陈劲,2021.社会信任有助于企业履行社会责任吗?[J].科研管理,42(5):143-152.

杨政怡,杨进,2021.社会资本与新生代农民工就业质量研究:基于人情资源和信息资源的视角[J].青年研究,40(2):17-31,94-95.

姚成,龚毅,濮光宁,等,2012.学生评教异常数据的筛选与处理[J].牡丹江师范学院学报(自然科学版),18(3):7-8.

叶宝娟,温忠麟,2013.有中介的调节模型检验方法:甄别和整合[J].心理学报,45(9):1050-1060.

叶宝娟,杨强,胡竹菁,2013.感恩对青少年学业成就的影响:有调节的中介效应[J].心理发展与教育,29(2):192-199.

叶仁敏,Hagtvet K A,1992.成就动机的测量与分析[J].心理发展与教育,8(2):14-16.

叶日武,2015.共同方法变异:统计对策之文献回顾与实证例释[J].顾客满意学刊,11(1):105-132.

叶日武,林荣春,2014.共同方法变异:古典测量理论下的检测与控制[J].顾客满意学刊,10(1):65-92.

阴云航,麻超,蒲李瑞,2018.内初班学生领悟社会支持和冲突与背叛行为的关系:自尊、社交焦虑的中介作用[J].心理技术与应用,6(2):65-72.

殷杰,樊小军,2018.语境论的社会科学方法论探析[J].自然辩证法研究,34(4):8-13.

尹彬,武晓睿,连榕,2020.整合性学习观的动物行为模型探索[J].心理学报,52(11):1278-1287.

尹洪菊,吕善辉,柳月娟,等,2010.医学院校大学生的心理自尊与社交焦虑研究[J].新西部,5(7):156-156.

尹秋馨,梁珍红,刘晓虹,2015.特大事故重伤者亲属早期照护体验的诠释现象学分析[J].中华护理杂志,50(11): 1303-1307.

游宇,王正绪,2014.互动与修正的政治信任:关于当代中国政治信任来源的中观理论[J].经济社会体制比较,30(2): 178-193.

于海波,方俐洛,凌文铨,2004.组织研究中的多层面问题[J].心理科学进展,12(2): 462-471.

于潇,徐英东,2021.流入城市对流动人口居留意愿的影响:基于家庭生命周期理论的分解[J].人口研究,45(1): 50-67.

余妮泽,葛列众,孙宇浩,等,2013.面孔吸引力极端性假设的验证实验[J].心理学探新,33(4): 344-348.

俞少宾,崔兴硕,2012.身份认同转变的影响因素探析:基于16位在韩朝鲜族移民的结构式访谈[J].华侨华人历史研究,27(4): 11-18.

虞晓芬,傅玳,2004.多指标综合评价方法综述[J].统计与决策,20(11): 119-121.

袁军鹏,2010.科学计量学高级教程[M].北京:科学技术文献出版社.

袁庆宏,丁刚,李珲,2014.知识型员工职业成长与离职意愿:组织认同和专业认同的调节作用[J].科学学与科学技术管理,35(1): 155-164.

岳童,黄希庭,岳彩镇,等,2021.自身得失对朋友博弈结果评价的影响:来自ERPs的证据[J].心理学报,53(6): 651-666.

臧祺超,曹洲涛,陈春花,2020.团队社会网络的研究热点与前沿的可视化分析[J].科学学与科学技术管理,41(5): 54-68.

曾琦,芦咏莉,邹泓,等,1997.父母教育方式与儿童的学校适应[J].心理发展与教育,13(2): 46-51.

曾伟生,夏锐,2021.全国森林资源调查年度出数统计方法探讨[J].林业资源管理,50(2): 29-35.

张弛,余鹏翼,2017.并购类型会影响中国企业技术并购绩效吗:对横向、纵向和混合并购的比较研究[J].科技进步与对策: 34(7),76-81.

张冲,邹泓,2009.中学生情绪智力和创造性倾向发展特点及其关系研究[J].中国特殊教育,16(9): 70-75.

张春雨,韦嘉,赵清清,等,2015.正负性表述的方法效应:以核心自我评价量表的结构为例[J].心理学探新,35(1): 78-83.

张丹丹,罗文波,罗跃嘉,2013.面孔表情加工三阶段模型的单试次ERP证据.中国科学:生命科学,43(8): 643-656.

张丹丹,王驹,赵君,等,2020.抑郁倾向对合作的影响:双人同步近红外脑成像研究[J].心理学报,52(5): 609-622.

张海鸥,姜兆萍,2012.自尊、应对方式与中职生心理韧性的关系[J].中国特殊教育,19(9): 77-82.

张厚粲,徐建平,2021.现代心理与教育统计学[M].5版.北京:北京师范大学出版社.

张继安,丁园园,2014.大学生自尊水平与交往焦虑相关研究[J].中国电力教育,30(3): 182-184.

张建人,刘佳怡,皮丹丹,等,2019.时间视角下工作价值观的结构访谈:基于重要性排序的分析[J].中国临床心理学杂志,27(4): 716-721.

张剑,张玉,高超,等,2016."大组织"对"大行为":基于关键词分析的我国组织行为学研究现状[J].管理评论,28(2): 166-174.

张锦涛,刘勤学,邓林园,等,2011.青少年亲子关系与网络成瘾:孤独感的中介作用[J].心理发展与教育,27(6): 641-647.

张静,2013.小学生父母教养方式、自尊及社交焦虑的关系研究[D].大连:辽宁师范大学.

张骏,仝文,刘志方,2019.不同词长中文句子阅读知觉广度的年老化:眼动证据[J].心理发展与教育,35(3): 312-319.

张兰,陈信凌,2020.新闻工作者职业认同问卷的开发与编制[J].心理学探新,40(5): 458-464.

张兰霞,张靓婷,朱坦,2019.领导-员工认知风格匹配对员工创造力与创新绩效的影响[J].南开管理评论,22(2): 165-175.

张丽丽,魏斌,张妍,2016.微笑影响面孔吸引力判断的眼动研究[J].心理学探新,36(1): 13-17.

张林,洪新伟,范航,等,2022.初中生依恋风格与欺凌保护行为的关系:社会支持和欺凌应对效能的链式中介作用[J].心理与行为研究,20(2): 212-218.

张林,李玥,刘燊,等,2016.陌生面孔的印象加工:基于面孔特征的视角[J].心理科学,39(6): 1373-1378.

张林,刘燊,2020.心理学研究设计与论文写作[M].北京:北京师范大学出版社.

张林,刘燊,徐强,等,2017.日常环境中的暴力暴露对攻击行为的长期影响:一个有调节的中介模型[J].心理学报,49(1): 50-59.

张林,牟忠琛,刘燊,等,2017.社会支持与老年人受骗倾向的关系:一个有中介的调节模型[J].心理与行为研究,15(6): 766-773.

张陆,卞玉薇,王雅丽,等,2018.社交焦虑对手机成瘾的影响:公正世界信念的缓冲作用[J].中国特殊教育,25(1): 92-96.

张明月,2009.初中生外显自尊、内隐自尊与社交焦虑的关系研究[D].呼和浩特:内蒙古师范大学.

张庆熊,2019.现代复杂性社会和全球化背景下中国特色社会科学方法论探讨[J].哲学分析,10(1): 95-110, 198.

张琼,施建农,2006.个体智力差异的神经生物学基础[J].中国临床心理学杂志,14(4): 435-437, 440.

张伟玲,2016.大学生自尊在自我接纳和社交焦虑间的中介作用[J].中国学校卫生,37(9): 1354-1357.

张为威,黄建平,宛小昂,2019.预期对路径整合的影响[J].心理学报,51(11): 1219-1228.

张西超,胡婧,宋继东,等,2014.小学教师心理资本与主观幸福感的关系:职业压力的中介作用[J].心理发展与教育,30(2): 200-207.

张馨,蒋重清,2015.面孔知觉中的适应现象[J].心理科学进展,23(8): 1340-1347.

张学义,庄桂山,2020.心灵理论问题的实验哲学进路[J].自然辩证法通讯,42(9): 17-24.

张亚利,李森,俞国良,2019.自尊与社交焦虑的关系:基于中国学生群体的元分析[J].心理科学进展,27(6): 1005-1018.

张亚利,陆桂芝,金童林,等,2018.大学生手机成瘾倾向对人际适应性的影响:述情障碍的中介作用[J].中国特殊教育,25(2): 83-88.

张妍,孔繁昌,陈红,等,2010.男性对女性面孔吸引力的认知偏好:来自ERP的证据[J].心理学报,42(11): 1060-1072.

张妍,孔繁昌,郭英,等,2012.内隐还是外显记忆:对女性面孔吸引力记忆偏好的ERP研究[J].北京大学学报(自然科学版),48(1): 160-168.

张妍,张丽丽,孔繁昌,2017."内在"与"外在"谁更加重要?相貌与人格词汇认知加工的眼动研究[J].心理学探新,37(2): 149-154.

张妍,郑敏晓,2016.面孔吸引力观察者参照:"角度效应"的眼动研究[J].心理与行为研究,14(4): 459-464.

张勇,龙立荣,贺伟,2014.绩效薪酬对员工突破性创造力和渐进性创造力的影响[J].心理学报,46(12):

1880-1896.

张媛媛,孙国珍,王正梅,等,2013.中重型颅脑损伤患者延续性护理需求的质性研究[J].中华现代护理杂志,19(31): 3837-3840.

张云,2016.WOS中共被引聚类研究的计量与分析[J].情报杂志,35(9): 152-157.

张云运,陈嘉仪,杨妙,等,2021.父母学业参与、父母学业压力与青少年早期的学业投入:有调节的中介模型[J].心理发展与教育,37(2): 211-221.

张正海,杨显珠,2021.聚磷酸酯/聚乙二醇复合水凝胶的构建及性能[J].科学通报,66(18): 2312-2318.

张志安,晏齐宏,2016.个体情绪社会情感集体意志:网络舆论的非理性及其因素研究[J].新闻记者,34(11): 16-22.

张志学,2010.组织心理学研究的情境化及多层次理论[J].心理学报,42(1): 10-21.

张志学,鞠冬,马力,2014.组织行为学研究的现状:意义与建议[J].心理学报,46(2): 265-284.

张志学,施俊琦,刘军,2016.组织行为与领导力研究的进展与前沿[J].心理科学进展,24(3): 317-326.

章棋,朱柳,张文丹,等,2020.基于半结构访谈法对产褥期新型冠状病毒肺炎产妇心理状态的现况分析[J].全科护理,18(8): 968-971.

赵飞飞,2011.大学生自尊、社交焦虑和自我和谐的关系研究[D].石家庄:河北师范大学.

赵金扣,马小燕,王丽艳,等,2005.用于难以接近人群的一种新的抽样方法:同伴推动抽样法(RDS)[J].疾病控制杂志,9(6): 634-637.

赵凯莉,杨梦圆,苗灵童,等,2017.成人依恋对大学生网络利他行为的影响:共情与信任的中介作用[J].人类工效学,23(3): 23-28.

赵礼,王晖,2019.统计检验力的分析流程与多层模型示例[J].心理技术与应用,7(5): 276-283.

赵梅,2005.婚姻冲突及其对青春期子女的影响[D].北京:北京师范大学.

赵倩,王静梅,徐侃鸿,等,2013.不同任务情境中5~6岁儿童卡通面孔加工的眼动研究[J].心理发展与教育,29(5): 457-465.

赵时亮,1999.虚拟实验:从思想实验到虚拟现实[J].科学技术与辩证法,16(6): 21-25.

赵一红,1999.浅论社会科学方法论中的价值中立问题[J].暨南学报(哲学社会科学),21(1): 44-49.

赵英,伍新春,陈红君,2019.汉语儿童语素意识对阅读理解的影响:默读流畅性的中介效应[J].心理发展与教育,35(4): 430-438.

赵玉芳,毕重增,2003.中学教师职业倦怠状况及影响因素的研究[J].心理发展与教育,19(1): 80-84.

郑昊敏,温忠麟,吴艳,2011.心理学常用效应量的选用与分析[J].心理科学进展,19(12): 1868-1878.

郑清,叶宝娟,姚媛梅,等,2017.攻击行为规范信念对大学生网络欺负的影响:道德推脱与网络道德的中介作用[J].中国临床心理学杂志,25(4): 727-730.

郑显亮,谢园梅,2014.我国心理学质性研究现状的文献计量学分析[J].赣南师范大学学报,35(4): 93-96.

郑晓明,刘鑫,2016.互动公平对员工幸福感的影响:心理授权的中介作用与权力距离的调节作用[J].心理学报,48(6): 693-709.

郑云翔,杨浩,冯诗晓,2018.高校教师信息化教学适应性绩效评价研究[J].中国电化教育,25(2): 21-28.

中共中央办公厅,国务院办公厅,2018.关于进一步加强科研诚信建设的若干意见[EB/OL].(2018-05-30)[2021-10-14].http://www.gov.cn/zhengce/2018-05/30/content_5294886.htm.

中共中央办公厅,国务院办公厅,2019.关于进一步弘扬科学家精神加强作风和学风建设的意见[EB/OL].(2019-06-11)[2021-10-14].http://www.gov.cn/zhengce/2019-06/11/content_5399239.htm.

中共中央办公厅,国务院办公厅,2022.关于加强科技伦理治理的意见[EB/OL].(2022-03-20)[2022-05-01].http://www.gov.cn/zhengce/2022/03/20/content_5680105.htm.

中共中央宣传部,中华人民共和国教育部,中华人民共和国科技部,2021.关于推动学术期刊繁荣发展的意见[EB/OL].(2021-06-23)[2021-10-11].https://www.nppa.gov.cn/nppa/contents/312/76209.shtml.

中国科学技术大学研究生院,中国科学技术大学物理学院,2021.中国科大获批量子科学与技术交叉学科博士学位授权点[EB/OL].(2021-11-25)[2021-12-04].http://news.ustc.edu.cn/info/1055/77654.htm.

中国科学院,2020.科研诚信案件调查处理规则:试行[EB/OL].(2020-07-20)[2021-10-13].http://www.jianshen.cas.cn/kyddwyh/zdgf/202007/t20200720_4753602.html.

中国科学院科研道德委员会,2019.关于在生物医学研究中恪守科研伦理的"提醒"[EB/OL].(2019-05-07)[2021-10-13].http://www.jianshen.cas.cn/kyddwyh/zdgf/201905/t20190507_4691151.html.

中国科学院科研道德委员会,2020.关于科研活动原始记录中常见问题或错误的诚信提醒[EB/OL].(2020-05-22)[2021-10-13].http://www.jianshen.cas.cn/kyddwyh/zdgf/202005/t20200522_4747247.html.

中国科学院科研道德委员会,2021a.关于规范论著引用的通知[EB/OL].(2021-05-28)[2021-12-10].http://www.cas.cn/zcjd/202202/t20220218_4825606.shtml.

中国科学院科研道德委员会,2021b.关于在公众媒体上发布学术成果常见问题或错误的诚信提醒[EB/OL].(2021-05-28)[2021-10-13].http://www.jianshen.cas.cn/kyddwyh/zdgf/202105/t20210528_4790231.html.

中国科学院科研道德委员会,2022.中国科学院科研道德委员会关于规范学术论著署名问题负面行为清单的通知[EB/OL].(2022-02-08)[2022-05-01].http://www.cas.cn/zcjd/2022/t20220218_4825607.shtml.

中华人民共和国教育部,2004.高等学校哲学社会科学研究学术规范:试行[EB/OL].(2004-08-16)[2021-10-13].http://www.moe.gov.cn/srcsite/A13/moe_2557/s3103/200408/t20040816_80540.html.

中华人民共和国教育部,2016.高等学校预防与处理学术不端行为办法[EB/OL].(2016-06-16)[2021-10-13].http://www.moe.gov.cn/srcsite/A02/s5911/moe_621/201607/t20160718_272156.html.

钟建军,Dienes Z,陈中永,2017.心理研究中引入贝叶斯统计推断的必要性、应用思路与领域[J].心理科学,40(6):1477-1482.

钟晓钰,李铭尧,李凌艳,2021.问卷调查中被试不认真作答的控制与识别[J].心理科学进展,29(2):225-237.

钟佑洁,张进辅,2011.大学生评价恐惧在自尊与社交焦虑间的中介效应分析[J].心理发展与教育,27(5):506-512.

周爱保,2016.实验心理学[M].北京:清华大学出版社.

周浩,龙立荣,2004.共同方法偏差的统计检验与控制方法[J].心理科学进展,12(6):942-950.

周怀康,姜军辉,葛淳棉,等,2021.创业归来再出发:创业烙印如何影响工作绩效?[J].管理世界,37(7):11,145-161.

周卉,2014.大学生身体意象、自尊与社交焦虑的关系研究[D].哈尔滨:哈尔滨师范大学.

周玮,洪紫静,胡蓉蓉,等,2020.亲子支持与老年人抑郁情绪的关系:安全感和情绪表达的作用[J].心理发展与教育,36(2): 249-256.

周英,江亚婷,时光霞,等,2013.外显自尊在中学生人际归因方式与交往焦虑间的中介作用[J].蚌埠医学院学报,38(4): 451-454.

周勇,董奇,1994.学习动机、归因、自我效能感与学生自我监控学习行为的关系研究[J].心理发展与教育,10(3): 15,30-33.

周宗奎,孙晓军,赵冬梅,等,2015.同伴关系的发展研究[J].心理发展与教育,31(1): 62-70.

朱海腾,李川云,2019.共同方法变异是"致命瘟疫"吗?:论争、新知与应对[J].心理科学进展,27(4): 587-599.

朱鸿博,2016.自我接纳和社交焦虑的关系研究:自尊的中介作用[D].长沙:湖南师范大学.

朱进杰,姚计海,吴曼,2018.教师的教学自主权与工作满意度的关系:教学自主性的中介作用[J].心理发展与教育,34(3): 338-345.

朱晶晶,王雨见,李燕,2018.儿童行为量表教师版在中国学前儿童中的信效度检验[J].中国临床心理学杂志,26(5): 910-913.

朱晶晶,杨婷婷,翁婉涓,等,2020.中班幼儿社交回避与社会适应:母亲心理控制的调节作用[J].学前教育研究,27(10): 17-29.

庄锦英,王佳,2016.亲缘线索影响择偶复制性别差异的实验研究[J].心理学探新,36(2): 186-192.

庄林政,2019.行会的两个面相:对韦伯与涂尔干历史分析的比较[J].宗教信仰与民族文化,13(1): 232-252.

邹泓,1998.同伴关系的发展功能及影响因素[J].心理发展与教育,14(2): 39-44.

邹雨晨,李燕芳,丁颖,2015.早期高级认知发展与前额叶功能发育的fNIRS研究[J].心理发展与教育,31(6): 761-768.

邹志礼,陈品红,蒙华庆,等,2012.4～6年级小学生社交焦虑与自尊及自我意识的关系[J].中华行为医学与脑科学杂志,21(5): 436-439.

Abdollahi A, Talib M A, 2016. Self-esteem, body-esteem, emotional intelligence, and social anxiety in a college sample: The moderating role of weight [J]. Psychology, Health & Medicine, 21(2): 221-225.

Abe, M O, Koike T, Okazaki S, et al., 2019. Neural correlates of online cooperation during joint force production [J]. Neuroimage, 191: 150-161.

Abrahams N M, Alf E, 1972. Pratfalls in moderator research [J]. Journal of Applied Psychology, 56(3): 245-251.

Adams C, Ireland J L, 2017. The role of beliefs and trait aggression in prison bullying among young offenders [J]. Journal of Forensic Psychiatry and Psychology, 29(3): 1-17.

Adele D, Christina K, Paul F, 2008. "That was my old life; it's almost like a past-life now": Identity crisis, loss and adjustment amongst people living with Chronic Fatigue Syndrome [J]. Psychology & Health, 23(4): 459-476.

Adler P S, 2002. Social capital: Prospects for a new concept [J]. Academy of Management Review, 27(1): 17-40.

Adner R, Pólos L, Ryall M, et al., 2009. Introduction to special topic forum: The case for formal theory [J]. Academy of Management Review, 34(2): 201-208.

Adolphs R, 2002. Neural systems for recognizing emotion [J]. Current Opinion in Neurobiology, 12(2):

169-177.

Afzali M H, Sunderland M, Teesson M, et al., 2017. A network approach to the comorbidity between posttraumatic stress disorder and major depressive disorder: The role of overlapping symptoms [J]. Journal of Affective Disorders, 208: 490-496.

Aiken L S, West S G, 1991. Multiple regression: Testing and interpreting interaction [M]. Sage Publications, Inc.

American Psychiatric Association, 2013. Diagnostic and statistical manual of mental disorders (DSM-5) [M]. American Psychiatric Association: American Psychiatric Publishing.

American Psychological Association, 2020. Publication mannual of the American Psychological Assciation: Seventh Edition [M]. American Psychological Association.

Andersen L B, Heinesen E, Pedersen L H, 2016. Individual performance: From common source bias to institutionalized assessment [J]. Journal of Public Administration Research & Theory, 26(1): 63-78.

Anderson C A, Bushman B J, 2002. Human aggression [J]. Annual Review of Psychology, 53: 27-51.

Anduiza E, Galais C, 2017. Answering without reading: IMCs and strong satisficing in online surveys [J]. International Journal of Public Opinion Research, 29(3): 497-519.

Ang R P, 2015. Adolescent cyberbullying: A review of characteristics, prevention and intervention strategies [J]. Aggression and Violent Behavior, 25(3): 35-42.

Ang R P, Tan K A, Talib M A, 2011. Normative beliefs about aggression as a mediator of narcissistic exploitativeness and cyberbullying [J]. Journal of Interpersonal Violence, 26(13): 2619-2634.

Armitage C J, Rowe R, Arden M A, et al., 2014. A brief psychological intervention that reduces adolescent alcohol consumption [J]. Journal of Consulting & Clinical Psychology, 82(3): 546-550.

Arnocky S, Albert G, Carré J M, et al., 2018. Intrasexual competition mediates the relationship between men's testosterone and mate retention behavior [J]. Physiology & Behavior, 186: 73-78.

Ashford S J, 1986. Feedback-seeking in individual adaptation: A resource perspective [J]. Academy of Management Journal, 29(3): 465-487.

Astolfi L, Toppi J, Fallani F D, et al., 2011. Imaging the social brain by simultaneous hyperscanning during subject interaction [J]. IEEE Intelligent Systems, 26(5): 38-45.

Aviezer H, Ensenberg N, Hassin R R, 2017. The inherently contextualized nature of facial emotion perception [J]. Current Opinion in Psychology, 17: 47-55.

Ayres L, 2008. Semi-structured interview[M]//Given L M (Ed.), The SAGE encyclopedia of qualitative research methods. Thousand Oaks, CA: Sage Publications: 811-813.

Azad-marzabadi E, Amiri S, 2017. Morningness-eveningness and emotion dysregulation incremental validity in predicting social anxiety dimensions [J]. International Journal of General Medicine, 10: 275-279.

Babiloni F, Astolfi L, 2014. Social neuroscience and hyperscanning techniques: Past, present and future [J]. Neuroscience and Biobehavioral Reviews, 44: 76-93.

Baer R A, Ballenger J, Berry D T, et al., 1997. Detection of random responding on the MMPI-A [J]. Journal of Personality Assessment, 68(1): 139-151.

Bagozzi R P, Yi Y, 1988. On the evaluation of structure equation models [J]. Journal of Academy of Marketing Science, 16(1): 63-78.

Bagozzi R P, Yi Y, Phillips L W, 1991. Assessing construct validity in organizational research [J]. Administrative Science Quarterly, 36(3): 421-458.

Bahadur R R, Bickel P J, 2009. An optimality property of Bayes' test statistics [J]. Lecture Notes-Monograph Series, 57: 18-30.

Bakeman R, 2005. Recommended effect size statistics for repeated measures designs [J]. Behavior Research Methods, 37(3): 379-384.

Baker M, 2016. 1500 scientists lift the lid on reproducibility [J]. Nature, 533(7604): 452-454.

Bala B B K, Arshad F M, Noh K M, 2017. System dynamics: Modelling and simulation [M]. Singapore: Springer.

Balconi M, Fronda G, Bartolo A, 2021. Affective, social, and informative gestures reproduction in human interaction: Hyperscanning and brain connectivity [J]. Journal of Motor Behavior, 53(3): 296-315.

Balconi M, Vanutelli M E, 2018a. Functional EEG connectivity during competition [J]. BMC Neuroscience, 19: 11.

Balconi M, Vanutelli M E, Gatti L, 2018b. Functional brain connectivity when cooperation fails [J]. Brain and Cognition, 123: 65-73.

Ballard T, Vancouver J B, Neal A, 2018. On the pursuit of multiple goals with different deadlines [J]. Journal of Applied Psychology, 103(11): 1242-1264.

Ballard T, Yeo G, Loft S, et al., 2016. An integrative formal model of motivation and decision making: The MGPM [J]. Journal of Applied Psychology, 101(9): 1240-1265.

Bandura A, 1991. Social cognitive theory of self-regulation [J]. Organizational Behavior and Human Decision Processes, 50: 248-287.

Barge S, Gehlbach H, 2012. Using the theory of satisficing to evaluate the quality of survey data [J]. Research in Higher Education, 53(2): 182-200.

Baron R M, Kenny D A, 1986. The moderator-mediator variable distinction in social psychological research: Conceptual, strategic, and statistical considerations [J]. Journal of Personality and Social Psychology, 51(6): 1173-1182.

Barraza P, Perez A, Rodriguez E, 2020. Brain-to-brain coupling in the gamma-band as a marker of shared intentionality [J]. frontiers in Human Neuroscience, 14: 11.

Bartko J J, 1976. On various intraclass correlation reliability coefficients [J]. Psychological Bulletin, 83(5): 762-765.

Basso, J C, Satyal M K, Rugh R, 2021. Dance on the brain: Enhancing intra- and inter-brain synchrony [J]. frontiers in Human Neuroscience, 14: 23.

Baudouin J Y, Tiberghien G, 2004. Symmetry, averageness, and feature size in the facial attractiveness of women [J]. Acta Psychologica, 117(3): 313-332.

Bauer T N, 2006. Organizational socialization. In Rogelberg S G (Ed.), Encyclopedia of industrial and organizational psychology [M]. Thousand Oaks, CA: Sage Publications: 581-585.

Baumeister R F, Bratslavsky E, Finkenauer C, et al., 2001. Bad is stronger than good [J]. Review of General Psychology, 5: 323-370.

Beach D A, 1989. Identifying the random responder [J]. The Journal of Psychology, 123(1): 101-103.

Becker K D, Park A L, Boustani M M, et al., 2019. A pilot study to examine the feasibility and acceptability of a coordinated intervention design to address treatment engagement challenges in school mental health services [J]. Journal of School Psychology, 76: 78-88.

Begley C G, Ellis L M, 2012. Drug development: Raise standards for preclinical cancer research [J]. Nature, 483(7391): 531-533.

Bekhuis E, Schoevers R, de Boer M, et al., 2018. Symptom-specific effects of psychotherapy versus combined therapy in the treatment of mild to moderate depression: A network approach [J]. Psychotherapy and Psychosomatics, 87(2): 121-123.

Bem D J, 2011. Feeling the future: Experimental evidence for anomalous retroactive influences on cognition and affect [J]. Journal of Personality and Social Psychology, 100(3): 407-425.

Bem D J, Utts J, Johnson W O, 2011. Must psychologists change the way they analyze their data? [J]. Journal of Personality and Social Psychology, 101(4): 716-719.

Benjamin D J, Berger J O, Johannesson M, et al., 2018. Redefine statistical significance [J]. Nature Human Behaviour, 2(1): 6-10.

Berger J O, Berry D A, 1988. Statistical analysis and the illusion of objectivity [J]. American Scientist, 76(2): 159-165.

Berger J O, Delampady M, 1987. Testing precise hypotheses [J]. Statistical Science, 2(3): 317-335.

Berger J O, Wolpert R L, 1988. The likelihood principle (2nd ed.) [M]. Hayward, CA: Institute of Mathematical Statistics.

Berger U, Keshet H, Gilboa-Schechtman E, 2017. Self-evaluations in social anxiety: The combined role of explicit and implicit social-rank [J]. Personality and Individual Differences, 104: 368-373.

Berry D T, Wetter M W, Baer R A, et al., 1992. MMPI-2 random responding indices: Validation using a self-report methodology [J]. Psychological Assessment, 4(3): 340-345.

Biddle B J, 1986. Recent developments in role theory [J]. Annual Review of Sociology, 12: 67-92.

Biemann T, Cole M S, Voelpel S, 2012. Within-group agreement: On the use (and misuse) of r_{WG} and $r_{WG(J)}$ in leadership research and some best practice guidelines [J]. The Leadership Quarterly, 23(1): 66-80.

Biggerstaff D, Thompson A R, 2008. Interpretative phenomenological analysis (IPA): A qualitative methodology of choice in healthcare research [J]. Qualitative Research in Psychology, 5(3): 214-224.

Bishop S R, Lau M, Shapiro S, et al., 2004. Mindfulness: A proposed operational definition [J]. Clinical Psychology: Science and Practice, 11(3): 230-241.

Blanken T F, van Der Zweerde T, van Straten A, et al., 2019. Introducing network intervention analysis to investigate sequential, symptom-specific treatment effects: A demonstration in co-occurring insomnia and depression [J]. Psychotherapy and Psychosomatics, 88(1): 52-54.

Bliese P D, 1998. Group size, ICC values, and group-level correlations: A simulation [J]. Organizational Research Methods, 1(4): 355-373.

Bliese P D, 2000. Within-group agreement, non-independence, and reliability: Implications for data aggregation and analysis[M]//Klein K J, Kozlowski S W J (Eds.). Multilevel theory, research, and methods in organizations. San Francisco: Jossey-Bass, 349-381.

Bliese P D, Maltarich M A, Hendricks J L, et al., 2019. Improving the measurement of group-level constructs by optimizing between-group differentiation [J]. Journal of Applied Psychology, 104(2): 293-302.

Boden M A, 2008. An evaluation of computational modeling in cognitive science. In Sun R (Ed.), The Cambridge handbook of computational psychology [M]. NewYork, NY: Cambridge University Press: 667-683.

Boies K, Fiset J, Gill H, 2015. Communication and trust are key: Unlocking the relationship between leadership and team performance and creativity [J]. The Leadership Quarterly, 26(6): 1080-1094.

Bollen K A, 1989. Structural equations with latent variables [M]. New York: Wiley.

Boothby E J, Cooney G, Sandstrom G M, et al., 2018. The liking gap in conversations: Do people like us more than we think? [J]. Psychological Science, 29: 1742-1756.

Borenstein M, Hedges L V, Higgins J P T, et al., 2009. Effect sizes based on means. In Borenstein M, Hedges L V, Higgins J P H, et al. (Eds.), Introduction to meta-analysis [M]. United Kingdom: John Wiley & Sons, Ltd: 21-32.

Borgatti S P, Mehra A, Brass D J, et al., 2009. Network analysis in the social sciences [J]. Science, 323 (5916): 892-895.

Börger T, 2016. Are fast responses more random? Testing the effect of response time on scale in an online choice experiment [J]. Environmental and Resource Economics, 65(2): 389-413.

Borkulo C D, Borsboom D, Epskamp S, et al., 2014. A new method for constructing networks from binary data [J]. Scientific Reports, 4: 5918.

Borsboom D, 2008. Psychometric perspectives on diagnostic systems [J]. Journal of Clinical Psychology, 64 (9): 1089-1108.

Borsboom D, 2017. A network theory of mental disorders [J]. World Psychiatry, 16(1): 5-13.

Borsboom D, Cramer A O J, 2013. Network analysis: An integrative approach to the structure of psychopathology [J]. Annual Review of Clinical Psychology, 9: 91-121.

Borsboom D, Fried E I, Epskamp S, et al., 2017. False alarm? A comprehensive reanalysis of "Evidence that psychopathology symptom networks have limited replicability" by Forbes, Wright, Markon, and Krueger (2017) [J]. Journal of Abnormal Psychology, 126(7): 989-999.

Borsboom D, Mellenbergh G J, van Heerden J, 2003. The theoretical status of latent variables [J]. Psychological Review, 110(2): 203-219.

Borsboom D, Robinaugh D J, The Psychosystems Group, et al., 2018. Robustness and replicability of psychopathology networks [J]. World Psychiatry, 17(2): 143-144.

Bowles T V, 2017. The focus of intervention for adolescent social anxiety: Communication skills or self-esteem [J]. International Journal of School & Educational Psychology, 5(1): 1-12.

Bowling N A, Huang J L, Bragg C B, et al., 2016. Who cares and who is careless? Insufficient effort responding as a reflection of respondent personality [J]. Journal of Personality and Social Psychology, 111 (2): 218-229.

Bramley N, Eatough V, 2005. The experience of living with Parkinson's disease: An interpretative phenomenological analysis case study [J]. Psychology & Health, 20(2): 223-235.

Branden N, 1969. The Psychology of self-esteem: A new concept of man's psychological nature [J]. Bantam

Books.

Brandt M J, Sibley C G, Osborne D, 2019. What is central to political belief system networks? [J]. Personality and Social Psychology Bulletin, 45(9): 1352-1364.

Brannick M T, Chan D, Conway J M, et al., 2010. What is method variance and how can we cope with it? A panel discussion [J]. Organizational Research Methods, 13(3): 407-420.

Braun V, Clarke V, 2006. Using thematic analysis in psychology [J]. Qualitative Research in Psychology, 3(2): 77-101.

Bray S, O'Doherty J, 2007. Neural coding of reward-prediction error signals during classical conditioning with attractive faces [J]. Journal of Neurophysiology, 97(4): 3036-3045.

Brenner A E, 1997. Moore's law [J]. Science, 275(5306): 1401-1404.

Bringmann L F, Vissers N, Wichers M, et al., 2013. A network approach to psychopathology: New insights into clinical longitudinal data [J]. PLoS ONE, 8(4): e60188.

Brocki J M, Wearden A J, 2006. A critical evaluation of the use of interpretative phenomenological analysis (IPA) in health psychology [J]. Psychology and Health, 21(1): 87-108.

Brockington G, Balardin J B, Morais G A Z, et al., 2018. From the laboratory to the classroom: The potential of functional near-infrared spectroscopy in educational neuroscience[J]. frontiers in Psychology, 9: 7.

Bronfenbrenner U, 1979. Contexts of child rearing: Problems and prospects [J]. American Psychologist, 34(10): 844-850.

Brown M, Sacco D F, 2018. Put a (limbal) ring on it: Women perceive men's limbal rings as a health cue in short-term mating domains [J]. Personality and Social Psychology Bulletin, 44(1): 80-91.

Brown R D, Hauenstein N M A, 2005. Interrater agreement reconsidered: An alternative to the r_{WG} indices [J]. Organizational Research Methods, 8(2): 165-184.

Bulteel K, Tuerlinckx F, Brose A, et al., 2018. Improved insight into and prediction of network dynamics by combining VAR and dimension reduction [J]. Multivariate Behavioral Research, 53(6): 853-875.

Burke M J, Cohen A, Doveh E, et al., 2018. Central tendency and matched difference approaches for assessing interrater agreement [J]. Journal of Applied Psychology, 103(11): 1198-1229.

Burns G N, Christiansen N D, Morris M B, et al., 2014. Effects of applicant personality on resume evaluations [J]. Journal of Business and Psychology, 29(4): 573-591.

Burt R S, Kilduff M, Tasselli S, 2013. Social network analysis: Foundations and frontiers on advantage [J]. Annual Review of Psychology, 64: 527-547.

Caballero-Gil C, Caballero-Gil P, Molina-Gil J, 2016. Cellular automata-based application for driver assistance in indoor parking areas [J]. Sensors, 16(11): 1921.

Cai Z Y, Hahn A C, Zhang W Q, et al., 2019. No evidence that facial attractiveness, femininity, averageness, or coloration are cues to susceptibility to infectious illnesses in a university sample of young adult women [J]. Evolution and Human Behavior, 40: 156-159.

Calder A J, Ewbank M, Passamonti L, 2011. Personality influences the neural responses to viewing facial expressions of emotion [J]. Philosophical Transactions of the Royal Society of London, 366 (1571): 1684-1701.

Cao X, Wang L, Cao C, et al., 2019. Sex differences in global and local connectivity of adolescent posttraumatic stress disorder symptoms [J]. Journal of Child Psychology and Psychiatry, 60(2): 216-224.

Carpenter B, Gelman A, Hoffman M D, et al., 2017. Stan: A probabilistic programming language [J]. Journal of Statistical Software, 76(1): 1-32.

Carr E W, Huber D E, Pecher D, et al., 2017. The ugliness-in-averageness effect: Tempering the warm glow of familiarity [J]. Journal of Personality and Social Psychology, 112(6): 787-812.

Carrier L M, Cheever N A, Rosen L D, et al., 2009. Multitasking across generations: Multitasking choices and difficulty ratings in three generations of Americans [J]. Computers in Human Behavior, 25(2): 483-489.

Carron A V, Brawley L R, Eys M A, et al., 2003. Do individual perceptions of group cohesion reflect shared beliefs? An empirical analysis [J]. Small Group Research, 34(4): 468-496.

Carter M Z, Mossholder K W, Field H S, et al., 2014. Transformational leadership, interactional justice, and organizational citizenship behavior: The effects of racial and gender dissimilarity between supervisors and subordinates [J]. Group & Organization Management, 39(6): 691-719.

Carver C, Scheier M, 1998. On the self-regulation of behavior [M]. Cambridge, UK: Cambridge University Press.

Case A D, Todd N R, Kral M J, 2014. Ethnography in community psychology: Promises and tensions [J]. American Journal of Community Psychology, 54(1-2): 60-71.

Casey S J, Mernagh M, Newell F N, 2009. Are attractive facial characteristics peculiar to the sex of a face? [J]. Quarterly Journal of Experimental Psychology, 62(5): 833-843.

Cassar R, Shiramizu V, DeBruine L M, et al., 2020. No evidence that partnered and unpartnered gay men differ in their preferences for male facial masculinity [J]. PLoS ONE, 15(3): e0229133.

Castro S L, 2002. Data analytic methods for the analysis of multilevel questions: A comparison of intraclass correlation coefficients, $r_{wg(j)}$, hierarchical linear modeling, within- and between-analysis, and random group resampling [J]. The Leadership Quarterly, 13(1): 69-93.

Catena T M, Simmons Z L, Roney J R, 2019. Do women's faces become more attractive near ovulation? [J]. Hormones and Behavior, 115: 104560.

Çetin B, Yaman E, Peker A, 2011. Cyber victim and bullying scale: A study of validity and reliability [J]. Computers and Education, 57(4): 2261-2271.

Chambliss D F, Schutt R K, 2003. Making sense of the social world: Methods of Investigation [M]. Pine Forge Press.

Chan D, 1998. Functional relations among constructs in the same content domain at different levels of analysis: A typology of composition models [J]. Journal of Applied Psychology, 83(2): 234-246.

Chan J M, Pan Z L, 2004. Professional aspirations and job satisfaction: Chinese journalists at a time of change in the media [J]. Journalism & Mass Communication Quarterly, 81(2): 254-273.

Chang H T, Chi N W, Miao M C, 2007. Testing the relationship between three-component organizational/occupational commitment and organizational/occupational turnover intention using a non-recursive model [J]. Journal of Vocational Behavior, 70(2): 352-368.

Charlick S, Pincombe J, McKellar L, et al., 2016. Making sense of participant experiences: Interpretative phenomenological analysis in midwifery research [J]. International Journal of Doctoral Studies, 11: 205-216.

Charmaz K, 2014. Constructing grounded theory (2nd ed.) [M]. London, UK: Sage Publications.

Charmaz K, Henwood K, 2017. Grounded theory methods for qualitative psychology. In Willig C, Rogers W S (Eds.), The SAGE handbook of qualitative research in psychology [M]. Thousand Oaks, CA: Sage Publications: 238-260.

Chavis J M, Kisley M A, 2012. Adult attachment and motivated attention to social images: Attachment-based differences in event-related potentials to emotional images [J]. Journal of Research in Persoanlity, 46(1): 55-62.

Chen H, Ng S, Rao A R, 2005. Cultural differences in consumer impatience [J]. Journal of Marketing Research, 42(3): 291-301.

Chen T, Li F, Leung K, 2016. When does supervisor support encourage innovative behavior? Opposite moderating effects of general self-efficacy and internal locus of control [J]. Personnel Psychology, 69(1): 123-158.

Chen X, Lu B, Yan C G, 2018. Reproducibility of R-fMRI metrics on the impact of different strategies for multiple comparison correction and sample sizes [J]. Human Brain Mapping, 39(1): 300-318.

Cheng F K, 2017. Resilience of Buddhist sexual minorities related to sexual orientation and gender identity [J]. International Journal of Happiness and Development, 3(4): 368-383.

Cheng F K, 2018. Dilemmas of Chinese lesbian youths in contemporary mainland China [J]. Sexuality & Culture, 22(1): 190-208.

Cheng G, Zhang D, Ding F, 2015. Self-esteem and fear of negative evaluation as mediators between family socioeconomic status and social anxiety in Chinese emerging adults [J]. International Journal of Psychiatry, 61(6): 569-576.

Cheng J O Y, Lo R S K, Chan F M Y, et al., 2010. An exploration of anticipatory grief in advanced cancer patients [J]. Psycho-Oncology, 19(7): 693-700.

Chiang W C, Lin H H, Huang C S, et al., 2014. The cluster assessment of facial attractiveness using fuzzy neural network classifier based on 3D Moiré features [J]. Pattern Recognition, 47(3): 1249-1260.

Chou Y C, Fu L Y, Chang H H, 2013. Making work fit care: Reconciliation strategies used by working mothers of adults with intellectual disabilities [J]. Journal of Applied Research in Intellectual Disabilities, 26(2): 133-145.

Chou Y C, Kröger T, 2014. Reconciliation of work and care among lone mothers of adults with intellectual disabilities: The role and limits of care capital [J]. Health & Social Care in the Community, 22(4): 439-448.

Cialdini R B, 2001. Harnessing the science of persuasion [J]. Harvard Business Review, 79(9): 72-81.

Cibelli K L, 2017. The effects of respondent commitment and feedback on response quality in online surveys [D]. Ann Arbor: University of Michigan.

Cimellaro G P, Mahin S, Domaneschi M, 2019. Integrating a human behavior model within an agent-based approach for blasting evacuation [J]. Computer-Aided Civil and Infrastructure Engineering, 34(1): 3-20.

Clare L, 2003. Managing threats to self: Awareness in early stage Alzheimer's disease [J]. Social Science and Medicine, 57(6): 1017-1029.

Clogg C C, Shihadeh P E S, 1992. Statistical methods for analyzing collapsibility in regre- ssion models [J]. Journal of Educational Statistics, 17(1): 51-74.

Coetzee V, Re D, Perrett D I, et al., 2011. Judging the health and attractiveness of female faces: Is the most attractive level of facial adiposity also considered the healthiest? [J]. Body Image, 8(2): 190-193.

Cohen A, Doveh E, Eick U, 2001. Statistical properties of the $r_{WG(J)}$ index of agreement [J]. Psychological Methods, 6(3): 297-310.

Cohen A, Doveh E, Nahum-Shani I, 2009. Testing agreement for multi-item scales with the indices $r_{WG(J)}$ and $AD_{M(J)}$ [J]. Organizational Research Methods, 12(1): 148-164.

Cohen J, 1988. Statistical power analysis for the behavioral sciences [M]. London: Routledge.

Conway J M, Lance C E, 2010. What reviewers should expect from authors regarding common method bias in organizational research [J]. Journal of Business & Psychology, 25(3): 325-334.

Cooney G, Gilbert D T, Wilson T D, 2017. The novelty penalty: Why do people like talking about new experiences but hearing about old ones? [J] Psychological Science, 28: 380-394.

Cooper R, Fleisher A, Cotton F A, 2012. Building connections: An interpretative phenomenological analysis of qualitative research students' learning experiences [J]. The Qualitative Report, 17(17): 1-16.

Coplan R J, Ooi L L, Xiao B W, et al., 2018. Assessment and implications of social withdrawal in early childhood: A first look at social avoidance [J]. Social Development, 27(1): 125-139.

Cortina J M, Aguinis H, Deshon R P, 2017. Twilight of dawn or of evening? A century of research methods in the Journal of Applied Psychology [J]. Journal of Applied Psychology, 102(3): 274-290.

Costa L D F, Rodrigues F A, Travieso G, et al., 2007. Characterization of complex networks: A survey of measurements [J]. Advances in Physics, 56(1): 167-242.

Costa-Jr P T, McCrae R R, 2008. The Revised NEO Personality Inventory (NEO-PI-R). In Boyle G J, Matthews G, Saklofske D H (Eds.), The SAGE handbook of personality theory and assessment: Personality measurement and testing [M]. London: SAGE Publications Ltd: 179-198.

Costantini G, Epskamp S, Borsboom D, et al., 2015. State of the aRt personality research: A tutorial on network analysis of personality data in R [J]. Journal of Research in Personality, 54: 13-29.

Costantini G, Richetin J, Borsboom D, et al., 2015. Development of indirect measures of conscientiousness: Combining a facets approach and network analysis [J]. European Journal of Personality, 29(5): 548-567.

Costantini G, Richetin J, Preti E, et al., 2019. Stability and variability of personality networks. A tutorial on recent developments in network psychometrics [J]. Personality and Individual Differences, 136: 68-78.

Cox J A, Christensen B K, Goodhew S C, 2017. Temporal dynamics of anxiety-related attentional bias: Is affective context a missing piece of the puzzle? [J]. Cognition and Emotion, 51(3): 1-10.

Craighead C W, Ketchen D J, Dunn K S, et al., 2011. Addressing common method variance: Guidelines for survey research on information technology, operations, and supply chain management [J]. IEEE Transactions on Engineering Management, 58(3): 578-588.

Cramer A O J, van der Sluis S, Noordhof A, et al., 2012. Dimensions of normal personality as networks in search of equilibrium: You can't like parties if you don't like people [J]. European Journal of Personality, 26(4): 414-431.

Cramer A O J, Waldorp L J, van der Maas H L J, et al., 2010. Comorbidity: A network perspective [J]. Behavioral and Brain Sciences, 33(2-3): 137-150.

Credé M, 2010. Random responding as a threat to the validity of effect size estimates in correlational research [J]. Educational and Psychological Measurement, 70(4): 596-612.

Creswell J W, Miller D L, 2000. Determining validity in qualitative inquiry [J]. Theory into Practice, 39(3): 124-130.

Creswell J W, Clark V L, 2017. Designing and conducting mixed methods research (3rd ed.) [M]. Thousand Oaks, CA: Sage Publications.

Crocetti E, Rubini M, Meeus W, 2008. Capturing the dynamics of identity formation in various ethnic groups: Development and validation of a three-dimensional model [J]. Journal of Adolescence, 31: 207-222.

Cruz G V, 2018. The impact of face skin tone on perceived facial attractiveness: A study realized with an innovative methodology [J]. Journal of Social Psychology, 158(5): 580-590.

Cui X, Bryant, D M, Reiss, A L, 2012. NIRS-based hyperscanning reveals increased interpersonal coherence in superior frontal cortex during cooperation [J]. Neuroimage, 59(3): 2430-2437.

Cui X, Cheng Q P, Lin W J, et al., 2019. Different influences of facial attractiveness on judgments of moral beauty and moral goodness [J]. Scientific Reports, 9: 12152.

Cumming G, 2014. The new statistics: Why and how [J]. Psychological Science, 25(1): 7-29.

Cumming G, Fidler F, 2009. Confidence intervals: Better answers to better questions [J]. Zeitschrift Für Psychologie, 217(217): 15-26.

Curran P G, 2016. Methods for the detection of carelessly invalid responses in survey data [J]. Journal of Experimental Social Psychology, 66: 4-19.

Dai B H, Chen C S, Long Y H, et al., 2018. Neural mechanisms for selectively tuning in to the target speaker in a naturalistic noisy situation [J]. Nature Communications, 9: 2405.

Dalege J, Borsboom D, van Harreveld F, et al., 2016. Toward a formalized account of attitudes: The causal attitude network (CAN) model [J]. Psychological Review, 123(1): 2-22.

Dalege J, Borsboom D, van Harreveld F, et al., 2018. The attitudinal entropy (AE) framework as a general theory of individual attitudes [J]. Psychological Inquiry, 29(4): 175-193.

Davenport J L, 2007. Consistency effects between objects in scenes [J]. Memory & Cognition, 35(3): 393-401.

David M, Sutton C D, 2004. Social research: The basis [M]. Sage Publications.

Davies P T, Cummings E M, 1995. Chidren's emotions as organizers of their reactions to interadult anger: A functionalist perspective [J]. Developmental Psychology, 31(4): 677-684.

Davis J P, Eisenhardt K M, Bingham C B, 2007. Developing theory through simulation methods [J]. Academy of Management Review, 32(2): 480-499.

de Bruine L M, Hahn A C, Jones B C, 2019. Does the interaction between partnership status and average progesterone level predict women's preferences for facial masculinity? [J]. Hormones and Behavior, 107: 80-82.

de Groot J H B, Smeets M A M, Kaldewaij A, et al., 2012. Chemosignals communicate human emotions [J]. Psychological Science, 23(11): 1417-1424.

de Hooge I E, 2017. Combining emotion appraisal dimensions and individual differences to understand emotion effects on gift giving [J]. Journal of Behavioral Decision Making, 30(2): 256-269.

de Vries G J, Södersten P, 2009. Sex differences in the brain: The relation between structure and function [J]. Hormones and Behavior, 55(5): 589-596.

Decety J, Yang C, Cheng Y, 2010. Physicians down-regulate their pain empathy response: An event-related brain potential study [J]. Neuroimage, 50(4): 1676-1682.

Demiral S B, Malcolm G L, Henderson J M, 2012. ERP correlates of spatially incongruent object identification during scene viewing: Contextual expectancy versus simultaneous processing [J]. Neuropsychologia, 50(7): 1271-1285.

Denzin N K, Lincoln Y S, 2005. The SAGE handbook of qualitative research [M]. Thousand Oaks: Sage Publications.

Depaoli S, van de Schoot R, 2017. Improving transparency and replication in Bayesian statistics: The WAMBS-Checklist [J]. Psychological Methods, 22(2): 240-261.

DeSimone J A, DeSimone A J, Harms P D, et al., 2018. The differential impacts of two forms of insufficient effort responding [J]. Applied Psychology, 67(2): 309-338.

DeSimone J A, Harms P D, DeSimone A J, 2015. Best practice recommendations for data screening [J]. Journal of Organizational Behavior, 36(2): 171-181.

Detert J R, Treviño L K, Sweitzer V L, 2008. Moral disengagement in ethical decision making: A study of antecedents and outcomes [M]. Journal of Applied Psychology, 93(2): 374-391.

Dewall C N, Anderson C A, Bushman B J, 2011. The general aggression model: Theoretical extensions to violence [J]. Psychology of Violence, 1(3): 245-258.

Dewan Y, Jensen M, 2020. Catching the big fish: The role of scandals in making status a liability [J]. Academy of Management Journal, 63(5): 1652-1678.

Di Pierro R, Costantini G, Benzi I M A, et al., 2018. Grandiose and entitled, but still fragile: A network analysis of pathological narcissistic traits [J]. Personality and Individual Differences, 140: 15-20.

Diefendorff J M, Lord R G, 2008. Goal striving and self-regulation processes. In Kanfer R, Chen G, Pritchard R (Eds.), Work motivation: Past, present, and future [M]. New York, NY: Rouledge: 151-197.

Diener E, Emmons R A, Larsen R J, et al., 1985. The satisfaction with life scale [J]. Journal of Personality Assessment, 49(1): 71-75.

Dienes Z, 2014. Using Bayes to get the most out of non-significant results [J]. frontiers in Psychology, 5: 781.

Dienes Z, 2016. How Bayes factors change scientific practice [J]. Journal of Mathematical Psychology, 72: 78-89.

Dikker S, Wan L, Davidesco I, et al., 2017. Brain-to-brain synchrony tracks real-world dynamic group interactions in the classroom [J]. Current Biology, 27(9): 1375-1380.

Dixon L J, Tull M T, Lee A A, et al., 2017. The role of emotion-driven impulse control difficulties in the relation between social anxiety and aggression [J]. Journal of Clinical Psychology, 73(6): 722-732.

Dixon M A, Cunningham G B, 2006. Data aggregation in multilevel analysis: A review of conceptual and statistical issues [J]. Measurement in Physical Education and Exercise Science, 10(2): 85-107.

Dodd H F, Vogt J, Turkileri N, et al., 2017. Task relevance of emotional information affects anxiety-linked attention bias in visual search [J]. Biological Psychology, 122: 13-20.

Dodge K A, Lansford J E, Burks V S, et al., 2003. Peer rejection and social information-processing factors in the development of aggressive behavior problems in children [J]. Child Development, 74(2): 374-393.

Doty D H, Glick W H, 1998. Common methods bias: Does common methods variance really bias results? [J]. Organizational Research Methods, 1(4): 374-406.

Drasgow F, Levine M V, Williams E A, 1985. Appropriateness measurement with polychotomous item response models and standardized indices [J]. British Journal of Mathematical and Statistical Psychology, 38: 67-86.

Dravida S, Noah J A, Zhang X, et al., 2020. Joint attention during live person-to-person contact activates rTPJ, including a sub-component associated with spontaneous eye-to-eye contact [J]. frontiers in Human Neuroscience, 14: 19.

Druckman J N, McDermott R, 2008. Emotion and the framing of risky choice [J]. Political Behavior, 30(3): 297-321.

Dumontheil I, 2016. Adolescent brain development [J]. Current Opinion in Behavioral Sciences, 10: 39-44.

Dunlap W P, Burke M J, Smith-Crowe K, 2003. Accurate tests of statistical significance for r_{WG} and average deviation interrater agreement indexes [J]. Journal of Applied Psychology, 88(2): 356-362.

Dunn A M, Heggestad E D, Shanock L R, et al., 2018. Intra-individual response variability as an indicator of insufficient effort responding: Comparison to other indicators and relationships with individual differences [J]. Journal of Business and Psychology, 33(1): 105-121.

Dyer N G, Hanges P J, Hall R J, 2005. Applying multilevel confirmatory factor analysis techniques to the study of leadership [J]. The Leadership Quarterly, 16(1): 149-167.

Edwards J R, 2008. To prosper, organizational psychology should ⋯ overcome methodological barriers to progress [J]. Journal of Organizational Behavior, 29(4): 469-491.

Edwards J R, Berry J W, 2010. The presence of something or the absence of nothing: Increasing theoretical precision in management research [J]. Organizational Research Methods, 13(4): 668-689.

Edwards J R, Lambert L S, 2007. Methods for integrating moderation and mediation: A general analytical framework using moderated path analysis [J]. Psychological Methods, 12(1): 1-22.

Edwards W, 1965. Tactical note on the relation between scientific and statistical hypotheses [J]. Psychological Bulletin, 63(6): 400-402.

Edwards W, Lindman H, Savage L J, 1963. Bayesian statistical inference for psychological research [J]. Psychological Review, 70(3): 193-242.

Eggleston E P, Laub J H, Sampson R J, 2004. Methodological sensitivities to latent class analysis of long-term criminal trajectories [J]. Journal of Quantitative Criminology, 20(1): 1-26.

Ekman P, 1993. Facial expression and emotion [J]. American Psychologist, 48(4): 384-392.

Ellis B J, Figueredo A J, Brumbach B H, et al., 2009. Fundamental dimensions of environmental risk [J]. Human Nature, 20(2): 204-268.

Emons W H M, 2008. Nonparametric person-fit analysis of polytomous item scores [J]. Applied Psychological Measurement, 32(3): 224-247.

Epskamp S, Rhemtulla M, Borsboom D, 2017. Generalized network psychometrics: Combining network and latent variable models [J]. Psychometrika, 82(4): 904-927.

Epskamp S, Waldorp L J, Mõttus R, et al., 2018. The gaussian graphical model in cross-sectional and time-series data [J]. Multivariate Behavioral Research, 53(4): 453-480.

Erdős P, Rényi A, 1959. On random graphs. I [J]. Publicationes Mathematicae, 6: 290-297.

Evans G W, Li D P, Whipple S S, 2013. Cumulative risk and child development [J]. Psychological Bulletin, 139(6): 1342-1396.

Evans J R, Mathur A, 2005. The value of online surveys [J]. Internet Research, 15(2): 195-219.

Fan B N, Ding H, Jin J, et al., 2019. Does the beauty premium effect always exist? An ERP study of the facial attractiveness stereotype in public's attitudes toward in-service Chinese civil servant [J]. International Journal of Neuroscience, 129(12): 1213-1222.

Fan H, Li D D, Liu S, et al., 2019. Intergenerational transmission of subjective well-being: Moderating mediating effects [J]. Journal of Psychological Science, 42(4): 841-847.

Fan H, Li D D, Zhou W, et al., 2020. Parents' personality traits and children's subjective well-being: A chain mediating model [J/OL]. Current Psychology. [2022-05-05]. http://doi.org/10.1007/s12144-020-01078-4.

Fan S Y, Eiser C, 2012. Illness experience in patients with hepatocellular carcinoma: An interpretative phenomenological analysis study [J]. European Journal of Gastroenterology and Hepatology, 24(2): 203-208.

Fan Y, Han S, 2008. Temporal dynamic of neural mechanisms involved in empathy for pain: An event-related brain potential study [J]. Neuropsychologia, 46(1): 160-173.

Fang J M, Prybutok V, Wen C, 2016. Shirking behavior and socially desirable responding in online surveys: A cross-cultural study comparing Chinese and American samples [J]. Computers in Human Behavior, 54: 310-317.

Fang J M, Wen C, Prybutok V, 2014. An assessment of equivalence between paper and social media surveys: The role of social desirability and satisficing [J]. Computers in Human Behavior, 30: 335-343.

Farmer S M, van Dyne L, Kamdar D, 2015. The contextualized self: How team-member exchange leads to coworker identification and helping OCB [J]. Journal of Applied Psychology, 100(2): 583-595.

Faust N T, Chatterjee A, Christopoulos G I, 2019. Beauty in the eyes and the hand of the beholder: Eye and hand movements' differential responses to facial attractiveness [J]. Journal of Experimental Social Psychology, 85: 103884.

Favero N, Bullock J B, 2015. How (not) to solve the problem: An evaluation of scholarly responses to common source bias [J]. Journal of Public Administration Research & Theory, 25(1): 285-308.

Fenigstein A, Scheier M F, Buss A H, 1975. Public and private self-consciousness: Assessment and theory [J]. Journal of Consulting and Clinical Psychology, 43(4): 522-527.

Fernández R S, Pedreira M E, Boccia M M, et al., 2018. Commentary: Forgetting the best when predicting the worst preliminary observations on neural circuit function in adolescent social anxiety [J]. frontiers in Psychology, 9: 1088.

Ferrari C, Lega C, Tamietto M, et al., 2015. I find you more attractive ⋯ after (prefrontal cortex) stimulation [J]. Neuropsychologia, 72: 87-93.

Fink B, Grammer K, Mitteroecker P, et al., 2005. Second to fourth digit ratio and face shape [J]. Proceedings of the Royal Society B: Biological Sciences, 272(1576): 1995-2001.

Fink B, Penton-Voak I, 2002. Evolutionary psychology of facial attractiveness [J]. Current Directions in Psychological Science, 11(5): 154-158.

Foo Y Z, Simmons L W, Rhodes G, 2017. Predictors of facial attractiveness and health in humans [J]. Scientific Reports, 7: 39731.

Fornell C, Larcker D F, 1981. Evaluating structural equation models with unobservable variables and measurement error [J]. Journal of Marketing Research, 18(1): 39-50.

Fragale A R, Rosen B, Xu C, et al., 2009. The higher they are, the harder they fall: The effects of wrongdoer status on observer punishment recommendations and intentionality sttributions [J]. Organizational Behavior and Human Decision Processes, 108(1): 53-65.

Francavilla N M, Meade A W, Young A L, 2019. Social interaction and internet-based surveys: Examining the effects of virtual and in-person proctors on careless response [J]. Applied Psychology, 68(2): 223-249.

Francis G, 2013. Replication, statistical consistency, and publication bias [J]. Journal of Mathematical Psychology, 57(57): 153-169.

Franco A, Malhotra N, Simonovits G, 2015. Underreporting in psychology experiments: Evidence from a study registry [J]. Social Psychological & Personality Science, 7(1): 1-5.

Frederick S, Loewenstein G, O'Donoghue T, 2002. Time discounting and time preference: A critical review [J]. Journal of Economic Literature, 40(2): 351-401.

Freedman L S, Schatzkin A, 1992. Sample size for studying intermediate endpoints within intervention trails or observational studies [J]. American Journal of Epidemiology, 136(9): 1148-1159.

Freeman L C, 1978. Centrality in social networks conceptual clarification [J]. Social Networks, 1(3): 215-239.

Fried E I, Bockting C, Arjadi R, et al., 2015. From loss to loneliness: The relationship between bereavement and depressive symptoms [J]. Journal of Abnormal Psychology, 124(2): 256-265.

Fried E I, van Borkulo C D, Cramer A O J, et al., 2017. Mental disorders as networks of problems: A review of recent insights [J]. Social Psychiatry and Psychiatric Epidemiology, 52(1): 1-10.

Friedman J, Hastie T, Tibshirani R, 2008. Sparse inverse covariance estimation with the graphical lasso [J]. Biostatistics, 9(3): 432-441.

Fu F, Chen L, Sha W, et al., 2020. Mothers' grief experiences of losing their only child in the 2008 Sichuan Earthquake: A qualitative longitudinal study [J]. OMEGA - Journal of Death and Dying, 81(1):

3-17.

Fuller C M, Simmering M J, Atinc G, et al., 2016. Common methods variance detection in business research [J]. Journal of Business Research, 69(8): 3192-3198.

Fung A S K, 2018a. Exploring relational ethics and care: A longitudinal study of a Hong Kong cellist's marriage disintegration and identity change [J]. The Qualitative Report, 23(1): 12-28.

Fung A S K, 2018b. Motivation and Resilience: A mother-daughter dyad's pursuit of tertiary music education, a longitudinal study [J]. The International Journal of Adult, Community, and Professional Learning, 24(3): 1-44.

Fung A, 2016. Alternative pathways to musical mastery: Exploring the lived experiences of two conductors' lifelong learning and factors that enabled their success [J]. International Journal of Learner Diversity and Identity, 24(1): 1-16.

Fung Y, Chan Z C, Chien W, 2016. We are different: The voices of psychiatric advanced practice nurses on the performance of their roles [J]. Contemporary Nurse, 52(1): 13-29.

Gagnon R J, 1982. Empirical research: The burdens and the benefits [J]. Interfaces, 12(4): 98-102.

Gallese V, 2013. Mirror neurons, embodied simulation, and a second-person approach to mind-reading[J]. Cortex, 49(10): 2954-2956.

Gallistel C R, 2009. The importance of proving the null [J]. Psychological Review, 116(2): 439-453.

Gangestad S W, Dinh T, Grebe N M, et al., 2019. Psychological cycle shifts redux: Revisiting a preregistered study examining preferences for muscularity [J]. Evolution and Human Behavior, 40(6): 501-516.

Gangestad S W, Thornhill R, Yeo R A, 1994. Facial attractiveness, developmental stability, and fluctuating asymmetry [J]. Ethology and Sociobiology, 15(2): 73-85.

García A A, 2011. Cognitive interviews to test and refine questionnaires [J]. Public Health Nursing, 28(5): 444-450.

Gartus A, Leder H, 2017. Predicting perceived visual complexity of abstract patterns using computational measures: The influence of mirror symmetry on complexity perception [J]. PLoS ONE, 12(11): e0185276.

Gee P, Neal A, Vancouver J B, 2018. A formal model of goal revision in approach and avoidance contexts [J]. Organizational Behavior and Human Decision Processes, 146: 51-61.

Geerlings L R C, Thompson C L, Kraaij V, et al., 2018. Culturally competent practice: A mixed methods study among students, academics and alumni of clinical psychology master's programs in the Netherlands [J]. Europe's Journal of Psychology, 14(1): 88-106.

Geldhof G J, Preacher K J, Zyphur M J, 2014. Reliability estimation in a multilevel confirmatory factor analysis framework [J]. Psychological Methods, 19(1): 72-91.

George B, Pandey S K, 2017. We know the Yin-but where is the Yang? Toward a balanced approach on common source bias in public administration scholarship [J]. Review of Public Personnel Administration, 37(2): 245-270.

George J M, James L R, 1993. Personality, affect, and behavior in groups revisited: Comment on aggregation, levels of analysis, and a recent application of within and between analysis [J]. Journal of Applied

Psychology, 78(5): 798-804.

Gerdin J, 2020. Management control as a system: Integrating and extending theorizing on MC complementarity and institutional logics [J]. Management Accounting Research, 49: 100716.

Ghaffari K, Lagzian M, 2018. Exploring users' experiences of using personal cloud storage services: A phenomenological study [J]. Behaviour & Information Technology, 37(3): 295-309.

Giddens A, 1987. Social theory and modern sociology [M]. Stanford, CA: Stanford University Press.

Gignac G E, 2021. People who consider themselves smart do not consider themselves interpersonally challenged: Convergent validity evidence for subjectively measured IQ and EI [J]. Personality and Individual Differences, 174: 110664.

Gildersleeve K, Haselton M G, Fales M R, 2014. Do women's mate preferences change across the ovulatory cycle? A meta-analytic review [J]. Psychological Bulletin, 140(5): 1205-1259.

Gillath O, Bahns A J, Burghart H A, 2017. Eye movements when looking at potential friends and romantic partners [J]. Archives of Sexual Behavior, 46(8): 2313-2325.

Giorgi A, 1970. Psychology as a human science: A phenomenologically based approach [M]. Oxford, England: Harper & Row.

Giorgi A, 2009. The descriptive phenomenological method in psychology: A modified Huessrlian approach [M]. Pittsburgh, PA: Duquesne University Press.

Glaser B G, 1992. Basics of grounded theory analysis: Emergence vs forcing [M]. Mill Valley, CA: Sociology Press.

Glaser B G, Strauss A L, 1967. The discovery of grounded theory: Strategies for qualitative research [M]. Chicago, IL: Aldine Publishing Company.

Glick W H, 1985. Conceptualizing and measuring organizational and psychological climate: Pitfalls in multilevel research [J]. Academy of Management Review, 10(3): 601-616.

Goh Y, Love P, 2012. Methodological application of system dynamics for evaluating traffic safety policy [J]. Safety Science, 50(7): 1594-1605.

Golafshani N, 2003. Understanding reliability and validity in qualitative research [J]. The Qualitative Report, 8(4): 597-606.

Gold R L, 1958. Roles in sociological field observations [J]. Social Forces, 36(3): 217-223.

Goldstein P, Weissman-Fogel I, Dumas G, et al., 2018. Brain-to-brain coupling during handholding is associated with pain reduction [J]. Proceedings of the National Academy of Sciences of the United States of America, 115(11): 2528-2537.

González-Romá V, 2019. Three issues in multilevel research [J]. The Spanish Journal of Psychology, 22(4): 1-7.

Goodman J K, Lim S, 2018. When consumers prefer to give material gifts instead of experiences: The role of social distance [J]. Journal of Consumer Research, 45: 365-382.

Gough H G, Bradley P, 1996. The California Psychological Inventory manual (3rd ed.) [M]. Palo Alto, CA: Consulting Psychologists Press.

Govindji R, Linley P A, 2007. Strengths use, self-concordance and well-being: Implications for strengths coaching and coaching psychologists [J]. International Coaching Psychology Review, 2(2): 143-153.

Grammer K, Thornhill R, 1994. Human (Homo sapiens) facial attractiveness and sexual selection: The role of symmetry and averageness [J]. Journal of Comparative Psychology, 108(3): 233-242.

Granger, C W J, 1969. Investigating causal relations by econometric models and cross-spectral methods [J]. Econometrica, 37(3): 424-438.

Grau I, Ebbeler C, Banse R, 2019. Cultural differences in careless responding [J]. Journal of Cross-Cultural Psychology, 50(3): 336-357.

Grech A, Depares J, Scerri J, 2018. Being on the frontline: Nurses' experiences providing end-of-life care to adults with hematologic malignancies [J]. Journal of Hospice & Palliative Nursing, 20(3): 237-244.

Green J L, Hedges L V, Levine F J, 2006. Standards for peporting on empirical social science research in AERA publications: American Educational Research Association [J]. Educational Researcher, 35(6): 33-40.

Green L, Myerson J, 2004. A discounting framework for choice with delayed and probabilistic rewards [J]. Psychological Bulletin, 130(5): 769-792.

Greenberg J, Solomon S, Pyszczynski T, et al., 1992. Why do people need self-esteem? Converging evidence that self-esteem serves an anxiety-buffering function [J]. Journal of Personality & Social Psychology, 63(6): 913-922.

Greenland S, Senn S J, Rothman K J, et al., 2016. Statistical tests, p-values, confidence intervals, and power: A guide to misinterpretations [J]. European Journal of Epidemiology, 31(4): 337-350.

Greenwald A G, Banaji M R, 1995. Implicit social cognition: Attitudes, self-esteem and stereotypes [J]. Psychological Reviews, 102(1): 4-27.

Gronau Q F, Wagenmakers E J, 2018. Bayesian evidence accumulation in experimental mathematics: A case study of four irrational numbers [J]. Experimental Mathematics, 27(3): 277-286.

Guest G, Bunce A, Johnson L, 2006. How many interviews are enough? An experiment with data saturation and variability [J]. Field Methods, 18(1): 59-82.

Guttman L, 1944. A basis for scaling qualitative data [J]. American Sociological Review, 9(2): 139-150.

Guttman L, 1950. The basis for scalogram analysis. In Stouffer S A, Guttman L, Suchman E A, et al. (Eds.), Measurement and prediction [M]. Princeton, NJ: Princeton University Press: 60-90.

Hahn A C, Perrett D I, 2014. Neural and behavioral responses to attractiveness in adult and infant faces [J]. Neuroscience & Biobehavioral Reviews, 46: 591-603.

Halsey L G, Curran-Everett D, Vowler S L, et al., 2015. The fickle p-value generates irreproducible results [J]. Nature Methods, 12(3): 179-185.

Hammersley M, 1992. Reconstructing the qualitative-quantitative divide. In Hammersley M (Ed.), What's wrong with ethnography? Methodological explorations [M]. London: Routledge: 159-173.

Han C, Hahn A C, Fisher C I, et al., 2016. Women's facial attractiveness is related to their body mass index, but not their salivary cortisol [J]. American Journal of Human Biology, 28(3): 352-355.

Han S F, Liu S, Gan Y T, et al., 2020. Repeated exposure makes attractive faces more attractive: Neural responses in facial attractiveness judgement [J]. Neuropsychologia, 139: 107365.

Hannes K, 2011. Chapter 4: Critical appraisal of qualitative research. In Noyes J, Booth A, Hannes K, et al. (Eds.), Supplementary Guidance for Inclusion of Qualitative Research in Cochrane Systematic Reviews of Interventions [M]. Oxford: Cochrane Collaboration Qualitative Methods Group.

Hari R, Kujala M V, 2009. Brain basis of human social interaction: From concepts to brain imaging [J]. Physiological Reviews, 89(2): 453-479.

Harrison J R, Carroll G R, 1991. Keeping the faith: A model of cultural transmission in formal organizations [J]. Administrative Science Quarterly, 36(4): 552-582.

Harrison J R, Carroll G R, Carley K M, 2007. Simulation modeling in organizational and management research [J]. Academy of Management Review, 32(4): 1229-1245.

Harrison M A, Shortall J C, Dispenza F, et al., 2011. You must have been a beautiful baby: Ratings of infant facial attractiveness fail to predict ratings of adult attractiveness [J]. Infant Behavior and Development, 34(4): 610-616.

Haslbeck J M B, Fried E I, 2017. How predictable are symptoms in psychopathological networks? A re-analysis of 18 published datasets [J]. Psychological Medicine, 47(16): 2767-2776.

Haslbeck J M B, Waldorp L J, 2020. MGM: Estimating time-varying mixed graphical models in high-dimensional data [J]. Journal of Statistical Software, 93(8): 1-46.

Haviland A, Jones B, Nagin N S, 2011. Group-based trajectory modeling extended to account for non-random subject attrition [J]. Sociological Methods & Research, 40(2): 367-390.

Haviland A, Nagin D S, Rosenbaum P R, 2007. Combining propensity score matching and group-based trajectory analysis in an observational study [J]. Psychological Methods, 12(3): 247-267.

He J, van de Vijver F J R, 2013. A general response style factor: Evidence from a multi-ethnic study in the Netherlands [J]. Personality and Individual Differences, 55(7): 794-800.

He J, van de Vijver F J R, 2015a. Effects of a general response style on cross-cultural comparisons: Evidence from the teaching and learning international survey [J]. Public Opinion Quarterly, 79 (S1): 267-290.

He J, van de Vijver F J R, 2015b. Self-presentation styles in self-reports: Linking the general factors of response styles, personality traits, and values in a longitudinal study [J]. Personality and Individual Differences, 81: 129-134.

He J, van de Vijver F J R, 2016. Response styles in factual items: Personal, contextual and cultural correlates [J]. International Journal of Psychology, 51(6): 445-452.

Heckathorn D D, 1997. Respondent-driven sampling: A new approach to the study of hidden populations [J]. Social Problems, 44(2): 174-199.

Hernández-López L, García-Granados D M, Chavira-Ramírez R, et al., 2017. Testosterone, the progesterone/estradiol ratio, and female ratings of masculine facial fluctuating asymmetry for a long-term relationship [J]. Physiology and Behavior, 175: 66-71.

Hietanen J K, Astikainen P, 2013. N170 response to facial expressions is modulated by the affective congruency between the emotional expression and preceding affective picture [J]. Biological Psychology, 92 (2): 114-124.

Higgins J P T, Thompson S G, Deeks J J, et al., 2003. Measuring inconsistency in meta-analyses [J]. British Medical Journal, 327(7414): 557-560.

Hiller T S, Steffens M C, Ritter V, et al., 2017. On the context dependency of implicit self-esteem in social anxiety disorder [J]. Journal of Behavior Therapy & Experimental Psychiatry, 57: 118-125.

Hirak R, Peng A C, Carmeli A, et al., 2012. Linking leader inclusiveness to work unit performance: The importance of psychological safety and learning from failures [J]. The Leadership Quarterly, 23: 107-117.

Hirsch J, Zhang X, Noah J A, et al., 2017. Frontal temporal and parietal systems synchronize within and across brains during live eye-to-eye contact [J]. Neuroimage, 157: 314-330.

Ho H S, Yi H, Griffiths S, et al., 2014. 'Do It Yourself' in the parent-professional partnership for the assessment and diagnosis of children with autism spectrum conditions in Hong Kong: A qualitative study [J]. Autism, 18(7): 832-844.

Hoaglin D C, Mosteller F, Tukey J W, 2000. Understanding robust and exploratory data analysis [M]. New York: John Wiley.

Hobfoll S E, Halbesleben J, Neveu J P, et al., 2018. Conservation of resources in the organizational context: The reality of resources and their consequences [J]. Annual Review of Organizational Psychology and Organizational Behavior, 5: 103-128.

Höhne J K, Schlosser S, 2018. Investigating the adequacy of response time outlier definitions in computer-based web surveys using paradata SurveyFocus [J]. Social Science Computer Review, 36(3): 369-378.

Hoijtink H, van Kooten P, Hulsker K, 2016. Why Bayesian psychologists should change the way they use the Bayes factor [J]. Multivariate Behavioral Research, 51(1): 2-10.

Holper L, Scholkmann F, Wolf M, 2012. Between-brain connectivity during imitation measured by fNIRS [J]. Neuroimage, 63(1): 212-222.

Holtzman N S, Donnellan M B, 2017. A simulator of the degree to which random responding leads to biases in the correlations between two individual differences [J]. Personality and Individual Differences, 114: 187-192.

Holz N E, Meyer-Lindenberg A, 2019. The importance of social neurosciences for psychiatry [J]. Nervenarzt, 90(11): 1109-1116.

Holzleitner I, Lee A J, Hahn A C, et al., 2019. Comparing theory-driven and data-driven attractiveness models using images of real women's faces [J]. Journal of Experimental Psychology: Human Perception & Performance, 45(12): 1589-1595.

Hou J, Ye Z, 2019. Sex differences in facial and vocal attractiveness among college students in China [J]. frontiers in Psychology, 10: 1166.

Hou Y, Huang Q, Prakash R, et al., 2013. Infrequent near death experiences in severe brain injury survivors-A quantitative and qualitative study [J]. Annals of Indian Academy of Neurology, 16(1): 75-81.

Howells D J, Shaw W C, 1985. The validity and reliability of ratings of dental and facial attractiveness for epidemiologic use [J]. American Journal of Orthodontics, 88(5): 402-408.

Hoyniak C P, Quinones-Camacho L E, Camacho M C, et al., 2021. Adversity is linked with decreased parent-child behavioral and neural synchrony [J]. Developmental Cognitive Neuroscience, 48: 11.

Hu Y, Hu Y Y, Li X C, et al., 2017. Brain-to-brain synchronization across two persons predicts mutual prosociality [J]. Social Cognitive and Affective Neuroscience, 12(12): 1835-1844.

Huang J L, Curran P G, Keeney J, et al., 2012. Detecting and deterring insufficient effort responding to surveys [J]. Journal of Business and Psychology, 27(1): 99-114.

Huang J L, Liu M Q, Bowling N A, 2015. Insufficient effort responding: Examining an insidious confound in survey data [J]. Journal of Applied Psychology, 100(3): 828-845.

Huang L, Krasikova D V, Liu D, 2016. I can do it, so can you: The role of leader creative self-efficacy in facilitating follower creativity [J]. Organizational Behavior and Human Decision Processes, 132: 49-62.

Huang P S, Cai B, Zhou C, et al., 2019. Contribution of the mandible position to the facial profile perception of a female facial profile: An eye-tracking study [J]. American Journal of Orthodontics and Dentofacial Orthopedics, 156(5): 641-652.

Huang Y J, Pan X W, Mo Y, et al., 2016. Brain potentials indicate the effect of other observers' emotions on perceptions of facial attractiveness [J]. Neuroscience Letters, 617: 277-282.

Huesmann L R, Kirwil L, 2007. Why observing violence increases the risk of violent behavior by the observer. In Flannery D J, Vazsony A T, Waldman I (Eds.). The Cambridge handbook of violent behavior and aggression [M]. Cambridge: Cambridge University Press: 545-570.

Hulin C L, Ilgen D R, 2000. Introduction to computational modeling in organizations: The good that modeling does. In Ilgen D R & Hulin C L (Eds.), Computational modeling of behavior in organizations: The third scientific discipline [M]. Washington, DC: American Psychological Association: 3-18.

Hume D K, Montgomerie R, 2001. Facial attractiveness signals different aspects of "quality" in women and men [J]. Evolution and Human Behavior, 22(2): 93-112.

Husserl E, 1970. The crisis of European sciences and transcendental phenomenology: An introduction to phenomenological philosophy (Carr D, Trans.) [M]. Evanston, Illinois: Northwestern University Press.

Hyatt C S, Sleep C E, Lamkin J, et al., 2018. Narcissism and self-esteem: A nomological networkanalysis [J]. PLoS ONE, 13(8): e0201088.

Isvoranu A M, van Borkulo C D, Boyette L L, et al., 2017. A network approach to psychosis: Pathways between childhood trauma and psychotic symptoms [J]. Schizophrenia Bulletin, 43(1): 187-196.

Ito T A, Larsen J T, Smith N K, et al., 1998. Negative information weighs more heavily on the brain: The negativity bias in evaluative categorizations [J]. Journal of Personality and Social Psychology, 75(4): 887-900.

Iverach L, Rapee R M, 2014. Social anxiety disorder and stuttering: Current status and future directions [J]. Journal of Fluency Disorders, 40: 69-82.

Jaccard J, Dittus P, 1990. Idiographic and nomothetic perspectives on research methods and data analysis. In Hendrick C, Clark M S (Eds.), Review of personality and social psychology, Vol. 11. Research methods in personality and social psychology [M]. Thousand Oaks, CA: Sage Publications: 312-351.

Jackson D N, 1976. The appraisal of personal reliability [C]. Paper presented at the meetings of the Society of Multivariate Experimental Psychology, University Park, PA.

Jackson D N, 1977. Jackson Vocational Interest Survey (Manual) [M]. Port Huron, MI: Research Psychologists Press.

Jahng J, Kralik J D, Hwang D U, et al., 2017. Neural dynamics of two players when using nonverbal cues to gauge intentions to cooperate during the Prisoner's Dilemma Game [J]. Neuroimage, 157: 263-274.

James L R, 1982. Aggregation bias in estimates of perceptual agreement [J]. Journal of Applied Psychology, 67(2): 219-229.

James L R, Brett J M, 1984. Mediators, moderators, and tests for mediation [J]. Journal of Applied Psychology, 69: 307-321.

James L R, Demaree R G, Wolf G, 1984. Estimating within-group interrater reliability with and without response bias [J]. Journal of Applied Psychology, 69(1): 85-98.

James L R, Demaree R G, Wolf G, 1993. R_{wg}: An assessment of within-group interrater agreement [J]. Journal of Applied Psychology, 78(2): 306-309.

Jebb A T, Tay L, Ng V, et al., 2019. Construct validation in multilevel studies. In Humphrey S E, LeBreton J M (Eds.), The handbook of multilevel theory, measurement, and analysis [M]. Washington, DC: American Psychological Association: 253-278.

Jeffreys H, 1935. Some tests of significance, treated by the theory of probability [J]. Mathematical Proceedings of the Cambridge Philosophical Society, 31(2): 203-222.

Jeffreys H, 1938. Significance tests when several degrees of freedom arise simultaneously [J]. Proceedings of the Royal Society A: Mathematical, Physical and Engineering Sciences, 165(921): 161-198.

Jeffreys H, 1961. Theory of probability (3rd ed.) [M]. Oxford, UK: Oxford University Press.

Jiang K, Chuang C H, Chiao Y C, 2015. Developing collective customer knowledge and service climate: The interaction between service-oriented high-performance work systems and service leadership [J]. Journal of Applied Psychology, 100(4): 1089-1106.

John L K, Loewenstein G, Prelec D, 2012. Measuring the prevalence of questionable research practices with incentives for truth telling [J]. Psychological Science, 23(5): 524-532.

Johnson J A, 2005. Ascertaining the validity of individual protocols from web-based personality inventories [J]. Journal of Research in Personality, 39(1): 103-129.

Johnson R B, Onwuegbuzie A J, 2004. Mixed methods research: A research paradigm whose time has come [J]. Educational Researcher, 33(7): 14-26.

Johnson R B, Onwuegbuzie A J, Turner L A, 2007. Toward a definition of mixed methods research [J]. Journal of Mixed Methods Research, 1: 112-133.

Johnson R B, Turner L A, 2003. Data collection strategies in mixed methods research. In Tashakkori A, Teddlie C B (Eds.), Handbook of mixed methods in social and behavioral research [M]. Thousand Oaks, CA: Sage Publications: 297-319.

Johnson R E, Rosen C C, Djurdjevic E, 2011. Assessing the impact of common method variance on higher order multidimensional constructs [J]. Journal of Applied Psychology, 96(4): 744-761.

Johnson V E, 2013. Revised standards for statistical evidence [J]. Proceedings of the National Academy of Sciences of the United States of America, 110(48): 19313-19317.

Johnston V S, Hagel R, Franklin M, et al., 2001. Male facial attractiveness: Evidence for hormone-mediated adaptive design [J]. Evolution and Human Behavior, 22(4): 251-267.

Jones B L, Nagin D S, 2007. Advances in group-based trajectory modeling and analysis procedure for estimating them [J]. Sociological Methods & Research, 35(4): 542-571.

Jones B L, Nagin D S, 2013. A note on a state plugin for estimating group-based trajectory models [J]. Sociological Methods & Research, 42(4): 608-613.

Jones D N, Figueredo A J, 2013. The core of darkness: Uncovering the heart of the dark [J]. European Journal of Personality, 27(6): 521-531.

Judd C M, Kenny D A, 1981. Process analysis estimating mediation in treatment evaluations [J]. Evaluation Review, 5(5): 602-619.

Jung D I, Chow C, Wu A, 2003. The role of transformational leadership in enhancing organizational innovation: Hypotheses and some preliminary findings [J]. The Leadership Quarterly, 14(4-5): 525-544.

Kahneman D, Tversky A, 1979. Prospect theory: An analysis of decision under risk [J]. Econometrica, 47: 263-291.

Kam C C S, Meyer J P, 2015. How careless responding and acquiescence response bias can influence construct dimensionality [J]. Organizational Research Methods, 18(3): 512-541.

Kammeyer-Mueller J, Steel P D G, Rubenstein A, 2010. The other side of method bias: The perils of distinct source research designs [J]. Multivariate Behavioral Research, 45(2): 294-321.

Kandrik M, Hahn A C, Han C, et al., 2017. Does the interaction between cortisol and testosterone predict men's facial attractiveness? [J]. Adaptive Human Behavior and Physiology, 3(4): 275-281.

Karabatsos G, 2003. Comparing the aberrant response detection performance of thirty-six person-fit statistics [J]. Applied Measurement in Education, 16(4): 277-298.

Karwowski M, 2014. Creative mindsets: Measurement, correlates, consequences [J]. Psychology of Aesthetics, Creativity, and the Arts, 8(1): 62-70.

Katzell R A, 1994. Contemporary meta-trends in industrial and organizational psychology. In Triandis H C, Dunnette M D, Hough L M (Eds.), Handbook of industrial and organizational psychology [M]. Palo Alto, CA: Consulting Psychologists Press, 1-89.

Keppel G, 1991. Design and analysis: A researcher's handbook [M]. Upper Saddle River (NJ): Prentice-Hall.

Kerr N L, 1998. HARKing: Hypothesizing after the results are known [J]. Personality and Social Psychology Review, 2(3): 196-217.

Kessler R C, Berglund P, Demler O, et al., 2005. Lifetime prevalence and age-of-onset distributions of DSM-IV disorders in the National Comorbidity Survey Replication [J]. Archives of General Psychiatry, 62(6): 593-602.

Kirk R E, 1996. Practical significance: A concept whose time has come [J]. Educational and Psychological Measurement, 56(5): 746-759.

Kirkman B L, Tesluk P E, Rosen B, 2001. Assessing the incremental validity of team consensus ratings over aggregation of individual-level data in predicting team effectiveness [J]. Personnel Psychology, 54(3): 645-667.

Kissler J, Bäuml K H, 2000. Effects of the beholder's age on the perception of facial attractiveness [J]. Acta Psychologica, 104(2): 145-166.

Klein A, Moosbrugger H, 2000. Maximum likelihood estimation of latent interaction effects with the LMS method [J]. Psychometrika, 65(4): 457-474.

Klein H J, Austin J T, Cooper J T, 2008. Goal choice and decision processes. In Kanfer R, Chen G, Pritchard R (Eds.), Work motivation: Past, present, and future [M]. New York, NY: Routledge Academic: 101-150.

Klein K J, Conn A B, Smith D B, et al., 2001. Is everyone in agreement? An exploration of within-group agreement in employee perceptions of the work environment [J]. Journal of Applied Psychology, 86(1): 3-16.

Klein K J, Kozlowski S W J, 2000. From micro to meso: Critical steps in conceptualizing and conducting multilevel research [J]. Organizational Research Methods, 3(3): 211-236.

Klein R A, Ratliff K A, Vianello M, et al., 2014. Investigating variation in replicability: A "many labs" replication project [J]. Social Psychology, 45(3): 142-152.

Kline T J B, Sulsky L M, Rever-Moriyama S D, 2000. Common method variance and specification errors: A practical approach to detection [J]. Journal of Psychology, 134(4): 401-421.

Ko C J, Smith P, Liao H Y, et al., 2013. Searching for reintegration: Life experiences of people with Schizophrenia [J]. Journal of Clinical Nursing, 23(3-4): 394-401.

Kočnar T, Saribay S A, Kleisner K, 2019. Perceived attractiveness of Czech faces across 10 cultures: Associations with sexual shape dimorphism, averageness, fluctuating asymmetry, and eye color [J]. PLoS ONE, 14(11): e0225549.

Koike T, Tanabe H C, Sadato N, 2015. Hyperscanning neuroimaging technique to reveal the "two-in-one" system in social interactions [J]. Neuroscience Research, 90: 25-32.

Komorowski L, Chen B, 2006. Female urinary incontinence in China: Experiences and perspectives [J]. Health Care for Women International, 27(2): 169-181.

Konvalinka I, Roepstorff A, 2012. The two-brain approach: How can mutually interacting brains teach us something about social interaction?[J]. frontiers in Human Neuroscience, 6: 215.

Koole S L, Tschacher W, 2016. Synchrony in psychotherapy: A review and an integrative framework for the therapeutic alliance [J]. frontiers in Psychology, 7: 17.

Korichi R, de Queral P, Gazano G, et al., 2011. Relation between facial morphology, personality and the functions of facial make-up in women [J]. International Journal of Cosmetic Science, 33(4): 338-345.

Kountur R, 2016. Detecting careless responses to self-reported questionnaires [J]. Eurasian Journal of Educational Research, 64: 307-318.

Kowalski R M, Giumetti G W, Schroeder A N, et al., 2014. Bullying in the digital age: A critical review and meta-analysis of cyberbullying research among youth [J]. Psychological Bulletin, 140(4): 1073-1137.

Kozlowski S W J, Hattrup K, 1992. A disagreement about within-group agreement: Disentangling issues of consistency versus consensus [J]. Journal of Applied Psychology, 77(2): 161-167.

Kozlowski S W J, Klein K J, 2000. A multilevel approach to theory and research in organizations: Contextual, temporal, and emergent processes. In Klein K J, Kozlowski S W J (Eds.), Multilevel theory, research, and methods in organizations [M]. San Francisco: Jossey-Bass: 3-90.

Krasikova D V, LeBreton J M, 2019. Multilevel measurement: Agreement, reliability, and nonindependence. In Humphrey S E, LeBreton J M (Eds.), The handbook of multilevel theory, measurement, and analysis [M]. Washington, DC: American Psychological Association: 279-304.

Kristof-Brown A L, Zimmerman R D, Johnson E C, 2005. Consequences of individual's fit at work: A meta-analysis of person-job, person-organization, person-group, and person-supervisor fit [J]. Personnel Psychology, 58(2): 281-342.

Krosnick J A, 1991. Response strategies for coping with the cognitive demands of attitude measures in surveys [J]. Applied Cognitive Psychology, 5(3): 213-236.

Kruschke J K, 2014. Doing Bayesian data analysis: A tutorial with R, JAGS, and Stan (2nd ed.) [M]. San Diego, CA: Academic Press/Elsevier.

Kruschke J K, Liddell T M, 2017a. Bayesian data analysis for newcomers [J]. Psychonomic Bulletin & Review, 25: 155-177.

Kruschke J K, Liddell T M, 2017b. The Bayesian New Statistics: Hypothesis testing, estimation, meta-analysis, and power analysis from a Bayesian perspective [J]. Psychonomic Bulletin & Review, 25: 178-206.

Kuenzi M, Schminke M, 2009. Assembling fragments into a lens: A review, critique, and proposed research agenda for the organizational work climate literature [J]. Journal of Management, 35: 634-717.

Kumar A, Epley N, 2018. Undervaluing gratitude: Expressers misunderstand the consequences of showing appreciation [J]. Psychological Science, 29: 1423-1435.

Kupor D, Flynn F, Norton M I, 2017. Half a gift is not half-hearted: A giver-receiver asymmetry in the thoughtfulness of partial gifts [J]. Personality and Social Psychology Bulletin, 43: 1-9.

Kušen E, Strembeck M, 2021. Building blocks of communication networks in times of crises: Emotion-exchange motifs [J]. Computers in Human Behavior, 123: 106883.

La Greca A M, Dandes S K, Wick P, et al., 1988. Development of the social anxiety scale for children: Reliability and concurrent validity [J]. Journal of Clinical Child Psychology, 17(1): 84-91.

Lacourse E, Nagin D, Tremblay R E, et al., 2003. Developmental trajectories of boys' delinquent group membership and facilitation of violent behaviors during adolescence [J]. Journal of Advanced Nursing, 15(1): 183-197.

Lai X, Li F, Leung K, 2013. A Monte Carlo study of the effects of common method variance on significance testing and parameter bias in hierarchical linear modeling [J]. Organizational Research Methods, 16(2): 243-269.

Laibson D, 2001. A cue-theory of consumption [J]. Quarterly Journal of Economics, 116(1): 81—119.

Lakens D, 2017. Equivalence tests: A practical primer for t Tests, correlations, and meta-analyses [J]. Social Psychological and Personality Science, 8(4): 355-362.

Lance C E, Baranik L E, Lau A R, et al., 2009. If it ain't trait it must be method: (Mis)application of the multitrait-multimethod design in organizational research [M]. Routledge.

Lance C E, Butts M M, Michels L C, 2006. The sources of four commonly reported cutoff criteria: What did they really say? [J]. Organizational Research Methods, 9(2): 202-220.

Lance C E, Dawson B, Birkelbach D, et al., 2010. Method effects, measurement error, and substantive conclusions [J]. Organizational Research Methods, 13(3): 435-455.

Lang J W B, Bliese P D, de Voogt A, 2018. Modeling consensus emergence in groups using longitudinal multilevel models [J]. Personnel Psychology, 71(2): 255-281.

Lang J W B, Bliese P D, Runge J M, 2021. Detecting consensus emergence in organizational multilevel data: Power simulations [J]. Organizational Research Methods, 24(2): 319-341.

Lang P J, Bradley M M, Cuthbert B N, 2008. International affective picture system (IAPS): Affective ratings of pictures and instruction manual [C]. Technical Report A-8: Gainesville, FL: The Center for Research in Psychophysiology, University of Florida.

Langlois J H, Kalakanis L, Rubenstein A J, et al., 2000. Maxims or myths of beauty? A meta-analytic and theoretical review [J]. Psychological Bulletin, 126(3): 390-423.

Langlois R G, Bigbee W L, Jensen R H, 1986. Measurements of the frequency of human erythrocytes with gene expression loss phenotypes at the glycophorin a locus [J]. Human Genetics, 74(4): 353-362.

LaPiere R T, 1934. Attitudes vs. actions [J]. Social Forces, 13: 230-237.

Lau M A, Bishop S R, Segal Z V, et al., 2006. The toronto mindfulness scale: Development and validation [J]. Journal of Clinical Psychology, 62(12): 1445-1467.

Lauritzen S L, 1996. Graphical models [M]. Oxford, England: Clarendon Press.

Lawrence M A, 2011. ez: Easy analysis and visualization of factorial experiments. R package version 3.0-0. http://CRAN.R-project.org/package=ez

Lazarsfeld P F, Henry N W, 1968. Latent structure analysis [M]. Boston: Houghton Mill.

Lazarus R S, Folkman S, 1984. Stress appraisal and coping [M]. Cham: Springer.

Leary M R, 1983. Social anxiousness: The construct and its measurement [J]. Journal of Personality Assessment, 47(1): 66-75.

LeBreton J M, James L R, Lindell M K, 2005. Recent issues regarding r_{wG}, r^*_{wG}, $r_{wG(J)}$, and $r^*_{wG(J)}$ [J]. Organizational Research Methods, 8(1): 128-138.

LeBreton J M, Senter J L, 2008. Answers to 20 questions about interrater reliability and interrater agreement [J]. Organizational Research Methods, 11(4): 815-852.

Lee C M, Neighbors C, Lewis M A, et al., 2014. Randomized controlled trial of a spring break intervention to reduce high-risk drinking [J]. Journal of Consulting & Clinical Psychology, 82(2): 189-201.

Lee E K, Avgar A C, Park W W, et al., 2019. The dual effects of task conflict on team creativity: Focusing on the role of team-focused transformational leadership [J]. International Journal of Conflict Management, 30(1): 132-154.

Lee T H, Choi J S, Cho Y S, 2012. Context modulation of facial emotion perception differed by individual difference [J]. PLoS ONE, 7(3): e32987.

Lench H C, Flores S A, Bench S W, 2011. Discrete emotions predict changes in cognition, judgment, experience, behavior, and physiology: A meta-analysis of experimental emotion elicitations [J]. Psychological Bulletin, 137(5): 834-855.

Lenzner T, Kaczmirek L, Lenzner A, 2010. Cognitive burden of survey questions and response times: A psycholinguistic experiment [J]. Applied Cognitive Psychology, 24(7): 1003-1020.

Leong V, Byrne E, Clackson K, et al., 2017. Speaker gaze increases information coupling between infant and adult brains [J]. Proceedings of the National Academy of Sciences of the United States of America, 114(50): 13290-13295.

Lerner J S, Keltner D, 2000. Beyond valence: Toward a model of emotion specific influences on judgement and choice [J]. Cognition and Emotion, 14(4): 473-494.

Lerner R M, Lerner J V, Almerigi J, et al., 2006. Dynamics of individual ↔ context relations in human development: A developmental systems perspective. In Thomas J C, Segal D L, Hersen M, et al. (Eds.), Comprehensive handbook of personality and psychopathology, Vol. 1: Personality and everyday functioning [M]. Hoboken, NJ: Wiley: 23-43.

Levine E E, Cohen T R, 2018. You can handle the truth: Mispredicting the consequences of honest communication [J]. Journal of Experimental Psychology: General, 147: 1400-1429.

Levine M V, Rubin D B, 1979. Measuring the appropriateness of multiple-choice test scores [J]. Journal of Educational Statistics, 4: 269-290.

Li J Z, Li S, Liu H, 2011. How has the Wenchuan Earthquake influenced people's intertemporal choices? [J]. Journal of Applied Social Psychology, 41(11): 2739-2752.

Li S, Southcott J, 2015. The meaning of learning piano keyboard in the lives of older Chinese people [J]. International Journal of Lifelong Education, 34(3): 316-333.

Li Y H, Chen R, Turel O, et al., 2020. Dyad sex composition effect on inter-brain synchronization in face-to-face cooperation [J]. Brain Imaging and Behavior, 15(3): 1667-1675.

Li Y, Long J, Huang B, et al., 2015. Crossmodal integration enhances neural representation of task-relevant features in audiovisual face perception [J]. Cerebral Cortex, 25(2): 384-395.

Libran E C, 2006. Personality dimensions and subjective well-being [J]. The Spanish Journal of Psychology, 9(1): 38-44.

Liew S, Wu W T L, Chan H H L, et al., 2015. Consensus on changing trends, attitudes, and concepts of Asian beauty [J]. Aesthetic Plastic Surgery, 40(2): 193-201.

Lim S L, O'Doherty J P, Rangel A, 2013. Stimulus value signals in ventromedial PFC reflect the integration of attribute value signals computed in fusiform gyrus and posterior superior temporal gyrus [J]. Journal of Neuroscience, 33(20): 8729-8741.

Lim S L, Pessoa L, 2008. Affective learning increases sensitivity to graded emotional faces [J]. Emotion, 8(1): 96-103.

Lincoln Y S, Guba E G, 1985. Naturalistic inquiry [M]. Newbury Park, CA: Sage Publications.

Lindell M K, Whitney D J, 2001. Accounting for common method variance in cross-sectional research designs [J]. Journal of Applied Psychology, 86(1): 114-121.

Lindley D V, 1993. The analysis of experimental data: The appreciation of tea and wine [J]. Teaching Statistics, 5(1): 22-25.

Lindsay D S, 2015. Replication in psychological science [J]. Psychological Science, 26(12): 1827-1832.

Linley P A, Nielsen K M, Wood A M, et al., 2010. Using signature strengths in pursuit of goals: Effects on goal progress, need satisfaction, and well-being, and implications for coaching psychologists [J]. International Coaching Psychology Review, 5(1): 8-17.

Lipsey M W, Wilson D B, 2001. Practical meta-analysis [M]. California, America: Sage Publications.

Little A C, Jones B C, 2012. Variation in facial masculinity and symmetry preferences across the menstrual cycle is moderated by relationship context [J]. Psychoneuroendocrinology, 37(7): 999-1008.

Little A C, Jones B C, DeBruine L M, 2011. Facial attractiveness: Evolutionary based research [J]. Philosophical Transactions of the Royal Society B: Biological Sciences, 366(1571): 1638-1659.

Liu D F, Liu S, Liu X M, et al., 2018. Interactive brain activity: Review and progress on EEG-based hyperscanning in social interactions [J]. frontiers in Psychology, 9: 11.

Liu J Q, Zhang R Q, Geng B B, et al., 2019. Interplay between prior knowledge and communication mode on teaching effectiveness: Interpersonal neural synchronization as a neural marker [J]. Neuroimage, 193: 93-102.

Liu J, McMahon M, Watson M, 2015a. Parental influence on child career development in mainland China: A qualitative study [J]. The Career Development Quarterly, 63(1): 74-87.

Liu J, McMahon M, Watson M, 2015b. Parental influence on mainland Chinese children's career aspirations: Child and parental perspectives [J]. International Journal for Educational and Vocational Guidance, 15(2): 131-143.

Liu L F, Ding X W, Li H H, et al., 2021. Reduced listener-speaker neural coupling underlies speech understanding difficulty in older adults [J]. Brain Structure and Function, 226(5): 1571-1584.

Liu N, Mok C, Witt E E, et al., 2016. NIRS-based hyperscanning reveals inter-brain neural synchronization during cooperative Jenga game with face-to-face communication [J]. frontiers in Human Neuroscience, 10: 82.

Liu Q, Fei W, Yan W, et al., 2019.Questionnaire data from the revision of a Chinese Version of Free Will and Determinism Plus Scale and Experiments on the Perceptual Prioritization of the Good Self [J/OL]. Journal of Open Psychology Data, 6(22):1-8[2020-01-24].https://doi.org/10.31234/osf.io/7ngey.

Liu S, Ma R, Liu X, et al., 2019. Using transcranial alternating current stimulation (tACS) to improve romantic relationships can be a promising approach [J]. frontiers in psychology, 10: 365.

Liu S, Tan Q, Han S F, et al., 2019. The language context effect in facial expressions processing and its mandatory characteristic [J]. Scientific Reports, 9: 11045.

Liu S, Han S F, Wang X J, et al., 2019. Review and progress of models of social perceptions of faces [J]. Journal of Psychological Science, 43(1): 132-143.

Liu T, Liu X C, Yi L, et al., 2019. Assessing autism at its social and developmental roots: A review of Autism Spectrum Disorder studies using functional near-infrared spectroscopy [J]. Neuroimage, 185: 955-967.

Liu W, Sidhu A, Beacom A M, et al., 2017. Social network theory. In Rossler P, Hoffner C A, van Zoonen L (Eds.), The international encyclopedia of media effects [M]. John Wiley, Sons, Inc.

Liu Y C, Chiang H H, 2017. From vulnerability to passion in the end-of-life care: The lived experience of nurses [J]. European Journal of Oncology Nursing, 31: 30-36.

Liu Y C, Piazza E A, Simony E, et al., 2017. Measuring speaker-listener neural coupling with functional near infrared spectroscopy [J]. Scientific Reports, 7: 13.

Lloyd K, Devine P, 2010. Using the internet to give children a voice: An online survey of 10- and 11-year-old children in Northern Ireland [J]. Field Methods, 22(3): 2700289.

Locke E A, Latham G P, 2004. What should we do about motivation theory? Six recommendations for the twenty-first century [J]. The Academy of Management Review, 29(3): 388-403.

Lopez K A, Willis D G, 2004. Descriptive versus interpretive phenomenology: Their contributions to nursing knowledge [J]. Qualitative Health Research, 14(5): 726-735.

Lord R G, Levy P E, 1994. Moving from cognition to action: A control theory perspective [J]. Applied Psychology: An International Review, 43(3): 335-367.

Lorist M M, 2008. Impact of top-down control during mental fatigue [J]. Brain Research, 1232: 113-123.

Lovius B B J, Jones R B, Pospisil O A, et al., 1990. The specific psychosocial effects of orthognathic surgery [J]. Journal of Cranio-Maxillo-Facial Surgery, 18(8): 339-342.

Lu J, Xie X F, 2014. To change or not to change: A matter of decision maker's role [J]. Organizational Behavior and Human Decision Processes, 124: 47-55.

Lu K L, Qiao X N, Hao N, 2019. Praising or keeping silent on partner's ideas: Leading brainstorming in particular ways[J]. Neuropsychologia, 124: 19-30.

Lu K L, Teng J, Hao N, 2020. Gender of partner affects the interaction pattern during group creative idea generation[J]. Experimental Brain Research, 238(5): 1157-1168.

Lu K L, Xue H, Nozawa T, et al., 2019. Cooperation makes a group be more creative[J]. Cerebral Cortex, 29(8): 3457-3470.

Lu K L, Yu T T, Hao N, 2020. Creating while taking turns, the choice to unlocking group creative potential[J]. Neuroimage, 219: 10.

Lüdtke O, Robitzsch A, 2009. Assessing within-group agreement: A critical examination of a random-group resampling approach [J]. Organizational Research Methods, 12(3): 461-487.

Lunn D, Spiegelhalter D, Thomas A, et al., 2009. The BUGS project: Evolution, critique and future directions [J]. Statistics in Medicine, 28(25): 3049-3067.

Luo S X, Liu J E, Cheng A S, et al., 2018. Breast cancer survivors report similar concerns related to return to work in developed and developing nations [J]. Journal of Occupational Rehabilitation, 29(1): 42-51.

Luo W, Aye K M, Hogan D, et al., 2013. Parenting behaviors and learning of Singapore students: The mediational role of achievement goals [J]. Motivation and Emotion, 37(2): 274-285.

Luria G, 2019. Climate as a group level phenomenon: Theoretical assumptions and methodological considerations [J]. Journal of Organizational Behavior, 40: 1055-1066.

Ma Q G, Hu Y, Jiang S S, et al., 2015. The undermining effect of facial attractiveness on brain responses to fairness in the Ultimatum Game: An ERP study [J]. frontiers in Neuroscience, 9: 77.

Ma Q G, Qian D, Hu L F, et al., 2017. Hello handsome! Male's facial attractiveness gives rise to female's fairness bias in Ultimatum Game scenarios-An ERP study [J]. PLoS ONE, 12(7): e0180459.

MacKenzie S B, Podsakoff P M, 2012. Common method bias in marketing: Causes, mechanisms, and procedural remedies [J]. Journal of Retailing, 88(4): 542-555.

MacKinnon D P, 2008. Multivariate applications series. Introduction to statistical mediation analysis [M]. Taylor & Francis Group/Lawrence Erlbaum Associates.

Mackinnon D P, Lockwood C M, Hoffman J M, et al., 2002. A comparison of methods to test mediation and other intervening variable effects [J]. Psychological Methods, 7(1): 83-104.

Mackinnon D P, Warsi G, Dwyer J H, 1995. A simulation study of mediated effect measures [J]. Multivariate Behavioral Research, 30(3): 41-62.

Macy M W, Willer R, 2002. From factors to actors: Computational sociology and agent-based modeling [J]. Annual Review of Sociology, 28: 143-166.

Mahalanobis P C, 1936. On the generalized distance in statistics [J]. Proceedings of the National Institute of Sciences of India, 2: 49055.

Maier K J, James A E, 2014. Hostility and social support explain physical activity beyond negative affect among young men, but not women, in college [J]. Behavioral Medicine, 40: 34-41.

Malterud K, 2001. Qualitative research: Standards, challenges, and guidelines [J]. The Lancet, 358 (9280): 483-488.

Maniaci M R, Rogge R D, 2014. Caring about carelessness: Participant inattention and its effects on research [J]. Journal of Research in Personality, 48: 61083.

Maoz K, Eldar S, Stoddard J, et al., 2016. Angry-happy interpretations of ambiguous faces in social anxiety disorder [J]. Psychiatry Research, 241: 122-127.

Marcia J E, 1966. Development and validation of ego-identity status [J]. Journal of Personality and Social Psychology, 3(5): 551-558.

Marcinkowska U M, Galbarczyk A, Jasienska G, 2018. La donna è mobile? Lack of cyclical shifts in facial symmetry, and facial and body masculinity preferences—A hormone-based study [J]. Psychoneuroendocrinology, 88: 47-53.

Marcinkowska U M, Hahn A C, Little A C, et al., 2019. No evidence that women using oral contraceptives have weaker preferences for masculine characteristics in men's faces [J]. PLoS ONE, 14(1): e0210162.

Marcinkowska U M, Helle S, Jones B C, et al., 2019. Does testosterone predict women's preference for facial masculinity? [J]. PLoS ONE, 14(2): e0210636.

Marcus D K, Preszler J, Zeigler-Hill V, 2018. A network of dark personality traits: What lies at the heart of darkness? [J]. Journal of Research in Personality, 73: 56-62.

Marjanovic Z, Holden R, Struthers W, et al., 2015. The inter-item standard deviation (ISD): An index that discriminates between conscientious and random responders [J]. Personality and Individual Differences, 84: 79083.

Marsman M, Wagenmakers E J, 2017. Three insights from a Bayesian interpretation of the one-sided p-value [J]. Educational and Psychological Measurement, 77(3): 529-539.

Mathieu J E, Chen G, 2011. The etiology of the multilevel paradigm in management research [J]. Journal of Management, 37(2): 610-641.

Mattick R P, Clarke J C, 1998. Development and validation of measures of social phobia scrutiny fear and social interaction anxiety [J]. Behaviour Research and Therapy, 36(4): 455-470.

Maxwell J A, 1992. Understanding and validity in qualitative research [J]. Harvard Educational Review, 62(3): 279-301.

Maxwell J A, 2010. Using numbers in qualitative research [J]. Qualitative Inquiry, 16(6): 475-482.

Mayerl J, 2013. Response latency measurement in surveys: Detecting strong attitudes and response effects. Survey Methods: Insights from the Field [EB/OL]. Retrieved from https://surveyinsights.org/?p=1063.

McCrae R R., Costa Jr P T, 2008. Empirical and theoretical status of the five-factor model of personality traits. In Boyle G, Matthews G, Saklofske D (Eds.), The SAGE handbook of personality theory and assessment [M]. Thousand Oaks, CA: Sage Publications: 273-294.

McEwen B S, 1998. Stress, adaptation, and disease: Allostasis and allostatic load [J]. Annals of the New York Academy of Sciences, 840(1): 33-44.

McGrath R E, Mitchell M, Kim B H, et al., 2010. Evidence for response bias as a source of error variance in applied assessment [J]. Psychological Bulletin, 136(3): 450-470.

McNally R J, 2016. Can network analysis transform psychopathology? [J]. Behaviour Research and Therapy, 86: 95-104.

McNally R J, Robinaugh D J, Wu G W Y, et al., 2015. Mental disorders as causal systems: A network approach to posttraumatic stress disorder [J]. Clinical Psychological Science, 3(6): 836-849.

Meade A W, Craig S B, 2012. Identifying careless responses in survey data [J]. Psychological Methods, 17(3): 437-455

Meade A W, Watson A M, Kroustalis C M, 2007. Assessing common methods bias in organizational research [C]. Paper presented at the 22nd Annual Meeting of the Society for Industrial and Organizational Psychology, New York.

Meier K J, O'Toole L J, 2013. Subjective organizational performance and measurement error: Common source bias and spurious relationships [J]. Journal of Public Administration Research & Theory, 23(2): 429-456.

Meijer R R, Sijtsma K, 2001. Methodology review: Evaluating person fit [J]. Applied Psychological Measurement, 25(2): 107-135.

Melgosa J, 1987. Development and validation of the occupational identity scale [J]. Journal of Adolescence, 10(4): 385-397.

Melipillán E R, 2019. Careless survey respondents: Approaches to identify and reduce their negative impact on survey estimates [D]. University of Michigan, Ann Arbor.

Meyer R D, Mumford T V, Burrus C J, et al., 2014. Selecting null distributions when calculating r_{WG}: A tutorial and review [J]. Organizational Research Methods, 17(3): 324-345.

Miles M B, Huberman A M, 1984. Qualitative data analysis: A sourcebook of new methods [M]. Beverly Hills, CA: Sage Publications.

Milgram S, 1963. Behavioral study of obedience [J]. The Journal of Abnormal and Social Psychology, 67(4): 371-378.

Milgram S, 1974. Obedience to authority: An experimental view [M]. New York: Harpercollins.

Millar R B, 2011. Latent variable models. In Maximum likelihood estimation and inference [M]. Indianapolis, IN: John Wiley & Sons: 202-232.

Miller G, 2010. Cognition research. Investigation leaves field in the dark about a colleague's work [J]. Science, 329(5994): 890-891.

Miller G, 2011. ESP paper rekindles discussion about statistics [J]. Science, 331(6015): 272-273.

Miller V D, Jablin F M, 1991. Information seeking during organizational entry: Influences, tactics, and a model of the process [J]. Academy of Management Review, 16(1): 92-120.

Milliman J, Gatling A, Bradley-Geist J C, 2017. The implications of workplace spirituality for person-environment fit theory [J]. Psychology of Religion and Spirituality, 9(1): 1-12.

Min H, Park J, Kim H J, 2016. Common method bias in hospitality research: A critical review of literature and an empirical study [J]. International Journal of Hospitality Management, 56: 126-135.

Mishler W, Rose R, 1997. Trust, distrust and skepticism: Popular evaluations of civil and political institutions in post-communist societies [J]. The Journal of Politics, 59(2): 418-451.

Mishler W, Rose R, 2001. What are the origins of political trust? Testing institutional and cultural theories in post-communist societies [J]. Comparative Political Studies, 34(1): 30-62.

Miyata K, Koike T, Nakagawa E, et al., 2021. Neural substrates for sharing intention in action during face-to-face imitation [J]. Neuroimage, 233: 12.

Moher D, Liberati A, Tetzlaff J, et al., 2009. Preferred reporting items for systematic reviews and meta-analyses: The PRISMA statement [J]. PLoS Medicine, 6(7): e1000097.

Montague P R, Berns G S, Cohen J D, et al., 2002. Hyperscanning: Simultaneous fMRI during linked social interactions [J]. Neuroimage, 16(4): 1159-1164.

Moore C, Detert J R, Treviño L K, et al., 2012. Why employees do bad things: Moral disengagement and unethical organizational behavior [J]. Personnel Psychology, 65(1): 1-48.

Moore M, Hofman J E, 1998. Professional identity in institutions of higher learning in Israel [J]. Higher Education, 17(1): 69-79.

Morey R D, Hoekstra R, Rouder J N, et al., 2016. The fallacy of placing confidence in confidence intervals [J]. Psychonomic Bulletin & Review, 23(1): 103-123.

Morey R D, Rouder J N, 2011. Bayes factor approaches for testing interval null hypotheses [J]. Psychological Methods, 16(4): 406-419.

Morgan L K, Kisley M A, 2014. The effects of facial attractiveness and perceiver's mate value on adaptive allocation of central processing resources [J]. Evolution and Human Behavior, 35(2): 96-102.

Morgan P L, Farkas G, Wu Q, 2011. Kindergarten children's growth trajectories in reading and mathematics: Who falls increasingly behind? [J]. Journal of Learning Disabilities, 44(5): 472-488.

Morgeson F P, Hofmann D A, 1999. The structure and function of collective constructs: Implications for multilevel research and theory development [J]. Academy of Management Review, 24(2): 249-265.

Moritz S E, Watson C B, 1998. Levels of analysis issues in group psychology: Using efficacy as an example of a multilevel model [J]. Group Dynamics: Theory, Research, and Practice, 2(4): 285-298.

Muller D, Judd C M, Yzerbyt V Y, 2005. When moderation is mediated and mediation is moderated [J]. Journal of Personality and Social Psychology, 89(6): 852-863.

Munafò M R, Nosek B A, Bishop D V M, et al., 2017. A manifesto for reproducible science [J]. Nature Human Behaviour, 1(1): 21.

Murray C D, Rhodes K, 2011. 'Nobody likes damaged goods': The experience of adult visible acne [J]. British Journal of Health Psychology, 10(2): 183-202.

Nagel M, Watanabe K, Stringer S, et al., 2018. Item-level analyses reveal genetic heterogeneity in neuroticism [J]. Nature Communications, 9: 905.

Nagin D S, 1999. Analyzing developmental trajectories: A semiparametric, group-based approach [J].

Psychological Methods, 4(2): 139-157.

Nagin D S, 2005. Group-based modeling of development [M]. Cambridge, MA: Harvard University Press.

Nagin D S, Land K C, 1993. Age, criminal careers, and population heterogeneity: Specification and estimation of nonparametric mixedpoisson model [J]. Criminology, 31(3): 327-362.

Nagin D S, Odgers C L, 2010a. Group-based trajectory modeling (nearly) two decades later [J]. Journal of Quantitative Criminology, 26(4): 445-453.

Nagin D S, Odgers C L, 2010b. Group-based trajectory modeling in clinical research [J]. Annual Review of Clinical Psychology, 6(4): 109-138.

Nagin D S, Piquero A R, 2010. Using the group-based trajectory model to study crime over the life course [J]. Journal of Criminal Justice Education, 21(2): 105-116.

Nagin D S, Tremblay R E, 2001. Analyzing developmental trajectories of distinct but related behaviors: A group-based method [J]. Psychological Methods, 6(1): 18-34.

Nakamura K, Watanabe K, 2019. Data-driven mathematical model of East-Asian facial attractiveness: The relative contributions of shape and reflectance to attractiveness judgements [J]. Royal Society Open Science, 6(5): 182189.

National Center for Education Statistics, 2002. NCES statistical standards [M]. Washington, DC: Department of Education.

Neal A, Ballard T, Vancouver J B, 2017. Dynamic self-regulation and multiple-goal pursuit [J]. Annual Review of Organizational Psychology and Organizational Behavior, 4: 401-423.

Newman D A, Sin H P, 2020. Within-group agreement (r_{WG}): Two theoretical parameters and their estimators [J]. Organizational Research Methods, 23(1): 30-64.

Newman M E J, 2001. The structure of scientific collaboration networks [J]. Proceedings of the National Academy of Sciences, 98(2): 404-409.

Newman M E J, 2003. The structure and function of complex networks [J]. SIAM Review, 45(2): 167-256.

Ng H C, Graydon C, 2016. In search of empathy in Playback Theatre: A preliminary study [J]. Person-Centered & Experiential Psychotherapies, 15(2): 126-141.

Ng K Y, Koh C, Ang S, et al., 2011. Rating leniency and halo in multisource feedback ratings: Testing cultural assumptions of power distance and individualism-collectivism [J]. Journal of Applied Psychology, 96(5): 1033-1044.

Nguyen H L T, 2017. Tired of survey fatigue? Insufficient effort responding due to survey fatigue [D]. Murfreesboro: Middle Tennessee State University.

Nguyen T, Schleihauf H, Kayhan E, et al., 2020. The effects of interaction quality on neural synchrony during mother-child problem solving [J]. Cortex, 124: 235-249.

Niessen A S M, Meijer R R, Tendeiro J N, 2016. Detecting careless respondents in web-based questionnaires: Which method to use? [J]. Journal of Research in Personality, 63: 1-11.

Nishizawa S, Benkelfat C, Young S N, et al., 1997. Differences between males and females in rates of serotonin synthesis in human brain [J]. Proceedings of the National Academy of Sciences of the United States of America, 94(10): 5308-5313.

Noah J A, Zhang X, Dravida S, et al., 2020. Real-time eye-to-eye contact is associated with cross-brain neural coupling in angular gyrus [J]. frontiers in Human Neuroscience, 14: 10.

Noh S R, Isaacowitz D M, 2013. Emotional faces in context: Age differences in recognition accuracy and scanning patterns [J]. Emotion, 13(2): 238-249.

Nosek B A, Alter G, Banks G C, et al., 2015. Promoting an open research culture [J]. Science, 348(6242): 1422-1425.

Nosek B A, Spies J R, Motyl M, 2012. Scientific Utopia: II. Restructuring incentives and practices to promote truth over publishability [J]. Perspectives on Psychological Science, 7(6): 615-631.

Nowell B, Boyd N M, 2014. Sense of community responsibility incommunity collaboratives: Advancing a theory of community as resource and responsibility [J]. American Journal of Community Psychology, 54(3-4): 229-242.

Nozawa T, Sakaki K, Ikeda S, et al., 2019. Prior physical synchrony enhances rapport and inter-brain synchronization during subsequent educational communication [J]. Scientific Reports, 9: 13.

O'Brien B C, Harris I B, Beckman T J, et al., 2014. Standards for reporting qualitative research: A synthesis of recommendations [J]. Academic Medicine, 89(9): 1245-1251.

O'Connor A J, Nemeth C J, Akutsu S, 2013. Consequences of beliefs about the malleability of creativity [J]. Creativity Research Journal, 25(2): 155-162.

O'Neill T A, 2017. An overview of interrater agreement on Likert scales for researchers and practitioners [J]. frontiers in Psychology, 8: 777.

Oh H, Chung M H, Labianca G, 2004. Group social capital and group effectiveness: The role of informal socializing ties [J]. Academy of Management Journal, 47(6): 860-875.

Olejnik S, Algina J, 2003. Generalized eta and omega squared statistics: Measures of effect size for some common research designs [J]. Psychological Methods, 8(4): 434-447.

Open Science Collaboration, 2015. Estimating the reproducibility of psychological science [J]. Science, 349(6251): 4716.

Oppenheimer D M, Meyvis T, Davidenko N, 2009. Instructional manipulation checks: Detecting satisficing to increase statistical power [J]. Journal of Experimental Social Psychology, 45(4): 867-872.

Opsahl T, Agneessens F, Skvoretz J, 2010. Node centrality in weighted networks: Genera- lizing degree and shortest paths [J]. Social Networks, 32(3): 245-251.

Opsahl T, Panzarasa P, 2009. Clustering in weighted networks [J]. Social Networks, 31(2): 155-163.

Orwin R G, 1994. Evaluating coding decisions. In Cooper H, Hedges L V (Eds.), The handbook of research synthesis [M]. New York: Russell Sage Foundation.

Osborn M, Smith J A, 1998. The personal experience of chronic benign lower back pain: An interpretative phenomenological analysis [J]. British Journal of Health Psychology, 3(1): 65-83.

Ostrander G M, Pipitone R N, Shoup-Knox M L, 2018. Interactions between observer and stimuli fertility status: Endocrine and perceptual responses to intrasexual vocal fertility cues [J]. Hormones and Behavior, 98: 191-197.

Pace V L, 2010. Method variance from the perspectives of reviewers: Poorly understood problem or overemphasized complaint? [J]. Organizational Research Methods, 13(3): 421-434.

Palermiti A L, Servidio R, Bartolo M G, et al., 2017. Cyberbullying and self-esteem: An Italian study [J]. Computers in Human Behavior, 69: 136-141.

Pan Y F, Dikker S, Goldstein P, et al., 2020. Instructor-learner brain coupling discriminates between instructional approaches and predicts learning [J]. Neuroimage, 211: 116657.

Pan Y F, Novembre G, Song B, et al., 2018. Interpersonal synchronization of inferior frontal cortices tracks social interactive learning of a song [J]. Neuroimage, 183: 280-290.

Pan Y F, Novembre G, Song B, et al., 2021. Dual brain stimulation enhances interpersonal learning through spontaneous movement synchrony [J]. Social Cognitive and Affective Neuroscience, 16(1-2): 210-221.

Pan Z, Zhang D, Hu T, et al., 2018. The relationship between psychological Suzhi and social anxiety among Chinese adolescents: The mediating role of self-esteem and sense of security [J]. Child and Adolescent Psychiatry and Mental Health, 12(1): 50.

Park G, Vasey M W, Kim G, et al., 2016. Trait anxiety is associated with negative interpretations when resolving valence ambiguity of surprised faces [J]. frontiers in Psychology, 7: 1164.

Park I J, Kim M, Kwon S, et al., 2018. The relationships of self-esteem, future time perspective, positive affect, social support, and career decision: A longitudinal multilevel study [J]. frontiers in Psychology, 9: 514.

Paxton P, Hipp J R, Marquart-Pyatt S, 2011. Nonrecursive models: Endogeneity, reciprocal relationships, and feedback loops [M]. Thousand Oaks, CA: Sage Publications.

Peer J E, Spaulding W D, 2007. Heterogeneity in recovery of psychosocial functioning during psychiatric rehabilitation: An exploratory study using latent growth mixture modeling [J]. Schizophrenia Research, 93: 186-193.

Penton-Voak I S, Perrett D I, Castles D L, et al., 1999. Menstrual cycle alters face preference [J]. Nature, 399(6738): 741-742.

Penton-Voak I, Perrett D, 2000. Female preference for male faces changes cyclically [J]. Evolution and Human Behavior, 21(1): 39-48.

Perilloux C, Cloud J M, Buss D M, 2013. Women's physical attractiveness and short-term mating strategies [J]. Personality and Individual Differences, 54(4): 490-495.

Perrett D I, Lee K J, Penton-Voak I, et al., 1998. Effects of sexual dimorphism on facial attractiveness [J]. Nature, 394(6696): 884-887.

Peters M, Simmons L W, Rhodes G, 2008. Testosterone is associated with mating success but not attractiveness or masculinity in human males [J]. Animal Behaviour, 76(2): 297-303.

Pipitone N R, Gallup G G, 2008. Women's voice attractiveness varies across the menstrual cycle [J]. Evolution and Human Behavior, 29(4): 268-274.

Plummer M, 2003. JAGS: A program for analysis of Bayesian graphical models using Gibbs sampling [C]. Paper presented at the Proceedings of the 3rd International Workshop on Distributed Statistical Computing (DSC 2003).

Podsakoff N P, Whiting S W, Welsh D T, et al., 2013. Surveying for "artifacts": The susceptibility of the OCB-performance evaluation relationship to common rater, item, and measurement context effects [J].

Journal of Applied Psychology, 98(5): 863-874.

Podsakoff P M, MacKenzie S B, Lee J Y, et al., 2003. Common method biases in behavioral research: A critical review of the literature and recommended remedies [J]. Journal of Applied Psychology, 88(5): 879-903.

Podsakoff P M, MacKenzie S B, Podsakoff N P, 2012. Sources of method bias in social science research and recommendations on how to control it [J]. Annual Review of Psychology, 63: 539-569.

Poldrack R A, Baker C I, Durnez J, et al., 2017. Scanning the horizon: Towards transparent and reproducible neuroimaging research [J]. Nature Reviews Neuroscience, 18(2): 115-126.

Poldrack R A, Gorgolewski K J, 2017. OpenfMRI: Open sharing of task fMRI data [J]. NeuroImage, 144: 259-261.

Polich J, 2007. Updating P300: An integrative theory of P3a and P3b [J]. Clinical Neurophysiology, 118(10): 2128-2148.

Pontillo M, Guerrera S, Santonastaso O, et al., 2017. An overview of recent findings on social anxiety disorder in adolescents and young adults at clinical high risk for psychosis [J]. Brain Sciences, 7(10): 1-9.

Poon K T, Chen Z S, 2014. When justice surrenders: The effect of just-world beliefs on aggression following ostracism [J]. Journal of Experimental Social Psychology, 52: 101-112.

Pourahmadi M, 2011. Covariance estimation: The GLM and regularization perspectives [J]. Statistical Science, 26(3): 369-387.

Powdthavee N, Vignoles A, 2008. Mental health of parents and life satisfaction of children: A within-family analysis of intergenerational transmission of well-being [J]. Social Indicatiors Research, 88: 397-422.

Preacher K J, Kelley K, 2011. Effect size measures for mediation models: Quantitative strategies for communicating indirect effects [J]. Psychological Methods, 16(2): 93-115.

Przepiorka W, Bouman L, de Kwaadsteniet E W, 2021. The emergence of conventions in the repeated volunteer's dilemma: The role of social value orientation, payoff asymmetries and focal points [J]. Social Science Research, 93: 102488.

Puente-Díaz R, Cavazos-Arroyo J, 2017. The influence of creative mindsets on achievement goals, enjoyment, creative self-efficacy and performance among business students [J]. Thinking Skills and Creativity, 24: 1-11.

Puts D A, 2010. Beauty and the beast: Mechanisms of sexual selection in humans [J]. Evolution and Human Behavior, 31(3): 157-175.

Qiu F, Han M, Zhai Y, et al., 2018. Categorical perception of facial expressions in individuals with non-clinical social anxiety [J]. Journal of Behavior Therapy and Experimental Psychiatry, 58: 78-85.

Quigley N R, Tekleab A G, Tesluk P E, 2007. Comparing consensus- and aggregation-based methods of measuring team-level variables: The role of relationship conflict and conflict management processes [J]. Organizational Research Methods, 10(4): 589-608.

Quist M C, DeBruine L M, Little A C, et al., 2012. Integrating social knowledge and physical cues when judging the attractiveness of potential mates [J]. Journal of Experimental Social Psychology, 48(3): 770-773.

Ran G, Zhang Q, Huang H, 2018. Behavioral inhibition system and self-esteem as mediators between shyness and social anxiety [J]. Psychiatry Research, 270: 568-573.

Raudenbush S W, Bryk A S, 2002. Hierarchical linear models: Applications and data analysis methods (2nd ed.) [M]. Newbury Park: Sage Publications.

Rego A, Cunha M P, Simpson A V, 2018. The perceived impact of leaders' humility on team effectiveness: An empirical study [J]. Journal of Business Ethics, 148(1): 205-218.

Reichers A E, 1987. An interactionist perspective on newcomer socialization rates [J]. Academy of Management Review, 12(2): 278-287.

Reindl V, Gerloff C, Scharke W, et al., 2018. Brain-to-brain synchrony in parent-child dyads and the relationship with emotion regulation revealed by fNIRS-based hyperscanning[J]. Neuroimage, 178: 493-502.

Reinero D A, Dikker S, Bavel J J, 2021. Inter-brain synchrony in teams predicts collective performance [J]. Social Cognitive and Affective Neuroscience, 16(1-2): 43-57.

Reio T G, 2010. The threat of common method variance bias to theory building [J]. Human Resource Development Review, 9(4): 405-411.

Rellecke J, Bakirtas A M, Sommer W, 2011. Automaticity in attractive face processing: Brain potentials from a dual task [J]. Neuroreport, 22(14): 706-710.

Rennels J L, Kayl A J, 2015. Differences in expressivity based on attractiveness: Target or perceiver effects? [J]. Journal of Experimental Social Psychology, 60: 163-172.

Repenning N P, 2003. Selling system dynamics to (other) social scientists [J]. System Dynamics Review, 19(4): 303-327.

Rest J R, 1986. Moral development: Advance in research and theory [M]. New York: Green-wood Press.

Revilla M, Ochoa C, 2015. What are the links in a web survey among response time, quality, and auto-evaluation of the efforts done? [J]. Social Science Computer Review, 33(1): 97-114.

Rhodes G, 2006. The evolutionary psychology of facial beauty [J]. Annual Review of Psychology, 57: 199-226.

Rhodes G, Simmons L W, Peters M, 2005. Attractiveness and sexual behavior: Does attractiveness enhance mating success? [J]. Evolution and Human Behavior, 26(2): 186-201.

Richardson H A, Simmering M J, Sturman M C, 2009. A tale of three perspectives: Examining post hoc statistical techniques for detection and correction of common method variance [J]. Organizational Research Methods, 12(4): 762-800.

Rietdijk J, Ising H K, Dragt S, et al., 2013. Depression and social anxiety in help-seeking patients with an ultra-high risk for developing psychosis [J]. Psychiatry Research, 209(3): 309-313.

Righart R, de Gelder B, 2006. Context influences early perceptual analysis of faces: An electrophysiological study [J]. Cerebral Cortex, 16(9): 1249-1257.

Righart R, de Gelder B, 2008a. Rapid influence of emotional scenes on encoding of facial expressions: An ERP study [J]. Social Cognitive & Affective Neuroscience, 3(3): 270-278.

Righart R, de Gelder B, 2008b. Recognition of facial expressions is influenced by emotional scene gist [J]. Cognitive Affective & Behavioral Neuroscience, 8(3): 264-272.

Rindfleisch A, Malter A J, Ganesan S, et al., 2008. Cross-sectional versus longitudinal survey research:

Concepts, findings, and guidelines [J]. Journal of Marketing Research, 45(3): 261-279.

Rivkin J W, Siggelkow N, 2003. Balancing search and stability: Interdependencies among elements of organizational design [J]. Management Science, 49(3): 290-311.

Rizzolatti G, Craighero L, 2004. The mirror-neuron system [J]. Annual Review of Neuroscience, 27: 169-192.

Robbins B G, 2012. Institutional quality and generalized trust: A nonrecursive causal model [J]. Social Indicators Research, 107(2): 235-258.

Roney J R, Simmons Z L, Gray P B, 2011. Changes in estradiol predict within-women shifts in attraction to facial cues of men's testosterone [J]. Psychoneuroendocrinology, 36(5): 742-749.

Rosenberg M, 1965. Society and the adolescent self-image: Selection of the sample [M]. Princeton University Press.

Rothstein H R, Sutton A J, Borenstein M, 2005. Publication bias in meta-analysis: Prevention, assessment and adjustments [M]. Chichester: John Wiley & Sons Ltd.

Rouder J N, 2014. Optional stopping: No problem for Bayesians [J]. Psychonomic Bulletin & Review, 21(2): 301-308.

Rouder J N, Morey R D, 2011. A Bayes factor meta-analysis of Bem's ESP claim [J]. Psychonomic Bulletin & Review, 18(4): 682-689.

Rouder J N, Morey R D, Speckman P L, et al., 2012. Default Bayes factors for ANOVA designs [J]. Journal of Mathematical Psychology, 56(5): 356-374.

Rouder J N, Morey R D, Verhagen J, et al., 2017. Bayesian analysis of factorial designs [J]. Psychological Methods, 22(2): 304-321.

Rouder J N, Speckman P L, Sun D C, et al., 2009. Bayesian t tests for accepting and rejecting the null hypothesis [J]. Psychonomic Bulletin & Review, 16(2): 225-237.

Rousseau B, Ennis J M, 2013. Importance of correct instructions in the tetrad test [J]. Journal of Sensory Studies, 28(4): 264-269.

Ruzzano L, Borsboom D, Geurts H M, 2015. Repetitive behaviors in autism and obsessive-compulsive disorder: New perspectives from a network analysis [J]. Journal of Autism and Developmental Disorders, 45(1): 192-202.

Saha M, Das B, Sikdar B K, 2017. Periodic boundary cellular automata based test structure for memory [C]. Paper presented at the IEEE East-west Design & Test Symposium.

Salazar M, Shaw D J, Gajdos M, et al., 2021. You took the words right out of my mouth: Dual-fMRI reveals intra- and inter-personal neural processes supporting verbal interaction [J]. Neuroimage, 228: 11.

Sale J E, Lohfeld L H, Brazil K, 2002. Revisiting the quantitative-qualitative debate: Implications for mixed-methods research [J]. Quality and Quantity, 36(1): 43-53.

Salsburg D, 2001. The lady tasting tea: How statistics revolutionized science in the twentieth century [M]. New York: Freeman and Company.

Salvatier J, Wiecki T V, Fonnesbeck C, 2016. Probabilistic programming in Python using PyMC3 [J]. Peer J Computer Science, 2: e55.

Santos H P, Kossakowski J J, Schwartz T A, et al., 2018. Longitudinal network structure of depression symptoms and self-efficacy in low-income mothers [J]. PLoS ONE, 13(1): e0191675.

Sato W, Toichi M, Uono S, et al., 2012. Impaired social brain network for processing dynamic facial expressions in autism spectrum disorders [J]. BMC Neuroscience, 13: 99.

Schaller T K, Patil A, Malhotra N K, 2015. Alternative techniques for assessing common method variance: An analysis of the theory of planned behavior research [J]. Organizational Research Methods, 18(2): 177-206.

Schaubroeck J M, Shen Y, Chong S, 2017. A dual-stage moderated mediation model linking authoritarian leadership to follower outcomes [J]. Journal of Applied Psychology, 102(2): 203-214.

Schervish M J, 1996. p-values: What they are and what they are not [J]. The American Statistician, 50(3): 203-206.

Schilbach L, Timmermans B, Reddy V, et al., 2013. Toward a second-person neuroscience [J]. Behavioral and Brain Sciences, 36(4): 393-414.

Schilbach L, Wilms M, Eickhoff S B, et al., 2010. Minds made for sharing: Initiating joint attention recruits reward-related neurocircuitry [J]. Journal of Cognitive Neuroscience, 22(12): 2702-2715.

Schlaifer R, Raiffa H, 1961. Applied statistical decision theory [M]. Boston: Harvard University.

Schmittmann V D, Cramer A O J, Waldorp L J, et al., 2013. Deconstructing the construct: A network perspective on psychological phenomena [J]. New Ideas in Psychology, 31(1): 43-53.

Schneider B, González-Romá V, Ostroff C, et al., 2017. Organizational climate and culture: Reflections on the history of the constructs in the Journal of Applied Psychology [J]. Journal of Applied Psychology, 102: 468-482.

Schneider B, White S S, Paul M C, 1998. Linking service climate and customer perceptions of service quality: Tests of a causal model [J]. Journal of Applied Psychology, 83(2): 150-163.

Schneider S, May M, Stone A A, 2018. Careless responding in internet-based quality of life assessments [J]. Quality of Life Research, 27(4): 1077-1088.

Schnell R, 1994. Graphisch gestützte datenanalyse (Graphically supported data analysis) [M]. München, Germany: Oldenbourg.

Schönbrodt F D, Wagenmakers E J, Zehetleitner M, et al., 2017. Sequential hypothesis testing with Bayes factors: Efficiently testing mean differences [J]. Psychological Methods, 22(2): 322-339.

Schönenberg M, Louis K, Mayer S, et al., 2013. Impaired identification of threat-related social information in male delinquents with antisocial personality disorder [J]. Journal of Personality Disorders, 27(4): 496-505.

Schore A N, 2021. The interpersonal neurobiology of intersubjectivity [J]. Frontiers in Psychology, 12: 19.

Schoot R, Winter S, Ryan O, et al., 2017. A systematic review of Bayesian papers in psychology: The last 25 years [J]. Psychological Methods, 22(2): 217-239.

Schumacker R E, Marcoulides G A, 1998. Interaction and nonlinear effects in structural equation modeling [M]. Erlbaum.

Schwarz A, Rizzuto T, Carraher-Wolverton C, et al., 2017. Examining the impact and detection of the "urban legend" of common method bias [J]. Data Base for Advances in Information Systems, 48(1): 93-119.

Schwarz A, Schwarz C, Rizzuto T, 2008. Examining the "urban legend" of common method bias: Nine common errors and their impact [C]. Paper presented at the 41st Hawaii International Conference on System Sciences, Waikoloa, USA.

Scott J G, Berger J O, 2006. An exploration of aspects of Bayesian multiple testing [J]. Journal of Statistical Planning and Inference, 136(7): 2144-2162.

Scott J G, Berger J O, 2010. Bayes and empirical: Bayes multiplicity adjustment in the variable-selection problem [J]. The Annals of Statististics, 38(5): 2587-2619.

Sedikides C, Gregg A P, 2008. Self-enhancement: Food for thought [J]. Perspectives on Psychological Science, 3: 102-116.

Sellke T, Bayarri M J, Berger J O, 2001. Calibration of p-values for testing precise null hypotheses [J]. The American Statistician, 55(1): 62-71.

Senior V, Smith J A, Michie S, et al., 2002. Making sense of risk: An interpretative phenomenological analysis of vulnerability to heart disease [J]. Journal of Health Psychology, 7(2): 157-168.

Sharma R, Yetton P, Crawford J, 2009. Estimating the effect of common method variance: The method-method pair technique with an illustration from TAM research [J]. MIS Quarterly, 33(3): 473-490.

Sheldon K M, Elliot A J, 1999. Goal striving, need satisfaction, and longitudinal well-being: The self-concordance model [J]. Journal of Personality and Social Psychology, 76(3): 482-497.

Shen H, Chau D K P, Su J P, et al., 2016. Brain responses to facial attractiveness induced by facial proportions: Evidence from an fMRI study [J]. Scientific Reports, 6: 35905.

Shen J, 2016. Principles and applications of multilevel modeling in human resource management research [J]. Human Resource Management, 55(6): 951-965.

Shrout P E, Bolger N, 2002. Mediation in experimental and nonexperimental studies: New procedures and recommendations [J]. Psychological Methods, 7(4): 422-425.

Siemsen E, Roth A, Oliveira P, 2010. Common method bias in regression models with linear, quadratic, and interaction effects [J]. Organizational Research Methods, 13(3): 456-476.

Simmons J P, Nelson L D, Simonsohn U, 2011. False-positive psychology undisclosed flexibility in data collection and analysis allows presenting anything as significant [J]. Psychological Science, 22(11): 1359-1366.

Simon M K, Goes J, 2018. Dissertation and scholarly research: Recipes for success [M]. Seattle, WA: Dissertation Success LLC.

Simonsohn U, Simmons J P, Nelson L D, 2015. Better P-curves: Making P-curve analysis more robust to errors, fraud, and ambitious P-hacking, a reply to Ulrich and Miller (2015) [J]. Journal of Experimental Psychology General, 144(6): 1146-1152.

Sinko K, Tran U S, Wutzl A, et al., 2018. Perception of aesthetics and personality traits in orthognathic surgery patients: A comparison of still and moving images [J]. PLoS ONE, 13(5): e0196856.

Small D A, Lerner J S, 2008. Emotional policy: Personal sadness and anger shape judgments about a welfare case [J]. Political Psychology, 29(2): 149-168.

Smesler N J, 1989. Self-esteem and social problems: An introduction. In Mecca A M, Smelser N J, Vasconcellos J (Eds.), The social importance of self-esteem [M]. Berkeley: University of California Press:

294-326.

Smith A, Lohrenz T, King J, et al., 2014. Irrational exuberance and neural crash warning signals during endogenous experimental market bubbles [J]. Proceedings of the National Academy of Sciences of the United States of America, 111(29): 10503-10508.

Smith J A, 1996. Beyond the divide between cognition and discourse: Using interpretative phenomenological analysis in health psychology [J]. Psychology and Health, 11(2): 261-271.

Smith J A, 2004. Reflecting on the development of interpretative phenomenological analysis and its contribution to qualitative research in psychology [J]. Qualitative Research in Psychology, 1(1): 39-54.

Smith J A, 2011. Evaluating the contribution of interpretative phenomenological analysis [J]. Health Psychology Review, 5(1): 9-27.

Smith J A, 2018. Participants and researchers searching for meaning: Conceptual developments for interpretative phenomenological analysis [J]. Qualitative Research in Psychology, 16(2): 166-181.

Smith J A, Flowers P, Larkin M, 2009. Interpretative phenomenological analysis: Theory, method and research [M]. London: Sage Publications.

Smith J A, Flowers P, Osborn M, 1997. Interpretative phenomenological analysis and the psychology of health and illness. In Yardley L (Ed.), Material discourses of health and illness [M]. Florence: Taylor & Frances/Routledge: 68-91.

Smith J A, Osborn M, 2004. Interpretative phenomenological analysis. In Smith J A (Ed.), Qualitative Psychology: A Practical Guide to Research Methods [M]. London: Sage Publications: 229-254.

Smith J A, Osborn M, 2007. Pain as an assault on the self: An interpretative phenomenological analysis of the psychological impact of chronic benign low back pain [J]. Psychology and Health, 22(5): 517-534.

Smith J A, Rhodes J E, 2015. Being depleted and being shaken: An interpretative phenomenological analysis of the experiential features of a first episode of depression [J]. Psychology and Psychotherapy: Theory, Research and Practice, 88(2): 197-209.

Smith-Crowe K, Burke M J, Cohen A, et al., 2014. Statistical significance criteria for the r_{WG} and average deviation interrater agreement indices [J]. Journal of Applied Psychology, 99(2): 239-261.

Smith-Crowe K, Burke M J, Kouchaki M, et al., 2013. Assessing interrater agreement via the average deviation index given a variety of theoretical and methodological problems [J]. Organizational Research Methods, 16(1): 127-151.

Sobel M E, 1982. Asymptotic confidence intervals for indirect effects in structural equation models. In Leinhardt S (Ed.), Sociological methodology [M]. Washington, DC: American Sociological Association: 290-312.

Soland J, Wise S L, Gao L Y, 2019. Identifying disengaged survey responses: New evidence using response time metadata [J]. Applied Measurement in Education, 32(2): 151-165.

Song M H, Zhu Z, Liu S, et al., 2019. Effects of aggressive traits on cyberbullying: Mediated moderation or moderated mediation? [J]. Computers in Human Behavior, 97: 167-178.

Southcott J, Li S, 2018. "Something to live for": Weekly singing classes at a Chinese university for retirees [J]. International Journal of Music Education, 36(2): 283-296.

Sowislo J F, Orth U, 2013. Does low self-esteem predict depression and anxiety? A meta-analysis of longitudinal studies [J]. Psychological Bulletin, 139(1): 213-240.

Spector P E, 2006. Method variance in organizational research: Truth or urban legend? [J]. Organizational Research Methods, 9(2): 221-232.

Spector P E, Bauer J A, Fox S, 2010. Measurement artifacts in the assessment of counterproductive work behavior and organizational citizenship behavior: Do we know what we think we know? [J]. Journal of Applied Psychology, 95(4): 781-790.

Spector P E, Brannick M T, 2009. Common method variance or measurement bias? The problem and possible solutions. In Buchanan D, Bryman A (Eds.), The Sage handbook of organizational research methods [M]. London: Sage Publications: 346-362.

Spector P E, Brannick M T, 2010. Common method issues: An introduction to the feature topic in Organizational Research Methods [J]. Organizational Research Methods, 13(3): 403-406.

Spielberger C D, Gorsuch R L, Lushene R, et al., 1983. Manual for the State-Trait Anxiety Inventory [M]. Palo Alto, CA: Consulting Psychologists Press.

Steel P, Konig C J, 2006. Integrating theories of motivation [J]. Academy of Management Review, 31(4): 889-913.

Stephens M, Balding D J, 2009. Bayesian statistical methods for genetic association studies [J]. Nature Reviews Genetics, 10(10): 681-690.

Stockemer D, Praino R, 2017. Physical attractiveness, voter heuristics and electoral systems: The role of candidate attractiveness under different institutional designs [J]. The British Journal of Politics and International Relations, 19(2): 336-352.

Strauss A, Corbin J, 1990. Basics of qualitative research [M]. Thousand Oaks, CA: Sage Publications.

Strauss A, Corbin J, 1998. Basics of qualitative research: Techniques and procedures for developing grounded theory [M]. Thousand Oaks, CA: Sage Publications.

Stróżak P, Zielińska M, 2019. Different processes in attractiveness assessments for unattractive and highly attractive faces: The role of presentation duration and rotation [J]. Acta Psychologica, 200: 102946.

Stulp G, Buunk A P, Verhulst S, et al., 2013. Tall claims? Sense and nonsense about the importance of height of US presidents [J]. The Leadership Quarterly, 24(1): 159-171.

Sun B H, Xiao W L, Feng X D, et al., 2020. Behavioral and brain synchronization differences between expert and novice teachers when collaborating with students [J]. Brain and Cognition, 139: 10.

Sun D L, Chan C C H, Fan J T, et al., 2015. Are happy faces attractive? The roles of early versus late processing [J]. frontiers in Psychology, 6: 1812.

Sun R, 2008. Introduction to computational cognitive modeling. In Sun R (Ed.), The Cambridge handbook of computational psychology [M]. New York: Cambridge University Press: 3-19.

Sun S, Zhen S, Fu Z, et al., 2017. Decision ambiguity is mediated by a late positive potential originating from cingulate cortex [J]. NeuroImage, 157: 400-414.

Sutherland C A M, Liu X Z, Zhang L S, et al., 2017. Facial first impressions across culture: Data-driven modeling of Chinese and British perceivers' unconstrained facial impressions [J]. Personality and Social Psychology Bulletin, 44(4): 521-537.

Taber C S, Timpone R J, 1996. Computational modeling [M]. Thousand Oaks, CA: Sage Publications.

Tafarodi R W, Swann W B, 2001. Two-dimensional self-esteem: Theory and measurement [J]. Personality and individual Differences, 31(5): 653-673.

Tan J, Lo P, Ge N, et al., 2016. Self-esteem mediates the relationship between mindfulness and social anxiety among Chinese undergraduate students [J]. Social Behavior & Personality: An International Journal, 44(8): 1297-1304.

Tandoc E C, Takahashi B, 2016. Journalists are humans, too: A Phenomenology of covering the strongest storm on earth [J]. Journalism, 19(7): 917-933.

Tang H H, Mai X Q, Wang S, et al., 2016. Interpersonal brain synchronization in the right temporo-parietal junction during face-to-face economic exchange [J]. Social Cognitive and Affective Neuroscience, 11(1): 23-32.

Tehseen S, Ramayah T, Sajilan S, 2017. Testing and controlling for common method variance: A review of available methods [J]. Journal of Management Sciences, 4(2): 142-168.

Tett R P, Burnett D D, 2003. A personality trait-based interactionist model of job performance [J]. Journal of Applied Psychology, 88(3): 500-517.

Thiruchselvam R, Harper J, Homer A L, 2016. Beauty is in the belief of the beholder: Cognitive influences on the neural response to facial attractiveness [J]. Social Cognitive and Affective Neuroscience, 11(12): 1999-2008.

Thompson R J, Gil K M, Burbach D J, et al., 1993. Psychological adjustment of mothers of children and adolescents with sickle cell disease: The role of stress, coping methods, and family functioning [J]. Journal of Pediatric Psychology, 18(5): 549-559.

Thornhill R, Chapman J F, Gangestad S W, 2013. Women's preferences for men's scents associated with testosterone and cortisol levels: Patterns across the ovulatory cycle [J]. Evolution and Human Behavior, 34(3): 216-221.

Thornhill R, Gangestad S W, 1999. Facial attractiveness [J]. Trends in Cognitive Sciences, 3(12): 452-460.

Tio P, Epskamp S, Noordhof A, et al., 2016. Mapping the manuals of madness: Comparing the ICD-10 and DSM-IV-TR using a network approach[J]. International Journal of Methods in Psychiathic Research 25(4): 267-276.

To S M, Chu F, 2009. An interpretative phenomenological analysis of the lived experiences of young Chinese females in the course of unintended pregnancy [J]. International Journal of Adolescent Medicine and Health, 21(4): 531-544.

Todd A R, Forstmann M, Burgmer P, et al., 2015. Anxious and egocentric: How specific emotions influence perspective taking [J]. Journal of Experimental Psychology: General, 144(2): 374-391.

Topolinski S, Sparenberg P, 2012. Turning the hands of time [J]. Social Psychological and Personality Science, 3(3): 308-314.

Toscano H, Schubert T W, Dotsch R, et al., 2016. Physical strength as a cue to dominance: A data-driven approach [J]. Personality and Social Psychology Bulletin, 42(12): 1603-1616.

Tottenham N, Tanaka J W, Leon A C, et al., 2009. The NimStim set of facial expressions: Judgments from untrained research participants [J]. Psychiatry Research, 168(3): 242-249.

Tremblay R E, Nagin D S, Séguin J R, et al., 2004. Physical aggression during early childhood: Trajectories and predictors [J]. The Canadian Child and Adolescent Psychiatry Review, 14(1): 3-9.

Tuffour I, 2017. A critical overview of interpretative phenomenological analysis: A contemporary qualitative research approach [J]. Journal of Healthcare Communications, 2(4): 52.

Ueno A, Ito A, Kawasaki I, et al., 2014. Neural activity associated with enhanced facial attractiveness by cosmetics use [J]. Neuroscience Letters, 566: 142-146.

Vaisvaser S, 2021. The embodied-enactive-interactive brain: Bridging neuroscience and creative arts therapies[J]. frontiers in Psychology, 12: 13.

van Borkulo C D, Borsboom D, Epskamp S, et al., 2014. A new method for constructing networks from binary data [J]. Scientific Reports, 4: 5918.

van de Schoot R, Winter S, Ryan O, et al., 2017. A systematic review of Bayesian papers in psychology: The last 25 years [J]. Psychological Methods, 22(2): 217-239.

van der Flier H, 1980. Vergelijkbaarheid van individuele testprestaties(Comparability of individual test performance)[M]. Lisse, Netherlands: Swets & Zeitlinger.

van der Linden D, Eling P, 2006. Mental fatigue disturbs local processing more than global processing [J]. Psychological Research, 70(5): 395-402.

van der Linden D, Frese M, Meijman T F, 2003a. Mental fatigue and the control of cognitive processes: Effects on perseveration and planning [J]. Acta Psychologica, 113(1):45-65.

van der Linden D, Frese M, Sonnentag S, 2003b. The impact of mental fatigue on exploration in a complex computer task: Rigidity and loss of systematic strategies [J]. Human Factors, 45(3): 483-494.

van Maanen J, 1979. Reclaiming qualitative methods for organizational research: A preface [J]. Administrative Science Quarterly, 24(4): 520-526.

van Maanen J, Schein E, 1979. Toward a theory of organizational socialization. In Staw B M (Ed.), Research in organizational behavior [M]. Greenwich, CT: JAI Press, 109-264.

van Mierlo H, Vermunt J K, Rutte C G, 2009. Composing group-level constructs from individual-level survey data [J]. Organizational Research Methods, 12(2): 368-392.

van Zalk N, Tillfors M, 2017. Co-rumination buffers the link between social anxiety and depressive symptoms in early adolescence [J]. Child and Adolescent Psychiatry and Mental Health, 11(1): 1-12.

Vancouver J B, Li X, Weinhardt J M, et al., 2016. Using a computational model to understand possible sources of skews in distributions of job performance [J]. Personnel Psychology, 69(4): 931-974.

Vancouver J B, Tamanini K B, Yoder R J, 2010. Using dynamic computational models to reconnect theory and research: Socialization by the proactive newcomer as example [J]. Journal of Management, 36(3): 764-793.

Vancouver J B, Wang M, Li X, 2018. Translating informal theories into formal theories [M]. Organizational Research Methods, 23(2): 238-274.

Vancouver J B, Weinhardt J M, 2012. Modeling the mind and the milieu: Computational modeling for micro-level organizational researchers [J]. Organizational Research Methods, 15(4): 602-623.

Vancouver J B, Weinhardt J M, Schmidt A M, 2010. A formal, computational theory of multiple-goal pursuit: Integrating goal-choice and goal-striving processes [J]. Journal of Applied Psychology, 95 (6):

985-1008.

Vassilopoulos S P, Brouzos A, Moberly N J, et al., 2017. Generalisation of the clark and wells cognitive model of social anxiety to children's athletic and sporting situations [J]. British Journal of Guidance & Counseling, 45(1): 1-15.

Velleman P F, Welsch R E, 1981. Efficient computing of regression diagnostics [J]. The American Statistician, 35(4): 234-242.

Verosky S C, Todorov A, 2010. Generalization of affective learning about faces to perceptually similar faces [J]. Psychological Science, 21(6): 779-785.

Verosky S C, Todorov A, 2013. When physical similarity matters: Mechanisms underlying affective learning generalization to the evaluation of novel faces [J]. Journal of Experimental Social Psychology, 49(4): 661-669.

Vignoles V L, Chryssochoou X, Breakwell G M, 2004. Combining individuality and relatedness: Representations of the person among the Anglican clergy [J]. British Journal of Social Psychology, 43(1): 113-132.

Vošner H B, Kokol P, Bobek S, et al., 2016. A bibliometric retrospective of the Journal Computers in Human Behavior (1991—2015) [J]. Computers in Human Behavior, 65: 46-58.

Wagenmakers E J, 2007. A practical solution to the pervasive problems of p-values [J]. Psychonomic Bulletin & Review, 14(5): 779-804.

Wagenmakers E J, Beek T F, Rotteveel M, et al., 2015. Turning the hands of time again: A purely confirmatory replication study and a Bayesian analysis [J]. frontiers in Psychology, 6: 494.

Wagenmakers E J, Lodewyckx T, Kuriyal H, et al., 2010. Bayesian hypothesis testing for psychologists: A tutorial on the Savage-Dickey method [J]. Cognitive Psychology, 60(3): 158-189.

Wagenmakers E J, Love J, Marsman M, et al., 2017. Bayesian inference for psychology. Part II: Example applications with JASP [J]. Psychonomic Bulletin & Review, 25(1): 58-76.

Wagenmakers E J, Verhagen J, Ly A, et al., 2017. The need for Bayesian hypothesis testing in psychological science. In Lilienfeld S O, Waldman I D (Eds.), Psychological science under scrutiny [M]. Chichester: John Wiley & Sons, Inc: 123-138.

Wagenmakers E J, Wetzels R, Borsboom D, et al., 2011. Why psychologists must change the way they analyze their data: The case of PSI: Comment on Bem (2011) [J]. Journal of Personality and Social Psychology, 100(3): 426-432.

Wagenmakers E J, Wetzels R, Borsboom D, et al., 2012. An agenda for purely confirmatory research [J]. Perspectives on Psychological Science, 7(6): 632-638.

Walentowska W, Wronka E, 2012. Trait anxiety and involuntary processing of facial emotions [J]. International Journal of Psychophysiology, 85(1): 27-36.

Wang C, Xu G J, 2015. A mixture hierarchical model for response times and response accuracy [J]. British Journal of Mathematical and Statistical Psychology, 68(3): 456-477.

Wang G L, Cao M X, Sauciuvenaite J, et al., 2018. Different impacts of resources on opposite sex ratings of physical attractiveness by males and females [J]. Evolution and Human Behavior, 39(2): 220-225.

Wang H Y, Hahn A C, DeBruine L M, et al., 2014. Do partnered women discriminate men's faces less along the attractiveness dimension? [J]. Personality and Individual Differences, 98: 153-156.

Wang H Y, Hahn A C, Fisher C I, et al., 2014. Women's hormone levels modulate the motivational salience of facial attractiveness and sexual dimorphism [J]. Psychoneuroendocrinology, 50: 246-251.

Wang J, Xia T S, Xu L L, et al., 2017. What is beautiful brings out what is good in you: The effect of facial attractiveness on individuals' honesty [J]. International Journal of Psychology, 52(3): 197-204.

Wang M Y, Luan P, Zhang J, et al., 2018. Concurrent mapping of brain activation from multiple subjects during social interaction by hyperscanning: A mini-review [J]. Quantitative Imaging in Medicine and Surgery, 8(8): 819-837.

Wang Q D, Han Z, Hu X Y, et al., 2020. Autism symptoms modulate interpersonal neural synchronization in children with autism spectrum disorder in cooperative interactions [J]. Brain Topography, 33(1): 112-122.

Wang Q, Li H, Pang W, 2016. From PBL tutoring to PBL coaching in undergraduate medical education: An interpretative phenomenological analysis study [J]. Medical Education Online, 21(1): 31973.

Wang X J, Liu S, Han S F, et al., 2020. Roles of social knowledge and sexual dimorphism in the evaluation of facial attractiveness [J]. Journal of Experimental Social Psychology, 88: 103963.

Wang Y, Wang H, Wang Z, et al., 2015. The process of posttraumatic growth in individuals with traumatic spinal cord injury in Mainland China: An interpretative phenomenological analysis [J]. Journal of Health Psychology, 22(5): 637-649.

Wang Y, Wang J, Liu X, 2012. Posttraumatic growth of injured patients after motor vehicle accidents: An interpretative phenomenological analysis [J]. Journal of Health Psychology, 17(2): 297-308.

Ward A K, Day D M, Bevc I, et al., 2010. Criminal trajectories and risk factors in a Canadian sample of offenders [J]. Criminal Justice & Behavior, 37(11): 1278-1300.

Ward M K, Meade A W, 2018. Applying social psychology to prevent careless responding during online surveys [J]. Applied Psychology, 67(2): 231-263.

Ward M K, Pond S B, 2015. Using virtual presence and survey instructions to minimize careless responding on Internet-based surveys [J]. Computers in Human Behavior, 48: 554-568.

Wasserstein R L, Lazar N A, 2016. The ASA's statement on p-values: Context, process, and purpose [J]. The American Statistician, 70(2): 129-133.

Watson D, Friend R, 1969. Measurement of social-evaluative anxiety [J]. Journal of Consulting and Clinical Psychology, 33(4): 448-457.

Wayne J H, Musisca N, Fleeson W, 2004. Considering the role of personality in the work-family experience: Relationships of the big five to work-family conflict and facilitation [J]. Journal of Vocational Behavior, 64(1): 108-130.

Weaver K, Morse J, Mitcham C, 2008. Ethical sensitivity in professional practice: Concept analysis [J]. Journal of Advanced Nursing, 62(5): 607-618.

Wechsler S M, Benson N, Machado W D L, et al., 2018. Adult temperament styles: A network analysis of their relationships with the Big Five Personality Model [J]. European Journal of Education and Psychology, 11(1): 61-75.

Weijters B, Schillewaert N, Geuens M, 2008. Assessing response styles across modes of data collection

[J]. Journal of the Academy of Marketing Science, 36(3): 409-422.

Weinhardt J M, Vancouver J B, 2012. Computational models and organizational psychology: Opportunities abound [J]. Organizational Psychology Review, 2(4): 267-292.

Wetzels R, Matzke D, Lee M D, et al., 2011. Statistical evidence in experimental psychology: An empirical comparison using 855 t tests [J]. Perspectives on Psychological Science, 6(3): 291-298.

Wicker A W, 1969. Attitudes versus actions: The relationship of verbal and overt behavioral responses to attitude objects [J]. Journal of Social Issues, 25: 41-78.

Wilkowski B M, Robinson M D, 2008. The cognitive basis of trait anger and reactive aggression: An integrative analysis [J]. Personality and Social Psychology Review, 12(1): 3-21.

Williams K R, Guerra N G, 2007. Prevalence and predictors of internet bullying [J]. Journal of Adolescent Health, 41(6): 14-21.

Williams L J, Brown B K, 1994. Method variance in organizational behavior and human resources research: Effects on correlations, path coefficients, and hypothesis testing [J]. Organizational Behavior & Human Decision Processes, 57(2): 185-209.

Williams L J, Hartman N, Cavazotte F, 2010. Method variance and marker variables: A review and comprehensive CFA marker technique [J]. Organizational Research Methods, 13(3): 477-514.

Williams L J, McGonagle A K, 2016. Four research designs and a comprehensive analysis strategy for investigating common method variance with self-report measures using latent variables [J]. Journal of Business & Psychology, 31(3): 339-359.

Willig C, Rogers W S, 2017. The SAGE handbook of qualitative research in psychology [J]. Thousand Oaks: Sage Publications.

Wiltermuth S S, Tiedens L Z, 2011. Incidental anger and the desire to evaluate [J]. Organizational Behavior and Human Decision Processes, 116(1): 55-65.

Wincenciak J, Fincher C L, Fisher C I, et al., 2015. Mate choice, mate preference, and biological markets: The relationship between partner choice and health preference is modulated by women's own attractiveness [J]. Evolution and Human Behavior, 36(4): 274-278.

Wingenbach T S H, Ashwin C, Brosnan M, 2017. Diminished sensitivity and specificity at recognising facial emotional expressions of varying intensity underlie emotion-specific recognition deficits in autism spectrum disorders [J]. Research in Autism Spectrum Disorders, 34: 52-61.

Winston J S, O'Doherty J, Kilner J M, et al., 2007. Brain systems for assessing facial attractiveness [J]. Neuropsychologia, 45(1): 195-206.

Wise S L, 2017. Rapid-guessing behavior: Its identification, interpretation, and implications [J]. Educational Measurement: Issues and Practice, 36(4): 52-61.

Wise S L, Demars C E, 2006. An application of item response time: The effort moderated IRT model [J]. Journal of Educational Measurement, 43(1): 19-38.

Wise S L, Kong X J, 2005. Response time effort: A new measure of examinee motivation in computer-based tests [J]. Applied Measurement in Education, 18(2): 163-183.

Woehr D J, Loignon A C, Schmidt P B, et al., 2015. Justifying aggregation with consensus-based constructs: A review and examination of cutoff values for common aggregation indices [J]. Organizational

Research Methods, 18(4): 704-737.

Wong L M, Bullock L M, Gable R A, 2011. Cyberbullying: Practices to face digital aggression [J]. Emotional and Behavioural Difficulties, 16(3): 317-325.

Woods C M, 2006. Careless responding to reverse-worded items: Implications for confirmatory factor analysis [J]. Journal of Psychopathology and Behavioral Assessment, 28(3): 186-191.

Wright B R E, Carver C S, Scheier M F, 1998. On the self-regulation of behavior [J]. Contemporary Sociology, 29(2): 386-387.

Wright M F, Li Y, 2013. Normative beliefs about aggression and cyber aggression among young adults: A longitudinal investigation [J]. Aggressive Behavior, 39(3): 161-170.

Wu S, Wyant D C, Fraser M W, 2016. Author guidelines for manuscripts reporting on qualitative research [J]. Journal of the Society for Social Work and Research, 7(2): 405-425.

Xia M, He Y, 2017. Functional connectomics from a "big data" perspective [J]. NeuroImage, 160: 152-167.

Xu Q, Yang Y, Zhang E, et al., 2015. Emotional conflict in facial expression processing during scene viewing: An ERP study [J]. Brain Research, 1608: 138-146.

Xue H, Lu K L, Hao N, 2018. Cooperation makes two less-creative individuals turn into a highly-creative pair[J]. NeuroImage, 172: 527-537.

Yan T, Tourangeau R, 2008. Fast times and easy questions: The effects of age, experience and question complexity on web survey response times [J]. Applied Cognitive Psychology, 22(1): 51-68.

Yardley L, 2000. Dilemmas in qualitative health research [J]. Psychology and Health, 15(2): 215-228.

Yin L J, Fan M X, Lin L J, et al., 2017. Attractiveness modulates neural processing of infant faces differently in males and females [J]. frontiers in Human Neuroscience, 11: 551.

Yoder M S, Ault L K, Mathews M A, 2017. Knowing your face: A componential analysis of self-perceived facial attractiveness [J]. Journal of Social Psychology, 157(3): 366-381.

Yu H B, Zhou Z H, Zhou X L, 2013. The amygdalostriatal and corticostriatal effective connectivity in anticipation and evaluation of facial attractiveness [J]. Brain and Cognition, 82(3): 291-300.

Yu Y, Liu S, Song M H, et al., 2020. Effect of parent-child attachment on college students' social anxiety: A moderated mediation model [J]. Psychological Reports, 123(6): 2196-2214.

Zamariola G, Frost N, van Oost A, et al., 2019. Relationship between interoception and emotion regulation: New evidence from mixed methods [J]. Journal of Affective Disorders, 246: 480-485.

Zhang C, 2013. Satisficing in web surveys: Implications for data quality and strategies for reduction [D]. University of Michigan, Ann Arbor.

Zhang C, Conrad F G, 2018. Intervening to reduce satisficing behaviors in web surveys [J]. Social Science Computer Review, 36(1): 57-81.

Zhang D, Zhao Q J, Chen F M, 2011. Quantitative analysis of human facial beauty using geometric features [J]. Pattern Recognition, 44(4): 940-950.

Zhang L, Holzleitner I J, Lee A J, et al., 2019. A data-driven test for cross-cultural differences in face preferences [J]. Perception, 48(6): 487-499.

Zhang L, Lee A J, DeBruine L M, et al., 2019. Are sex differences in preferences for physical attractiveness and good earning capacity in potential mates smaller in countries with greater gender equality? [J]. Evolutionary Psychology, 17(2): 1-6.

Zhang L, Zhang D, Sun M M, et al., 2017. Facial beauty analysis based on geometric feature: Toward attractiveness assessment application [J]. Expert Systems with Applications, 821: 252-265.

Zhang M M, Jia H B, Zheng M X, 2020. Interbrain synchrony in the expectation of cooperation behavior: A hyperscanning study using functional near-infrared spectroscopy [J]. frontiers in Psychology, 11: 12.

Zhang M M, Jia H B, Zheng M X, 2021. Group decision-making behavior in social dilemmas: Inter-brain synchrony and the predictive role of personality traits [J]. Personality and Individual Differences, 168: 110315.

Zhang Q, Li X, Gold B T, et al., 2010. Neural correlates of cross-domain affective priming [J]. Brain Research, 1329: 142-151.

Zhang X H, Dong A B, Wang Y, 2015. Intergenerational transmission of maternal and child's subjective well-being: The mediating role of parenting styles [J]. Chinese Journal of Clinical Psychology, 23(1): 163-165,170.

Zhang X, Wu L T, 2014. Suicidal ideation and substance use among adolescents and young adults: A bidirectional relation? [J]. Drug and Alcohol Dependence, 142: 63-73.

Zhang Y, Epley N, 2009. Self-centered social exchange: Differential use of costs versus benefits in prosocial reciprocity [J]. Journal of Personality and Social Psychology, 97: 796-810.

Zhang Y, Kong F, Zhong Y, et al., 2014. Personality manipulations: Do they modulate facial attractiveness ratings? [J]. Personality and Individual Differences, 70: 80-84.

Zhang Y, Meng T, Hou Y Y, et al., 2018. Interpersonal brain synchronization associated with working alliance during psychological counseling [J]. Psychiatry Research-NeuroImaging, 282, 103-109.

Zhang Y, Wei B, Zhao P Q, et al., 2016. Gender differences in memory processing of female facial attractiveness: Evidence from event-related potentials [J]. Neurocase, 22(3): 1-7.

Zhao H X, Li Y D, Wang Y F, et al., 2021. Acute stress makes women's group decisions more rational: A functional near-infrared spectroscopy (fNIRS)-based hyperscanning study [J]. Journal of Neuroscience Psychology and Economics, 14(1): 20-35.

Zhen S J, Xie H, Zhang W, et al., 2011. Exposure to violent computer games and Chinese adolescents' physical aggression: The role of beliefs about aggression, hostile expectations, and empathy [J]. Computers in Human Behavior, 27(5): 1675-1687.

Zheng L F, Chen C S, Liu W D, et al., 2018. Enhancement of teaching outcome through neural prediction of the students' knowledge state [J]. Human Brain Mapping, 39(7): 3046-3057.

Zhu J, Chen J F, Hu W B, et al., 2017. Big learning with Bayesian methods [J]. National Science Review, 4(4): 627-651.

Zijlstra W P, van der Ark L A, Sijtsma K, 2011. Outliers in questionnaire data: Can they be detected and should they be removed? [J]. Journal of Educational and Behavioral Statistics, 36(2): 186-212.

Ziliak S T, McCloskey D N, 2008. The cult of statistical significance [M]. Ann Arbor: University of Michigan Press.

Zohar D, Luria G, 2004. Climate as a social-cognitive construction of supervisory safety practices: Scripts as proxy of behavior patterns [J]. Journal of Applied Psychology, 89: 322-333.

Zohar D, Polachek T, 2014. Discourse-based intervention for modifying supervisory communication as leverage for safety climate and performance improvement: A randomized field study [J]. Journal of Applied Psychology, 99: 113-124.

Zuo X N, Anderson J S, Bellec P, et al., 2014. An open science resource for establishing reliability and reproducibility in functional connectomics. Nature Scientific Data, 1: 140049.

Zuo X N, Xing X X, 2014. Test-retest reliabilities of resting-state FMRI measurements in human brain functional connectomics: A systems neuroscience perspective [J]. Neuroscience & Biobehavioral Reviews, 45: 100-118.

后　　记

　　经过两年多时间的准备,《社会科学研究方法》这本书终于付梓。两年多以来,围绕社会科学研究方法,我在中国科学技术大学陆续开设了本科生通识课"社会科学统计软件与应用:SPSS"、研究生专业课"科技哲学专业研究实践"和"学术道德与学术写作规范",在安徽农业大学陆续开设本科生专业课"实验心理学"和"心理学研究方法",并一直希望能基于这些课程所积累的经验编撰出版一本配套教材。后来我获得了中国科学技术大学研究生教育创新计划项目优秀教材出版项目(2020ycjc32)的资助,本书入选了中国科学技术大学一流规划教材建设序列。这些使得这本书的出版得到了强有力的保障。来到安徽农业大学工作后,由于科研精力更为充沛,我又在书稿中增添了更多更新的研究方法。以习近平同志为核心的党中央高度重视科技伦理治理问题,多次做出重要指示与战略部署,包括审议通过《国家科技伦理委员会组建方案》,党的十九届四中全会做出关于"健全科技伦理治理体制"的决策部署等,从政策法规、监督管理、宣传教育等方面建立健全国家科技伦理治理体系和机制。日前,中共中央办公厅、国务院办公厅印发了《关于加强科技伦理治理的意见》,为进一步完善科技伦理体系,提升科技伦理治理能力,有效防控科技伦理风险,不断推动科技向善、造福人类,实现高水平科技自立自强提供了重要遵循。本书积极响应以习近平同志为核心的党中央关于科技伦理治理的要求,并适应课程思政建设的特点,组织编写了部分章节。本书的全部内容贯穿了我本硕7年心理学、博士及博士后5年科学技术哲学训练的全过程,充分借鉴和吸纳了我和张林老师合著的《心理学研究设计与论文写作》一书的成功经验。

　　五年来,在徐飞老师的大力支持下,我非常自由地开展了科学技术哲学和心理学的交叉研究工作,陆续撰写和发表了一些论文,申请到了一些项目,承担了一些本科生和研究生课程的教学工作,撰写和翻译了一些书籍。在中国科学技术大学从事博士后科学研究工作的同时,我还兼任科技哲学系教学秘书长达一年半。无论是作为一名博士后,还是一名教师,或是教学秘书,在做人、做事、做学问三个方面我都深受徐飞老师的启发和指导。徐飞老师为人师表、两袖清风的诸多优良品质，学贯中西、文理兼备的专业精神和谈古论今、妙语连珠的风采，我目前可能只习得了一点一滴。我还存在诸多缺点和不足需要持续改进，距离徐飞老师对于我的期望和要求还存在较远的差距，今后我仍会一直持续以徐飞老师为榜样不断学习和成长。

感谢张林老师八年来给予我的犹如慈父般的关心和帮助，无论是学术研究还是为人处世，都是我一辈子无法回报的恩情，希望我能不辜负张林老师寄予我的期望。感谢张效初、周荣庭、史玉民、褚建勋、王晓燕、王高峰等领导、老师给我的关心、帮助和支持，尤其是褚建勋书记、王晓燕副书记和王高峰老师平时密切关注我的思想动向，多次与我谈心谈话，帮助我成长，这些都使我倍感温暖。来到安徽农业大学工作后，感谢领导和同事们给予我的关心和照顾，让我能心无旁骛地专心做科研、认真做学问。如果没有这些帮助，这本书也无法顺利出版。

社会科学研究方法所涉及的知识内容纷繁复杂，很难单凭某一本书就涵盖全部内容。在本书撰写的过程中，我萌生了将社会科学研究领域系列最新成果纳入本书的想法。本书收录了国内外30余位知名学者最新的研究成果，具体包括：钟晓钰、李铭尧、李凌艳（第五章第三节），张亚利、李森、俞国良（第十三章第二节），蔡玉清、董书阳、袁帅、胡传鹏（第十四章第一节），胡传鹏、孔祥祯、Eric-Jan Wagenmakers、Alexander Ly、彭凯平（第十四章第二节），刘铁川、王闪闪、桂雅立（第十四章第三节），侯力琪、唐信峰、何丽、贾晓明（第十四章第四节），吕泾尘、赵然（第十四章第五节），朱海腾、李川云（第十四章第六节），朱海腾（第十四章第七节），李精精、张剑、田慧荣、Jeffrey B. Vancouver（第十四章第八节），在此致以谢意。此外，在编撰本书的过程中，我也充分借鉴了前辈们的系列优秀成果，并在书中明确标注了文献引用来源。

这本书合计100多万字，单凭我一人之力是无法完成的。在此我由衷地感谢两年多以来在收集与整理材料、撰写与编辑书稿、校对等各方面都给予了我诸多帮助的研究生们，他们是戴梦杰、洪新伟、宋明华、范航、郭治斌、沈洁、陈玉雪、甘烨彤、曹斐臻。他们往往各自都承担着繁重的科研或工作任务，但在我编写本书最需要帮助的时候还是义无反顾地助以臂力。也要感谢汪琛、周岳、王懂、柏江竹、颜笑涵、王喆等研究生们，他们在平时给予了我多方面的支持和帮助。

本书的部分内容曾作为讲义或教学材料在我承担的本科生和研究生课程

上提供给选课学生参考,陆续获得了他们反馈的宝贵意见和建议,在此一并感谢!

由于水平有限,本书仍有多处内容有待继续更新和改进,恳请各位读者如在阅读过程中出现疑问、意见和建议等能反馈于我(liushen@ahau.edu.cn),谢谢!

刘 燊

2022年9月

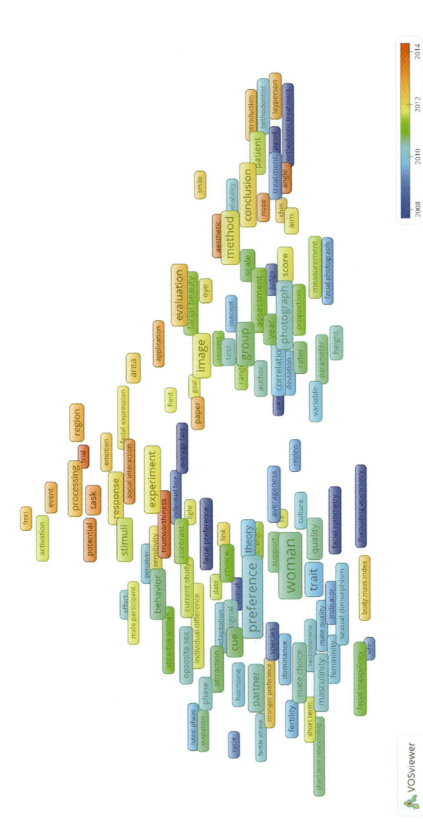

图版 I（图9.2 面孔吸引力研究主题发布）

图版 II（图 9.12 关键词的共现网络）

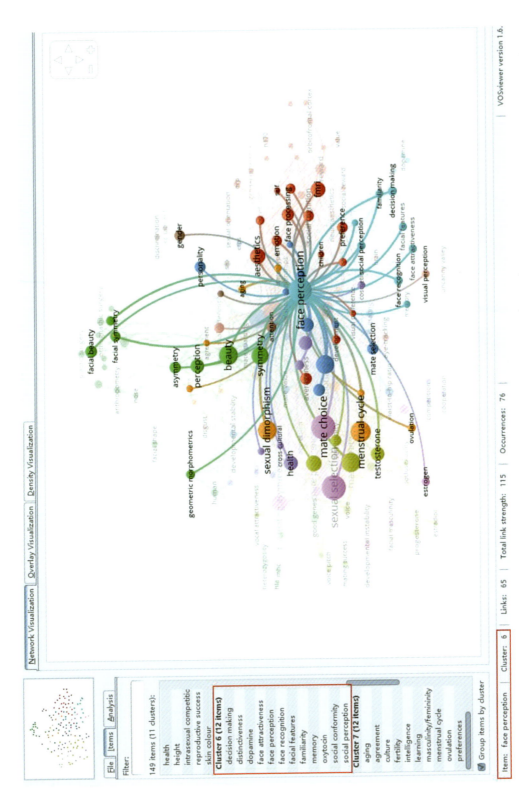

图版Ⅲ(图9.13 VOSviewer关键词共现分析界面)

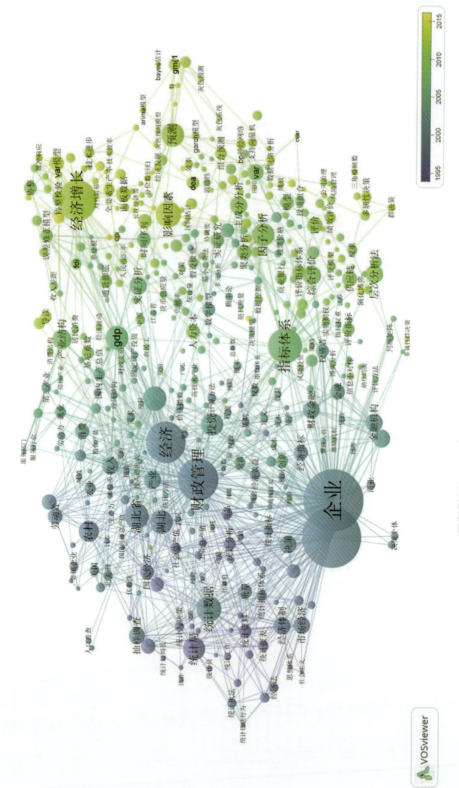

图版Ⅳ（图 9.14 《统计与决策》期刊主题关键词共现）

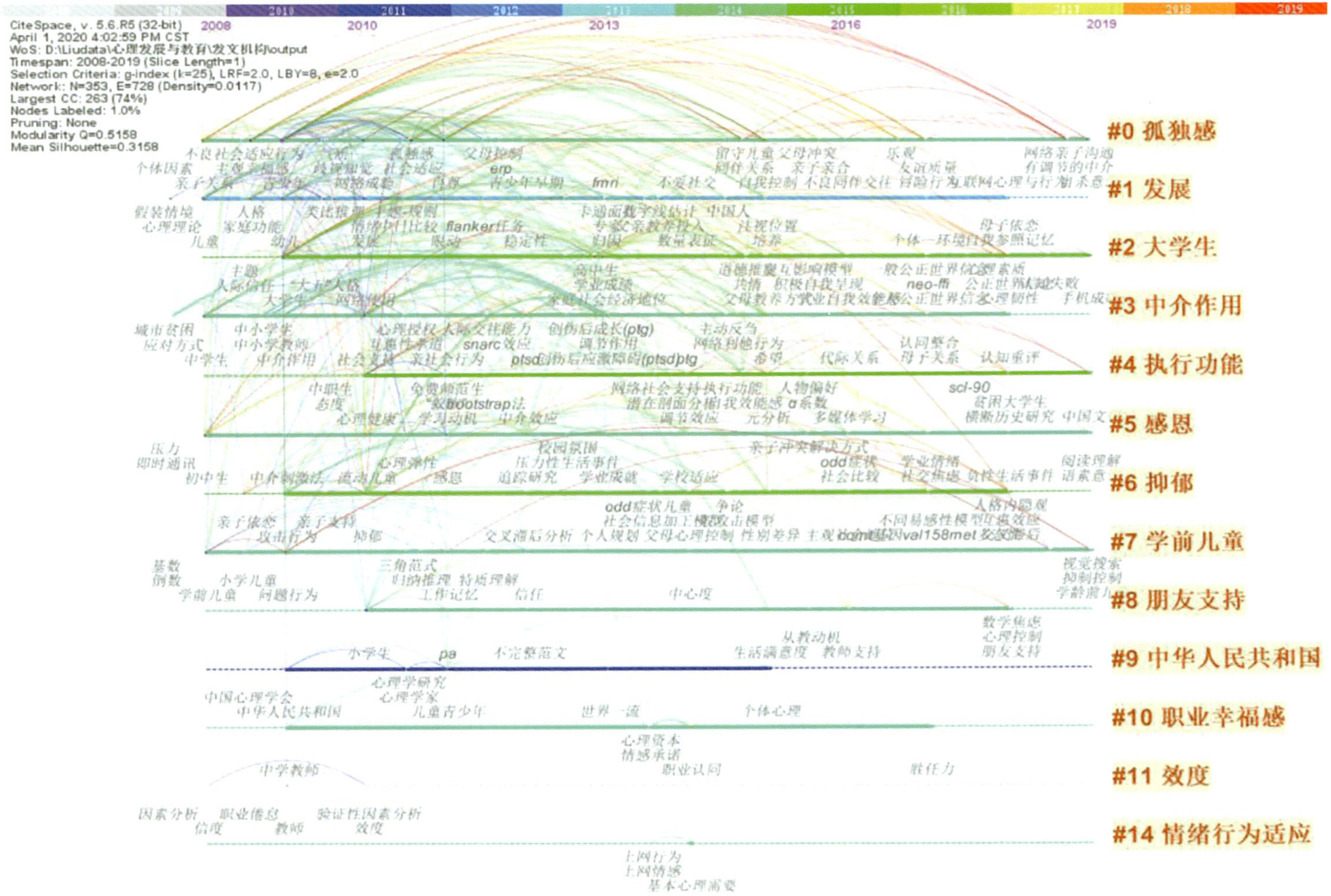

图版Ⅴ（图9.20 《心理发展与教育》主题关键词共现的时间线视图）

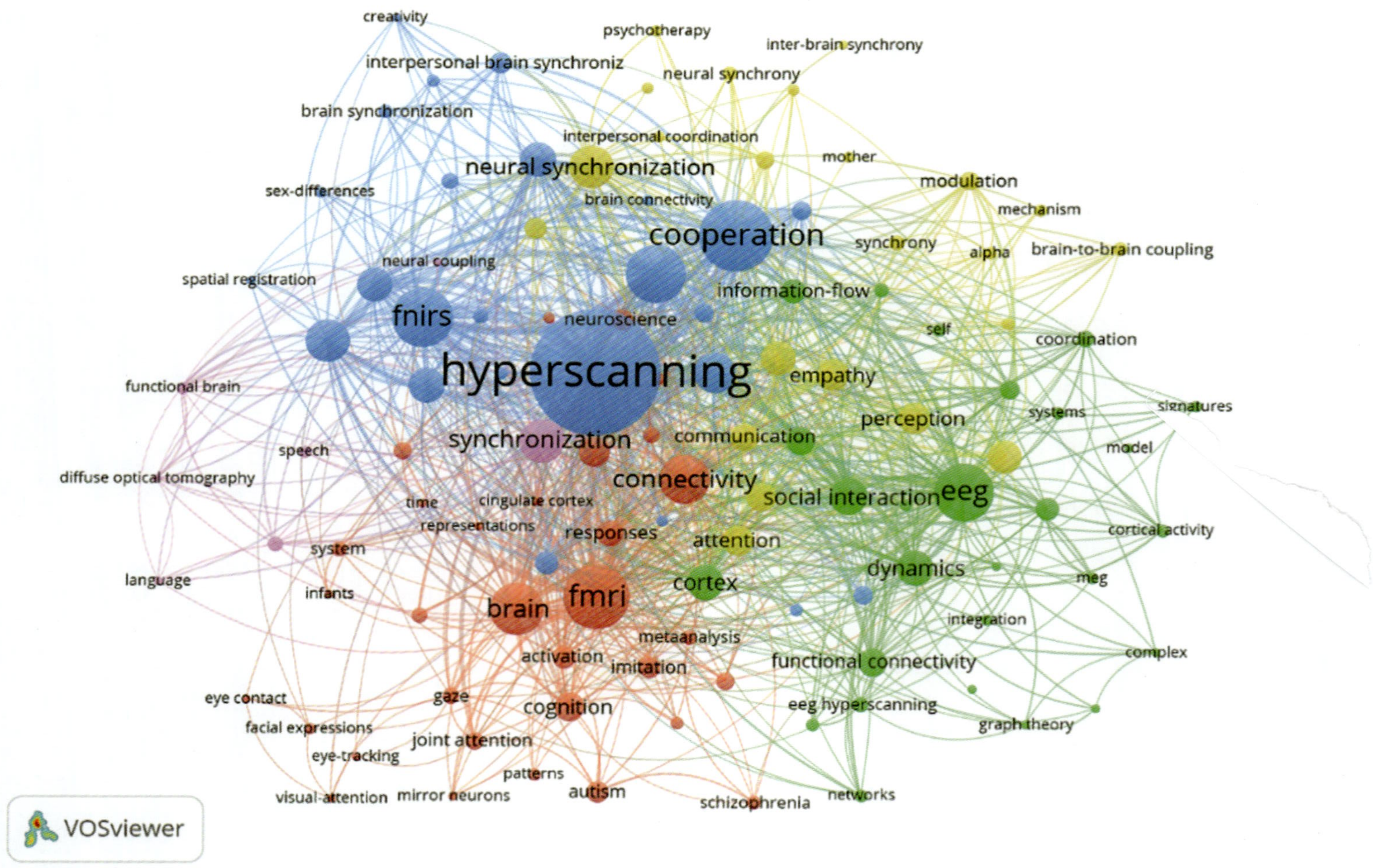

图版Ⅵ(图9.25 超扫描研究关键词聚类网络)

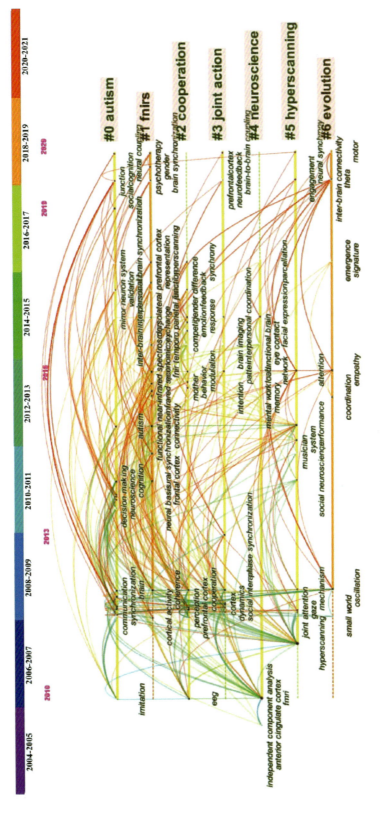

图版Ⅶ（图9.26 加入发表时间的超扫描研究关键词聚类）

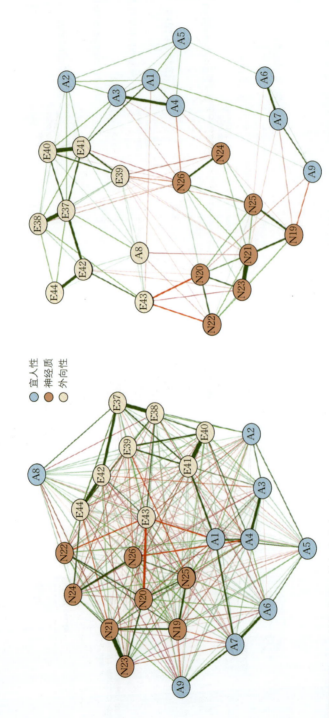

图版Ⅷ（图14.1 简短大五人格问卷中宜人性（Agreeableness）、神经质（Neuroticism）和外向性（Extroversion）三个维度的偏相关网络模型）